CÂNDIDO RANGEL DINAMARCO

LITISCONSÓRCIO

8ª edição, revista e atualizada

MALHEIROS EDITORES

LITISCONSÓRCIO

1ª edição, 1984; 2ª edição, 1986; 3ª edição, 1994;
4ª edição, 1996; 5ª edição, 1997; 6ª edição, 2001; 7ª ed. 2002.

ISBN 978-85-7420-936-4

MALHEIROS EDITORES LTDA.
Rua Paes de Araújo, 29, conjunto 171
CEP 04531-940 – São Paulo – SP
Tel.: (11) 3078-7205
Fax: (11) 3168-5495
URL: www.malheiroseditores.com.br
e-mail: malheiroseditores@terra.com.br

Composição
PC Editorial Ltda.

Capa
Criação: Vânia Lúcia Amato
Arte: PC Editorial Ltda.

Impresso no Brasil
Printed in Brazil
07.2009

À memória de meus pais
BELMIRO DINAMARCO FILHO
– amigo de todas as horas e conselheiro nos momentos de decisão, que me transmitiu a vocação jurídica e o ideal de justiça e
MARIA HELENA RANGEL DINAMARCO
– abnegação que tornou possível seguir as trilhas da vocação.

À memória de meu irmão
FÁBIO RANGEL DINAMARCO
– uma vida de dedicação à família, aos amigos e a todos.

AGRADECIMENTOS

Foi muito intensa e particularmente profícua
a participação de CLARISSE FRECHIANI LARA LEITE
na preparação desta nova edição do *Litisconsórcio*.

Criticou-lhe a linguagem, aprimorou-lhe o estilo,
refez a pesquisa, apontou falhas e contradições
e sobretudo enriqueceu-o
com o fruto de suas próprias reflexões
e colocações conceituais e sistemáticas.

Muito obrigado, CLARISSE.

E muito obrigado também
a FERNANDA DA SILVA GOMES, FERNANDA FERRER HADDAD,
FRANCISCO ETTORE GIANNICO NETO e RODRIGO ROSSI NAKAMORI,
que tiveram uma participação extremamente eficiente
nas pesquisas de jurisprudência
responsáveis pelo enriquecimento no livro.

SUMÁRIO

CAPÍTULO III
LITISCONSÓRCIO, AÇÃO E DEMANDA

CAPÍTULO IV
ADMISSIBILIDADE DO LITISCONSÓRCIO

CAPÍTULO V
LITISCONSÓRCIO NECESSÁRIO E LITISCONSÓRCIO UNITÁRIO

CAPÍTULO VI
PROBLEMAS DO LITISCONSÓRCIO NECESSÁRIO

CAPÍTULO VII
O LITISCONSÓRCIO FACULTATIVO E SEUS PROBLEMAS

APRESENTAÇÃO DA OITAVA EDIÇÃO

Ao preparar a terceira edição deste livro, lá pelos idos de 1994, ocorreu-me acrescentar-lhe uma segunda parte, destinada à *dinâmica do litisconsórcio*, em contraposição à sua *estática* que nas duas edições precedentes se via exposta. Um estudo sobre o litisconsórcio, para ser completo, não pode prescindir do exame dos fenômenos litisconsorciais que estão de uma forma ou de outra disciplinados na lei e vivem na experiência concreta do dia-a-dia do processo.

São temas de menor envergadura e dificuldade, como o dos prazos que se duplicam, o dos recursos que a todos aproveitam ou só ao que os interpõe, o da escolha de assistente técnico, o da divisão do tempo para os debates em audiência ou para as sustentações perante os tribunais *etc.* – ao lado de outros mais intrincados, como especialmente os que dizem respeito à confissão e à prova, sua produção, sua valoração em caso de litisconsórcio, repartição de despesas.

Mas ainda não me encorajei a trazer essa verdadeira *parte especial* a este livro, para o exame do conjunto de normas mais especificamente ligadas ao que se chamou *disciplina processual do litisconsórcio*.[1] Limitações profissionais à pesquisa e à reflexão aconselham-me a, exercendo a arte do possível, reeditar o *Litisconsórcio* com a estrutura que tem desde o início, deixando essa ampliação ainda uma vez para o futuro mas sempre com a esperança de que, mesmo incompleta, a obra possa ter serventia aos estudiosos e aos profissionais.

Como antes, trago ainda uma vez o convite ao diálogo e à sadia polêmica sobre pontos de extrema relevância, entre os quais

1. *Cfr.* Costantino, *Contributo allo studio dei litisconsorzio necessario*, § 25, esp. p. 144.

a leitura do art. 47 do Código de Processo Civil à luz do sistema globalmente considerado, o negligenciado conceito de litisconsórcio eventual ou alternativo, o tema da relação (litisconsorcial?) entre o litisdenunciante e o litisdenunciado, a conceituação da assistência litisconsorcial como assistência ou como litisconsórcio. A esses temas acrescentei, já a partir da terceira edição, a afirmação da relatividade da regra da *independência entre os colitigantes* no litisconsórcio comum (não-unitário) e a examino à luz do princípio da legitimidade *ad actum*, associando-a à reafirmada unidade do processo em todas as hipóteses litisconsorciais.[2] Nesta oitava edição repudio a existência de um *litisconsórcio misto*, ao lado dos conceitos de litisconsórcio ativo e litisconsórcio passivo. Também não cuido mais, como eu próprio vinha fazendo e é comum na doutrina, da *reunião de processos* – porque, na realidade, o que se reúne são *causas* antes distribuídas entre dois ou mais processos, passando todas elas a figurar em um processo só. Processos não se reúnem. Também revi meu pensamento anterior quanto à natureza do litisconsórcio entre credores ou devedores solidários – se unitário, se comum. Convenci-me, ao contrário do que vinha dizendo antes, que esse litisconsórcio, embora facultativo, é unitário.

Quero também ressaltar, a partir da visão instrumentalista do sistema processual, que o fenômeno litisconsorcial continua ligado à *tutela jurisdicional individual*, embora tenha alguma aplicabilidade em casos de tutela coletiva. Mesmo situando-se no plano individual, a ampliação da eficácia e utilidade da tutela jurisdicional é uma das características do instituto do litisconsórcio (ao lado da harmonia de julgados, sempre cultivada mediante ele),

2. Não me satisfaz a clássica distinção entre o litisconsórcio unitário e o comum, assentada na oposição entre a extrema interdependência entre os litisconsortes no primeiro e a suposta independência absoluta (ou quase) entre eles quando o litisconsórcio é comum. Mesmo sem ser unitário, o litisconsórcio importa sempre interligações entre os colitigantes, sendo impossível o enunciado apriorístico de uma fórmula definidora do modo como se interligam. Na proposta que venho trazendo aos estudiosos do litisconsórcio, a eficácia transindividual dos atos dos litisconsortes é tema que se associa de perto ao da legitimidade para a realização de atos no processo.

que serve de premissa a propostas de ampliação dos casos de processo litisconsorcial.

> A moderna teoria do litisconsórcio necessário inclui no estudo deste a sua manifestação na "tutela collettiva o, comunque, superindividuale" em busca de corretas regras de legitimidade *ad causam* – dando atenção ao *ideological plaintiff* e, de modo geral, procurando determinar "quem pode e quem deve participar do processo quando a tutela jurisdicional civil se destina a satisfazer os interesses de uma pluralidade de sujeitos".[3]

Com essas premissas e propósitos fundamentais, mais a esperança de que as propostas aqui contidas cheguem ao espírito e à sensibilidade dos estudiosos, dos julgadores e dos doutrinadores do direito processual, eis a oitava edição. As precedentes brindaram-me com a alegria da rápida absorção pelo público leitor e da calorosa acolhida que lhes deu o prof. Barbosa Moreira, em gentil manifestação que expressou por via epistolar. Sou-lhe imensamente grato por isso e dessa gratidão passo mais uma vez o presente atestado. Mas ainda mais de duas décadas após a primeira apresentação deste livro (a primeira edição veio a lume em 1984) sinto a necessidade de um diálogo maior sobre as difíceis questões polêmicas enfrentadas, a cujo propósito estamos ainda muito longe de obter soluções que se possam dizer definitivas.

3. *Cfr.* ainda Costantino, *Contributo allo studio dei litisconsorzio necessario*, § 3º, esp. pp. 11 e 13 *etc.*

CAPÍTULO I
PREMISSAS E TEMAS GERAIS

1. processo e relação processual (estrutura tríplice) – 2. o conceito puro de parte (noção puramente processual) – a qualidade de parte – *3. aquisição da qualidade de parte – parte na demanda e parte no processo – 4. conceitos de parte ligados ao direito substancial* – 5. o conceito puro de terceiro (noção puramente processual) – 6. pluralidade de partes – 7. diversidade de situações legitimantes – 8. relatividade da distinção entre litisconsórcio e intervenção de terceiro – 9. pluralidade de partes e a estrutura da relação jurídica processual – 10. unidade do processo com pluralidade de partes

1. processo e relação processual (estrutura tríplice)

Quando se diz que *judicium est actus trium personarum, judicis, actoris, rei* e na doutrina contemporânea se salienta a estrutura tríplice da relação jurídica processual (angular? triangular?), é apenas um *esquema mínimo* que através dessas formulações se pretende apresentar. Esquema mínimo em que aparece o Estado (juiz) no exercício da *jurisdição*, poder do qual mantém o monopólio; o autor, exercendo a ação porque a autotutela lhe é vedada e porque o exercício da jurisdição não se faz espontaneamente (princípio da inércia da jurisdição ou princípio da demanda); e o réu, finalmente, a quem é franqueada a *defesa* através da qual ele se ombreia ao autor em oportunidades, nesse palco da atividade dos três, que é o *processo*.[1]

1. Sobre a jurisdição, ação, defesa e processo como *institutos fundamentais do direito processual,* v. Dinamarco, "Institutos fundamentais do direito processual", *passim*. Sobre a jurisdição ao centro desse sistema, Dinamarco, *A instrumentalidade do processo*, n. 9, pp. 90 ss.

O primeiro, preocupado em realizar a pacificação dos litigantes e manter a integridade do ordenamento jurídico (escopo social e escopo jurídico do processo); o segundo, na busca da satisfação de um interesse seu pessoal; o réu, resistindo como pode para que o *status quo ante* seja mantido – eis como nesse cenário cooperam todos os três (ou pelo menos os dois primeiros), cada qual visando a determinado objetivo, todos preparando e tornando possível o provimento jurisdicional a que vetorialmente se dirige a atividade do órgão público.

A teoria do processo como relação processual, se bem posta em xeque ontem e hoje,[2] explica satisfatoriamente todo esse fenômeno e serve inclusive, no Estado-de-direito ocidental, a mostrar o aspecto de legalidade que há de presidir o exercício da jurisdição e os rumos do processo em si mesmo; já foi dito, até, que o acusado deixou de ser mero objeto das investigações judiciárias penais, graças inicialmente à generosa pregação de Beccaria, ao mesmo tempo em que (intuitivamente apenas, no começo) se ia formando a idéia do processo como relação jurídica trilateral (*actus trium personarum...*), na qual passava ele então a figurar como sujeito, não mais simples alvo de investigações.[3]

Seja no processo civil, penal, trabalhista, seja no processo administrativo (notadamente no disciplinar e no licitatório) é visível a presença dos sujeitos interessados, a participar, a influir a autoridade pública na formação de seu convencimento, na escolha dos rumos a tomar.

2. São muito conhecidas as críticas de Goldschmidt, que vê o processo como situação jurídica – o que se revela logo no título do livro que dedicou ao *tema* (*Der Prozess als Rechtslage*). Para informes a propósito, v. Couture, *Fundamentos del derecho procesal civil*, n. 87, pp. 135-136; Liebman, "L'opera scientifica di James Goldschmidt e la teoria del rapporto processuale"; Cintra-Grinover-Dinamarco, *Teoria geral do processo*, n. 174, pp. 301-302. Na doutrina mais recente são dignos de nota os conceitos de Elio Fazzalari sobre o processo, também afastando-se da teoria da relação processual mas em sentido diferente do proposto por Goldschmidt (*cfr. Istituzioni di diritto processuale civile*, esp. pp. 3-6).

3. *Cfr.* Tornaghi, *A relação processual penal* (sobre o tema que serve de título à obra).

O *contraditório é* portanto inerente ao conceito de processo,[4] constituindo uma imposição do Estado democrático a *participação* de cada um na formação dos provimentos que de alguma forma virão a atingir sua esfera de direitos. Assim como no processo político hão de participar os cidadãos interessados nos destinos do Estado, assim no processo jurisdicional ou administrativo terão oportunidade de participação aqueles a quem interessam, caso por caso, os resultados da atividade pública que ali se desenrola (jurisdição).[5]

À base do contraditório (e porque sem ele o contraditório não teria sequer razão de ser), está o princípio da *dualidade de partes*, justificado elementarmente por esse fato de o processo projetar seus efeitos no patrimônio jurídico de ao menos duas pessoas. Assim como ele não se instaura (salvo raríssimas exceções) sem a provocação de uma parte através da demanda, também não seria desejável que pudesse prosseguir sem que na relação jurídica processual se integrasse a outra pessoa a quem o provimento se dirigirá; o processo moderno é essencialmente um *processo de partes* e sem elas não se concebe como possa o processo formar-se, desenvolver-se, caminhar e chegar aos objetivos jurisdicionais. Por outro lado, não há como possa uma só pessoa ser titular de dois interesses em conflito, deduzidos dialeticamente em juízo e, surgindo na relação processual ora no pólo ativo, ora no

4. *Cfr.* Fazzalari, *Istituzioni di diritto processuale*, esp. pp. 28-33; v. também Dinamarco, *Instituições de direito processual civil,* I, nn. 84-88, pp. 220 ss. e *Execução civil*, n. 97, pp. 172 ss., com o empenho de demonstrar que o contraditório não é peculiar ao processo de conhecimento, aplicando-se também ao de execução ou à fase executiva – tema que de resto está superado pela Constituição Federal, cujo art. 5º, inc. LV, é claríssimo e suficientemente amplo para dirimir dúvidas a respeito. *Cfr.* também Tarzia, "Il contraddittorio nel processo esecutivo", *passim*; Cappelletti, "Spunti in tema di contraddittorio".

5. O conceito moderno de contraditório vai além da franquia de participação aos litigantes, para exigir também do juiz diretor do processo a sua própria participação, seja mediante a iniciativa de providências e provas no processo, seja dialogando com os litigantes na medida do necessário e conveniente à boa condução do litígio. *Cfr.* Dinamarco, *A instrumentalidade do processo*, n. 16, pp. 148 ss. e n. 36.2, esp. p. 337; Bedaque, *Poderes instrutórios do juiz*, n. 3.3.3, esp. pp. 109 ss.

passivo, "litigar consigo mesmo" (*niemand kann mit sich selbst prozessieren*).[6]

Esse é contudo, como já se advertiu, apenas um *esquema mínimo*, a ser alterado quando a complexidade de certas relações impõe ou possibilita a participação de mais de duas partes (pluralidade de partes, *infra*, nn. 6 ss.) e sem considerar a indispensável atividade de certos sujeitos *secundários* (advogados, auxiliares da Justiça, representantes das partes e, em casos muito especiais, o *amicus curiæ*).[7]

Este estudo dirige-se a um desses fenômenos, qual seja o da pluralidade de partes no processo mediante a reunião de dois ou mais sujeitos em um ou em ambos os pólos da relação jurídica processual ou mediante a pluralização desses mesmos pólos (*infra*, n. 11 *etc.*).

Tal é o *litisconsórcio*, em face da estrutura da relação processual.

2. *o conceito puro de parte (noção puramente processual) – a qualidade de parte*

Partes são "os sujeitos do contraditório instituído perante o juiz",[8] ou seja, os sujeitos *interessados* da relação processual. São os sujeitos integrados na relação processual e em cujas esferas jurídicas atuará o provimento a ser emitido pelo juiz. Como o conceito de parte envolve a idéia de destinatário dos atos judiciais, ou *sujeitos dos efeitos destes*,[9] é relevante associá-lo à presença da

6. *Cfr* Rosenberg-Schwab, *Zivilprozessrecht*, § 40, IV, 1, p. 169, no trato do princípio da dualidade das partes (*Zweiparteienprinzip*).

7. Sobre os auxiliares da Justiça e os representantes das partes e especialmente sobre sua posição no processo, v. Carnelutti, *Istituzioni del diritto processuale civile italiano*, I, nn. 117 ss., pp. 114 ss.; em relação ao direito brasileiro, v. minhas *Instituições de direito processual civil*, I, nn. 340-367, pp. 664 ss., e II, nn. 514-519, pp. 247 ss.

8. *Cfr*. Liebman, *Manual de direito processual civil*, I, n. 41, p. 123 trad.

9. Monacciani refere e endossa a colocação de Edoardo Garbagnati, o qual coloca a parte em três perspectivas, a saber, (a) como sujeito dos atos proces-

pessoa como integrante de uma das posições inerentes à relação jurídica processual. Tal constitui uma projeção da garantia constitucional do *contraditório*, à luz da qual se constrói o conceito de parte apto a possibilitar distinções entre pessoas que podem e pessoas que não podem ser atingidas pelos efeitos do processo. "A qualidade de parte coincide com a qualidade de sujeito da relação processual"[10] – entenda-se, com a de sujeito *interessado* sobre cuja esfera jurídica incide o provimento jurisdicional.[11]

Falou a boa doutrina de uma noção *guerreira* do processo, na qual aparecem as partes como os protagonistas contrapostos de uma verdadeira contenda, ou de um *duelo*.[12] Essa imagem, feitos os devidos descontos, permite a visão da parte como aquele que efetivamente está no processo e dispõe do uso das armas que ele oferece para a defesa de direitos e interesses e como requisito para que depois seja lícito fazê-lo suportar os resultados da atividade jurisdicional.

Diz-se também, habitualmente, que o processo é uma atividade de *sujeitos em cooperação*; e a cooperação que cada uma das partes vem aportar com o objetivo de induzir o juiz a lhe dar solução favorável será mais intensa e eficiente, ou menos, conforme a atitude mais ou menos aplicada e diligente que elas venham a assumir. Cada uma das partes poderá ser mais diligente ou menos e o réu pode até ficar revel, sofrendo os efeitos de sua negligência (CPC, arts. 319 e 322); disso poderão resultar prejuízos para a par-

suais, (b) como sujeito dos efeitos processuais e (c) como sujeito da relação processual deduzida em juízo (*Azione e legittimazione*, n. 91, esp. p. 243). Não é o caso de examinar, nesta sede, os efeitos que eventualmente podem ser suportados por terceiros (efeitos reflexos).

10. *Cfr.* Monacciani, *Azione e legittimazione*, n. 91, esp. p. 245.

11. A noção de parte, proposta por Chiovenda, peca não só pela inadequação conceitual como principalmente pela falta de associação à fundamental idéia do contraditório. Ela considera somente as *partes da demanda*, como se estas exaurissem todas as posições de partes ocupadas no processo, sem tomar por eixo de referência a efetiva ocupação das posições processuais que permitem o exercício dos poderes e faculdades inerentes à participação contraditória (*infra*, n. 2)

12. *Cfr.* Calamandrei, *Istituzioni di diritto processuale civile secondo il nuovo codice*, I, § 107, p. 185.

te desidiosa, que maiores riscos correrá de sucumbir afinal, mas em nada ficará, só por essa razão, afetada sua *qualidade de parte*.

Consiste esta, como se vê, na titularidade das situações jurídicas ativas e passivas que compõem a relação jurídica processual (faculdades, poderes, deveres, ônus, sujeição).[13] Ser *parte* no processo significa ser titular dessa situação global perante o juiz. E este, sendo a personificação do Estado-jurisdição, também é titular de poderes e deveres, para efetividade da *autoridade* que ali exerce – mas difere das partes porque não está sob sujeição e não é destinatário dos efeitos do provimento jurisdicional. Juiz e partes equilibram-se no processo sobre a base consistente no binômio autoridade-sujeição.[14]

Fala-se do *juiz como parte* em relação ao incidente de sua recusa por uma das partes (exceção de impedimento ou suspeição). Nesses incidentes o juiz como pessoa física é sujeito aos efeitos do julgamento que o órgão superior der à exceção (CPC, art. 314) e, quando ele próprio reconhece o impedimento ou suspeição (art. 313), seu ato não será de julgamento mas de autêntica *submissão* à pretensão do excipiente (reconhecimento do pedido).[15]

Enquanto se pensar somente no tratamento que a lei atribui aos sujeitos efetivamente integrados ao processo (e não nas exigências para que a pessoa possa legitimamente ser parte: *legitimatio ad causam*), é adequada e suficiente essa *noção puramente processual*, porque é em torno dela que o direito positivo faz gravitar a disciplina jurídica da parte em relação aos atos processuais

13. Sobre "la qualità di parte", v. Liebman, *Manual de direito processual civil*, I, esp. n. 59, pp. 164-165 trad.

14. Para Liebman (*Manual de direito processual civil*, I, n. 59, esp. p. 165 trad.), "sujeição (...) consiste, pois, na submissão à autoridade do órgão". A propósito das situações jurídicas ativas e passivas, é interessante a sua reunião em pares, ou *casais* [*coppie*], feita na obra de Carnelutti (*Teoria generale del diritto*, § 94, pp. 238 ss.): a cada situação ativa está acoplada uma passiva, que lhe corresponde.

15. *Cfr.* José Raimundo Gomes da Cruz, *Pluralidade de partes e intervenção de terceiros*, n. 2.4, esp. pp. 14-15. Não parece que *o órgão* seja parte nesse incidente, como ali se afirma (v. p. 14), mas o próprio juiz, como pessoa física (é ele quem pagará as custas – CPC, art. 313).

a realizar e aos efeitos que receberá dos atos realizados.[16] Nesse sentido e aceitas essas premissas, é metodologicamente legítimo asseverar que "a noção de parte é uma noção estritamente processualística"[17] – ou, em outras palavras, esse é um *conceito puro de parte*.[18]

3. *aquisição da qualidade de parte – parte na demanda e parte no processo*

Adquire-se a qualidade de parte no momento em que a pessoa passa a ter a titularidade de situações jurídicas ativas e passivas inerentes ao processo, acima descrita – independentemente do exercício efetivo dos poderes e faculdades, ou seja, independentemente da prática de atos do processo. Por três modos distintos se adquire a qualidade de parte: a) pela propositura da *demanda* (quem pratica o ato de iniciativa ganha, desde logo, a condição de demandante – autor, exeqüente); b) pela *citação* (feita esta, o citado passa a ser réu, ou executado); c) pela *intervenção voluntária* (ingressando por iniciativa própria em processo pendente como assistente, opoente ou sucessor da parte, o terceiro passa a ser parte da relação processual inicialmente constituída entre outras pessoas).[19]

16. Ainda aqui, lembrar a colocação de Garbagnati, incluindo as *três perspectivas* das quais é lícito construir a noção de parte. A titularidade substancial do litígio não é fenômeno de direito processual, embora produza reflexos sobre o processo, de modo particular quando se têm em vista a legitimidade *ad causam* e a legitimidade para cada um dos atos a realizar (*infra*, n. 63).

17. *Cfr.* Monacciani, *Azione e legittimazione*, n. 91, esp. p. 244. Também Maria Berenice Dias sustenta o *conceito processual* de parte (*cfr. O terceiro no processo*, n. 5.1.2, p. 70) e parece apoiar o critério *chiovendiano* para a conceituação (v. n. 5.1, pp. 68-70). Cuida da *legitimidade de parte* (n. 5.1.3, p. 71) e do tema *parte da lide e do processo* (n. 5.1.4, pp. 73-74), onde se vê a idéia de que são fenômenos distintos esse da titularidade da relação processual (parte no processo) e o da legitimidade *ad causam*.

18. *Cfr.* Dinamarco, *Instituições de direito processual civil*, II, n. 530, pp. 279-280.

19. Segundo Liebman, "adquire-se a posição de parte: a) por força da propositura da ação; b) por força de sucessão na posição da parte originária; c) por

É claro que os meios ordinários de alçar alguém à condição de parte no processo estão intimamente ligados à demanda inicial: quem a propõe em juízo adquire *ipso facto* a qualificação de autor (ou exeqüente) e aquela pessoa que ele indica como demandado será réu no processo (ou executado) tão-logo a citação seja feita. É porém indispensável ter consciência dos outros meios de tornar-se parte no processo, para saber que não só as partes da demanda podem chegar à qualidade de partes da relação jurídica processual.[20] A noção *chiovendiana* de parte como "aquele que demanda em seu próprio nome (ou em cujo nome é demandado) a atuação da vontade da lei e aquele em face de quem essa atuação é demandada"[21] exaure as posições de *partes na demanda* mas outras partes poderá haver na relação processual, além daquele que demandou e daquele que foi demandado.

O *opoente* deduz realmente uma demanda incidente ao processo em curso; o litisdenunciado e o chamado ao processo são de alguma forma demandados pelas partes originárias (CPC, arts. 70 e 77) – mas o *assistente* ingressa na relação processual sem nada demandar e nem por isso deixa de ganhar a titularidade dos mesmos poderes e mesmos ônus processuais que tem a parte assistida (art. 52). *O assistente é parte*, ainda que secundária, agregada à principal. Como parte que é no processo, tem liberdade de atuação, inclusive com o objetivo *ne fiat collusio*, apenas se lhe vedando os atos de disposição do direito material controvertido (do qual não é titular), a desistência da ação (não foi ele quem propôs a demanda) e, de modo geral, atos

força de intervenção, voluntária ou coata, em um processo pendente" (*Manual de direito processual civil*, I, n. 41, esp. p. 125 trad.).

20. Como dito no texto, o autor da demanda torna-se parte desde logo, com a dedução desta em juízo. O demandado é que, enquanto não citado, será parte só na demanda e no processo, não. Essas distinções são muito importantes para o entendimento correto de várias situações e normas processuais, como a que proíbe o juiz de mandar integrar ao processo quem não for parte na demanda (salvo casos de litisconsórcio necessário, é claro).

21. *Cfr.* Chiovenda, *Principii di diritto processuale civile*, § 34, 1, p. 579. Tal conceituação é largamente acatada e reproduzida na doutrina em geral. Chiovenda e os que o citam, contudo, não costumam trazer expressa referência à distinção entre *partes na demanda* e *partes do processo* – as quais poderão ser mais ou menos numerosas do que as da demanda, por força das diversas vias de acesso à condição de parte, referidas logo acima (v. nota anterior).

que contrariem a vontade manifesta do assistido no processo (*infra*, n. 12).[22]

4. *conceitos de parte ligados ao direito substancial*

Dos conceitos de *parte na demanda* e *parte na relação jurídica processual*, que se situam na teoria do processo (e não da ação), afastam-se os de *parte legítima* e de *parte na relação jurídica controvertida* (*res in judicium deducta*). A última corresponde a uma situação de direito material, na medida em que de direito material é a pretensão que constitui objeto do processo, e a legitimidade das partes *ad causam* pertence à teoria da ação. Aceitando a teoria da ação que o direito positivo adota,[23] ver-se-á que

22. A riqueza sistemática do conceito de *legitimidade*, ainda não explorado de modo exaustivo pela doutrina, constitui excelente premissa para o correto entendimento dos graus e elenco de poderes e faculdades dos terceiros que intervêm no processo. No raciocínio preciso de Carnelutti, legitimidade é a relação entre o sujeito agente e o ato a realizar e está intimamente ligada à titularidade das situações jurídicas a serem afetadas pelo ato (*cfr*. *Teoria generale del diritto*, § 117, p. 300, e § 122, esp. p. 321). Também em preciosa monografia de Donaldo Armelin se vê uma séria tentativa de conceituação da categoria jurídica *legitimidade,* que não é privativa do direito processual e pertence à teoria geral do direito (*cfr. Legitimidade para agir*, n. 1, p. 11). Daí por que o assistente qualificado tem mais poderes processuais que o simples: a intensidade da atuação permitida varia na razão direta da intensidade da própria situação legitimante perante o objeto do processo (*infra*, n. 7). O adquirente do bem litigioso é, ele mesmo, titular do interesse substancial *sub judice* e da própria pretensão perante o adversário do assistido, razão pela qual esse é o caso de assistente dotado de maiores poderes de atuação no processo (CPC, art. 42, § 2º). Sobre o princípio da legitimidade em seus reflexos na relatividade da regra de autonomia litisconsorcial, v. *infra*, n. 63.

23. *Cfr*. Dinamarco, *Instituições de direito processual civil,* II, nn. 555-556, pp. 327 ss.; Cintra-Grinover-Dinamarco, *Teoria geral do processo,* n. 156, pp. 273-274. Trata-se da conhecida teoria de Liebman, que considera a ação como direito abstrato mas de existência dependente da presença das condições da ação. A ação não constitui direito à sentença favorável (teoria concretista) mas também não é mero direito à administração da justiça, direito de ingressar em juízo: é o direito ao provimento de mérito postulado, sem considerar se o provimento será favorável ou não (v. Liebman, "L'azione nella teoria del diritto processuale civile", *passim*; e *Manual de direito processual civil,* I, esp. n. 73, esp. p. 200 trad.). Estamos falando, é claro, exclusivamente da ação de conhecimento, sem

as condições da ação, requisitos de existência do poder de exigir a prestação jurisdicional, constituem pontos de contato entre o direito processual e o plano do direito substancial: é da situação concreta sobre a qual as partes chamam o juiz a pronunciar-se (situação de direito material) que emergem os dados que, manipulados pelo processualista, revelar-lhe-ão se a demanda é juridicamente possível, se ocorre legítimo interesse processual e quem são as pessoas sobre cuja esfera de direitos será lícito incidirem os efeitos do provimento a ser emitido afinal.[24]

Dessa observação nitidamente inspirada na *instrumentalidade* dos institutos processuais ao *direito material* decorre a estreita conexidade entre os conceitos de *parte legítima* e *parte de direito material*, no sentido de que, salvo casos excepcionais (legitimidade extraordinária ou substituição processual), terão legitimidade ativa e passiva para a causa aquelas mesmas pessoas que sejam titulares da relação jurídica substancial posta como objeto do juízo (CPC, art. 6º). A idéia de partes legítimas situa-se no plano do dever-ser e não do ser (*sein, sollen*), o que constitui projeção do nexo de instrumentalidade do sistema processual ao direito material.

É por isso que, quando na experiência concreta figura no processo ou na demanda algum sujeito a quem falece a *legitimatio ad causam*, a conseqüência, em face do dever-ser inobservado, será a pronúncia da *carência de ação*. Até que tal pronunciamento se dê,

considerar a amplitude do conceito de ação *tout court* e, obviamente, sem incluir o exame da ação executiva.

24. Possibilidade jurídica, interesse de agir e legitimidade *ad causam*, que são as condições da ação na teoria aceita pelo Código de Processo Civil, estão indicadas como tais em seu art. 267, inc. VI (v. também art. 295, incs. II e III, e par., inc. III). É conhecidíssima a informação de que Liebman, formulador dessa trilogia, a partir da terceira edição do *Manuale di diritto processuale civile* passou a falar em apenas duas condições de ação, omitindo qualquer referência à possibilidade jurídica e enquadrando na falta de interesse processual os exemplos antes representativos da impossibilidade jurídica (*cfr. Manuale*, 4ª ed., n. 74, pp. 135 e ss. – v. ainda a nota n. 127 que acresci à tradução dessa obra, pp. 204-205 trad.). Sobre o polêmico tema da *possibilidade jurídica* tomo ainda a liberdade de remeter o leitor ao que escrevi nas *Instituições de direito processual civil,* II, n. 543, pp. 307 ss. e na *Execução civil*, nn. 246-257, pp. 395 ss.

por obra do juiz (provocado ou *ex officio*), essas pessoas permanecem no processo e são partes, apesar da ilegitimidade.

E tanto o autor foi *parte no processo*, mesmo sendo parte ilegítima, que com a extinção deste sem julgamento do mérito (CPC, art. 267, inc. VI) ele arcará com os encargos da *parte* sucumbente (o *custo financeiro do processo* – despesas e, se for o caso, honorários do advogado do réu).[25] *E o réu*, ainda quando parte ilegítima, só pela condição de réu no processo (parte) tem legitimidade para oferecer resposta à demanda ajuizada pelo autor. Pode até acontecer que sua defesa consista apenas na alegação da ilegitimidade passiva *ad causam* mas é evidente que para defender-se ele sempre será legitimado. São excepcionalíssimos os casos em que, por imposição da regra do art. 3º do estatuto processual ("para propor ou *contestar* ação é necessário ter interesse e legitimidade"), deixe de ser admissível a contestação pelo réu que como tal figure no processo.

Inversamente, "a chamada parte em sentido substancial, quando não coincide com a parte em sentido processual, é apenas *um terceiro*".[26] Não está na titularidade das situações jurídicas integrantes da relação processual e quanto a ela o juiz está proibido de prover.

Confirma-se que *parte é sempre um sujeito do processo* e a condição de sujeito do processo é, em si mesma, dado suficiente para qualificar a pessoa como parte. É da melhor doutrina que "as partes como sujeitos da relação processual não devem ser confundidas nem com os sujeitos da relação substancial controvertida nem com os sujeitos da ação: embora freqüentemente essas três qualidades coincidam, na medida em que o processo se instaura precisamente entre os sujeitos da relação substancial controvertida (legitimados a agir e a defender-se em relação a esta), pode no entanto acontecer que a demanda seja proposta por quem (ou contra quem) não seja na realidade interessado na relação substancial controvertida ou não legitimado à ação ou à defesa" (Calamandrei).[27]

25. *Cfr.* minhas *Instituições de direito processual civil*, II, n. 739, p. 651.

26. *Cfr.* Liebman, *Manual de direito processual civil*, I, n. 41, esp. p. 125 trad.

27. *Cfr. Istituzioni di diritto processuale civile secondo il nuovo codice*, I, § 108, esp. p. 189.

5. *o conceito puro de terceiro (noção puramente processual)*

Terceiros são todas as pessoas que não sejam parte no processo ou, mais, precisamente, em dado processo concretamente considerado. No dizer da mais abalizada doutrina, "todos aqueles que não são partes consideram-se, em relação àquele processo, *terceiros*" (Liebman).[28]

Esse conceito extremamente simples e de legítima conotação puramente processual é o preciso *contraposto do conceito puro de parte*, no sentido de que se consideram terceiros no processo todos os que não são autores da demanda deduzida, não foram citados e não intervieram voluntariamente: todo sujeito permanece *terceiro* em relação a dado processo enquanto não ocorrer, com relação a ele, um dos modos pelos quais se adquire a qualidade de parte (*supra*, n. 3). Enquanto *terceiro*, o sujeito não tem a titularidade das situações processuais ativas e passivas integrantes da relação jurídica processual, que caracterizam e dão corpo a essa qualidade. O terceiro não tem poderes, faculdades, ônus no processo, nem se reputa adstrito aos deveres *processuais* inerentes à condição de parte.

Conseqüentemente, enquanto *terceiro* essa pessoa não está sob o poder do juiz nem é lícito estender-lhe os efeitos dos atos do processo. Nesse sentido é que, sempre vendo o terceiro como a *refração especular* da imagem da parte, nega-se que a ele se possam estender os efeitos dos atos do juiz, especialmente da sentença de mérito (CPC, art. 128) e afasta-se sua submissão ao vínculo da coisa julgada material (art. 472).

O *conceito puro de terceiro* associa-se à visão do processo pelo ângulo constitucional e, de modo particular, a partir da garantia do *contraditório*. Sendo uma inafastável imposição político-democrática a oferta de meios de participação processual àqueles em cuja esfera o exercício do poder pelo juiz poderá atuar,[29] é

28. *Cfr. Manual de direito processual civil*, I, n. 41, esp. p. 124 trad.

29. Tal é o significado sistemático e político-constitucional da *legitimação pelo procedimento*, que constitui tema e título de prestigioso escrito do sociólo-

natural que em princípio as leis do processo reservem um tratamento de *não-parte* àqueles que permanecem fora da relação jurídica processual.

Ordinariamente, quanto a quem é parte na demanda e não foi citado, o único poder que tem o juiz é o de fazer citá-lo – e há vozes doutrinárias que chegam ao ponto de afirmar a *inexistência jurídica* de eventual sentença dada em relação a quem não foi citado, não-obstante parte na demanda (CPC, art. 741, inc. I – *infra*, nn. 121 e 128). Mas mesmo sem a citação do réu o processo existe, tanto que ao juiz será lícito conceder medidas cautelares *inaudita altera parte* quando for o caso e poderá até, quando se convencer da improcedência da demanda inicial, assim decidir antes da citação (CPC, art. 285-A).

Afasta-se portanto qualquer conotação jurídico-substancial do conceito de terceiro aqui exposto para fins de exame de sua posição em relação ao processo e à admissibilidade de sua intervenção. A titularidade de situações jurídico-substanciais mais ou menos próximas do *objeto do processo*, ou seja, da pretensão trazida para receber trato jurisdicional, influi na legitimidade do terceiro a intervir e na espécie de intervenção admissível (sobre as diferentes situações legitimantes, v. *infra*, n. 7). Em caso extremo, sendo o *terceiro* titular da própria relação jurídica sobre a qual o juiz é chamado a prover, ele será inevitavelmente trazido ao processo em momento ulterior, por determinação judicial (litisconsórcio necessário – CPC, art. 47, par.): é justamente por ter ele permanecido como *terceiro*, fora portanto da relação processual e privado do contraditório, que a lei sanciona com a *extinção* o processo desenvolvido sem sua participação.

go Niklas Luhmann (especialmente quando analisada esta a partir das grandes premissas constitucionais do processo): como o exercício do poder visa a atuar sobre a esfera jurídica de outras pessoas, distintas do órgão e de seu agente, é preciso observar as regras dos procedimentos capazes de permitir a participação dos destinatários porque nelas reside a instrumentalização jurídica da garantia constitucional do contraditório processual, como penhor da segurança jurídica dos sujeitos envolvidos (*cfr*. Luhmann, *Legitimação pelo procedimento*; Elio Fazzalari, *Istituzioni di diritto processuale*, parte I, cap. II, pp. 71 ss.; Dinamarco, *A instrumentalidade do processo*, esp. n. 16, esp. pp. 155-156).

De tudo quanto exposto resulta a plena legitimidade conceitual e metodológica do enfoque do *terceiro* referido na lei processual como *todo sujeito que não seja parte no processo*.

Não-obstante, ainda debate a doutrina a esse propósito.[30] As divergências situam-se na própria sede da conceituação do *terceiro* como tal e propagam-se à determinação do conceito de *intervenção* de terceiro, em confronto com o de *litisconsórcio* (*infra*, n. 8). Correlativamente ao que se dá no tocante à noção de parte, há tendências no sentido de inserir na de *terceiro* elementos oriundos do direito substancial. Disse-se, por exemplo, que *terceiros* "são pessoas estranhas à relação processual já constituída mas que, sujeitos de uma relação de direito material que àquela se liga intimamente, intervêm no processo sobre a mesma relação, a fim de defender interesse próprio".[31] A primeira parte dessa definição coincide com a exposição feita no texto acima, levando em conta o momento de constituição da relação processual, sem o terceiro (que, por isso mesmo, o é); mas, ao invocar a titularidade de alguma relação jurídico-substancial, a segunda parte passa a levar em conta elementos de *legitimação a intervir*.

Aqui neste estudo, como se viu, sustenta-se o *conceito puro de terceiro*, independente de sua posição jurídico-substancial e remetendo a outra sede exame da legitimidade *ad interveniendum*. Terceiro, nessa óptica, é toda pessoa que não seja parte no processo, *enquanto não o for*. A intervenção do terceiro o faz parte desde o momento em que voluntariamente comparecer (intervenção voluntária) ou em que for citado (intervenção provocada – denunciação da lide, chamamento ao processo, sucessores do demandado).

6. *pluralidade de partes*

As clássicas figuras geométricas do ângulo e do triângulo, com que a doutrina tradicional procurava expressar a idéia da

30. *Cfr*. José Raimundo Gomes da Cruz, *Pluralidade de partes e intervenção de terceiros*, n. 2.4, pp. 13-15, revelando a insatisfação de seu autor quanto ao estado atual da doutrina na conceituação do terceiro.

31. *Id*., *ib*., n. 4.2.1, esp. p. 164.

estrutura tríplice da relação jurídica processual (juiz, autor, réu) constituem, como já observado, apenas um esquema mínimo, referido às situações mais simples. Menos do que esses sujeitos não pode haver em uma relação processual que pretenda conduzir ao provimento final, porém *mais* é possível que haja (*supra*, n. 1). Da complexidade da própria vida e do fato de o homem viver em sociedade ao lado de muitos outros, com os quais coopera em atividades do interesse comum e com os quais também às vezes entra em conflito, decorre muitas vezes que o mesmo fato traz ao mundo jurídico direitos e obrigações para uma pluralidade de pessoas; sucede que o mesmo direito ou a mesma obrigação tenha mais de um titular; acontece que direitos e obrigações de uma só pessoa projetem efeitos ou influência sobre a situação jurídica de outras *etc.*

Tais e outros fenômenos perceptíveis no dia-a-dia da vida trazem como conseqüência natural a participação de mais de duas pessoas no mesmo processo, como sujeitos interessados na solução a ser gerada em seu bojo (ou seja, como partes). Aglutinam-se duas ou mais pessoas em um dos pólos da relação jurídica processual, ou em ambos. Em outros casos rompe-se a estrutura clássica do ângulo (ou triângulo, como se preferir) mediante a inserção de outros pólos em que alguns dos sujeitos hão de se alojar.

Tal é a *pluralidade de partes*, reflexo imediato dessa interligação entre as situações jurídico-materiais de uma pluralidade de pessoas cujos interesses substanciais estão em liça e cujas esferas jurídicas poderão ser afetadas pelo provimento a ser emitido. Como facilmente se percebe, esse reflexo constitui exigência da garantia constitucional do *contraditório*, dado que todas as pessoas a serem atingidas pelo exercício da jurisdição precisam ao menos ter a oportunidade de participar do processo em que uma medida jurisdicional vai ser preparada e produzida.

Quando se fala em pluralidade de partes (*intervenção de terceiros* e *litisconsórcio*, como é cediço em doutrina), entende-se que se trata de sujeitos plúrimos *de um processo só;* um só procedimento se realiza, uma só relação jurídica processual com três, quatro ou mais sujeitos litigantes[32] – aglutinando-se em dois pólos apenas, ou às vezes em mais, como se verá.

Quanto à *intervenção de terceiros*, em qualquer de suas modalidades, tem-se sempre alguém que *ingressa* em processo pendente, sem ser parte na demanda inicial como seu autor ou como demandado. *Inter venire* significa exatamente isso, *entrar no meio*, o que efetivamente não aconteceria se uma relação processual nova tivesse nascimento por força da intervenção.

Por isso não constitui intervenção a *denunciação da lide feita pelo autor* (CPC, art. 71): este está ao mesmo tempo aforando demanda em face de dois réus, com preferência pela que move a um deles;[33] o litisdenunciado é parte originária e portanto não *intervem*, uma vez que figura na própria demanda. Nem é intervenção a *oposição* formulada após principiada a audiência, a qual segue "o procedimento ordinário, sendo julgada sem prejuízo da causa principal" (oposição autônoma e não litisconsorcial – CPC, art. 60).[34] Das mesmas razões decorre também a erronia de considerar os *embargos de terceiro* como intervenção: é um novo processo.

Quando se fala em pluralidade *de partes* tem-se em vista apenas a coligação, na relação processual, de pessoas com essa qualificação (sobre o conceito de partes, v. *supra*, n. 2). Eventual

32. Chiovenda vê no processo litisconsorcial, mais que mera unidade de procedimento, uma *união jurídica* entre seus participantes (*cfr. Sul litisconsorzio necessario*, n. 7, pp. 453-454), ou um "rapporto processuale unico con una pluralità di parti attrici o convenute autonome" (*Principii di diritto processuale civile*, § 88, V, p. 1.085); o fenômeno da pluralidade de partes pressupõe realmente a unidade do processo (pois se trata de alteração do número de partes do *processo*, sendo que *partes* é em si mesmo um conceito que no processo e na sua teoria se afere: *supra*, n. 2). Nesse sentido Lent, *Zivilprozessrecht*, § 81, III, p. 311 trad.; Calmon de Passos, *Do litisconsórcio no Código de Processo Civil*, esp. n. 49, p. 55. Para Tarzia (*Il litisconsorzio facoltativo*, p. 38) "l'unità formale del processo, nel quale sono introdotte le cause, è coessenziale alla figura del litisconsorzio".

33. O litisdenunciado, nesse caso, figura como alvo de uma demanda subsidiária. Sobre a figura do litisconsórcio eventual, que ali se caracteriza, v. *infra*, n. 82.

34. Nesse caso um processo novo se forma e ninguém interveio no que estava pendente – *cfr.* Dinamarco, *Intervenção de terceiros*, nn. 53-54, pp. 112 ss.

pluralidade de *representantes da mesma parte* não dá origem ao fenômeno de que cuidamos[35] porque um só sujeito (o representado) figura como titular das situações processuais a ocupar determinado pólo da relação processual. Nem se pense em pluralidade decorrente da presença da *parte e seu representante*, pois é sabido que este não é uma parte a mais e tem apenas a função específica de praticar atos que aquela não pode ou não quer levar a efeito por si própria (incapacidade, pessoas jurídicas, mandato).

7. diversidade de situações legitimantes

À diversidade das espécies de pluralidade de partes (litisconsórcio e intervenção, diversas modalidades de intervenção) corresponde uma gama também variada de situações *legitimantes*, ou seja, de hipóteses de direito material que colocam o sujeito em posição apta a figurar no processo ao lado de outros. De modo mais ou menos preciso, o Código de Processo Civil descreve essas situações, enunciando os casos em que o litisconsórcio é simplesmente admissível e os casos em que é necessário (e, portanto, duas ou mais pessoas têm legitimação conjunta para demandar ou para serem demandadas em um só processo), bem como aqueles em que se admite a assistência (arts. 50 e 54), a oposição (art. 56), a denunciação da lide (art. 70), o chamamento ao processo (art. 77), a nomeação à autoria (art. 62).[36]

Essas situações são diferentes entre si, representando certas ligações mais íntimas ou menos entre as pessoas em uma só e mesma relação jurídica substancial complexa ou em relações que se tangenciam ou interpenetram em maior ou em menor profundidade. Por isso, diferenças expressivas também existem entre a maneira como se dá a pluralidade de partes; e a lei cuida de empregar técnicas e

35. "A pluralidade de representantes não configura litisconsórcio, se bem apresente certas situações semelhantes a este" (Chiovenda, *Principii di diritto processuale civile*, § 88, 1, p. 1.074, nota 1).

36. *Cfr.* por todos Amaral Santos, *Primeiras linhas de direito processual civil*, II, nn. 302-344, pp. 1 ss.; Liebman, *Manual de direito processual civil*, I, nn. 50-58, pp. 142 ss. trad. (*pluralidade de partes*).

expedientes diversos, herdados de sua experiência multissecular e de mais de uma civilização, definindo o modo de participação no processo e as situações jurídico-processuais em que se põem essas pessoas quando se trata de litisconsórcio necessário ou simplesmente admissível, quando é caso de uma intervenção principal (oposição) ou apenas *ad coadjuvandum* (assistência), quando ocorre a denunciação da lide, o chamamento ao processo, a nomeação à autoria. Como é natural, a cada uma das situações legitimantes descritas em lei corresponderá uma forma adequada de participação na relação processual – e daí a disciplina da pluralidade de partes em suas variadas espécies.

8. *relatividade da distinção entre litisconsórcio e intervenção de terceiro*

Entre as duas categorias fundamentais do fenômeno da pluralidade de partes (litisconsórcio e intervenção de terceiros) inexiste traço divisório intransponível que as distinga inexoravelmente, afastando coincidências ou superposições e evitando toda possível confusão. Em linhas muito gerais, *intervenção é* o ingresso de um sujeito no processo pendente, tornando-se com isso parte e deixando de ser terceiro. E *litisconsórcio é* a situação que existe entre duas ou mais pessoas quando são autores ou réus no mesmo processo (*infra*, n. 9). Não raras vezes, do fato da intervenção de um terceiro (coata ou voluntária) resulta uma situação jurídica que perfeitamente se caracteriza como litisconsórcio.

É o que se dá quando o réu chama ao processo o coobrigado solidário (*chamamento ao processo*, forma de intervenção coata – CPC, arts. 77 ss.) e com isso faz dele um co-réu perante o autor, adversário comum. Ele cria por essa via um litisconsórcio passivo ulterior (*infra*, n. 141).

Também não deixa de ser uma intervenção o ingresso do sujeito omitido na demanda inicial mas que seja *litisconsorte necessário* segundo o mandamento do art. 47 do Código de Processo Civil ou de alguma disposição legal específica. O juiz determina que se promova sua citação e, quando ele é citado, *ipso facto* torna-se parte (adquire a condição de parte pela citação). Isso é, ao rigor dos termos, uma intervenção (de *intervenire*, chegar ao processo pendente), mas a matéria é tratada, em lei e pelos doutrinadores, no capítulo do *litisconsórcio*.

A *oposição* também, quando feita pela forma de intervenção (antes de principiada a audiência – CPC, art. 59), cria uma situação litisconsorcial no processo, colocando as partes originárias na condição de réus da demanda movida pelo oponente (sabe-se que a oposição é o veículo de duas pretensões do terceiro, uma dirigida ao réu e da mesma natureza da ação que o autor já lhe vinha movendo, outra voltada ao autor de natureza meramente declaratória).[37]

E há, além disso, o litisconsórcio passivo que se forma com a citação do garante, nos casos de *litisdenunciação feita pelo autor* (litisconsórcio eventual – *infra*, n. 182). Fala a lei também de um suposto litisconsórcio entre o litisdenunciante e o litisdenunciado (arts. 74 e 75, inc. I) mas evidentemente a situação ocorrente na hipótese é de *assistência*, jamais de litisconsórcio (sobre a distinção entre litisconsórcio e assistência litisconsorcial, v. *infra*, n. 13).

Esses pontos de contato entre o litisconsórcio e a intervenção de terceiros levou parte da doutrina a buscar novos critérios para a distinção entre as duas categorias de pluralidade de partes, inclusive com a proposta de rejeição do que foi chamado *critério cronológico* (Vicente Greco Filho).[38] Mas a crítica a esse critério, que em substância é crítica à noção puramente processual de *terceiro*, acaba por conduzir à introdução de elementos jurídico-materiais no conceito deste, o que não é correto porque não condiz com a própria razão de ser da distinção entre terceiro e parte (a presença no contraditório – *supra*, nn. 2 e 5). Chegou-se inclusive a sustentar expressamente que "é impossível a dissociação do conceito de parte da ação" – o que, como visto, deslocaria o enfoque para os horizontes do dever-ser em que se situa a legitimidade *ad causam*, deixando na sombra a essência do que significa ser parte no processo pendente ou ser-lhe terceiro.[39] Em abono da crítica feita e aceitando a íntima dependência que vin-

37. *Cfr.* Liebman, *Manual de direito processual civil,* I, n. 54, pp. 151-152 trad.; Amaral Santos, *Primeiras linhas de direito processual civil*, II, n. 333, p. 44; Dinamarco, *Intervenção de terceiros*, nn. 14-15, pp. 40 ss.

38. *Cfr. Intervenção de terceiros*, cap. III, esp. pp. 28 ss.

39. *Cfr.* ainda Vicente Greco Filho, *op. cit.*, cap. III, n. 7, p. 33.

cula o conceito de *intervenção* à noção que se tenha de *parte* e de *terceiro*, pode-se equacionar o seguinte raciocínio, que é verdadeiro *dilema* mas contribui eficazmente para esclarecimento das dúvidas postas:

a – se se toma por *terceiro* todo aquele que não é parte no *processo*, ter-se-á que a intervenção é o ato através do qual ele ingressa neste (tal é o critério cronológico), deixando de sê-lo para fazer-se parte. Mas nos casos de litisconsórcio necessário ulterior ou de intervenção litisconsorcial voluntária (não *assistência litisconsorcial*) é isso mesmo que se dá e essas espécies situam-se na teoria do litisconsórcio, não da intervenção;

b – se *terceiro* fosse quem não tem a titularidade da relação jurídica substancial posta como objeto do processo, mas de outra (critério jurídico-material), ficaria sem explicação o chamamento ao processo como forma de intervenção *de terceiro:* o coobrigado solidário torna-se parte passiva da relação processual, sendo também parte legítima *ad causam*, tanto quanto o réu que o chama.

Talvez a verdade esteja na observação já feita, de que há realmente pontos de superposição entre o *fato* da intervenção e a *situação* litisconsorcial que a ocorrência desse fato estabelece no processo; talvez não seja o caso de buscar uma distinção tão nítida entre a intervenção e o litisconsórcio, mas de harmonizar os dois institutos, que afinal constituem duas manifestações de um fenômeno só e mais amplo, e que é *a pluralidade de partes*. *A intervenção é sempre um fato*. Condicionam-se todas as modalidades interventivas a certos requisitos gerais e cada uma delas a seus próprios requisitos específicos mas, quando a intervenção se dá, ela é um acontecimento no processo e, portanto, um fato processual *lato sensu*: especificamente, um ato do terceiro que intervém voluntariamente ou um ato do auxiliar da Justiça que cita o terceiro em caso de intervenção coata. O resultado do fato *intervenção* poderá variar e a lei cuida de definir ou pelo menos disciplinar a *situação jurídica* em que se encontrará cada interveniente.

Assim, por exemplo: a) o chamado ao processo será litisconsorte do chamador (CPC, arts. 78 e 80); b) o litisdenunciado será assistente litisconsorcial do litisdenunciante e, ao mesmo tempo, réu da demanda que este lhe move (art. 75 *etc.*); c) o opoente será autor em face de dois litisconsortes passivos, que são os opostos; d) o assistente será parte acessória ao assistido (art. 52); e) o interveniente litisconsorcial voluntário será litisconsorte da parte originária e, portanto, parte principal também (*infra*, n. 141).

9. pluralidade de partes e a estrutura da relação jurídica processual

Em casos como a *oposição* e a *denunciação da lide*, nitidamente um novo pólo insere-se na estrutura da relação processual pendente: figura o opoente como autor contra ambos os litigantes originários e figura o litisdenunciado como réu da demanda regressiva que o litisdenunciante lhe move (e que não é a mesma ação já exercida pelo autor). A duplicação ou multiplicação dos pólos da relação processual mostra-se também bastante visível no *litisconsórcio alternativo* ou no eventual (*infra*, n. 182), nos quais se vê elevado grau de litigiosidade entre os próprios litisconsortes, na prática às vezes até mais que entre eles e o adversário comum.

No litisconsórcio unitário vê-se com nitidez o fenômeno oposto, ou seja, é indiscutível a permanência da mesma *estrutura tripolar* da relação jurídica processual, sendo que em um dos pólos duas ou mais pessoas se aglutinam e durante todo o desenrolar do procedimento ali estarão juntas, recebendo sempre o mesmo tratamento homogêneo para que a final tenham a mesma sorte na solução da causa.

Em outros casos a situação é menos clara: é preciso fazer distinções e fundamentos mais profundos precisam ser revolvidos, para determinar se há conglomeração de mais pessoas na mesma posição jurídico-processual ou se outras posições se criam (*pólos*) e a estrutura da relação se torna mais complexa, quando por exemplo se dá o litisconsórcio comum, a assistência litisconsorcial *etc.* (*infra*, nn. 69, 133, 182 *etc.*).

10. unidade do processo com pluralidade de partes

Sustentou prestigioso doutrinador (Enrico Redenti) que, sendo necessário o litisconsórcio, *só um processo* é feito, na preparação de um só provimento; mas, sendo ele de outra natureza, ter-se-iam em realidade diversos provimentos, preparados por igual número de processos, ainda que reunidos em uma unidade formal. "Ogni provvedimento richiede un proprio processo di formazione, onde se nell'un caso si ha un provvedimento, si avrà un processo; se nell'altro si hanno piú provvedimenti, si avranno piú processi".[40] O que disse comporta exame não só em vista da pluralidade de partes caracterizada como *litisconsórcio* mas de todas as espécies e subespécies de pluralidade de partes (incluídas portanto as intervenções de terceiros).

O fato de tratar-se de demandas que poderiam ser ajuizadas separadamente, dando azo então a provimentos jurisdicionais distintos e até possivelmente discrepantes, perde todo significado quando, seja por qual motivo for, tudo se conglomerar em uma só iniciativa ou quando, de algum modo, nova demanda vier a ser deduzida no curso do processo. Varia somente a configuração das realidades sobre as quais o juiz proverá – ou seja, o *objeto desse processo* (*Streitgegenstand*) será complexo e representado por duas ou mais pretensões que bem comportariam tantos processos quantas são elas próprias mas que, por razões da própria lei ou da vontade dos litigantes, autorizada pela lei, vieram a ser de algum modo reunidas.[41] Nem é de espantar que a relação processual, como qualquer outra relação jurídica, possa ser, conforme o caso,

40. *Cfr.* Redenti, *Il giudizio civile con pluralità di parti*, n. 14, p. 15. Essa distinção, se fosse acertada, deveria propor como critério a *unitariedade* do litisconsórcio, não a sua *necessariedade*. É que a doutrina européia só agora vai descortinando o conceito de litisconsórcio unitário e tradicionalmente fala na *necessariedade* para designar os dois fenômenos (litisconsórcio necessário no momento da propositura, ou "necessário" no momento do julgamento da causa – *infra*, nn. 40 e 61)

41. Sobre a pretensão deduzida como objeto do processo, com exame da doutrina deste conforme desenvolvida notadamente pelos alemães, v. Dinamarco, "O conceito de mérito em processo civil", nn. 118-119, pp. 272 ss.

mais ou menos complexa (subjetivamente) e possa ter objeto bastante simples ou complexo também.[42]

A partir daí, não só a unidade formal do procedimento encerra as pretensões cumuladas (e dirigidas por vários ou a vários sujeitos) mas também a íntima unidade de uma só relação jurídico-processual, onde indisfarçavelmente cada um dos sujeitos de algum modo influi e condiciona as situações jurídicas processuais ativas ou passivas dos demais. São exemplos o art. 320, inc. I, do Código de Processo Civil, sobre o revel que se beneficia da contestação oferecida pelo outro; o art. 421, § 2º, disciplinando a escolha de um só assistente técnico pelos litisconsortes; e também o *princípio da aquisição da prova*, pelo qual a prova produzida por um deles é eficaz em benefício de ambos na medida da pertinência *etc.*

A tese da pluralidade de processos repousa sobre a falsa premissa de uma suposta autonomia *absoluta* entre os colitigantes, no litisconsórcio comum (não-unitário). As ilustrações acima, reforçadas pela experiência do litisconsórcio em casos concretos e efetivos, mostra que essa total independência inexiste e sempre a conduta de um dos litisconsortes influencia a situação dos demais no processo; no caso mais tênue de intervenção de terceiro, que é a *assistência*, a conduta do interveniente visa justamente a melhorar a condição da parte principal (assistido). O art. 48 do Código de Processo Civil, tradicional no sistema brasileiro, é portador de um exagero que distorce a visão do litisconsórcio comum (*infra*, n. 62).

Um relevante reflexo prático dessa colocação é o recurso cabível no caso de indeferimento parcial da petição inicial, para que

42. Expressamente no sentido do texto, *cfr.* Araken de Assis, *Cumulação de ações*, n. 6, esp. p. 39; v. também Dinamarco, *Capítulos de sentença,* nn. 25-27, pp. 64 ss. *Cfr.* também na jurisprudência: "o recurso cabível contra a decisão que extingue apenas umas das ações cumuladas em determinado processo possui cunho interlocutório. Isso tem lugar porque decisões da espécie não põem fim ao processo, mas apenas a uma das ações que o integram" (STJ, 4ª T., REsp n. 645.388, rel. Hélio Quaglia Barbosa, j. 15.3.07, v.u., *DJU* 2.4.07, p. 277).

algum litisconsorte passivo não seja citado (ou, inversamente, para que um dos codemandantes não fique como parte). Se a demanda fosse repelida por inteiro, ter-se-ia ali um caso de *extinção do processo* sem julgamento do mérito (art. 267, inc. I, c/c art. 295), a desafiar recurso de apelação (art. 513 c/c art. 296). No indeferimento parcial acima figurado, entretanto, o processo vai prosseguir, apenas com menos figurantes do que o autor pretendia inicialmente; se o processo era um só e não se extinguiu, é meramente interlocutória a decisão que indeferiu a inicial em parte, sendo por isso cabível o *agravo de instrumento* (arts. 162, § 2º, e 522).[43] O mesmo se dá quando uma *oposição interventiva é* indeferida ou quando o *litisdenunciado é* excluído do processo *etc.*[44]

A ficção da dualidade ou pluralidade de processos, sobre ser artificiosa e injustificada, conduziria, em caso de interposição de recurso na hipótese aventada, a uma incômoda e esdrúxula situação: o recurso interposto (apelação), embora se referisse apenas a um dos processos supostamente cumulados,[45-46] acabaria por

43. O Superior Tribunal de Justiça pacificou entendimento de que é o *agravo* o recurso cabível contra a decisão que determina a exclusão de litisconsorte, porque o pronunciamento judicial não põe termo ao processo: *cfr.* STJ, 3ª T., REsp n. 1.026.021, j. 17.4.08, rel. Nancy Andrighi, v.u, *DJU* 30.4.08, p. 1; STJ, 1ª T., REsp n. 364.339, j. 20.5.04, rel. Luiz Fux, m.v., *DJU* 21.6.04, p. 163; STJ, 3ª T., REsp n. 271.015, j. 30.5.01, rel. Carlos Alberto Menezes Direito, v.u., *DJU* 20.8.01, p. 463; STJ, 4ª T., REsp n. 163.141, j. 16.12.99, rel. Aldir Passarinho Junior, v.u., *DJU* 27.3.00, p. 108; STJ, 4ª T., REsp n. 164.729, j. 29.4.98, rel. Sálvio de Figueiredo Teixeira, v.u., *DJU* 1.6.98, p. 142; STJ, 1ª T., REsp n. 544.378, j. 28.10.03, rel. Francisco Falcão, v.u., *DJU* 15.12.03, p. 221; STJ, 1ª T., REsp n. 427.786, j. 15.4.03, rel. Franciulli Netto, v.u., *DJU* 4.8.03, p. 265; STJ, 4ª T., AgRg no Ag n. 249.768, j. 6.2.01, rel. Aldir Passarinho Junior, v.u., *DJU* 12.3.01, p. 146; STJ, 3ª T., REsp n. 165.008, j. 4.3.99, rel. Carlos Alberto Menezes Direito, v.u., *DJU* 26.4.99, p. 95; STJ, 1ª T., REsp n. 84.682, j. 7.11.97, rel. Garcia Vieira, v.u., *DJU* 2.2.98, p. 65.

44. Ressalvam-se as hipóteses de parcial indeferimento da petição inicial *por fundamentos de mérito*, como a prescrição ou a decadência (CPC, art. 295, inc. IV, c/c art. 219, § 5º), em relação aos quais nessa parte o pronunciamento do juiz se considera *sentença* (art. 162, § 1º, c/c art. 269, inc. IV – *cfr.* minhas *Instituições de direito processual civil*, II, n. 651-A, p. 507) – sendo pois cabível o recurso de *apelação* e não agravo (art. 513).

45. Tal é o entendimento, de que discordo, de um antigo acórdão da Justiça de São Paulo (2º TACSP, 5ª C., agr. instr. n. 92.717, j. 5.4.79, rel. Aniceto Aliende, v.u., *Julgados TJSP* 63/278), o qual apreciou um caso de despejo pedido por dois fundamentos, no qual o juiz de primeiro grau, ao sanear o feito,

determinar também a suspensão do procedimento do outro, com devolução de ambos à instância superior. No caso de extromissão de um interveniente ou de indeferimento de citação do litisdenunciado ou chamado ao processo, é o mesmo que se dá: o processo se reduz subjetivamente, ou deixa de ampliar-se, mas não se extingue (do contrário, caberia apelação contra tais atos judiciais, com o mesmo e outros inconvenientes de ordem prática – *infra*, n. 153).

"julgou extinta a ação, em relação à falta de pagamento, por purgada a mora", determinando seu prosseguimento quanto à alegada infração contratual. O autor apelou e o Tribunal, por achar que um dos processos supostamente cumulados estaria tendo fim através da exclusão de um dos fundamentos do pedido, concluiu que o recurso cabível era a apelação e não o agravo. A situação configurada nessa hipótese concreta assimila-se, *mutatis mutandis*, à do cúmulo subjetivo considerado no texto e, em ambas, chega-se aos resultados indesejáveis ali indicados.

46. O Superior Tribunal de Justiça andou pelo bom caminho ao afirmar que em processo com litisconsortes passivos "a desistência quanto a um entre eles não implica extinção do processo, por isso que a decisão que homologa tal desistência há de ser atacada mediante agravo de instrumento e não apelação" (STJ, 3ª T., REsp n. 12.634, j. 26.11.91, rel. para o ac. Waldemar Zveiter, m.v., *RSTJ* 32/374; o voto vencido, do Min. Dias Trindade, parte da premissa de serem os litisconsortes litigantes (absolutamente) independentes, a teor do art. 48 do Código de Processo Civil, que invoca (v. p. 376).

CAPÍTULO II
LITISCONSÓRCIO: ASPECTOS GERAIS

11. noção de litisconsórcio – a comunhão de sortes não é essencial – 12. cúmulo subjetivo – 13. litisconsórcio e assistência litisconsorcial – 14. terceiros e os limites dos resultados do processo (efeitos da sentença e coisa julgada) – 15. assistência simples e litisconsorcial – litisconsórcio – 16. o sucessor da parte no direito controvertido (CPC, art. 42, § 2º) – 17. colegitimados – 18. intervenção litisconsorcial voluntária – 19. da assistência simples à intervenção litisconsorcial: escalada de intensidade – 20. litisconsórcio: aspectos gerais (delimitação do tema) – 21. litisconsórcio: justificação do instituto – *22. equilíbrio entre forças* – 23. espécies de litisconsórcio (quatro critérios) – 24. litisconsórcio necessário ou facultativo – 25. litisconsórcio comum ou unitário – 26. litisconsórcio ativo ou passivo – 27. a falsa idéia de um litisconsórcio misto – 28. litisconsórcio inicial ou ulterior

11. noção de litisconsórcio – a comunhão de sortes não é essencial

No contexto da categoria mais ampla representada pela pluralidade de partes, fácil é entender o litisconsórcio como a situação caracterizada pela *coexistência de duas ou mais pessoas do lado ativo ou do lado passivo da relação processual* – independentemente de estarem reunidas no mesmo pólo ou serem distintas as situações (*supra*, n. 10). O que caracteriza o litisconsórcio é essa presença simultânea de pessoas que de alguma forma adquiriram a qualidade de autores ou de réus no mesmo processo (aquisição da qualidade de parte – *supra*, n. 3).

Com muita autoridade já se ensinou: "dicesi litisconsorzio la *presenza* nello stesso procedimento di più persone nella posizione di attori (litisconsorzio attivo) o di convenuti (litisconsorzio passivo) o di attori da un lato e di convenuti dall'altro (litisconsorzio misto)".[1]

Para tanto é indispensável que os colitigantes guardem certa posição em relação ao objeto do processo, ou seja, da pretensão deduzida em juízo – seja porque propuseram uma demanda, seja porque em relação a eles a demanda foi proposta e eles vieram a ser citados, ou porque o juiz mandou citá-los como litisconsortes necessários, ou ainda porque o réu os chamou ao processo ou porque intervieram eles próprios, voluntariamente, como litisconsortes. Todos os litisconsorte do lado ativo da relação processual são autores, e todos do lado passivo réus; quando não for autor ou alvo de uma pretensão efetivamente deduzida em juízo, aquele que ingressa no processo não será litisconsorte (*infra*, n. 97).[2]

É o caso, *v.g.*, do *litisdenunciado*, que equivocadamente a lei define como litisconsorte do denunciante (CPC, art. 74) mas que na realidade não passa de seu assistente. A *assistência litisconsorcial* não passa a ser litisconsórcio nem deixa de ser assistência, muito embora o terceiro interveniente disponha de poderes muito amplos e até nivelados aos da parte assistida (*infra*, n. 12).

O litisconsórcio é, como se vê, um fenômeno situado basicamente na teoria *do processo*;[3] diz respeito aos *sujeitos processuais* e é o modo de ser da relação jurídico-processual que se afeta e apresenta conotações peculiares quando, em vez de um autor e um réu apenas, três ou mais são os sujeitos em liça.

1. *Cfr.* Chiovenda, *Principii di diritto processuale civile*, § 88, inc. I, p. 1.073. Mas, sobre a existência ou inexistência conceitual de um *litisconsórcio misto*, v. *infra*, n. 27.

2. Mas o Superior Tribunal de Justiça deu por litisconsorte necessário o cônjuge meramente intimado da penhora de bem imóvel no caso do art. 655, § 2º, do Código de Processo Civil (*cfr.* STJ, 4ª T., REsp n. 1.512, j. 13.1.90, rel. Sálvio de Figueiredo Teixeira, v.u., *RT* 657/190). Pelos conceitos acima expressos, mera intimação não torna o sujeito parte no processo, nem emana do dispositivo invocado qualquer regra de litisconsórcio necessário (esse é um *falso caso* de litisconsórcio necessário – *infra*, n. 97).

3. Não da jurisdição, não da ação, não da defesa.

Isso não quer dizer que só ali se contenha *toda* a problemática do litisconsórcio, dado que ele vem freqüentemente reportado ao fenômeno do cúmulo de demandas (o que é parcialmente correto – *infra*, n. 33), sabendo-se ainda que o litisconsórcio necessário é nitidamente um caso de legitimidade conjunta, a ser estudado na *teoria da ação*. Há também implicações com a *jurisdição*, quando se pensa no juiz a determinar de-ofício a integração do litisconsórcio necessário (rompendo parcialmente a *inércia* que caracteriza a jurisdição e os órgãos que a exercem) ou, simplesmente, quando surgem problemas de competência referidos ao litisconsórcio (a competência, como se sabe, é a quantidade de atividade jurisdicional cujo exercício a lei confia a determinado órgão).[4]

A pluralidade de partes caracterizada como litisconsórcio, que à primeira vista poderia trazer às nossas mentes "a imagem de diversas pessoas que correm em uma lide a mesma sorte, de algum modo associadas no ataque ou na defesa judicial", não implica porém, invariavelmente, essa suposta *comunanza di sorti*.[5] No litisconsórcio unitário sim, porque este se caracteriza precisamente pelo tratamento homogêneo dos litisconsortes pelos caminhos do procedimento, não podendo ser conduzidos a diferentes destinos (*infra*, n. 469). No extremo oposto vê-se o *litisconsórcio alternativo ou eventual*, em que a preocupação maior de cada um dos

4. Ou seja: a *medida da jurisdição* (Liebman, *Manual de direito processual civil*, I, n. 24, p. 81 trad.). Jurisdição é poder, é função e é atividade (Celso Neves) e, se como poder se considera uno e indivisível, sendo inconcebível a sua fragmentação entre os muitos juízes de um país (cada um deles exerce integralmente o poder jurisdicional estatal nas causas que lhe competem), já *como atividade* sua divisão entre eles é um insuperável ditame de ordem prática. Modernamente sabe-se que a jurisdição não é um poder, no quadro de uma suposta pluralidade de poderes exercidos pelo Estado: é somente uma expressão do poder estatal, que por sua vez é uno e indivisível, definindo-se como *capacidade de decidir imperativamente e impor decisões* (*cfr.* Dinamarco, *A instrumentalidade do processo*, nn. 9-10, pp. 90 ss.).

5. *Cfr.* Enrico Redenti, que explica haver litisconsórcio "anche se non vi sia comunanza di sorti tra un gruppo" de litisconsortes (*Il giudizio civile con pluralità di parti*, n. 1, nota 2, p. 2). Fala Redenti da locução *consortes litis*, para observar que *sors* não tem o significado de *sorte*, fortuna, destino, mas de "patrimônio" (*ib.*).

litisconsortes é muitas vezes o confronto com seu próprio litisconsorte, não tanto com o adversário comum (*infra*, n. 182).[6]

Ainda quando *necessário* o litisconsórcio, se não for unitário nada impõe homogeneidade no julgamento da situação de cada um dos litisconsortes: como foi dito na doutrina italiana menos antiga, etimologicamente eles não seriam *litisconsortes* em casos como esse.[7]

A idéia de *consórcio na lide* (ou, mais precisamente, *no processo*) deve pois passar por esse desconto semântico, pois se trata de uma associação ou consórcio em que a sorte dos consorciados não será necessariamente a mesma, em todos os casos: "il nome (...) non significa oggi se non questa pluralità di persone nella stessa posizione; e non vuol dire che tra le stesse esista, propriamente parlando, *un consorzio*".[8] Não é como na lei e linguagem de Portugal, em que só se tem litisconsórcio se todos os colitigantes estiverem fadados a destinos comuns: quando puderem ser alvo de decisões díspares e heterogêneas não haverá litisconsórcio mas mera *coligação* (*infra*, n. 58).

Essas observações serão de utilidade na interpretação do art. 509 do nosso Código de Processo Civil, que para disciplinar a extensão subjetiva dos efeitos dos recursos alude a litisconsortes com interesses *distintos ou opostos* (*infra*, n. 74). A regra da *independência dos colitigantes*, aplicável sempre que o litisconsórcio não seja unitário, é bem a expressão do que aqui se expõe, muito embora jamais possa ser aplicada de modo absoluto (*infra*, n. 62).

12. cúmulo subjetivo

A situação litisconsorcial surge no processo logo de início, quando vários autores assim se constituem ajuizando em conjunto, em unidade ao menos formal, uma demanda só; ou quando,

6. É o que se dá, p. ex., quando após uma tríplice colisão de veículos o dono de um deles move ação aos outros dois (cada um dos litisconsortes passivos procura demonstrar que a culpa foi do outro).

7. *Cfr.* Giorgio Costantino, *Contributo allo studio del litisconsorzio necessario*, § 25, esp. p. 147.

8. *Cfr.* Chiovenda, *Principii di diritto processuale civile*, § 88, 1, p. 1.074.

indicada uma pluralidade de réus na petição inicial, vem a consumar-se a citação de todos. Forma-se também o litisconsórcio quando ocorre uma daquelas intervenções pelas quais o terceiro se torna litisconsorte (*supra*, n. 11). São esses os três modos de adquirir a qualidade de parte (*supra*, n. 3), os quais se projetam na formação do litisconsórcio.[9] Cria-se este, além disso, quando o juiz determina a reunião de causas em um só processo, não sendo inteiramente coincidentes as partes de todas as causas reunidas (*infra*, n. 140)[10] ou quando é determinada a citação de litisconsorte necessário (art. 47, par.), ou ainda quando terceiros voluntariamente intervêm como litisconsortes (intervenção litisconsorcial voluntária – *infra*, n. 13).

Não é admissível a formação do litisconsórcio por determinação do juiz, mediante a citação de terceiro, quando este não seja litisconsorte necessário. Isso equivaleria a converter o litisconsórcio facultativo em necessário, e no direito brasileiro o juiz carece de poderes discricionários para determinar a chamada intervenção *jussu judicis* (*infra*, nn. 98 e 140).

Já foi dito que "geralmente o litisconsórcio é uma conseqüência do *cúmulo subjetivo*, por atuarem vários autores contra um demandado, um demandante contra vários demandados ou vários demandantes contra vários demandados"; e que (com referência ao direito alemão, em parte aplicável ao nosso) "pode também formar-se no curso do processo, seja pela entrada dos sucessores no lugar da parte primitiva, seja por reunião de vários processos, ou pela intervenção adesiva dos credores no caso do § 856, inc. II, ou do Ministério Público em uma causa de nulidade do matrimônio".[11]

9. Os sucessores do autor, quando se habilitam, serão litisconsortes entre si, por intervenção; os do réu, por citação (*supra*, n. 3).

10. Se as partes forem rigorosamente as mesmas, não se *formará* litisconsórcio algum mediante a reunião de causas em um só processo porque (a) ou existe só um autor e um réu e assim continua a relação processual depois da reunião, (b) ou já existia litisconsórcio em algum dos processos reunidos e, por isso, não foi a reunião que o criou.

11. *Cfr.* Goldschmidt, *Zivilprozessrecht*, § 69, 1, p. 437 trad.

O cúmulo subjetivo, aludido nessa passagem, não será invariavelmente cúmulo de ações (*rectius:* de demandas), havendo casos de uma só ação necessariamente exercida por vários ou com relação a vários e sendo a demanda substancialmente única. O cúmulo que se pode entrever nessas hipóteses é apenas de pessoas, ou, como também já foi dito, "multiplicidade de sujeitos ou ao menos de interesses".[12] Sobre o cúmulo de demandas ou de ações, v. *infra*, nn. 29 ss.

13. litisconsórcio e assistência litisconsorcial

A admissibilidade do litisconsórcio pressupõe a legitimidade de cada um dos colitigantes (ou de todos, conjuntamente, quando se trata de litisconsórcio necessário), o que não passa de elementar imposição da regra geral de legitimidade *ad causam* contida no art. 6º do Código de Processo Civil ("ninguém poderá pleitear, em nome próprio, direito alheio, salvo quando autorizado por lei"). Assim, com referência ao objeto do processo, ou seja, à demanda posta em juízo (*res in judicium deducta*), só poderá haver litisconsórcio se a todos e cada um tocar a qualidade que lhes autorize a presença no processo.

É sabido que existem situações jurídicas de direito material subjetivamente complexas, onde se vêem três ou mais pessoas envolvidas – e não só duas, uma no pólo ativo e outra no passivo. É notório também que relações entre duas ou mais pessoas podem projetar reflexos sobre outras relações, que a elas sejam conexas ou delas dependentes.[13] Nem por isso todos os titulares de direitos

12. *Cfr.* Chiovenda, *Principii di diritto processuale civile*, § 3º, II, "c", p. 92

13. *Cfr.* Liebman, *Eficácia e autoridade da sentença*, n. 29, pp. 89 ss. trad. Sobre as diversas situações legitimantes que podem decorrer da conexidade, consideradas hipóteses variadas deste, v. Fabbrini, *Contributo alla dottrina dell'intervento adesivo*, esp. n. 14, pp. 66-70; Francesco Paolo Luiso, *Principio del contraddittorio ed efficacia della sentenza verso terzi*, n. 2, pp. 24-27; Federico Carpi, *L'efficacia "ultra partes" della sentenza civile*, n. 50, pp. 199-209. Falando das possíveis combinações entre as situações jurídicas, expressivamente diz Carnelutti que, "considerado o liame lógico entre a situação e o fato (...) acontece precisamente que (...) um mesmo fato material seja apto a modificar mais de uma situação jurídica", para em seguida concluir: "a conexão das situa-

e obrigações inerentes àquelas relações mais complexas ou todos os titulares das relações conexas ou dependentes seriam invariavelmente legitimados a figurar no processo em que relações dessa natureza são deduzidas diante do juiz. É invariavelmente necessário considerar os *limites da demanda*, uma vez que a pretensão veiculada por esta nem sempre exaure todos os possíveis efeitos da relação jurídica material.[14]

Por mais amplo que possa ser o objeto do conhecimento do juiz, por mais que ele haja de formar convicção sobre a situação global representada pela realidade fática estampada na relação complexa, a *decisão* da causa incidirá exclusivamente sobre o que tiver sido objeto da demanda (ex.: condenação de um dos obrigados a pagar determinada prestação contratual). E, como é óbvio, só terá legitimidade para estar em juízo com referência a *essa* demanda, conduzindo o processo como parte principal, aquele que for titular do eventual direito a ser declarado em sentença, em confronto com o titular da eventual obrigação correspectiva. A autoridade da coisa julgada material abater-se-á exclusivamente sobre o *decisum*, considerando-se que todas aquelas questões mais amplas talvez, ou mais numerosas, apreciadas e resolvidas na fundamentação do que o juiz vier a concluir, serão conhecidas *incidenter tantum*.

A conseqüência prática é que, sendo deduzida depois outra pretensão, distinta daquela que fora objeto específico da declaração judicial mas inerente ao mesmo contexto e dependente daqueles mesmos pontos que deram origem às questões já decididas, o juiz dessa segunda causa não ficará adstrito à maneira como o primeiro juiz houver solucionado tais questões; poderá então pronunciar-se livremente a respeito delas, *incidenter tantum* ou agora *principali-*

ções pode-se também definir como a sua aptidão a sofrer modificações em virtude de um mesmo fato" (*Teoria generale del diritto*, § 97, esp. p. 249). É dessa *relevância de um mesmo fato* sobre as situações jurídicas de diversas pessoas que emerge a problemática considerada no texto acima.

14. Pode-se, *v.g.*, pretender apenas *uma* prestação inerente a um contrato que institui várias, ou a constituição de título executivo sobre uma só das pessoas obrigadas pelas suas cláusulas.

ter se for o caso, seja de modo conforme ou divergente (CPC, art. 469). Eventual discrepância entre os dois pronunciamentos judiciais quanto ao modo de solucionar essas questões poderá configurar *conflito lógico de julgados* (por certo, indesejável), não porém conflito prático, que é o mal que a garantia constitucional da coisa julgada substancial visa a evitar.

Ora, a complexidade da vida em sociedade e das situações em que se vêem envolvidos os membros do convívio social (*supra*, nn. 6-7) produz situações jurídicas que de *diversas maneiras* interessam a uma pluralidade de pessoas. Há relações subjetivamente bastante complexas (*v.g.*, contrato com uma pluralidade de sujeitos), de modo que o mesmo grupo de questões relevantes para a decisão de um litígio entre duas pessoas ali envolvidas (p. ex., pretensão a receber dada prestação) poderá valer também para o julgamento de outra pretensão, inerente ao mesmo contexto mas envolvendo outras pessoas.

Entre a demanda em primeiro lugar ajuizada e as que vierem depois haverá nítida relação de conexidade (CPC, art. 103). Ocorrem também casos em que, para julgar dada demanda, precisa o juiz formar convicção acerca da situação de pessoas estranhas à relação processual: é o caso da demanda movida apenas em relação ao fiador, cuja procedência depende de o juiz aceitar a existência da obrigação principal. Inversamente, acontece muita vez que o julgamento da causa pendente constitui premissa relevante para o teor da decisão de outra que mais tarde possa ser ajuizada (situação oposta: ação movida pelo mutuante ao mutuário, reflexos mais tarde em eventual ação que esse mesmo credor venha a mover ao fiador).

Ou por mera *conexidade*, portanto, ou por *prejudicialidade* (como nos dois últimos exemplos), vê-se a existência de pessoas que, muito embora não sejam partes na relação substancial posta em juízo (não tendo mesmo legitimidade para sê-lo, uma vez que a demanda sujeita à apreciação judicial não lhes diz respeito diretamente), na realidade participam de um contexto sócio-jurídico que as coloca mais ou menos vizinhas ao objeto específico do processo pendente.

14. *terceiros e os limites dos resultados do processo (efeitos da sentença e coisa julgada)*

Como facilmente se compreende, sem terem participado do processo não poderão os terceiros suportar os efeitos diretos do julgamento que ali se produzirem nem estarão adstritos à autoridade de coisa julgada que sobre esses efeitos incidir. Não se lhes poderão impor os efeitos da sentença produzida em processo do qual não foram partes, simplesmente porque isso bateria de frente na garantia constitucional do contraditório. Nem se lhes impõe a *auctoritas rei judicatæ*, em primeiro lugar porque, incidindo esta somente sobre o *decisum* e não sobre os fundamentos da decisão (art. 469), quando alguma demanda lhes venha a ser movida inerente ao mesmo contexto a pretensão será outra, não apreciada ainda. A porção da realidade abrangida pelo primeiro julgado não terá sido a mesma que se propõe para o segundo, havendo também, quase seguramente, alguma diferença quanto à causa de pedir.

Ainda quando os fundamentos sejam em boa parte os mesmos e ainda que ocorra prejudicialidade, ter-se-á uma demanda objetivamente distinta daquela já julgada.

O modo como a primeira causa foi julgada, por outro lado, poderá talvez ser logicamente influente no julgamento de outra que vier depois (prejudicialidade), contudo sem que a *eficácia preclusiva* da coisa julgada, que no segundo processo impede a discussão do mérito do primeiro julgamento por aqueles que foram partes, de alguma forma atinja quem não o tenha sido.[15-16]

15. Das situações consideradas algumas há, como se vê, que colocam a problemática dos limites objetivos da coisa julgada e não de seus lindes subjetivos. Se nenhum dos fundamentos da sentença se reputa coberto pelo julgado substancial, o que é enfaticamente proclamado nos incisos do art. 469 do Código de Processo Civil, é natural que fique afastado o impedimento decorrente da *res judicata* sempre que a demanda proposta tiver elementos objetivos diversos dos que compunham outra já julgada por sentença trânsita em julgado; não importa se os sujeitos são os mesmos ou se houve alteração subjetiva. Em outras hipóteses o problema circunscreve-se à determinação do círculo subjetivo de pessoas sujeitas à autoridade da sentença (limites subjetivos da coisa julgada), maté-

Embora livres dos efeitos diretos da sentença e dos vínculos da coisa julgada material, a titularidade de situações jurídico-substanciais assim interligadas com aquela que é objeto do julgamento coloca todavia essas pessoas sob os reflexos que este

ria em que se destaca a obra clássica de Liebman, *Efficacia ed autorità della sentenza*. Um dos pontos fundamentais em que se apóia toda sua construção é representado pela distinção entre a *eficácia da sentença* e a *autoridade de coisa julgada*, como qualidade desta e dos seus efeitos.

16. Incidindo a coisa julgada substancial exclusivamente sobre o *decisum*, sem abranger qualquer dos fundamentos da sentença ou acórdão (CPC, art. 469, incs. I-III), ficaria ela reduzida a muito pouca ou quase nenhuma autoridade se não fosse sua *eficácia preclusiva*. Consiste esta na força de impedir nova discussão, relativamente ao objeto da demanda já definitivamente julgada, de qualquer ponto de interesse para esse julgamento. Não importa se foi um ponto que permaneceu pacífico durante todo o processo ou que haja sido erigido em *questão* por alguma das partes ou diretamente considerado pelo juiz na sentença: *tanto a matéria deduzida como a dedutível e não deduzida* (quer se trate de pontos atinentes ao mérito ou de interesse para as condições da ação ou regularidade do processo), tudo fica a salvo de qualquer discussão futura *destinada a infirmar o julgado*. Em outras palavras: toda essa matéria pode livremente ser apreciada outra vez, com referência a outras demandas *com objeto diferente* do que já foi submetido a julgamento, porque eventual reapreciação traduzirá, na pior das hipóteses, mero conflito lógico de julgados (art. 469). Ficam elas subtraídas a nova discussão e julgamento, todavia, se com isso se pretendesse destruir o que já ficou julgado com referência àquela mesma demanda e ao objeto posto em juízo através dela (por isso é que, para fins de embargos do executado, só fatos supervenientes à sentença condenatória podem ser lançados contra a execução com base nesta: CPC, art. 741, inc. VI). Essa é a *eficácia preclusiva da coisa julgada*, disposta no art. 474 do Código de Processo Civil com vista a tornar invulnerável a qualquer ataque a sentença trânsita em julgado (salvo ação rescisória), ainda quando fundada em fatos não considerados no curso do processo findo. O Código apega-se à tradicional ficção de existência de um "julgamento implícito" da matéria dedutível (art. 474: "reputar-se-ão deduzidas e repelidas todas as alegações e defesas que a parte poderia opor ..."), o que constitui evidente impropriedade: "o que se quer afirmar é que se não podem levantar, a respeito da mesma pretensão, questões argüidas ou que o podiam ser, se com isto se consiga diminuir ou atingir o julgado imutável, e, conseqüentemente, a tutela jurisdicional nele contida" (*cfr.* José Frederico Marques, *Instituições de direito processual civil*, IV, n. 1.098, p. 341). Da eficácia preclusiva da coisa julgada foi a doutrina brasileira alertada há décadas pelo gênio de Machado Guimarães (*Preclusão, coisa julgada, efeito preclusivo, passim*), com remissão à obra do Mestre Chiovenda (esp. *Principii di diritto processuale civile*, § 78, II, pp. 910 ss.).

projetará e que as atingirá mais ou menos intensamente, conforme o caso.[17] Embora não legitimados em via principal, ou seja, não qualificados para a presença e participação no processo como autor ou réu (ou como litisconsorte, que sempre é um autor ou réu), a lei permite o ingresso desses sujeitos em relação processual pendente entre outros, "para que não sejam levantados argumentos embasadores de pedido ou de defesa que possam vir a afetá-los posteriormente, em outra ação".[18] O terceiro intervirá como *assistente*, ou seja, como parte secundária e auxiliar daquela em cuja vitória está interessado, uma vez que sua situação *jurídica* poderá ser indiretamente atingida (favorável ou desfavoravelmente) pelos resultados do processo (CPC, art. 50).

15. assistência simples e litisconsorcial – litisconsórcio

A complexidade das coisas da vida e do comércio jurídico mostra diferentes situações de vizinhança entre o terceiro e o objeto do processo (demanda deduzida em juízo). E o legislador, medindo discricionariamente com seu próprio metro o grau de intensidade da influência que a situação jurídica do terceiro pode receber da sentença, estabelece correlativos graus de participação que este poderá ter no processo. Surge daí então, no direito brasileiro, a distinção entre a assistência simples e a qualificada, dita *litisconsorcial* (art. 54).

Apesar de o Código de Processo Civil revogado falar desse terceiro como *equiparado* ao litisconsorte (art. 93) e o vigente dizer que ele se *considera* tal, nem por isso o assistente qualificado deixou de ser assistente. Litisconsorte poderia ser, se tivesse *legitimatio* para demandar ou ser demandado por aquele específi-

17. *Cfr.* Liebman, *Eficácia e autoridade da sentença*, n. 29, pp. 89 ss. trad. Na doutrina mais moderna, v. Fabbrini (*Contributo alla dottrina dell'intervento adesivo*, n. 18, pp. 93 ss.), com o desenho de uma distinção entre diversas situações legitimantes e abertura para o estudo da sentença e sua eficácia perante terceiros. V. também Allorio, *La cosa giudicata rispetto ai terzi*; Liebman, *Manual de direito processual civil*, I, nn. 53-54, esp. pp. 149 ss. trad.

18. *Cfr.* Sérgio Ferraz, *Assistência litisconsorcial no direito processual civil*, p. 57.

co e estrito objeto litigioso contido no processo, nele introduzido por meio da demanda ajuizada. Não a tendo, em princípio não deverá ser admitido a figurar como autor ou como réu no processo em que se controverta sobre esse objeto que não lhe diz respeito diretamente. E, é claro, não podendo ser parte principal isoladamente, não haveria por que pudesse sê-lo em companhia de outrem (*infra*, n. 49). O que pretendeu a lei ao instituir a figura do assistente qualificado foi *dotá-lo de poderes mais intensos* na relação jurídica processual (mais intensos que os do assistente simples), com maior liberdade de ação e de movimentos ao longo do procedimento em que intervém.

Bastante amplos são também, no direito brasileiro, os poderes de que se investe o assistente *simples*, os quais são em princípio os mesmos (acompanhados dos mesmos ônus concedidos à parte assistida – CPC, art. 52). Tanto quanto o qualificado, pode o assistente simples requerer e produzir provas, participar do procedimento relativo a estas, pode arrazoar e até recorrer, ainda que não o haja feito a parte principal.[19] Não terá eficácia, todavia, o que fizer *em contraste com a vontade desta*: tendo o assistido renunciado a recorrer ou desistido do recurso interposto, tendo manifestado o intuito de dispensar a produção de determinado meio de prova ou aceitado a competência territorial do juiz, não produzirá o efeito pretendido a manifestação recursal do assistente *simples*, seu pedido daquela prova, sua exceção declinatória de foro.[20] Por outro lado, é lícita e eficaz a prática de atos dispositivos pelo assistido (reconhecimento do pedido, renúncia ao direito, transação, desistência da ação – art. 53), independentemente da vontade do assistente simples. É claro que, tendo acontecido um fato como esses, em outro processo no

19. *Cfr.*, por todos, Arruda Alvim, *Código de Processo Civil comentado*, III, p. 55. É excelente a distinção feita por Lopes da Costa entre assistência simples e litisconsorcial (*cfr. Direito processual civil brasileiro*, I, esp. n. 497, p. 427); *cfr.* também Barbi, *Comentários ao Código de Processo Civil*, I, n. 339, p. 300.

20. *Cfr.* Liebman, *Manual de direito processual civil*, I, n. 54, esp. p. 155 trad. ("adquire a posição de parte de certa maneira subordinada, com a faculdade de exercer apenas os mesmos poderes que cabem à parte ajudada – sem poder formular demandas próprias, distintas daquela trazida em apoio à do assistido e, naturalmente, ficando sujeito aos efeitos da sentença"). V. também Arruda Alvim, *Código de Processo Civil comentado*, III, p. 55; Sérgio Ferraz, *Assistência litisconsorcial no direito processual civil*, pp. 65 ss.

qual venha a figurar mais tarde como parte principal poderá esse assistente repudiar o reflexo do que então haja ocorrido lá onde interviera; é a chamada *exceptio male gesti processus*, apta a afastar a *eficácia da intervenção* (*Interventionswirkung*) nos casos indicados nos dois incisos do art. 55 do Código de Processo Civil.[21]

O assistente *litisconsorcial* está porém mais próximo (do que o assistente simples) da porção da realidade fático-jurídica que constitui objeto do processo, sendo natural que mais intensos poderes lhe dê a lei, na medida em que é mais intenso o prejuízo que este pode trazer-lhe. O pressuposto de sua legitimidade a intervir consiste, segundo o art. 54 do estatuto processual básico, em ter ele uma *relação jurídica com o adversário do assistido*, sobre a qual haja de influir a sentença. A dicção da lei figura a posição de pessoas cuja situação jurídico-material perante o adversário do assistido é tão próxima ou semelhante à deste que, pensando bem,

21. A *eficácia da intervenção* perante o terceiro que ingressou como assistente, a que alude o art. 55 do Código de Processo Civil, costuma ser indevidamente assimilada à autoridade da coisa julgada material. Basta ver, no entanto, que a indiscutibilidade dos fundamentos da sentença, no âmbito da demanda já julgada, sequer para as partes é explicada pelo fenômeno da *res judicata*: e, se assim é, facilmente se compreende que muito menos para terceiros poderá sê-lo. A *Interventionswirkung*, de que fala a doutrina alemã (*cfr.* Rosenberg-Schwab, *Zivilprozessrecht*, § 47, IV, esp. p. 213), outra coisa não é senão a *eficácia preclusiva da coisa julgada* em sua projeção sobre o terceiro que interveio no processo como assistente. Em virtude dela, e nos termos do disposto no *caput* do art. 55, ficará o interveniente preso aos motivos da sentença, inclusive à verdade dos fatos estabelecida como fundamento dessa e à apreciação dada às questões prejudiciais, na medida em que tais pronunciamentos do juiz venham a ser relevantes em causa posterior na qual ele venha a figurar como parte principal. Tanto quanto as partes principais do processo em que a sentença foi dada, ele fica vinculado pela eficácia preclusiva dessa sentença. É isso que o art. 55 quis dizer quando consignou que só em casos excepcionais (incs. I-II) poderá o assistente, em feito ulterior, "discutir a justiça da decisão". Nesses casos excepcionais, que configuram a chamada *exceptio male gesti processus*, ele porá em discussão o acerto desses pronunciamentos dados *incidenter tantum*, obviamente sem com isso infirmar a *res judicata* formada no primeiro processo (o que sequer as próprias partes poderiam fazer, sendo que a ele faleceria legitimidade para postular reforma do que foi decidido sobre direitos e obrigações alheios). *Cfr.* também minhas *Instituições de direito processual civil*, II, n. 597, pp. 394 ss., e III, nn. 996 e 998, pp. 375 ss.

alguma legitimidade ele teria para também figurar como parte principal naquele mesmo processo; é claro que se essa legitimidade fosse para a mesmíssima demanda posta em juízo (subjetiva e objetivamente considerada), sem alterações ou ampliações quanto ao pedido ou à causa de pedir, nem quanto aos limites subjetivos da eficácia do provimento postulado, caso seria de litisconsórcio e não de assistência litisconsorcial (ação movida por um credor solidário, advento de outro no processo já instaurado; ação popular, ingresso de outro cidadão no curso do processo – sobre a intervenção litisconsorcial voluntária, v. adiante, neste mesmo item).

As hipóteses contidas na previsão do art. 54 configuram situações em que, embora o pedido feito pelo assistido ou em face dele ajuizado pudesse eventualmente ser deduzido pelo terceiro ou voltar-se sobre ele, para a legitimidade deste algum novo dado objetivo precisaria inserir-se na demanda: seria necessário alterar a *causa petendi* (fundamentos de fato capazes de justificar a declaração de ser ele titular do direito ou sua pretendida submissão aos efeitos da sentença postulada) ou ampliar o próprio *petitum* (solicitando ao juiz que também o terceiro venha a ser beneficiado ou atingido pelos efeitos da sentença). Em conseqüência, se aquele que é terceiro estivesse no processo como parte principal, a ação a ele movida não seria *a mesma* movida pelo assistido ou a este (nem mesmo objetivamente a mesma), mas outra, ainda que conexa pelo pedido ou causa de pedir (CPC, art. 103).

Tendo sido pedida apenas a condenação do condutor de dado automóvel em razão de um acidente rodoviário, o dono do veículo não tem legitimidade para atuar no processo como litisconsorte (parte principal). Para que a tivesse seria necessário não só que também a sua condenação houvesse sido pedida, mas ainda que na causa de pedir fosse incluída a alegação de ser ele proprietário e de alguma forma ter possibilitado o uso do automóvel por aquele que se envolveu na colisão. É a demanda posta em juízo, portanto, que estabelece os lindes da legitimidade de partes e assistentes – sempre tendo-se em conta o pedido e a causa de pedir deduzidos.

As *situações legitimantes* à assistência qualificada situam-se, como se vê, entre a que autoriza apenas a simples e aquela outra, bem mais intensa, que conduz ao litisconsórcio (legitimidade *principal*).[22] E se em sede doutrinária e conceitual já é bastante sutil a distinção que se faz entre essas três situações (a intermediária tantas vezes resvalando e confundindo-se com as duas extremas), na prática não são menores as dificuldades quando se passa aos exemplos ou à apreciação de casos clínicos concretos. A partir dos ensinamentos livrescos, porém, e dos repertórios de jurisprudência, podem-se alinhar exemplificativamente os seguintes casos, sempre com a advertência de que nem todos são pacificamente considerados como de indiscutível assistência litisconsorcial:

a) o afiançado como assistente litisconsorcial do fiador (ou vice-versa) no processo da ação de cobrança movida pelo credor;

b) o tabelião intervindo como assistente litisconsorcial do comprador de um imóvel na ação em que é pedida a pronúncia da nulidade da compra-e-venda por vício da escritura;[23]

c) a assistência do condutor do automóvel, com interesse na vitória do proprietário do veículo, quando acionado este em virtude de acidente com ele ocorrido (ou, inversamente, o proprietário do veículo como assistente de quem o dirigia);

d) os acertadores de dado teste da Loteria Esportiva, assistentes qualificados da Caixa Econômica Federal quando outro apostador postula seu direito de também participar do rateio;[24]

22. Para o estudo sistemático das diferentes situações legitimantes e espécies de legitimidade, v. em primeiro lugar Liebman, "Il titolo esecutivo riguardo ai terzi", II, pp. 368 ss.; Barbosa Moreira, "Apontamentos para um estudo sistemático da legitimação extraordinária", *passim;* Dinamarco, *Instituições de direito processual civil,* II, nn. 544-545, pp. 309 ss.

23. Exemplo clássico na doutrina em geral – *cfr.* Sérgio Ferraz, *Assistência litisconsorcial no direito processual civil,* p. 60.

24. O exemplo é da jurisprudência do Supremo Tribunal Federal. Certo apostador, que fizera prognóstico correto dos treze jogos, não foi incluído na relação oficial dos ganhadores de determinado teste da Loteria Esportiva porque a casa lotérica onde fez o jogo falsificara a *matriz* que veio a enviar à Caixa Econômica Federal (fazendo constar menor número de apostas). No julgamento do recurso extraordinário interposto pela Caixa contra decisão da Justiça Federal concessiva de mandado de segurança o Supremo repeliu a preliminar de nulida-

e) os vizinhos interessados na vitória da Municipalidade em causa instaurada por um proprietário que pretende ser considerado liberto de determinadas limitações administrativas ao direito de construir;[25]

f) herdeiros intervindo em processo no qual o espólio é representado pelo inventariante;[26]

g) um dos aprovados em concurso público para ingresso em serventias extrajudiciais, assistindo outra aprovada no mandado de segurança impetrado contra ato administrativo do Presidente do Tribunal de Justiça de Pernambuco que declarou nulo o certame;[27]

de por falta de citação dos demais acertadores, como litisconsortes necessários (STF, 2ª T., RE n. 81.848, j. 29.5.79, rel. Leitão de Abreu, v.u., *RTJ* 93/172), sustentando corretamente que eles não o são (sem embargo da crítica que possa merecer a argumentação do Min. Amarílio Benjamin, do Tribunal Federal de Recursos, reproduzida no voto do relator, *verbis:* "nada teriam a alegar contra a inclusão de mais um ganhador no rateio"). Com base em parecer oferecido especialmente para o caso por Barbosa Moreira, considerou o Supremo Tribunal Federal que os demais ganhadores poderiam, se o quisessem, intervir no feito como assistentes qualificados ou litisconsorciais: se eles receberam, deram quitação e não reclamaram, "a valoração desse interesse (...) cai sob o juízo soberano dos próprios titulares das relações jurídicas conexas com a deduzida em juízo e suscetíveis de sofrer a influência da sentença". Essa argumentação também não é imune a críticas, pois o conformismo daqueles sujeitos não é fator excludente da necessidade de chamá-los à relação processual (art. 47, par.); se fossem litisconsortes necessários, com ou sem o conformismo eles precisariam ser citados. Além disso, parece-me que era caso de *assistência simples*, não litisconsorcial, porque os terceiros (ganhadores) tinham uma relação jurídica apenas com a parte a quem poderiam eventualmente prestar assistência (Caixa Econômica Federal) e nenhuma com os adversários desta (CPC, art. 54).

25. Da jurisprudência do Tribunal de Justiça de São Paulo (4ª C. Civ., agr. instr. n. 273.922, j. 5.10.78, rel. Geraldo Roberto, v.u., *RT* 524/99). Foi reconhecida aos vizinhos da conhecida sede da *Manchete*, na confluência da Av. Europa com Rua Groenlândia, em São Paulo, a legitimidade para intervir como assistentes litisconsorciais da Prefeitura paulistana no processo movido a esta pela empresa proprietária do periódico.

26. *Cfr.* STJ, 2ª T., REsp n. 1.0199.337, j. 2.10.08, rel. Humberto Martins, v.u., *DJe* 7.3.08.

27. *Cfr.* STJ, 2ª T., REsp n. 924.774, j. 27.5.08, rel. Carlos Fernando Mathias, v.u., *DJe* 4.11.08.

h) intervenção em processo de homologação de sentença estrangeira por pessoa que figurara como parte no processo de origem.[28]

Precisamente por estar o assistente litisconsorcial mais próximo ao objeto do processo (como visto acima), é natural que maior seja sua liberdade de ação no procedimento. Estar *mais próximo ao objeto do processo* significa estar mais intensamente exposto aos efeitos da sentença que vier a ser proferida. Diferentemente do assistente simples, ele *pode afrontar a vontade do assistido*, recorrendo quando este não quer o recurso, provando quando este dispensa a prova, excepcionando o foro ou o juiz quando ele aceita a competência ou considera ausente qualquer causa de suspeição ou impedimento. Além disso, limitados ficam aqueles poderes de disposição da parte principal referidos no art. 53 (reconhecimento, transação, renúncia, desistência), os quais dependerão do concurso da vontade do assistente litisconsorcial para que tenham eficácia os atos dispositivos.[29]

Nem por isso, todavia, o assistente litisconsorcial se alça à condição de litisconsorte. O direito postulado na demanda inicial do processo não é seu (caso de assistência ao autor), nem é ele que será diretamente atingido pela condenação, constituição ou mera declaração que a sentença trouxer (assistência ao réu). Por mais intensa que seja sua relação com o autor, o assistente do réu jamais será condenado juntamente com este, em caso de procedência da demanda inicial; por mais intensa que seja sua relação com o réu, o assistente do autor jamais será beneficiado com uma condenação a seu favor. Por isso é natural que não possa o assistente, ainda que *litisconsorcial*, validamente dispor do direito

28. *Cfr.* STJ, CE, AgRg na SEC n. 1.035, j. 7.6.06, rel. Eliana Calmon, v.u., *DJU* 7.8.06, p. 194. De acordo com o Superior Tribunal de Justiça, o litisconsórcio no processo de homologação de sentença seria facultativo e unitário, comportando por esse motivo a assistência litisconsorcial.

29. *Cfr.* Arruda Alvim, *Código de Processo Civil comentado*, III, pp. 72-73; Sérgio Ferraz, *Assistência litisconsorcial no direito processual civil*, p. 71; Dinamarco, *Instituições de direito processual civil*, II, n. 597, pp. 394 ss.

material (que não é seu) ou do processo (que não foi instaurado por sua iniciativa).[30]

16. o sucessor da parte no direito controvertido (CPC, art. 42, § 2º)

Situação muito especial, que chega a ameaçar a estrutura dessa construção justamente porque particularmente próxima à da legitimidade a atuar no processo como parte principal, é a do art. 42, § 2º, do Código de Processo Civil. O adquirente da coisa litigiosa torna-se iniludivelmente, pelo ato de aquisição, parte da relação jurídico-material controvertida (parte em sentido material) mas não conquista com isso, automaticamente, a condição de sujeito legitimado a assumir as rédeas do processo, no pólo ocupado pelo alienante. Enquanto não consentir a parte contrária, ele permanecerá sem legitimidade para ingressar no processo como autor ou como réu (parte principal), podendo apenas assistir litisconsorcialmente a parte originária. Esse caso configura uma situação em que o titular da relação jurídica substancial controvertida permanece privado da legitimidade *ad causam* principal, a qual continua em mãos daquele que já não é parte em sentido material e no entanto recebe da lei todos os poderes para continuar no processo, agora como substituto do titular do direito ou obrigação (legitimidade extraordinária). Aqui é mais que óbvio não poder a parte principal (substituto processual) dispor de direitos sem o consenso de seu assistente, que é o verdadeiro e único titular da situação de direito substancial; e é também para lá de óbvio que o assistente, apesar de tal, pode validamente dispor (renunciando, transigindo, reconhecendo, desistindo), desde que concorde a parte contrária nos casos em que o consenso é exigido (CPC, art. 267, § 4º).

30. *Cfr.* autores citados na nota anterior. Essa limitação da eficácia dos atos dispositivos do assistente e do próprio assistido (ou seu condicionamento à convergência de ambos) assimila-se às regras inerentes ao regime do *litisconsórcio unitário* (*infra*, nn. 69 ss.).

O aparente paradoxo que essa hipótese encerra tem a valia de chamar a atenção para um dado de bastante relevância na definição da situação legitimamente típica da assistência litisconsorcial: não é tanto a titularidade da situação de direito substancial em conflito com o adversário do assistido que legitima o terceiro a intervir no processo, quanto a *legitimidade para estar em juízo na defesa dos direitos inerentes a essa situação*. É certo que, como sabido e já afirmado (*supra*, n. 4), ordinariamente quem tem essa legitimidade é mesmo a parte em sentido material (art. 6º); mas para se sentir o acerto da colocação que ora se faz basta a lei deslocar esse centro de referência, ditando casos de *legitimidade extraordinária exclusiva* – em que a parte em sentido material não tem sequer legitimidade concorrente, como também sucedia no clássico exemplo do marido como substituto processual da mulher para a defesa dos bens dotais (CC, art. 289, inc. III).[31]

17. colegitimados

Havendo *colegitimados à* defesa de determinado bem ou interesse, que possam agir isoladamente ou em conjunto sem com isso alterar-se o alcance objetivo ou subjetivo do provimento jurisdicional postulado, o ingresso de algum ou alguns deles após instaurado o processo configurará autêntico litisconsórcio e não assistência litisconsorcial. Não importa que se trate de colegitimados ordinários, como é o caso de credores ou devedores solidários; ou extraordinários, na chamada *legitimidade por categoria*, de nobre linhagem doutrinária (Calamandrei)[32] e que podemos ver, por exemplo, entre os *cidadãos* legitimados à ação popular.

Se dois credores solidários viessem desde o início, não se duvidaria da existência do litisconsórcio ativo; o mesmo no caso de dois cidadãos ajuizando conjuntamente a demanda de anulação de ato lesivo aos interesses de entidade de direito público. Ajuizada a de-

31. *Cfr.* Mariz, *Substituição processual*, n. 70, pp. 150-151; Amaral Santos, *Primeiras linhas*, I, n. 278, esp. p. 349.

32. *Cfr. Istituzioni di diritto processuale secondo il nuovo codice*, I, § 37, esp. p. 124.

manda por um só e ingressando outro depois, a sentença que eventualmente pronuncie a procedência da ação não será em nada mais eficaz, ou menos, nem atingirá pessoas em maior número do que se não tivesse havido a intervenção.

É que todos esses autores (originários ou ulteriores) ocupam a mesmíssima posição jurídica perante o objeto do processo introduzido pela demanda inicial, pouco importando se esta veio de um sujeito, dois ou vários; e sendo indiferente que todos hajam demandado desde o início ou se algum deles ingressou no processo depois. Se todos seriam litisconsortes ativos no caso de propositura conjunta da ação, saberia até a arbitrariedade considerar que sejam apenas assistentes litisconsorciais os que ingressam na pendência do feito, assumindo a mesma posição que teriam se tivessem vindo desde o início. Tendo a mesma postura perante o objeto do processo e o mesmo grau de poderes e autonomia no procedimento, são verdadeiramente *litisconsortes* (litisconsortes ulteriores).

18. intervenção litisconsorcial voluntária

O ingresso de colegitimados nas condições acima configura uma intervenção no processo, a *intervenção litisconsorcial voluntária*. É fenômeno que encontra melhor acomodação sistemática na teoria do litisconsórcio, não da intervenção de terceiros. Ao *ato* de intervir sucede-se a *situação processual* que é o litisconsórcio (*supra*, n. 8).

A jurisprudência brasileira admite também, embora com ressalvas, a intervenção litisconsorcial voluntária de sujeitos que sejam legitimados a demandas conexas à já proposta ou ligadas a ela por algum ponto comum de fato ou de direito (*infra*, n. 142); com o advento dessas pessoas forma-se no primeiro caso um litisconsórcio por conexidade (art. 46, incs. II-III) e no segundo, por afinidade (o chamado *litisconsórcio impróprio* – art. 46, inc. IV, e *infra*, n. 48). A intervenção litisconsorcial, nessas hipóteses, difere daquela dos colegitimados porque através dela se dá uma *ampliação do objeto do processo pendente*, somando-se novos pedidos ao que já havia sido deduzido pelo autor originário. A ampliação do objeto do processo mediante formulação de novos pedidos em benefício dos que intervêm voluntariamente é o dado substancial que diferencia essa intervenção em relação à dos colegitimados e, *a fortiori*, em relação à assistência litisconsorcial.

São funcionários públicos da mesma categoria dos que deram origem ao processo contra o Estado, postulando para si vantagem da mesma natureza daquela postulada pelos autores iniciais. São contribuintes que pretendem em seu benefício a declaração da mesma situação tributária já pleiteada por outros, no curso do processo de mandado de segurança impetrado por estes. Ou o dono de um automóvel que fora atingido quando estacionado ao meio-fio, que pede indenização por esse fato, intervindo em processo no qual o condutor de outro veículo (o que o atingiu) é demandado pelo de outro que, em movimento, teve um choque com ele (tríplice colisão). Sobre esses e outros exemplos e sobre os limites da admissibilidade da intervenção litisconsorcial voluntária, v. *infra*, n. 142.

19. da assistência simples à intervenção litisconsorcial: escalada de intensidade

Resumindo para melhor entender a distinção entre as situações de direito substancial legitimantes do ingresso de terceiro em processo pendente, temos quatro hipóteses integradas em uma verdadeira escalada de intensidade. A ligação mais tênue é a que conduz à assistência simples, a mais intensa é a que autoriza a intervenção litisconsorcial do titular de relação conexa ou afim, como a seguir se vê:

a) *assistência simples* – terceiro titular de relação jurídicosubstancial só com a parte assistida. Intervém sem alterar o objeto do processo e sem poderes para contrariar a vontade manifesta da parte a quem assiste;

b) *assistência qualificada* (litisconsorcial) – terceiro titular de legitimidade a litigar com o adversário do assistido. Intervém sempre sem alterar o objeto do processo mas com poderes para contrariar a vontade da parte a quem assiste (sem poderes de disposição);

c) *intervenção litisconsorcial voluntária do colegitimado* – terceiro que teria legitimidade para figurar como autor ou réu desde o início, com relação ao objeto do processo posto pela demanda inicial do autor originário. Intervém sem alterar o objeto do processo, com os mesmos poderes da parte a cujo lado se coloca (é seu litisconsorte);

d) *intervenção litisconsorcial voluntária do titular de relação jurídica conexa ou afim à relação jurídica litigiosa* (ponto comum de fato ou de direito) – intervém alterando o objeto do processo mediante inserção do seu *petitum* e adquirindo os mesmos poderes da parte a cujo lado se coloca (é seu litisconsorte).

20. litisconsórcio: aspectos gerais (delimitação do tema)

O litisconsórcio é tema extremamente fértil, de aspectos muito ricos e elegantes, e, embora centrado na teoria do *processo*, projeta-se sobre os outros setores fundamentais do direito processual com implicações relativas à jurisdição, à defesa e, de modo muito significativo, à ação e às tendências contemporâneas de sua garantia constitucional (*supra*, n. 11).

Ele não pertence ou se circunscreve à disciplina do *processo ou fase de conhecimento*. Velho e atávico vício de perspectiva induz-nos tradicionalmente a considerar os institutos de direito processual pelo prisma exclusivo do *judicium*, como se a este se reduzisse o campo do exercício da jurisdição. Esse preconceito metodológico alastra-se indesejavelmente por nossa ciência, talvez em função da prioridade histórica da cognição ante a execução forçada, como se os fenômenos de seu interesse não tivessem projeção nem relevância em suas manifestações *in executivis*, ou como se tais manifestações devessem ser objeto de ciência à parte.[33] O litisconsórcio apresenta relevantes aspectos e suscita

33. Tal é a advertência lançada por vários autores italianos, com reflexo em minha *Execução civil* (v. esp. pp. 21-25 – "premissas"). Evidentemente, porém, ao lado dos princípios, regras e conceitos de validade ampla em todo o direito processual civil, existem aquelas áreas do que é peculiar ao processo ou fase de conhecimento ou ao de execução. A colocação metodológica que tenho por correta seria menos correta se ignorasse essas distinções e pretendesse a mera transposição, para a execução forçada, de tudo quanto existe sobre a cognição (o *chamamento ao processo*, p. ex., segundo toda a doutrina e pacífica jurisprudência, é peculiar à cognição).

questões inúmeras com igual interesse para o processo ou fase de conhecimento e o de execução (sem dizer do cautelar), que, talvez mesmo por culpa dessa lacuna doutrinária e sistemática, acabam por receber tratamento quase empírico e casuístico quando na experiência concreta se manifestam fora do campo específico e tradicional do *judicium*.

Não raramente surgiam dúvidas na jurisprudência acerca do *dies a quo* do prazo para embargar a execução quando há mais de um executado – se se conta para todos do momento em que *todos* são intimados da penhora ou se cada um tem seu prazo a partir da própria intimação (CPC, art. 241, inc. II). Dúvidas também nos desafiavam quanto à aplicação aos embargos do executado da regra do art. 191 do Código de Processo Civil: havendo mais de um executado com procuradores diferentes, dá-se a duplicação do prazo para embargar? O direito vigente põe uma *pá de cal* nesses problemas ao estatuir que, "quando houver mais de um executado, o prazo para cada um deles embargar conta-se a partir da juntada do respectivo mandado citatório, salvo tratando-se de cônjuges" (art. 738, § 1º), e que "aos embargos do executado não se aplica o disposto no art. 191 desta lei" (art. 738, § 3º). Essas dúvidas estão resolvidas pela lei mas outras ainda subsistem, como a da configurabilidade do *litisconsórcio necessário* na execução forçada; também inexistem estudos aprofundados ou jurisprudência consolidada sobre a aplicabilidade ou inaplicabilidade das regras da *unitariedade do litisconsórcio* ao processo executivo. A resposta sistemática e coerente a indagações como essas só poderá ser obtida mediante a visão global do instituto do litisconsórcio, e que seja rebelde a essa criticada postura metodológica limitativa aos fenômenos do processo de conhecimento.

Nem é o litisconsórcio um instituto peculiar ao direito processual civil. Já nem se fala de sua projeção ao *processo trabalhista*, que no fundo é processo civil com peculiaridades próprias mas sujeito à disciplina geral contida no estatuto processual básico (CLT, art. 769).[34] Um estudo científico que almeje ser completo e oferecer soluções livres de ressalvas casuísticas haveria de en-

34. *Cfr.* Dinamarco, *A instrumentalidade do processo*, n. 7, pp. 73 ss., e *Instituições de direito processual civil*, I, n. 2, pp. 39-40; Cintra-Grinover-Dinamarco, *Teoria geral do processo*, n. 16, pp. 54-55.

carar também o fenômeno litisconsorcial *no processo penal*, que mal costuma ser considerado, em termos de litisconsórcio, mesmo nos limites específicos dos trabalhos dos processual-penalistas.

O Código de Processo Penal impõe a *unidade da ação penal*, pela qual há de velar o Ministério Público quando se trata de ação penal privada (art. 48); e entende-se que, nos casos em que a *persecutio* incumbe ao Ministério Público, a regra da indisponibilidade (ou legalidade, *Legalitätsprinzip*) obriga a inclusão de todos os responsáveis pela infração penal na denúncia.[35] Seria preciso examinar esses fenômenos pelo prisma da teoria do litisconsórcio necessário, haurindo da ciência processual civil e dos progressos que ela já alcançou subsídios válidos para o melhor entendimento da matéria. E útil seria para todos se remontássemos com dados de lá e de cá *à teoria geral do processo*, que ao processo penal e ao civil ofereceria melhor visão panorâmica do instituto do litisconsórcio, como de resto de todos os institutos de direito processual. Metodologicamente correto seria até, e mais útil também, remontar a um patamar que, fora dos lindes do processo jurisdicional, incluísse o enfoque do instituto em suas manifestações no *administrativo*, também contido na teoria geral do processo.[36] Esse seria porém um trabalho muito árduo, conquanto desafiador e estimulante, que não me animo a fazer. As limitações que conscientemente aceitei são as

35. *Cfr.* Tourinho, *Processo penal*, I, pp. 419, 420; v. também José Frederico Marques, *Elementos de direito processual penal*, I, nn. 184-185, pp. 334 ss., sobre o princípio em si (obrigatoriedade da ação penal).

36. Essa visão bastante larga da teoria geral do processo constitui a tônica da obra moderna de Fazzalari (*cfr.* suas *Istituzioni di diritto processuale*, esp. pp. 3 ss.; v. também o verbete de sua autoria "Processo-teoria generale", *passim*). A teoria geral do processo deve chegar até onde chega o exercício do poder – seja pelo Estado ou por entes intermediários entre o Estado e o indivíduo (partidos políticos, entidades de categoria *etc.*): *cfr.* Dinamarco, *A instrumentalidade do processo*, n. 7, pp. 73 ss. Mas seria talvez exagerado, ao menos no presente quadrante histórico da gradual expansão da teoria geral do processo, pensar em possíveis projeções do instituto do litisconsórcio para fora do processo estatal. Quanto ao *intercâmbio com o processo administrativo*, que foi tema do 8º Congresso Internacional de Direito Processual (Utrecht, Holanda, 1987), v. Bryant Garth, "Improvement of civil litigation by lessons derived from administrative procedures: general report on countries other than Iberian Peninsula and Latin America"; Enrique Vescovi, "Improvement of civil litigation: lessons from administrative procedures: en el área iberoamericana".

do processualista civil, que vai preferindo permanecer nos lindes de seu saber específico. Este é apenas *um estudo sobre o litisconsórcio comum, unitário, necessário, facultativo* em direito processual civil – com o exame do instituto do litisconsórcio em suas colocações fundamentais e segundo as manifestações características de cada uma dessas espécies.

No próprio âmbito do direito processual civil e nos limites do processo de conhecimento, temas relevantíssimos deixam por ora de ser estudados e integrados neste ensaio, embora haja a consciência de que o estudo de cada um deles teria inclusive a valia de enriquecer, esclarecendo-a melhor, a própria disciplina da necessariedade e da unitariedade (*cfr.* "Apresentação da oitava edição", *supra*).

21. litisconsórcio: justificação do instituto

Nas variadas situações em que o litisconsórcio é admitido (*infra*, nn. 38 ss.) têm-se em vista a *harmonia dos julgados* e a *economia processual*.[37] Evita-se a produção de decisões conflitantes quanto a diversos sujeitos em diversos processos e otimiza-se o processo como instrumento destinado a oferecer à sociedade os máximos resultados úteis que dele se possam extrair (*processo civil de resultados*),[38] fazendo-se uma vez só o que talvez precisasse ser feito separadamente, em processos separados.

Na realidade a *ratio* da admissão do litisconsórcio não se distribui, sempre e invariavelmente, de forma equilibrada entre esses valores, que são sem dúvida muito respeitáveis em si mesmos mas que em cada caso (ou espécie de litisconsórcio) aparecem reciprocamente preponderantes. Quando se fala na *economia* como fundamento do instituto do litisconsórcio pensa-se na conveniên-

37. *Cfr.* Chiovenda, *Principii di diritto processuale civile*, § 88, II, p. 1.075; Calmon de Passos, *Do litisconsórcio*, n. 5, p. 12.

38. Sobre o método do *processo civil de resultados* como uma inerência da moderna visão instrumentalista do processo, *cfr.* minhas *Instituições de direito processual civil*, I, n. 40, pp. 110 ss.

cia de se cumularem em um só processo diversas partes[39] e suas respectivas demandas, evitando-se com isso a multiplicação de processos e a repetição de instruções em torno do mesmo contexto de fato. A *harmonia entre julgados* representa a conveniência de evitar o conflito entre sentenças, risco que ao menos em tese acompanha a pronúncia de duas delas, ou mais, em processos separados, sobre pretensões que assentam no mesmo fundamento ou em fundamentos análogos. É para evitar dispersão de gastos e atividades (economia) e para que não se profiram julgados conflitantes sobre as mesmas questões que as legislações em geral são propensas a admitir o litisconsórcio e, em certos casos, a exigi-lo até (litisconsórcio necessário). A consciência da necessidade de otimizar o processo de modo a extrair dele o máximo proveito útil deve comandar a solução de certos problemas do litisconsórcio, como o da *reconvenção subjetivamente* mais ampla que a demanda inicial (*infra*, n. 180).

Na observação da influência dos princípios da economia e da harmonia foi dito com muita autoridade que, sob esse aspecto, as diversas espécies de litisconsórcio apresentam *due tipi estremi*[40] – ora com grande preponderância de um, ora com relevância quase exclusiva de outro.

No *litisconsórcio necessário unitário* (*infra*, n. 82) ficam praticamente na sombra as razões de economia, pois nesse caso o que leva o legislador a exigir a formação do processo com dois ou mais autores ou réus e a vedar o tratamento diferenciado entre os litisconsortes é a incindibilidade de certas situações de direito substancial, que estão a clamar por solução homogênea para todos os seus sujeitos (*infra*, esp. nn. 64 e 82).

No chamado *litisconsórcio impróprio*, inversamente, em que duas ou mais pessoas podem demandar ou ser demandadas em conjunto apenas porque existe entre as suas situações jurídicas um

39. Superando a clássica dualidade de partes, que integra o esquema mínimo da relação processual: *cfr. supra*, n. 6.

40. *Cfr.* Chiovenda, *Principii di diritto processuale civile*, § 88, II, pp. 1.075-1.076.

ponto comum de fato ou de direito (mera afinidade de questões, menos que conexidade – *infra*, nn. 23, 58, 42), é a economia razão fortemente preponderante para que a lei o admita:[41] o *timor ne varie dicetur*, se bem respeitáveis sejam as razões de ordem pública que o justificam (salvaguardar, acima de tudo, o prestígio da própria Justiça), não teria por si só a força suficiente para autorizar o processo litisconsorcial e muito menos ainda para impedir as demandas individuais. É muito tênue o nexo entre as duas demandas nesse caso, sendo menos significativos os possíveis conflitos entre julgados isolados.

Entre as duas situações extremas situa-se o litisconsórcio fundado na *conexidade* mais íntima, ou menos, entre as demandas cumuladas (CPC, art. 46, incs. II-III) e justificado pela conveniência de formar o juiz, através de uma só experiência instrutória, *convicção única* acerca de um só contexto jurídico e fático que constitui premissa para o julgamento de todas elas.[42] Equilibram-se ali essas justificativas do processo litisconsorcial, podendo-se dizer *eventual* a preponderância da exigência de economia ou de harmonia de julgados em casos específicos oferecidos ao observador na concreta experiência do litisconsórcio. O empenho em *otimizar o processo* para dele extrair o máximo proveito útil possível deve estar presente como premissa geral, destinada a resolver dúvidas das mais variadas ordens, no tocante à admissibilidade do litisconsórcio e ao trato que deve receber na vida dinâmica do processo.

22. equilíbrio entre forças

Uma reflexão sobre as exigências que amparam e dão razão de ser ao litisconsórcio, em face de certas idéias-mestras do próprio direito processual, mostra que no plano desse horizonte mais

41. *Cfr.* Chiovenda, *Principii di diritto processuale civile*, § 88, II, p. 1.075; Amaral Santos, *Primeiras linhas*, II, n. 307, esp. p. 8.

42. *Cfr.* Redenti, *Il giudizio civile con pluralità di parti*, n. 5, nota 5, p. 6. É muito fecundo o critério da *convicção única* para determinação do conceito e casos de conexidade entre ações, superando a clássica teoria dos três *eadem*, excessivamente formal e apriorística e por isso mesmo sem flexibilidade e insuficiente (*infra*, n. 40).

largo o instituto se vê posto entre dois limites, condicionado por dois sistemas de força opostos e reciprocamente autolimitativos.

Pressão no sentido de sua admissibilidade e até da indispensabilidade do litisconsórcio (litisconsórcio necessário) é exercida pelas conveniências de harmonia dos julgados, de economia e de otimização do sistema, as quais em si mesmas são, em última análise, princípios informativos de todo o direito processual e não só desse instituto. É preciso extrair do exercício da jurisdição pelos órgãos estatais todo o possível resultado útil, com o mínimo de esforço e de despesas, com utilidade para o maior número possível de sujeitos, sem duplicação de atividades e sem dispersão do tempo que seria utilizado para acudir a outras demandas. É preciso evitar que as mesmas questões jurídicas ou de fato recebam soluções diferentes no julgamento de diversas relações jurídicas delas dependentes.

Por certo, o erro ou as divergências na interpretação das questões de direito encontram reparo nos remédios destinados a uniformizar a jurisprudência (recursos em geral, o recurso extraordinário e o recurso especial por dissídio jurisprudencial, o incidente de uniformização da jurisprudência, a ação rescisória por violação de literal disposição de lei) – mas a par da admissibilidade mais ou menos limitada desses corretivos, suscetíveis de deixar resíduos sem reparo, sabe-se que é sempre preferível evitar o mal do que deixar que aconteça, na esperança de consertá-lo depois: *é melhor prevenir do que remediar*.

Por sua vez, as divergências na apreciação de "premissas de fato, comuns a diversas controvérsias e que se possam considerar como constitutivas de um *fato jurídico historicamente único*",[43] são em certa medida toleradas pelo direito processual, tanto que por explícita disposição de lei a autoridade da coisa julgada substancial não se abate sobre "a verdade dos fatos, estabelecida como fundamento da sentença" (CPC, art. 469, inc. II) – e isso é muito natural em face dos objetivos da própria atividade jurisdicional, que se destina institucionalmente a pacificar pessoas mediante a atuação da vontade concreta da lei, e não a solucionar questões.[44]

43. *Cfr.* Redenti, *Il giudizio civile con pluralità di parti*, n. 5, nota 5, p. 6.

44. *Cfr.* Chiovenda, *Principii di diritto processuale civile*, § 2º, pp. 63 ss. Sobre essa questão do escopo da jurisdição (ou do processo), v. também Zanzucchi,

Mas, como é óbvio e chega a ser intuitivo, divergências dessa ordem constituem um mal e não se aceita com naturalidade que o mesmo contexto de fato seja valorado de maneiras diferentes em sentenças diversas, lá consignando-se a realidade de um acontecimento, aqui negando-se o fato lá reconhecido. Também isso deve ser evitado na medida em que o permita o sistema, sendo inconveniente deixar que o mal aconteça, para depois pensar no remédio.

Essas razões, se pensássemos só nelas, conduziriam a dilatar exageradamente a admissibilidade do litisconsórcio e à sua indispensabilidade em casos sempre mais numerosos. Não-obstante, já há mais de século a doutrina italiana proclamava uma *tendência legislativa* no sentido de limitar os casos de litisconsórcio necessário,[45] considerando-se já então como *residuais* as hipóteses de necessariedade ainda sobreviventes.[46]

"La convenienza di impedire eventuali giudizii successivi ed *eventuali* pronunce contrarie non autorizza a violare la libertà d'agire, dove manca una norma di legge; per evitare un danno temuto ed incerto si farebbe un *male certo, attuale e spesso irreparabile*".[47]

Pois o direito processual civil haveria de evoluir, especialmente nas últimas décadas do século XX, no sentido de tornar sempre mais atuais e pertinentes essas palavras, na medida do crescente empenho pela ampliação do espectro da tutela jurisdicional referente a direitos e interesses.

Constitui tendência política do processo civil o alargamento da garantia constitucional da ação, especialmente pelo aspecto da legitimidade *ad causam*, a ponto de se chegar à integral tutela jurisdi-

Diritto processuale civile, I, pp. 4 ss. (com ampla resenha doutrinária e das posições fundamentais); Vidigal, "O escopo do processo civil", *passim*. Pelo enfoque moderno, segundo as tendências do direito processual instrumentalista, *cfr.* ainda Dinamarco, *A instrumentalidade do processo*, esp. nn. 18-30, pp. 177 ss.

45. *Cfr.* Chiovenda, *Principii di diritto processuale civile*, § 88, IV, B, p. 1.081; Redenti, *Il giudizio civile con pluralità di parti*, n. 178, p. 255.

46. *Cfr.* Redenti, *Il giudizio civile con pluralità di parti*, n. 178, p. 255.

47. *Cfr.* Chiovenda, *Principii di diritto processuale civile*, § 88, B, p. 1.081 (*infra*, n. 98).

cional dos interesses *difusos e coletivos*, tudo com vista a diminuir os resíduos de direito substancial abandonados sem o instrumental do processo destinado à sua atuação (a universalização da tutela jurisdicional).

Nesse quadro é natural que reduzida fique a área do litisconsórcio necessário, que em si mesmo constitui restrição à liberdade de agir, seja quando impede um só de litigar sozinho (litisconsórcio necessário ativo), seja quando o impede de litigar contra um só (litisconsórcio necessário passivo). Expressões dessa tendência (já então apontadas pela doutrina citada) são a legitimidade individual do condômino para reivindicar o bem comum (CC, art. 1.314) e a do credor ou do devedor solidário para demandar ou para ser demandado independentemente da presença dos demais (CC, arts. 260 e 275).

O art. 10º, *caput* do Código de Processo Civil, pretendendo evitar prejuízo ao cônjuge nas ações versando direitos reais sobre imóveis, preferiu a técnica da outorga uxória, em vez de exigir o litisconsórcio ativo entre marido e mulher (o consentimento negado injustamente pode ser suprido pelo juiz).[48]

Por isso é que, apesar das poderosas razões que legitimam o instituto do litisconsórcio e pressionam até no sentido de sua exigibilidade, fica esta reprimida por forças outras, em sentido oposto, pertinentes à disciplina geral do direito processual civil como um todo e ao sistema de garantias constitucionais que o tutelam.

Do exposto decorre a *excepcionalidade do litisconsórcio necessário*, que no direito processual civil brasileiro é mais evidente que nos ordenamentos jurídicos onde o juiz dispõe de poderes discricionários para determinar, segundo seu próprio juízo de oportunidade, a integração de terceiros na relação processual (intervenção *jussu judicis*). Aqui o juiz só pode convocar o terceiro que, por força do sistema contido na própria lei, já seja considerado

48. A doutrina vacila acerca do alcance do art. 10º, *caput*, havendo vozes autorizadas, como as de Barbi e Amaral Santos, a sustentar que se trata de litisconsórcio necessário ativo (o primeiro deles, em outra passagem, diz o que está no texto – *infra*, n. 96).

litisconsorte necessário (CPC, art. 47, par.) e pode-se dizer, com mais propriedade que no próprio país que nos manda essa lição, que "nei rapporti con molteplicità di soggetti, quando la legge non dispone diversamente, è sempre lecito agire da solo o contro un solo, purché la domanda per il fatto di uno agire da solo o contro un solo non perda ogni utilità pratica".[49]

Sobre os desdobramentos da excepcionalidade do litisconsórcio necessário em nosso direito, v. item específico, no desenrolar deste estudo (*infra*, n. 98). Essa excepcionalidade é, aliás, expressão de uma idéia maior (o chamado princípio da "máxima conservação possível da eficácia dos atos jurídicos"). Essa idéia projeta-se também sobre a *ineficácia* da sentença violadora da necessariedade ou unitariedade do litisconsórcio, aconselhando soluções que, sem incoerência com o sistema, preservem os efeitos da sentença (*infra*, n. 128).

23. espécies de litisconsórcios (quatro critérios)

A apresentação das variadas classificações de que são suscetíveis as espécies litisconsorciais constitui quase que o programa de um estudo completo e sistemático do próprio instituto do litisconsórcio. Por isso mesmo que essas espécies são razoavelmente numerosas e prestam-se a classificações por diversos prismas é que se faz até usual principiar o trato do litisconsórcio pela distribuição de suas espécies em várias categorias, organizadas segundo pelo menos quatro critérios. Classificar o litisconsórcio e precisar o significado de cada locução em que o vocábulo costuma aparecer nos tratos doutrinários e na linguagem dos tribunais tem ao menos a valia de facilitar o entendimento, simplificando a comunicação dessas idéias fundamentais.

Eis os quatro critérios para a classificação: a) o poder aglutinador das razões que conduzem à formação do litisconsórcio; b) o regime de tratamento dos litisconsortes; c) a posição destes na relação processual; d) o momento da formação do litisconsórcio.

49. *Cfr.* Chiovenda, *Principii di diritto processuale civile*, § 88, IV, B, p. 1.080.

24. litisconsórcio necessário ou facultativo

Variando o poder de aglutinação que nas diversas hipóteses conduz à formação do litisconsórcio, é compreensível que às vezes ele *imponha* o cúmulo subjetivo (litisconsórcio necessário), enquanto em outros casos não vai além de *permiti-lo* (*litisconsórcio facultativo*).

A necessariedade do litisconsórcio reside na indispensabilidade da inclusão de partes plúrimas, resolvendo-se em uma questão de legitimidade *ad causam* ativa ou passiva: dizer que o litisconsórcio é necessário significa negar a legitimidade de uma só pessoa para demandar ou para ser demandada isoladamente, carecendo de ação o autor que insistir na demanda isolada.[50] Trata-se de *matéria de ordem pública*, que ao juiz cumpre fiscalizar de-ofício, ditando-lhe expressamente a lei o dever de determinar o que for adequado para que se faça o litisconsórcio nos casos em que a lei o exige, sob pena de extinção do processo sem julgamento do mérito (art. 47, par. – *infra*, n. 110).

Nos casos em que a lei não impõe a necessariedade (e não cabe ao juiz criá-la, impondo o litisconsórcio onde a lei não o exige – *infra*, n. 98), o litisconsórcio é *facultativo*, ficando a critério exclusivo do autor, ou autores, a propositura conjunta de demandas. É o ato de iniciativa do processo que determinará sobera-

50. *Cfr.* Liebman, *Manual de direito processual civil*, I, n. 51, I, p. 145 trad.: "o litisconsórcio necessário resolve-se, do ponto-de-vista teórico, em uma legitimação para agir necessariamente conjunta dos titulares da relação jurídica que o autor quer deduzir em juízo: a ação, única, tem cabimento apenas conjuntamente contra os vários legitimados *passivos* necessários, e isso quer dizer que *não tem cabimento só contra* um ou alguns deles (um bem pertencente a três pessoas não pode ser dividido entre duas delas apenas); movida a alguns, a demanda não poderá ser julgada pelo mérito e a rigor deve, mesmo de-ofício, ser declarada inadmissível". Observa-se em primeiro lugar, pelos grifos apostos ao texto de Liebman, que ele cuida apenas do litisconsórcio necessário *passivo*, sem pensar no ativo (*infra*, n. 100); depois, que considera única a ação em caso de litisconsórcio necessário (*infra*, n. 36). Sobre a inserção da disciplina do litisconsórcio necessário nas "regras normais sobre a legitimação", v. Redenti, *Il giudizio civile con pluralità di parti*, n. 177, p. 254; v. também Chiovenda, "Sul litisconsorzio necessario", n. 3, p. 435.

namente (desde que admissível o litisconsórcio e ressalvadas as hipóteses de litisconsórcio ulterior – *infra*, nn. 138 ss. e 189) se o processo se fará entre só um autor e só um réu, ou entre três ou mais pessoas.

O Código de Processo Civil de 1939 subdividia o litisconsórcio facultativo em facultativo *recusável* e facultativo *irrecusável*, estabelecendo que no caso de mera afinidade de questões por um ponto comum de fato ou de direito teria o réu (ou réus) o poder de, unilateralmente e sem qualquer justificativa, recusar o litisconsórcio ativo ou passivo proposto na demanda inicial (CPC-39, art. 88). Essa insólita disposição não subsistiu na legislação vigente, e hoje o litisconsórcio, desde que presentes os requisitos de sua admissibilidade, é sempre *irrecusável* (*infra*, nn. 41-42). A facultatividade, quando existe, existe somente para o autor ou autores, e jamais para o réu ou réus.

O variável poder de aglutinação, que é responsável pela necessariedade ou não-necessariedade do litisconsórcio, é dimensionado pelo *legislador* mediante mais de uma técnica. Como é notório, e a seu tempo será melhor exposto, a lei emprega duas técnicas, impondo o litisconsórcio: a) quando se tratar de situações jurídicas ocupadas por duas ou várias pessoas, mas *incindíveis*; b) em casos isolados e específicos onde, *a critério do legislador*, seja conveniente a litigância conjunta (*infra*, nn. 80 ss.).

25. litisconsórcio comum ou unitário

Os dois regimes legais do litisconsórcio separam as hipóteses litisconsorciais entre o *litisconsórcio unitário* e o *litisconsórcio comum*.

O segundo é marcado pela regra da (relativa) independência dos colitigantes, segundo a qual os atos e omissões de cada um são em princípio indiferentes para os demais (CPC, art. 48). Ele constitui *direito comum* em sede litisconsorcial e permite que a solução final do processo venha eventualmente a oferecer resultados diferentes para os diversos litisconsortes. Daí o nome *litisconsórcio comum*, mais aconselhável que litisconsórcio *simples* (locução muito usual em doutrina),[51] porque se trata de hipóteses em que, havendo situações jurídicoprocessuais diferenciadas entre os litisconsortes, o processo mais se complica no tratamento diferente dado a cada um. Um é revel, e o outro não; um requereu prova pericial, outro a dispensou; um apelou, outro deixou a sentença passar em julgado na parte que lhe toca *etc.*[52]

O *litisconsórcio unitário*, diferentemente, é aquele em que o destino que tiver um dos litisconsortes haverá de ser consentâneo com o que será dado aos demais (como anular o casamento de um dos cônjuges sem anulá-lo quanto ao outro, também?). Por isso é que, ali, os atos e omissões que beneficiarem a um hão de beneficiar invariavelmente a todos na mesma medida, não se permitindo que se criem situações desfavoráveis a um dos litisconsortes sem que sejam desfavoráveis a todos eles. Tal é o *regime especial* caracterizado como litisconsórcio unitário, presente sempre que forem incindíveis as situações jurídicomateriais que figuram como *res in judicio deducta.*

A ciência processual brasileira vem elaborando galhardamente a teoria do litisconsórcio unitário, sem confundi-lo com o necessário e sem reduzi-lo a subespécie deste (eles resultam de diferentes critérios classificatórios, como se vê desta mesma exposição) e dando seguros passos a partir do ponto a que conseguiram chegar os doutrinadores europeus (*infra*, nn. 60 ss.). Entre nós é ponto pacífico a possibilidade de um litisconsórcio necessário que não seja unitário e, inversamente, do litisconsórcio facultativo unitário.

26. litisconsórcio ativo ou passivo

Os litisconsortes ocuparão a posição de autores ou a de réus ou ambas, daí resultando o *litisconsórcio ativo* ou o *passivo* (art.

51. *Cfr.* Barbosa Moreira, *Litisconsórcio unitário*, n. 3, p. 13; Sérgio Ferraz, *Assistência litisconsorcial no direito processual civil*, p. 22.

52. Como vem sendo dito e a seu tempo será exposto em pormenor, o fato de tratar-se de litisconsórcio comum não significa que fatalmente os litisconsortes receberão tratos diferentes (o que é óbvio) nem que necessariamente os atos de um sejam indiferentes aos demais. A dicção do art. 48 do Código de Processo Civil é exagerada e o litisconsórcio comum não é um perfeito contraposto do unitário (*infra*, n. 62).

46 – "duas ou mais pessoas podem litigar, no mesmo processo, em conjunto, ativa ou passivamente, quando..."). Como já se advertiu, a reunião de dois ou mais sujeitos processuais como autores ou como réus não significa que necessariamente haja entre eles um verdadeiro *consórcio* e estejam invariavelmente ligados à mesma sorte no processo – até porque se dão casos até em que eles se põem reciprocamente em aberto confronto (*supra*, n. 11). Por isso é exagerado dizer que sempre os litisconsortes ativos ou passivos se alojam no mesmo pólo da relação processual: casos há em que, ao invés de ficarem no mesmo pólo, cada um deles ocupa um, ambos do lado ativo ou ambos do lado passivo conforme o caso, alterando-se com isso a estrutura da relação jurídica processual (*supra,* nn. 4-5).

27. a falsa idéia de um litisconsórcio misto

A doutrina costuma falar também, além do litisconsórcio ativo e do passivo, em um suposto *litisconsórcio misto*, caracterizado pela reunião de dois ou mais sujeitos no pólo ativo e, de igual modo, também no passivo. Mas na realidade inexiste um litisconsórcio misto. Quando em cada um dos pólos da relação processual se alojam dois ou mais sujeitos isso significa que no processo haverá *dois litisconsórcios* e não um só, de natureza mista como habitualmente se diz. Um deles poderá ser necessário, e o outro facultativo. Um poderá ser unitário, e o outro comum. Um poderá ter sido originário, e o outro ulterior ou sucessivo. Seria impossível entender esse suposto *litisconsórcio misto*, ou explicá-lo à luz dessas variadas classificações. Esse litisconsórcio (*misto* e portanto único) seria ao mesmo tempo necessário e facultativo, unitário e comum, originário e ulterior? Somente a consciência de que nessa hipótese existem dois litisconsórcios no mesmo processo, e não um só, é capaz de possibilitar o exame de cada um quanto ao *regime* a que se sujeita, sua *dispensabilidade ou indispensabilidade* (e portanto à possibilidade de desistência de um só litisconsorte ativo ou em face de um só litisconsorte passivo) *etc.*

28. litisconsórcio inicial ou ulterior

Quanto ao momento de sua formação diz-se o litisconsórcio *originário* (inicial) ou *ulterior* (sucessivo).

Originário é o que se forma desde logo, provocado pela demanda inicial: ajuizada esta por vários, ter-se-ão já vários autores e, realizada a citação nos termos requeridos na petição inicial voltada contra vários, ter-se-ão integrados na relação processual vários réus. Tal é o modo mediante o qual ordinariamente se dá formação ao litisconsórcio.

O litisconsórcio *ulterior* forma-se às vezes por iniciativa do autor (demanda inicial), do réu (chamamento ao processo), do terceiro que intervém como litisconsorte (não como assistente litisconsorcial) ou do próprio juiz (reunião de causas *etc.*), todas essas hipóteses merecendo ressalvas e limitações, como a seu tempo se exporá em pormenor (*infra*, nn. 138 ss.). Também comporta enquadramento na figura do litisconsórcio ulterior o *litisconsórcio necessário* constituído por determinação do juiz quando a demanda inicial haja omitido um colegitimado indispensável (art. 47, par.). A isso se objetou que na realidade o litisconsórcio ali é inicial, não se considerando completa a relação processual enquanto nela não integrado aquele que não podia faltar.[53] Na verdade, contudo, enquanto no processo existir um só autor e um só réu, *litisconsorcial* ele não será; tal opinião desconsidera que, sendo o litisconsorte uma parte do processo e só sendo parte no processo quem já estiver incluído na relação processual (conceito puro de parte – *supra*, n. 5), não se pode falar em litisconsórcio enquanto tal inclusão não se der, pela citação.

53. *Cfr.* Sérgio Ferraz, *Assistência litisconsorcial no direito processual civil*, pp. 43 ss.

CAPÍTULO III
LITISCONSÓRCIO, AÇÃO E DEMANDA

29. litisconsórcio e cúmulo de demandas

Litisconsórcio é por definição um *cúmulo subjetivo*, ou seja, reunião de duas ou mais pessoas na condição de demandantes ou de demandados, em contraposição ao esquema mínimo da relação jurídica processual, que apresenta apenas uma pessoa em cada posição. Costuma ser apresentado também como *cúmulo de ações* (subjetivo), ao lado e de certo modo em confronto com o cúmulo objetivo. O que houver de correto nessa afirmação, e na medida em que houver, é preferível que se coloque no plano de um eventual *cúmulo de demandas*, pois estas e não as ações é que são suscetíveis de eventualmente se cumular em um ato ou em um só processo (demanda é o ato de quem age em juízo, postulando,enquanto ação é o *poder* de fazê-lo, exigindo o exercício da jurisdição).[1]

1. Em nota às duas primeiras edições da tradução do *Manuale di diritto processuale civile*, de Enrico Tullio Liebman (nota n. 24), procurei salientar a distinção semântica entre *ação* e *demanda*, lamentando o pouco uso (e inadequado) desta na linguagem brasileira. Para evitar mal-entendidos em torno da

Toda demanda que se propõe em juízo há de caracterizar-se, segundo a clássica teoria dos três *eadem*, pelas partes, causa de pedir e *petitum* (três elementos que lhe dão corpo e a distinguem das demais – CPC, art. 301, §§ 2º e 3º). Ora, quando na unidade formal de um só ato de iniciativa se deduzem dois ou mais pedidos (*petita*) ou um só pedido apoiado em dois ou mais fundamentos autônomos (*causæ petendi*), tem-se ali então um *cúmulo objetivo de demandas*. Nos casos de cúmulo objetivo só formalmente a demanda é única (ato de pedir), sendo complexo o seu conteúdo (daí dizer-se que há *cumulação*).

Pois pode também acontecer que dois ou mais sejam os sujeitos ativos ou os passivos: o que se tem nesse caso é o litisconsórcio, cúmulo de sujeitos processuais como já se disse, embora nem sempre cúmulo de demandas.

30. demanda única no litisconsórcio unitário

No processo litisconsorcial uma situação pode ocorrer em que não só formalmente, mas também do ponto-de-vista da valoração jurídica, a demanda é uma só apesar de diversas as partes (unidade substancial). Isso acontece no *litisconsórcio unitário*, quer sendo ele também necessário, quer tratando-se de unitário facultativo (*infra*, n. 90).

A *unitariedade* significa que a relação jurídica substancial incindível posta em juízo comporta apenas uma solução para to

obra do Mestre, curvei-me ao costume prevalente em nossa doutrina e deixei de empregar na tradução o vocábulo *demanda*, optando por *ação* ou por *pedido*. No presente texto tal vocábulo aparece no sentido ali esclarecido. Sentindo as mesmas incertezas que então senti quanto ao significado desse vocábulo, disse Araken de Assis, em preciosa monografia: "os termos *demanda*, *pretensão*, *petitum* e petição, até o presente momento, contêm idéias obscuras". Nem foi por outra razão que preferiu denominá-la *Cumulação de ações* (*cfr*. n. 2, esp. p. 17). Mas hoje já se chegou a um patamar de satisfatória clareza quanto ao vocábulo *demanda*, de resto bastante empregado na doutrina em outras línguas, sendo ele de bastante valia para designar um *ato*, em contraposição a uma situação *jurídica* (ação). V. agora a nota n. 30 posta na terceira edição daquele *Manual* (pp. 56-58 trad.), bem como o que vim a escrever no livro *Vocabulário do processo civil*, nn. 3 e 53, pp. 29 e 114.

dos os seus sujeitos, que são os litisconsortes, pouco importando, para os fins do regime do litisconsórcio (unitariedade), que ele seja também necessário (ex.: ação de nulidade do casamento proposta pelo Ministério Público a ambos os cônjuges) ou apenas facultativo (ex.: ação popular movida por um cidadão ou por uma pluralidade deles).

Ora, a solução a ser dada em casos assim, e que há de ser invariavelmente uma só embora dois ou mais os autores ou réus, só pode vir expressa em um provimento jurisdicional também único. Não se trata de uma unidade meramente formal representada pela coincidência dos pronunciamentos em dado ponto do procedimento, no mesmo contexto escrito ou verbal, mas também de verdadeira unidade jurídica.[2] São casos em que a própria situação jurídica substancial incindível e subjetivamente complexa está colocada ao centro da demanda (constituindo objeto do pedido dirigido ao juiz) para que sobre ela, em via principal, venha a recair diretamente o provimento que se espera (*principaliter*).

Quando a invocação dessa situação substancial estivesse nos fundamentos do *petitum* e não neste, provocando-se com isso uma cognição incidente do juiz sobre ela, a qual se projetaria na motivação da sentença (*incidenter tantum*), então as coisas seriam diferentes; em casos assim, tantos provimentos serão dados quantos os pedidos fundados na mesma relação, e eles virão unidos ou separados, e quando unidos essa união meramente ocasional dará ensejo a uma unidade apenas formal do provimento postulado.

Nas hipóteses de que cuidamos, no entanto, havendo verdadeira unidade jurídica do provimento que incide diretamente sobre a relação jurídica, entende-se que uma só é a demanda que conduz ao provimento, não meras "demandas simultâneas, conjuntas no desenvolvimento".[3] Tratando-se de litisconsórcio unitário e também necessário, desde logo já se sente que enquanto não

2. Redenti (*Il giudizio civile con pluralità di parti*, n. 4, p. 5) fala em *provimento lógica e juridicamente único*.

3. *Cfr.* Redenti, *Il giudizio civile con pluralità di parti*, n. 5, p. 5 (v. também n. 7, p. 10).

integrados todos os legitimados indispensáveis a própria demanda não estará ainda completa, sendo insuficiente para conduzir ao provimento pretendido; todos integrados, ter-se-á uma só demanda, ainda que subjetivamente complexa.

Nos casos em que o litisconsórcio *unitário* é *facultativo* basta a demanda de um só ou só em face de um para que se desencadeie o procedimento destinado a gerar o provimento postulado (por isso mesmo que o litisconsórcio não é necessário). Mas no caso de dois ou mais figurarem na demanda como autores ou como réus isso significará apenas que ela se apresenta subjetivamente complexa, mantida sua unidade jurídica representada pelo direcionamento a um provimento jurisdicional que será sempre único: quer figure um só na demanda, quer figurem dois ou mais, o objeto do processo permanece o mesmo e mesma a eficácia da sentença postulada.

A causa de pedir e o pedido não se alteram em virtude do cúmulo subjetivo ocorrente no litisconsórcio unitário facultativo, de modo que a aglutinação de autores ou réus se pode dizer meramente eventual e, por esse aspecto, de inteira irrelevância. Mesmo que se trate de litisconsórcio *ulterior*, decorrente da reunião de causas ou da intervenção litisconsorcial voluntária de algum colegitimado (tratando-se sempre de litisconsórcio unitário e facultativo), haverá ainda *uma* só *demanda* que, apesar da pluralidade meramente formal do início, acabou por plasmar-se na unidade do procedimento.

31. litisconsórcio e concurso subjetivo de ações

A pluralidade que se vê quando o litisconsórcio unitário é meramente admissível, sem ser necessário (facultatividade do litisconsórcio unitário), caracteriza-se como *concurso subjetivo de ações*: duas ou mais pessoas são legitimadas a postular em juízo o provimento que conduza a determinado resultado prático, ou seja, cada uma delas é individualmente titular da ação, com poder de exigir esse provimento.

Ocorre o concurso subjetivo em casos como o do tradicional exemplo dos sócios legitimados a obter a pronúncia de nulidade de deliberação assemblear. Aqui o concurso de ações corresponde a dois ou mais direitos "funcionalmente ligados entre si de modo tal que a satisfação de um deles extingue também o outro".[4] Satisfeito um dos sócios (o que exerceu a ação), fica extinto o direito dos demais à anulação do que houver sido deliberado e, por reflexo, a sua ação concorrente (falece-lhe o interesse processual).[5]

Casos ocorrem também, como o da ação popular (ações concorrentes de todos os cidadãos), em que não há direito subjetivo material de cada um dos colegitimados. Justamente porque cada um deles é legitimado extraordinário para a defesa de um interesse comum (substituto processual), o resultado prático a que convergem as ações de que são titulares é sempre um só, a saber, a preservação do patrimônio público.

Em todos os casos assim, havendo colegitimados, uma só das ações concorrentes pode ser exercida, como podem duas conjuntamente, três ou mais (litisconsórcio facultativo), mas, havendo exercício conjunto de ações, ele se dará através de *uma só demanda* (unidade formal e jurídica).

32. cúmulo de demandas no litisconsórcio comum facultativo

O fenômeno é outro quando se trata de litisconsórcio facultativo *comum* (não-unitário). Aqui, não constituindo *objeto do julgamento* uma só e única situação jurídica substancial incindível, o processo tende a vários provimentos "somados em uma sentença formalmente única"[6] – e isso será assim ainda quando haja algum pronunciamento *incidenter tantum* acerca de uma relação incindível (*supra*, n. 30).

4. *Cfr.* Liebman, *Manual de direito processual civil*, I, n. 89, p. 256 trad.; v. também "Azioni concorrenti", *passim*. Antônio Araldo Ferraz Dal Pozzo associa à teoria das ações concorrentes apenas o fenômeno do litisconsórcio unitário ativo (*cfr.* "Reflexões sobre o litisconsórcio", n. 12.2, esp. p. 189).

5. *Cfr.* Liebman, *Manual de direito processual civil*, I, n. 89, pp. 256 ss. trad.

6. *Cfr.* Redenti, *Il giudizio civile con pluralità di parti*, n. 5, p. 5 (v. também n. 7, p. 10). *Cfr.* também Lent, *Zivilprozessrecht*, § 82, IV, esp. p. 314 trad.

É o caso de várias vítimas de um só acidente rodoviário postulando condenação da mesma empresa ao ressarcimento; também o de uma ação de cobrança movida ao mutuário e ao fiador; ou uma de servidores à Fazenda Pública, visando a vantagens análogas.

Em casos assim (*infra*, nn. 133-139) o que se tem é uma pluralidade jurídica de demandas, também unidas só formalmente; cada um dos litisconsortes é parte legítima apenas com referência àquela porção do objeto do processo que lhe diz respeito, e, conseqüentemente, entende-se que seu *petitum* se reduz a essa parcela. Trata-se efetivamente de um *cúmulo de demandas*,[7] não só subjetivo mas também objetivo, na medida em que à pluralidade de sujeitos corresponde uma soma de pedidos, todos eles amalgamados no complexo objeto que esse processo tem.

33. cúmulo subjetivo e cúmulo objetivo: falsa oposição

O que vem sendo exposto demonstra que o cúmulo subjetivo de demandas, quando se pensa em cúmulo substancial e jurídico e não apenas em cúmulo formal, não é hipótese que se contraponha simetricamente à de cúmulo objetivo, uma vez que não se podem conceber demandas subjetivamente cumuladas sem que objetivamente também o sejam. Todo cúmulo subjetivo tem por substrato um cúmulo objetivo e sem ele não tem como existir.[8]

7. Emprego aqui o vocábulo *demanda* no sentido esclarecido na nota 1. O que é suscetível de cumular-se são apenas as demandas, não as ações: cumulam-se iniciativas, atos de exercício do poder da ação, e não as próprias ações. *Cúmulos de ações* só são concebíveis na medida em que *ações* seja empregado no sentido de *demandas*, o que, embora usual em nossa doutrina e jurisprudência, é melhor que vá sendo corrigido. À medida que uma ciência progride e se desenvolve, bem compreendendo os conceitos que lhe competem e estabelecendo as distinções cabíveis, é preciso que seu vocabulário evolua na mesma medida, capaz de expressar as idéias já alcançadas. Mas é de reconhecer que o emprego do vocábulo *demanda* na ciência processual brasileira ainda não constitui conquista definitiva. *Cfr.* ainda uma vez Araken de Assis, *Cumulação de ações*, n. 2, esp. p. 17; Dinamarco, *Vocabulário do processo civil*, nn. 3 e 53, pp. 29 e 114.

8. A recíproca não é verdadeira: é até corriqueiro o cúmulo objetivo entre duas partes apenas (CPC, art. 292).

34. cúmulo de demandas no litisconsórcio necessário por força de lei (comum)

No tocante ao litisconsórcio *necessário por força de lei*, uma distinção há de ser feita.

Há casos em que o litisconsórcio é necessário *somente* porque a lei assim determina, como o da ação de usucapião, em que todos os confinantes são partes indispensáveis (CPC, art. 942), o da ação popular, na qual é indispensável o litisconsórcio passivo entre a própria Administração, os administradores que houverem participado do ato impugnado e os beneficiários (LAP, art. 6º, *caput*), o das ações condenatórias a serem movidas conjuntamente a marido e mulher em razão de "fatos que digam respeito a ambos os cônjuges ou de atos praticados por eles" (CPC, art. 10º, § 1º, inc. II) *etc.*

Mas há também casos em que o litisconsórcio, além de ser imposto por norma legal específica, *já seria necessário* em decorrência da unitariedade, como dispõe o art. 47, *caput*, do Código de Processo Civil: é o que se dá na ação divisória, clássico exemplo de litisconsórcio necessário por força das coisas,[9] cuja necessidade, apesar disso, os arts. 946, inc. II, e 949 do Código de Processo Civil se sentiram obrigados a impor de forma explícita (*infra*, n. 94). Nessas hipóteses, que são de litisconsórcio necessário e unitário, aplica-se tudo quanto se disse sobre este (*supra*, n. 30), havendo só uma demanda, dirigida a um provimento só (unidade jurídica de uma e de outro). Como é óbvio, a mera circunstância de uma disposição de lei ter pretendido, por assim dizer, "confirmar" a necessariedade, que sem ela já existiria, não há de ser bastante para alterar as coisas. É como se não existisse a disposição específica; esse litisconsórcio é indiscutivelmente unitário, dada a incindibilidade das situações jurídicas dos diversos litisconsortes.

9. *Cfr.* Chiovenda, "Sul litisconsorzio necessario", n. 5, p. 445; Redenti, *Il giudizio civile con pluralità di parti*, n. 4, p. 5; Liebman, *Manual de direito processual civil*, I, n. 51, I, esp. p. 144 trad. A propósito, prestigiosa monografia existe na Itália: *Il litisconsorzio nei giudizi divisori*, de Giovanni Pavanini.

Nas outras hipóteses, em que a necessariedade vem somente de uma disposição de lei, trata-se de *demandas a serem necessariamente cumuladas*. São possíveis conflitos isolados e em si mesmos independentes mas que, por alguma razão jurídica, ética ou mesmo puramente pragmática, o legislador exige que tenham apreciação conjunta. Por isso, demandas que poderiam ser propostas isoladamente precisam nesses casos ser deduzidas na unidade formal de um só ato de iniciativa, caracterizando, portanto, cúmulos necessários de demandas.

Se nada dispusesse a lei para o caso específico, poderia a *ação de usucapião* ser movida apenas àquele em cujo nome o imóvel esteja registrado; eventuais divergências entre o prescribente e os confrontantes sobre os limites do imóvel seriam dirimidas mais tarde, mediante outras tantas demandas, outros processos e outros provimentos (da mesma forma como haveria de buscar solução para elas o próprio dono anterior, se usucapião não tivesse existido). Todas essas demandas, no entanto, serão forçosamente cumuladas em um só processo (unidade meramente formal do ato inicial de demandar), porque assim o dispõe o art. 942, inc. II, do Código de Processo Civil.

Também na *ação popular*, se a lei não impusesse o litisconsórcio incluindo administradores e beneficiários do ato impugnado, nem por isso a causa careceria de condições para ser decidida pelo mérito. A anulação do ato independe da participação desses sujeitos, os quais são trazidos ao processo somente como réus de um pedido de indenização a ser prestada aos cofres públicos (LAP, art. 11).

Seria também perfeitamente possível acionar apenas o marido, embora o ato ilícito gerador do direito à indenização tenha sido praticado por *ambos os cônjuges:* se não fosse a disposição do art. 10º, § 1º, inc. II, lícita seria a demanda individual movida só a um dos cônjuges, a qual poderia conduzir à condenação só deste, exeqüível só contra ele.

Resta pois confirmado que o *cúmulo subjetivo de demandas* é inerente ao litisconsórcio comum, quer seja este necessário ou facultativo, não havendo esse cúmulo quando o litisconsórcio é unitário (*supra*, n. 32).

35. litisconsórcio e pluralidade de ações

Diferentes desse fenômeno são aqueles que caracterizam *pluralidade de ações*. É sempre franqueado a cada um o poder de demandar em juízo (*ação*, no sentido vago de *direito de demandar* ou direito à administração da justiça),[10] e, se em torno da demanda ajuizada se reunirem as três clássicas condições da ação (possibilidade jurídica, *legitimatio*, interesse processual),[11] o sujeito estará amparado pelo poder de exigir do Estado-juiz o provimento jurisdicional, ou seja, pela *ação*.[12]

O abandono votado pela linguagem do Código de Processo Civil ao vocábulo *demanda*, nesse sentido em que a empregam italianos (*domanda*) e alemães (*Klage*, em contraposição a *Klagerecht*, que corresponde a ação), leva ao uso indiscriminado da palavra *ação* – ora em seu sentido próprio, ora no de *demanda*. Daí os mal-entendidos que procuro evitar e daí também a insistência com que torno à presente distinção.[13]

Casos de pluralidade de ações existem sim, mas não se confundem com esses de *cúmulo de demandas*. Já vimos, p. ex., o *concurso subjetivo de ações* que há quando um litisconsórcio unitário é *admissível*, sem ser exigido por lei (litisconsórcio unitário facultativo – *supra*, n. 31). Ali, pouco importando que cada um dos legitimados exerça ou não o poder de ação de que é titular,

10. *Direito de demandar*: locução empregada por Guilherme Estellita (*Direito de ação, direito de demandar*) e apoiada por mim desde a primeira edição da *Execução civil*, em 1973 (v. n. 17, p. 132, nota 34). *Direito à administração da justiça*: locução preferida por Botelho de Mesquita (*Da ação civil*, n. 39, esp. p. 90). Sobre o significado desse "direito" e sobre os limites de sua relevância, *cfr.* Liebman, "L'azione nella teoria del diritto processuale civile", esp. n. 5, pp. 40-41, e *Manual de direito processual civil*, I, nn. 71, esp. pp. 195-196, e 73, esp. pp. 188-199 trad. Em sentido um pouco divergente da lição do Mestre, v. Dinamarco, *Instituições de direito processual civil*, II, n. 556, pp. 332-333, e *Execução civil*, nn. 237-241, pp. 379 ss.

11. Sobre essas três condições da ação no direito positivo e na doutrina, especialmente na de Liebman (anterior e atual), v. *supra*, n. 4.

12. Sobre o conceito de ação, v. *supra*, n. 4.

13. *Cfr.* Dinamarco, *Vocabulário do processo civil*, nn. 3 e 53, pp. 29 e 114.

a realidade é a de ações objetivamente iguais (mesma causa de pedir, mesmo *petitum*) que se diferenciam apenas pelo sujeito diferente em cada uma. Ocorrendo o exercício da ação por mais de um dos sujeitos legitimados haverá, como se viu, cúmulo meramente formal de demandas.

Nos inúmeros casos possíveis de *litisconsórcio comum facultativo* há também a pluralidade de ações. Ali, porém, não se trata de ações em concurso, tal como estas se definem (*supra*, n. 31), porque o interesse processual de cada um se volta a um resultado prático de sua conveniência pessoal, que não se identifica com o que interessa a cada um dos demais.

A um dos acidentados na estrada em virtude do mesmo fato interessa somente a condenação do causador a *lhe* dar a indenização que lhe repare o dano sofrido, na medida em que este o atingiu, enquanto a cada um dos demais o que interessa é a condenação *a seu favor*, na medida de seu dano e não do dano sofrido pelos outros. O mesmo ocorre quanto aos funcionários que querem a condenação do Estado a dar a cada um determinada vantagem. Ou do mutuante, para o qual a condenação do mutuário ou a do fiador constituem dois resultados distintos a serem demandados a um só tempo ou separadamente.

Em todos os casos de litisconsórcio facultativo não-unitário o que se vê é o exercício de ações que bem poderiam ser exercidas separadamente, cada qual com seu sujeito ativo e o passivo. São ações que se ligam por algum dos elementos objetivos de identificação (causa de pedir, pedido – CPC, art. 46, incs. II-III, c/c art. 103) ou por um simples ponto comum de fato ou de direito (art. 46, inc. IV).

Em todos esses casos fala-se de *cúmulo de demandas* enquanto se encara a iniciativa processual visando a uma pluralidade de provimentos somados em uma só e única sentença; e de *pluralidade de ações* na medida em que se pensa no *poder* de exigir cada um desses provimentos (esse poder é a *ação*, que se exerce através da demanda).

É portanto plenamente compreensível que, apesar da pluralidade de ações conexas, nem sempre ocorra um cúmulo de demandas nem (conseqüentemente) processo litisconsorcial, simplesmente porque a facultatividade do litisconsórcio deixa a critério de cada um a opção pelo cúmulo ou pela demanda individual.

36. unidade de ação no litisconsórcio necessário (unitário ou não)

Quando o litisconsórcio é necessário a ação será sempre uma só.[14-15]

Nos casos de necessariedade associada a unitariedade já se viu que tudo visa a um provimento só, mediante uma demanda que é única por todos os aspectos. É uma *legitimidade necessariamente conjunta*, como se costuma dizer,[16] sendo uno o objeto do processo e ficando todos os sujeitos em igual posição perante a causa de pedir e o pedido. Sem a menor sombra de dúvida, uma só é a ação que nessas hipóteses venha a ser exercida por várias pessoas ou em face de várias.

No litisconsórcio necessário de regime *comum* um pouco diversa é a situação, mas sempre *única a ação* a ser exercida. Nos

14. *Cfr.* Liebman, *Manual de direito processual civil*, I, n. 51, I, esp. p. 145 trad. Os autores italianos, não jogando com o conceito de *unitariedade*, falam apenas em litisconsórcio necessário, seja para expressar a idéia que nós também expressamos assim, seja também para significar *litisconsórcio unitário*. Sentindo a distinção entre os dois fenômenos, chegou a doutrina peninsular apenas a falar em *dois momentos* da necessariedade (Chiovenda): o da propositura da demanda e o da instrução e decisão da causa (*infra*, n. 42). Na passagem acima referida parece que Liebman se referia mesmo à *necessariedade* quando falou em *ação única*. Giorgio Costantino estabelece uma distinção ao relacionar com o princípio da legitimidade *ad causam* somente a indispensabilidade de formação do litisconsórcio (é a necessariedade), não a "necessariedade" consistente em decidir de modo homogêneo (unitariedade). "O que acontece *depois*, quando diversas pessoas já assumiram no processo a condição de parte, é um problema inteiramente diverso" (*Contributo allo studio del litisconsorzio necessario*, § 25, esp. p. 147).

15. Antônio Araldo Ferraz Dal Pozzo ("Reflexões sobre o litisconsórcio", n. 12.3, p. 190) diz que apenas no litisconsórcio unitário passivo há unidade de ação. A unitariedade liga-se à unidade da demanda, não da ação; além disso, não parece lícito distinguir, ao menos da maneira como faz esse autor, a unitariedade no pólo ativo ou passivo da relação processual.

16. *Cfr.* Chiovenda, Liebman, Redenti (*supra*, n. 24).

casos em que é exclusivamente a lei quem exige a pluralidade de partes não há só um resultado a atingir, muito embora seja vedado postular um só de cada vez: à pluralidade de partes conjuntamente legitimadas corresponde igual pluralidade de pedidos, que ao juiz serão formulados de uma vez só (unidade formal da demanda).

Na ação de usucapião o *petitum* deduzido em face daquele em cujo nome o imóvel está transcrito é no sentido de ser declarado o domínio do autor sobre o imóvel; quanto aos confinantes, pedir-se-á que o juiz declare os lindes do imóvel prescribendo.[17] Na ação a marido e mulher, lembrada acima, há um pedido de condenação de cada um dos cônjuges. Na ação popular, o pedido de anulação do ato impugnado e mais o de condenação de cada um dos beneficiários e dos administradores envolvidos.

Poder-se-ia pensar que, sendo vários os *pedidos* a deduzir em juízo (amparados por fundamentos também ao menos parcialmente diversificados), várias haveriam de ser as ações, na mesma medida em que, como se disse acima, seu exercício se dá através de demandas (plúrimas) necessariamente cumuladas. Uma reflexão sobre a situação criada pela exigência legal do litisconsórcio mostra contudo que nesse caso a ação é uma só, não havendo o *poder* de exigir o provimento de mérito (isto é, a ação) senão com referência a todos os pedidos e todas as partes. É uma ação necessariamente complexa, não só do ponto-de-vista subjetivo (pluralidade de legitimados) como pelo aspecto objetivo (pedidos cumulados).

Esses conceitos foram guindados ao nível dogmático no ordenamento processual português, onde está dito literalmente que, "no caso de litisconsórcio necessário, há uma única acção com pluralidade de sujeitos" (CPC port., art. 29 – *infra*, n. 57).

37. *litisconsórcio, ação e demanda: critérios*

Em face do exposto no presente capítulo, conclui-se em primeiro lugar que o *regime* do litisconsórcio determina a ocorrência

17. *Cfr.* Costantino, *Contributo allo studio del litisconsorzio necessario*, § 25, esp. p. 147, nota 8, com exemplo análogo e demonstração da mesma idéia.

ou não do *cúmulo subjetivo de demandas*: há cúmulo no litisconsórcio comum, e no unitário uma demanda só.

Conclui-se também que a *pluralidade de ações* depende de outra classificação das espécies litisconsorciais: no litisconsórcio necessário tem-se sempre uma só ação com pluralidade de legitimados, e no facultativo uma pluralidade de ações (se o facultativo for unitário, concurso subjetivo de ações – *supra*, n. 34).[18]

18. O pensamento de Araken de Assis é parcialmente coincidente com o que vem sendo expresso aqui, diferindo na medida da premissa diferente que o ilustre Mestre gaúcho adota: não julga legítimo levar em conta, como aqui se faz, uma grande diferença entre os conceitos de *ação* e de *demanda* (*cfr. Cumulação de ações*, esp. n. 2, p. 16). Por isso mesmo, não lhe parece relevante distinguir, como aqui, entre (a) a questão do *cúmulo de demandas*, ligada ao regime do litisconsórcio (só no comum, não no unitário), e (b) a pluralidade de ações, que se tem somente quando facultativo o litisconsórcio (e não quando necessário). Diz: "uma vez facultativa a demanda conjunta, pouco importa a natureza comum ou especial do seu regime, pois haverá, invariavelmente, cumulação de ações por princípio" (*Cumulação de ações*, n. 39, esp. p. 140).

CAPÍTULO IV
ADMISSIBILIDADE DO LITISCONSÓRCIO

38. aspectos gerais – 39. litisconsórcio fundado na comunhão em direitos ou obrigações – 40. litisconsórcio fundado na conexidade – 41. litisconsórcio fundado na afinidade de questões – 42. litisconsórcio impróprio – 43. mesmo fundamento de fato ou de direito – 44. comunhão e necessariedade? – 45. a admissibilidade do litisconsórcio no Código anterior – *46. admissibilidade e necessariedade – 47. as três figuras do litisconsórcio – 48. o litisconsórcio recusável ou impróprio* – 49. litisconsórcio e legitimidade *ad causam* – *50. casuística* – 51. sistema alemão no Código de Processo Civil – 52. o sistema italiano – *53. a doutrina italiana do litisconsórcio necessário – 54. ineficácia da sentença – 55. os regimes do litisconsórcio – 56. a intervenção "jussu judicis"* – 57. litisconsórcio voluntário e litisconsórcio necessário no direito português contemporâneo – *58. litisconsórcio e coligação (direito português) – 59. aspectos sistemáticos (direito português)*

38. aspectos gerais

Nas várias situações em que a lei admite a presença de dois ou diversos sujeitos em um dos lados da relação processual ela o faz tendo em vista a *harmonia de julgados*, a *economia processual* e a *maior produtividade* do processo (*supra*, n. 21): por que realizar dois ou mais processos, sendo possível obter o mesmo resultado com um só, sem o *timor ne varie dicetur* e podendo definir desde logo as situações jurídicas de mais pessoas? O art. 46 do Código de Processo Civil, que é a abertura legislativa para a admissibilidade do litisconsórcio no direito brasileiro, constitui o resultado de nossa própria experiência, enriquecida pela observação de prestigiosos modelos legais estrangeiros (*infra*, nn. 51-60): ele permite o cúmulo subjetivo em casos nos quais reconhecidamente exista um nexo tal entre as situações jurídicas de diversas pessoas, que a realização de um só processo será apta a cumprir os objetivos, acima lembrados, de economia e harmonia de julgados, com a definição, de uma vez só, das situações de mais sujeitos.

Sendo dois ou mais os titulares de uma só obrigação ou direito e sobre ele havendo controvérsia (*comunhão* – CPC, art. 46, inc. I), a concentração em um só processo realiza ditos objetivos quando se tratar de duas demandas geminadas pela causa de pedir ou pelo pedido (*conexidade* – incs. II-III) ou quando, distintas embora, o julgamento das pretensões depender da tomada de posição do juiz quanto a uma só tese jurídica ou quanto à ocorrência de dado fato (*afinidade de questões* por um ponto comum de direito ou de fato – inc. IV). Como facilmente se percebe, haverá em cada caso maior ligação do litisconsórcio a um ou a outro dos objetivos que justificam em tese o instituto (*supra*, n. 21). Mas nunca se poderá dizer que o outro esteja inteiramente descurado.

Os casos em que *duas ou mais pessoas podem litigar no mesmo processo, em conjunto, ativa ou passivamente*, são aqueles já referidos, que o art. 46 do Código de Processo Civil descreve (comunhão no direito ou obrigação, conexidade entre as demandas, afinidade de questões), e mais todos os outros definidos em dispositivos espalhados pelo próprio estatuto processual (arts. 10º, par., 12, § 1º, 942, inc. II, 952 *etc.*) ou contidos em outras leis (Lei da Ação Popular, art. 6º *etc.* – *infra*, n. 74). A redação dessas e de outras normas especiais mostra que através delas pretendeu o legislador ditar não apenas a admissibilidade do litisconsórcio mas também, simultaneamente, a sua indispensabilidade (litisconsórcio necessário); não é o que faz o referido art. 46, portador de hipóteses bastante amplas em que a pluralidade de autores ou réus será admitida, sem nada adiantar quanto a se tratar de casos de litisconsórcio necessário ou facultativo.[1]

Apontado o art. 46 do Código de Processo Civil como a matriz fundamental dos casos de admissibilidade do litisconsórcio, nos

1. Ao falar em *fontes do litisconsórcio voluntário* (*Cumulação de ações*, n. 45, p. 148), daria Araken de Assis a idéia de que todos os litisconsórcios *ex* art. 46 fossem facultativos. Mas ele é incisivamente claro no sentido do texto acima, dizendo: "o art. 46 se revela fonte indiferente tanto do litisconsórcio necessário quanto do facultativo" (n. 44, esp. p. 146).

itens seguintes examina-se cada um de seus incisos com vista à boa compreensão sistemática das normas que eles contêm.

39. litisconsórcio fundado na comunhão em direitos ou obrigações

O inc. I do art. 46 admite o litisconsórcio no caso de entre duas ou mais pessoas ocorrer *comunhão de direitos ou de obrigações relativamente à lide*. Essa fórmula constitui aperfeiçoamento da criticada comunhão de interesses da legislação precedente. Ela é oriunda do direito positivo alemão e expressa a cotitularidade da situação jurídico-material ativa (direito) ou passiva (obrigação) posta no processo como seu objeto principal. A parte final do dispositivo (*relativamente à lide*) tem significado bastante expressivo no contexto e precisa ser interpretada segundo a linguagem e o método que o Código quis eleger.

A inclusão dessas três palavras visou claramente a limitar o sentido dessa comunhão, para fins de litisconsórcio: é preciso que esteja em juízo, como seu objeto principal (*res in judicium deducta*), a própria relação jurídica fundamental em que aparecem dois ou mais sujeitos no pólo ativo ou no passivo. Não dá azo ao litisconsórcio do inc. I a junção de duas pretensões autônomas, posto que ambas fundadas em uma só relação jurídica fundamental. Em outras palavras: é preciso que os *direitos ou obrigações* que têm mais de um titular estejam postos no processo para serem objeto de cognição *principaliter*, não *incidenter tantum*.

Se determinado contrato é colocado ao centro do objeto de um processo, com o pedido de sua anulação ou de mera declaração de nulidade ou validade, haverá aí uma comunhão *relativamente à lide*. Na hipótese de um dos contratantes pretender de dois outros o cumprimento da obrigação contratual de cada um, a existência e validade do contrato em que todos estão envolvidos constituem apenas o fundamento das duas demandas conexas (inexiste, portanto, a *comunhão* descrita no inc. I do art. 46).

Para bem compreender o dispositivo em exame é preciso lembrar que a palavra *lide*, que figura no texto, tem para o Código o significado de *mérito*, ou objeto do processo, conforme expresso pronunciamento contido na Exposição de Motivos.[2] O dispositivo pode ser também lido, em face disso, como se dissesse "comunhão de direitos ou de obrigações *relativamente ao objeto da demanda*" (ou ao objeto principal do processo, como se diz no direito alemão).[3] Melhor ainda seria se o Código dissesse *comunhão no direito ou na obrigação* e não como está na redação do inc. I de seu art. 46.

40. litisconsórcio fundado na conexidade

O inc. III[4] admite o litisconsórcio quando entre duas ou várias demandas houver *conexidade* "pelo objeto ou pela causa de pedir".

A rigor essas palavras finais seriam perfeitamente dispensáveis porque, já por definição legal, duas demandas se consideram cone-

2. "O projeto só usa a palavra *lide* para designar o mérito da causa", porque ela é "o objeto principal do processo e nela se exprimem as aspirações em conflito de ambos os litigantes" (Exp. Mot., nota 6). Em oposição à orientação metodológica que o Código pretendeu adotar (centrada na *lide*), prestigiosos doutrinadores questionaram (a) que haja sempre uma *lide* à base de todo e qualquer processo – qual lide haveria em uma ação de anulação de casamento, no caso de ambas as partes desejarem o mesmo resultado? – ou (b) que o próprio método *carneluttiano* centrado na lide tenha validade metodológica, sabendo-se que nem sempre toda ela é trazida para o processo (Calamandrei, Liebman). Ademais, o Código misturou indevidamente o método *carneluttiano* com o tradicional quando apoiou diversos conceitos e institutos *sobre a base da ação*, sem ver que esses são dois métodos que reciprocamente se repelem. A coisa julgada e seus limites são minuciosamente disciplinados pelos arts. 267, inc. V, 301, §§ 1º a 3º, 469 e 472 com base na teoria da ação, o que dispensava e até haveria de repelir a definição *carneluttiana* do instituto, apresentada no art. 468. Apesar da crítica assim feita, porém, a exposição contida no texto acima explica suficientemente a idéia presente no art. 46, inc. I. Para exame pormenorizado do método centrado na lide, v. também Dinamarco, *A instrumentalidade do processo*, n. 5, esp. pp. 55-57.

3. *Cfr.* Arruda Alvim, *Código de Processo Civil comentado*, II, p. 356; Antônio Araldo Ferraz Dal Pozzo, "Reflexões sobre o litisconsórcio", n. 8.1, p. 173; é o que já dizia Machado Guimarães, ao interpretar a locução "comunhão de interesses", da lei anterior ("As três figuras do litisconsórcio", IV, esp. p. 208).

4. Adia-se o exame do inc. II, pela razão que adiante se verá (*infra*, n. 43).

xas no direito processual civil brasileiro "quando lhes for comum o objeto ou a causa de pedir" (CPC, art. 103). Certo é que existe também a conexidade subjetiva (identidade de partes),[5] não considerada na definição, mas é também óbvio que ela não conduziria ao litisconsórcio, pela simples razão de que, estando em duas ou mais demandas o mesmo autor e o mesmo réu, as partes serão apenas duas e litisconsórcio não haverá.

Como se vê desse inc. III, ao definir a conexidade prende-se o Código à clássica teoria dos três *eadem* (*personæ*, *causa*, *res*), que se reflete também no § 2º do art. 301 ("as mesmas partes, a mesma causa de pedir e o mesmo pedido"). De uma perspectiva mais realista, tem-se por ponto de partida a premissa de que o que justifica o litisconsórcio quando duas ou mais demandas são conexas é o *proveito* (economia, harmonia de julgados) decorrente de, com uma instrução só, formar o juiz uma *única convicção* acerca dos fundamentos comuns.[6]

Evitam-se riscos como a atribuição do mesmo bem a pessoas diferentes, em processos separados; ou a afirmação e negação do mesmo fato concreto; ou a prolação de julgados optando por teses jurídicas diferentes ou mesmo opostas, no mesmo contexto litigioso.

5. *Cfr.* Chiovenda, *Principii di diritto processuale civile*, § 31, III, p. 557; Liebman, *Manual de direito processual civil*, I, n. 88, esp. p. 252: "pode-se, por isso, distinguir a conexão *subjetiva*, dada pela identidade dos sujeitos, da conexão *objetiva*, que ocorre quando é idêntico um dos elementos objetivos (causa, objeto)".

6. O critério da *convicção única* é muito fecundo na determinação dos casos de conexidade e, como já ressaltado, remonta à obra de Redenti (*Il giudizio civile con pluralità di parti*, n. 5, nota 5, p. 6 – *supra*, n. 21). Na doutrina brasileira, *cfr*. Pará Filho, *Estudo sobre a conexão de causas no processo civil* (p. 66), insatisfeito com o critério tradicional para a determinação da conexidade, calcado na teoria dos três *eadem*. Araken de Assis desconsidera o critério da convicção única, ao buscar uma utilidade para o inc. II do art. 46 e sustentar que (a) a conexão referida no inc. IV revelar-se-ia na *identidade total das causas*, enquanto (b) haveria identidade *meramente parcial* na coincidência de fundamentos prevista no inc. II (tal é a posição de Amaral Santos, *Primeiras linhas de direito processual civil*, II, n. 307, esp. p. 8). A adoção do critério realista proposto por Redenti dispensa esforços como esse, que inevitavelmente acabam por tender ao arbitrário (*infra*, n. 43).

Mostra-se por isso insuficiente o esquema formal e apriorístico da teoria dos três *eadem:* a ser exigida rigorosamente a identidade das causas de pedir, em toda a sua extensão, a bem poucos se reduziriam os casos de demandas verdadeiramente conexas. Embora se reconheça que há graus ou espécies diferentes de conexidade, sendo lícita a distinção com referência aos diversos institutos em que ela tem relevância (litisconsórcio, competência, reunião de processos, reconvenção, cúmulo objetivo),[7] ao menos para o fim de admitir o litisconsórcio é bastante uma "identidade parcial do título";[8] basta que se trate de duas causas de pedir tendo em comum o suficiente para que, com uma *única convicção*, possa o juiz pronunciar-se sobre as demandas cumuladas.

Justifica-se esse critério de alargamento, que aliás está na experiência comum dos tribunais (ainda que implicitamente), porque o litisconsórcio que dele decorre atende em cheio aos objetivos do instituto. Se fosse rigorosamente exigida a *mesmíssima* causa de pedir, em uma tríplice colisão automobilística os donos dos veículos vitimados não poderiam litisconsorciar-se contra aquele a quem atribuem a culpa.[9]

7. *Cfr.* Barbosa Moreira, *A conexão de causas como pressuposto da reconvenção*, nn. 71-76, pp. 128 ss.; Dal Pozzo, "Reflexões sobre o litisconsórcio", n. 9.1, p. 175 ("como a conexão é um instituto que tem relevância em vários campos do direito processual civil, nem sempre, em todos eles, é exigido o mesmo grau de conexão").

8. *Cfr.* Tarzia, *Il litisconsorzio facoltativo nel processo di primo grado*, p. 41; Barbosa Moreira, *A conexão de causas como pressuposto da reconvenção*, n. 89, p. 152. Sobre uma suposta "conexão parcial" no inc. II do art. 46 do nosso Código de Processo Civil, v. *infra*, n. 43.

9. Chocam-se dois veículos, ambos em movimento, e um deles vai atingir um terceiro que está acostado ao meio-fio. O proprietário deste e o de um dos dois que se chocaram litisconsorciam-se contra o motorista do outro, ambos atribuindo-lhe a culpa pelo evento. A *causa petendi* narrada por aquele que levou o golpe quando em movimento vai até ao momento da colisão que sofreu, enquanto o dono do automóvel que estava parado vai contar ainda como foi que os fatos continuaram, até que ele fosse atingido. Além disso, o dano que cada um sofreu constitui um ponto de fato concretamente distinto do dano sofrido pelo outro. Vê-se portanto que as causas de pedir não são inteiramente coincidentes, e mesmo assim, dos muitos casos dessa natureza que chegam aos tribunais, não conheço um sequer em que se tivesse cometido a insensatez de negar a conexida-

41. litisconsórcio fundado na afinidade de questões

No último inciso do art. 46 consagra-se o litisconsórcio com fulcro na "*afinidade de questões* por um ponto comum de fato ou de direito" (inc. IV).

Na vigência do outro Código fina discussão lavrou acerca do significado da palavra *questões*, contida em dispositivo com redação igual à do atual inc. IV. Ela figuraria por *causas*, *ações*, *demandas*,[10] por questões mesmo, no sentido *carneluttiano* ("ponto controvertido de fato ou de direito"),[11] ou em algum outro sentido mais amplo e menos técnico?[12] O maior prestígio coube a esta última colocação, acomodando-se em torno dela a doutrina, já sem discutir o problema com o empenho de antes e acomodando-se também a jurisprudência (ainda que sem muita explicitude conceitual, como lhe é próprio) na solução mais ou menos pacífica da casuística que lhe era apresentada.

Hoje, renunciando a descobrir um significado técnico e preciso nesse emprego do vocábulo, veremos que ele figura, no inc. IV do art. 46 do Código de Processo Civil, para designar a *causa petendi*, em toda a amplitude que lhe concede o art. 282, inc. III. Se nos *fundamentos de fato ou de direito* de duas ou mais demandas houver algum ponto comum de fato ou de direito, ter-se-á a afinidade de questões de que fala a lei.[13]

de entre as demandas. Estarão errados os pretórios, ou será inadequado o critério da conexidade fundado formalmente na teoria dos três *eadem*?

10. *Cfr.* Lopes da Costa, *Direito processual civil brasileiro*, I, n. 468, p. 405; Calmon de Passos, *Do litisconsórcio*, n. 37, p. 46.

11. *Cfr.* Estellita, *Do litisconsórcio no direito brasileiro*, p. 179 (*infra*, nota 19).

12. Tal foi a orientação de Machado Guimarães, que fez a crítica das precedentes e concluiu, citando Betti, que o vocábulo *questões*, no texto sobre o litisconsórcio, está a designar "questões práticas, referentes a concretas situações jurídicas (estados ou relações existentes entre as partes), não apenas interpretativas da lei" ("As três figuras do litisconsórcio", VI, pp. 213-214).

13. O saudoso Primeiro Tribunal de Alçada paulista enfatizou que para a configuração do litisconsórcio basta o mesmo fundamento de direito, ainda que os fatos sejam diferentes em relação a cada um dos litisconsortes (mutuários do Sistema Financeiro da Habitação em busca de quitação antecipada de suas obrigações): *cfr.* 6ª C., ap. n. 411.707, j. 14.11.89, rel. Carlos Roberto Gonçalves,

Empresta-se então ao vocábulo *questões*, tal como aparece no texto em exame, o significado de *fundamentos*: *afinidade de questões* outra coisa não é senão *afinidade de fundamentos*.[14]

Tal afinidade é liame menos intenso que a conexidade, sendo caracterizado pela mera existência de algum *quesito comum* de fato ou de direito, "o qual, aparecendo em todas as causas de pedir (ainda que implicitamente), se apresente como uma das premissas necessárias para a decisão da causa".[15] A existência de um simples e único ponto comum a duas ou várias causas de pedir (que permanecem diferentes e autônomas em todo o mais, com fatos absolutamente diversificados, menos nesse ponto) não chega a caracterizar a conexidade, mas simples afinidade entre as demandas.

No litisconsórcio de inúmeros servidores litigando contra o Estado para obtenção de determinada vantagem funcional[16] é ponto

v.u., *RT* 652/830. Mas, se nem um ponto comum existe entre as causas dos litisconsortes, o litisconsórcio é inadmissível, porque a situação está aquém daquele tênue liame descrito no inc. IV do art. 46. Por esse motivo o Segundo Tribunal de Alçada Civil paulista determinou a dissolução do litisconsórcio estabelecido por iniciativa do autor em uma ação de despejo, porque esta se dirigia a "locatários distintos de diferentes prédios" (*cfr.* 2º TACSP, 4ª C., ap. n. 216.051, rel. Aldo Magalhães, v.u., *RT* 629/189).

14. Machado Guimarães diz que essa *afinidade de questões*, para ser justificativa do litisconsórcio, há de traduzir-se em *fundamentos* (da demanda) "*semelhantes* no que for essencial, isto é, na parte ou ponto decisivo ou necessário à decisão da demanda" (*cfr.* "As três figuras do litisconsórcio", VI, pp. 213-214). Dal Pozzo assevera que "a afinidade exige mais que a simples semelhança" entre os pontos de fato, "esse ponto comum de fato não pode ser interpretado como fato comum (isto é, como o mesmo acontecimento da vida real, aparecendo nas *causae petendi* remotas), pois, nessa hipótese, haveria conexão. Nem pode ser entendido como significando apenas *fatos objetivamente iguais* (embora dois eventos distintos no tempo e espaço), pois essa inteligência levaria à absurda conclusão de que seria possível o litisconsórcio de todas as vítimas de acidentes de automóvel ocorridos numa mesma esquina, causados por pessoas diferentes" ("Reflexões sobre o litisconsórcio", n. 10.1, pp. 180-181).

15. *Cfr.* Dal Pozzo, "Reflexões sobre o litisconsórcio", n. 10.1. *Cfr.* ainda 1º TACSP, 6ª C., ap. n. 411.07-9, j. 14.11.89, rel. Carlos Roberto Gonçalves, v.u., *RT* 652/83: "os que pleitearem conseqüências jurídicas similares baseados precisamente no mesmo fundamento de direito, *mesmo sendo diversos os fatos originadores de suas pretensões*, poderão litigar em conjunto".

16. Exemplo típico na experiência do foro paulista foram as chamadas *ações do repique* e, depois, as *ações do repicão:* magistrados e membros do

comum de direito a norma legal de que extraem a fundamentação do pedido de cada um; no litisconsórcio passivo entre vizinhos que, sem prévio concerto, introduziram animais no pasto alheio[17] o dano causado por todos eles é o ponto comum de fato.[18]

Vê-se portanto que o vocábulo *ponto* está empregado no inc. IV do art. 46 em seu sentido técnico, conforme resulta da melhor doutrina.[19]

42. litisconsórcio impróprio

Quando apoiado na simples *afinidade de questões* (aquém da conexidade), o litisconsórcio costuma ser chamado *litisconsórcio impróprio* (porque fundado em uma *conexidade imprópria*),[20] como se de verdadeiro litisconsórcio não se tratasse. Diz a melhor doutrina germânica que esse litisconsórcio é justificado apenas

Ministério Público litigaram contra a Fazenda do Estado e por fim obtiveram a condenação desta a recalcular-lhes os vencimentos mediante um critério de incidência recíproca das vantagens pessoais (umas sobre as outras). A tese jurídica era a mesma para todos (interpretação do dispositivo que autorizava a incorporação de cada uma dessas vantagens aos vencimentos "para todos os efeitos"); mas a situação de cada autor era diversa e independente das dos demais, tocando-se elas exclusivamente através desse *ponto comum de direito*.

17. É clássico exemplo que se vê na obra de Chiovenda (*Principii di diritto processuale civile*, § 88, III, pp. 1.076-1.077).

18. Interessante exemplificação de hipóteses de ocorrência da afinidade de questões prevista no inc. IV está contida na obra de Ovídio Baptista da Silva, *Curso de processo civil*, I, p. 209.

19. Se *questão* é um "ponto controvertido de fato ou de direito", entende-se que, não havendo controvérsia sobre determinado *ponto*, este não se erige em *questão* e permanece como ponto mesmo (como é óbvio). Para a conceituação deste, merece atenção o ensinamento clássico de Menestrina (*La pregiudiciale nel processo civile*, nn. 30-31, pp. 137 ss.).

20. *Cfr*. Chiovenda, *Principii di diritto processuale civile*, § 88, III, p. 1.076; Liebman, *Manual de direito processual civil*, I, n. 52, p. 255 trad.; Maria Encarnación Dávila Milán, *Litisconsorcio necesario*, n. 1.3.2, pp. 21 ss. Sobre a chamada *conexão imprópria*, v. ainda Liebman, *op. cit.*, n. 88, esp. pp. 255-256 trad. ("... quando, embora tratando-se de duas ações totalmente diferentes, mesmo assim a decisão depende total ou parcialmente da resolução de questões idênticas").

pela existência de "direitos e obrigações da mesma espécie, por seu conteúdo e por seu fundamento de fato e de direito".[21]

Na escala das relações entre duas ou mais demandas, a mera afinidade é a que ocupa a posição de menor intensidade. Ficando somente na identidade entre questões de fato ou de direito (CPC, art. 46, inc. IV), ela não chega a equiparar-se à conexidade, que é uma relação mais intensa. Não passa de uma *conexidade degradada*,[22] caracterizada como o mais tênue dos laços que podem existir entre duas ou mais demandas.

Exatamente porque tênue o laço entre as demandas, o *litisconsórcio impróprio* constitui um dos "dois tipos extremos" da litisconsorcialidade, em oposição ao litisconsórcio necessário, que é o mais sólido (*supra*, n. 21). Recebe legitimidade no sistema quase só pela *economia processual* que é apto a propiciar, porque menos sensível seria o risco de conflito entre julgados sobre causas apenas afins e não *conexas* (*supra*, n. 21).

Sempre em função de ser um vínculo extremamente tênue, a mera afinidade não tem perante a lei o poder, que a conexidade tem, de autorizar a *prorrogação da competência* (CPC, art. 102). Em conseqüência, a formação do *litisconsórcio impróprio* depende de o mesmo juiz ser igualmente competente para ambas ou todas as demandas a serem cumuladas.[23] Além disso, em caso de mera afinidade entre causas pendentes em processos separados não tem o réu o direito de exigir a reunião dessas causas em um só processo,[24] muito menos quando isso implicar alteração das regras de competência com relação a uma delas (CPC, art. 105: "havendo conexão ou continência ...").

Do que ficou exposto resulta que, apesar da denominação largamente consagrada na linguagem italiana, esse litisconsórcio

21. *Cfr.* Goldschmidt, *Zivilprozessrecht*, § 69, 3, letra *c*, p. 438 trad.

22. *Cfr.* Dinamarco, *Instituições de direito processual civil*, II, n. 461, pp. 156-157; n. 564, pp. 344-345.

23. *Cfr.* Chiovenda, *Principii di diritto processuale civile*, § 88, III, pp. 1.076-1.077; Liebman, *Manual de direito processual civil*, I, n. 52, pp. 147-148 trad.

24. *Cfr.* Chiovenda, *Principii di diritto processuale civile*, § 88, III, pp. 1.076-1.077.

nada tem de *impróprio* e é um *verdadeiro* litisconsórcio (conceito puro de litisconsórcio – *supra*, n. 11): o fato de provir de uma ligação menos intensa que a conexidade não o desnatura como tal, apesar de entre os vários autores ou vários réus reinar o grau mais elevado de autonomia a que se pode chegar, não sendo o juiz obrigado a tratá-los de modo homogêneo.[25]

Apesar de tudo, essa figura do litisconsórcio ou o seu nome não devem induzir qualquer peculiaridade com referência à possibilidade de sua *recusa pelo réu*. O vigente Código de Processo Civil não contempla essa possibilidade, que o anterior oferecia. O contraste entre as locuções *litisconsórcio facultativo próprio* e *litisconsórcio facultativo impróprio* não foi mais do que um mal-entendido da doutrina brasileira (*infra*, nn. 151 e 189).[26]

43. mesmo fundamento de fato ou de direito

Mais relevante que o mero "ponto comum de fato ou de direito", que abre caminho para o chamado *litisconsórcio impróprio*, é o "*mesmo fundamento* de fato ou de direito", tratado no inc. II do art. 46 do Código de Processo Civil. Já não se trata, como no inc. IV, de demandas expondo diferentes contextos fáticos ou jurídicos que apenas se tocam naquele ponto comum; aqui (inc. II) o contexto é o mesmo, e então se está diante de demandas que têm em comum o próprio fundamento como um todo, ou seja, a causa de pedir.[27]

25. Sobre a regra da *independência dos colitigantes*, que não é absoluta sequer nessa espécie litisconsorcial, v. *infra*, n. 62.

26. É claro que o réu poderá recusar o litisconsórcio sempre que, por inocorrência de qualquer das hipóteses do art. 46, por ilegitimidade *ad causam*, por incompetência, por se tratar de *litisconsórcio multitudinário* prejudicial à sua defesa *etc.*, tiver ele algum fundamento para demonstrar a *inadmissibilidade do litisconsórcio* (*infra*, n. 189). O que não se compatibiliza com a lei vigente é a *recusa arbitrária e injustificada*, que o Código de 1939 expressamente autorizava.

27. O vocábulo *fundamento*, empregado no inc. IV, tem portanto significado mais intenso que aqueles *fundamentos*, que são os *pontos comuns de fato ou de direito*, referidos no inc. III. Melhor seria mesmo que inexistisse o inc. IV.

Em outras palavras, o inc. II do art. 46 autoriza o litisconsórcio no caso de demandas que sejam *conexas pela causa de pedir.*[28] Daí a *superposição de hipóteses* em que incorreu o Código de Processo Civil, pois o inc. III de seu art. 46, incluindo a *conexidade objetiva* (em todas suas subespécies – art. 103) como fator legitimante do litisconsórcio, já dispensava inteiramente a disposição contida no inc. II, a qual é manifestamente supérflua.[29]

Esse inc. II (*mesmo fundamento*) não tinha correspondente no Código de 1939 e a lei vigente, inserindo-o por certo para ser mais fiel ao modelo alemão (*infra*, n. 51), incorreu na superposição que este não apresenta, porque não fala genericamente na *conexidade* ao disciplinar as hipóteses de admissibilidade do litisconsórcio. A conexidade, que já estava em nossa lei anterior, vem do direito italiano (*infra*, n. 52) e "o equívoco do legislador deve-se certamente à diversidade de fontes onde se inspirou para redigir o art. 46".[30] Mal ou

28. A *causa petendi* reside justamente nos fundamentos do pedido ajuizado através da demanda, conforme lição cediça na doutrina (*cfr*. Chiovenda, *Principii di diritto processuale civile*, § 12, II, letra *c*, p. 283). *Cfr*. ainda minhas *Instituições de direito processual civil*, II, n. 450, pp. 130-133. Amaral Santos entende que o inc. II descreve uma *modalidade de conexidade*: conexão parcial, diz, porque "a causa de pedir parcialmente é a mesma: o mesmo fundamento de fato ou o mesmo fundamento de direito" (*Primeiras linhas de direito processual civil*, II, n. 307, esp. p. 8). Mas, como já foi salientado acima (*supra*, n. 40), é muito difícil encontrar duas demandas que tragam precisamente a mesmíssima causa de pedir, idêntica em toda a extensão dos fatos alegados e dos fundamentos jurídicos invocados; mais plausível é a idéia de que a suposta identidade de causas de pedir não vai além de uma "parcial identidade de títulos", como se diz na Itália (*cfr*. Tarzia, *Il litisconsorzio facoltativo nel processo di primo grado*, p. 41). Aliás, os próprios exemplos de conexidade oferecidos pela doutrina demonstram que não é razoável exigir a integral coincidência entre as *causæ petendi* como requisito para a conexidade – v. os exemplos dados pelo mesmo Amaral Santos, nos quais se vê que haverá sempre algum ponto de fato ou de direito, em uma das demandas conexas, que não está presente na outra (*Primeiras linhas de direito processual civil*, n. 307, esp. p. 8). No sentido da crítica exposta no texto, v. Barbi, "Ação, partes", n. 7.

29. *Cfr.* Barbi, *Comentários ao Código de Processo Civil*, I, n. 293, p. 266; Dal Pozzo, "Reflexões sobre o litisconsórcio", n. 11, p. 184; Ovídio Baptista da Silva, *Curso de processo civil*, I, p. 211. Já Barbosa Moreira põe em dúvida essa redundância (*cfr. A conexão de causas como pressuposto da reconvenção*, n. 71, pp. 128-129).

30. *Cfr.* Dal Pozzo, "Reflexões sobre o litisconsórcio", n. 11, p. 184.

bem, no entanto, nossa lei tem a vantagem de expressamente abrir caminho para o litisconsórcio fundado também na conexidade por *identidade do pedido* (inc. III).

Neste trabalho, como existe a superposição apontada e o inc. II é nítida hipótese de conexidade entre duas ou mais causas, falar-se-á, por isso mesmo, em apenas *três hipóteses* de litisconsórcio: comunhão, conexidade, afinidade.

44. comunhão e necessariedade?

Questionaram os doutores de nosso processo civil se perante o Código de 1973 continua sendo *necessário* o litisconsórcio fundado na comunhão (art. 46, inc. I), como por expressa disposição legal era do sistema de 1939 (art. 88).

Os adeptos da negativa invocaram inclusive a letra da lei, observando que o *caput* do vigente art. 46, portador da abertura para a admissibilidade do litisconsórcio em todas as hipóteses depois descritas nos incisos, emprega o verbo *poder* e não o verbo *dever.* Isso significa, afirmou-se, que em *todos* esses casos as pessoas apenas *podem* litisconsorciar-se, se quiserem, inexistindo no art. 46 qualquer disposição no sentido de que *devam* fazê-lo (litisconsórcio necessário).[31] As hipóteses de litisconsórcio necessário resultariam do art. 47 do Código de Processo Civil, não do art. 46

Essa não porém é a melhor colocação do problema. Visivelmente, o Código quis inovar com relação ao sistema precedente, primeiro dizendo *quando* o litisconsórcio é admissível (art. 46) e depois cuidando de sua *indispensabilidade* (art. 47). Ele o faz assim em dois dispositivos separados para que a necessariedade do litisconsórcio assente em outra base, não mais levando em conta, para esse fim, algum jogo entre as hipóteses em que o cúmulo subjetivo é *admissível* (art. 46).

31. V. Arruda Alvim, *Código de Processo Civil comentado*, II, pp. 352-353. O correto significado do art. 46 foi muito bem realçado por Celso Agrícola Barbi (*Comentários ao Código de Processo Civil*, I, n. 287, pp. 260-261); no mesmo sentido, *cfr.* Amaral Santos, *Primeiras linhas de direito processual civil*, II, n. 304, esp. pp. 3-4; Araken de Assis, *Cumulação de ações*, n. 45, p. 148.

Em outras palavras: entre todos os litisconsórcios que o direito brasileiro admite (art. 46) alguns serão *indispensáveis*, a saber, aqueles decorrentes de uma situação jurídico-substancial que não comporte soluções discrepantes para os diversos sujeitos (litisconsórcio necessário – CPC, art. 47). A necessariedade poderá perfeitamente ocorrer em casos de comunhão na obrigação ou no direito, muito embora essa comunhão não constitua mais, por si própria, o *critério* empregado para determinar que o cúmulo subjetivo será necessário (*infra*, nn. 45 e 60).

45. a admissibilidade do litisconsórcio no Código anterior

Na determinação do critério para a indispensabilidade do cúmulo subjetivo (litisconsórcio necessário) o Código de Processo Civil adotou, como já exposto, técnica diferente daquela que trazia o diploma de 1939.

"Admitir-se-á o litisconsórcio, ativo ou passivo [*dizia o velho art. 88*], quando fundado na *comunhão de interesses*, na *conexão de causas* ou na *afinidade de questões* por um ponto comum de fato ou de direito". Substancialmente a esfera de admissibilidade do cúmulo subjetivo não ficou nem ampliada, nem restringida nem por qualquer outra forma alterada na lei hoje vigente; as hipóteses de admissibilidade continuam sendo mesmo a comunhão, a conexidade e a afinidade, examinadas no número anterior.

Vê-se no Código de 1973 alguma alteração, que no entanto ficou sendo apenas aparente, formal ou de mera redação.

Em primeiro lugar, é o acréscimo de uma hipótese entre os casos de admissibilidade litisconsorcial (o "mesmo fundamento de fato ou de direito", do inc. II do art. 46). Já se viu, no entanto, o supérfluo dessa disposição, que se enquadra docilmente no conceito de *conexidade* (inc. III), sem nada acrescer ao que já havia em 1939 (*supra*, n. 43).

Há também uma diferença de redação no inc. I, que passou a espelhar com mais fidelidade o modelo germânico, evitando repetir a infeliz expressão "comunhão *de interesses*", que estava no estatuto ab-rogado. Já se pacificara a doutrina naquele tempo, porém, no sentido de que ela significava *comunhão em direitos e obrigações em relação ao objeto da demanda* (*supra*, n. 39), o que em substância está dito na redação atual.

Vê-se portanto que também por aí a diferença entre os dois dispositivos é apenas verbal.

46. admissibilidade e necessariedade

Diferente era todavia, como também vem sendo exposto, a técnica empregada para fixar a necessariedade do litisconsórcio.

O próprio art. 88 (CPC-39), que alinhava os casos de admissibilidade litisconsorcial, já se encarregava de oferecer desde logo uma graduação de intensidade entre as hipóteses por ele mesmo descritas, dizendo: "no primeiro caso, não poderão as partes dispensá-lo; no segundo, não poderão recusá-lo, quando requerido por qualquer delas; no terceiro, poderão adotá-lo, quando de acordo". Em outras palavras, tínhamos litisconsórcio necessário quando fundado na comunhão "de interesses"; e facultativo quando na conexidade de causas ou afinidade de questões.

47. as três figuras do litisconsórcio

No tocante ao litisconsórcio facultativo a lei estabelecia, como se vê, uma relevante distinção.

Se fundado na *conexidade*, ele dependia apenas da vontade do autor, ou autores. Movida ação por vários sujeitos, ou a vários, poder algum teria o réu, ou os réus, para influir na continuação da situação litisconsorcial, aceitando-a ou recusando-a segundo seu próprio critério e sua própria vontade. O litisconsórcio por conexidade era, portanto, *irrecusável*. Era facultativo apenas para o demandante, ou demandantes, e inevitável para o réu, ou réus.

Já o litisconsórcio fundado na mera *afinidade de questões* dependia do consenso de todos, podendo recusá-lo o réu ou réus, sem sequer indicar a razão pela qual o fizessem (litisconsórcio *recusável*, facultativo a todos).

Havia no direito brasileiro, como se vê, o litisconsórcio necessário, o facultativo irrecusável e o facultativo recusável – as *três figuras do litisconsórcio*, que serviram de tema e título a prestigiosa monografia de Machado Guimarães.[32]

O sistema do Código revogado tinha sua lógica porque, "examinadas em conjunto as três situações e comparadas, poder-se-á observar que sua seriação obedece a uma escala descendente quanto à existência de unidade, ligação ou aproximação das relações jurídicas cuja reclamação judicial pode ser feita num mesmo processo".[33] Possivelmente estava na mente do legislador aquela idéia dos "dois tipos extremos do litisconsórcio", presente na mais autorizada doutrina há tanto tempo (*supra*, n. 21) e que apresenta em uma extremidade o litisconsórcio necessário e noutra o chamado litisconsórcio impróprio (*infra*, n. 48).

Desse sistema afastou-se o Código de 1973, no qual não se vê sequer uma palavra no sentido de associar a necessariedade do litisconsórcio a qualquer das hipóteses de sua genérica admissibilidade. O sistema adotado é deliberadamente outro, de indisfarçável influência alemã (mas italiana também, em alguma medida), ficando afastada agora, pelo direito positivo, a idéia de que o litisconsórcio seria indispensável quando tivesse e *em virtude de ter* por fonte a comunhão em uma relação jurídica substancial controvertida. Não se exclui que casos de comunhão no direito ou na obrigação possam ser de cúmulo subjetivo necessário, o que será objeto das considerações que a seu tempo se farão sobre a necessariedade do litisconsórcio e nos exemplos que ilustrarão o exposto (*infra*, nn. 80 a 85). Nega-se, isso,sim, que o *critério* seja hoje o da comunhão, que o Código quis deliberadamente abandonar quando no art. 46 nenhuma disposição trouxe vinculativa da necessariedade ou facultatividade do litisconsórcio às suas espécies e quando no art. 47 usou linguagem completamente diversa

32. *Cfr.* "As três figuras do litisconsórcio".

33. *Cfr.* Estellita, *Do litisconsórcio no direito brasileiro*, p. 137; v. também Machado Guimarães, "As três figuras do litisconsórcio", esp. I, pp. 201 ss.

para dizer *quando* será indispensável o cúmulo subjetivo (*supra*, n. 39, e *infra*, nn. 60, 61, 80 e 82).[34]

48. o litisconsórcio recusável ou impróprio[35]

O Código vigente difere do antigo também na disciplina do litisconsórcio fundado na *afinidade de questões por um ponto comum de fato ou de direito*, que antes era suscetível de recusa arbitrária e hoje não o é.

De início esse litisconsórcio denominou-se *litisconsórcio facultativo impróprio* – provavelmente por influência dos italianos, que o chamam *litisconsórcio impróprio* (*supra*, n. 42).[36] Essa denominação tinha sua razão de ser naquele sistema porque ao substantivo *litisconsórcio* acrescentavam-se dois adjetivos que realmente figuravam duas qualidades suas: a) era um litisconsórcio *facultativo* porque a lei não o dava por indispensável; b) era *impróprio*, porque

34. Mas v. também, em sentido contrário, as opiniões de Pontes de Miranda (*Comentários ao Código de Processo Civil*, II, pp. 24-25, nota 2 ao art. 46), Amaral Santos (*Primeiras linhas de direito processual civil*, II, n. 306, esp. p. 5) e Luís Antônio de Andrade (parecer da Comissão Revisora, anexo I, n. 3, p. 19), para quem o Anteprojeto e o Código se limitaram a corrigir, com relação ao estatuto revogado, o erro consistente em falar na *comunhão de interesses* – sendo que para esse autor "manteve-se (...) a necessariedade do litisconsórcio (...) para o caso de comunhão de direito ou de obrigação". Tornaghi, em digressão sobre o litisconsórcio unitário e o necessário, diz que este "se origina do direito substantivo [*sic*] que considera titulares do direito ou da obrigação várias pessoas mas em bloco, de tal modo que, separadamente, nenhuma é titular" (*Comentários ao Código de Processo Civil*, I, p. 215). Como anota Barbi, porém (*Comentários ao Código de Processo Civil*, I, n. 287, esp. p. 261), "há casos em que a existência daquela comunhão não retira do litisconsórcio o caráter de facultatividade" (p. ex., "a demanda sobre bens móveis de um casal, em que há comunhão de direitos" mas não é exigida a presença de ambos os cônjuges – *infra*, n. 61).

35. Este item associa-se intimamente ao que está exposto, em coligação com diversos casos específicos de recusa justificada do litisconsórcio, em parte ulterior da obra (*infra*, n. 189).

36. *Cfr.* Batista Martins, que usava essa terminologia e invocava a lição de renomado mestre italiano (*Comentários ao Código de Processo Civil*, I, n. 225, p. 271); *cfr.* também Pontes de Miranda, *Comentários ao Código de Processo Civil* (de 1939), II, nota 5 ao art. 88, p. 108.

fundado na *conexidade imprópria*, de que falam os italianos (*supra*, n. 42).

A partir de certo momento alguns autores passaram a chamá-lo de *litisconsórcio facultativo próprio*, em contraposição ao litisconsórcio fundado na conexidade, que, este, sim, seria para eles o *facultativo impróprio*.[37] Segundo a lógica desses autores, *propriamente facultativo* seria o litisconsórcio que vem da mera afinidade, porque bilateralmente dependente da vontade das partes, enquanto o da conexidade, dependendo da vontade só de quem ajuíza a demanda, mas sendo imposto ao réu (ou réus), era facultativo só pela metade, ou seja, "impropriamente facultativo".

Eles inverteram, como se vê, os pólos da oposição terminológica antes feita. Os adjetivos *próprio* e *impróprio*, que de início se referiam ao substantivo *litisconsórcio*, passaram a expressar uma qualidade da própria facultatividade deste, que seria uma facultatividade própria (casos de mera afinidade) ou uma facultatividade imprópria (casos de conexidade).

Na Itália, porém, de onde veio essa locução (*litisconsórcio impróprio*), não tem o réu (ou réus) o poder de recusar o litisconsórcio, que sob o império de nosso Código ab-rogado tinha. Mesmo tratando-se do cúmulo fundado na mera afinidade de questões, se por iniciativa do autor (ou autores) o processo tiver nascido litisconsorcial, no direito italiano a vontade daqueles não é determinante para que a coligação se desfaça. Não há o litisconsórcio recusável no direito italiano. O litisconsórcio por afinidade de questões é tratado da mesma maneira que o da conexidade (c.p.c. it., art. 103), e para *dissolvê-lo* é que se torna indispensável a vontade de todas as partes no processo pendente (salvo o caso de graves inconvenientes na continuação, que o juiz verificará mesmo de-ofício – *infra*, n. 147).

37. *Cfr.* José Frederico Marques, *Instituições de direito processual civil*, II, n. 378, pp. 183-184; Amaral Santos, *Primeiras linhas de direito processual civil*, ed. 1969, II, n. 291, pp. 15-16; Barbosa Moreira, *Litisconsórcio unitário*, n. 84, esp. p. 145.

No Brasil mesmo, aliás, foi só o Código de 1939 que trouxe essa figura do litisconsórcio que se desfaz se alguma das partes, uma só, simplesmente declara não desejá-lo. Essa fora uma *inovação* trazida por esse Código, que recebeu críticas da doutrina mais autorizada.[38] Realmente, sendo de ordem pública as vantagens que estão a justificar o próprio instituto do litisconsórcio (economia, harmonia de julgamentos – *supra*, n. 21), não tem cabimento permitir que a mera vontade de uma das partes seja suficiente para dissolvê-lo.

O litisconsórcio por mera afinidade de questões já existia antes de 1939 no direito brasileiro, consagrando-o o Código da Bahia (art. 7º), sem que ali também se contivesse, a doutrina afirmasse ou a praxe judiciária consagrasse a possibilidade de recusa arbitrária.[39] O estatuto paulista sequer cogitava da semelhança dos fundamentos como fonte do litisconsórcio (art. 54). A própria lei alemã, de cujo § 60 haurimos essa hipótese de litisconsórcio, nada diz quanto a tal recusa.

E assim, suprimida na lei vigente a referência ao *consenso* de todas as partes como requisito para que o litisconsórcio se mantivesse, ficou clara a intenção de eliminar a excrescência, colocando-se nosso direito positivo na linha da orientação que incontroversa e remansosamente prevalece nos ordenamentos processuais estrangeiros mais conhecidos.

38. "(...) fê-lo depender a lei, consagrando *inovação* ousada, se bem que pouco ponderada, de uma hipotética e difícil anuência da parte contrária, tornando pouco menos que *inútil*, na prática, esta modalidade da conjunção das partes" (Machado Guimarães, "As três figuras do litisconsórcio", I, p. 202). Ele "deveria ter sido facultado às partes, tal como o da segunda figura, sem nenhuma restrição" (*ib.*, VI, p. 214). Segundo Machado Guimarães é provável que a exigência do tal "acordo" se originasse de uma interpretação errada do trecho em que dissera Chiovenda: "la unione delle cause separate, in caso di litisconsorzio improprio, non costituisce un diritto del convenuto" (*cfr. Principii di diritto processuale civile*, § 88, III, p. 1.077 – *supra*, n. 42).

39. *Cfr.* Espínola, *Código de Processo Civil da Bahia annotado*, I, nota 13, pp. 315-317.

Não há no direito pátrio vigente o litisconsórcio recusável.[40-41]

O que há e não poderia deixar de haver é que, na dialética do processo em contraditório, pode a parte interessada, *fundamentadamente*, argüir a inadmissibilidade do litisconsórcio. Alegando

40. Assim, a doutrina dominante: *cfr.* José Frederico Marques, *Manual de direito processual civil*, I, n. 234, pp. 259-260 ("não cabe a qualquer das partes o direito de recusar a coligação subjetiva que foi pedida; cabendo o litisconsórcio, e provocada a sua constituição, será ele sempre irrecusável"); Barbi, *Comentários ao Código de Processo Civil*, I, n. 288, esp. p. 263, para quem é possível a recusa, no caso de litisconsórcio multitudinário, mediante alegação de prejuízo ("desse modo, não haverá mais para o réu o simples poder de recusar o litisconsórcio, poder esse que tinha sempre de ser respeitado pelo juiz, no sistema do Código de 1939"); Luís Antônio de Andrade, *Aspectos e inovações do Código de Processo Civil*, n. 34, pp. 28-29 (negando categoricamente a possibilidade de recusa peremptória do litisconsórcio pelo réu, embora participando da preocupação de Barbi quanto à coligação muito numerosa); Arruda Alvim, *Código de Processo Civil comentado*, II, p. 387; Humberto Theodoro Jr., *Processo de conhecimento*, I, n. 103, p. 143 (como Celso Barbi); Sérgio Ferraz, *Assistência litisconsorcial no direito processual civil*, n. 4, pp. 19-21 (posição radical: "ao autor é lícita sua formação, sendo vedado ao réu contra ele insurgir-se"); Barbosa Moreira, "Substituição das partes, litisconsórcio, assistência e intervenção de terceiros", p. 73 (radical, embora participando da preocupação de Agrícola Barbi). Em *sentido contrário* anota-se a manifestação de Pontes de Miranda, *Comentários ao Código de Processo Civil*, II, nota 4 ao art. 46 (em que vem reproduzido *ipsis litteris*, sem sequer acenar à redação da lei atual, o que fora dito nos *Comentários* ao Código de 1939, II, nota 5 ao art. 88, p. 108). Em publicação anterior neguei a possibilidade de recusa, de forma quase radical: ponderei somente que em caso de incompetência pode o réu dar causa à dissolução do litisconsórcio através da exceção em que ela venha a ser alegada (*Direito processual civil*, n. 96, pp. 150-151). Ampliando o espectro, desde a primeira edição deste *Litisconsórcio* venho fazendo a exposição que se vê no texto e desenvolvo no item final (*infra*, n. 189), seja para incluir uma série de outros caminhos pelos quais pode a parte excluir a coligação subjetiva, seja para admitir que não só o réu pode agir dessa maneira (recusa justificada), mas também o autor, em certos casos. "*Cabendo o litisconsórcio*, e provocada a sua constituição, será ele sempre irrecusável" (José Frederico Marques, *id.*, *ib.*).

41. "Tratando-se de litisconsórcio facultativo, o Código de Processo Civil atual não menciona expressamente sua recusabilidade, tal como o fizera o estatuto anterior. (...). Por isso, entende-se que essa espécie de litisconsórcio é irrecusável" (TJSP, 6ª C. Civ., agr. instr. n. 125.830-1, j. 23.11.89, rel. Ernani de Paiva, v.u., *RT* 649/69. V. ainda TJMS, T. Civ., ap. n. 18.886, j. 19.8.90, rel. Marco Antônio Candia, v.u., *RJTJMS* 60/104).

ilegitimidade *ad causam*, inocorrência de qualquer das hipóteses do art. 46, incompetência obstativa do cúmulo subjetivo, número excessivamente grande de litisconsortes (art. 46, par.), estará ela suscitando *questões incidentes ao processo*, que o juiz julgará mediante decisão interlocutória sujeita ao recurso de agravo (*infra*, n. 189). Isso não se confunde com a recusa arbitrária e injustificada, que o Código anterior permitia.

A justificativa do projeto que se tornou a lei n. 8.952, de 13.12.94 (integrante da reforma do Código de Processo Civil), apresentava o novo parágrafo do art. 46 dizendo que consagra o *litisconsórcio recusável* no direito brasileiro. Isso não é exato. Tal parágrafo destina-se a permitir a *recusa justificada* do litisconsórcio multitudinário, cabendo ao juiz apreciá-la e assim desfazer ou manter a situação litisconsorcial impugnada (*infra*, n. 151).

49. litisconsórcio e legitimidade **ad causam**

Na interpretação do art. 46 do Código de Processo Civil é preciso antes de mais nada inseri-lo no sistema do próprio estatuto processual como um todo, levando em conta certos conceitos e regras gerais que hão de prevalecer não só nesse mas em todos os estudos de direito processual civil (interpretação sistemática). Refiro-me de modo específico à necessidade de ter presente que a admissibilidade do litisconsórcio depende invariavelmente da *legitimatio ad causam* de cada um dos pretendidos litisconsortes: é preciso que se trate de *colegitimados* porque, como é óbvio, se por falta dessa condição da ação determinada demanda não poderia ser julgada pelo mérito isoladamente em um processo, muito menos poderia sê-lo em processo no qual haja duas ou várias pessoas lado a lado como autores ou como réus. Antes de saber se duas ou mais pessoas poderão estar juntas no mesmo lado da relação processual, é preciso saber se cada uma delas poderia de algum modo estar naquele processo, naquela posição,[42] porque "quem

42. *Cfr.* Araken de Assis: "é preciso que todos os litisconsortes preencham os pressupostos da personalidade processual, capacidade processual, capacidade postulacional e *legitimação*" (*Cumulação de ações*, n. 46, p. 157).

não pode entrar na porta, por faltar-lhe ingresso, não pode entrar indo com outrem" (Pontes de Miranda[43]).

Em uma *ação popular*, p. ex., uma pessoa jurídica qualquer ou mesmo um partido político não é parte legítima nem para figurar como litisconsorte do cidadão-autor, nem para litigar isoladamente.

Apesar de óbvia, essa advertência não costuma ser alvo de maiores atenções, seja por parte da doutrina (que não tem o hábito de dar-lhe destaque), seja da jurisprudência, que volta e meia coloca em termos de necessariedade do litisconsórcio questões que são de legitimidade pura e simples: alguma das partes alega nulidade do processo porque não integrado na relação processual alguém que seria litisconsorte indispensável e o julgado, para repelir a alegação, mantém-se no plano em que a discussão foi posta, negando a necessariedade do litisconsórcio quando muitas vezes era o caso de negar a própria *legitimatio ad causam*.

Há realmente casos em que o suposto litisconsorte necessário seria parte *legítima* para demandar ou ser demandado isoladamente ou em coligação com uma das partes que estão em juízo, e mesmo assim o litisconsórcio não será necessário. Aí, sim, tratando-se de litisconsórcio facultativo, a questão fica bem colocada quando a necessariedade é negada, sem mais considerações. Mas casos ocorrem, com razoável freqüência, em que na fundamentação do acórdão se vê que o tribunal afasta a própria possibilidade de o suposto litisconsorte necessário vir a ser parte naquela causa – e, equivocadamente, proclama apenas a não-necessariedade do litisconsórcio.

50. *casuística*

Alguns exemplos colhidos da jurisprudência brasileira mostram esse desvio de colocação:

a) em uma ação de indenização por *desapossamento administrativo* ("desapropriação indireta") movida ao Departamento de Es-

43. *Cfr. Comentários ao Código de Processo Civil*, II, cap. V, seção I, p. 5.

tradas de Rodagem do Estado do Paraná alegou-se que o (hoje extinto) Departamento Nacional de Estradas de Rodagem (DNER) seria litisconsorte necessário porque fora essa autarquia federal quem invadira os terrenos dos autores e por ali construíra uma estrada. Como porém um convênio havia sido feito entre as duas entidades, para que toda a responsabilidade por eventuais atos ilícitos ficasse por conta da autarquia paranaense (DER-PR), julgou-se soberanamente que o DNER não era litisconsorte necessário – quando no fundo, pela fundamentação do acórdão, via-se que o Supremo Tribunal Federal estava negando a própria legitimidade passiva *ad causam* do órgão federal;[44]

b) também do Estado do Paraná é o caso de uma ação indenizatória movida à Fazenda Estadual por ter vendido como *devolutas* certas terras já transcritas em nome de outrem. O Supremo Tribunal Federal negou a *citação da União Federal e do Incra*, cuja condição de litisconsortes necessários afastou alegando que "as vendas foram feitas exclusivamente pelo agravante (Estado do Paraná), não cabendo aos pretensos litisconsortes necessários qualquer interferência nas mesmas ou responsabilidade por danos causados";[45]

c) em *ação renovatória de locação comercial*, vindo o locador a pedir o prédio para uso de descendente, o locatário alegou nulidade da sentença porque seria indispensável a presença deste como litisconsorte necessário. O antigo Segundo Tribunal de Alçada Civil de São Paulo afastou a necessariedade do litisconsórcio, dizendo que "não ocorre litisconsórcio necessário na renovatória de locação na qual o locador pede o imóvel para uso de beneficiário" porque "o direito de retomada é do locador e não do beneficiário da retomada";[46]

d) em uma ação de *responsabilidade civil do Estado* negou-se a citação do servidor causador do dano como litisconsorte necessário porque nos casos do art. 37 da Constituição Federal "não há litisconsórcio necessário, nem solidariedade, nem extensão subjetiva da

44. *Cfr.* STF, 1ª T., RE n. 75.497, j. 25.5.73, rel. Oswaldo Trigueiro, v.u., *RTJ* 66/296. Para afirmar ser só da autarquia paranaense a responsabilidade civil, o Supremo fez prevalecer perante terceiros a cláusula contratual que isentava o (hoje extinto) DNER de pagar qualquer indenização, o que não é correto; mas, para o presente comentário, essa particularidade é irrelevante.

45. *Cfr.* STF, 1ª T., RE n. 75.132, j. 27.2.73, rel. Djaci Falcão, v.u., *RTJ* 65/550.

46. *Cfr.* 2º TACSP, 2ª C., ap. n. 74.903, j. 11.10.78, rel. Ferreira da Cruz, v.u., *RT* 528/144.

eficácia executiva da sentença".[47] Em outro caso o próprio Supremo Tribunal Federal, de quem é esse aresto, afirmou a legitimidade passiva do servidor para ser demandado pela vítima do ato ilícito mas ressaltando ser facultativo o seu litisconsórcio com a entidade estatal a que pertence;[48]

e) em uma *ação movida por funcionário autárquico* demitido por ato do Governador do Estado do Amazonas pretendeu o Estado-réu que a autarquia fosse citada como litisconsorte necessário (DER-AM), mas o Supremo Tribunal negou a necessariedade desse cúmulo subjetivo, por não ter a autarquia participado do ato impugnado nem contra ela ter sido endereçada a pretensão;[49]

f) em ação movida a uma companhia seguradora por *corretora que pretendia receber comissões* alegou a ré que já contratara a corretagem com outra empresa corretora e pediu a citação desta como litisconsorte necessário; o Supremo respondeu que "a sentença proferida na ação, sem a participação das empresas chamadas a juízo, como litisconsortes, não seria *inutiliter datur* [*sic*] e teria inteira valia com relação às seguradoras de que a autora se diz corretora" (o que é de inegável acerto), consignando-se na ementa do acórdão que "inexiste litisconsórcio passivo necessário quando a decisão da causa não acarrete obrigação direta para o terceiro chamado à lide" – o que é matéria de legitimidade *ad causam*, não de litisconsórcio, porque um terceiro nessa situação carece de qualidade para ser demandado, seja em litisconsórcio, seja isoladamente;[50]

g) em ação movida por grupo minoritário a uma sociedade anônima para *anulação de ato da diretoria* referente à distribuição de ações-filhas alegou a ré que o acionista majoritário seria litisconsorte indispensável, a ser citado nos termos do art. 47, par., sob pena de nulidade do processo. O Supremo Tribunal Federal repeliu a alegação porque "o direito (...) de cada um dos titulares de ações, com

47. *Cfr.* STF, 1ª T., RE n. 80.873, j. 19.9.75, rel. Moreira Alves, v.u., *RTJ* 75/927. As palavras entre aspas, reproduzidas no acórdão, são de Pontes de Miranda, *Comentários à Constituição de 1967*, III, p. 521, nota 4 ao art. 105 (hoje, art. 37, § 6º).

48. *Cfr.* STF, Pleno, RE n. 90.071, j. 18.8.80, rel. Cunha Peixoto, v.u., *DJU* 26.9.80.

49. *Cfr.* STF, 1ª T., RE n. 76.020, j. 19.6.78, rel. para o acórdão Soares Muñoz, m.v., *RTJ* 88/532.

50. *Cfr.* STF, 1ª T., RE n. 85.774, j. 14.9.76, rel. Cunha Peixoto, v.u., *RTJ* 84/267.

referência aos dividendos ou à emissão, por reavaliação do ativo, de novas ações é entre a empresa e cada um de seus sócios";[51]

h) situação semelhante foi decidida pelo Tribunal de Justiça do Rio de Janeiro, que em demanda proposta para anular deliberação de assembléia de acionistas afastou a alegação de litisconsórcio necessário entre a sociedade anônima e o acionista majoritário beneficiado pela deliberação, ao argumento de que "toda a jurisprudência se orientou no sentido de que nas ações de nulidade de deliberações tomadas por assembléia de acionistas de sociedade anônima apenas esta é ré, não sendo litisconsortes passivos necessários nem os acionistas nem os que tenham sido favorecidos pela deliberação";[52]

i) na jurisprudência paulista negou-se a legitimidade para responder pela evicção, como litisconsorte do alienante do bem, àquele que transferira o bem a este;[53]

j) também de São Paulo é o caso de sucessor dado como litisconsorte necessário do sucedido em virtude da sucessão *inter vivos* operada na relação jurídico-material antes da propositura da deman-

51. Palavras de acórdão do Tribunal de Justiça paulista mantido em grau de recurso extraordinário: *cfr.* STF, 1ª T., RE n. 70.192, j. 8.10.74, rel. Djaci Falcão, v.u., *RTJ* 72/77.

52. *Cfr.* TJRJ, agr. inst. n. 6.318/2000, j. 9.8.00, rel. Fabrício Paulo B. Bandeira Filho, v.u.

53. *Cfr.* 1º TACSP, 3ª C. Esp., ap. n. 443.239-3, j. 7.7.90, rel. Ferraz Nogueira, v.u., *RT* 660/133: "parte legítima a responder pelos riscos da evicção é tão-somente quem transferiu a posse e domínio da coisa depois havida como objeto de furto por terceiro. Sem propósito o litisconsórcio passivo se inexistente prova de conluio e má-fé de modo a permitir responsabilidade solidária daquele de quem o vendedor direto adquiriu o bem alienado ao autor. A intervenção do primitivo alienante só poderá ser cogitada pela via da denunciação da lide". Esse aresto, que parte da premissa de inexistir responsabilidade por evicção *per saltum*, àquele tempo correta, cita outro do mesmo tribunal (1ª C., ap. n. 393.546, j. 4.10.88, rel. Vasconcellos Pereira). Mas o art. 456 do vigente Código Civil institui a denunciação *per saltum*, ao dispor que, "para poder exercitar o direito que da evicção lhe resulta, o adquirente notificará do litígio o alienante imediato, *ou qualquer dos anteriores*, quando e como lhe determinarem as leis do processo". Diante disso, no tocante à ação de regresso inerente à denunciação da lide poderá formar-se um litisconsórcio entre integrantes da linha de alienações, sendo ele *facultativo* porque a denunciação poderá ser feita isoladamente a um dos antecessores, dois, mais ou todos, a critério exclusivo do denunciante; não tem a parte contrária a faculdade, nem o juiz o poder, de provocar o ingresso daquele a quem a lide não haja sido denunciada (*cfr.* minhas *Instituições de direito processual civil,* II, n. 605-A, pp. 416-417).

da[54] – mas o que na realidade se dera foi a perda da legitimidade passiva pelo sucedido, o qual já não deveria figurar isoladamente nem em conjunto no pólo passivo da relação processual;

k) o também extinto Tribunal de Alçada gaúcho disse o seguinte, ao declarar extinto um processo de cobrança de duplicata endereçado ao endossante e não ao endossatário: "se houve, de parte do credor originário, endosso pleno a terceiro, transferindo-lhe a plena propriedade da duplicata e a titularidade do crédito derivado da dívida, esse pólo passivo deve obrigatoriamente ser ocupado, além do credor endossante, pelo credor endossatário, instalando-se inegável litisconsórcio passivo necessário".[55] Mas sabe-se que, com o endosso, extingue-se todo e qualquer direito do endossante perante o sacado: a relação jurídico-cambial do sacado passa a ser exclusivamente com o endossatário, novo titular do título e do crédito (cartularidade). Eventual direito do endossatário perante o endossante é regido por outra relação jurídica cambial, inteiramente autônoma perante aquela. Desse contexto e dessa autonomia decorre que, perante o sacado, o ex-credor não tem a menor legitimidade para figurar como demandado em ações referentes ao crédito representado pela duplicata;[56]

l) a jurisprudência costuma afirmar que o devedor-alienante seja litisconsorte necessário nas ações paulianas – no que se refletem a inadequada dicção do art. 161 do Código Civil e a falsa premissa de que a procedência dessa implicasse anulação do negócio realizado em fraude contra credores;[57]

m) em ação por acidente do trabalho movida pela concubina de obreiro morto exigiu-se no pólo passivo a viúva deste, como litisconsorte da autarquia previdenciária.[58] Segundo as regras do

54. *Cfr.* 1º TACSP, 4ª C., aç. resc. n. 384.815, j. 9.2.89, rel. José Roberto Bedran, v.u., *RT* 641/161.

55. *Cfr.* TARS, 2ª C. Civ., emb. decl. n. 135006434, j. 8.10.85, rel. Waldemar Luiz de Freitas Filho, v.u., *RT* 602/210. No mesmo sentido, v. 1º TACSP, 5ª C., ap. n. 373.500, j. 24.6.87, rel. Jacobina Rabello, v.u., *RT* 622/127; TARS, C. Civ., ap. n. 186079687, j. 14.4.87, rel. Clarindo Favaretto, v.u., *JTARS* 65/201.

56. V. TJCE, 2ª C. Civ., ap. n. 13.013, j. 24.10.79, rel. Antônio Carlos Costa e Silva, v.u., *JD* 120/156.

57. *Cfr.* minhas *Instituições de direito processual civil*, IV, nn. 1.575-1.576, pp. 436-440.

58. *Cfr.* 2º TACSP, ap. n. 218.831, j. 14.7.88, rel. Sebastião Amorim, v.u., *RT* 633/130.

litisconsórcio e da legitimidade, esse cônjuge não era litisconsorte necessário, nem mesmo legitimado: sua legitimidade é inconcebível em face do *petitum* aforado, que é o de condenação da autarquia, que não lhe diz respeito. Cumpria à entidade ré argüir a ilegitimidade *ad causam* da autora, ou a ausência de sua obrigação de prestar indenização a ela – e, em caso de eventual procedência da demanda, jamais seria a esposa do obreiro atingida pela coisa julgada (CPC, art. 472). Esse aresto não acrescentou proteção alguma à esposa, mesmo porque, sem ter movido ação alguma, seu ingresso não poderia conduzir à condenação em seu favor (o caso é análogo ao referido na letra *f*, logo acima, e do mesmo modo deveria ter sido julgado);

n) em ações visando a receber haveres em sociedade por quotas movida por sócio recedente ou por herdeiros de sócio pré-morto é usual afirmar que os sócios remanescentes são litisconsortes necessários passivos, como se com essa demanda se visasse a desconstituir a sociedade.[59] *Dissolução parcial* é uma impropriedade verbal consagrada pelo uso, mas não se perca de vista que tais ações têm por pedido, exclusivamente, a *condenação pecuniária* da sociedade (pelos haveres) e, rigorosamente, não visam a desconstituição alguma;[60]

o) em ação movida por danos sofridos, disse o Tribunal de Justiça de São Paulo que a empresa seguradora não é litisconsorte necessária do segurado,[61] mas devia ter negado a própria legitimidade daquela para figurar como ré dessa demanda, porque nenhum vínculo jurídico-material a liga à vítima dos danos causados pelo segurado – a não ser em caso de seguro obrigatório, em que respon-

59. *Cfr.*, nesse sentido, STJ, 4ª T., REsp n. 105.667, j. 26.9.00, rel. Barros Monteiro, v.u., *DJU* 6.11.00, p. 207. Exigindo o litisconsórcio necessário no caso de exclusão do sócio: STJ, 4ª T., REsp n. 813.430, j. 19.6.07, rel. Massami Uyeda, v.u., *DJU* 20.8.07, p. 288. Há também julgados do mesmo Tribunal afirmando a facultatividade do litisconsórcio com a sociedade se forem partes todos os sócios da sociedade limitada: STJ, 3ª T., REsp n. 153.515, j. 27.4.99, rel. Waldemar Zveiter, v.u., *DJU* 17.10.00, p. 56; STJ, 3ª T., REsp n. 735.207, j. 11.4.06, rel. Carlos Alberto Menezes Direito, v.u., *DJU* 7.8.06, p. 221.

60. Nesse sentido, corretamente decidiu o Tribunal de Justiça de São Paulo: "basta apenas a citação da sociedade como ré na ação em que ex-sócio pede a apuração de seus haveres, não sendo litisconsortes passivos necessários os sócios remanescentes" (*RJTJESP* 109/142); *cfr.* ainda TJSP, 3ª C. D. Priv., agr. instr. n. 385.997-4/2-00, j. 30.8.05, rel. Donegá Morandini, v.u.

61. *Cfr.* TJSP, 1ª C. Civ., ap. n. 231.284, j. 23.3.74, rel. Carlos Ortiz, v.u., *RJTJSP* 40/50.

de diretamente perante a vítima e é parte legítima portanto, embora litisconsorte necessário não seja (*infra*, n. 85);[62]

p) em ação movida ao Banco do Estado do Maranhão S.A., o Superior Tribunal de Justiça negou que o Estado, como acionista majoritário, fosse litisconsorte necessário do réu.[63] Deveria proclamá-lo parte ilegítima, pois se se tratasse de simples não-necessariedade do litisconsórcio seria possível mover a ação a ele, a critério do autor (litisconsórcio facultativo), e isso abriria caminho à legitimidade de todos os sócios sempre que alguma companhia fosse parte.

Em casos assim, ou ao menos na maioria deles, é insustentável a ocorrência de um litisconsórcio necessário porque, se o terceiro não citado não era sequer parte legítima *ad causam*, claro é que sua presença no processo não seria admissível, quer como parte isolada, quer como litisconsorte voluntariamente acionado pelo autor, e muito menos ainda como litisconsorte necessário. Mas dizer apenas que os terceiros em situações como essas não são litisconsortes necessários é dizer muito pouco. É cientificamente mais correto deslocar a questão para sua sede adequada, que é a da *legitimatio ad causam*; e seria mais incisivo negar a citação do terceiro nessas hipóteses não (ou não apenas) porque ausente

62. *Cfr.* STJ, 4ª T., REsp n. 256.424, j. 29.11.05, rel. para o acórdão Aldir Passarinho Jr., *DJU* 7.8.06, p. 225, *RDDP* 46/111, m.v., vencido o Min. Fernando Gonçalves, que admitia a ação direta com base em precedentes da Corte. A questão da legitimidade ou ilegitimidade da seguradora em casos assim é intimamente dependente da tomada de posição sobre um ponto de direito substancial referente à obrigação a que ela é sujeita. Dispondo o art. 787 do Código Civil que "no seguro de responsabilidade civil o segurador garante o pagamento de perdas e danos devidos pelo segurado a terceiro", afirma Humberto Theodoro Jr. a responsabilidade direta do segurador perante o terceiro, dando ao seguro de responsabilidade civil a feição de estipulação em favor de terceiro ("O novo Código Civil e as regras heterotópicas de natureza processual", n. 6, p. 134). Em sentido contrário, José Delgado não enxerga no dispositivo a admissibilidade da demanda direta contra o segurador, afirmando que "a redação do art. 787, embora não proíba expressamente essa possibilidade, deixa compreender que o segurado deve primeiramente assegurar à vítima o direito de receber o valor das perdas e danos para, a seguir, ser ressarcido pelo segurador" (*Comentários ao Código Civil*, XI, pp. 566-567).

63. *Cfr.* STJ, 4ª T., REsp n. 9.240, j. 1.10.91, rel. Fontes de Alencar, v.u., *RSTJ* 40/356.

a necessariedade, mas também (e acima de tudo) porque esse terceiro é *parte ilegítima*.

Corretamente, em uma ação movida por empresa de ônibus ao Poder Público para compeli-lo a manter a continuidade dos serviços relativos à ligação interestadual de linhas de transporte o Superior Tribunal de Justiça corretamente reconheceu a ilegitimidade passiva de outra empresa, permissionária da mesma linha rodoviária, que havia sido incluída no pólo passivo pelo juiz como litisconsorte necessária.[64] Também corretamente, em um caso de endosso-mandato essa mesma Corte afirmou inexistir litisconsórcio necessário entre endossante e endossatário para a ação de anulação de duplicata, sendo parte legítima apenas o endossante.[65] Com relação ao endosso traslativo o Tribunal já afirmou duas coisas diferentes: a) que o sacador-endossante não tem legitimidade para figurar como litisconsorte na ação de declaração de nulidade movida contra o endossatário;[66] b) que o endossatário não é litisconsorte necessário do sacador-endossante na ação movida pelo sacado para declarar a nulidade do título com base em exceções pessoais contra o sacador, por lhe faltar legitimidade *ad causam*.[67]

Em processo no qual o autor pretendia obrigar determinada empresa a retirar painel publicitário aposto na fachada de um edifício, também corretamente o Tribunal de Justiça de São Paulo deu o proprietário do imóvel por parte ilegítima porque o que ficasse decidido entre o autor e a empresa inquilina "em nada afetará o proprietário locador". Ao rejeitar a alegação de necessariedade litisconsorcial, acrescentou: "responde o locatário *sozinho* por ato seu".[68]

64. *Cfr.* STJ, 1ª T., REsp n. 762.093, j. 20.5.08, rel. Luiz Fux, *DJe* 18.6.08, v.u.

65. *Cfr.* STJ, 4ª T., REsp n. 38.879, j. 6.8.02, rel. Aldir Passarinho Jr., *DJU* 16.9.02, p. 187, v.u.

66. *Cfr.* STJ, 3ª T., REsp n. 102.439, j. 3.12.99, rel. Carlos Alberto Menezes Direito, m.v., *DJU* 8.3.00, p. 103.

67. *Cfr.* STJ, 3ª T., REsp n. 997.054, j. 27.3.08, rel. Humberto Gomes de Barros, *DJe* 19.5.08.

68. *Cfr.* TJSP, 14ª C. Civ., ap. n. 115.758, j. 31.3.87, rel. Mário Vitiritto, v.u., *RT* 625/75.

51. sistema alemão no Código de Processo Civil

Nossa disciplina positiva da admissibilidade do litisconsórcio (CPC, art. 46) faz lembrar bastante os §§ 59 e 60 da *Zivilprozessordnung* alemã, sua mais importante fonte inspiradora, para os quais a pluralidade de autores ou de réus é admissível quando: a) várias pessoas estiverem em comunhão de direito com referência ao objeto do processo; b) os direitos e obrigações derivarem para eles do mesmo fato ou do mesmo título; c) constituírem objeto do processo direitos ou obrigações semelhantes e derivados de um fundamento semelhante de fato ou de direito.

O inc. I de nosso art. 46 não fala apenas na comunhão *de direito*, como a lei germânica, mas em "comunhão de direitos ou *de obrigações*". Com isso alarga o espectro para prever simetricamente o fenômeno no pólo ativo e também no passivo da relação jurídico-material, com reflexos no litisconsórcio ativo e passivo. Tem, ao menos, a virtude de ser explícito.

Vê-se também que temos um inciso a mais (art. 46, inc. III), no qual se admite o litisconsórcio na hipótese de "conexão pelo objeto ou pela causa de pedir". Esse dispositivo, como já foi destacado a seu tempo, abrange por inteiro o do inc. II ("mesmo fundamento de fato ou de direito"), que inexistia no Código brasileiro anterior e é de pura linhagem germânica (v. logo acima, letra *b*); o inc. III, que já tínhamos no estatuto anterior, esse, sim, vem de outra fonte (*infra*, n. 52). Sobre a inteira subsunção da hipótese do inc. II na do inc. III, v. *supra*, n. 43.

Na fonte germânica em que se inspirou o legislador pátrio[69] "por si só o litisconsórcio implica apenas a unificação de vários juízos em um só procedimento, com a possibilidade de um pro-

69. *Cfr.* Machado Guimarães, "As três figuras do litisconsórcio", I, p. 201 (referindo-se à previsão do litisconsórcio justificado pela comunhão, conexidade ou afinidade): "a divisão tripartida abrange, efetivamente, as modalidades típicas do litisconsórcio e se abona em modelo autorizado – a lei processual alemã, de 1877 (ZPO, §§ 59 e 60 ...)". Houve também influência italiana na fixação das hipóteses contidas no art. 46, sendo de lembrar que essa duplicidade de origens do dispositivo costuma ser responsabilizada pela superposição (parcial) do inc. II ao III (*supra*, n. 43).

cessamento e de uma instrução em conjunto".[70] No direito alemão a distinção entre as diversas hipóteses de admissibilidade do litisconsórcio em nada concorre para determinar se este será necessário ou facultativo; sirva essa observação, feita por processualistas brasileiros[71] com o foco nos problemas peculiares ao nosso direito processual e aos seus problemas, para tornar ainda mais evidente que também no direito pátrio é assim, pois assim é em seu modelo inspirador e aqui também uma palavra sequer existe na lei a contrariar a técnica germânica (*supra*, nn. 38 e 48 – *infra*, nn. 60, 61, 80 e 82). A *Zivilprozessordnung*, embora reconheça que há casos nos quais o litisconsórcio é necessário (§ 62), não diz quais são esses casos;[72] é no direito substancial que se descobrirão critérios para determinar a necessariedade, sendo indispensável o cúmulo subjetivo "quando, segundo as normas de direito privado, o poder de perseguir um direito ou de dispor dele compete unicamente a diversas pessoas juntas".[73]

Está assim redigido o § 62 da ZPO, sobre o *litisconsórcio necessário:* "quando a relação jurídica controvertida tiver de ser decidida de modo uniforme para todos os litisconsortes, ou o litisconsórcio for necessário por outra causa, os litisconsortes ausentes a uma audiência ou que tiverem deixado passar um prazo haver-se-ão como representados pelos presentes ou que hajam observado o prazo".

Nesse dispositivo e em sua rubrica, que deram azo a intermináveis polêmicas, o adjetivo *necessário* (*notwendige*) aparece em seu significado próprio (litisconsórcio indispensável) e também em outro, menos adequado, para designar o que nós chamamos *litisconsórcio unitário*.[74] A doutrina alemã, esforçando-se por su-

70. *Cfr.* Lent, *Zivilprozessrecht*, § 81, III, p. 310 trad.

71. Observação de Machado Guimarães ("As três figuras do litisconsórcio", esp. cap. II, p. 204) e de Barbosa Moreira ("Notas sobre o litisconsórcio necessário no direito brasileiro e no alemão").

72. *Cfr.* Chiovenda, "Sul litisconsorzio necessario", n. 2, p. 431.

73. *Cfr.* Lent, *Zivilprozessrecht*, § 81, III, p. 313 trad.

74. *Cfr.* Chiovenda, "Sul litisconsorzio necessario", n. 2, p. 431 (sobre os dois sentidos do adjetivo no texto alemão); v. também Barbosa Moreira, *Litis-*

perar a imprecisão do texto que seu direito positivo lhe oferece, distingue do litisconsórcio necessário o *qualificado*, com explicações que bem se acomodam no conceito de *unitariedade* a que estamos afeitos no linguajar processual brasileiro.[75]

Da reunião da necessariedade e unitariedade em um só dispositivo emerge porém, apesar das perplexidades que isso vem gerando, um dado positivo como sucedâneo à boa interpretação do art. 47 do Código de Processo Civil: é que unitariedade e necessariedade assentam sobre o mesmo leito comum, ou a mesma *ratio*, que é a incindibilidade de certas situações jurídicas postas como objeto principal do conhecimento e provimento do órgão jurisdicional, constituindo igual absurdo julgar de modo diferente a mesma relação para cada um dos sujeitos, ou julgá-la em presença de um, desconstituindo-a talvez, e deixá-la intacta para outro, que não foi parte no processo (*infra*, n. 82). A explicação do litisconsórcio *qualificado*, elaborada pela doutrina alemã, é a demonstração dessa identidade de razões.[76]

52. o sistema italiano

Foi do direito peninsular que o processo civil brasileiro hauriu a hipótese litisconsorcial definida como "conexão pelo objeto

consórcio unitário, esp. n. 8, pp. 21-22, e "Notas sobre o litisconsórcio necessário no direito brasileiro e no alemão", n. 2.

75. *Cfr.* Lent, *Zivilprozessrecht*, § 82, I, esp. p. 312 trad.

76. *Cfr.* Lent, *Zivilprozessrecht*, § 82: "outras vezes (...) o litisconsórcio é absolutamente indispensável, porque a demanda, por sua própria natureza, deve ser proposta por várias pessoas, ou contra várias; sozinho, cada interessado em particular carece de legitimação substancial e do direito de conduzir o processo: a sua postulação deve ser rejeitada sem exame do mérito. Nesse caso, a decisão não pode deixar de ser unitária, porque de outro modo *não teria sentido obrigar diversos sujeitos a estar em juízo juntos*". Essa lição confirma o que venho sustentando na interpretação do art. 47 de nossa lei, ou seja, que a necessariedade do litisconsórcio em razão da regra geral ali contida é predisposta a resguardar a homogeneidade na solução de certas relações jurídico-materiais incindíveis (a necessariedade é instrumentalmente ligada a essa exigência de homogeneidade – *infra*, n. 52). Quando a lei exclui a necessariedade apesar da presença do pressuposto comum para esta e para a unitariedade (litisconsórcio unitário facultativo – *infra*, n. 54), ela própria assegura a homogeneidade de outra forma (extensão da coisa julgada).

ou pela causa de pedir", definida no inc. III do art. 46 de nosso Código e já presente no art. 88 do velho estatuto (*supra*, n. 45). A admissibilidade do cúmulo subjetivo é instituída pelo art. 103 do *codice di procedura civile* para o caso de: a) serem conexas as causas pelo objeto ou pelo título de que dependem; b) depender a decisão, total ou parcialmente, da resolução de questões idênticas. A primeira hipótese, como se vê, inspirou nossa única que não tem por fonte o modelo germânico (conexidade – CPC, art. 46, inc. III). A segunda, na lei italiana, é a do *litisconsórcio impróprio*, de que já se discorreu a seu tempo (*supra*, nn. 42 e 48) e que também na ZPO alemã está presente (*supra,* n. 51). Em ambos os casos o litisconsórcio será *facultativo*; e o art. 102 do Código de Processo Civil, que fala do *necessário*, silencia quanto aos pressupostos da necessariedade.

53. a doutrina italiana do litisconsórcio necessário

A doutrina italiana construiu bastante, esclarecendo os textos e enriquecendo-os com suas propostas. Afirmou desde logo que a necessariedade do litisconsórcio decorre da inteira inaptidão que teriam certas sentenças, se proferidas sem a presença de todas as pessoas envolvidas na relação jurídica controvertida, de produzir os efeitos desejados (por isso mesmo que elas, nessa hipótese, *inutiliter datur*).[77] Sem ser capaz de trazer alguma utilidade ao mundo jurídico mediante um *minimum* de eficácia, a sentença *inutiliter data* repugna ao senso comum e há de ser evitada, cabendo ao juiz determinar que o litisconsórcio se integre, com a presença de todos os legitimados.

Desse ponto de partida, que constitui moeda corrente na doutrina italiana há bem mais de meio século e perdura até hoje,[78]

77. De sentença "priva d'ogni utilità pratica" falou também Chiovenda (*Principii di diritto processuale civile*, § 88, IV, B, p. 1.082); v. também "Sul litisconsorzio necessario", n. 4, pp. 439 ss. *Cfr.* ainda Redenti, *Il giudizio civile con pluralità di parti*, n. 11, pp. 12-13 e *passim*.

78. *Cfr.*, por todos, Liebman, *Manual de direito processual civil*, I, n. 51, esp. pp. 145-146 trad.; Calamandrei, *Istituzioni di diritto processuale civile se-*

deu-se desde logo um passo além, representado pelo reconhecimento de que os casos de litisconsórcio necessário são *excepcionais* e a tendência do direito moderno é reduzi-los em homenagem à amplitude do direito de agir.[79] Se o litisconsórcio necessário se resolve em uma "legittimazione ad agire *necessariamente congiuntiva*", considerando-se insuscetível de julgamento pelo mérito uma demanda proposta sem a inclusão de todos os legitimados (*supra*, n. 24), nisso reside uma restrição à liberdade de agir, e, por essa razão, é natural que só mesmo no caso de total inutilidade da sentença proferida *inter pauciores ex pluribus* se exija o litisconsórcio como requisito de sua admissibilidade. Divergiram porém os doutores, em certo tempo, quanto à determinação desse *minimum* de utilidade que justifica a sentença, dispensando a litisconsorcialidade.

Uma posição bastante radical consistiu em reduzir a necessariedade do cúmulo subjetivo ao "campo dos *direitos potestativos* e, mais particularmente, daqueles que conduzem a uma *sentença constitutiva*" (Chiovenda[80]); sempre alguma utilidade terá a sentença que contenha a mera declaração de uma obrigação ou que condene a uma prestação, afastando-se quanto a elas a necessidade da presença de mais de um autor ou mais de um réu.[81]

Uma preocupação oposta se manifestou, no sentido de combater mais energicamente a prolação de sentenças inúteis, quando essa colocação veio a ser questionada mediante a assertiva de que também *fora do campo das sentenças constitutivas* existem certos casos em que "gli organi giurisdizionali non potranno pronunciare

condo il nuovo codice, II, § 110, p. 137. Denti, no entanto ("Appunti sul litisconsorzio necessario", esp. n. 7), vê no litisconsórcio necessário uma "proibição de decidir além dos limites da demanda", e a partir daí constrói a sua explicação do instituto.

79. *Cfr.* Chiovenda, *Principii di diritto processuale civile*, § 88, IV, B, p. 1.081 (*supra*, n. 22); Redenti, *Il giudizio civile con pluralità di parti*, n. 177, p. 254.

80. *Cfr.* "Sul litisconsorzio necessario", n. 4, pp. 439 ss.; *Principii di diritto processuale civile*, § 88, IV, B, p. 1.082.

81. *Cfr.* Chiovenda, "Sul litisconsorzio necessario", n. 4, esp. p. 440; *Principii di diritto processuale civile*, *ib.*, p. 1.080.

in merito se tutti i soggetti legittimati non siano in giudizio" (Redenti[82]). Também a mera *declaração* é portadora de um preceito concreto,[83] sendo natural que, tratando-se de caso em que não possa a sentença produzir efeitos só para *algum ou alguns* dos sujeitos legitimados (e porque não poderia ela produzir efeitos para todos só em presença de alguns),[84] seja indiferente tratar-se de demanda visando a uma sentença constitutiva ou meramente declaratória.[85]

Esse novo pensamento não ficou sem resposta,[86] e parece que hoje é a primeira idéia que prepondera na doutrina italiana.[87] Entre autores brasileiros não é tão comum a referência às sentenças constitutivas no trato da necessariedade, mas por certo existe algum reflexo dessa colocação doutrinária.[88]

54. ineficácia da sentença

A doutrina italiana tradicional, ressalvada essa divergência quanto à determinação dos casos em que a sentença *inutiliter da-*

82. *Cfr. Il giudizio civile con pluralità di parti*, n. 179, p. 256.

83. *Cfr.* ainda Redenti, *Il giudizio civile con pluralità di parti*, n. 179, nota 270, pp. 256-257: afasta-se de Chiovenda, ampliando os casos de necessariedade do cúmulo subjetivo, por tomar como ponto de partida não elementos do próprio *judicium*, mas da *res in judicium deducta* (*cfr.* Denti, "Appunti sul litisconsorzio necessario", n. 8, p. 31).

84. *Cfr.* Redenti, *Il giudizio civile con pluralità di parti*, n. 179, pp. 255-256.

85. Diz Redenti (*Il giudizio civile con pluralità di parti*, n. 179, nota 270, p. 257), em crítica à idéia *chiovendiana* de que invariavelmente um *minimum* de eficácia haverá em qualquer sentença não constitutiva: a) de uma parte, esse *minimum é* insuficiente, porque, para poder o juiz emitir seu julgamento de mérito, é preciso que "concorrano tutti i pressuposti affinchè il provvedimento abbia poi tutti i suoi effetti"; b) de outro lado, esse mínimo, que para Chiovenda basta, pode estar presente também em uma sentença constitutiva pronunciada *inter pauciores*. Pouco antes (n. 178, p. 255) apresenta Redenti os casos em que, segundo ele, o litisconsórcio é necessário.

86. *Cfr.* Chiovenda, *Principii di diritto processuale civile*, § 88, IV, B, p. 1.080.

87. *Cfr.* Liebman, *Manual de direito processual civil*, I, n. 51, esp. p. 106 trad.; Calamandrei, *Istituzioni di diritto processuale civile secondo il nuovo codice*, II, § 110, p. 137.

88. *Cfr.* José Frederico Marques, *Manual de direito processual civil*, I, n. 231, p. 257.

tur, volta a encontrar-se de maneira pacífica na conclusão de que, quando violada a regra da necessariedade, "la sentenza è improduttiva di effetti anche rispetto a coloro che furono in giudizio".[89] A partir daí, a explicação do provimento *inutiliter datur* passou a colocar-se em termos de *ineficácia da sentença*, com algumas distinções sutis que vieram a seguir (eficaz o momento declarativo da sentença, ineficaz o constitutivo), havendo mais recentemente, todavia, quem preferisse falar em *invalidade*.[90]

A primeira formulação (ineficácia) é que veio a ser aceita no direito positivo brasileiro, projetando-se na redação do art. 47, *caput*, de nosso Código de Processo Civil (caso em que a *eficácia* da sentença dependerá da citação de todos os litisconsortes no processo – *infra*, n. 119).

55. *os regimes do litisconsórcio*

Quanto aos *regimes do litisconsórcio* têm os italianos a percepção da existência de casos em que a decisão de mérito há de ser homogênea para todos os litisconsortes, mas ainda não conseguiram superar por completo a explicação desse fenômeno em termos de *necessariedade* do cúmulo subjetivo (*supra*, n. 53, e *infra*, n. 61).

A mais autorizada doutrina européia tradicional, esforçando-se por fazê-lo diante de um direito positivo que não distingue entre necessariedade e unitariedade, assevera a existência de *dois momentos* do litisconsórcio necessário: o da propositura da ação e o da sua preparação e decisão.[91-92] Se bem não seja essa a lingua-

89. *Cfr.* Chiovenda, "Sul litisconsorzio necessario", n. 6, p. 452. Diz Redenti (*Il giudizio civile con pluralità di parti*, n. 11, pp. 12-13): "non sarebbe possibile pronunciare separatamente su quelle istanze, nè produrre separatamente con più provvedimenti diversi quegli effetti e, per converso, quella pronuncia non potrebbe esistere efficacemente agli effetti giuridici (e cioè come provvedimento) senza produrre tutti quegli effetti" (*infra*, n. 125).

90. *Cfr.* Denti, "Appunti sul litisconsorzio necessario", esp. n. 2, pp. 16-17.

91. *Cfr.* Chiovenda, "Sul litisconsorzio necessario", n. 2, p. 431; *Principii di diritto processuale civile*, § 88, IV, pp. 1.078-1.079.

92. *Trattazione*, que ficou aqui traduzido por *preparação*, é, no procedimento comum cognitivo italiano, a primeira parte da fase instrutória, onde o juiz

gem a que estamos habituados na literatura jurídico-processual brasileira já bastante requintada nesse tema, entende-se claramente que a necessariedade do litisconsórcio no momento da propositura é a necessariedade propriamente dita, representada pela indispensabilidade da inclusão de todos os legitimados ativos ou passivos na relação processual; e a necessariedade no momento da instrução e decisão corresponderia ao que com mais propriedade no Brasil nós chamamos *unitariedade*.

Até o exemplo dado, do litisconsórcio que só é "necessário no segundo momento" sem sê-lo no primeiro, corresponde ao que entre nós caracteriza o *litisconsórcio unitário facultativo*: o de vários legitimados postulando conjuntamente a modificação de um só ato, ou do estado jurídico de uma pessoa só.[93] Também a extensão subjetiva dos efeitos do recurso em caso de litisconsórcio unitário (que entre nós ninguém duvida que seja uma questão de unitariedade – CPC, art. 509) foi explicada em termos de *necessariedade no segundo momento:* "quando il litisconsorzio è necessario rispetto alla trattazione e decisione, è chiaro che la necessità sopravvive alla sentenza, nel senso che questa non può passare in giudicato se non in un momento e in un modo unico".[94]

Essa distinção de *dois momentos*, todavia, não é de larga difusão na doutrina italiana, que de modo geral não se preocupa sobremaneira com ela, continuando a falar indistintamente em *litisconsórcio necessário* como sendo um fenômeno abrangente das duas facetas e sem essa distinção.[95] A reunião de dois fenômenos em um só tem porém, apesar de tudo, a virtude de mostrar

cuida de pôr o processo em ordem, livre de nulidades e atento à observância das regras do contraditório. Sua semelhança com a nossa fase ordinatória (ou saneadora) é visível. Sobre o vocábulo *trattazione* e as dificuldades para sua tradução, v. minha nota n. 37 à tradução brasileira do *Manuale di diritto processuale civile* de Enrico Tullio Liebman (p. 75 trad.).

93. *Cfr.* Chiovenda, *Principii di diritto processuale civile*, § 88, IV, B, p. 1.083.

94. *Cfr.* Chiovenda, *Principii di diritto processuale civile*, § 88, VI, 1, p. 1.094.

95. *Cfr.*, por todos, Liebman, *Manual de direito processual civil*, I, n. 51, pp. 143-146 trad. Para os desdobramentos dessa postura científica, v. *infra*, n. 61.

também como eles estão intimamente ligados em sua origem e em sua causa. Tanto a unitariedade quanto a necessariedade são reportadas pela doutrina (que as confunde) a determinadas relações jurídico-substanciais insuscetíveis de decisão fragmentada.

56. *a intervenção "jussu judicis"*

No direito positivo italiano existe também a necessariedade do litisconsórcio, derivante de uma apreciação a ser feita pelo próprio juiz: nos termos do art. 107 de seu *codice*, pode este, por razões de oportunidade ("quando ritiene opportuno che il processo si svolga in confronto di un terzo al quale la causa è comune"), determinar a integração de alguma pessoa na relação processual, "com a implícita advertência de que (...) não está disposto a decidir a causa enquanto este não tiver sido chamado". "Em seguida à ordem de intervenção, o terceiro torna-se parte e litisconsorte necessário."[96] Tal é a chamada intervenção *jussu judicis*, sobre a qual no Brasil existe monografia escrita ainda na vigência do Código anterior.[97]

Tal instituto, como concebido na Península, inexiste no direito positivo brasileiro. Nosso sistema não dá ao juiz o poder discricionário de determinar a intervenção de terceiro como litisconsorte necessário: o que dispõe o art. 47, par., do Código de Processo Civil é que, sendo já necessário o litisconsórcio segundo outros critérios (*infra*, nn. 82-94), o juiz deverá determinar a integração daquele no processo. Prevalece entre nós, mais acentuadamente que na Itália, a regra de *excepcionalidade do litisconsórcio necessário*, que doutrina e jurisprudência corretamente proclamam.

A Tornaghi parece existir esse instituto no direito brasileiro, embora restrito ao litisconsórcio unitário.[98] Mas a ordem dada pelo juiz

96. *Cfr.* Liebman, *Manual de direito processual civil*, I, n. 56, pp. 159-161 trad.

97. *Cfr.* Lobo da Costa, *A intervenção* jussu judicis *no processo civil brasileiro*; v. também Sergio Costa, "L'intervento *jussu judicis*".

98. *Cfr. Comentários ao Código de Processo Civil*, I, p. 218, texto e nota 51.

constitui providência preliminar ao julgamento conforme o estado do processo, com vista à regularização deste mediante o cumprimento da norma *cogente* que exige o litisconsórcio. Nisso se diferencia do sistema italiano, que o mesmo processualista invoca e no qual dispõe o juiz do poder *discricionário* de determinar a citação de terceiro, tornando necessário a partir daí o litisconsórcio que antes não o era (o terceiro *al quale la causa è comune*, do art. 107 do *codice di procedura civile*, é aquele mesmo que poderia ser chamado ao processo por iniciativa de parte, nos termos do art. 106 – *infra*, n. 141). A excepcionalidade do litisconsórcio necessário, invocada no texto, foi afirmada enfaticamente pelo Supremo Tribunal Federal: "o juiz não pode impor a formação de litisconsórcio facultativo, do contrário estará negando vigência ao art. 46 do CPC".[99] Também salientam a excepcionalidade, como já se viu, Chiovenda, Liebman e, entre nós, José Frederico Marques, o qual os cita e apóia (*supra*, n. 53, e *infra*, n. 98). Nada disso exclui, todavia, que o juiz chegue a criar um processo litisconsorcial através da reunião de causas conexas pendentes em dois ou mais processos (art. 105), nem significa que jamais possa o réu causar o litisconsórcio, o que lhe é lícito fazer mediante o chamamento ao processo – CPC, art. 77 – *infra*, nn. 140-141).[100]

57. *litisconsórcio voluntário e litisconsórcio necessário no direito português contemporâneo*

Em Portugal o *litisconsórcio voluntário* tem lugar quando dois ou vários pedem, ou em face deles o autor pede, um provimento jurisdicional referente a direitos ou obrigações pertencentes a cada um *pro rata*, mas todos oriundos da mesma relação jurídico-material. A leitura do art. 27º do Código português induz

99. *Cfr.* STF, 2ª T., RE n. 80.582, j. 17.6.75, rel. Thompson Flores, v.u., *RP* 4/398, n. 143.

100. A jurisprudência recente apresenta um curioso caso em que coube ao Tribunal de Justiça do Paraná e depois ao Superior Tribunal de Justiça afastar a imposição de litisconsórcio facultativo por juiz de primeiro grau. No caso, um correntista propusera individualmente demanda para a correção das contas vinculadas ao Fundo de Garantia do Tempo de Serviço e o juiz determinara ao advogado a desistência da demanda individual, com formação de grupos de cinco a dez litisconsortes, sob pena de indeferimento da petição inicial (*cfr.* STJ, 1ª T., REsp n. 524.903, j. 22.6.04, rel. José Delgado, *DJU* 16.8.04).

à observação de que, na hipótese ali prevista ("se a relação material controvertida respeitar a várias pessoas"), a relação de que todos participam não é posta no processo como seu objeto, para ser alvo de pronunciamento *principaliter*: da mera possibilidade de o tribunal conhecer apenas da quota-parte dos que forem partes no processo deflui que cada um litiga por sua parcela no direito ou na responsabilidade, e não, como sucede no inc. I do nosso art. 46, todos reunidos em torno de um só objeto (*supra*, n. 39, com remissão ao direito alemão vigente). O litisconsórcio voluntário português (art. 27º) assenta, como se percebe, em mais uma hipótese de conexidade: *fundarem-se as diversas pretensões em uma só relação jurídica substancial* significa, em última análise, terem ao menos parcialmente a mesma causa de pedir.

Em direito lusitano será *necessária* a intervenção de todos (litisconsórcio necessário): a) "se (...) a lei ou o negócio exigir a intervenção dos vários interessados na relação controvertida"; b) "quando, pela própria natureza da relação jurídica, ela seja necessária para que a decisão a obter produza o seu efeito útil normal" (art. 28º).[101]

Percebe-se que, tanto quanto o nosso, também o ordenamento processual dos lusitanos contempla a necessariedade do litisconsórcio como *decorrência de determinação legal específica* ("se (...) a lei ou o negócio exigirem a intervenção dos vários interessados") ou *da própria natureza da relação jurídica* (art. 28º). A redação desse dispositivo revela aliás muita consciência do legislador lusitano quanto à idéia da sentença *inutiliter data*, que se situa à base da necessariedade do litisconsórcio: o litisconsórcio será necessário por força da natureza da relação jurídico-substancial controvertida quando ele for indispensável "para que a decisão a obter produza o seu efeito *útil normal*". É essa visão do resultado útil pretendido que norteia,

101. Nos textos examinados a palavra *intervenção* não traz o significado de *inter venire*, ingressar no processo pendente, como se dá na locução *intervenção de terceiros*. A lei portuguesa exige a *intervenção* de todos os interessados, em alguns casos (art. 28); diz também, *v.g.*, que em alguns outros "basta que um deles *intervenha*, para assegurar a legitimidade" (art. 27 – litisconsórcio voluntário). Nesse contexto, *intervenção* é, portanto, participação; intervir é figurar no processo como parte.

afinal, a necessariedade do litisconsórcio (e unitariedade também), disposta no art. 47 do nosso Código de Processo Civil.

58. litisconsórcio e coligação (direito português)

O vigente direito de Portugal contempla, ao lado do litisconsórcio necessário e voluntário, a figura da *coligação*.

Pelo teor dos arts. 27º, 28º e 30º de seu Código de Processo Civil, vê-se que o direito lusitano modela o litisconsórcio (e não mera coligação) a partir de um conceito bem mais estrito que esse que entre nós é tradicional. Os casos de litisconsórcio (seja voluntário, seja necessário) são aqueles em que entre os *consortes* se estabelece efetivamente uma *con-sorte*, isto é, uma comunhão de destinos no processo, um consórcio. Entre nós, e para os italianos e alemães, não é assim (*supra*, n. 11), mas os casos de litisconsórcio no direito lusitano excluem aqueles em que a cada um dos parceiros seja possível dar sorte diversa da dos demais, sem grave incoerência prática ou mesmo lógica.

Tem-se pois mera coligação, e não litisconsórcio a) nos casos de conexidade (por ser a causa de pedir "a mesma e única" ou se acharem os pedidos "entre si numa relação de prejudicialidade ou de dependência"); b) quando presente aquele nexo que o direito brasileiro designa por "afinidade de questões" (art. 46, inc. IV), ou seja, "quando, sendo embora diferente a causa de pedir, a procedência dos pedidos dependa essencialmente da apreciação dos mesmos factos ou da interpretação e aplicação das mesmas regras de direito ou de cláusulas de contratos perfeitamente análogas" (CPC-Port., art. 30º). Essa última hipótese grafada entre aspas "inspirou-se no § 60º do Código alemão", e a melhor doutrina, a par de informá-lo, sublinha que a "coligação é um *direito*, não é uma obrigação do autor".[102]

A propósito da coligação e do litisconsórcio, diz a doutrina mais autorizada, empregando a linguagem do citado art. 29º do

102. *Cfr.* José Alberto dos Reis, *Comentário ao Código de Processo Civil*, I, p. 44. Quanto à conexidade e à coligação, v. p. 45: "na mera cumulação de pedidos (...) a lei não exige que entre os pedidos haja *conexão*, ao contrário do que sucede na coligação".

Código português: "são figuras distintas a mera cumulação de pedidos, a simples pluralidade de autores e réus e a coligação. Na mera cumulação de pedidos há um só autor e um só réu, mas mais do que um pedido: o mesmo autor deduz contra o mesmo réu vários pedidos na mesma acção. Na simples pluralidade o pedido é só um, formulado por vários autores ou contra vários réus. A *coligação* tem de comum com a cumulação a circunstância de os pedidos serem múltiplos, e com a pluralidade a circunstância de os autores ou os réus serem mais do que um".[103-104]

O que se vê a partir do litisconsórcio necessário, passando pelo voluntário e chegando-se à coligação, é uma escala decrescente na intensidade do nexo entre os sujeitos associados no processo; e, conseqüentemente, escala decrescente também quanto à própria admissibilidade da associação de sujeitos (o art. 31 cuida dos "obstáculos à coligação", enunciando a diversidade de procedimentos ou de competência).

59. aspectos sistemáticos (direito português)

Todas essas regras o Código de Processo Civil português as traz na secção com a rubrica "legitimidade das partes", o que denota ter aceito o pressuposto de que o litisconsórcio necessário é, afinal, um problema de legitimidade (legitimidade necessariamente conjunta – *supra*, n. 24, e *infra*, n. 80). No corpo dessa secção vê-se ainda um outro artigo (art. 29º), de feição eminentemen te teórica e didática, com a rubrica "o litisconsórcio e a acção", dizendo: "no caso de litisconsórcio necessário, há uma única acção com pluralidade de sujeitos; no litisconsórcio voluntário, há uma simples acumulação de acções, conservando cada litigante uma posição de independência em relação aos seus compartes" (sobre a unidade de ação no caso de litisconsórcio necessário, v. *supra*,

103. *Cfr.* José Alberto dos Reis, *Comentário ao Código de Processo Civil*, I, pp. 44-45.

104. Nesta obra são desenvolvidas considerações a respeito do *litisconsórcio*, *ação* e *demanda*, que constituem um trinômio correlato a essa idéia dos portugueses (*supra*, nn. 29-37).

n. 36). Tal definição legal termina com a colocação da regra da autonomia dos litisconsortes (*infra*, n. 62) e com a insinuação, *a contrario sensu*, da unitariedade do litisconsórcio sempre que ele seja necessário.

A *Reforma* do Código de Processo Civil português, promovida mediante os dec-leis n. 329-A/95, de 12 de dezembro de 1995, e n. 180/96, de 25 de setembro de 1996, não alterou os dispositivos de interesse para os conceitos.

CAPÍTULO V
LITISCONSÓRCIO NECESSÁRIO E LITISCONSÓRCIO UNITÁRIO

60. litisconsórcio necessário no Código vigente

É a modelos como o alemão e o italiano, que não ligam a indispensabilidade do litisconsórcio a uma determinada hipótese de sua admissibilidade, que se aproxima a lei processual brasileira (*supra*, nn. 51-52). Aproxima-se especialmente ao sistema alemão, não só ao enumerar hipóteses de admissibilidade (CPC, art. 46 – ZPO, §§ 59-60), como também na disciplina da necessariedade em si mesma (CPC, art. 47 – ZPO, § 62).

Nosso art. 47, que cuida do *litisconsórcio necessário*, diz que este ocorre "quando, por disposição de lei ou pela natureza da relação jurídica, o juiz tiver de decidir a lide de modo uniforme para todas as partes". Lançou o Código de 1973, com isso, as bases de um sistema que realmente muito se assemelha ao alemão, para definir a necessariedade do litisconsórcio. O § 62 da *Zivilprozessordnung* dispõe para os casos em que "a relação jurídica controvertida tiver de ser decidida de modo uniforme para todos os litisconsortes", ou em que o litisconsórcio seja *necessário por outra causa* (*supra*, n. 51). E a doutrina, pouco consciente da distinção entre os dois sentidos emprestados pela lei ao adjetivo *necessário*,[1] chega a identificar na locução "necessário por outra causa" os casos em que "a demanda apenas poderia ser proposta por ou contra vários conjuntamente".[2]

Vê-se lá e aqui uma estreita ligação entre a *necessariedade* do litisconsórcio e a sua *unitariedade* (casos em que a causa há de ter solução homogênea – litisconsórcio unitário). Também no sistema processual italiano essa aproximação é a linha mestra: a necessariedade do litisconsórcio é determinada pela natureza da relação jurídica substancial controvertida, exigindo sentença (constitutiva?) que virá a atingir a situação de várias pessoas (*supra*, n. 52).[3]

Diante disso passemos a observar o litisconsórcio unitário em sua feição doutrinária e na disciplina que recebe do ordenamento positivo brasileiro, antes de avançarmos conclusões sobre o litisconsórcio necessário. É que, como dito acima, tanto quanto a italiana

1. *Cfr.* Chiovenda, "Sul litisconsorzio necessario", n. 2, p. 431. No Brasil, Barbosa Moreira, *Litisconsórcio unitário*, esp. n. 8, pp. 21-22, e "Notas sobre o litisconsórcio necessário no direito brasileiro e no alemão", n. 2.

2. *Cfr.* Schönke, *Lehrbuch des Zivilprozessrechts*, § 26, V, 1, letra *b*, p. 97.

3. Os fundamentos postos por Chiovenda para o critério da necessariedade, centrado na natureza da sentença, relacionam-se muito mais com a *unitariedade* do litisconsórcio que com sua necessariedade (*cfr.* "Sul litisconsorzio necessario", nn. 4-5). Em outras palavras: é a "necessidade no momento da instrução e julgamento" que recebe apoio direto dos fundamentos que o Mestre invoca.

e a alemã, a lei brasileira diz, em resumo, que o litisconsórcio será necessário sempre que unitário (CPC, art. 47 – sobre as ressalvas que essa regra comporta, v. *infra*, nn. 90 ss.).

61. litisconsórcio unitário e litisconsórcio necessário (noções gerais)

Sempre houve muita incerteza na doutrina, seja brasileira ou européia, acerca do litisconsórcio unitário. Como já se destacou, a lei alemã, empregando o adjetivo *notwendige* em dois sentidos diferentes, bastante concorreu para a confusão, que a própria doutrina germânica não se livrou de fazer, entre a unitariedade do litisconsórcio e sua necessariedade (*supra*, nn. 51 e 52). No Brasil, em tempo ainda relativamente recente foi dito que o litisconsórcio unitário representaria uma das subespécies do necessário, configurando-se este ou como litisconsórcio necessário simples ou como necessário unitário.[4] A doutrina italiana chegou a perceber a diferença entre o que chamou de *dois momentos* do litisconsórcio necessário, ou seja, a indispensável presença de todos os legitimados no processo e a solução necessariamente única da causa para todos os litisconsortes participantes da relação processual (*supra*, n. 55);[5] nesse segundo *momento* indicado, como facilmente se percebe, reside a *unitariedade* e não a necessariedade do litisconsórcio. Jamais chegaram os italianos, porém, a distin-

4. Fazia-o Pontes de Miranda ao tempo do Código de 1939 (*Comentários ao Código de Processo Civil*, II, nota 1 ao art. 90) e continuou a fazê-lo ainda na década dos anos *setenta*, apesar dos progressos alcançados pela doutrina brasileira acerca do conceito e colocações sistemáticas relacionadas com o litisconsórcio unitário. "Litisconsórcio unitário, dizia, é o litisconsórcio necessário em que é exigida a unitariedade" (*Comentários ao Código de Processo Civil*, II, nota 1 ao art. 47, p. 30). Fiel a essa lição é Ovídio Baptista da Silva (*Curso de processo civil*, I, pp. 201-202). Assim também Amaral Santos, que expressamente consignava a divisão do litisconsórcio necessário, nos termos indicados e criticados logo acima no texto, para logo a seguir, no entanto, admitir que "casos há de litisconsórcios facultativos que são unitários" (*Primeiras linhas de direito processual civil*, II, n. 308, esp. p. 11). V. também Wellington Moreira Pimentel, *Comentários ao Código de Processo Civil*, III, p. 332, e *supra*, n. 47.

5. *Cfr.* Chiovenda, "Sul litisconsorzio necessario", n. 3, p. 435.

guir nitidamente os dois fenômenos, sendo comum encontrar-se, tanto nos autores clássicos como nos contemporâneos, conceitos e raciocínios nominalmente voltados ao litisconsórcio *necessário* que antes se aplicam à unitariedade do litisconsórcio.[6] O máximo obtido entre os italianos consiste na afirmação de que a "necessariedade" referente ao momento de julgar é um conceito diferente da *verdadeira* necessariedade do litisconsórcio,[7] mas ainda com passagens como esta:

> "il termine *litisconsorzio necessario*, infatti, può essere riferito sia alla necessità che più persone partecipino al processo, sia a quella che sia emanata un'unica decisione nei confronti di più parti presenti in giudizio".[8]

6. É o caso do próprio Chiovenda, já tantas vezes citado, bem como do atualizadíssimo Tarzia, o qual analisa do prisma da facultatividade do litisconsórcio certos problemas como o da independência dos colitigantes (*Il litisconsorzio facoltativo nel processo di primo grado*, p. 173) e o da extensão dos efeitos dos atos de um destes aos demais (p. 187). Na óptica da doutrina brasileira atual trata-se de problemas do litisconsórcio *unitário ou comum* (regime), não *necessário ou facultativo* (exigência do litisconsórcio). Sobre o hábito italiano de cuidar englobadamente dos fenômenos da necessariedade e unitariedade, v. *supra*, n. 55.

7. Escrevendo em 1979, fala Giorgio Costantino em litisconsórcio *unitário*, refere a pioneira colocação de José Carlos Barbosa Moreira e diz que a distinção entre os dois fenômenos está muito clara na obra de Chiovenda, para advertir: alguns artigos de lei, que definem a eficácia de certos atos de parte no litisconsórcio dito *necessário*, "pressupongono la necessità che tutti i litisconsorti siano trattati allo stesso modo". Tal é, segundo salienta, "uma noção realmente diferente de *litisconsórcio necessário*" (*Contributo allo studio del litisconsorzio necessario*, § 25, esp. pp. 146-147). Tal linguajar, no entanto, precisamente porque continua a empregar o adjetivo *necessário* para exprimir algo que não é a indispensabilidade da reunião de dois ou mais em litisconsórcio, dificulta sobremaneira o correto entendimento e a colocação sistemática daqueles casos em que a decisão há de ser homogênea (unitariedade) mas a formação do litisconsórcio não é indispensável (facultativo).

8. *Cfr*. Costantino, *op. loc. cits*. Sem distinguir de modo incisivo e sistemático os dois fenômenos, a doutrina italiana ainda sente dificuldade para equacionar problemas relativos às *combinações* entre espécies de litisconsórcios determinadas pelo regime (unitário, comum) e espécies decorrentes do poder de aglutinação (necessário, facultativo). O litisconsórcio unitário facultativo é algo muito normal, mas entre os italianos requer muita explicação adicional. Merece louvores Costantino, que, usando já com alguma freqüência o adjetivo *unitário*, de-

A verdadeira essência do litisconsórcio unitário foi muito bem sentida e destacada pela doutrina brasileira,[9] que já desenhou os rumos definitivos da distinção entre a necessariedade e a unitariedade do litisconsórcio. O processualista brasileiro moderno coloca os dois fenômenos adequadamente em planos diversos, consciente de que estamos diante de duas problemáticas distintas: a da indispensabilidade da integração de todos os colegitimados na relação processual (litisconsórcio necessário ou facultativo) e a do regime de tratamento dos litisconsortes no processo (litisconsórcio necessário ou comum).[10]

Há situações, dependendo da natureza da relação jurídica controvertida (*res in judicium deducta*), nas quais sequer em tese se pode conceber que os litisconsortes recebam soluções diferentes no julgamento do mérito. Por isso, já no curso do processo é preciso que eles sejam tratados de forma unitária, para que o instrumento de atuação do direito material não conduza por caminhos diferentes aqueles que não podem chegar a destinos diversos. Tal é o *regime de unitariedade*, em que não prepondera o princípio da autonomia dos litisconsortes.

62. a relativa autonomia dos litisconsortes

É o *litisconsórcio comum* o campo de atuação da regra segundo a qual "os litisconsortes serão considerados, em suas relações com a parte adversa, como litigantes distintos; os atos e

clara não ser de espantar a proposta de Giovanni Fabbrini de estender a algumas hipóteses de litisconsórcio facultativo certas regras do litisconsórcio "necessário" ditadas pelo Código Civil italiano (Costantino, *op. cit.*, p. 147). Com a consciência de que essas regras são na realidade regras relativas ao *regime* do litisconsórcio (unitariedade), o estudioso brasileiro recebe-as com mais naturalidade ainda: trata-se, simplesmente, do litisconsórcio facultativo unitário (*infra*, n. 90).

9. Refiro-me ao ensaio pioneiro de Araújo Cintra ("Do litisconsórcio unitário no sistema do Código de Processo Civil"), que foi sua tese de doutoramento oferecida e aprovada na Faculdade de Direito do Largo de S. Francisco em 1968; bem como ao artigo de Barbosa Moreira, "O litisconsórcio e seu duplo regime", que precedeu a monografia *Litisconsórcio unitário*, de 1972.

10. Para essa distinção, com muita clareza, v. o ensaio de Barbosa Moreira, "O litisconsórcio e seu duplo regime".

as omissões de um não prejudicarão nem beneficiarão os outros" (CPC, art. 48). No pensamento do legislador, em princípio cada colitigante seria legitimado a postular e realizar apenas os atos que sejam de seu interesse exclusivo, sem que o que faz, requer ou omite projetasse qualquer efeito na situação dos demais.

Litisconsórcio *comum* é o não-unitário, ou seja, é aquele em que o juiz tem (relativa) liberdade para julgar de modos diferentes as pretensões ou situações dos diversos litisconsortes. Inocorrendo aquelas situações de incindibilidade da relação ou situação jurídica, que dá motivo à unitariedade, em princípio cada litisconsorte tem sua própria *sorte* no processo e cada qual defende-se apenas a si próprio. Tal é a regra estudada neste parágrafo, com a ressalva de sua *relatividade*. Sobre a distinção fundamental entre litisconsórcio unitário e comum já foi dito o essencial no trato das *espécies de litisconsórcio* (*supra*, n. 25).

Assim, em princípio, no litisconsórcio comum (a) cada um dos litisconsortes passivos responde ou deixa de responder à inicial, quedando-se revel em caso de omissão apesar de o outro haver contestado;[11] b) pode um dos colitigantes renunciar ao direito perseguido através da demanda, reconhecer o pedido do adversário ou transigir (art. 269, incs. II-V), permanecendo o outro no litígio; c) pode um dos litisconsortes alegar exceção substancial em sentido estrito em seu benefício exclusivo (CPC, art. 128, c/c CC, art. 177 – vícios do consentimento);[12] d) pode o litisconsorte ativo desistir da ação proposta (art. 267, inc. VIII), deixando intacta a demanda do outro autor (litisconsórcio comum facultativo);[13] e) o recurso in-

11. Mas, como é notório, se a resposta oferecida por um deles trouxer alegações ou impugnações úteis à defesa do revel (mesmo quando o litisconsórcio não seja unitário), este não suportará o *efeito da revelia* (art. 319). Para a interpretação do disposto no art. 320, inc. I, v. *infra*, nota 18.

12. Exemplos dados por Lent (*Zivilprozessrecht*, § 81, p. 310) e Amaral Santos (*Primeiras linhas de direito processual civil*, II, n. 310, esp. pp. 12-13). A *conciliação*, que o segundo indica como ato praticado por um litisconsorte e incapaz de atingir a situação dos demais, é apenas um *meio* para chegar à desistência ou ato autocompositivo (*cfr.* minhas *Instituições de direito processual civil*, III, n. 1.140, pp. 585-586). A *prescrição*, que constituía o mais expressivo exemplo de exceção de mérito em sentido estrito, deixou de sê-lo a partir de quando o Código de Processo Civil passou a mandar que dela o juiz conheça de-ofício (art. 219, § 5º).

13. Mesmo em caso de litisconsórcio comum será ineficaz a *convenção para suspender* o processo (art. 265, inc. II) sem que dela todos os litisconsortes

terposto por um dos litisconsortes não favorece os demais (art. 509) *etc.*[14-15]

Por isso, no *litisconsórcio comum* é concebível que, em face da atuação mais profícua e inteligente de um dos litisconsortes na fase postulatória ou na instrução da causa, ou mesmo de algum ato dispositivo que não seja de todos os litisconsortes (ou referente a todos), ou ainda de eventuais diferenças entre as situações destes perante o direito material, o julgamento de mérito deixe de ser homogêneo (unitário) para todos eles. Tal é o reflexo mais característico da natureza do objeto do processo, o qual nesses casos permite soluções diferentes para os litisconsortes: tratando-se de direitos divisíveis[16] e conseqüentemente sendo autônomas as situações jurídico-materiais dos diversos litisconsortes, daí decorre a possibilidade de julgamentos de mérito heterogêneos e, conseqüentemente, de heterogêneas situações jurídico-processuais de cada um deles ao longo do procedimento. Em princípio o com-

hajam participado. É que não se concebe tal suspensão senão *para todos*, e o litisconsorte estranho à convenção sofreria efeitos de um *ato causativo* realizado sem a participação de sua vontade (*infra*, nn. 70-71).

14. Inversamente, sucede que o adversário dos litisconsortes às vezes realiza algum desses atos com destinação específica a algum deles e não a todos (*v.g.*, o réu único reconhece o pedido apenas quanto a um dos autores). *Mutatis mutandis*, as situações, assim correlativamente inversas, recebem o mesmo tratamento e soluções da mesma ordem que as incluídas na exemplificação acima.

15. Segundo o art. 350 do Código de Processo Civil, poderia um litisconsorte *confessar* sem que isso influísse na situação do outro. Mas isso não é verdade, diante da regra do livre convencimento do juiz e porque a confissão não é negócio jurídico, mas aporte de elemento de convicção para o julgamento (*infra*, nn. 70-71).

16. Fala Tarzia (*Il litisconsorzio facoltativo nel processo di primo grado*, p. 174) em um "principio di indipendenza dei litisconsorti, nelle cause non *vertenti su diritti indivisibili*". A referência a *direitos divisíveis ou indivisíveis* como critério distintivo entre o litisconsórcio comum e o unitário está presente também na obra de Arruda Alvim (*Código de Processo Civil comentado*, II, p. 385), com invocação do pensamento de Rosenberg-Schwab; destes, *cfr. Zivilprozessrecht*, § 50, III, p. 229. Arruda Alvim refere no entanto, do mesmo modo que Chiovenda, as ações constitutivas (*op. loc. cits.*). A tomada da relação jurídica controvertida como ponto de apoio para a necessariedade é, como já exposto, uma das características mais profundas do pensamento de Redenti (*supra*, n. 53).

portamento de cada um no processo irá influir apenas no seu destino, aumentando ou reduzindo sua possibilidade de vitória, sem atingir o litisconsorte.

A unidade do processo e da sentença litisconsorciais, todavia, associada à conveniência de harmonia no julgamento das causas interligadas de alguma forma (que é, inclusive, um dos fatores de justificação do próprio instituto do litisconsórcio), conduz à mitigação da regra contida no art. 48 do Código de Processo Civil. Em outras palavras: a autonomia dos litisconsortes, que *não prevalece no litisconsórcio unitário* em razão da indispensável homogeneidade no julgamento do mérito, também no litisconsórcio *comum* constitui regra de aplicação apenas relativa. Não-obstante *cindíveis* as situações jurídico-substanciais a julgar e portanto comum o litisconsórcio (*infra*, n. 65), ocorrem situações em que o julgamento precisa convergir à *harmonia*, não se concebendo que uma só e única sentença venha a afirmar e ao mesmo tempo negar o mesmo fato, ou venha a adotar duas teses jurídicas antagônicas. Nesses casos certas condutas individuais do litisconsorte serão capazes de favorecer os demais.

O princípio da independência dos litisconsortes (ou autonomia) é, como já foi adiantado, *inerente ao litisconsórcio comum*, a que a maior parte da doutrina, com respaldo na linguagem germânica, costuma chamar litisconsórcio simples (*einfach* – sobre a questão terminológica, v. *supra*, n. 25). Ele se mostra plenamente compatível com o sistema e com o próprio conceito doutrinário do litisconsórcio, que, apesar da aparência que o nome talvez pudesse induzir, não implica necessariamente um *consórcio* entre os colitigantes[17] nem significa que todos hajam de ter em todos os casos a mesma fortuna no processo, a mesma *sors* (*supra*, n. 11). O princípio da independência comporta aplicação sempre que a conduta individual de um dos litisconsortes, quando restrita à sua

17. Nexo algum dessa ordem existe, como é óbvio, entre os *litisconsortes adversários*: no litisconsórcio alternativo ou eventual existe razão para muita litigiosidade entre os próprios litisconsortes, talvez mais que entre eles e o "adversário" comum (*infra*, n. 186).

situação no processo, não seja apta a criar incompatibilidades lógicas ou absurdos jurídicos. Por isso é que não tem cabimento no regime da unitariedade e por isso também é que mesmo no litisconsórcio comum nem sempre a autonomia dos colitigantes prevalece (relatividade da autonomia).

Haveria razões para examinar agora, mais de perto, a medida e aplicações da afirmada relatividade da regra do art. 48 do Código de Processo Civil. Esse estudo, no entanto, tem mais pertinência ao contexto da *dinâmica do litisconsórcio*, que me proponho desenvolver em edições futuras. Além disso, a relatividade da autonomia litisconsorcial é tema que pressupõe o conhecimento de muitos conceitos inerentes ao regime da unitariedade, a esta altura ainda não expostos (vistos só a partir do n. 60, *infra*).

Em todo caso, para melhor entendimento desde logo, sirva como ilustração o caso contemplado no art. 320, inc. I, do Código de Processo Civil – réu revel e litisconsorte que contesta apresentando defesa útil a ambos.[18] Tendo o juiz o poder de formar livremente sua convicção em face da prova dos autos (art. 131), fica atenuado o isolamento entre os litisconsortes mesmo no litisconsórcio comum, uma vez que a mesma proposição de fato não irá ser objeto de diferentes apreciações com referência a um dos litisconsortes e aos demais. Se aplicada inexoravelmente, a regra do art. 48 faria com que o fato provado nos autos por uma das partes pudesse ser reputado inexistente para o julgamento relativo ao seu litisconsorte menos

18. Se só o fiador contestar a demanda movida a ele e ao afiançado, negando o fato constitutivo da obrigação principal, cria-se controvérsia em torno de fato relevante para o julgamento em relação a ambos (art. 320, inc. I). O autor tem o ônus de provar sua alegação; e, não a provando, a improcedência beneficiará os dois réus. Mas se a contestação do fiador limitar-se a fatos relacionados com a fiança (*v.g.*, falsidade de sua assinatura) o fato constitutivo da obrigação resta *incontroverso* não só para o julgamento em face do afiançado mas também em face dele próprio (art. 302). Essa é a interpretação racional do inc. I do art. 320, porque inexiste qualquer razão lógica, prática, sistemática ou ética para simplesmente *premiar* o revel pela aleatória circunstância de seu litisconsorte haver contestado. Essa interpretação tem o apoio de Calmon de Passos (*Comentários ao Código de Processo Civil*, III, n. 346.2, esp. p. 375) e Amaral Santos (*Primeiras linhas de direito processual civil*, II, n. 310, esp. p. 12). Demasiado restritiva é a posição de Rogério Lauria Tucci, para o qual apenas ao litisconsórcio *unitário* aplicar-se-ia o inc. I do art. 320 (*Do julgamento conforme o estado do processo*, n. 83, p. 150).

diligente – mas evidentemente repugna ao senso comum que venha o juiz a julgar assim, levando a esses extremos a regra da autonomia dos colitigantes.[19]

63. *reflexo da exigência de legitimidade "ad actum"*

A problemática da autonomia dos litisconsortes (CPC, art. 48 – *supra*, n. 62) envolve-se de modo muito íntimo com a regra de *legitimidade ativa*, presente em todos os quadrantes do direito.[20] Em direito processual a exigência de *legitimatio* não se refere exclusivamente à propositura de demandas em juízo; ela constitui, acima disso, uma regra de larga abrangência e direcionada a todos os atos a serem realizados pelas partes no processo. Tal é a legitimidade *ad actum*, de maior amplitude e que merece tanta atenção quanto a legitimidade *ad causam*, profundamente examinada na doutrina da ação.[21]

19. Acórdão de que fui relator apreciou caso em que o réu, *arrendatário* de terras cujo gado invadira laranjal vizinho, negara sua responsabilidade porque a proprietária, também ré, é quem deveria zelar pelas cercas divisórias – sem, porém, impugnar a alegação de danos causados às frutas e à safra. Em contestação *a proprietária* das terras negou que qualquer prejuízo tivesse ocorrido. Como os autores não lograram provar os danos alegados, o Primeiro Tribunal de Alçada Civil de São Paulo entendeu que a demanda era improcedente, considerando que a impugnação especificada feita por um dos réus beneficiava a todos (CPC, art. 302 – 1º TACSP, 2ª C., ap. n. 277.386, j. 11.3.81, v.u.). O litisconsórcio era visivelmente comum (não-unitário), mas isso não impediu que a conduta do litisconsorte mais diligente propagasse efeitos e beneficiasse o coréu. No sentido do texto, v. ainda Ovídio Baptista da Silva, *Curso de processo civil*, I, p. 212. As ressalvas que todos fazem à regra do art. 48 mesmo com referência ao litisconsórcio comum constituem demonstração da relatividade da chamada autonomia dos litisconsortes. O que resta é extrair dessa tomada de consciência os seus desdobramentos úteis, a saber: a) a unitariedade do processo mesmo no caso de litisconsórcio comum e (b) as projeções em outras situações, como a confissão feita por um dos litisconsortes *etc.*

20. *Cfr.* Donaldo Armelin, *Legitimidade para agir no direito processual civil brasileiro*, n. 1, p. 9; Dinamarco, *Execução civil*, n. 278, pp. 437-438, esp. nota 146.

21. A regra segundo a qual cada sujeito é legitimado autônoma e exclusivamente para a defesa judicial de sua pretensão, e não dos outros, não se refere somente à propositura da demanda e seu endereçamento (legitimidade ativa ou

A *ação* não se resolve em um poder único de iniciativa processual, a ser exaurido quando apresentada em juízo a demanda inicial do processo. Ela é o complexo representado por esse poder de iniciativa e pela grande soma de poderes e faculdades a serem exercidos pelo autor ao longo do procedimento, com vista ao efetivo acesso à justiça. A *defesa*, simetricamente, é a gama de poderes e faculdades processuais franqueados ao demandado.[22] Sem negar o grande significado da demanda inicial no processo, também na sombra não deve ficar a enorme importância dos inúmeros atos que ambas as partes realizam após instaurado ele. Todos os atos processuais do autor constituem exercício da ação, e os do réu, exercício do *jus excipiendi*.[23]

Só essa conceituação analítica da ação, presente na obra dos processualistas mais modernos, é capaz de esclarecer muitos pontos tradicionalmente deixados à obscuridade, desfazendo enganos.[24] Aceitar que a ação se consume com o ajuizamento da demanda deixaria sem explicação sistemática os poderes e faculdades do autor

passiva), nem haveria razão para essa interpretação assim restritiva do art. 6º do Código de Processo Civil.

22. *Cfr.* Dinamarco, *Instituições de direito processual civil*, II, n. 539, pp. 299-301.

23. *Cfr.* Dinamarco, *Execução civil*, I, n. 222, pp. 367-368.

24. Sobre a concepção analítica da ação, v. Liebman, *Manual de direito processual civil*, I, n. 73, esp. p. 201 trad. ("direito de iniciativa e de impulso"); Elio Fazzalari, *Note in tema di diritto e processo*, cap. III, n. 1, esp. nota 10; Alfredo Rocco, *La sentenza civile*, n. 41; Foschini, *La complessione del processo*, n. 10; Carnelutti, *Diritto e processo*, nn. 21 e 64; Micheli, "Giurisdizione e azione", p. 131; Calamandrei, "Relatività del concetto di azione", n. 3. A própria garantia constitucional da ação seria de muito pouca utilidade e ficaria esvaziada de conteúdo quando se reduzisse ao puro e simples poder de iniciativa. Para que o demandante possa influir ao longo de todo o processo para a obtenção do provimento desejado (sentença favorável, no processo de conhecimento) é preciso dar-lhe a garantia de desenvolver atividades parciais e interessadas ao longo de todo o arco do procedimento (daí, *v.g.*, o *direito à prova*, que, quando referido ao autor, integra a garantia constitucional da ação – Liebman, *Manual de direito processual civil*, I, n. 73, esp. p. 201 trad. e nota 6, referindo decisão da Corte constitucional italiana). Essas idéias estão presentes desde a primeira edição de minha *Execução civil*, do ano de 1973 (v. n. 14, esp. p. 125, texto e nota 18 – v. 8ª ed., n. 222, pp. 367 ss.); v. também minhas *Instituições de direito processual civil*, II, n. 539, pp. 299-301.

ao longo do processo e faria crer que, proposta aquela, de imediato já tivesse o autor o direito ao provimento jurisdicional de mérito. Absurdo! Para poder exigir tal provimento ele precisa cumprir uma série de *ônus* ao longo do procedimento, exercendo assim a ação em sua integralidade. A simetria entre ação e defesa conduz ao conceito analítico desta também, pelos mesmos fundamentos.

Por isso é que, tanto quanto o *interesse processual*, a legitimidade constitui requisito geral para os atos do processo.[25] Ela é "uma qualidade do sujeito aferida em função de ato jurídico realizado ou a ser realizado".[26] Trata-se de categoria jurídica muito ampla, que transcende a dogmática da ação e não se limita sequer ao campo do direito processual, globalmente considerado.[27] A regra fundamental, em tema de legitimidade é que o sujeito agente seja o titular da situação jurídica a ser modificada, pois não tem o poder de determinar, por uma conduta sua, alterações nas situações alheias.[28] Com referência a qualquer ato a ser realizado na vida jurídica das pessoas, "la legge pone come necessaria premessa non tanto che l'agente e il paziente possano essere quanto veramente siano i soggetti della situazione giuridica iniziale e cosi l'effettiva coincidenza tra i soggetti, attivo e passivo, dell'atto e i soggetti della situazione sulla quale, determinandone il mutamento, l'atto è destinato a produrre i suoi effetti" (Carnelutti).[29]

25. *Cfr.* Liebman, *Manual de direito processual civil*, I, n. 74, esp. pp. 207-208 trad.: o interesse "não é requisito só da ação, mas de todos os direitos processuais: direito de contestar, isto é, de *defender-se* (c.p.c., art. 100, cit.), o de propor exceção em sentido estrito (c.p.c., art. 12, *infra*, n. 79), o de recorrer de uma sentença desfavorável *etc.*".

26. *Cfr.* Donaldo Armelin, *Legitimidade para agir no direito processual civil brasileiro*, n. 4, p. 11.

27. "A legitimidade constitui hoje um instituto que não concerne a um campo específico do direito, mas tem penetração em todas as áreas deste, podendo, destarte, encartar-se na teoria geral do direito" (Armelin, *op. cit.*, n. 1, p. 9).

28. É outra a estrutura da legitimidade nos chamados *direitos potestativos*, de que aqui não se cogita (*cfr.* Dinamarco, "Momento de eficácia da sentença constitutiva", n. 593, p. 1.082). Também não é o caso de examinar a legitimidade para os atos de exercício do *poder* pelo Estado (*cfr.* Dinamarco, *A instrumentalidade do processo*, esp. n. 10, pp. 96 ss.).

29. *Cfr. Teoria generale del diritto*, § 122, esp. p. 321.

Diante disso não há por que confinar o requisito *legitimidade* no círculo estrito da legitimidade *ad causam*. Essa sua manifestação específica é a mais notória e que mais serviços prestou à ciência do direito, mas nem por isso haveria de ser a única.

Em direito processual a exigência de legitimidade desdobra-se nas seguintes regras: a) ordinariamente só será legitimado a pedir em juízo um provimento de mérito aquele a quem esse provimento possa aproveitar (legitimidade ativa *ad causam*); b) só é ordinariamente legitimado a figurar no pólo passivo do processo aquele que tenha como satisfazer o julgado ou de algum modo suportar os seus efeitos (legitimidade passiva *ad causam*);[30] c) *só tem legitimidade para realizar ou postular atos ao longo do procedimento a parte a quem esses atos aproveitem*; d) carece de legitimidade para realizá-los o litigante a quem não aproveitem os atos processuais a realizar ao longo do procedimento.[31]

A legitimidade *ad causam* constitui requisito de abrangência muito grande e liga-se principalmente ao poder de dar iniciativa ao processo e ao de exigir o provimento jurisdicional. Nem por isso se desconsidera o que vai no dia-a-dia da atividade dos sujeitos processuais, ao longo do procedimento, quando sempre se exige essa especial relação entre o sujeito e o ato, que é a *legitimidade*.[32] Por

30. Não tem pertinência aqui qualquer consideração acerca da legitimidade extraordinária, nem a crítica que com acerto a doutrina moderna tem apontado ao individualismo do art. 6º do Código de Processo Civil (Dinamarco, *A instrumentalidade do processo*, n. 36.1, esp. pp. 329-330, texto e notas 35 ss.).

31. Essa colocação aproxima bastante o requisito da legitimidade ao do interesse processual. Tal aproximação é intencional, não-obstante a tese tenha sido alvo de dúvidas e objeções na doutrina italiana, onde fora suscitada (*cfr.*, por todos, Aldo Attardi, *L'interesse ad agire*, cap. III, n. 9, esp. p. 213). Liebman fala da legitimidade como *pertinência subjetiva do interesse de agir*. E diz ainda que o art. 100 do *codice di procedura civile* "indica claramente que o interesse de agir não apenas deve existir, mas deve também existir precisamente na pessoa que deduz a demanda: um estranho não pode invocar [*far valere*] o interesse de agir alheio" (*Manual de direito processual civil*, n. 74-A, p. 208 trad.). Para o tratamento da legitimidade *ad causam* como aspecto do interesse de agir, v. Dinamarco, *Instituições de direito processual civil*, II, n. 546, pp. 314-316.

32. "S'intende facilmente perciò come i punti di coincidenza tra il fatto e la situazione giuridica iniziale abbiano da essere tre, come tre sono gli elementi

isso é que neste estudo vai-se falando na legitimidade *ad actum*, a par da legitimidade *ad causam*.

A terceira das regras indicadas, bastante ampla, é a que guarda relação direta com o desenvolvimento do presente raciocínio. Aplica-se aos requerimentos de prova, aos recursos, desistências, atos de autocomposição *etc.* Assim, se cada qual é legitimado à realização ou postulação de atos úteis à defesa de sua própria pretensão no processo pendente, sendo parte ilegítima para realizar ou postular atos em proveito exclusivo dos colitigantes, é natural que, *em princípio*, quando se tratar de pedidos autônomos (litisconsórcio comum), os atos de cada um só tenham eficácia quanto a quem os realizou (CPC, art. 48).

Não estamos cuidando, como já explicitado, da legitimidade *ad causam*, mas da legitimidade *ad actum*. Legitimidade *ativa* sempre, mesmo quando se refere ao demandado, uma vez que se resolve na determinação da qualidade para realizar o ato, não para suportar seus efeitos.

Tal é o critério adequado para determinar a extensão da regra legal da autonomia dos litisconsorte e, correlativamente, a medida de sua relatividade. Tenha-se presente que a legitimidade para a prática de todo e qualquer ato com eficácia jurídica constitui decorrência da titularidade das situações jurídicas sobre as quais o agente pretende de algum modo projetar ou fazer projetar algum efeito (alterá-las, extingui-las, declarar sua existência ou inexistência *etc.*). Por isso, o ato de disposição de direitos será ineficaz quando realizado por quem não seja titular destes.

No litisconsórcio unitário, atos *úteis* à coletividade dos litisconsortes e pertinentes ao julgamento de suas pretensões serão indiferentemente realizados ou postulados por qualquer deles, com eficácia para todos. Todos eles têm legitimidade para requerê-los ou praticá-los, e a eficácia desses atos é geral. No tocante ao litis-

della situazione: i soggetti (le parti), l'oggetto e il rapporto": Carnelutti, *Teoria generale dei diritto*, § 117, p. 300. Essa relação, na prestigiosa lição *carneluttiana*, é precisamente o que se chama *legitimidade*.

consórcio *comum*, que constitui o campo próprio para a incidência da regra de autonomia litisconsorcial, nem por isso é lícito pensar em uma suposta eficácia dos atos de cada um, invariavelmente confinados na órbita de seus próprios interesses e sem projeção alguma sobre a situação dos colitigantes. Também ali ocorrem situações de legitimidade geral e eficácia comum, ao lado de outras em que prevalece a independência litisconsorcial ditada no art. 48 do Código de Processo Civil.

Sirva como primeiro exemplo ilustrativo a demanda movida ao fiador e ao afiançado, para condenação de ambos. Típico litisconsórcio comum, não-unitário. Qualquer dos dois réus tem legitimidade para negar o fato constitutivo do alegado direito do autor, porque dessa negativa emergirá a controvérsia sobre a alegação desse fato, com o *onus probandi* a cargo do autor (CPC, arts. 333, inc. I, e 334, inc. III), tudo em benefício de ambos os litisconsortes passivos: sem a obrigação principal, nenhum dos dois será condenado. Ainda que só um ofereça contestação, ou só uma contestação negue esse fato, a negação terá eficácia geral. Tal é a medida e o significado da disposição contida no art. 320, inc. I, do Código de Processo Civil.[33]

Outros exemplos podem ser colhidos no campo da *prova*. Prova trazida por um litisconsorte beneficia a todos na medida em que se refira a fato de interesse comum. E qualquer dos colitigantes tem legitimidade para produzi-la, na medida em que o fato diga respeito ao seu interesse. Mesmo o conteúdo de uma *confissão*, que o Código afirma ser indiferente aos litisconsortes do confitente (art. 350), não tem como ser levado em consideração quanto a este e não quanto aos demais: a regra do livre convencimento do juiz manda que ele busque na instrução probatória, como um todo, o apoio lógico para sentenciar (art. 131). Daí a legitimidade individual de cada litisconsorte para realizar prova de fatos de seu interesse, somada à eficácia geral de sua atividade na medida em que o fato seja relevante para os demais. Se o fiador se defende alegando vício da própria fiança (falta de outorga uxória *etc.*), a prova que a esse respeito ele fizer não aproveitará ao afiançado, tanto quanto não lhe aproveita a própria alegação.

33. Não tem eficácia geral a alegação feita pelo réu-fiador de ser falsa a assinatura do cônjuge. Também a inexistência de outorga conjugal é requisito específico da fiança e não da obrigação principal, de modo que só beneficia o fiador, e para deduzir essa alegação só o fiador tem legitimidade.

Costuma ser dito que no litisconsórcio unitário cada qual dos litisconsortes é legitimado a realizar atos eficazes *benéficos* à coletividade litisconsorcial, sendo ineficazes os atos *prejudiciais* não-unânimes. A legitimidade é individual para os primeiros e necessariamente coletiva para os segundos. Pois no litisconsórcio comum também, em que não se bane de modo absoluto a influência da conduta de um dos colitigantes sobre a situação dos demais, o critério para a legitimação *ad actum* há de ser substancialmente o mesmo (atos favoráveis, desfavoráveis – *indutivos* ou *causativos*).[34] Assim, para atos capazes de determinar soluções adversas aos litisconsortes cada um destes só é legitimado na medida da eficácia sobre sua própria situação.

Inexiste a legitimidade para atos desfavoráveis ou *causativos* com eficácia além da esfera jurídica do agente.[35] E assim é que, como obviamente não poderia um litisconsorte realizar validamente atos de disposição de direitos de outro litisconsorte, na mesma medida não terão eficácia geral e não atingirão a esfera jurídica dos demais os atos dispositivos realizados só por um. A limitação da legitimidade individual aos atos que se circunscrevem a uma esfera de direitos tem por conseqüência a ineficácia desses atos quanto aos demais. Nesses limites tem vigor o disposto no art. 48 do Código de Processo Civil.

Exemplos: reconhecimento do pedido, transação, renúncia ao direito, desistência da ação, renúncia ou desistência de recurso. Sen-

34. A oposição entre atos *indutivos* e atos *causativos* vem notoriamente da obra de James Goldschmidt. Barbosa Moreira prefere dizer atos *alternativos* e atos *determinantes* (*infra*, n. 71).

35. Essa é uma regra geral de direito, sendo a sanção de *ineficácia* sempre preordenada à tutela de terceiros: *cfr.* Betti, *Teoria generale dei negozio giuridico*, III, esp. p. 15 (esse autor fala em "interesse das partes ou de terceiros", mas a referência às partes não é considerada no texto porque o enfoque do *terceiro* é que guarda pertinência com a exposição em curso); Dinamarco, *Instituições de direito processual civil*, IV, nn. 1.569-1.570, pp. 425 ss., e "Fraude contra credores alegada nos embargos de terceiro", nn. 279-281, pp. 544 ss. *Cfr.* ainda Roque Komatsu, *A invalidade no processo civil*, n. 4.4, esp. pp. 38-39, com indicação do acréscimo da eficácia perante terceiro desde que venham a ser satisfeitos os requisitos postos para tanto.

do comum o litisconsórcio e assim comportando decisões díspares para os colitigantes, cada qual tem legitimidade só quanto ao próprio interesse e seu ato dispositivo carecerá de eficácia geral. Atos como a dispensa de um meio de prova não podem ser regidos pela *legitimatio ad actum* individual pelo simples motivo de que, permanecendo o interesse de um dos litisconsortes e sendo produzida a prova, seu resultado poderá ser relevante para todos.

Um caso bem específico de legitimidade *ad actum* individual e eficácia restrita ao agente é o dos *recursos* em processo com litisconsórcio comum. Sendo cindíveis as situações jurídico-substanciais dos litisconsortes, a não-interposição do recurso por um deles produz o efeito, ditado expressamente por lei (CPC, art. 509), de permitir o trânsito em julgado da sentença no capítulo que lhe diz respeito, sem embargo da possível decisão favorável a ser obtida por aquele que houver recorrido. Em relação ao litisconsórcio *comum* a lei nega a eficácia comum dos recursos que só um dos litisconsortes interpuser – ou, em outras palavras, nega a legitimidade individual para interposição de recursos com eficácia geral (*infra*, n. 74).

64. litisconsórcio unitário: noções gerais e recapitulação – critério puramente prático

Passando agora do litisconsórcio comum ao unitário, veremos que a diversidade da natureza da relação jurídica controvertida posta no processo como objeto de futuro pronunciamento é o fator determinante, lá e cá, dos diferentes regimes do litisconsórcio. Há certas relações jurídicas com diversos titulares ativos ou passivos (daí a legitimidade plúrima) que por sua própria natureza não comportam cisão (direitos indivisíveis – *supra*, n. 62). Em um plano puramente prático (e não apenas lógico) observar-se-á a impossibilidade de dar efetividade aos preceitos da lei substancial mediante determinações judiciais que não encarem essas relações jurídicas como um todo monolítico.[36]

36. *Cfr.* Barbosa Moreira, *Litisconsórcio unitário*, n. 85, p. 146: "o eixo de referência é sempre o resultado a que tende o processo, à vista do pedido e da *causa petendi*". Diz Chiovenda que "questa unità logica di decisione può veri-

Não será impossível, *v.g.*, a execução tendente a satisfazer o credor comum à custa de apenas um dos devedores solidários; mas é inconcebível considerar válido o casamento do marido e nulo o da mulher.

Por isso é que em certos casos, dependendo da relação jurídica controvertida, a sentença de mérito há de ser necessariamente homogênea. Nesses casos, e por essas razões, diz-se *unitário* o litisconsórcio. Consiste a unitariedade litisconsorcial na indispensabilidade do julgamento uniforme do mérito para todos os litisconsortes. Pressuposto que em dado processo se tenha já formado um litisconsórcio, estando na relação processual dois ou mais autores ou réus, se esse litisconsórcio for unitário não poderá cada um daqueles ou destes ter sorte diferente da dos demais quando o mérito for julgado. Aqui, sim, há uma necessária *con-sorte* entre os diversos sujeitos (*supra*, n. 11).

Não se cogita, pois, de ser ou não indispensável a *formação* do litisconsórcio, o que constitui problema relativo à *necessariedade* e não à unitariedade deste. Os dois problemas são intimamente conexos mas são perfeitamente admissíveis o litisconsórcio unitário facultativo ou o necessário comum – o que concorre para demonstrar que o unitário não é subespécie do necessário. A própria doutrina italiana chegou bem perto da boa solução ao asseverar a existência de casos de litisconsórcio necessário limitados ao *segundo* momento (ou seja, diríamos nós, litisconsórcio unitário embora facultativo).[37]

65. litisconsórcio unitário: relação jurídica incindível

Existe uma relação de causa e efeito entre a natureza da relação jurídica controvertida (*indivisível*, ou *incindível*) e essa ne-

ficarsi anche nel litisconsorzio improprio", muito embora neste não se cogite da unitariedade ("Sul litisconsorzio necessario", n. 3, p. 436). Também Barbosa Moreira afasta a unitariedade no que chamou de "litisconsórcio propriamente facultativo" (*supra*, n. 48) – e isso é um reflexo da idéia de que o simples *timor ne varie dicetur* não é justificativo nem da própria litisconsorcialidade e muito menos da aplicação das regras do litisconsórcio unitário (*supra*, n. 21).

37. *Cfr.* Chiovenda, *Principii di diritto processuale civile*, § 88, IV, B, p. 1.083.

cessária homogeneidade de julgamento *de meritis*. Por isso é que, como na maioria dos casos a *res in judicium deducta* tem no direito material a sua disciplina, costuma-se dizer também que tem origem neste a determinação dos casos de litisconsórcio unitário.[38]

Tornemos ao exemplo, acima aventado, da ação de nulidade de casamento exercida pelo Ministério Público. Se em virtude dos diferentes comportamentos dos cônjuges-réus no processo pudesse a demanda ser julgada procedente com relação a um deles e improcedente quanto ao outro, cairíamos neste ridículo absurdo: o primeiro ficaria liberto do vínculo conjugal e o segundo continuaria casado... mas casado com quem?

Se fossem possíveis julgamentos heterogêneos de uma ação anulatória de deliberação de assembléia movida por dois ou mais acionistas, o juiz poderia dizer a um dos litisconsortes ativos que a deliberação é válida e ao mesmo tempo, acolhendo a demanda de outro litisconsorte, anular a deliberação. Outro absurdo.

Nesses casos todos, em que se diz que a relação jurídica material *é incindível*, vê-se que a sentença contendo disposições incompatíveis entre si traria em seu próprio bojo a razão de sua inutilidade, pois não teria como impor os efeitos conflitantes.

Se fosse julgada procedente a demanda anulatória do Ministério Público quanto a um dos cônjuges e improcedente quanto ao outro, as dificuldades já principiariam no momento de averbar a sentença no registro civil: à ré mulher, que teria a seu favor a declaração de existência e validade do matrimônio impugnado, não poderia ser im-

38. *Cfr.* Schönke, *Lehrbuch des Zivilprozessrechts*, § 26, V, *b*, p. 98 trad.; Lent, *Zivilprozessrecht*, § 81, III, p. 813 trad.; Calmon de Passos, *Do litisconsórcio*, nn. 18 ss., pp. 29 ss.; Pontes de Miranda, *Comentários ao Código de Processo Civil*, II, p. 29; Redenti, *Il giudizio civile con pluralità di parti*, n. 177, p. 254 ("è poi un problema di diritto materiale determinare quando si abbia un rapporto giuridico materiale con più soggetti"). *Cfr.*, no mesmo sentido, Araken de Assis, *Cumulação de ações*, n. 38, p. 236. Essas lições foram concebidas, naturalmente, com vista aos casos (de resto, normais e de grande maioria) em que a *res in judicium deducta* é uma relação regida pelo direito substancial; obviamente, quando se trata de pretensão fundada nas próprias leis do processo (*v.g.*, ação rescisória por impedimento do juiz ou incompetência absoluta), nestas é que se hão de descobrir elementos norteadores do regime do litisconsórcio.

posto o registro público da inexistência desse *status*. E se, alegando depois a condição de casada, reconhecida por sentença de improcedência trânsita em julgado, viesse ela com pedido de condenação do marido a prestar-lhe alimentos, traria ele em defesa a declaração contida na sentença que dissera não ser subsistente o seu casamento. Qual das duas declarações prevaleceria? Obviamente, nenhuma (*infra*, n. 125). Na ação de anulação de deliberação da assembléia de acionistas proposta por vários destes, a procedência quanto a alguns e improcedência quanto aos demais seria portadora do mesmo vício: a diretoria teria amparo na parte favorável da sentença para impor a deliberação, o que contraditoriamente seria impedido pela parte desfavorável, desconstitutiva do ato.

Essa situação paradoxal, de duas forças irremediavelmente conflitantes no seio da mesma sentença, ver-se-ia de maneira superlativa também nos casos em que a lei determina a extensão subjetiva da coisa julgada, como na ação popular (lei n. 4.717, de 29.6.65, art. 18):[39] se movida por um só dos legitimados (só um cidadão), o teor da sentença prevalecerá para todos (*erga omnes*), os quais ficarão, assim, vinculados à autoridade do julgado. Se movida por dois ou vários, porém, e se fosse possível o tratamento heterogêneo dos litisconsortes com soluções de mérito discrepantes, teríamos então a monstruosidade do seguinte paradoxo indecifrável: cada um dos litisconsortes ficaria preso diretamente à coisa julgada incidente sobre a parte da sentença que lhe diz respeito e, ao mesmo tempo, indiretamente (por força da extensão), à autoridade da parte da sentença que para os outros julgara em sentido oposto (para mim, a sentença deu por improcedente a ação, mas fico eu vinculado também, *ex vi* do efeito extensivo, à parte da sentença que a julgou procedente).[40]

39. *Cfr*. Barbosa Moreira, *Litisconsórcio unitário*, n. 79, esp. nota 42, p. 138.

40. Tem o mesmo teor da exposição acima a indagação de Barbosa Moreira: "se a sentença pudesse definir heterogeneamente as posições individuais dos litisconsortes, qual das coisas julgadas contraditórias se estenderia ao(s) interessado(s) estranho(s) ao feito?". O processualista carioca propõe esse invencível paradoxo ao cabo de uma argumentação em que destaca "a equivalência funcional entre extensibilidade da coisa julgada e litisconsórcio unitário" (*Litisconsórcio unitário*, n. 81, pp. 140-141). Quero adiantar desde já minha parcial discordância do contexto em que tais raciocínios estão inseridos, na medida em que vejo a técnica da extensão da coisa julgada em correlação não apenas com a da unitariedade do litisconsórcio, mas com esta e ao mesmo tempo também com sua necessariedade (*infra*, nn. 82 e 101).

Para evitar situações assim constrangedoras é que se impõe a unitariedade do litisconsórcio. Os casos de unitariedade são representados por aquelas já referidas relações jurídico-substanciais plurissubjetivas que não comportem tal fragmentação de apreciações (outros exemplos *infra*, n. 83). Não é tanto na natureza da sentença (constitutiva, como está em prestigiosa corrente doutrinária italiana – *supra*, n. 53) que se deve buscar o critério para identificação dessas situações em concreto, mas no modo de ser da própria relação jurídica que constitua a *res in judicium deducta*. Afinal, é em razão do direito material que o processo se faz, e é sobre as situações de direito material que ele há de projetar seus efeitos, o que deve induzir a preocupação de verificar, caso a caso, se o provimento pretendido será apto a produzir sobre a situação jurídico-substancial das partes o efeito desejado.

Quando se trata de relação que não comporte provimentos assim discrepantes, como nos exemplos acima lembrados, então já se sabe previamente que será *inutiliter datus* o provimento que pretender cindi-la em apreciações isoladas e possivelmente contraditórias, voltadas a cada um dos litisconsortes. Daí a imposição de serem estes tratados de forma homogênea, segundo as regras inerentes ao regime do litisconsórcio unitário (*infra*, nn. 69-74), afastada de modo absoluto a incidência do princípio da autonomia dos colitigantes (CPC, art. 48 – *supra*, n. 43).[41]

66. decisão "principaliter"

Já se vê também, a partir da justificação que se vem dando à unitariedade, que esta só terá razão de ser quando a relação jurídica assim incindível estiver posta ao centro do processo, como

41. "El derecho material, que regula las determinadas relaciones jurídicas, es el que ordena las personas que componen y forman esas relaciones; y paralelamente el derecho procesal, cuando esas relaciones van a ser deducidas en un juicio, ordenará la presencia de todos los interesados, ya que a todos va a afectar el proceso y frente a todos va a producir sus efectos". Daí por que o fundamento do litisconsórcio necessário deve ser buscado fora do direito processual: *cfr.* Maria Encarnación Dávila Milán, *Litisconsorcio necesario*, n. 2.2, p. 52.

objeto do *petitum*, sobre o qual incidirá a decisão judicial (e não como *fundamento* do pedido, a ser apreciado nos motivos da sentença). Quando a relação incindível estiver simplesmente alegada entre os fundamentos do pedido, e assim destinada a ser objeto de exame entre os motivos da sentença, essa incindibilidade não será determinante da unitariedade litisconsorcial.

Em tese é possível a ocorrência de manifestações discrepantes sobre a relação incindível conhecida *incidenter tantum*, sem criação dos graves impasses práticos de que se fala (*supra*, n. 39).[42]

Diferem, por exemplo., o pedido de declaração de nulidade de um contrato plurissubjetivo e os diversos pedidos de condenação a pagar prestações com base no contrato. No primeiro caso a decisão há de ser homogênea para os litisconsortes, sob pena do absurdo já referido em linhas anteriores. No segundo, a validade ou nulidade do contrato (e a conseqüência de existir ou não uma relação jurídico-material entre as partes) é apenas um ponto que figura na *causa petendi* ou nos fundamentos da defesa, projetando-se depois nos motivos da sentença. Se cada um dos sujeitos ajuizasse sua demanda separadamente e a seu tempo, o que o juiz concluísse sobre a validade do contrato não ficaria coberto pela coisa julgada material, mesmo entre as próprias partes e muito menos para os demais contratantes (só o *decisum* obtém tal autoridade, não os motivos da sentença – CPC, art. 469, inc. I); e daí decorre ser em tese admissível que, no caso de ajuizadas em conjunto as diversas demandas, cada uma delas receba julgamento conflitante com a outra, colidindo os

42. A unitariedade do litisconsórcio, nas palavras de Barbosa Moreira, decorre da previsão que é lícito fazer, "à vista do pedido e da *causa petendi*", de que "o resultado prático a que tende o processo" incidirá "sobre ponto de inserção homogênea dos vários coautores ou coréus na situação jurídica substancial" (*Litisconsórcio unitário*, n. 85, esp. p. 146). Quando a existência ou inexistência da relação plurissubjetiva for invocada pelas partes e apreciada pelo juiz *incidenter tantum*, o resultado do processo haverá de incidir sobre a projeção que a relação jurídica tem na esfera de cada um (direitos subjetivos, obrigações), e cada uma dessas projeções não constitui "ponto de inserção homogênea (...) na situação jurídica substancial". Por isso é que nesses casos o litisconsórcio não será unitário apesar do *timor ne varie dicetur* e dos males de um possível conflito de julgados (no caso, teórico ou lógico). Com a explicação aqui reproduzida coincide substancialmente a do texto.

fundamentos de uma e outra solução. Isso não é desejável, mas o conflito meramente *lógico* que possa ocorrer em casos assim não é portador dos mesmos males que poderiam advir de um conflito *prático* de julgados.

Se fosse absoluto o princípio da autonomia dos litisconsortes e devesse o juiz julgar rigorosamente de acordo com a conduta de cada um deles, julgamentos assim aberrantes poderiam acontecer, na mesma sentença. Mas é tamanha a *interdependência* dos colitigantes, inclusive no litisconsórcio comum, que essa divergência de julgamentos no mesmo processo só poderá mesmo acontecer, na prática, em caso de recurso interposto por um dos litisconsortes sucumbentes e não pelos demais (art. 509); ou quando se tratar de litisconsortes adversários (*infra*, nn. 74 e 186).

67. não só em ações constitutivas

O fenômeno da relação jurídica incindível que se põe ao centro do objeto do processo tanto pode manifestar-se em ações constitutivas como nas meramente declaratórias. A já referida orientação predominante na doutrina italiana no sentido de limitar a necessidade do litisconsórcio às ações constitutivas (Chiovenda – *supra*, n. 53) parte do pressuposto não demonstrado de que as sentenças de mera declaração teriam invariavelmente um *minimum* de eficácia, que sempre lhes justificaria a prolação; o que se demonstrou foi apenas que "toda sentença puramente declaratória de obrigações é juridicamente possível mesmo na presença de só um dos participantes da relação".[43] Essas sentenças, realmente, como as condenatórias de igual conteúdo, não incidem sobre a

43. É do próprio Chiovenda o grifo: "sentenza (...) *dichiarativa d'obblighi*"; *cfr.* "Sul litisconsorzio necessario", n. 4, esp. p. 440. E continua o Mestre: "perchè l'obbligo è per sua natura individuato dalla persona dell'obbligatto, e come tale è per sua natura suscettivo d'una dichiarazione giudiziale individuale". Tal contexto permite a observação de que, indiscutível embora a admissibilidade de cindir o julgamento quando se trata de declarar uma *obrigação*, não cogitou o seu autor das sentenças declaratórias da existência ou inexistência da própria relação jurídica fundamental (da qual emergem direitos subjetivos e obrigações).

relação jurídica fundamental existente entre as partes. Elas apenas declaram existir ou inexistir determinado efeito da relação; e, como a relação em si mesma é apreciada *incidenter tantum* e não *principaliter*, prevalece o que foi dito logo acima e, portanto, não será caso de litisconsórcio unitário.

O que não foi demonstrado é que alguma utilidade possam oferecer os julgados contraditórios sobre a mesma relação quando inserida esta no próprio objeto do pedido e, conseqüentemente, atingida pelo *decisum* contido na sentença. A inconciliabilidade de pronunciamentos contidos na unidade formal de um só provimento está presente da mesma forma na sentença que declare inexistente a relação jurídico-substancial e também naquela outra (constitutiva) que a retire do mundo jurídico: na primeira hipótese, tanto como na segunda, teríamos a concomitante existência e inexistência da relação (*ex tunc* em caso de mera declaração, *ex nunc* por força de sentença constitutiva).[44]

A casuística jurisprudencial e as figurações trazidas pela doutrina apresentam boa dose de coerência com os princípios, apesar das incertezas que minam todo esse verdadeiro terreno movediço ainda não suficientemente revolvido. A própria ação de nulidade de casamento, a que se costuma atribuir natureza meramente declaratória da nulidade, sem se confundir com a anulatória, é freqüentemente indicada como caso de litisconsórcio unitário (quando movida por terceiro – CC, art. 1.549); e há casos, como o do matrimônio contraído perante quem não é juiz de casamentos, onde o que se postula é a declaração de inexistência da relação, sendo aí também indiscutível a unitariedade do litisconsórcio passivo entre os cônjuges.[45]

44. Essa colocação é em substância a de Redenti, que, como visto, combateu a lição *chiovendiana* de que só "ao campo dos direitos potestativos e, mais particularmente, daqueles que conduzem a uma sentença constitutiva" é que se aplicaria a necessariedade do litisconsórcio (*supra*, n. 53).

45. Para Watanabe "a natureza desconstitutiva da sentença de nulidade (...) é manifesta e diz respeito não somente à eficácia (= aptidão para irradiar efeitos) como também ao próprio vínculo matrimonial, embora nulamente formado"; lembra que é uma *sentença necessária*, no sentido de que só por via jurisdicional se podem obter os resultados a que ela visa, e, com apoio em Yussef Said Cahali, salienta que o casamento nulo ou anulável "existe e produz efeitos, ainda que em dimensões mais ou menos tímidas" (*cfr.* Watanabe, "Breve reflexão sobre

Sabe-se também de uma "ação de nulidade de procuração e atos conseqüentes, a ela relacionados, importando transferência de domínio de imóvel rural", em que o Supremo Tribunal Federal proclamou a "necessidade da citação dos litisconsortes necessários, assim considerados não só pelos termos do pedido, como pelos elementos de prova constantes dos autos" (ao falar da necessariedade do litisconsórcio em caso não previsto por disposição específica de lei, entende-se com segurança que o Supremo considerava, mais que isso, a sua *unitariedade*).[46]

Nos casos acima referidos não se pediu o reconhecimento da existência ou inexistência de alguma obrigação decorrente da relação jurídica fundamental, mas inexistência *da própria relação*. A pretensão à declaração da inexistência ou nulidade da relação mesma, e não de algum de seus efeitos, representa o próprio *objeto do processo* e clama por decisão *principaliter*, o que determina a unitariedade do litisconsórcio não-obstante se trate de ações meramente declaratórias e não constitutivas.

68. litisconsórcio unitário por força de lei?

Como já foi dito e se verá mais de perto (*infra*, n. 82), é ao disciplinar a necessariedade do litisconsórcio que o Código de Processo Civil fixa as bases do litisconsórcio unitário. Ocorre este, nos termos do art. 47, "quando, por disposição de lei ou pela natureza da relação jurídica, o juiz tiver de decidir a lide de modo

a natureza jurídica da sentença de nulidade do casamento", n. 6). Será lícito, contudo, crer na natureza meramente declaratória dessa sentença enquanto se pensar na validade do casamento viciado de *nulidade*, uma vez que ele não valia antes e não vale depois da sentença. Esta será, porém, desconstitutiva da eficácia do casamento nulo, que, apesar de tal, não se considera desprovido de efeitos, de modo absoluto (*infra*-eficácia, eficácia parcial – *infra*, n. 125). E isso bem se compreende porque o casamento, sendo realizado com a participação de órgão público (administração pública de interesses privados), está dotado de uma presunção de legitimidade, no caso reforçada por um registro público, que aproxima o trato de sua nulidade ao da nulidade dos atos administrativos e dos processuais (*infra*, n. 123).

46. *Cfr.* STF, 1ª T., RE n. 89.180, j. 23.10.79, rel. Thompson Flores, v.u., *RT* 536/242.

uniforme para todas as partes". Ora, a interpretação estritamente literal e nada inteligente desse dispositivo levaria à ingênua crença de que poderia a unitariedade do litisconsórcio (indispensável uniformidade no julgamento do mérito para todos os litisconsortes) derivar ou da natureza da relação jurídica controvertida, ou de alguma disposição de lei.

Não há lei alguma, no entanto, que exija a unitariedade, a qual efetivamente só ocorre mesmo quando a natureza da relação jurídica o exigir. Nem haveria razão de ser para disposições legais nesse sentido quando a estrutura da relação jurídica em julgamento comportasse cisão em apreciações e determinações heterogêneas: a unitariedade é, acima de tudo, uma imposição natural das coisas, que em tese independeria até de qualquer comando da lei.

No direito brasileiro o único dispositivo que tem a aparência de determinar a unitariedade assim para um caso específico é o parágrafo do art. 509 do Código de Processo Civil, *verbis*: "havendo solidariedade passiva, o recurso interposto por um devedor aproveitará aos outros, quando as defesas opostas ao credor lhes forem comuns". Mas, além da extrema limitação do campo em que se aplica tal disposição, vê-se antes de tudo que não se trata de exigir o julgamento unívoco mas apenas de garantir um regime (relativamente) homogêneo no tratamento dos réus no processo. Em outras palavras, o parágrafo do art. 509 não diz que a decisão de mérito haja de ser homogênea; ele apenas impõe a extensão dos efeitos do recurso (e a homogeneidade do julgamento será mera conseqüência dessa extensão). Aliás, a presença desse dispositivo no Código de Processo Civil parte da falsa idéia de que não haveria unitariedade no litisconsórcio entre devedores (nem credores) solidários. Barbosa Moreira: "a eventual ruptura da uniformidade no julgamento acarretaria simples *contradição lógica*, cuja possibilidade não representa circunstância relevante para o regime do litisconsórcio".[47-48] Mas na realidade haveria uma autêntica *contradição prática* se fosse possível decidir de

47. *Cfr*. *Litisconsórcio unitário*, n. 141, esp. pp. 225-226 (*infra*, n. 93). Não é de hoje que se refuta o critério lógico para a identificação do litisconsórcio unitário: *cfr.* Chiovenda, "Sul litisconsorzio necessario", n. 3, p. 436.

48. Barbosa Moreira aceita que a unitariedade possa decorrer também de específica determinação legal (*Litisconsórcio unitário*, n. 137, p. 221). Não conheço, contudo, sequer uma disposição legal nesse sentido e não vejo por que

modos diferentes em relação a cada um dos credores ou devedores solidários: como o julgamento favorável a um deles estende efeitos ao outro (CC, art. 274, 1ª parte), eventuais decisões divergentes criariam entre eles uma situação indecifrável (*infra*, n. 101). Ao vencido impor-se-ia o capítulo de sentença que decidiu contra ele, ou o que decidiu a favor de seu litisconsorte?

Existe no Código de Processo Penal a exigência legal de julgamento unívoco na hipótese de recurso interposto por um dos réus em caso de concurso de agentes: provido o recurso por motivos que não sejam de caráter exclusivamente pessoal, beneficiam-se também os acusados que não houverem recorrido (art. 580). Tanto quanto sucede na hipótese do art. 509 do Código de Processo Civil (recurso em processo com litisconsórcio unitário), também no processo penal a interposição de um recurso naquela situação impede que se forme a coisa julgada para os que não houverem recorrido (Clarisse Frechiani Lara Leite[49]).

Que sentido atribuir, no entanto, e que preceito extrair da locução *por disposição de lei*, contida no art. 47?

Adiantando aqui alguma coisa sobre o que mais à frente se exporá amplamente sobre o litisconsórcio necessário (*infra*, nn. 86 e 94), veja-se que o art. 47 quis, em princípio, ligar a necessariedade à unitariedade: o litisconsórcio será necessário, diz o texto com outras palavras, sempre que unitário. Mas será necessário também, disse-o agora sem muita clareza, *quando assim dispuser a lei*.[50] O que em certos casos deriva de específica disposição de

haja de receber tratamento unitário o litisconsórcio, quando a relação substancial controvertida comporta julgamentos heterogêneos.

49. *Cfr. Prejudicialidade no processo civil*, nn. 33-35, pp. 203 ss.

50. Dizendo que "a unitariedade da decisão provém sempre e apenas da natureza da relação jurídica", Tornaghi também sustenta que "o que por disposição de lei se torna imperativo não é a uniformidade da decisão e sim a presença de todos os possíveis litisconsortes" (*Comentários ao Código de Processo Civil*, I, p. 216). Essa interpretação tem em seu apoio o texto do § 62 da ZPO alemã, fonte inspiradora de nosso art. 47, onde se fala em outra causa da necessariedade (e não da unitariedade): *cfr*. Schönke, *Lehrbuch des Zivilprozessrechts*, § 26, V, *b*, p. 97 trad. O art. 9º do Código de Processo Civil da Bahia, de indiscutível origem germânica, falava no litisconsórcio necessário "pela natureza da relação jurídica ou por disposição de lei". No sentido do texto, v. também Barbi, *Comentários ao Código de Processo Civil*, I, t. 1, n. 30.

lei é, portanto, a necessariedade do litisconsórcio, *e não sua unitariedade*.

69. litisconsórcio unitário: regime

A indispensabilidade do julgamento uniforme do mérito para todos os litisconsortes (unitariedade do litisconsórcio), que constitui efeito da natureza peculiar da relação jurídica controvertida (*supra*, n. 65), por sua vez é causa de outro fenômeno, este tipicamente processual, qual seja, o regime especial do litisconsórcio (unitariedade).[51] Se ainda aqui prevalecesse a (relativa) autonomia dos litigantes e algum ato de um deles deixasse de influir na situação de todos (CPC, art. 48 – *supra*, n. 62), o processo poderia encaminhar os litisconsortes a soluções substancialmente diferentes, dependendo do comportamento de cada um. O mesmo aconteceria se algum ato do adversário pudesse ser eficaz somente quanto a um dos litisconsortes, sem sê-lo para todos de modo uniforme. Ficaria sem significado, com isso, a formal afirmação de que o resultado final do processo deve ser homogêneo.

Daí o regime especial que se impõe ao processo quando o litisconsórcio é unitário: os atos de um autor ou réu (ou só a um relativos) terão, em algumas circunstâncias, influência na situação dos demais, afastado de modo absoluto o princípio da independência dos colitigantes.

A integral derrogação do princípio da (relativa) autonomia entre os litisconsortes refere-se exclusivamente aos atos relevantes para o julgamento da causa em si mesma, ou seja, do chamado mérito principal (o *Hauptsache*, da doutrina germânica). Situações personalíssimas, como a conduta processual de cada um e eventual sanção a sua litigância de má-fé, não se comunicam aos demais. É perfeitamente compatível com o regime especial do litisconsórcio unitário a exclusão de um dos litisconsortes do processo, desde que não se trate de litisconsórcio também necessário (p. ex., por ilegitimidade *ad causam* ativa de um não-cidadão na ação popular movida por mais de um sujeito).

51. *Cfr.* Barbosa Moreira, *Litisconsórcio unitário*, n. 10, p. 25.

O Código quase nada diz quanto ao regime especial do litisconsórcio. Há uma simples abertura para ele quando o art. 48 impõe a autonomia dos litisconsortes, "salvo disposição em contrário"; mas a única disposição contrária é a do art. 509, sobre o efeito extensivo dos recursos. O Código de 1939 continha norma expressa sobre o regime especial, dizendo que, "quando a relação jurídica litigiosa houver de ser resolvida de modo uniforme para todos os litisconsortes, os revéis, ou os que tiverem perdido algum prazo, serão representados pelos demais" (art. 90).

Dado o desconto da inoportuna ficção de representação do omisso pelos demais,[52] o dispositivo era útil e fixava a regra geral do regime unitário. Com ou sem normas expressas, todavia, é da própria essência das coisas, pelas razões já insistentemente apontadas, a necessidade de conduzir os litisconsortes pelo mesmo caminho. Entende-se pois que no litisconsórcio unitário atos haverá que, embora praticados por um litisconsorte apenas (ou destinados inicialmente a produzir efeitos sobre um só), terão sua eficácia estendida a todos (p. ex., art. 509); e, inversamente, outros que, quando não praticados por todos, não produzirão efeitos para nenhum.[53] Em outras palavras: o regime especial do litisconsórcio

52. A ficção de representação dos omissos pelos atuantes está na própria redação do § 62 da ZPO alemã ("... os litisconsortes ausentes a uma audiência, ou que tiverem deixado passar um prazo, haver-se-ão como representados pelos presentes ou que hajam observado o prazo"), daí passando para diversas obras doutrinárias: *cfr.* Schönke, *Lehrbuch des Zivilprozessrechts*, § 26, V, 2, p. 89, trad.; Amaral Santos, *Primeiras linhas de direito processual civil*, II, n. 308, esp. p. 10. Mas, como advertiu Lent, "não se trata de verdadeira representação, porque é inteiramente irrelevante se aquele que toma parte no contraditório quer ou não agir também pelo ausente" (*Zivilprozessrecht*, § 82, III, 1, p. 314). Barbosa Moreira, que ao escrever sobre o tema em 1968 ainda falava em *representação* (aceitando a linguagem do art. 90, então vigente – *cfr.* "O litisconsórcio e seu duplo regime"), trouxe depois severa e correta crítica a essa construção (*Litisconsórcio unitário*, n. 91), citando Hellwig, Rosenberg, Lent e Jorge Americano (v. sua nota 72, p. 157).

53. *Cfr.* Barbi, *Comentários ao Código de Processo Civil,* I, n. 304, p. 276. Como todavia adverte Chiovenda, certos atos há que, se bem não possam dar motivo à sucumbência isolada do litisconsorte que o realizou (em regime de unitariedade), efeitos produzirão no processo se tiverem força probatória para influir na livre convicção do juiz ("Sul litisconsorzio necessario", n. 7, esp. p. 455): um documento trazido por um dos litisconsortes, p. ex., ainda que lhe seja

unitário consiste em impedir a eficácia de certos atos individuais e em ampliar a eficácia de outros.

A questão, como sempre nessa matéria, é de legitimidade *ad actum*: cuida-se de estabelecer os limites da legitimidade individual de cada litisconsorte para os atos do processo, em contraposição aos atos cuja prática ou postulação se liga à regra da indispensável legitimidade coletiva.

A situação criada pela unitariedade do litisconsórcio, com seu regime especial de tratamento dos colitigantes no curso do processo, bem caracteriza uma conglomeração de partes em um só pólo da relação processual, de que já se falou (*supra*, nn. 9-10). Não se esgalha a relação processual, que ordinariamente é tríplice e nesse caso continua sendo (juiz, autor e réu), em novos pólos destinados a abrigar isoladamente cada um dos litisconsortes. Dado que os atos isolados de um destes (e os realizados com relação a um só) serão válidos e eficazes para ele próprio e para os colitigantes todos, ou para nenhum deles (afastado o princípio da autonomia), isso significa que os litisconsortes estão amalgamados em uma só posição de parte. *Todos juntos significam uma parte só*. Liga-os uma solidariedade processual muito forte, que os solda indissoluvelmente na unidade do caminho que todos percorrerão ao longo do procedimento, em direção a uma só decisão de mérito que os colherá de forma homogênea.

O regime do litisconsórcio é composto pelo modo de ser dessa unidade, nos pormenores da situação entre atos individuais eficazes para todos e atos que não serão eficazes para nenhum quando não realizados por todos.

desfavorável, não deixará de ser considerado pelo juiz só porque não trazido por todos; o que há de menos claro no contexto do Mestre, como se vê de sua leitura, decorre do uso do adjetivo *necessário* tanto para designar a própria necessariedade como também a unitariedade (*cfr.* Chiovenda, "Sul litisconsorzio necessario", n. 2, p. 431 e *Principii di diritto processuale civile*, § 88, IV, pp. 1.078-1.079 – *supra*, n. 55, esp. nota 91). O exemplo figurado é de ato meramente *indutivo*, que só possibilita certo resultado mas não lhe dá causa de modo categórico. Em tópico a seguir, ao estudar os critérios para a eficácia geral ou ineficácia dos atos individuais, dar-se-á atenção a esses conceitos (*infra*, n. 70).

70. critérios

É tradicional na doutrina a afirmação de que a distinção entre atos cuja eficácia se estende a todos os litisconsortes e atos que ficam sem eficácia se não realizados por todos tem assento nos efeitos que eles se destinam a produzir (*favoráveis ou desfavoráveis*): os atos individuais de defesa do interesse da parte, que se projetam favoravelmente na situação dela própria e de seus litisconsortes, são eficazes para todos (a contestação, o recurso, o pedido de prova), ao passo que não têm qualquer eficácia enquanto não unânimes os atos que prejudiquem as partes litisconsorciadas (renúncia, transação, desistência de recurso).[54]

Desempenhando os ônus que lhes são impostos ao longo do arco do procedimento e no exercício da dialética inerente ao processo, ordinariamente as partes vão evitando a consumação de situações desfavoráveis ou criando condições para obter resultados vantajosos (seja com referência ao mérito ou à vida da própria relação processual); e podem também, por ações ou omissões, determinar que uma dessas situações desvantajosas venha a ficar definitivamente consumada.

Ora, é natural que ordinariamente só tenha *legitimidade* para dispor de um direito, faculdade ou poder a pessoa que lhe detenha a titularidade ativa.[55] Ao direito repugna, e isso é intuitivo, que pudesse alguém, mediante ato unilateral de sua vontade, criar uma situação favorável a si próprio, em detrimento de outrem, como que em uma atitude de liberalidade à custa de direitos alheios.[56] O que podem as partes fazer (e o fazem durante toda a luta processual) é *criar condições*, mediante conduta sua eficaz, para a

54. *Cfr.* Amaral Santos, *Primeiras linhas de direito processual civil*, II, n. 310, esp. pp. 12-13. V. ampla citação doutrinária nesse sentido (autores que falam de atos favoráveis ou desfavoráveis), *apud* Barbosa Moreira, *Litisconsórcio unitário*, n. 105, nota 100, p. 174.

55. *Cfr.* Carnelutti, *Teoria generale del diritto*, § 122, pp. 318 ss.

56. Repete-se: ato de disposição realizado por quem não tem disponibilidade do bem é ineficaz, sendo a ineficácia a sanção ordinariamente destinada a tutelar direitos e interesses de terceiro não participante do ato (Emílio Betti): v. *supra*, n. 63.

conquista de vantagens no processo. Desde a propositura da demanda inicial, passando pelo oferecimento de meios de prova ou interposição de recursos, a eficácia dos atos das partes outra não é senão essa de *possibilitar* (não causar, inexoravelmente) certos resultados favoráveis a que elas almejam no processo.

Essas condutas, que se dizem *indutivas*, estremam-se dos *comportamentos causativos*, os quais sempre implicam perda de uma situação jurídica favorável ou perecimento desta (condutas omissivas). Evidentemente, como se disse, tais comportamentos por último considerados não podem lançar os raios de sua eficácia senão no âmbito dos interesses do agente. Falta o requisito da legitimidade para que pudessem atingir a parte contrária em benefício do agente; ou mesmo para que atingissem a esfera de direitos do litisconsorte do agente, que de todo modo não se confunde com a deste. Comportamentos causativos só são eficazes quando não importam perdas alheias.

Assim como seria um contra-senso pudesse *o réu* desistir da ação proposta, ou renunciar o vencedor ao recurso que *a parte contrária* tem para interpor, assim também aceitável não seria pudesse um litisconsorte dispor, através de alguma conduta assim, de faculdades e poderes de seu colitigante.

A doutrina moderna tem verberado a distinção tradicional entre atos favoráveis e desfavoráveis como critério para que o ato de um litisconsorte seja eficaz com relação a todos ou a nenhum sequer: diz-se que ela encerra uma arbitrariedade, que não há motivo para que o litigante omisso receba uma graça pela conduta "favorável" de seu litisconsorte[57] e que seria até mesmo impossível saber, "antes do encerramento do processo, qual é o comportamento mais favorável".[58] Em face disso, surgiu na doutrina

57. Crítica encampada por Barbosa Moreira, *Litisconsórcio unitário*, n. 105, nota 100, p. 174.

58. *Cfr.* Tarzia, "L'estensione degli effeti degli atti processuali nel litisconsorzio facoltativo", n. 6, pp. 42-43. A crítica, que Barbosa Moreira reproduz e apóia, tem sua razão de ser e poder absoluto de pôr em xeque a velha doutrina, quando se pensa que uma transação, uma renúncia a recurso *etc.*, os quais geral-

brasileira a proposta de extensão dos efeitos dos comportamentos *alternativos* a todos os litisconsortes; e de negar eficácia aos *determinantes* que não sejam unânimes ou que (quando realizados pela parte contrária) não se dirijam a todos eles (Barbosa Moreira[59]).

Atos *alternativos*, da linguagem de Barbosa Moreira, são os que Goldschmidt denomina *indutivos* e consistem somente em criar condições para o resultado visado pelo agente. *Determinantes* são os atos *causativos* da linguagem de Goldschmidt; produzem por si mesmos e diretamente os resultados desejados, sem depender de fatos ou requisitos ulteriores.[60] Como os nomes indicam, o ato indutivo

mente são dados por atos *desvantajosos*, em concreto nunca se sabe se realmente representam uma desvantagem para o interesse substancial do agente. Quando porém se pensa na específica situação jurídica sobre a qual o ato incide as coisas ficam mais claras e a desvantagem é nítida: a transação extingue, em parte, eventual direito subjetivo material do autor; a renúncia ao recurso põe fim ao poder de recorrer *etc*. Por isso é que, no texto, a seguir se diz da *insuficiência* do critério tradicional, que contudo muito tem de correto (e intuitivo até) e, complementando o esclarecido pelas novas idéias, mostra-se capaz de conduzir a bons resultados na prática. A opinião de Tarzia, lembrada acima, é de certo ceticismo, e ele chega a crer "che sia errato costruire una regola generale di comunicazione delle attività processuali, o meglio dei loro effetti, tra i litisconsorti" (*op. loc. cits*., p. 43).

59. *Cfr. Litisconsórcio unitário*, n. 95, pp. 161-162. Essa distinção faz lembrar a de Goldschmidt, em *Bewirkungshandlungen* e *Erwirkungshandlungen*, que na tradução castelhana estão indicados por *actos constitutivos* e *actos de postulación* (*cfr. Lehrbuch des deutschen Zivilprozessrechts*, § 39, 2, p. 227 trad.). Citando essa obra, fala Liebman em atos causativos e atos meramente indutivos. E diz: "os primeiros operam seu efeito na relação processual de imediato e por si próprios; já os segundos são destinados a obter do juiz um provimento favorável e, pois, a influir sobre sua convicção acerca da procedência das razões da parte que realiza o ato" (*Manual de direito processual civil*, I, n. 115, esp. p. 324 trad.).

60. *Cfr.* Liebman, *Manual de direito processual civil*, I, n. 115, esp. p. 324 trad.; James Goldschmidt, *Der Prozess als Rechtslage*; *Principios generales dei processo*, n. 44, pp. 111 ss. e n. 64, pp. 163 ss.; *Zivilprozessrecht*, § 39, 2, p. 227 – o qual na realidade falava em (a) *atos de obtenção*, ou de postulação, que correspondem aos indutivos e (b) *atos de causação*, ou constitutivos, equivalentes aos causativos. Embora substancialmente coincidente, a linguagem de Liebman é mais expressiva. *Cfr.* ainda Dinamarco, *Instituições de direito processual civil*, II, n. 648, p. 500.

somente *induz* ao resultado desejado, sem causá-lo por si próprio; o causativo causa o resultado. A interposição de um recurso é ato *indutivo* porque evita a preclusão e cria condições para um novo julgamento favorável, mas a efetiva obtenção desse resultado dependerá da convergência de muitos outros fatores; a desistência do recurso já interposto é ato causativo, porque tem a eficácia suficiente para determinar a preclusão, ou mesmo a coisa julgada, conforme o caso.

Bem pensado, essa colocação não colide substancialmente com a primeira e tradicional. Pelas razões expostas, só mesmo os atos desfavoráveis ao agente, ou seja, aqueles que implicam perda ou perecimento de uma situação jurídica vantajosa ou de alguma expectativa podem ter eficácia causativa, ou determinante (i.é, eficácia de "influir em termos decisivos, no todo ou em parte, sobre o modo por que se resolverá o litígio", ou mesmo sobre o modo como se desenvolverá daí por diante a relação jurídica processual).[61] Inversamente, os comportamentos favoráveis poderão ter apenas uma eficácia indutiva, ou alternativa; como já foi dito, eles "não têm a propriedade de predeterminar, nem mesmo parcialmente, o conteúdo da regra jurídica concreta a cuja formulação se visa".[62]

É fácil identificar um critério jurídico, lógico e mesmo ético para associar os atos causativos aos resultados *favoráveis* e os meramente indutivos, aos *desfavoráveis*. É legítimo qualificar um litisconsorte a criar situações favoráveis a si próprio e aos demais, mediante condutas benéficas a todos; mas jamais seria legítimo qualificá-lo a criar situações desfavoráveis a serem impostas aos demais que não hajam praticado do ato.

Por isso, qualquer dos critérios que se adote, o resultado prático a que se chega é o mesmo. O primeiro deles (atos favoráveis ou desfavoráveis), que é indubitavelmente de mais fácil entendimento e chega mesmo a ser intuitivo, fica complementado e esclarecido pelo segundo, que assenta sobre sólida base de lógica jurídica, sendo de inegável acerto. A valia do segundo critério destaca-se

61. *Cfr.* Barbosa Moreira, *Litisconsórcio unitário*, n. 95, pp. 161-162.

62. *Cfr.* Barbosa Moreira, *ib.*

especialmente nos casos em que se mostre difícil saber se o ato é vantajoso ou desvantajoso.

A *confissão* pode ser um bom mote para uma reflexão. Em princípio seria um ato desfavorável ao confitente, porque se resolve em admissão de fato contrário a seu interesse. Partindo dessa premissa, a lei diz que não é eficaz perante os litisconsortes do confitente (CPC, art. 350). Mas, inserido o conteúdo da confissão entre os elementos de convicção do juiz e considerado o amplo poder de livre convencimento outorgado a este (CPC, art. 131), a confissão não passa de ato meramente *indutivo*: seria *causativo* se ainda valesse por *prova plena*, o que destoa do sistema probatório brasileiro. Conclusão: a confissão de um dos litisconsortes tem a mesma eficácia que teria se fosse ele um litigante isolado (sem litisconsórcio), ou seja, o juiz a sopesará em face do conjunto probatório e lhe atribuirá o valor que lhe parecer, em relação a todos os litisconsortes (quer se trate de litisconsórcio comum ou unitário).

71. condutas indutivas ou causativas (alternativas ou determinantes)

Uma vez verificada uma conduta causativa (omissiva ou comissiva), já se considera definida a sorte da parte no processo (ou ao menos quanto a determinado ponto ou questão relevante), por isso que *causativa* é a conduta inexoravelmente produtiva do resultado desejado.

Ficar revel (ao menos em certos casos), deixar de apelar no prazo, renunciar ao direito subjetivo material perseguido, reconhecer a procedência da demanda do autor, transigir, são comportamentos dispositivos de direito, tendo "influência decisiva no desfecho do pleito".

Mas fica indefinida a situação quando se dão as condutas *indutivas* correspectivas a essas, ou seja, quando é oferecida contestação à demanda (não se dá revelia), quando o vencido apela (não se dá a coisa julgada), e, em geral, quando assume atitudes opostas às omissões ou disposições de direito consideradas acima. Essas atitudes *induzem* a resultados favoráveis mas não os determinam inexoravelmente, sendo então meramente indutivas. Em casos assim, que afinal constituem a rotina da dialética litigiosa, a instrução e o convencimento do juiz é que hão de ditar a solução das questões e a definição do pleito, as quais permanecerão em aberto até então.

Fixadas essas idéias e estabelecida a relação entre os conceitos, tem-se que, no litisconsórcio de regime especial (unitário), "os comportamentos *determinantes* [*causativos*] só produzem seus efeitos típicos quando manifestados pela totalidade dos litisconsortes, ou pela parte contrária em face dessa totalidade";[63] faltando a unanimidade, não produzem efeitos *sequer para os que se manifestaram*. Inversamente, a eficácia dos comportamentos *indutivos* estende-se a todos, ainda que só de um litisconsorte tenha sido o ato.

Assim é porque, sendo unitário o litisconsórcio, não se admite a cisão das situações dos colitigantes: a indispensável homogeneidade no julgamento do mérito impede que ao longo do processo caminhem eles por trilhas diferentes, desenvolvendo-se a instrução por modos distintos ou, em geral, criando-se situações que conduzissem a julgamentos de mérito de teores variados. Ou o ato realizado sem a unanimidade dos litisconsortes será eficaz para todos, ou não o será para nenhum.

72. litisconsórcio unitário: regime – aplicações

Como já ficou dito e é notório (*supra*, n. 69), o Código de Processo Civil é indisfarçavelmente lacunoso na definição do regime a vigorar quando o litisconsórcio é unitário. Ele não diz, salvo no art. 509, em que medida os atos não-unânimes dos litisconsortes hão de ter eficácia ampliada aos demais, ou suprimida por inteiro. Ele nem diz aliás, sequer em tese, que há a necessidade de ampliar ou suprimir efeitos dos atos não-unânimes. O que se expôs nos itens precedentes sobre o regime do litisconsórcio unitário resulta

63. *Id., ib.*, n. 104, p. 172.

quase exclusivamente de construções devidas à doutrina, inclusive mediante especulações sobre a experiência concreta dos tribunais.

Por isso é que nesta parte do presente estudo torna-se conveniente alguma observação dos pontos em que o regime unitário se demonstra, fora da única hipótese prevista em lei, que é a do recurso interposto por um dos litisconsortes (CPC, art. 509). Essa hipótese específica será examinada em separado (*infra*, n. 74).

Considerada a idéia básica norteadora do regime especial, vê-se, p. ex., que aproveitam a todos os litisconsortes passivos: a) a *contestação* feita por um, quando o outro ficou revel (art. 320, inc. I – mas, sobre a amplitude desse dispositivo, v. *supra*, n. 62); b) a *negativa de fato alegado na petição inicial* embora outro réu haja silenciado a respeito (art. 302) ou mesmo confessado (arts. 334, inc. II, e 350);[64] c) a *impugnação ao valor da causa* (art. 261) e demais condutas indutivas (ou favoráveis, conforme o critério ou terminologia que se prefira – *supra*, n. 69).

São também eficazes em face de todos os litisconsortes, quer ativos ou passivos, (d) o *requerimento de prova* (arts. 300 e 324), (e) a formulação de *quesitos* (art. 421, § 1º, inc. II), (f) o *rol de testemunhas* (art. 407), (g) o *comparecimento à audiência* para evitar a pena de confesso (art. 343, § 2º) ou para assegurar que a prova não será dispensada (art. 453, § 2º – na hipótese de litisconsortes com procuradores diferentes).

Outro ponto muito importante sobre o qual silencia por completo o direito positivo é a *participação dos litisconsortes omissos* nos atos subseqüentes àqueles que foram realizados por outro litisconsorte e cujos efeitos lhes são estendidos por força da unitariedade. Indaga-se, por exemplo, se o litisconsorte que não

64. Segundo Lent "a confissão feita só por alguns não produz os efeitos que ordinariamente lhe são próprios, mas deve ser apreciada como simples indício" (*Zivilprozessrecht*, § 82, IV, 3, p. 314 trad.): ela não torna o fato incontroverso nem o dispensa de prova (art. 334, inc. II) mas seu conteúdo deve ser apreciado pelo juiz, com base na regra do *livre convencimento*, como um elemento de convicção que poderá ser útil no julgamento único a ser dado a todos os litisconsortes.

recorreu é chamado a oferecer razões de recurso; se aquele que não requerera a prova pericial pode oferecer quesitos; se dirige perguntas à testemunha o que não a arrolara *etc.* A resposta deve ser *afirmativa*, em nome do princípio do contraditório, pois a este repugna que de atos ou procedimentos destinados a influir na esfera jurídica de determinada parte fique esta impedida de participar;[65] mas jamais o vencido que não apelou terá direito aos *embargos infringentes* porque só o vencedor-apelado o terá (CPC, art. 530 – *infra*, n. 77).

Entre os atos que quando praticados sem unanimidade não terão eficácia para qualquer dos litisconsortes se o regime for o especial, estão as declarações de vontade destinadas à disposição *de algum direito* subjetivo material (transação, renúncia) ou à criação de alguma situação processual desvantajosa (renúncia ao poder de recorrer, desistência do recurso interposto), bem como as condutas que de algum modo direto ou indireto possam levar a um desses resultados (revelia, dispensa de prova *etc.*).

Tais são os comportamentos desfavoráveis, ou, segundo outro enfoque, *causativos* (*supra*, nn. 70-71).[66] Em alguma medida constituem o reverso das condutas indutivas, como a revelia é a

65. *Cfr.* Barbosa Moreira, *Litisconsórcio unitário*, n. 133, p. 213, discorrendo sobre a extensão subjetiva dos efeitos dos recursos. A mesma razão que o leva a afirmar a participação, no procedimento recursal, dos litisconsortes que não recorreram ("devem considerar-se... como partes no procedimento recursal") há de prevalecer em todos os demais casos, alargando-se como regra geral a ser observada.

66. Para Goldschmidt (*Lehrbuch*, § 39, 2, pp. 227-228 trad.) os atos determinantes (*Bewirkungshandlungen*: "atos constitutivos" – *supra*, nn. 70-71, nota 58) são os acordos (prorrogação da competência, compromisso e transação), as declarações unilaterais de vontade (desistência ou renúncia ao recurso, concordância com a modificação da demanda, outorga de poderes, ratificação de atos processuais), as *comunicações de vontade* (renúncia à ação, reconhecimento do pedido, confissão), os *avisos de fato* (p. ex. comunicação de haver cassado poderes de um advogado e outorgado a outro) e os chamados atos reais (p. ex. exibição ou desentranhamento de documento dos autos). Essa exemplificação talvez seja útil para a fixação dos casos em que, por se caracterizarem como comportamentos causativos, sua eficácia dependerá sempre da participação da totalidade dos litisconsortes.

conduta causativa contraposta ao oferecimento da contestação, que é uma conduta indutiva, como a renúncia ao poder de recorrer é o reverso da manifestação do recurso *etc.*

O presente item visa apenas, como se percebe, a ilustrar com a exemplificação que trouxe, tornando-as mais claras, as regras já enunciadas nos itens precedentes, a saber: as regras de extensão dos efeitos das condutas indutivas e exclusão da eficácia das causativas não unânimes.

73. *litisconsórcio unitário: desistência da ação*

A unitariedade em si não constitui óbice à desistência da ação nem da parte de um dos autores litisconsorciados nem pelo autor único com referência a algum dos litisconsortes passivos. Isso é, antes, problema ligado à necessariedade do litisconsórcio, não se concebendo pudessem os autores, ou pudesse um deles, por sua vontade, excluir da relação processual uma parte que a lei considera indispensável (*infra*, n. 114).

Desistência da ação é uma locução notoriamente inadequada, embora corrente e tradicionalmente consagrada na lei brasileira. Ao praticar esse ato o autor não desiste do direito de ação em relação ao objeto do processo nem renuncia ao direito material de que se afirma titular. Limita-se a *revogar a demanda* ou renunciar ao prosseguimento do processo pendente – e daí falarem os italianos em *rinuncia agli atti del giudizio*.[67]

Nos casos em que o litisconsórcio unitário é *facultativo* (*infra*, n. 90), em princípio a desistência da ação por um dos autores não é sequer condicionada ao consenso dos demais: reunidos os requisitos para que a desistência seja homologada,[68] ficará excluído da relação processual aquele que tiver desistido, prosseguindo o processo com os outros – com a mesma configuração subjetiva que teria se o desistente não houvesse participado da demanda inicial.

67. *Cfr.* minhas *Instituições de direito processual civil,* II, n. 457, p. 144 e III, nn. 835 e 884, pp. 132 e 195.

68. Inclusive o consenso do réu.

Em uma ação popular na qual vários cidadãos figurem no pólo ativo da relação processual, pode qualquer deles retirar-se livremente porque o litisconsórcio, que é unitário entre eles, não traz a marca da necessariedade do comparecimento conjunto. Basta que remanesça um só autor, para que o feito prossiga normalmente; só na hipótese do art. 9º da lei especial, retirando-se o último dos autores e não restando um sequer, é que serão imperiosas as providências ali descritas.

Do mesmo modo, se o litisconsórcio facultativo unitário for *passivo*, em princípio a desistência que o autor formular quanto a um dos réus dependerá apenas da concordância deste e não da unanimidade dos demandados (CPC, art. 267, § 4º – quanto a possíveis ressalvas em relação ao afirmado, v. *infra*, n. 114). São porém de menor ocorrência os casos de litisconsórcio unitário facultativo no pólo passivo da relação jurídica processual (*infra*, n. 92).

74. litisconsórcio unitário: recursos (CPC, art. 509)

É na eventualidade da interposição de recursos (especialmente contra as sentenças de mérito) que mais visível se faz e mais relevante se torna a diferença de regimes entre o litisconsórcio comum e o unitário, marcado este e não aquele pela regra da vinculação absoluta entre os colitigantes (*supra*, n. 62).

O regime do litisconsórcio *comum* tem como característica essencial a possibilidade de tratamentos diferenciados aos litisconsortes e do advento de decisões de mérito diferentes entre si, uma vez que eles não são cotitulares de uma só e única relação jurídico-substancial incindível. Dependendo do direito que cada um tenha e da maneira como se comportem no processo, pode muito bem ocorrer que cada qual venha a ter sorte diferente dos demais (*supra*, n. 11).

Mesmo quando o litisconsórcio não é unitário, dificilmente o juiz haverá de emitir pronunciamentos logicamente conflitantes entre si, quando chamado a julgar na unidade formal de uma só sentença as pretensões de diversas pessoas ou dirigidas a diversas (litisconsórcio passivo). O processo litisconsorcial é um só, não-obstante a pluralidade de sujeitos. Na medida das questões ou pontos comuns a serem objeto de decisão ao longo do processo e mesmo na sentença de mérito, também no litisconsórcio comum os atos de um dos litisconsortes influem na situação dos demais. A sentença é uma só e seria aberrante o juiz afirmar e ao mesmo tempo negar o mesmo fato, ou sustentar duas interpretações diferentes para o mesmo texto de lei, ou ainda impor a fatos da mesma natureza e mesmas circunstâncias normas jurídico-materiais diferentes. Nem é à toa ou por acaso que o Código contém dispositivos que aproximam os litisconsortes e mitigam expressamente a regra de sua autonomia; é o caso, p. ex., do art. 320, inc. I, dispondo que a presunção emergente da revelia considera-se afastada quando a omissão não é de todos os litisconsortes.[69]

Discrepâncias chocantes são suscetíveis de acontecer quando, sendo *comum* o litisconsórcio, algum dos litisconsortes vencidos recorre e outro deixa de recorrer: prevalece aí o dogma da *personalidade da apelação* ("o juízo da apelação e a sentença que o decide permanecem, em princípio, limitados àqueles que o provocaram e aos destinatários do recurso").[70] Nessa situação será perfeitamente possível que a mesma alegação de fato venha afinal a receber duas apreciações diferentes, uma pela aceitação e outra pela negativa, ou que duas teses jurídicas conflitantes venham a prevalecer no mesmo processo (uma em cada grau de jurisdição).

Isso acontecerá todas as vezes que venha a ser dado provimento ao recurso interposto só por um dos litisconsortes ou por alguns, restando algum deles sem recorrer: em casos assim, o pronunciamento do órgão *ad quem* será diferente do pronunciamento já passado em julgado para a parte que não apelou.

Quando, porém, *unitário é* o litisconsórcio, "é claro que a necessidade [*de um só julgamento homogêneo*] sobrevive à sen-

69. Essa regra prevalece também, dada a mais absoluta identidade de razões, no caso de um dos litisconsortes passivos cumprir o ônus de impugnação especificada dos fatos alegados pelo autor (CPC, art. 302) e a contestação do outro ser omissa: a *controvérsia* criada beneficiará ambos e não se concebe possa o juiz tratar diferentemente a mesma alegação da inicial, relativamente a um e a outro réu.

70. *Cfr.* Liebman, *Manuale di diritto processuale civile*, II, n. 303, p. 278.

tença, no sentido de que esta não pode passar em julgado senão em um momento e em um modo único".[71] Por isso existe no direito positivo italiano uma norma segundo a qual "se la sentenza pronunziata tra più parti in causa inscindibile o in cause tra loro dipendenti non è stata impugnata nei confronti di tutte, il giudice ordina l'integrazione del contraddittorio" (c.p.c., art. 331). A referência a *causas incindíveis* leva a doutrina a reportar esses dispositivo às regras do litisconsórcio unitário (os italianos dizem *necessário* – *supra*, n. 52), com a observação de que, aí, a interposição da apelação "repropõe a causa em sua integralidade".[72]

Entre nós é norma expressa que "o recurso interposto por um dos litisconsortes a todos aproveita, salvo se distintos ou opostos os seus interesses" (CPC, art. 509). Esse dispositivo, praticamente transposto *ipsis litteris* da legislação precedente (CPC-39, art. 816), tem uma redação que insinua a aplicação às avessas dos princípios atinentes aos recursos e ao litisconsórcio: dá a entender que a extensão subjetiva dos efeitos dos recursos é a regra, sendo excepcionais os casos de proveito limitado ao recorrente. Para ser como parece, precisaríamos aceitar que no direito moderno vigorasse a regra da *comunhão dos recursos*, segundo a qual eles em princípio favoreceriam a todos e só em casos excepcionais, não – o que não é verdade: esse princípio, de linhagem romana, foi suplantado pelo da *personalidade*, já referido.[73]

Precisaríamos também crer que o regime unitário fosse *ordinário* nos processos litisconsorciais em geral, quando sabemos muito bem que é precisamente o contrário: ele constitui o regime *especial* e é por isso que o litisconsórcio que não traz a marca da unitariedade se chama *comum* (*supra*, nn. 61-62).[74]

71. *Cfr.* Chiovenda, *Principii di diritto processuale civile*, § 88, VI, I, p. 1.094.

72. *Cfr.* Liebman, *Manuale di diritto processuale civile*, II, n. 304, p. 278.

73. *Cfr.* Liebman, *op. cit.*, II, n. 303, p. 30.

74. A inversão contida na redação do art. 509, se tomado este ao pé-da-letra, conduziria a considerar desprezado também o principio da iniciativa de parte, pacificamente aplicável aos recursos: *cfr.* Mendonça Lima, *Introdução aos recursos cíveis*, n. 207, pp. 329-331.

O que se extrai do art. 509 é que em princípio o recurso interposto por um litisconsorte aproveita apenas a ele; no caso de litisconsórcio unitário, aproveitará também aos colitigantes do recorrente. Essa inversão em via interpretativa, que se justifica por defluir dos princípios norteadores dos recursos e dos regimes do litisconsórcio, mostra como regra geral a que vem expressa na parte final do dispositivo: "salvo se distintos ou opostos os seus interesses". A regra geral está na *personalidade do recurso*, sendo excepcional a *comunhão*.[75]

A razão de ser dessa colocação consiste em que, tratando-se daquelas relações jurídico-substanciais incindíveis que dão azo à unitariedade do litisconsórcio, não se concebe que os colitigantes estejam no processo em defesa de *interesses distintos* e, muito menos, *opostos* (v. ainda uma vez a redação do art. 509). Sem que a relação controvertida seja uma só e incindível, se vieram os litigantes ao processo na defesa de um só interesse de que todos são cotitulares, não se teria o litisconsórcio unitário (*supra*, n. 65). Entende-se por isso que a parte final do art. 509 do Código de Processo Civil quis iniludivelmente aludir a este e só a este, com a disposição de que, em caso de litisconsórcio unitário, a eficácia do recurso interposto por um estende-se a todos.[76-77] Alguns ca-

75. O Superior Tribunal de Justiça rejeitou a pretensão do INCRA de estabelecer como marco inicial da incidência dos juros moratórios, para todos os litisconsortes, a data do trânsito em julgado de capítulo referente a apenas um deles, que prosseguira recorrendo. Embora referindo à *facultatividade* (quando o que importa na matéria é a natureza *comum* ou *unitária* do cúmulo), disse o acórdão: "em litisconsórcio facultativo a sentença contra a qual foi interposto recurso por um dos litisconsortes transita em julgado para o litisconsorte que não recorreu" (STJ, 1ª T., AgRg no REsp n. 362.142, j. 25.11.03, rel. Francisco Falcão, v.u., *DJU* 22.3.04, p. 201).

76. Liebman, partindo da idéia de *causas incindíveis* que está no dispositivo italiano correspondente ao nosso art. 509 (c.p.c., art. 331), diz que se trata de casos em que "o litisconsórcio era necessário [digamos: *unitário*] desde a propositura inicial" (*cfr. Manuale di diritto processuale civile*, II, n. 304, esp. p. 279). Lent diz que, no litisconsórcio qualificado (= unitário), "o gravame proposto por um litisconsorte provoca um novo grau de jurisdição também para os outros" (*Zivilprozessrecht*, § 82, IV, p. 314 trad.). Assim também a doutrina

sos colhidos na jurisprudência nacional ilustrarão a distinção feita acima.

No ano de 1978 o Tribunal de Justiça de São Paulo julgou uma apelação interposta sem a unanimidade dos autores, os quais haviam postulado em litisconsórcio a anulação de dado ato administrativo municipal – ato que por sua vez anulara o decreto coletivo de nomeação de todos. O acórdão então proferido, associando o art. 509 do Código de Processo Civil ao regime da unitariedade, disse assim com referência ao caso: "havendo litisconsórcio unitário, conquanto

brasileira, quase sempre ligando o art. 509 à unitariedade do litisconsórcio: *cfr.* José Frederico Marques, *Manual de direito processual civil*, III, n. 612, esp. p. 136; Bermudes, *Comentários ao Código de Processo Civil*, VII, n. 84, p. 106; Barbosa Moreira, *Litisconsórcio unitário*, nn. 129-134, pp. 207 e ss.; na jurisprudência, v. STJ, 4ª T., REsp n. 9.702, j. 29.6.92, rel. Barros Monteiro, v.u., *RSTJ* 40/368; *infra*, notas 79-80 e 82, neste mesmo capítulo. Em sentido contrário, ampliando a área de incidência do dispositivo: Amaral Santos, *Primeiras linhas de direito processual civil*, III, n. 787, esp. p. 97. Vê-se nesse autor, contudo, a preocupação de evitar *conflitos lógicos* na apreciação de questões – o que não constitui escopo específico da unitariedade litisconsorcial. Tal é a mesma preocupação que norteou o Supremo Tribunal Federal em acórdão já referido (STF, 2ª T., RE n. 75.897, j. 8.10.76, rel. Xavier de Albuquerque, v.u., *RT* 498/226). Também foi essa preocupação que levou o Superior Tribunal de Justiça a afirmar a existência de litisconsórcio necessário e unitário para estender aos demais litisconsortes o resultado do recurso de apelação interposto por apenas um dos correntistas que pleiteava a correção das contas do Fundo de Garantia do Tempo de Serviço (*cfr.* STJ, 1ª T., AgRg no EDcl no REsp n. 186.500, j. 5.10.04, rel. Francisco Falcão, v.u., 16.11.04, p. 184) – quando é visivelmente facultativo e comum o litisconsórcio aí formado. O fato de estarem todos representados por um único advogado não modifica a natureza do litisconsórcio. A posição do Superior Tribunal de Justiça só se justifica em caso de ter havido algum sinal idôneo de que o advogado se enganara ao indicar somente um de seus constituintes como apelante (nesse caso a apelação teria sido interposta por todos, não por um só).

77. Poderia soar como paradoxal a possibilidade de entre litisconsortes haver interesses opostos mas basta lembrar que o litisconsórcio por si só não implica uma suposta *comunhão de sortes* entre os colitigantes (*supra*, n. 11), para perceber que isso não é impossível. Nos casos de *litisconsórcio alternativo* são nitidamente opostos os interesses dos litisconsortes. Pense-se na hipótese, em certa medida corriqueira, da vítima de acidente automobilístico movendo ação a dois motoristas que também participaram deste: cada um dos réus procurará demonstrar que a culpa foi do outro e não sua.

não necessário, os litisconsortes se beneficiam do recurso interposto por um deles".[78]

Em dado processo de desapropriação imobiliária, tendo ficado deserto o apelo de alguns dos expropriados e chegando ao órgão *ad quem* apenas o dos demais, o Supremo Tribunal Federal considerou que o pronunciamento em segundo grau a todos aproveitaria porque, "tratando-se de imóvel em estado de comunhão pertencente a este ou àquele condômino, a relação havia de ser resolvida de modo uniforme" e porque, "ao estabelecer a exclusão do condômino, cuja apelação fora julgada deserta, parece, *data venia*, que a decisão até afrontou a substância do próprio direito de propriedade, porquanto limitou o quinhão que do preço do imóvel cabia àquele condômino".[79]

Em outro caso, no qual titulares de cadeiras cativas em estádio de futebol postulavam direitos inerentes a essa titularidade, o Supremo Tribunal Federal afastou a negativa de vigência do antigo art. 816 do Código de Processo Civil de 1939 (atual art. 509), alegadamente existente no acórdão do Tribunal de Justiça do Estado da Guanabara – o qual havia limitado *aos recorrentes* os efeitos do julgamento do recurso de revista interposto só por alguns dos autores.[80] Outro caso: o Superior Tribunal de Justiça entendeu que, a despeito da desistência de recurso extraordinário manifestada por um dos litisconsortes unitários, o posterior provimento do recurso interposto pelos demais alcançou o desistente, transitando em julgado também em seu favor aquela decisão benéfica.[81]

78. *Cfr.* TJSP, 1ª C. Civ., ap. n. 266.960, j. 1.8.78, rel. Geraldo Roberto, m.v., *RT* 522/68.

79. *Cfr.* STF, 1ª T., RE n. 73.605, j. 2.5.72, rel. Luiz Gallotti, v.u., *RTJ* 62/775. O acerto desse aresto é discutível, pois implica a premissa de ser unitário o litisconsórcio entre expropriados; parece mais que o Supremo Tribunal pretendeu, com a extensão subjetiva dos efeitos do recurso, prover à homogeneidade na solução da mesma *questão* (valor global do imóvel), evitando o *conflito lógico de julgados*. As palavras entre aspas, no texto, são do procurador da República, encapadas pelo voto do relator.

80. *Cfr.* STF, 2ª T., RE n. 75.897, j. 8.10.76, rel. Xavier de Albuquerque, v.u., *RT* 498/226.

81. *Cfr.* STJ, 1ª T., REsp n. 573.312, j. 21.6.05, rel. Luiz Fux, v.u., *DJU* 8.8.05, p. 183. O equívoco do julgado consiste contudo em tratar como litisconsortes unitários as partes que vieram postular em conjunto a compensação de indébitos com fundamento na inconstitucionalidade do dispositivo de lei que instituiu contribuição social. Como cada uma das empresas vem discutir relação jurídica própria, o caso é claramente de litisconsórcio comum e facultativo, caracterizado apenas pela afinidade da questão de direito.

75. *o comportamento do recorrente*

A lei italiana dispõe que, tratando-se daquelas causas incindíveis em que o recurso de um a todos aproveita (c.p.c., art. 331), terá a parte um prazo para providenciar que todos os litisconsortes se integrem no contraditório; não diligenciando em tempo, extingue-se o procedimento recursal (art. 331, 2ª parte). No Brasil o problema como está posto não existe porque automaticamente já se considera o recurso interposto com toda a amplitude subjetiva indispensável, sem necessidade de qualquer providência ulterior da parte do recorrente: mesmo no silêncio deste e também dos demais litisconsortes, a dimensão subjetiva dos efeitos do recurso será sempre a que decorrer da regra geral e da exceção contida no art. 509 do Código de Processo Civil.

Mais difícil é a questão gerada na hipótese, um tanto cerebrina mas não inconcebível, de *o próprio recorrente* declarar que limita sua impugnação para que atinja apenas uma parte dos litisconsortes vencedores (seus adversários). Como o que ele pretenderia com isso seria a quebra da homogeneidade do julgamento, sua pretensão seria contrária a lei de ordem pública e consequentemente o recurso seria havido por inadmissível mesmo com relação à parte contra a qual fora interposto. Se todavia o recurso chegar a ser julgado, a regra de unitariedade (CPC, art. 509, primeira parte) há de conduzir à extensão subjetiva da interposição a todos os litisconsortes unitários adversários do recorrente.[82] Solução que se considera absolutamente inadmissível seria a de dar por eficaz o recurso quanto a um dos vencidos e não contra outro, sendo unitário o litisconsórcio.

82. Segundo Lent, que Barbosa Moreira refere, "ou a interposição não tem nenhuma eficácia, ou tem eficácia diante de todos os litisconsortes" (*Litisconsórcio unitário*, n. 132, nota 185, p. 212). Informa também o processualista pátrio, ainda uma vez reportando-se a Lent, que a doutrina alemã propende nitidamente à solução consistente em considerar *inadmissível* o recurso quando o recorrente quer que ele só atinja algum ou alguns dos litisconsortes unitários, seus adversários (solução defendida na presente obra, como se vê no texto). Ele, pessoalmente, declara-se não convencido das razões que amparam tal modo de pensar e por isso sustenta que, mesmo contra a vontade do recorrente, o recurso terá aquela eficácia subjetivamente mais ampla ditada pelo art. 509 do Código de Processo Civil (*cfr.* também seus *Comentários ao Código de Processo Civil*, V, n. 215, p. 346).

76. *efeitos do recurso*

A extensão subjetiva dos efeitos desse comportamento indutivo, que é a interposição de recurso, abrange *todos os seus efeitos:* não só o devolutivo (devolução do conhecimento da causa ao órgão *ad quem*, com viabilidade de modificação do teor do julgamento originário) mas também o suspensivo que o recurso no caso tenha. Em conseqüência, a efetivação prática dos efeitos da sentença (seu lançamento no registro civil ou imobiliário, a execução pelas despesas processuais e honorários advocatícios *etc.*) ficará obstada em relação a todos os litisconsortes unitários, pela interposição do recurso.[83]

77. *a situação do vencido que não recorreu*

O litisconsorte vencido que não recorreu participará do procedimento recursal, arrazoando-o como se tivesse recorrido,[84] sustentando oralmente o recurso no tribunal, requerendo a instauração de incidente de uniformização *etc.* Tudo isso porque, como é sabido, ao princípio do contraditório repugna que fique a parte impedida de participar de atos ou procedimentos capazes de influir na esfera de seus direitos e interesses (*supra*, n. 1). Estender os efeitos do recurso a todos os litisconsortes e privar de participação o que não recorreu equivaleria a cumprir só parcialmente o intuito unificador revelado no art. 509 do Código de Processo Civil.

Será legitimado esse litisconsorte, também, a interpor *recursos subseqüentes* a esse que não havia interposto, porque ele é considerado, em tudo e por tudo, como *parte no procedimento*

83. *Cfr.* Barbosa Moreira, *Litisconsórcio unitário*, n. 133, p. 213. Esse problema, como o que foi objeto da nota anterior, tem razão de ser na consideração de que a extensão subjetiva dos efeitos dos recursos acontece não só no caso de interposição por um entre os vencidos, como também quando ele é interposto pela parte contrária em relação à não-totalidade dos vencedores (Barbosa Moreira, *op. loc. cit.*).

84. *Cfr.* Barbosa Moreira, *op. cit.*, n. 133, p. 213.

recursal.[85] Estando presentes os requisitos, ele poderá opor embargos declaratórios (CPC, art. 535) ou interpor, se for o caso, o recurso extraordinário ou o especial (Const., art. 102, inc. III e art. 105, inc. III). Não terá contudo à sua disposição a via dos *embargos infringentes* porque na técnica adotada pelo art. 530 do Código de Processo Civil somente o apelado pode ter direito a esse recurso e o apelante, jamais[86] – e, se o próprio apelante não dispõe dessa via, muito menos aqueles aos quais os efeitos da apelação sejam estendidos.

78. custo financeiro do processo (honorários acrescidos no recurso)

Outra questão relevante é ainda a das despesas processuais e honorários advocatícios acrescidos em virtude do recurso: apesar de o litisconsorte que não recorreu ser também sucumbente na apelação (em caso de confirmação da sentença pelo tribunal), tem-se que ele em nada contribuiu para o encarecimento do processo quando tiver omitido qualquer participação mesmo no procedimento recursal.[87] Se embora omisso na interposição ele

85. *Cfr.* Barbosa Moreira, *op. loc. cit.*, com essa advertência: o recurso que vier a interpor o litisconsorte antes omisso será de *parte*, não de terceiro prejudicado – *cfr.* nota 191, *ib.*). *Cfr.* também Provinciali, *Delle impugnazioni in generale*, n. 45, esp. p. 255: "il soccombente acquista qualità di parte, nel procedimento d'impugnazione, quando compare nel processo relativo". No aresto indicado à nota 76 deste capítulo o Supremo Tribunal Federal considerou que, como o recurso de revista não fora interposto por todos os litisconsortes vencidos em apelação e não era caso de extensão subjetiva de seus efeitos, os litisconsortes omissos não tinham legitimidade sequer para opor embargos de declaração visando a esclarecer se a decisão obtida em grau de revista lhes aproveitava ou não (com isso, indiretamente deu resposta negativa à dúvida dos embargantes).

86. *Cfr.* Dinamarco, *A Reforma da Reforma*, n. 137, esp. p. 198.

87. Como salienta Pajardi (*La responsabilità per le spese e i danni del processo*, esp. pp. 209 ss.), é na *causalidade* que reside o eixo de referência sobre o qual hão de girar, invariavelmente, as indagações acerca da responsabilidade pelas despesas e honorários: "la soccombenza è un fatto; un fatto rivelatore di un principio" (p. 215). A mesma idéia é defendida por Cahali, *Honorários advocatícios*, n. 17, p. 44. Por isso é que, como se disse no texto, o litisconsorte não

tiver participado depois, é justo e jurídico que seja atingido pelo rateio.[88]

79. devedores solidários

O parágrafo do art. 509 do Código de Processo Civil contém uma disposição sobre a extensão subjetiva dos recursos *interpostos por um devedor solidário* ("havendo solidariedade passiva, o recurso interposto por um devedor aproveitará aos outros, quando as defesas opostas ao credor lhes forem comuns"). A quem entenda que o litisconsórcio entre credores ou devedores solidários não é unitário, esse dispositivo deve ser visto como destinado exclusivamente a evitar a contradição lógica de julgados (*timor ne varie dicetur*), no momento em que condiciona a extensão subjetiva à existência de defesas comuns entre os devedores solidários. Assumida porém a premissa oposta, ou seja, a de que tal litisconsórcio é unitário (*supra,* n. 68 e *infra*, n. 101), o parágrafo do art. 509 tem a única finalidade de ressalvar que o trato unitário entre devedores solidários *cessa* quando o recurso interposto por um deles, sem o concurso do outro, versar exclusivamente alguma exceção pessoal.

80. litisconsórcio necessário

O estudo da unitariedade do litisconsórcio, feito até aqui, prepara e permite o entendimento seguro de outro fenômeno, que com ele não se confunde mas lhe é intimamente conexo: o *litisconsórcio necessário*. Já não se trata de conhecer os casos e formas do julgamento uniforme e coerente para todos os colitigantes mas de determinar as regras que conduzem à indispensável presença de duas ou várias pessoas como autores ou como réus

recorrente só ficará responsabilizado pelas despesas acrescidas se tiver, depois da interposição por outrem, participado das atividades recursais.

88. Barbosa Moreira nega que o litisconsorte não-recorrente participe do rateio das custas e honorários, sem cuidar da distinção que no texto acima se estabelece (*Litisconsórcio unitário*, n. 133, nota 188, p. 213).

no processo, definindo os meios tendentes a impor a observância dessa exigência e as sanções a seu descumprimento.

O conceito de *litisconsórcio necessário*, como se sabe mas nunca é demais repisar, não se confunde com o de litisconsórcio unitário (*supra*, n. 61). Ao exigir o litisconsórcio em certos casos, ou seja, ao ditar a regra da necessariedade, a lei toma em consideração *certos fatores de aglutinação* que em alguns casos tornam indispensável a exigência e em outros aconselham o legislador a impô-la. Esses fatores decorrem (a) das realidades disciplinadas pelo direito substancial (a incindibilidade da situação jurídica) ou (b) da conveniência de que o processo tenha maior abrangência e portanto utilidade em relação a um número maior de sujeitos (o litisconsórcio por força de lei específica). Na primeira hipótese não há como dispensar a necessariedade; na segunda o legislador a impõe segundo um juízo de conveniência. A doutrina italiana atual fala em *litisconsórcio necessário processual* para designar o necessário unitário (casos de incindibilidade).[89]

Nem é tampouco o litisconsórcio unitário uma particular espécie do necessário. São dois fenômenos distintos, quanto ao ponto-de-vista em que se coloca a problemática referente a cada um deles. Lá trata-se do *regime* de tratamento dos litisconsortes efetivamente incluídos no processo, como penhor do julgamento homogêneo que lhes deve ser dispensado. Aqui, da exigência de que no processo *estejam* certas pessoas reunidas na condição de demandantes ou demandados.

Ambos porém são *expressões de uma só idéia*, qual seja a inadmissibilidade de cindir determinada relação jurídica, pretendendo inutilmente ditar uma solução endereçada a certa pessoa, sem ditar a mesma solução em relação à outra. Seria insuficiente exigir que em certos casos o julgamento *de meritis* fosse homogêneo e coerente entre os colitigantes, permitindo embora que a causa se processasse sem a presença de todos eles; por outro lado, nesses casos "não teria sentido obrigar diversos sujeitos a estar

89. *Cfr.* Costantino, *Contributo allo studio del litisconsorzio necessario*, § 25, pp. 142 ss.

em juízo juntos",[90] não fora para com isso garantir o tratamento unitário de seus interesses.

Essa íntima ligação entre os dois fenômenos, se bem não justifique a confusão entre eles, *explica* suficientemente a mistura feita pela lei alemã e pela doutrina italiana, que falam apenas em necessariedade (*supra*, nn. 51-52). Não é à toa, por exemplo, que a mais autorizada voz peninsular falou em *dois momentos* da necessariedade, por certo sem chegar ao ponto de sentir que o segundo *momento* (o da instrução e decisão homogêneas) não merecia ser explicado na teoria do litisconsórcio necessário, mas revelando com isso a percepção de que os dois fenômenos se influem reciprocamente, em profunda interação.[91] O primeiro *momento* (propositura conjunta da demanda por vários, ou com relação a vários) apenas prepara o segundo, exigindo que no processo estejam todos os titulares da mesma relação jurídico-material incindível, entre os quais a decisão há de ser homogênea. Por isso, parafraseando sugestiva explicação dada pela boa doutrina brasileira para o litisconsórcio unitário, do necessário podemos dizer que ele

> "é, a um só tempo, *causa e efeito*":[92] causa das medidas que o juiz há de tomar de-ofício para a vinda do colegitimado, bem como das conseqüências de sua não-integração no contraditório; e efeito da mesma causa que determina também a unitariedade, qual seja a natureza especial da relação jurídica controvertida no processo.

A mesma idéia de *direito indivisível*, ou de *relação jurídica incindível*, que tem servido para distinguir as situações conducentes

90. Essa frase de Lent, que figura no trato do litisconsórcio *qualificado* (correspondente ao que chamamos *unitário* – *supra*, n. 38), é bem a mostra de que unitariedade e necessariedade assentam na mesma razão, constituindo uma a complementação da outra na busca de objetivos comuns (*cfr. Zivilprozessrecht*, § 82, I, p. 312 trad.).

91. *Cfr.* Chiovenda, *Principii di diritto processuale civile*, § 88, IV, pp. 1.078-1.079 (v. *supra*, n. 51).

92. É de Barbosa Moreira a afirmação de que "a indispensabilidade da solução uniforme é, *a um só tempo, causa e efeito*": causa do regime especial do litisconsórcio e efeito de uma outra causa, que é a natureza especial da relação jurídica que constitui a *res in judicium deducta* (*Litisconsórcio unitário*, n. 10, p. 25).

ao litisconsórcio unitário, e o mesmo critério prático que exclui a admissibilidade de julgados conflitantes – todos esses pontos de referência devem servir, em princípio, como critério para determinar também a necessariedade do litisconsórcio (*supra*, n. 65): se absurdo há em conceber uma sentença que julgasse procedente a ação de nulidade de casamento proposta pelo Ministério Público quanto ao réu varão e improcedente quanto à mulher, o mesmo absurdo haverá também no julgamento de semelhante demanda perante um dos cônjuges apenas, sem que o outro seja parte no processo.

> Como averbar no registro civil a nulidade sem que um deles, o que não foi parte, esteja sujeito à eficácia da sentença? Como opor ao cônjuge, em caso de sentença julgando a ação improcedente, a coisa julgada produzida em seu favor, quando pode o outro, perfeitamente, voltar a sustentar a nulidade do matrimônio?

81. a posição do Código de Processo Civil

Compreendidas corretamente essas razões, muito bem andou o Código de Processo Civil ao relacionar intimamente, em seus pressupostos, os dois fenômenos assim tão intimamente ligados nos objetivos que os animam e lhes dão razão de ser. A redação extremamente confusa do *caput* de seu art. 47 não desmerece o que de substancial ele tem de muito positivo.

Esse dispositivo estatui em sua parte inicial que "há litisconsórcio necessário quando, por disposição de lei ou pela natureza da relação jurídica, o juiz tiver de decidir a lide de modo uniforme para todas as partes". Tal redação peca pela falta de clareza, inclusive levando à falsa idéia, emergente de uma análise lógica de seu longo período, de que possa existir caso em que a exigência de julgamento uniforme decorresse de *disposição de lei* (*supra*, n. 68). Afora isso nosso dispositivo é, como já observado, reflexo do § 62 da lei alemã (ZPO), a qual também fala da necessariedade "quando a relação jurídica litigiosa tiver de ser decidida de modo uniforme para todos os litisconsortes" (*supra*, nn. 51 e 60).

Assim concebida, nossa lei não merece as severas críticas que por esse aspecto lhe foram movidas. Não é correto pensar que ela tenha feito confusão entre os conceitos de litisconsórcio unitário e necessário nem que houvesse colocado aquele como subespécie deste.[93-94] O que o art. 47 diz em sua linguagem reconhecidamente pouco clara é que se aferirá a necessariedade a partir da unitariedade, podendo ocorrer aquela também sem esta, sempre que norma específica o determine (*infra*, n. 94).

Peca o art. 47, em substância, apenas por não anunciar também que casos existem de litisconsórcio unitário não necessário, como todos sabem que existem. Consciente disso, porém, o que constitui hoje uma verdade por todos reconhecida na doutrina brasileira, estará o intérprete em condições de analisar e bem compreender o nosso tão maltratado dispositivo, na profundidade

93. Escrevendo antes da vigência do Código, disse Barbosa Moreira, sem razão, que "à vista do art. 56, *caput* do Anteprojeto, o litisconsórcio unitário terá de ser considerado como espécie do gênero litisconsórcio necessário" (*Litisconsórcio unitário*, p. 228). Depois, o enorme prestígio do processualista carioca e a excelência de sua monografia fizeram com que essa crítica tivesse uma bem sucedida carreira. Disse Tornaghi, sem atentar a essas realidades, que "o art. 47 estabelece lamentável confusão entre litisconsórcio necessário e litisconsórcio unitário" (*Comentários ao Código de Processo Civil,* I, p. 214). Também Barbi é contrário ao sistema implantado com o Código de 1973 (*Comentários ao Código de Processo Civil,* I, n. 301, esp. p. 273). Criticando o art. 47, diz Arruda Alvim, na linha de Barbosa Moreira, que ele pôs o litisconsórcio unitário como subespécie do necessário (*Código de Processo Civil comentado*, II, p. 348), crítica essa com que se afina também a observação de Ovídio Baptista da Silva, *verbis:* "o Código afeiçoou-se à doutrina de Pontes de Miranda, para quem o litisconsórcio unitário é uma modalidade especial do litisconsórcio necessário" ("Litisconsórcio necessário e *outros efeitos* da sentença", II, p. 97; v. também *Curso de processo civil*, I, p. 201).

94. Amaral Santos parece ter colhido fielmente o espírito do art. 47 e seu significado dentro de um sistema integral, dizendo que, "como regra, na sua quase-generalidade o litisconsórcio necessário é unitário" (*Primeiras linhas de direito processual civil*, II, n. 308, esp. p. 10). Favorável ao dispositivo manifesta-se Lauro Paiva Restiffe ("Costa Manso e o litisconsórcio necessário", n. 3, p. 242). E Araken de Assis, incisivo após fazer as críticas formais que o dispositivo realmente merece: "o equívoco flagrante e inexplicável do art. 47 do CPC não deve fazer o intérprete perder a pista da distinção curial" (*Cumulação de ações*, n. 39, esp. p. 139).

dos sólidos substratos doutrinários que o embasam. O justo afã de isolar dois fenômenos conceitualmente distintos, como são a necessariedade e a unitariedade, não nos deve desviar das observações feitas acima nem deve deixar na sombra algo que é muito importante cientificamente nessa matéria: *a identidade das razões que conduzem à necessariedade e à unitariedade*.

A partir do item subseqüente tratemos de ver em que medida ocorre essa coincidência, quando não ocorre e por que às vezes deixa de ocorrer. Antes disso convém reavivar certos conceitos e idéias muito válidos para a boa compreensão e aplicação do instituto.

Em primeiro lugar, a observação de que "o litisconsórcio necessário resolve-se, do ponto-de-vista teórico, em uma legitimação para agir necessariamente conjunta dos titulares da relação jurídica que o autor quer deduzir em juízo" (Liebman):[95] sem o concurso dos demais, um só dos colegitimados considera-se parte ilegítima e em última análise a conseqüência de litigar sem eles converge à situação que se costuma designar por *carência de ação*. Por esse aspecto é sugestiva a indicação da propositura conjunta da demanda, sob pena de extinção do processo, como *ônus do autor ou autores*: "la imposición del litisconsorcio asume la índole de una carga", disse prestigioso processualista espanhol.[96]

É também muito pertinente e sugestiva a seguinte passagem da doutrina italiana mais conceituada (Enrico Redenti), que bem expli-

95. *Cfr*. *Manual de direito processual civil*, I, n. 51, esp. p. 145 trad.; Lent, *Zivilprozessrecht*, § 82, I, esp. p. 213 ("cada interessado em particular, por si só, carece da legitimação substancial e do direito de conduzir o processo"). Calamandrei chega ao ponto de colocar o estudo do litisconsórcio necessário no capítulo reservado ao trato da legitimidade (v. *Istituzioni di diritto processuale civile secondo il nuovo codice*, I, § 37, esp. p. 123). *Cfr*. também Homero Freire, *Litisconsórcio necessário ativo*, n. 17, pp. 83 ss. ("se é desconsiderada essa regra, não está presente à demanda o sujeito, mas, quando muito, uma fração dele").

96. *Cfr*. Jaime Guasp, *Derecho procesal civil*, 1, p. 202, o qual acrescenta: "por sua vez, esse ônus pode apresentar-se em duas modalidades distintas: uma de caráter material, outra de índole processual estrita". Está a se referir, como a leitura do contexto indica, à distinção entre litisconsórcio *propriamente necessário*, que em sua linguagem é o litisconsórcio necessário por força de lei específica; e o *impropriamente necessário*, que é o necessário-unitário.

ca o fenômeno: "nos casos de que cuidamos, os órgãos jurisdicionais (a) não poderão emitir um provimento que fixe ou modifique a posição de todos os sujeitos legitimados sem que todos estejam em juízo ou a ele sejam chamados; mas (b) não poderão, por outro lado, emitir provimentos que enderecem seus efeitos só a alguns, estando em juízo só estes, porque nesse caso o provimento não produziria todos seus efeitos característicos e seria, atual e virtualmente, *inutiliter datus*".[97]

Tudo isso porque, como se diz e foi referido acima, no litisconsórcio necessário a *ação é uma só*, a ser exercida por todos em conjunto ou com relação a todos os colegitimados passivos (*supra*, n. 36). Essa exigência que consubstancia a necessariedade do litisconsórcio impõe, sem dúvida alguma, restrição ao poder de agir em juízo, na medida em que são repelidas as demandas individuais; e isso aparece com mais nitidez no litisconsórcio necessário *ativo*, onde a possibilidade de demandar está condicionada ao consenso de todos os colegitimados e a restrição é ainda maior que no passivo, o que torna justificável, pelo menos, a discussão em torno da sua admissibilidade (*infra*, n. 100).

Daí deriva a legítima tendência a limitar os casos de litisconsórcio necessário, o qual se reputa excepcional no sistema (*supra*, n. 22 e *infra*, n. 98).

Por si só, a necessariedade não quer dizer que na unidade formal da iniciativa para a instauração do processo, ou da sentença única que o juiz virá a proferir, resida também a unidade substancial de uma demanda só ou de um provimento jurisdicional único: esses são aspectos *da unitariedade e não da necessariedade*, sendo que o fato de estas duas andarem em princípio lado a lado pode às vezes causar alguma impressão errada (*supra*, nn. 60, 61, 82).

82. *litisconsórcio necessário unitário*

Foi no quadro da interação entre necessariedade e unitariedade, nesta obra ressaltada com insistência, que, "abandonando a

97. *Cfr. Il giudizio civile con pluralità di parti*, n. 179, pp. 255-256.

técnica do Código de 1939, o legislador de 1973 preferiu determinar a formação do litisconsórcio necessário pela uniformidade da sentença a ser proferida".[98] Já não vale o critério da comunhão de *interesses*, acolhido no Código precedente (*supra*, n. 47). A "comunhão de direitos ou de obrigações relativamente à lide" é mantida como causa de *admissibilidade* do litisconsórcio (art. 46, inc. I) mas não constitui mais, como no velho estatuto, o eixo de referência sobre o qual girava a sua *necessariedade*. A regra fundamental é hoje a seguinte, contida no art. 47, *caput* do Código de Processo Civil: "há litisconsórcio necessário, quando (...) o juiz tiver de decidir a lide de modo uniforme para todas as partes".

Entre as palavras omitidas na transcrição acima está a referência à *natureza da relação jurídica litigiosa*, como ponto de apoio para aferir a exigência de decisão homogênea para todos os litisconsortes. Se a relação posta em juízo for incindível, por esse motivo não se admitirão julgamentos discrepantes e, por força da regra geral contida no art. 47, também necessário será o litisconsórcio. Depois, se tivermos a consciência de que o regime de unitariedade do litisconsórcio constitui imposição da indispensável uniformidade da decisão final, poderemos substituir a última parte do dispositivo transcrito, passando a lê-lo da seguinte maneira: "há litisconsórcio necessário, quando ele for unitário". Ou seja: segundo a regra fundamental (que sofre exceções, como abaixo se expõe), o litisconsórcio será *necessário sempre que unitário*.

Dito isso, repropõem-se integralmente, com referência à necessariedade *ex* art. 47 do Código de Processo Civil, todas as questões estudadas no trato da unitariedade e relativas aos casos em que ela ocorre (*supra*, n. 65). Têm pertinência, aqui também, as investigações em torno da natureza da relação jurídica como

98. *Cfr.* Barbi, *Comentários ao Código de Processo Civil,* I, n. 301, pp. 272-27; v. também Tornaghi, para o qual "a lei considerou a necessidade de sentença uniforme como causadora da necessidade do litisconsórcio" (*Comentários ao Código de Processo Civil,* I, p. 216). Escrevendo no inicio da vigência do Código de processo civil, também tive oportunidade de dizer que, pelo art. 47, "o litisconsórcio será necessário, sempre que unitário" (*Direito processual civil*, n. 92, p. 146).

critério que conduzirá à necessariedade do litisconsórcio, pela via indireta do art. 47. As mesmas razões de direito material e da realidade da vida que se projetam no processo para ditar o regime unitário, projetam-se no processo também como *fator de aglutinação* capaz de impedir a litigância individual e impelir à conjunta.

É lícito dizer, da mesma forma como no trato da unitariedade, que a necessariedade se dará quando a relação jurídica controvertida for *incindível*. Coloca-se igualmente o problema da natureza da sentença postulada, para concluir, como lá, que não é só no caso de ação constitutiva que o litisconsórcio poderá ser necessário. São de total aplicabilidade ao litisconsórcio necessário certas considerações pertinentes à unitariedade do litisconsórcio (*supra,* n. 65). É nos casos ali indicados que, em falta de algum dos colegitimados, ter-se-á uma "sentenza priva d'ogni utilità pratica".[99]

83. casuística

Com a observação de que essa é apenas uma *regra fundamental*, sujeita a exceções em dois sentidos opostos (há casos de litisconsórcio unitário que não é necessário e casos de litisconsórcio necessário que não é unitário – *infra*, nn. 90-94), vejamos agora uma exemplificação de hipóteses em que, segundo a doutrina e jurisprudência, a natureza da relação jurídica controvertida conduz à necessariedade do litisconsórcio. São casos, pois, de litisconsórcio necessário unitário que assim têm sido afirmados pelos tribunais e pelos doutores, embora alguns deles possam comportar alguma dúvida ou questionamento:

a) ação de nulidade ou de anulação de casamento, quando proposta por terceiro ou pelo Ministério Público (CC, art. 1.549), na qual são litisconsortes necessários passivos ambos os cônjuges;[100]

99. *Cfr.* Chiovenda, *Principii di diritto processuale civile,* § 88, IV, B, p. 1.082.

100. *Cfr.* Redenti, *Il giudizio civile con pluralità di parti*, n. 4, p. 5 e n. 12, p. 13; Calmon de Passos, *Do litisconsórcio*, n. 19, p. 30 (embora escrevendo na vigência do Código precedente e tendo como eixo de referência a comunhão de

b) ação de investigação de paternidade proposta após a morte do suposto pai, na qual todos os herdeiros e legatários deste serão sujeitos passivos indispensáveis.[101] O vigente Código Civil não reproduziu o art. 363 do antigo, que continha expressa abertura para esse litisconsórcio necessário, mas isso não exclui a necessariedade porque o *status familiæ* do autor é um só e não comporta apreciações heterogêneas, seguindo-se daí que esse litisconsórcio é iniludivelmente unitário (*infra*, n. 94);

c) ação de impugnação de paternidade, a ser movida conjuntamente ao suposto filho e à sua suposta mãe;[102-103]

interesses); Amaral Santos, *Primeiras linhas de direito processual civil*, II, n. 306, esp. p. 6; Tornaghi, *Comentários ao Código de Processo Civil*, I, p. 216.

101. *Cfr*. Orlando Gomes, *Direito de família*, n. 203, esp. p. 337; Caio Mário, *Instituições de direito civil*, V, n. 413, p. 199; Barros Monteiro, *Direito de família*, p. 263. Em acórdão bastante antigo, o Tribunal de Justiça de São Paulo proclamou a ilegitimidade passiva do *espólio* do suposto pai para essa ação (5ª C. Civ., ap. n. 273.548, j. 24.7.79, rel. Ernani de Paiva, v.u., *RT* 527/67). Essa mesma orientação prevaleceu em decisão um pouco mais recente do Superior Tribunal de Justiça (1ª T., REsp n. 120.622, j. 24.11.97, rel. Waldemar Zveiter, v.u., *DJU* 25.2.98, p. 71).

102. *Cfr*. Calmon de Passos, *Do litisconsórcio no Código de Processo Civil*, n. 19, p. 30. Trata-se do chamado *desconhecimento de paternidade* (Caio Mário, *Instituições de direito civil*, V, n. 410, p. 180), que Orlando Gomes chama de *impugnação de legitimidade*, ação que "visa à filiação materna, destinando-se (...) a provar que o filho não nasceu da mulher casada, que aparenta ser sua mãe" (*Direito de família*, n. 191, p. 316) – não sendo tampouco, conseqüentemente, filho do autor, marido desta. É claro que o julgamento há de ser uno, não podendo ao mesmo tempo dizer o juiz a um dos réus (mãe) que a relação de filiação existe, e a outro deles (filho), que essa mesma relação não existe; a mãe é titular da mesma relação da qual o filho também é, não sendo possível a cisão de julgamentos. Daí a unitariedade e conseqüente necessariedade do litisconsórcio. Tal raciocínio não se aplica *à ação negatória de paternidade*, através da qual o marido nega apenas sua própria relação de paternidade com o filho, sem cogitar da filiação materna (Caio Mário, *Instituições de direito civil*, V, n. 410, p. 180): aqui, como corretamente diz Orlando Gomes, "a mãe não é parte na lide, mas pode intervir para *assistir* o filho" (*Direito de família*, n. 190, esp. p. 316); ela não é titular de qualquer situação jurídica de direito material que a legitime sequer a ser trazida como litisconsorte facultativo.

103. Conhece-se o caso de pessoa que aforou pedidos cumulados (a) de declaração negativa da relação filial com homem que o declarou filho e (b) investigação de paternidade em face de outro homem: o Supremo Tribunal Federal afirmou que o pai-declarante fosse litisconsorte necessário (STF, 1ª T., AgR

d) ação de nulidade ou anulação de testamento, que tem como réus necessários as pessoas interessadas na validade deste, "por terem sido instituídas herdeiras" ou legatárias;[104]

e) ação de partilha (CPC, arts. 1.022-1.030), em que todos os quinhoeiros serão partes;[105]

f) ação de dissolução de sociedade (CPC-39, arts. 655 ss. c/c CPC-73, art. 1.218, inc. VII – CC, arts. 1.034-1.035), que exige a participação de todos os sócios no pólo passivo;[106]

g) "ação de nulidade de procuração e atos conseqüentes", em que são litisconsortes necessários aqueles a quem o pedido poderá atingir, levando-se em conta a prova dos autos;[107]

h) ação reivindicatória, estando o imóvel registrado em nome de mais de uma pessoa – caso em que são litisconsortes necessários passivos todos aqueles em cujo nome o imóvel esteja registrado;[108]

i) ação anulatória de alienação de domínio de imóvel, a se travar com a indispensável presença dos compradores subseqüentes;[109]

n. 85.225, j. 24.11.81, rel. Soares Muñoz, v.u., *RT* 558/220) mas na realidade era individual a legitimidade passiva deste, sendo também individual a legitimidade passiva do outro réu em relação à investigação de paternidade. O cúmulo objetivo de demandas geminadas por relação de prejudicialidade criou a falsa ilusão de um litisconsórcio necessário. Eram duas demandas diferentes, com objetos diferentes e com duas legitimidades passivas diferentes.

104. *Cfr.* Calmon de Passos, *Do litisconsórcio no Código de Processo Civil*, n. 19, p. 30; Arruda Alvim, *Código de Processo Civil comentado*, II, p. 408.

105. *Cfr.* Calmon de Passos, *Do litisconsórcio no Código de Processo Civil*, n. 19, p. 30; Amaral Santos, *Primeiras linhas de direito processual civil*, II, n. 306, esp. p. 6.

106. *Cfr.* Calmon de Passos e Amaral Santos, *op. loc. cit.* A essas ações não tem aplicação o disposto no art. 12, incs. VI-VII, porque, quer se trate de dissolver sociedade de fato ou regularmente constituída, elas visam a atingir a posição de cada sócio. O Superior Tribunal de Justiça afirmou esse litisconsórcio necessário, mesmo em caso de sociedade anônima (*cfr.* 3ª T., REsp n. 6.473, j. 6.8.91, rel. Eduardo Ribeiro, v.u., *RT* 677/220). Dá-se o mesmo quando alguém, alegando ser sócio, pretende seu quinhão numa sociedade de fato ("o que, fatalmente, diminuirá a parte dos demais sócios" – *cfr.* Arruda Alvim, *Código de Processo Civil comentado*, II, p. 410).

107. *Cfr.* STF, 1ª T., RE n. 89.180, j. 23.10.79, rel. Thompson Flores, v.u., *RT* 536/242. Os atos subseqüentes a que alude a ementa eram negócios translativos de domínio de imóvel rural.

108. TJSC, 3ª C.Civ., agr. instr. n. 3.375, j. 13.2.86, rel. Wilson Guarany, v.u., *Jur. Cat.* 52/323.

109. *Cfr.* TJSP, 4ª C. Civ., agr. instr. n. 277.583, j. 9.10.79, rel. Luiz Tâmbara, v.u., *RT* 535/97.

j) ação anulatória de escritura de compra-e-venda de imóvel, tendo como partes necessárias todos aqueles que nela intervieram;[110]

k) ação anulatória de registro de imóvel, que tem como litisconsortes necessários passivos os adquirentes deste;[111]

l) ação de adjudicação compulsória em caso de o imóvel haver sido alienado a terceiro por quem vendera o bem ao promitente-vendedor, na qual o alienante originário e o terceiro adquirente foram dados como litisconsortes necessários do promitente-vendedor;[112]

m) ação do fiador com pedido de exoneração de fiança, sendo réus conjuntamente necessários "o afiançado e aquele em garantia de quem é dada a fiança (locador, mutuante, emprestador e similares)";[113]

110. *Cfr*. TJSP, 5ª C. Civ., ap. n. 277.940, j. 26.7.79, rel. Ernani de Paiva, v.u., *RT* 534/71; esse julgamento deu-se em apelação interposta em processo dos embargos à execução opostos por pessoa que figurava na escritura e em cujo nome o imóvel estava registrado.

111. *Cfr*. TJSP, 6ª C. Civ., ap. n. 241.499, j. 24.4.75, rel. Dimas de Almeida, v.u., *RJTJSP* 35/142.

112. *Cfr*. STJ, 3ª T., REsp n. 602.126, j. 29.6.04, rel. Carlos Alberto Menezes Direito, v.u., *DJU* 30.8.04, p. 285. Essa colocação é ao menos discutível, visto que o terceiro não teria sequer legitimidade para ser réu na ação de adjudicação compulsória: poderia em alguns casos deduzir *oposição* e, não o fazendo, eventual procedência da demanda seria ineficaz quanto a ele. Na causa entre os contratantes, se ficar acertada a existência do direito real do terceiro a solução deve ser pura e simplesmente pela improcedência da demanda porque o promissário-comprador não tem direito à tutela jurisdicional pretendida quando o bem já não pertence ao promitente-vendedor. Como corretamente disse o Primeiro Tribunal de Alçada Civil de São Paulo, "na ação de adjudicação compulsória a parte passiva é aquela que tem condições e obrigação de outorgar escritura definitiva" (3ª C., agr. instr. n. 432.834, j. 23.4.90, rel. Sílvio Marques, v.u., *RT* 667/116, *ib*., n. 15, p. 106); e quem não é parte legítima *ad causam* não pode ser litisconsorte, muito menos necessário (Pontes de Miranda – *supra*, n. 49, esp. nota 43). Obviamente, a questão aqui debatida só tem sentido quando se aceite a admissibilidade da adjudicação compulsória sem que a promessa de compra-e-venda esteja no registro público; a quem sustentasse o contrário, dificilmente ocorreria o problema.

113. Essa questão é controvertida na jurisprudência. Pela inexistência de legitimidade do afiançado: STJ, 5ª T., REsp n. 400.391, j. 15.4.04, rel. Gilson Dipp, v.u., *DJU* 24.5.04, p. 322 e TJSP, 31ª C. Dir. Priv., ap. n. 856140-0/4, j. 2.10.07, rel. Carlos Nunes, v.u. Pela existência do litisconsórcio necessário: TJSP, 32ª C. Dir. Priv., ap. n. 1026508-0/9, j. 10.4.08, rel. Walter Cesar Exner, v.u., com a afirmação de que "a declaração de exoneração da fiança prestada no contrato de locação afeta tanto a esfera jurídica dos fiadores, que se desvincula-

n) ação rescisória de sentença de extinção de condomínio, na qual são litisconsortes passivos necessários os arrematantes do imóvel em hasta pública;[114]

o) ação visando à anulação de deliberação de assembléia de sociedade anônima, que tem como litisconsortes passivos necessários os adquirentes de ações emitidas com base nessa deliberação;

p) ação anulatória de arrematação, em que são colegitimados passivos inseparáveis o arrematante e eventual terceiro adquirente, "uma vez que a sentença atinge direito destes";[115]

q) embargos de terceiro (CPC, arts. 1.046-1.054), nos quais serão partes necessárias pelo lado passivo o exeqüente ou o *beneficiário da alienação judicial* (adjudicatário, arrematante) e, se o executado houver feito a indicação do bem à penhora, também ele (art. 652, § 3º). Mas o executado será parte ilegítima se não houver feito a indicação;[116]

ram do ônus, quanto a do afiançado, que poderá ser instado a substituir a garantia ou providenciar novo fiador para continuidade da locação, e principalmente a da locadora, que perdeu a garantia que lhe foi outorgada, de modo que não há que se falar em ilegitimidade passiva de parte".

114. *Cfr.* TJSP, 4º Grupo de C. Civ., agr. instr. n. 127.046, j. 23.2.89, rel. Lair Loureiro, v.u., *RT* 640/107.

115. *Cfr.* TAMG, C. C., agr. reg. n. 376, j. 18.8.89, rel. Garcia Leão, m.v., *RF* 312/146. Um dos votos vencidos negou a necessariedade pelo fato de o arrematante e o terceiro adquirente não terem sido partes no processo executivo. Quanto ao arrematante, sua condição de sujeito do processo executivo decorre do fato de que, ao fazer seu lance, ele estava apresentando ao juiz uma *demanda*; e o juiz, ao lhe deferir a alienação, indeferindo demandas de outros eventuais pretendentes, com isso decidiu interlocutoriamente a sua (*cfr.* Marco Tullio Zanzucchi, *Diritto processuale civile*, III, nn. 52 e 59, esp. pp. 83 e 92-93). Quanto ao terceiro adquirente, se o ato de transferência do domínio for anterior à demanda anulatória ele é o dono atual cujo domínio o autor pretende infringir. Daí a legitimidade de ambos, como litisconsortes indispensáveis. Ocorrendo a alienação a esse terceiro após a propositura da demanda, em princípio o que ficar decidido será eficaz perante ele, sem que seja parte legítima nem figure no processo anulatório (salvo se for escusável a ignorância quanto à propositura, em casos que a jurisprudência avalia individualmente). O tratamento dado ao caso indicado no aresto acima constitui manifestação da regra de que, para a desconstituição de atos jurídicos, são litisconsortes necessários os titulares de situações jurídicas subseqüentes ao ato desconstituendo e dele dependentes.

116. *Cfr.* Calmon de Passos, *Do litisconsórcio*, n. 19, p. 30, e Dinamarco, *Instituições de direito processual civil*, IV, nn. 1.672 e 1.810, pp. 588 e 880 Dessa opinião discordam Lopes da Costa (*Direito processual civil brasileiro*, IV,

r) ação visando a incluir um diretor na partilha do montante de gratificação concedida pela assembléia geral de sociedade anônima, na qual são litisconsortes passivos necessários os outros dirigentes;[117]

s) ação rescisória movida por terceiro ou pelo Ministério Público (CPC, art. 487, incs. II-III), com a presença necessária das partes do processo originário. Se proposta por uma das partes vencidas, será necessário o litisconsórcio passivo no caso de terem sido duas ou várias as partes vencedoras;[118]

n. 420, p. 300) e Donaldo Armelin (*Embargos de terceiro*, inédito, n. 304), os quais não distinguem: no pólo passivo da relação processual dos embargos, hão de estar sempre o demandante e o demandado. Moraes e Barros (*Comentários ao Código de Processo Civil*, IX, n. 199, p. 393) separa várias hipóteses mas é categórico: "quando o executado indicou os bens à penhora, sua presença como litisconsorte é indeclinável". E dizia Luís Ambra que o executado poderá intervir como *assistente*, carecendo de legitimidade para figurar no pólo passivo, na condição de embargado (*cfr. Dos embargos de terceiro*, p. 76). Segundo o Superior Tribunal de Justiça, "nas hipóteses em que o imóvel de terceiro foi constrito em decorrência de sua indicação à penhora por parte do credor, somente este detém legitimidade para figurar no pólo passivo dos embargos de terceiro, inexistindo, como regra, litisconsórcio passivo necessário com o devedor" (3ª T., REsp n. 282.674, j. 3.4.01, rel. Nancy Andrighi, *DJU* 7.5.01, p. 140). Em acórdão mais recente do mesmo tribunal, contudo, afirmou-se que embora a definição da legitimidade passiva para os embargos de terceiro se pautasse em regra pela análise dos atos ensejadores da constrição, "em determinadas situações, esse pensamento deve ser ampliado para abranger outras pessoas que poderão ser atingidas pela decisão judicial". E pelo que dá a entender a decisão, entre essas pessoas está sempre o executado (STJ, 1ª T., REsp n. 530.605, j. 6.11.03, rel. José Delgado, v.u., *DJU* 9.2.04, p. 131).

117. *Cfr.* STF, 2ª T., RE n. 99.502, j. 1.3.83, rel. Moreira Alves, v.u., *DJU* 17.6.83.

118. *Cfr.* Luís Eulálio de Bueno Vidigal, *Comentários ao Código de Processo Civil*, VI, p. 218; Barbosa Moreira, *Comentários ao Código de Processo Civil*, V, n. 101, pp. 174 ss. No sentido de que as partes vencedoras devem participar da ação rescisória proposta por quem fora parte no processo anterior: STJ, 6ª T., REsp n. 676.159, j. 12.2.08, rel. Maria Thereza de Assis Moura, v.u., *DJe* 17.3.08 (inclusive dispensando o prequestionamento pelo terceiro prejudicado); STJ, 6ª T., REsp n. 661.161, j. 23.5.06, rel. Paulo Medina, v.u., *DJU* 12.3.07, p. 333 e STJ, 3ª S., AR n. 505, j. 12.2.03, rel. Fontes de Alencar, v.u., *DJU* 13.10.05, p. 225. Nestes dois últimos julgados reconheceu-se a decadência para a rescisória porque ultrapassado o prazo de dois anos antes que fossem incluídos os demais legitimados necessários no pólo passivo. Em sentido contrário, afirmando que seria facultativo o litisconsórcio "se a decisão a ser proferida, na ação rescisória, não atingir necessariamente a esfera jurídica ou patrimonial de

t) mandado de segurança, para cujo processo devem ser trazidos todos os beneficiários do ato impugnado.[119] Regido embora por lei especial, ao processo do *writ* aplicam-se os dispositivos do Código de Processo Civil sobre o litisconsórcio, entre os quais seu art. 47 (lei n. 1.533, de 31.12.51, art. 19).[120] No entanto, embora julgados de indiscutível acerto tratem os beneficiários do ato impugnado como típicos litisconsortes necessários, ainda existe alguma relutância a reconhecê-los como tais: às vezes vê-se o entendimento de que eles podem apenas intervir voluntariamente, como meros assistentes litisconsorciais. Basta lembrar, todavia, que o julgamento da impetração irá atingir diretamente a sua situação, para se concluir com toda certeza que a causa posta em juízo é também deles, repudiando aos princípios a crença de que possa haver um julgado sobre ela sem que os beneficiados participem do processo da impetração. O tratamento que se lhes dá como litisconsortes e não meros assistentes qualificados evidencia-se na dispensa de preparo para ingressar no feito[121] e

quem foi litisconsorte ativo na demanda originária", *cfr*. STJ, 5ª T., AgRg no Ag n. 848.541, j. 10.5.07, rel. Arnaldo Esteves Lima, v.u., *DJU* 28.5.07, p. 395 (os legitimados omitidos no caso eram outros servidores beneficiados por reajuste conferido pela sentença que se buscava rescindir).

119. Caso bastante ilustrativo acha-se estampado na *RT* 428/208 (TJSP, 1ª C. Civ., agr. pet. n. 189.378, j. 2.3.71, rel. Goulart Sobrinho): um estudante do Largo de São Francisco impetrou segurança contra ato do Diretor da Faculdade, consistente em classificar outro aluno para concorrer a determinado prêmio ofertado por entidade privada; e, como a concessão da segurança haveria obviamente de desclassificar o concorrente do impetrante, foi ele havido por litisconsorte necessário, dizendo o Tribunal que "no mandado de segurança pode ocorrer o litisconsórcio necessário quando o impetrante visa a modificar a posição de terceiro beneficiado com o ato impugnado".

120. Essa linha é mantida em muitos outros arestos: v. STF, 2ª T., RE n. 87.094, j. 3.7.77, rel. Djaci Falcão, v.u., *RTJ* 82/618 ("decisão suscetível de afetar direito subjetivo oriundo do ato impugnado em favor de determinados funcionários"); STF, 2ª T., RE n. 100.411, j. 4.9.84, rel. Francisco Rezek, v.u., *RT* 594/248. No Superior Tribunal de Justiça essa tese é tranqüila: *cfr*.. STJ, 1ª T., REsp n. 6.284, j. 4.5.92, rel. Garcia Vieira, v.u., *RJTJ* 36/296; STJ, 2ª T., REsp n. 983, j. 19.2.92, rel. Antônio de Pádua Ribeiro, v.u., *RSTJ* 30/230.

121. Emiti parecer nesse sentido, como Procurador da Justiça, no mandado de segurança n. 86.133, do Segundo Tribunal de Alçada Civil de São Paulo, impetrado contra ato jurisdicional. O sr. Vice-Presidente da época, Juiz Maércio Sampaio, exigira o *preparo* dos intervenientes, que eram adversários do impetrante no processo em que proferido o ato impugnado. Contra tal exigência ponderei que o julgamento do *writ* atinge ao mesmo tempo, de maneira uniforme,

da concordância das partes, bem como na nulidade do processo nos casos em que não houverem sido citados;[122]

u) especificamente o mandado de segurança contra ato jurisdicional, em cujo processo, aplicando-se as regras acima, é parte necessária, em litisconsórcio com o impetrado, o adversário do impetrante no feito em que houver sido proferida a decisão impugnada.[123] O mandado de segurança aparece nesses casos com função muito próxima à dos recursos, o que evidencia a indispensabilidade desse sujeito;[124-125]

não só o ato do juiz impetrado como tal, mas também a situação das partes no processo, operando em tudo e por tudo como se de recurso se tratasse; daí, considerar que se trata de ingresso a título de litisconsortes necessários que não estão sujeitos a preparar (e não de assistentes litisconsorciais). Nenhum *réu* tem o ônus de preparar para que sua *defesa* possa ser admitida.

122. *Cfr.* STF, 2ª T., RE n. 87.094, j. 3.7.77, rel. Djaci Falcão, v.u., *RTJ* 82/618; STF, Pleno, AR n. 690, j. 8.3.73, rel. Soares Muñoz, v.u., *DJU* 7.3.80. *Cfr.* Barbosa Moreira, *Litisconsórcio unitário*, n. 86, pp. 147-149; v. também *infra*, 118, nota 91.

123. *Cfr.* STJ, 6ª T., RMS n. 4.127, j. 23.3.04, rel. Paulo Medina, v.u., *DJU* 26.4.04, p. 218; STJ, 2ª T., REsp n. 229, j. 20.11.89, rel. Luiz Vicente Cernicchiaro, v.u., *RSTJ* 6/303; STF, 1ª T., RE n. 80.193, j. 25.11.75, rel. Antônio Neder, v.u., *RTJ* 78/877; STF, Pleno, AR n. 690, j. 8.3.79, rel. Soares Muñoz, v.u., *DJU* 7.3.80: "no mandado de segurança, utilizado como substitutivo da ação rescisória, é indispensável a citação, para integrar a relação jurídica processual, daqueles a quem a decisão impugnada favorece. A falta dessa citação importa violação literal dos arts. 88 e 91 do Código de Processo Civil de 1939, combinados com o art. 19 da lei n. 1.533/51"; *cfr.* ainda STF, 1ª T., RE n. 91.735, j. 11.5.82, rel. Néri da Silveira, v.u., *RTJ* 103/1.074; STF, 2ª T., RE n. 91.246, j. 3.11.81, rel. Cordeiro Guerra, v.u., *RTJ* 100/742.

124. O julgamento da impetração, embora formalmente dirigido contra o ato do juiz, em substância estará influindo decisivamente na situação da parte no processo e quiçá até em sua situação de direito material. Por isso não se concebe que o ato do juiz possa ser julgado, através do *writ*, sem que as posições das partes também o sejam, e de modo coerente e uniforme. Eis por que o litisconsórcio nesse caso é indisfarçavelmente *unitário e necessário*: como o mandado de segurança opera aí qual sucedâneo dos recursos e da própria ação rescisória e como em uns e na outra a parte vencedora é obrigatoriamente chamada a responder, seria por todos os aspectos um contra-senso permitir que o mandado de segurança contra ato jurisdicional fosse julgado sem o contraditório de todos os interessados.

125. Interessante solução, sem quebra da linha de orientação acima desenvolvida, deu o Supremo Tribunal em recurso extraordinário oriundo do Estado do Rio de Janeiro. O Tribunal de Justiça daquele Estado negara a participação,

v) ação divisória, em que serão réus necessários todos os condôminos porque "um bem pertencente a três pessoas não pode ser dividido entre duas delas apenas".[126] Esse é um caso de litisconsórcio necessário comumente indicado na doutrina clássica; no direito positivo brasileiro, além de essa necessariedade já resultar da regra geral do art. 47, tem-se ainda disposição específica a respeito (CPC, arts. 946, inc. II e 949). Pela natureza da relação jurídica posta em juízo tem-se então que, além de necessário, esse litisconsórcio é também unitário;

w) ação demarcatória movida por um condômino, que tem por litisconsortes indispensáveis todos os demais.[127] Também aqui há

em processo de mandado de segurança originário, ao Clube de Regatas Vasco da Gama, o qual em primeira instância obtivera liminar em ação possessória movida ao Estado. O Tribunal local concedeu o *writ* ao Estado, desconstituindo pois aquela liminar. Como porém, ao negar àquela associação esportiva o direito de participar como litisconsorte, o Tribunal local permitira que ficasse nos autos a sua manifestação, o Supremo entendeu que *de fato* a intervenção se consumara e, diante disso, afastou o interesse do interveniente (litisconsorte) à anulação do processo (STF, 1ª T., RE n. 85.597, j. 15.8.78, rel. Antônio Neder, v.u. nessa parte, *RTJ* 88/253).

126. Palavras de Liebman, *Manuale di diritto processuale civile*, II, n. 51, p. 92. *Cfr.* também Redenti, *Il giudizio civile con pluralità di parti*, n. 4, p. 5 e n. 11, pp. 12-13; Amaral Santos, *Primeiras linhas de direito processual civil*, II, n. 306, esp. p. 6. *A divisão é uma só*, em que o juiz levará em conta a medida da área global, as benfeitorias e seu valor, classificação e avaliação das terras, pastos, culturas e matas, as servidões *etc.* (Moraes e Barros, *Comentários ao Código de Processo Civil*, IX, n. 102, pp. 169-170). A deliberação sobre a partilha será *inutiliter data* se, em uma hipótese absurda, em relação a dois quinhoeiros diferentes o juiz acatar duas diferentes plantas da área global, ficando uma porção de terras adjudicada, lá e aqui, a duas pessoas distintas. Essa hipótese absurda serve para demonstrar que o litisconsórcio é unitário; se não houvesse a previsão dos arts. 946, inc. II, e 949, pelo disposto no art. 47 já se chegaria da mesma forma à necessariedade do litisconsórcio na ação divisória (Calmon de Passos, *Do litisconsórcio*, n. 23, p. 34, nota 29).

127. *Cfr.* Amaral Santos, *Primeiras linhas de direito processual civil*, II, n. 306, esp. p. 5. O art. 952 deixa claro que pode um apenas dos condôminos promover a divisão ou demarcação, passando para trás velha controvérsia (Moraes e Barros, *Comentários ao Código de Processo Civil*, IX, n. 52). Embora fale o dispositivo em *citação* dos demais condôminos (citação se faz apenas ao réu, não ao autor – Barbi, *Comentários ao Código de Processo Civil*, I, n. 301, p. 274), diz Moraes e Barros (*op. cit.*, n. 53, p. 85) que estes serão chamados como litisconsortes ativos (sobre o litisconsórcio necessário ativo, v. *infra*, n. 100). Considerados os efeitos da sentença homologatória da demarcação (ain-

em lei a imposição específica da necessariedade (CPC, art. 952), o que, como dito na hipótese acima, não retira a esse litisconsórcio a característica da unitariedade;

x) ação renovatória de locação comercial, movida pelo sublocatário, à qual são litisconsortes necessários passivos o sublocador e o proprietário do imóvel (lei n. 8.245, de 18.10.91, art. 71, par.). Este é mais um caso em que o litisconsórcio necessário imposto especificamente pela lei é também unitário porque o objeto do processo é incindível e não comporta disposições discrepantes com relação ao proprietário e ao seu inquilino (sublocador);[128]

y) as ações, em geral, que visem à desconstituição de relação jurídica, seja para rescindi-la por inadimplemento da parte contrária, seja para anular o ato em virtude de algum vício do consentimento, seja por violação à lei *etc*. A essas ações serão partes necessárias todos os sujeitos da relação jurídica que se pretende desconstituir e os problemas específicos que possam surgir em ações assim, quanto à necessariedade do litisconsórcio ativo, ficam englobados no trato específico a ser dado à problemática deste (*infra*, n. 100). O mesmo trato deve ser dado às ações declaratórias de nulidade do negócio jurídico por *simulação* (CC, art. 167).[129]

84. outros casos indicados – as ações constitutivas

Nesse rol, que é meramente exemplificativo e resulta de uma pesquisa sempre fadada a ser incompleta, alguns casos deixaram

da Moraes e Barros, *ib*., n. 68, pp. 121-122), também esse litisconsórcio será unitário. Se entre os confinantes do imóvel a demarcar houver algum estado de comunhão, ou entre possuidores ou titulares de outros direitos reais (exceto a garantia), entre eles formar-se-á um litisconsórcio passivo necessário (*id., ib*., n. 45, pp. 71-74).

128. *Cfr*. Barbosa Moreira, *Litisconsórcio unitário*, n. 74, p. 131; v. também Calmon de Passos, *Do litisconsórcio*, n. 23, letra *b*, p. 33; Buzaid, *Da ação renovatória*, n. 118, letra *a*, p. 186, e n. 125, pp. 194-195; STJ, 5ª T., REsp n. 151.715, j. 21.10.99, rel. Gilson Dipp, v.u., *DJU* 22.11.99, p. 174.

129. *Cfr*. Arruda Alvim, *Código de Processo Civil comentado*, II, p. 409. O Superior Tribunal de Justiça afirmou em mais de uma oportunidade que, a despeito da solidariedade instituída entre colocatários, ambos são litisconsortes necessários para a ação de despejo, valendo a solidariedade apenas para a obrigação pecuniária (*cfr*. STJ, 5ª T., REsp n. 65.772, j. 22.10.96, rel. José Arnaldo, v.u., *DJU* 2.12.96, p. 47.698; STJ, 5ª T., REsp n. 35.193, j. 18.8.93, rel. Jesus Costa Lima, v.u., *DJU* 13.9.93, p. 18.576).

de se incluir, apesar de às vezes serem indicados na jurisprudência como sendo de litisconsórcio necessário.

Há, em primeiro lugar, certas *ações condenatórias* referentes a objeto divisível, as quais, apesar de existir uma pluralidade de sujeitos interligados na relação jurídica fundamental, podem ser propostas isoladamente, cada qual por seu quinhão individual ou pelo valor que lhe é devido (diversos beneficiários da vítima de um acidente, postulando a condenação do causador deste).

Outros casos ocorrem, em que se coloca a problemática da admissibilidade, em tese, do *litisconsórcio necessário ativo*, a qual constitui objeto do item específico do presente estudo (*infra*, n. 100).

E conhecem-se também certas hipóteses em que a necessariedade do litisconsórcio é posta em discussão mesmo entre os mais prestigiosos doutrinadores. São ações, em geral *condenatórias*, visando a atingir a situação de mais de uma pessoa como sujeito passivo mas com a possibilidade de que a resistência à pretensão do autor venha de apenas uma delas.

O exemplo clássico dessa última hipótese, que dividiu a melhor doutrina, é a ação confessória de servidão, no caso de o prédio serviente ser objeto de condomínio. A propósito dessa questão remete-se o leitor ao que está dito no estudo do direito italiano sobre duas posições doutrinárias que na Península se manifestaram quanto ao limite da faculdade de demandar isoladamente, não sendo pois necessário o litisconsórcio (*supra*, n. 52).

Uma posição empenhada em reduzir a necessariedade a casos mínimos dizia que é sempre lícito litigar sem coligações no pólo ativo ou no passivo, desde que o provimento assim postulado seja apto a produzir um mínimo de eficácia; "o juiz deve exigir o concurso de todas as condições necessárias para que o provimento produza os efeitos que o autor se propõe, não também aqueles outros efeitos maiores que o provimento produziria se houvesse outras pessoas no processo" (Chiovenda – *supra,* n. 53).[130] Aqui

130. *Cfr.* "Sul litisconsorzio necessario", n. 4, esp. p. 440.

então, como o autor pretende remover apenas a resistência de um ou alguns dos coproprietários (não de todos), o provimento dado *inter pauciores ex pluribus* poderá ter sempre alguma utilidade – o que ocorrerá sempre que os demais não ofereçam resistência ao exercício da servidão.

Outra corrente de opinião (Redenti – *supra*, n. 53)[131] despreza a limitação da necessariedade do litisconsórcio às ações constitutivas e, em casos como esse (ação confessória), diz que esse *minimum* de utilidade que poderia ter o provimento emitido *inter pauciores ex pluribus* não justifica o exercício da jurisdição: seus efeitos ali são futuros e eventuais, podendo até reduzir-se a *zero* – bastando que se manifeste a resistência que se acreditava inexistir. Além disso, um *minimum* de eficácia poderia ter também a sentença constitutiva e nem por isso a corrente oposta nega a necessariedade do litisconsórcio nas ações constitutivas relativas a certos direitos indivisíveis. É preciso, pois, para que a demanda individual seja admissível, que o provimento pedido se mostre apto a produzir não apenas um mínimo de eficácia, mas todos seus efeitos que dele se podem esperar.

Diante dessa segunda orientação, portanto, a ação confessória será, quando o prédio serviente for objeto de copropriedade, daquelas em que o litisconsórcio passivo é necessário (*supra*, n. 53). Sobre a eventual superveniência de eficácia da sentença dada sem todos esses litisconsortes passivos necessários, v. *infra*, n. 128.

Pelas razões expostas, não existe boa razão para limitar a necessariedade do litisconsórcio às ações constitutivas (*supra*, n. 67). Para o exemplo em análise, bem como para outros que se lhe assemelhem, não se pode fixar uma regra invariável, de aplicação independente das características de cada caso concreto. É claro que, se antes da propositura da demanda um dos condôminos manifestar aderência ou submissão à pretensão do dono do prédio dominante, este será até *carecedor de ação* perante ele – pela simples razão de que nenhum provimento é necessário quanto a

131. *Cfr. Il giudizio civile con pluralità di parti*, n. 179, p. 256.

esse demandado, para que o direito à servidão seja exercido. Nem seria justo sujeitar esse condômino à constrição de um processo e às despesas judiciais, estando disposto a satisfazer a pretensão alheia. Sem uma situação clara nesse sentido, todavia, o litisconsórcio será necessário porque de nada valerá para o autor o reconhecimento de seu direito perante uns, quando outro pode continuar resistindo. Essa é a regra geral que há de prevalecer em caso de dúvida, constituindo exceção a admissibilidade de demanda que deixe de incluir todos os condôminos.

O que se ponderou acima deve prevalecer em situações assemelhadas à que se examinou, conforme haja resistência de todos ou só de alguns daqueles que gozam da situação que se quer eliminar. Em relação a algumas dessas possíveis situações a jurisprudência considera necessário o litisconsórcio sem distinguir hipóteses como acima laboriosamente se tentou fazer – até porque é bastante rara a ocorrência de casos em que um dos réus haja oposto resistência e outro tenha mostrado indiscutível disposição de curvar-se ante a pretensão do autor.

Os casos jurisprudenciais pesquisados, com o resultado que acaba de ser indicado, são:

a) ação reivindicatória, sendo a posse injusta exercida conjuntamente por vários: litisconsórcio necessário de todos os que a exercem ou se afirmam donos;[132]

132. *Cfr.* Calmon de Passos, *Do litisconsórcio*, n. 19, p. 30. Diz Pontes de Miranda: "em todas as ações contra os condôminos, em que se peça alteração ou se negue o direito real ou a posse dos condôminos, são eles litisconsortes passivos necessários, unitários ou não, conforme a espécie" (*Comentários ao Código de Processo Civil*, II, p. 35). A incoerência que se pode apontar nesse trecho, indicando um litisconsórcio que não decorre de disposição específica de lei e admitindo que em alguns casos ele possa deixar de ser unitário, vem da posição de Pontes de Miranda, que continuou a ver na *comunhão de direito ou de obrigação* os fundamentos da necessariedade. Do contrário, não haveria como afirmar a necessariedade sem unitariedade no caso em exame, porque (a) inexiste disposição legal ditando aquela e (b) sem ser unitário ele também deixaria de ser necessário (CPC, art. 47). O Tribunal de Justiça do Rio de Janeiro afirmou que o compossuidor é litisconsorte necessário para a ação reivindicatória (6ª C. Civ., ap. n. 2003.001.13383, j. 17.8.04, rel. Albano Mattos Corrêa, v.u.).

b) ações de despejo para a "realização de reparações urgentes determinadas pelo Poder Público" (lei n. 8.245, de 18.10.91, art. 9º, inc. IV), ou para a reforma que importe aumento da área construída nos termos do art. 47, inc. IV – para as quais são legitimados necessários todos os inquilinos.[133]

85. negação da necessariedade: casuística

Arrolam-se a seguir alguns casos em que, na experiência concreta dos tribunais, a necessariedade do litisconsórcio tem sido negada – ou por tratar-se de litisconsórcio apenas *facultado* às partes ou porque inadmissível a coligação, ou ainda por ser até parte ilegítima aquele a quem se pretendeu atribuir a qualidade de colegitimado necessário (*supra*, n. 50).

Na casuística coligida vê-se a tendência, correta perante a doutrina (muito embora sem uma segura invocação dos princípios doutrinários), de negar a necessariedade do litisconsórcio em ações condenatórias referentes a objeto divisível, o que sucede de modo especial e com bastante freqüência naquelas destinadas à reparação de dano civil: ainda quando haja uma pluralidade de responsáveis, cada um é legitimado autonomamente, sem ser indispensável a presença conjunta de todos como demandados.[134]

133. Disse a jurisprudência, na vigência das anteriores Leis das Locações (esp. lei n. 6.649, de 16.5.79, art. 52, inc. VIII): "o litisconsórcio em caso de despejo para reforma substancial do prédio é necessário, porque só com a desocupação por todos os inquilinos poderá atingir o locador seu intento" (*cfr*. TJSP, 4ª C. Civ., ap. n. 83.554, j. 28.11.57, rel. Moura Bittencourt, v.u., *RT* 276/267). Depois, disse o TASP, 4ª C. Civ., ap. n. 76.913, j. 28.12.65, rel. Pacheco de Mattos, v.u., *RT* 383/276, que "é necessário o litisconsórcio (...) quando o autor demanda vários réus, locatários distintos, reclamando-lhes, para única finalidade, as respectivas coisas locadas". As mesmas razões estão presentes quando se trata de despejar para reformar, no caso do art. 9º, inc. IV da lei vigente: a menos que a reforma exigida pelo Poder Público se refira a parte determinada do imóvel, em ambas as hipóteses todos os inquilinos precisarão desocupá-lo e, por isso, são litisconsortes necessários (*infra*, n. 134).

134. Essa máxima, formulada expressamente na jurisprudência italiana, foi reproduzida por Arruda Alvim em seu *Código de Processo Civil comentado*; naturalmente, se não se tratar de responsabilidade solidária cada um dos obrigados

São manifestações dessa orientação os seguintes destaques:

a) em ação de indenização por acidente automobilístico é lícito demandar apenas ao proprietário do veículo indicado como causador do dano, sem a presença de quem o conduzia no momento;[135]

b) na ação de reparação de danos, havendo seguro, não há a legitimidade necessariamente conjunta do autor do ato ilícito e do seu segurador;[136]

c) na ação de danos causados pelo empregado, tanto este como o empregador têm legitimidade passiva autônoma, não sendo litisconsortes necessários;[137]

terá sua legitimidade passiva limitada ao montante do dano a que sua conduta dera causa (*op. cit.*, II, p. 409).

135. Outro exemplo da jurisprudência italiana, recolhido por Arruda Alvim (*Código de Processo Civil comentado*, II, p. 409). Evidentemente, sendo solidária a responsabilidade, terá o réu o poder de *chamar ao processo* o coresponsável (CPC, art. 77, inc. III).

136. *Cfr*. TJSP, 1ª C. Civ., ap. n. 231.284, j. 23.3.74, rel. Carlos Ortiz, v.u., *RJTJSP* 40/50. É pacífico que, em caso de *seguro obrigatório*, a seguradora é diretamente ligada à vítima por um vínculo obrigacional mas isso não significa que a ação *deva* necessariamente ser movida também a ela e não só ao causador do dano: é óbvio que a sentença pode perfeitamente ser executada, não sendo pois *inutiliter data*, ainda quando só um deles venha a ser condenado (e daí deflui que não se trata de litisconsórcio unitário nem necessário). Não está certo, portanto, afirmar que "há que se atender a requerimento do réu, causador do dano, pleiteando a citação da seguradora para integrar a lide, como litisconsorte necessário" (TJSP, 1ª C. Civ., agr. instr. n. 200.448, j. 10.8.81, rel. Jonas Vilhena, v.u., *Adcoas* 1972, n. 9.549). A questão coloca-se assim: tem o causador do acidente legitimidade passiva por todo o valor da indenização, com regresso contra a seguradora, ou da sua obrigação e conseqüente legitimidade *ad causam* fica desde logo excluído o valor do seguro obrigatório? Prevalecendo a segunda solução, como resultado da interpretação do dec-lei n. 814, de 14 de setembro de 1969, o que se pode concluir, como aliás ordinariamente vem sendo feito, é que do montante do dano se exclua o valor do seguro, sendo o causador condenado pelo resultado dessa operação de subtrair.

137. Apesar de ser objetiva a responsabilidade do patrão pelos atos do empregado (CC, arts. 932, inc. II e 933), dispensando-se qualquer investigação em torno de uma culpa *in eligendo* daquele, a condenação civil ou criminal do preposto não tem eficácia sobre o empregador e não constitui título executivo contra ele. Ele é sim considerado responsável perante o direito material (CC, art. 932, inc. III) mas não está ainda "reconhecido como tal no título" (CPC, art. 568,

d) igualmente, na ação por ato ilícito do filho, sendo lícito acionar apenas este ou apenas o pai, isoladamente;[138]

e) "não há litisconsórcio necessário entre o Estado e o funcionário que praticou o ato pelo qual aquele é responsabilizado" com fundamento no art. 37, § 6º, da Constituição;[139]

f) na ação por danos causados por sucessivos inquilinos do mesmo imóvel, é lícito figurar como réu apenas um deles – o qual, naturalmente, responderá só pelos danos a que haja dado causa e não solidariamente, pelos causados por outro inquilino;[140]

g) em demanda de condômino visando a receber sua quota-parte do valor locativo de imóvel ocupado por outro, negou-se que todos os outros condôminos fossem litisconsortes necessários ativos, por-

inc. I); *cfr*. Ada Pellegrini Grinover, *Eficácia e autoridade da sentença penal*, cap. 10, letra *a*, esp. p. 49; Tourinho, *Processo penal*, II, cap. 10, n. 10, pp. 37 ss. (com extensas considerações).

138. *Cfr*. jurisprudência italiana, indicada por Arruda Alvim (*Código de Processo Civil comentado*, II, p. 409); v. nota anterior.

139. *Cfr*. STF, 2ª T., RE n. 80.873, j. 19.9.75, rel. Moreira Alves, v.u.; v. também Pontes de Miranda, *Comentários à Constituição de 1967*, III, p. 521. A tendência, aliás, é no sentido de que não há sequer legitimidade passiva do funcionário perante a vítima, sendo às vezes negada também a admissibilidade de lhe ser denunciada a lide pelo Estado. *Cfr.* Hely Lopes Meirelles, *Direito administrativo brasileiro*, pp. 562-563; Vicente Greco Filho, "A denunciação da lide: sua obrigatoriedade e extensão", p. 16 – e assim também recente julgado do Supremo Tribunal Federal (STF, 1ª T., RE n. 327.904-1, j. 15.8.06, rel. Carlos Britto, v.u., *DJU* 8.9.06). Um acórdão mais antigo do Supremo Tribunal Federal, no entanto, afirmara a admissibilidade do litisconsórcio nesse caso ("o fato de a Constituição Federal prever direito regressivo às pessoas jurídicas de direito público contra o funcionário responsável pelo dano não impede que este último seja acionado conjuntamente com aquelas, vez que a hipótese configura típico litisconsórcio facultativo" – STF, Pleno, RE n. 90.071, j. 18.6.80, m.v., *DJU* 26.9.80). A prevalecer essa tese, que é correta e em substância afirma a responsabilidade solidária entre Estado e funcionário, admissível será o chamamento ao processo (art. 77, inc. III) e não a denunciação da lide. *Cfr.* ainda STF, 1ª T., RE n. 105.157, j. 20.9.85, rel. Octavio Gallotti, v.u., *DJU* 18.10.85, que foi seguido em mais de uma oportunidade pelo Superior Tribunal de Justiça (1ª T., REsp n. 34.930, j. 15.3.95, rel. Milton Luiz Pereira, v.u., *DJU* 17.4.95 e 2ª T., REsp n. 997.761, j. 10.6.08, rel. Castro Meira, *DJe* 23.6.08).

140. Da jurisprudência italiana, *apud* Arruda Alvim, *Código de Processo Civil comentado*, II, p. 409.

que o objeto do direito de todos é divisível e cada qual tem legitimidade para pleitear o seu, isoladamente;[141]

h) na ação de cobrança de honorários advocatícios, ainda quando constituídos diversos patronos e havendo todos prestado o serviço, cada um deles tem legitimidade individual por força da regra da solidariedade ativa (CC, art. 267);[142]

i) na ação de cobrança de honorários advocatícios, cada um dos diversos constituintes tem legitimidade individual para figurar no pólo passivo, por força da solidariedade instituída no art. 680 do Código Civil;[143]

j) nas ações cambiárias não são litisconsortes necessários o emitente e o avalista, podendo a ação ser movida indistintamente a qualquer deles;[144]

k) na ação de despejo o sublocatário não é litisconsorte necessário passivo;[145]

l) em uma ação de apostador que acertara os treze resultados de um teste da Loteria Esportiva, visando à sua inclusão entre os acertadores, não foram estes considerados litisconsortes necessários;[146]

141. *Cfr.* TJSP 16ª C. Civ., ap. n. 85.349-2, j. 19.12.84, rel. Luiz Tâmbara, v.u., *RT* 594/92. V. ainda, no mesmo sentido, TJSC, 1ª C. Civ., agr. instr. n. 2.333, j. 5.5.83, rel. João Martins, v.u., *Jur. Cat.* 41/289, *ib.*, n. 195, p. 510, cuidando de "condômino que pleiteia cobrar de alguns condôminos frutos (= valores) correspondentes à fração de seu quinhão no imóvel".

142. *Cfr.* 1º TACSP, 4ª C., agr. instr. n. 438.079, j. 7.3.90, rel. Octaviano Lobo, v.u., *RT* 655/116.

143. *Cfr.* STJ, 4ª T., REsp n. 267.221, j. 17.10.06, rel. Aldir Passarinho Junior, v.u., *DJU* 27.11.06, p. 288.

144. *Cfr.* STF, 1ª T., RE n. 100.615, j. 20.9.88, rel. Néri da Silveira, v.u., *RT* 651/206, reportando-se ao art. 41 da Lei Uniforme; STF, 1ª T., RE n. 94.203, j. 20.9.83, rel. Oscar Corrêa, v.u., *DJU* 21.10.83. Essa é uma conseqüência da *autonomia* das obrigações cambiárias (*cfr*. Fran Martins, *Letra de câmbio e nota promissória*, n. 116, letra *a*, p. 239). V. *infra*, n. 134 e Dinamarco, *Execução civil*, n. 283, esp. pp. 447-448.

145. *Cfr.* Ovídio Baptista da Silva, "Litisconsórcio necessário e *outros efeitos* da sentença" (em crítica a acórdão do Tribunal de Justiça do Paraná). Ao sublocatário falta em verdade a legitimidade *ad causam*, porque não mantém relação jurídica com o locador; deve ser apenas *notificado* da demanda para poder intervir como assistente (lei n. 8.245, de 18.10.91, art. 59, § 2º). *Cfr.* STJ, 6ª T., REsp n. 138.216, j. 28.6.01, rel. Vicente Leal, v.u., *DJU* 20.8.01, p. 543; STJ, 5ª T., REsp n. 288.031, j. 16.5.02, rel. Jorge Scartezzini, v.u., *DJU* 26.8.02.

146. *Cfr.* STF, 2ª T., RE n. 81.848, j. 29.5.79, rel. Leitão de Abreu, v.u., *RT* 537/210 e *RTJ* 93/172. Segundo o voto do relator no Tribunal Federal de Recursos, acolhido no acórdão do Supremo, os demais ganhadores "nada teriam

m) na liqüidação de sentença não são litisconsortes necessários todos os devedores solidários que foram condenados pela sentença liquidanda;[147]

n) para a *restauração de autos* tem legitimidade individual qualquer das partes do processo cujos autos se tiverem extraviado (mesmo o assistente), ainda que nesse processo houvesse litisconsórcio;[148]

o) de um modo geral, nega-se obviamente a necessariedade do litisconsórcio em todos os casos nos quais o suposto litisconsorte necessário não tenha sequer legitimidade para ser parte em relação ao *petitum* posto em juízo (*v.g.*, o *endossante* na demanda de inexistência de obrigação cambial proposta pelo sacado). Para a casuística das situações em que essa ilegitimidade se configura, com crítica a julgados, v. *supra*, n. 50.

Para os casos em que o *litisconsórcio necessário ativo* vem sendo negado pela jurisprudência, remete-se o leitor ainda uma vez à parte deste estudo em que o fenômeno é examinado de modo específico (*infra*, nn. 100 ss.).

86. litisconsórcio necessário unitário: o estado atual da doutrina e jurisprudência

A casuística indicada mostra que, apesar das vacilações da doutrina, algumas linhas tendenciais se manifestam nitidamente

a alegar contra a inclusão de mais um ganhador no rateio". Segundo o parecer do então advogado (e hoje outra vez) prof. José Carlos Barbosa Moreira (parecer dos autos), eles poderiam, em princípio, ingressar no feito *como assistentes*; se não o fizeram, deram quitação e não reclamaram, "a valoração desse interesse (...) cai sob o juízo soberano dos próprios titulares das relações jurídicas conexas com a deduzida em juízo e suscetível de sofrer a influência da sentença". Foi correta a solução dada pelo Supremo Tribunal, ao excluir a necessariedade do litisconsórcio a partir da premissa, também correta, de que os demais ganhadores poderão mais tarde desconhecer a coisa julgada produzida *inter alios*, arriscando-se a Caixa Econômica Federal a uma futura condenação a pagar a cada um deles aquilo a que teria direito se o novo acertador não tivesse sido incluído (a menos, é claro, que hajam dado quitação geral – CPC, art. 472).

147. STJ, 3ª T., REsp n. 10.972, j. 28.6.91, rel. Dias Trindade, v.u., *RT* 678/216. Mas é natural que, não sendo a liqüidação promovida em face de todos, a execução só será admissível em face dos que ali houverem sido partes.

148. *Cfr.* TAPR, 3ª C. Civ., ap. n. 1.475/90, j. 29.5.90, rel. Maranhão de Loyola, v.u., *Par. Jud.* 34/161.

na jurisprudência brasileira, para a fixação da necessariedade do litisconsórcio com base na regra geral estabelecida no art. 47 do Código de Processo Civil.

Em certas *ações constitutivas*, sendo indivisível a relação jurídico-material posta como objeto do julgamento (para conhecimento *principaliter* e não *incidenter tantum*), nossos tribunais vão afirmando a necessariedade: é o caso das ações anulatórias de casamento, de testamento, de escritura, registro *etc.*, em que ou o ato é válido e permanece eficaz para todos os que dele participaram e receberam seus efeitos, ou para nenhum. Nesses casos o litisconsórcio costuma ser indicado como indispensável mesmo pela doutrina de tendência mais restritiva da necessariedade litisconsorcial, como já foi exposto em outras oportunidades (*supra*, n. 83).

Mas a jurisprudência brasileira *não se atém às ações constitutivas* ou, mais particularmente, ao "campo dos direitos potestativos" (*supra*, nn. 53 e 67).

A casuística mostra como também em algumas *ações meramente declaratórias* a necessariedade tem sido reconhecida, bastando que se trate de relação jurídica posta como objeto principal do processo e não invocada pelas partes para ser conhecida *incidenter tantum*. Assim é na ação de investigação de paternidade *post mortem*, na de impugnação de paternidade, ou ainda na de nulidade de casamento, cuja natureza constitutiva ou meramente declaratória a doutrina ainda discute (*supra*, n. 83), sem que isso impeça o entendimento geral de que, se proposta pelo Ministério Público ou por terceiro, os cônjuges serão em qualquer hipótese litisconsortes indispensáveis.

Além disso, como se viu, há certas ações que chegam a ter conotações de *condenatoriedade* (como a reivindicatória ou a de despejo para reforma substancial do prédio) e em que também a incindibilidade da relação vai levando a jurisprudência brasileira a afirmar a necessariedade do litisconsórcio (*supra*, n. 84). Como se viu, tais ações trazem em si a mesma problemática das *ações confessórias de servidão*, em torno das quais controverteram, na doutrina italiana mais autorizada, as duas tendências fundamentais relativas à necessariedade.

Das duas posições doutrinárias fundamentais, portanto, entre nós vai prevalecendo *a mais ampliativa do litisconsórcio necessário*, ou seja, aquela que não se contenta com um *minimum* de eficácia para que a sentença possa ser dada sem a presença de todos os legitimados. Não basta, segundo essa corrente, que, dado *inter pauciores ex pluribus*, possa o provimento ter um mínimo de eficácia: a sentença *inutiliter datur* quando não for apta a produzir todos os efeitos que lhe são inerentes.

De todo modo, na interpretação de casos concretos em busca de definição sobre ser ou não uma hipótese de litisconsórcio necessário-unitário, é preciso ter muita consciência dos conceitos e sobretudo das razões que conduzem à necessariedade. Da doutrina italiana moderna vem o conselho de desenvolver esse trabalho em três etapas, a saber: a) individualização do *petitum* formulado; b) "individualização dos limites subjetivos e objetivos do provimento pedido"; c) "determinação dos sujeitos que devem participar do processo a fim de que tais efeitos possam efetivar-se".[149] Se em algum dos lados da relação processual for indispensável a inclusão de dois ou mais sujeitos, necessário será o litisconsórcio e precisamente esses sujeitos serão os litisconsortes necessários (ativos ou passivos, conforme o caso).

Em termos mais práticos, o Supremo Tribunal Federal, que tantas vezes foi convocado a decidir sobre a árdua questão da exigibilidade do litisconsórcio *ex* art. 47 do Código de Processo Civil (ao tempo em que tinha competência em matéria infraconstitucional), disse que o litisconsórcio necessário se configura quando a decisão da causa propende (a) "a acarretar obrigação direta para o terceiro", (b) "a prejudicá-lo" ou (c) "a afetar seu direito subjetivo".[150]

149. *Cfr*. Giorgio Costantino, *Contributo allo studio del litisconsorzio necessario*, § 48, esp. p. 252.

150. *Cfr*. STF, 2ª T., RE n. 100.411, j. 4.9.84, rel. Francisco Rezek, v.u., *RT* 594/248; STF, 2ª T., RE n. 91.246, j. 3.11.81, rel. Cordeiro Guerra, v.u., *RTJ* 100/742, *ib*., n. 217, p. 537.

Bem mais leve é o lavor interpretativo nos casos de litisconsórcio necessário por força de específica determinação legal (*infra*, n. 94), sabendo-se com segurança que são litisconsortes necessários todas as pessoas que a lei indica.

87. ampliação de hipóteses – equívocos

Sente-se também que das partes costuma vir um grande e talvez irracional estímulo aos juízes no sentido de forçar o reconhecimento da necessariedade do litisconsórcio em casos nos quais ele não tem razão de ser. São casos quase sempre de ações condenatórias, em que o demandado suscita a questão do litisconsórcio necessário, postulando a citação de outro sujeito a quem atribui a condição de colegitimado indispensável na relação jurídica processual. Como se percebe pela casuística apresentada (*supra*, n. 85), a jurisprudência vai todavia, na maioria dos casos, corretamente repelindo tal alegação em ações onde o objeto é perfeitamente *divisível* e nada impele à exigência de julgados uniformes ou de abrangência de todos os legitimados.

Essa resistência dos juízos e tribunais brasileiros é de indiscutível acerto porque, como se sabe, a preocupação pela *coerência lógica* dos julgados não justifica, por si só, a necessariedade do litisconsórcio (*supra*, nn. 21, 65 e 80 – *infra*, n. 98).

Nas ações para reparação de dano em geral, ou nas cambiárias, as quais têm por objeto obrigações autônomas, tem plenas condições de eficácia o provimento emitido contra um dos obrigados apenas, sem os demais, podendo processar-se a execução forçada e obter-se o resultado desejado sem que estejam presentes todos.

E o Supremo Tribunal Federal, dizendo, p. ex., que "inexiste litisconsórcio passivo necessário quando a decisão da causa não acarreta obrigação direta para o terceiro chamado à lide",[151] repelia uma prática bastante usual na vida forense mas insustentável perante os princípios e o direito positivo – qual seja a de o réu, dizendo-se parte

151. *Cfr*. STF, 1ª T., RE n. 85.774, j. 14.9.76, rel. Cunha Peixoto, v.u., *RTJ* 84/267.

ilegítima ou alegando uma outra relação jurídico-material com terceira pessoa, pedir e obter a integração desse terceiro, erroneamente considerado litisconsorte necessário.[152]

Nem por isso, todavia, se pode dizer inteiramente afastados aqueles ímpetos de ver casos de litisconsórcio necessário onde ele efetivamente não ocorre. Em ações de indenização por morte não são raras as decisões de juízes de primeiro grau ou mesmo tribunais locais, mandando citar os filhos, quando a ação é proposta só pela viúva, ou os demais filhos, quando apenas alguns deles vêm a juízo.[153] Tais ações são condenatórias e têm objeto puramente pecuniário, nada impedindo que cada um dos dependentes da vítima falecida, ou cada um dos comunheiros, receba seu quinhão do ressarcimento devido – ficando imprejudicada a eventual pretensão dos demais quanto às respectivas parcelas.[154]

A orientação criticada parece que assenta na preocupação (até certo ponto justa) de levar ao máximo a utilidade do provimento jurisdicional, extraindo dele todo o proveito possível na medida em que, pelo mesmo ato ilícito ou pelos mesmos danos, possam todos os prejudicados, de uma vez só, receber a parte de reparação que é devida a cada qual. Esse objetivo chega até a ser atingido, na

152. A mesma orientação vem sendo seguida pelo Superior Tribunal de Justiça – *cfr.* 4ª T., AgRg no Ag 119.046, j. 13.10.97, rel. Barros Monteiro, v.u., *DJU* 24.11.97, p. 61.225.

153. O Tribunal de Justiça do Paraná anulou processo em que não fora a demanda ajuizada por todos os filhos, considerando-os todos como litisconsortes necessários (TJPR, 1ª C. Civ., ap. n. 388/76, j. 10.8.76, rel. Ossian França, v.u., *RT* 498/220).

154. Em julgamento no qual figurei como relator, admitiu o Primeiro Tribunal de Alçada Civil de São Paulo que quatro entre seis beneficiários de pessoa morta em atropelamento de autoria desconhecida fossem indenizados pelo Instituto de Resseguros do Brasil, recebendo cada um a sexta-parte do valor do seguro obrigatório e ficando imprejudicada a eventual pretensão dos dois outros, que não subscreveram a demanda (dec-lei n. 814, de 14.9.69); *cfr.* 1º TACSP, 2ª C., ap. n. 277.831, j. 11.3.81, rel. Rangel Dinamarco, v.u. Essa solução assemelha-se à que é ditada para o *litisconsórcio voluntário*, do direito português (v. *supra*, n. 40.1).

prática, quando o autor atende à exigência e providencia a vinda dos demais, prosseguindo o feito com todos.

Muito embora o litisconsórcio fosse facultativo e não necessário, e não tenha o juiz brasileiro o poder de transformar aquele neste, a vinda dos faltantes torna-se um fato consumado, sem prejuízo para ninguém (*infra*, nn. 140-141); concedo até que inexistirá violação à regra da estabilidade do processo (CPC, art. 264), visto que muitas vezes é o próprio réu quem provoca do juiz a exigência de virem os demais autores. O problema surge, todavia, *quando os demais autores não vêm*. Nessa hipótese, a ser mantida a exigência, ficamos em um difícil dilema: ou não pode o feito prosseguir e a garantia constitucional da ação fica maculada, ou os legitimados ativos serão citados, com o risco de permanecerem revéis – e então estaremos fazendo uma estranhíssima "citação" de autores e admitindo uma "revelia" no pólo ativo da relação processual. Essas soluções, que trazem em si todos os inconvenientes atribuídos ao litisconsórcio necessário ativo, são manifestamente indesejáveis e de gritante aberração sistemática e conceitual (*infra*, n. 100).

88. o critério legítimo

De tudo quanto se vem observando deflui que ainda um tanto empírico é o trato dado à necessariedade do litisconsórcio quando se examinam casos concretos. No fundo dessa indesejável insegurança está a *insuficiente compreensão do critério válido para a aferição da necessariedade*, resultante do art. 47 do Código de Processo Civil. Até por certa intransigência de alguns setores da doutrina, que insistem em criticar tal dispositivo com o falso fundamento de que confunde litisconsórcio necessário com litisconsórcio unitário (*supra*, n. 81), sente-se boa dose de vacilação na distinção entre casos em que ele é realmente indispensável e casos de facultatividade. É preciso fixar um critério seguro e harmonioso com o sistema.

O único critério legítimo, resultante da interpretação sistemática dos textos sem desconsiderar a *ratio* da necessariedade, é o que está presente nesta máxima: o litisconsórcio será necessário-unitário *quando sem a presença de todos os colegitimados o provimento não puder produzir os efeitos que lhe são próprios* (*supra*, nn. 53 e 86).

Quando diversas pessoas são titulares de direitos derivantes do mesmo título, ou do mesmo fato jurídico, mas trata-se de *direitos patrimoniais*, cabendo a cada qual uma parcela do todo *divisível*, o provimento concedido a algumas entre essas pessoas, sem a presença das demais, será eficaz para elas. Seria *inutiliter datus* apenas se, sem os demais legitimados, não fosse possível a futura execução ou se, em qualquer hipótese, não pudesse um gozar do seu direito sem que os demais também gozassem do seu.[155]

É preciso ver o provimento pela perspectiva de quem o postula, sendo titular do poder de ação e destinatário dessa garantia constitucional, e não de um ideal de economia e de harmonia de julgados, levado ao extremo de sufocar essa garantia colocada em plano hierárquico superior.

89. tendências

Descontada porém a já referida insegurança diante de casos concretos, sente-se que a jurisprudência brasileira vai caminhando pela trilha correta, tendo já assentado definitivamente alguns pontos muito importantes, como se demonstrou. E a doutrina alcançou aqui progressos que em nenhum outro país chegara a alcançar, especialmente na distinção entre a necessariedade e unitariedade do litisconsórcio e na tomada de consciência das regras fundamentais inerentes ao regime unitário.

Da doutrina européia recebemos a respeito ensinamentos não muito claros, embora não se possa dizer que os prestigiosos processualistas de além-mar tivessem permanecido o tempo todo insensíveis à distinção entre os dois fenômenos. Na Itália, como se

155. *Cfr.* Barbosa Moreira (*Litisconsórcio unitário*, n. 85, p. 146), para quem "o eixo de referência é sempre o *resultado* prático a que tende o processo, à vista do pedido e da *causa petendi*". Sendo possível o resultado prático pretendido por quem veio a juízo demandar sem coligação com todos os que também poderiam fazê-lo e não o fizeram, não há por que cogitar da necessariedade do litisconsórcio.

viu, chegou-se à percepção da existência de dois *momentos* da necessariedade do litisconsórcio, dizendo-se que ele é necessário na propositura da demanda ou "necessário" no momento da instrução e decisão da causa (*supra*, n. 55); na Alemanha fala-se em um litisconsórcio *qualificado*, em oposição ao necessário (*supra*, n. 51). Em nenhuma obra, todavia, se vira uma enérgica distinção entre uma coisa e outra nem se tratou o *segundo momento* do litisconsórcio necessário, ou o litisconsórcio *qualificado* com a firmeza de determinação que nas últimas décadas veio a caracterizar o estudo do litisconsórcio unitário entre nós.

Como os alemães e italianos, nós também lutamos contra a insuficiência dos textos legislativos. Nosso Código de Processo Civil traz a regra geral da necessariedade do litisconsórcio mediante uma disposição bastante confusa, que, apesar de substancialmente correta, sem dúvida alguma tem justificado as perplexidades de muitos (art. 47). Além disso, não formula regras gerais sobre o regime da unitariedade: o art. 48 do Código diz apenas que "salvo disposição em contrário" prevalecerá o principio da autonomia dos colitigantes, mas não se vê no Código qualquer disposição ampla em contrário (o único dispositivo a respeito é o do art. 509, sobre a extensão subjetiva dos recursos, a qual obviamente não tem caráter geral). Tudo quanto se conhece e pratica no Brasil nessa área é devido à boa e segura construção doutrinária.

Apesar de tudo isso parece-me todavia que já contamos com noções essenciais firmes e definitivas. Os dissensos doutrinários e vacilações jurisprudenciais já se vão localizando em setores cada vez menos significativos e não se pode, obviamente, pretender um ponto de consenso geral capaz de eliminar de maneira absoluta toda e qualquer margem de discussão ou discordância.

90. litisconsórcio unitário não-necessário (facultativo)

O que o art. 47 do Código de Processo Civil não prevê mas iniludivelmente ocorre são casos em que, apesar de unitário, o litisconsórcio deixa de ser indispensável. Segundo sua regra fundamental, que constitui o centro nuclear do sistema da unitariedade e da necessariedade no direito brasileiro, os dois fenômenos *haveriam* de ocorrer sempre coincidentemente: há sobejas razões para que *em princípio* o litisconsórcio seja ao mesmo tempo unitário e também necessário sempre que se trate de relações jurídico-materiais insuscetíveis de decisões conflitantes. Como é notório, porém, casos há em que, mesmo sem estarmos diante de uma dessas relações jurídicas incindíveis, a lei quer que do lado ativo ou do lado passivo da relação jurídica processual estejam duas ou várias pessoas (litisconsórcio necessário não unitário); e essas previsões específicas da lei entram no sistema através de uma abertura sistemática contida no próprio art. 47 (*supra*, n. 94 – litisconsórcio necessário por força de lei).

Inversamente, algumas situações ocorrem, em que, apesar de estar *in judicio deducta* uma relação substancial que não comporta apreciações heterogêneas, por alguma razão o direito dispensa a reunião de pessoas como autores ou como réus no processo. É, como se vê, um fenômeno diametralmente oposto ao descrito acima, ou seja, temos agora casos de litisconsórcio que, não-obstante unitário, necessário não será. Nesses casos, se houver duas ou mais pessoas como autores ou como réus o tratamento será homogêneo; não se exige, contudo, que o litisconsórcio se forme (litisconsórcio unitário facultativo).

Ora, o fato de o art. 47 do Código de Processo Civil não prever casos assim nem oferecer um encaixe sistemático às normas que em alguns casos tornam facultativo o litisconsórcio unitário, não é razão suficiente para que se afirme estar mal posto o sistema. Não será justo, por exemplo, dizer que a fórmula contida em sua redação seja defeituosa, pela simples razão de nem sempre a necessidade de solução uniforme produzir litisconsórcio necessário.[156] O ordenamento processual é *um todo harmônico*, que há de ser conhecido e compreendido na inteireza de suas disposições gerais e especiais; nada obsta e não constitui novidade alguma, que uma *lex generalis* representativa da regra básica a valer para

156. Essa crítica é comum na doutrina e as palavras indicadas acima são de Barbi, *Comentários ao Código de Processo Civil*, I, n. 301, p. 272.

determinado instituto venha depois a sofrer ressalvas ou restrições decorrentes de *leges speciales* contidas no corpo do sistema. Trata-se de normas do mesmo nível hierárquico e, conseqüentemente, nos limites da especialidade a norma especial prevalece sobre a geral.

Reconhece-se que bem poderia o art. 47, didaticamente como fez em relação aos casos do litisconsórcio necessário por força de lei (que será indispensável sem ser unitário), ter também aqui dado uma abertura, anunciando que, quando a lei dispuser, haverá casos de unitariedade sem necessariedade. Não o tendo feito, porém, isso absolutamente não levará a engano o processualista brasileiro, já afeito às conquistas da nossa doutrina, sabedor que é de que o sistema abriga casos de litisconsórcio necessário que não é unitário e casos de unitariedade sem necessariedade.[157]

> Na própria doutrina da Itália, onde a lei é ainda mais deficiente que a nossa, já se sentiu que casos existem de litisconsórcio necessário limitados ao *segundo momento*, ou seja, casos de necessária instrução e decisão em conjunto sem que precise a demanda ser proposta por vários ou relativamente a vários (sobre o significado dessa construção, v. *supra*, n. 55).[158-159]

157. Se não fosse necessário conhecer todo o sistema que disciplina determinado instituto, o art. 121 do Código Penal mereceria igual crítica por haver dito que *matar alguém* é crime punido com reclusão de seis a vinte anos, mas omitido que deixará de sê-lo quando ocorrer alguma justificativa penal (CP, arts. 19-21).

158. Falou o próprio Chiovenda em "casi di litisconsorzio necessario non regolati dalla legge, limitati però al solo momento della trattazione e decisione della causa", nos quais "non è affatto necessario che tutti questi interessati agiscano". Mas, se "più d'uno agisce, il processo deve esser unico e unica la sentenza" (*cfr*. *Principii di diritto processuale civile*, § 88, IV, B, p. 1.083).

159. Há quem negue a configurabilidade do litisconsórcio unitário facultativo, como no Brasil é o caso de Ovídio Baptista da Silva (*Curso de processo civil*, I, esp. pp. 204-207). Parte ele do pressuposto de que o unitário seja subespécie do necessário, o que a melhor doutrina nega mas constitui posição firmada por Pontes de Miranda. Apóia alguns autores estrangeiros, na afirmação da existência de um litisconsórcio quase-necessário (v. p. 205). É o caso de Prieto-Castro (*Derecho procesal civil*, 1, n. 170, pp. 322-323), o qual no entanto chega a essa categoria como conseqüência da usual confusão entre necessariedade e unitariedade. Diz o processualista espanhol que ocorre o *litisconsórcio*

91. colegitimados ordinários e extraordinários

O litisconsórcio unitário é às vezes facultativo entre colegitimados ordinários e, outras vezes, entre colegitimados extraordinários. Um relance na casuística que virá a seguir (*infra*, n. 93) mostra casos da primeira espécie, como na ação reivindicatória de coisa comum, na ação de sócios para a anulação de deliberação da assembléia da sociedade, na ação para haver de terceiro a universalidade da herança *etc.*; exemplos da segunda espécie são a ação popular, a de nulidade de casamento proposta a ambos os cônjuges, o pedido de interdição *etc.* Há também casos em que ao mesmo tempo aparecem colegitimados ordinários e extraordinários.

92. no pólo ativo da relação jurídica processual

O fenômeno do litisconsórcio unitário facultativo, se não é próprio do lado ativo da relação processual, ao menos é aí que se manifesta com muito mais acentuada freqüência, talvez com exclusividade. Todos os exemplos contidos na casuística a seguir

eventualmente necessário ou *quase-necessário* quando a decisão da causa há de ser igual para todos os litisconsortes, mas desde que, *por deliberação própria*, hajam os autores comparecido em conjunto ou movido a demanda a uma pluralidade de sujeitos. Como negar a facultatividade de um litisconsórcio que se forma só porque "todos los sujetos *han querido* estar en el proceso como actores" *etc.*? A mesma confusão radical está na obra de Maria Encarnación Dávila Milán, igualmente citada (*cfr. Litisconsorcio necesario*, n. 1.5, pp. 25-29): tratar-se-ia de um litisconsórcio derivado da inevitabilidade de decisões homogêneas, mas que "no viene impuesto por ley" (p. 26). O que não é imposto é facultativo. Falar de litisconsórcio quase-necessário é falar de litisconsórcio *não-necessário*, tanto quanto não é honesto o homem *meio-honesto*. Mais aderente à realidade é a posição assumida por Araken de Assis (*Cumulação de ações*, n. 39, esp. pp. 139-140): "o tratamento a que submetem os litisconsortes na relação processual – quer no litisconsórcio necessário, quando estão obrigados à litigância conjunta, quer no facultativo, onde reina a liberdade de se associarem – por vezes difere profundamente. Fala-se, então, de um regime *comum*, quando os litisconsortes se consideram, nas relações entre si e com a parte (ou partes) contrária, litigantes distintos (art. 48 do CPC), e de um regime *especial*, quando...".

são de litisconsórcio facultativo unitário e *ativo*. São conhecidas as restrições que se fazem à necessariedade do litisconsórcio ativo, sendo notória a redução dos casos em que ocorre, alvitrada pela doutrina e imposta pelos tribunais; há mesmo quem de modo radical negue a sua configurabilidade. Não seria oportuno desenvolver na presente parte da obra uma proposta de solução desse problema mas indisfarçavelmente o litisconsórcio necessário ativo constitui grave obstáculo ao exercício da ação, o que justifica as ressalvas que se lhe fazem (*infra*, n. 100).

Por isso, embora nem sempre a lei dispense explicitamente o litisconsórcio ativo em causa envolvendo alguma relação que não comporte julgamentos heterogêneos (litisconsórcio unitário) ou nem sempre seja muito clara em dispensá-lo, a tendência é no sentido de *alargar a facultatividade* para que a ação possa ser exercida individualmente, livre desse óbice.

Talvez o que acaba de ser dito fique mais claro se lembrarmos que existem certas relações de direito material que não dizem respeito a duas pessoas apenas ou que ao menos projetam reflexos em situações jurídicas de uma pluralidade de pessoas, ou mesmo da própria sociedade; e se ao mesmo tempo tivermos também a consciência de que desse fenômeno resulta a legitimidade de mais de uma pessoa para conduzir em juízo os interesses próprios, ou às vezes alheios, relativos a ditas relações. É o próprio legislador quem sente a necessidade de conferir a mais de uma pessoa a legitimidade para estar em juízo postulando o reconhecimento, a negação ou a transformação dessas relações jurídico-materiais que interferem na vida de mais de uma pessoa ou mesmo de toda uma comunidade.

É o que ele faz quando admite de cada sócio a demanda de anulação de ato da assembléia societária, ou de cada um dos comunheiros a reivindicação da coisa comum *etc.* (casos de legitimidade ordinária). É o que faz também quando excepcionalmente admite uma pluralidade de pessoas (CPC, art. 6º) a postular em juízo por um interesse alheio portador de reflexos em sua própria esfera jurídica: assim, por exemplo, é lícito a qualquer interessado demandar declaração de nulidade de um casamento (CC, art. 1.549) e pode qualquer credor do herdeiro postular a instauração do inventário (casos de legitimidade extraordinária). Trata-se, em todos esses casos, de situações nas quais, levando em consideração a existência de um círculo maior ou menor de pessoas de alguma forma ligadas à relação jurídica controvertida (ou ao *status* controvertido), confere a lei a essa categoria de pessoas a qualidade para estar em juízo para defesa dos direitos a ela inerentes – e daí a sugestiva denominação *legitimação por categoria*, que remonta a nobre linhagem doutrinária.[160]

Ora, se em casos assim a lei quis ampliar o espectro da tutela jurisdicional, tendo fundadas razões para conferir legitimidade a uma série de pessoas (e às vezes também ao Ministério Público), a exigência de propositura conjunta da demanda viria a contrariar todo esse intuito socialmente legítimo porque cada um só poderia vir a juízo na hipótese de contar com a adesão da vontade dos demais. Por isso, mesmo quando se trate de relações jurídicas incindíveis (que, uma vez postas em juízo, não comportam soluções fragmentárias), em muitos casos o direito positivo dispõe, ainda que sempre em caráter de excepcionalidade, a legitimidade individual de cada um dos interessados para propor a demanda e obter o provimento jurisdicional desejado (facultatividade do litisconsórcio unitário). É por isso também que, em certos casos onde a lei não é explícita ou peca pela falta de clareza, a doutrina vai pacificamente considerando que o litisconsórcio unitário ativo não é necessário.[161]

Em alguns casos essa solução poderia facilitar o conflito de julgados, conflito prático mesmo e não apenas teórico, o que se daria quando o mesmo pedido, formulado sucessivamente por mais de um legitimado, obtivesse cá e lá soluções diferentes. O próprio sistema, todavia, oferece corretivos a esse risco.

No caso de colegitimados ordinários à demanda de desconstituição de um ato (como no clássico exemplo dos sócios a demandar anulação de ato da assembléia), a coisa julgada que se

160. *Cfr*. Calamandrei, *Istituzioni di diritto processuale civile secondo il nuovo codice*, I, § 37, p. 124.

161. Não se está afirmando que *de maneira absoluta* o litisconsórcio necessário ativo seja estranho ao sistema – *infra*, n. 100.

formar sobre sentença julgando improcedente a pretensão de um não atingirá o poder de ação dos demais (limitação subjetiva da coisa julgada – CPC, art. 472); mas, julgada procedente a demanda de alguns deles, o ato se desconstitui e os outros carecerão de interesse processual para o ajuizamento de novas demandas.[162]

Tratando-se de demanda proposta por legitimado extraordinário, a sentença que a julgar improcedente terá autoridade também sobre os demais colegitimados: é inerente ao instituto da substituição processual ficar o substituído vinculado aos efeitos da sentença e à coisa julgada material produzida na causa conduzida pelo substituto,[163] sendo óbvio que essa autoridade atingirá igualmente os demais substitutos (sobre o caso específico da ação popular, v. *infra*, n. 93, letra *l*). O expediente representado pela extensão subjetiva da coisa julgada concorre eficientemente para evitar o mal do conflito de julgados, guardando boa relação de complementariedade com a unitariedade do litisconsórcio[164] e oferecendo solução satisfatória nos casos em que este não é ao mesmo tempo também necessário (*infra*, n. 101).

93. *casuística*

Vejamos agora, em um rol meramente exemplificativo, casos de litisconsórcio unitário mas ao mesmo tempo facultativo, colhidos na lei, jurisprudência e doutrina:[165]

162. *Cfr*. Liebman, "Pluralidade de partes legítimas à impugnação de um único ato". Essa colocação fora objeto de crítica na doutrina brasileira e, em sua defesa, escreveu Ada Pellegrini Grinover ao anotar a segunda edição brasileira da *Eficácia e autoridade da sentença*, do Mestre italiano. Ulteriormente a Professora veio a abandonar essa posição, passando a acatar a de Barbosa Moreira, pela *extensão da coisa julgada* (*cfr.* Ada Pellegrini Grinover, "Coisa julgada *erga omnes, secundum eventum litis* e *secundum probationem*", pp. 3-19 e "Pluralidade de pessoas legitimadas à impugnação de um único ato", *passim*).

163. *Cfr*. Garbagnati, *La sostituzione processuale*, pp. 282-285; Allorio, *La cosa giudicata rispetto ai terzi*, nn. 152-153, pp. 258 e ss.

164. *Cfr*. Allorio, *La cosa giudicata rispetto ai terzi*, n. 167, pp. 282 ss. e Barbosa Moreira, *Litisconsórcio unitário*, nn. 79-81, pp. 138 ss. (*infra*, n. 101).

165. A relação a seguir corresponde basicamente, embora sem uma concordância total, à que elaborou Barbosa Moreira ao dar exemplos de litisconsórcio

a) ação reivindicatória da coisa comum (CC, art. 1.314), que pode ser proposta por qualquer dos condôminos.[166] Entende-se que também o compossuidor tem legitimidade individual para as ações possessórias a serem movidas a terceiro[167] e também que um dos condôminos, tendo posse localizada em certa área do imóvel comum, pode isoladamente pleitear a reintegração ou manutenção, mesmo quando eventualmente figure no pólo passivo um outro comunheiro;[168]

b) ação para haver de terceiro a universalidade da herança (CC, art. 1.791, par. c/c art. 1.314), para a qual tem legitimidade isolada qualquer dos coherdeiros;[169]

unitário (*Litisconsórcio unitário*, n. 74, pp. 129-131). Ali, não cuidava o processualista carioca de oferecer casos de unitariedade sem necessariedade, mas de unitariedade apenas, sendo-lhe indiferente se a necessariedade ocorre ou não nas hipóteses que arrolou; e vê-se que, de sua lista relativa à unitariedade no lado passivo, nenhum dos casos deixa de ser necessário.

166. *Cfr*. STJ, 3ª T., REsp n. 48.184, j. 18.4.95, rel. Eduardo Ribeiro, v.u., *DJU* 22.5.95, p. 14.399.

167. *Cfr*. Ernane Fidélis dos Santos, *Comentários ao Código de Processo Civil*, VI, n. 121, p. 116. Esse foi o entendimento adotado em acórdão do Tribunal de Justiça de São Paulo (12ª C. Dir. Priv., ap. n. 7.110.005, j. 13.12.06, rel. Cerqueira Leite, v.u.), que admitiu a legitimidade individual do condômino para a reintegração de posse frente a comodatários – no caso havia conflito de interesses entre os condôminos, a inviabilizar a propositura de demanda conjunta.

168. O Superior Tribunal de Justiça também já admitiu a ação reivindicatória proposta por um condômino contra outros, quando "se registrou que *a parte da área reivindicada já está determinada* e que os réus *não possuem dúvidas quanto à área pretendida*" (4ª T., REsp n. 134.814, j. 29.10.98, rel. César Asfor Rocha, v.u., *DJU* 12.4.99, p. 156).

169. Ovídio Baptista da Silva contesta esta hipótese como exemplo de litisconsórcio facultativo unitário, mas não convence (*cfr*. *Curso de processo civil*, I, p. 206). Esse é um dos muitos casos de litisconsórcio entre colegitimados, em que prevalece o que Calamandrei chamou *legitimação por categoria* (*Istituzioni di diritto processuale civile*, I, § 37, esp. p. 124) e que vêm sendo referidos nas edições anteriores da presente obra (*cfr*. 2ª ed., n. 30, pp. 146-147). Não importa a natureza da sentença pedida: se dois ou mais colegitimados comparecem em juízo com pedido de condenação do terceiro a entregar a herança em benefício da coletividade dos sucessores, o número de autores não influi no *objeto do processo*, o qual tem a mesma extensão que teria se o autor fosse um só. Nem se imagina como poderia o juiz, no caso de ter-se formado esse litisconsórcio, que é facultativo por excelência (CC, art. 1.791, par.), imprimir-lhe o regime de litisconsórcio *comum* e conferir a cada um dos autores um julgamento *de meritis*

c) pedido de retificação do registro imobiliário (CC, art. 1.247 e Lei dos Registros Públicos, arts. 212-213): litisconsórcio facultativo ativo entre os prejudicados;

d) ação de declaração de indignidade (CC, art. 1.815): legitimados individualmente todos que tenham interesse na sucessão;[170]

e) ação de deserdação (CC, art. 1.965): litisconsórcio ativo não-necessário entre aqueles a quem aproveite a deserdação;[171]

f) ação de sonegados (CC, art. 1.994): litisconsórcio ativo admitido entre herdeiros, credores da herança ou entre uns e outros. A todos aproveita a sentença proferida na ação de sonegados (art. 1.994, par.),[172] o que significa que só ficarão atingidos pela sentença

diferente dos demais. É claro que a essa legitimidade individual associa-se o expediente legislativo consistente na *extensão subjetiva da coisa julgada*, a que também vem sendo feita alusão nas edições precedentes (v. 2ª ed., n. 30, esp. p. 148). Talvez a discordância resulte de ter o seu autor entendido que a medida a que alude o parágrafo do art. 1.791 do Código Civil fosse a clássica *ação de vindicação de herança*, a que alude sua nota: sobre a distinção entre uma e outra, *cfr.* Caio Mário, *Instituições de direito civil*, VI, n. 436, pp. 53 ss.; Washington de Barros Monteiro, *Curso de direito civil*, VI, p. 39; Sílvio Rodrigues, *Direito civil*, VII, n. 11, esp. p. 28 ("ao herdeiro só cabe parte da herança. Todavia, como a lei declarou indivisível o seu direito no tocante ao domínio e à posse daquela universalidade, pode ele reclamá-la inteira, visto que a lei lhe dá legitimação para tanto"). O herdeiro comparece em sua *condição de condômino*, análoga àquela prevista no art. 1.314 do Código Civil – e não para pleitear somente seu quinhão, como se dá na *petitio hæreditatis* (*cfr.* ainda Clóvis Beviláqua, *Código Civil commentado*, VI, nota ao art. 1.580, p. 24; Corrêa Telles, *Doutrina das acções*, p. 149). A oposição do prof. Ovídio Baptista da Silva liga-se à sua premissa da não-configurabilidade do litisconsórcio unitário facultativo, a qual, por sua vez, constitui projeção da concepção do litisconsórcio unitário como subespécie do necessário (*cfr. Curso de processo civil*, pp. 201 e 204-207 – *supra*, n. 61).

170. O disposto no art. 1.596 do Código Civil de 1916 sobre a legitimidade "de quem tenha interesse na sucessão" não foi reproduzido no vigente mas é manifesta a legitimidade de cada um para estar em juízo com causas como essa, portadoras de reflexos diretos em sua esfera de direitos.

171. Esse exemplo não se confunde com a *ação de nulidade ou anulação de testamento*, a que também se alude nesta obra – essa, sim, regida pela exigência de litisconsórcio necessário (v. *supra*, n. 83, letra *d*).

172. No mesmo sentido parece ser Orlando Gomes, que fala em sentença "obtida pelo autor" (*Sucessões*, n. 244, p. 308). Em acórdão do Superior Tribunal de Justiça, admitiu-se a assistência litisconsorcial prestada por herdeiro que não movera a ação de sonegados, mediante o argumento de que com a procedência os bens haveriam de ser partilhados entre todos os herdeiros, e não apenas entre

os colegitimados que não litigaram, no caso de a sentença lhes ser *favorável*; procedente a ação, falecer-lhes-á o interesse de agir de novo em juízo com análogo pedido, porque já obtido por outrem o provimento jurisdicional que lhes interessava (*supra*, n. 92). Não se lhes estenderá todavia a autoridade da coisa julgada referente à sentença que julgar a ação *improcedente*, caso em que prevalecerá a regra restritiva do art. 472 do Código de Processo Civil;

g) ação de dissolução de sociedade (CPC-39, arts. 655-674, c/c CPC-73, art. 1.218, inc. VII – lei n. 6.404, de 15.12.76, art. 206): litisconsórcio ativo facultativo ativo entre sócios ou entre quaisquer interessados;[173]

h) ação de anulação ou de declaração de nulidade de deliberação de assembléia de sociedade: litisconsórcio ativo facultativo entre sócios;[174]

i) ação movida por sócios com o pedido de inibir a diretoria da sociedade de alienar bens do ativo permanente sem prévia autorização: facultativo o litisconsórcio entre os sócios;[175]

j) ação de nulidade de patente de invenção (Código da Propriedade Industrial, art. 57): legitimada individualmente qualquer pessoa prejudicada pelo privilégio (art. 55, esp. letra *c*). Questiona-se sobre o Instituto Nacional da Propriedade Industrial como litisconsorte necessário ou facultativo mas a dúvida deve ser equacionada em termos de tal autarquia ser ou não parte legítima *ad causam*, uma vez que a situação da patente não diz respeito a direitos ou interesses seus mas tão-somente vigiados por ela;

k) ação de nulidade de marca de indústria, comércio ou serviço, ou de expressão ou sinal de propaganda (lei cit., art. 100): *idem*;

l) ação popular (Const., art. 5º, LXXIII e lei n. 4.717, de 29.6.65, art. 1º): litisconsórcio facultativo ativo entre cidadãos. O art. 18 da

os que propuseram a demanda (4ª T., AgRg no REsp n. 196.656, j. 18.5.00, rel. Barros Monteiro, v.u., *DJU* 21.8.00, p. 141).

173. Estamos falando de litisconsórcio ativo facultativo no pólo ativo das *verdadeiras* ações de dissolução, ou seja, ações que visam a desconstituir a sociedade. Nas (mal) chamadas *dissoluções parciais*, que na realidade nada dissolvem, a situação é outra (refiro-me às ações destinadas à *apuração de haveres*).

174. *Cfr.* Liebman, *Pluralità di legittimati all'impugnazione di un unico atto*; v. também Amaral Santos, *Primeiras linhas*, II, n. 308, esp. p. 10.

175. *Cfr.* STJ, 4ª T., REsp n. 9.702, j. 29.6.92, rel. Barros Monteiro, v.u., *RSTJ* 40/368.

lei especial dispõe que terá autoridade de coisa julgada *erga omnes* a sentença que julgar improcedente essa ação, a menos que tal decisão tenha sido motivada pela insuficiência de provas. Como já salientado, essa extensão da coisa julgada é natural nos casos de substituição processual e, se não existisse o dispositivo citado, da mesma forma ficaria o substituído atingido pela autoridade da sentença de improcedência (ou seja, a entidade lesada); e, por conseqüência, também todos os demais cidadãos, seus substitutos processuais (*supra*, n. 92). É óbvia a razão de moralidade pública que levou o art. 18 a fazer a ressalva dos casos em que a improcedência haja resultado da insuficiência de provas.[176] Se a ação for julgada procedente, é claro que todos os demais cidadãos ficam a partir daí carecedores da ação popular porque já pronunciada a nulidade do ato (*supra*, n. 92);

m) ação civil pública, em que são litisconsortes ativos facultativos o Ministério Público e todos os demais legitimados previstos em lei (lei n. 7.347, de 24.7.85, art. 5º);[177]

n) ação civil pública com pedido de cessação de atividades causadoras de dano ambiental (desde que se trate de atividades conjuntas ou concertadas entre dois ou mais sujeitos). Discute-se se as

176. Não tem razão Hely Lopes Meirelles, ao dizer que, julgando diante da insuficiência de provas, o juiz "não decidiu a questão de mérito" (*Mandado de segurança, ação popular, ação civil pública, mandado de injunção, "habeas data"*, II parte, n. 10, p. 112). Quando o autor não cumpre o ônus de provar os fatos que constituem a *causa petendi* de sua demanda (fatos constitutivos – CPC, art. 333, inc. I), desencadeia-se a *regra de julgamento* que, uma vez proibido o *non liquet* (art. 126), manda o juiz considerar o fato como inexistente e decidir a causa de acordo com esse resultado. É caso de *improcedência*, ou seja, julgamento de mérito contrário ao autor, tanto quanto seria na hipótese de o juiz haver-se convencido, em face da prova, de que o fato não ocorreu; a mera circunstância de a lei dizer, ali, que a sentença não ficará acobertada pela autoridade do julgado não interfere na natureza da sentença.

177. Rodolfo de Camargo Mancuso indica esse litisconsórcio como *comum* e não unitário, figurando hipótese de julgamentos díspares em caso de uma litisconsorte passiva ser dada por parte ilegítima *ad causam* (*Ação civil pública*, n. 8.1, p. 122). Mas essa vicissitude é inerente a todo litisconsórcio unitário e facultativo, considerando-se de rigor, apenas, que *de meritis* a decisão da causa seja uma só e homogênea (*supra*, n. 69). Negar o julgamento de mérito em relação a um dos autores conduz à mesma situação que haveria se desde o início esse sujeito já não estivesse na relação processual – o que é inteiramente compatível com o litisconsórcio facultativo de qualquer espécie (comum ou unitário).

pessoas qualificadas legalmente como *ideological plaintiffs* teriam também legitimidade para se litisconsorciarem ao réu;[178]

o) pedido de interdição (CPC, art. 1.177), para o qual é individualmente legitimado qualquer parente próximo, bem como o cônjuge, os pais ou tutor e ainda o Ministério Público – sem embargo de alguns desses sujeitos se litisconsorciarem (litisconsórcio facultativo ativo);

p) ação de anulação ou de nulidade do casamento (CC, arts. 1.549 e 1.552 c/c art. 1.524): litisconsórcio ativo facultativo entre colegitimados estranhos à relação matrimonial;

q) ação de responsabilidade civil do administrador de sociedade por ações (lei n. 6.404, de 15.12.76, art. 159, § 3º): litisconsórcio ativo facultativo entre acionistas. Qualquer acionista tem legitimidade individual para essa ação, se a assembléia geral tiver deliberado propô-la mas a companhia deixar transcorrer *in albis* três meses sem que seus órgãos representativos ajuízem a demanda (art. 159, *caput* e § 3º). Se a assembléia geral deliberar não ajuizar qualquer demanda indenizatória ao administrador, a substituição processual da companhia pelos acionistas reger-se-á pelo que está no § 4º: ela tocará apenas ao acionista, ou grupo de acionistas, que represente ao menos 5% do capital social. Entre dois ou mais acionistas no primeiro caso e entre grupos de acionistas no segundo, poderá formar-se um litisconsórcio ativo, que será então facultativo mas unitário (sente-se a necessariedade do litisconsórcio, apenas na medida suficiente para atingir o mínimo de 5%, a que alude o § 4º);

r) demanda de credores solidários ou movida a devedores solidários, nas quais, embora o litisconsórcio seja facultativo e não necessário, uma vez instaurado reger-se-á pela *unitariedade*. Há prestigiosa voz em sentido contrário[179] mas a permissão de julgamentos independentes abriria caminho para a incômoda situação de cada um dos litisconsortes ficar sujeito aos efeitos de duas decisões opostas – ou seja, daquela endereçada diretamente a ele e da outra cujos efeitos lhe são estendidos.[180]

178. V. interessantes considerações de Rodolfo Camargo Mancuso, *in Ação civil pública*, n. 8.2, esp. p. 124.

179. *Cfr*. Barbosa Moreira, *Litisconsórcio unitário*, n. 70, nota 21, p. 125 (v. também n. 85, nota 53, p. 146 e n. 141, pp. 225-226).

180. Calmon de Passos, *Comentários ao Código de Processo Civil,* III, n. 152, p. 262 (*supra*, nn. 68 e 90 – *infra*, n. 101).

s) todos os casos, em geral, nos quais existam "colegitimados à impugnação da validade do mesmo ato jurídico" (ordinários ou extraordinários).[181]

Em todos os exemplos acima referidos a relação jurídica posta em juízo será invariavelmente uma só e pertence à classe dessas que, por não comportarem soluções diferentes para os diversos colegitimados, dão origem ao litisconsórcio unitário (*supra*, n. 65); mas, pelas razões apontadas (*supra,* n. 92), o direito abre exceção à regra básica segundo a qual dessa incindibilidade da relação controvertida nasce também a necessariedade do litisconsórcio (art. 47), permitindo então que tenha julgamento pelo mérito a demanda ajuizada isoladamente por algum dos colegitimados. Em todos esses casos é evidente que o litisconsórcio, ainda quando não exigido pela lei, por ela é admitido (art. 46), sendo pois facultativo apesar de unitário.

Como foi dito antes de exemplificar e observado em comentário a alguns dos exemplos dados, o risco de conflito entre julgados em torno de uma dessas relações, permitido pela não-necessariedade do litisconsórcio, fica nesses casos neutralizado por outras regras, inerentes ao sistema processual e que complementam eficazmente aquelas que compõem o regime da unitariedade.

94. litisconsórcio necessário por força de lei

Como já foi salientado e é sabido de todos, não é exclusivamente nos casos de unitariedade do litisconsórcio que este se considera necessário perante o direito positivo brasileiro. Existe também litisconsórcio necessário, fora daí, sempre que uma disposição de lei imponha especificamente a presença de mais de uma pessoa em um dos lados da relação jurídica processual. Movido por conveniências de diversas ordens, às vezes o legislador exige que, estando posta em juízo uma relação jurídica material de determinada categoria, forme-se o litisconsórcio entre certas

181. *Cfr.* Barbosa Moreira, *Litisconsórcio unitário*, n. 74, p. 130, item 15 (sem distinguir casos de legitimidade ordinária e extraordinária).

pessoas, que ele cuida de indicar. Nesses casos o litisconsórcio entre ditas pessoas será indispensável, não por imposição da incindibilidade do objeto do processo mas porque a lei assim quer no caso específico.[182]

É exemplo comumente invocado pela doutrina o do processo de usucapião, em que são réus necessários, aqueles em cujo nome o imóvel está registrado, mais os confinantes (*infra*, n. 96, letra *k*).

Por isso, na maior parte das vezes o litisconsórcio necessário imposto pela lei não é unitário. Decorrendo a necessariedade *apenas* de uma disposição legal, não se trata de relação jurídica daquelas incindíveis, que não comportam soluções heterogêneas, previstas no art. 47 do Código de Processo Civil; e o litisconsórcio, nesses casos, será necessário porque a lei assim dispôs, muito embora unitário não seja.

Existem casos em que, mesmo já sendo a situação enquadrável na hipótese de necessariedade associada à unitariedade, além disso a lei (um tanto redundantemente) exige de forma explícita a coligação de partes. É o que se dá na ação divisória e na demarcatória ou na ação renovatória de locação comercial, movida pelo sublocatário (*supra*, n. 83).

95. o art. 47 do CPC

Está no próprio art. 47, *caput* do Código de Processo Civil a abertura legislativa que integra no sistema esses dispositivos esparsos na lei processual e também fora dela, portadores da exigência do litisconsórcio em casos específicos. Embora com uma redação que não é muito clara nem precisa, visivelmente esse artigo quis seguir as pegadas do § 62 da *Zivilprozessordnung* alemã,

182. Há quem designe esse litisconsórcio como *propriamente necessário*, em oposição ao litisconsórcio necessário ditado pela natureza da relação jurídica, que seria *impropriamente necessário: cfr*. Jaime Guasp, *Derecho procesal civil*, I, p. 202. V. ainda Maria Encarnación Dávila Milán, *Litisconsorcio necesario*, n. 1.4, pp. 22-24.

falando do litisconsórcio necessário "por disposição de lei ou pela natureza da relação jurídica".

O mal da redação do art. 47 reside em dar a falsa impressão de que o legislador pensara em um litisconsórcio *unitário por força de lei*, o que resultaria da análise lógica do período. Como já foi destacado (*supra*, n. 68), essa impressão é errônea porque inexiste no ordenamento jurídico qualquer dispositivo que impusesse o julgamento homogêneo em determinados casos; nem haveria mesmo razão para que o impusesse, quando a relação jurídico-material controvertida comportasse apreciações diversificadas. O confronto de nosso art. 47 com a fonte alemã deixa claríssimo que a intenção do legislador foi a de dar a *abertura* indicada, o que conduz a interpretá-lo como portador da regra de que o litisconsórcio será necessário quando unitário e também quando houver uma disposição de lei impondo a necessariedade (*supra*, n. 81).

96. casuística

Vejamos agora a casuística da necessariedade por força de lei, com vista a ilustrar a exposição que vem sendo feita:

a) nas "ações que versem direitos reais imobiliários" são litisconsortes necessários passivos ambos os cônjuges (CPC, art. 10º, § 1º, inc. I).[183] A exigência do litisconsórcio está apenas no § 1º e não se refere ao lado ativo da relação processual. Quanto a este o *caput* do art. 10º emprega outra técnica, consistente em exigir somente a *outorga*, ou consentimento do outro cônjuge, como requisito para o

183. O Código Civil dava a mulher casada como incapaz relativamente a certos atos (art. 6º, inc. II) e, entre esses atos, estava o ingresso em juízo, para o qual ela dependia, salvo exceções, da autorização marital (CPC-39, art. 82). Depois, havendo o Estatuto da Mulher Casada (lei n. 4.121, de 27.8.62), eliminado essa hipótese de incapacidade, era natural que também a lei processual a isso se adaptasse. Hoje as restrições que existem à legitimidade da mulher são as mesmas que as do marido, nos termos do art. 10º e seu § 1º do Código de Processo Civil (Amaral Santos, *Primeiras linhas de direito processual civil*, I, n. 285, pp. 356-357). O Código Civil silencia a respeito, tratando os *cônjuges* de modo rigorosamente equalitário e nada dizendo sobre a mulher – o que reconfirma que realmente a incapacidade da mulher casada é coisa do passado.

exercício da ação; e tanto não se trata de litisconsórcio necessário ativo, que a própria lei, certamente em atenção à garantia constitucional da ação, cria a possibilidade de suprir o consentimento, o que seria inconcebível se se tratasse de litisconsórcio (CPC, art. 11).[184] Por outro lado, o disposto no § 1º, inc. I, não abrange todas as ações referentes a imóveis, ficando fora da previsão as que se fundem em direito pessoal, como as de despejo e outras referentes à locação;[185]

b) controvertia-se se nas ações possessórias tinha ou não aplicabilidade a exigência de litisconsórcio com o cônjuge, nos termos do art. 10º, § 1º do Código de Processo Civil. Apoiado em fortes argumentos trazidos pela boa doutrina, em edições precedentes sustentei a afirmativa. Agora, porém, a situação é diferente. Diz o vigente § 2º desse artigo: "nas ações possessórias a participação do cônjuge do autor somente é indispensável nos casos de composse ou de atos por ambos praticados". Essa *participação* dar-se-á mediante *a outorga* prevista no *caput* quando se tratar de moléstia à composse dos cônjuges (e não litisconsórcio necessário ativo); e importará litisconsórcio necessário passivo quando a moléstia tiver sido praticada por cônjuges, sendo eles réus;[186]

184. Em mais de uma passagem diz Barbi que o art. 10º, *caput*, estabelece regra de litisconsórcio necessário ativo ("Ação, partes, despesas", n. 8; *Comentários ao Código de Processo Civil*, I, n. 301, p. 274), mas ao comentar tal artigo conclui que "não existe propriamente um litisconsórcio necessário ativo" (*Comentários ao Código de Processo Civil*, I, n. 105, p. 129), porque a lei não o exige, satisfazendo-se com a simples concordância do cônjuge. Também Amaral Santos vê litisconsórcio ativo no art. 10º (*Primeiras linhas de direito processual civil*, II, n. 306, p. 5). Acórdão muito interessante é um do Tribunal de Justiça do Rio de Janeiro (8ª C. Civ., ap. n. 5.776, j. 11.4.78, v.u., nessa parte, *RT* 521/239), em que se considerou dispensada da outorga marital a mulher casada e separada *de fato*, para promover ação de dissolução de sociedade de fato ao amásio (porque "essa outorga teria, no fundo, caráter repudiado pela moral": o marido estaria interferindo no "resultado patrimonial do concubinato de sua própria mulher"). Em ação de *embargos de terceiro*, o Supremo Tribunal Federal considerou nulo o processo em um caso no qual o embargante viera a juízo sem a outorga uxória (STF, 1ª T., RE n. 92.518, j. 6.5.80, rel. Soares Muñoz, v.u., *DJU* 23.5.80).

185. *Cfr*. Barbi, *Comentários ao Código de Processo Civil*, I, t. I, n. 105, pp. 135-136 (sobre o *caput*).

186. *Cfr*. Dinamarco, *A Reforma do Código de Processo Civil*, n. 19, esp. p. 49, com a observação de que a hipótese de litisconsórcio passivo necessário nas ações possessórias (CPC, art. 10º, § 2º) se assemelha àquela outra, mais genérica, ditada no inc. II do § 1º (ações "resultantes de fatos que digam respeito

c) em certas ações possessórias ocorrem peculiaridades. Em uma ação possessória movida pela União à mulher de funcionário que abandonara a família, o Tribunal Federal de Recursos deu o marido por litisconsorte necessário;[187]

d) nas "ações resultantes de fatos que digam respeito a ambos os cônjuges ou de atos praticados por eles" haverá o litisconsórcio passivo necessário de marido e mulher (art. 10º, § 1º, inc. II). Trata-se de demandas fundadas em contratos nos quais ambos figurem como obrigados; ou em fatos decorrentes de pessoa, animais ou coisas, acarretando responsabilidade do marido ou da mulher (danos causados por filhos menores, por animais de propriedade do casal, por objetos caídos de sua casa).[188] Essa necessariedade litisconsorcial envolve apenas a legitimidade *passiva*: ainda quando se trate de obrigação de ambos os cônjuges cada um deles é individualmente legitimado a litigar isoladamente (*v.g.*, em uma ação declaratória negativa que venha a aforar);[189]

e) o mesmo sucederá nas "ações fundadas em dívidas contraídas pelo marido a bem da família, mas cuja execução tenha de recair sobre o produto do trabalho da mulher ou os seus bens reservados" (art. 10º, par., inc. III). Nessa hipótese a necessariedade do litisconsórcio passivo há de resultar de uma indispensável antecipação, já no processo de conhecimento, de regras referentes à responsabilidade patrimonial (CPC, arts. 591-592); o cônjuge será parte ilegítima passiva à ação condenatória nos casos em que sua meação não seja responsável. O dispositivo do art. 10º do Código de Processo Civil coordena-se nitidamente com o art. 246, par. do Código Civil (red. lei n. 4.121, de 27.8.62 – Estatuto da Mulher Casada).[190] É ônus da

a ambos os cônjuges ou de atos praticados por eles"). Aliás, nem precisaria que fossem *cônjuges* os transgressores da posse, em atuação concertada, para que se considerasse necessário o litisconsórcio entre eles.

187. *Cfr.* TFR, 1ª T., agr. instr. n. 46.585, j. 9.5.86, rel. Dias Trindade, v.u., *RTFR* 137/3.

188. *Cfr.* Barbi, *Comentários ao Código de Processo Civil,* I, n. 108, p. 133.

189. É natural que no mesmo processo não se animará o juiz a proferir julgamentos de mérito discrepantes – mas isso serve somente para confirmar a relatividade da regra de independência dos litisconsortes, ditada no art. 48 (*supra*, n. 62). A não-unitariedade do litisconsórcio no caso examinado comprova-se pela inaplicabilidade da regra do art. 509 do Código de Processo Civil, que conduz à possibilidade de soluções finais diferentes para cada um dos cônjuges e sem que isso implique algum impasse para a futura execução.

190. Tornaghi coloca uma séria dificuldade: "como saber, no momento de propor a ação, se a execução vai alcançar os bens reservados da mulher ou o pro-

mulher provar que a divida não trouxe beneficio ao casal;[191] em caso de aval aceita-se a presunção da ausência de beneficio,[192] a menos que a garantia tenha sido prestada a sociedade de que o cônjuge seja sócio ou diretor, quando então a presunção não existe e é à mulher que cabe a prova de que beneficio comum inexistiu.[193] Essas máximas jurisprudenciais foram construídas em sede de embargos de terceiro do cônjuge à execução movida ao marido, invocando-se o art. 3º do Estatuto da Mulher Casada, mas têm aplicabilidade também ao processo de conhecimento (onde o cônjuge, negando sua responsabilidade, postulará a exclusão do feito por ilegitimidade *ad causam* passiva);

f) "ações que tenham por objeto o reconhecimento, a constituição ou a extinção de ônus sobre imóveis de um ou de ambos os cônjuges" (art. 10º, par., inc. IV). Dos casos enquadráveis nessa disposição, os mais expressivos enquadram-se também na precedente (refletindo o que está no art. 1.647, incs. I-II do Código Civil);[194]

duto de seu trabalho? (*Comentários ao Código de Processo Civil*, I, p. 120). Mas a solução não é difícil porque esse dispositivo se aplica sempre que a demanda tiver por fundamento uma dessas obrigações pelas quais o patrimônio do cônjuge responde, não importando se depois, na execução forçada, tal patrimônio será efetivamente atingido pela penhora, ou não.

191. Tratando-se de *impugnação* ou *embargos à execução*, em que a mulher procura livrar da penhora a sua meação, ela há de provar: "a) que a dívida não trouxe benefício ao casal; b) que o gravame atingiu, efetivamente, a sua meação" (STF, 2ª T., AI n. 69.167, j. 7.12.76, rel. Cordeiro Guerra, v.u., *RTJ* 80/510).

192. *Cfr.* STF, 2ª T., RE 77.012, j. 11.3.75, rel. Cordeiro Guerra, v.u., *RTJ* 74/132; 1ª T., RE 90.095, j. 17.10.78, rel. Soares Muñoz, v.u., *RTJ* 90/1.075; 2ª T., RE 82.434, j. 1.9.78, rel. Leitão de Abreu, v.u., *RT Informa* 223-224, p. 45; 1ª T., RE 97.158, j. 9.11.82, rel. Rafael Mayer, v.u., *RTJ* 105/779. STJ, 3ª T., REsp 525.527, j. 16.12.03, rel. Carlos Alberto Menezes Direito, v.u., *DJU* 22.3.04, p. 297

193. *Cfr.* STF, 2ª T., RE 82.434, j. 1.9.78, rel. Leitão de Abreu, v.u., *RT Informa*, n. 224, p. 45; STF, 1ª T., RE n. 90.431, j. 17.6.80, rel. Xavier de Albuquerque, v.u., *DJU* 1.7.80; STJ, 3ª T., REsp n. 440.771, j. 3.6.04, rel. Humberto Gomes de Barros, v.u., *DJU* 21.6.04, p. 215; STJ, 4ª T., REsp n. 434681, j. 17.10.02, rel. Barros Monteiro, v.u., *DJU* 24.2.03, p. 242; STJ, 3ª T., REsp n. 216.659, j. 29.3.01, rel. Ari Pargendler, v.u., *DJU* 23.4.01, p. 160; STJ, 4ª T., REsp n. 346.995, j. 6.6.02, rel. Sálvio de Figueiredo Teixeira, v.u., *DJU* 12.8.02, p. 217

194. *Cfr.* Barbi, *Comentários ao Código de Processo Civil*, I, n. 107, pp. 131-133.

g) nas ações em que o espólio for parte, sendo *dativo* o inventariante, a lei dá a falsa impressão de erigir todos os "herdeiros e sucessores do falecido" em litisconsortes necessários (CPC, art. 12, § 1º), uma vez que os inventariantes dessa ordem não têm o poder de representação do espólio (CPC, art. 991, inc. I c/c art. 12, § 1º e *infra*, n. 101 – refutação a esse entendimento);

h) *findo o inventário*, para as ações relativas à massa hereditária serão colegitimados indispensáveis todos os sucessores, já que não mais existe a *figura efêmera do espólio*, dotada de personalidade de direito processual;[195] mas v. o disposto no art. 1.791, *caput* e par., c/c o art. 1.314 do Código Civil, bem como as intrincadas dificuldades que surgem quando a pluralidade subjetiva é do lado ativo (*infra*, n. 100);

i) dá-se o mesmo quanto às sociedades já dissolvidas, impondo-se a legitimidade conjunta dos ex-sócios;[196] mas, estando a sociedade em fase de liquidação, a legitimidade ativa e passiva será do *liquidante*;

j) na ação de dissolução de sociedade (não mera ação condenatória pelos *haveres*, equivocadamente chamada *dissolução parcial*) são litisconsortes passivos indispensáveis a sociedade e os sócios.[197] Eis mais um caso em que, além da incindibilidade das situações jurídicas como razão para a necessariedade do litisconsórcio, também milita uma disposição específica da lei (CPC-39, art. 656, §§ 1º e 2º c/c CPC-73, art. 1.218, inc. VII);

k) na ação de usucapião serão réus necessários "aquele em cujo nome esteja transcrito o imóvel usucapiendo", os confinantes (art.

195. *Cfr*. TJSP, 2ª C. Civ., ap. n. 251.169, j. 31.8.76, rel. Tito Hesketh, v.u., *RT* 503/70.

196. Duvida-se se essa exigência existe também para o pólo ativo (*infra*, nn. 103 e 105). Quanto à necessariedade *in executivis*, v. *infra*, n. 135.

197. *Cfr*. STJ, 3ª T., REsp n. 6.473, j. 6.8.91, rel. Eduardo Ribeiro, v.u., *RT* 677/220. Esse aresto refere-se à dissolução de uma sociedade anônima, com a observação de que eventuais dificuldades para a citação de acionistas não interfere na configuração do litisconsórcio necessário. Em outros julgamentos vê-se com alguma freqüência a indicação de que também nas ações de *dissolução parcial* os sócios seriam partes indispensáveis mas isso é fruto de uma impropriedade: essa é uma ação condenatória, tendo por objeto um valor em *dinheiro* (os *haveres* do sócio) e não visa a dissolver a sociedade. Procedente ou improcedente essa demanda, a sociedade perdura com um número menor de sócios e talvez com o capital reduzido, mas *permanece* e não se reputa dissolvida. Carece de significado a locução *dissolução parcial*.

942, inc. II) e mesmo eventuais possuidores, dizendo a Súmula 263 do Supremo Tribunal Federal: "o possuidor deve ser citado, pessoalmente, para a ação de usucapião" (o que se dará no caso de já haver o usucapiente perdido a posse do imóvel).[198] Havendo compossuidores do imóvel confrontante, também serão eles parte necessária. Tratando-se de imóvel usucapiendo contíguo a terreno de marinha, será litisconsorte necessário a União.[199] É claro que, quando cada uma dessas pessoas for titular de uma situação jurídica distinta e autônoma, sequer se cogitará de julgamento indispensavelmente uniforme; o usucapião, aliás, é clássico exemplo do litisconsórcio necessário e *comum* (*infra,* n. 132) – com relevante observação sobre esse tema. O objeto do processo, em relação a cada um dos confinantes, não coincide com o objeto do processo (pretensão deduzida em juízo) atinente ao dono titulado do imóvel. O Tribunal de Justiça de Minas Gerais, em julgamento conduzido pelo então desembargador e hoje Ministro Sálvio de Figueiredo Teixeira, afirmou que na ação de usucapião são litisconsortes necessários o inventariante e os herdeiros daquele em cujo nome estaria registrado o imóvel;[200]

l) na *ação de remição de imóvel hipotecado* movida pelo segundo credor serão litisconsortes passivos necessários o credor anterior e o devedor comum (CC, art. 1.478 e lei 6.015, de 31.12.73, art. 270); o art. 400 do Código de Processo Civil de 1939 continha disposição similar a essa (grafando erroneamente *remissão*) mas não foi reproduzido no estatuto vigente, bastando no entanto o que está na Lei dos Registros Públicos;[201]

m) na *ação discriminatória de terras públicas* (lei n. 6.383, de 7.12.76) haverá litisconsórcio necessário passivo entre os ocupantes "que não atenderem ao edital de convocação ou à notificação", inclusive os cônjuges (arts. 1º, 10º e 19, inc. II);[202]

n) na *ação popular* serão litisconsortes passivos a pessoas jurídica ou entidade lesada (lei n. 4.717, de 29.6.65, art. 1º) e "as

198. *Cfr.* Dinamarco, "Usucapião e posse perdida", *passim.*

199. *Cfr.* TFR, 3ª T., agr. instr. n. 39.105, j. 19.4.78, rel. Armando Rolemberg, v.u., *DJU* 7.2.79, p. 702.

200. TJMG, C. Civ. Reun., agr. reg. n. 853, j. 20.11.85, rel. Sálvio de Figueiredo Teixeira, v.u., *RF* 293/259.

201. *Cfr.* Calmon de Passos, *Do litisconsórcio*, n. 23, letra *d*, p. 34; Lopes da Costa, *Direito processual civil brasileiro*, 1, n. 470, *A*, p. 407; José Frederico Marques, *Instituições de direito processual civil*, II, n. 381, p. 186.

202. *Cfr.* Barbosa Moreira, *Litisconsórcio unitário*, n. 76, p. 134.

autoridades, funcionários ou administradores que houverem autorizado, aprovado, ratificado ou praticado o ato impugnado, ou que, por omissas, tiverem dado oportunidade à lesão", bem como os "beneficiários diretos do mesmo" (art. 6º).[203] Tal exigência tem o objetivo muito nítido de conduzir o exercício bem sucedido da ação popular à cumulativa *condenação* dos agentes e dos beneficiários a recompor o patrimônio público lesado; a inclusão desses litisconsortes, por isso, associa-se a uma dimensão maior do *objeto do processo*, o qual deixa de resumir-se à pretensão de anular o ato e inclui também a de condenação pecuniária. A lei dispõe que a pessoa jurídica ou entidade lesada (art. 1º) poderá *abandonar o lado passivo* da relação processual, litisconsorciando-se ao autor (art. 6º, § 3º). Entende-se também que, se a lesão resultar de avaliação *inexata*, ficam dispensados do litisconsórcio passivo "os que apenas confiaram na avaliação",[204] mesmo porque no plano do direito material são eles "isentos de responsabilização";[205] nessa hipótese incluem-se apenas os responsáveis pela avaliação inexata como litisconsortes indispensáveis da pessoa ou entidade lesada, no lado passivo da relação processual (art. 6º, § 2º). Dada a posição vinculada do *Ministério Público*, a quem é "vedado, em qualquer hipótese, assumir a defesa do ato impugnado ou dos seus autores" (art. 6º, § 4º), cogitou-se de qualificá-lo como litisconsorte do autor.[206]

97. *falsos casos de litisconsórcio necessário por força de lei*

Existem na lei casos em que não passa de *ilusória* a instituição de certos litisconsórcios necessários. Como da exemplifica-

203. P. ex.: a) os donatários, "no processo da ação popular em que se pretende desconstituir doações feitas pelo Estado"; b) "os integrantes do Tribunal de Contas que participaram do acórdão que aprovou o ato sujeito à ação popular" – porque "é logicamente impossível rescindir ato administrativo aprovado pelo Tribunal de Contas sem rescindir a decisão do colegiado que o aprovou" (STJ, 1ª T., REsp n. 8.970, j. 18.12.91, rel. Gomes de Barros, v.u., *RSTJ* 30/378); c) os locatários no processo de "ação popular que tem como objetivo a nulidade da prorrogação do contrato de concessão de uso de imóvel urbano, celebrado entre autarquia e particular, em razão da ausência de nova licitação" (STJ, 1ª T., REsp n. 678.620, j. 7.11.06, rel. Francisco Falcão, v.u., *DJU* 18.12.06, p. 314).

204. *Cfr.* Hely Lopes Meirelles, *Mandado de segurança*, parte II, n. 5, p. 98.

205. *Cfr.* José Afonso da Silva, *Ação popular constitucional*, n. 162, p. 198.

206. *Cfr.* Campos Filho, *Ação popular constitucional*, n. 50, pp. 132 e ss. Contra, Hely Lopes Meirelles, *Mandado de segurança*, parte II, n. 5, p. 99, nota 3 (v. p. 100: "parte pública autônoma").

ção a seguir se verá, são hipóteses em que a lei exige apenas que se dê *ciência* a determinada pessoa, algumas vezes empregando inadequadamente o vocábulo *litisconsorte* e outras vezes sendo do intérprete o equívoco consistente em ver em tais disposições um litisconsórcio necessário.

Registra-se em primeiro lugar a tendência a indicar certos entes públicos como litisconsortes necessários, em disposições cuja interpretação sistemática impede que efetivamente tais pessoas jurídicas sejam havidas como tais. Como resulta dos conceitos mais incontroversos, *litisconsorte* é somente aquele que for titular da própria pretensão deduzida mediante a demanda ou que figure como possível destinatário direto dos efeitos do provimento demandado; litisconsorte é parte principal e, sem ter pedido a tutela jurisdicional, nem ter a tutela jurisdicional sido pedida em relação a ele, pacificamente a doutrina exclui que o sujeito seja parte. Sujeitos situados em situação de mera *vizinhança* com o objeto do processo poderão ser legitimados a intervir de algum modo, mas enquanto nada pedir nem for pedido algo em relação a ele, partes principais não serão, nem portanto litisconsortes – e muito menos *necessários*. A legitimidade, conforme lição do mais alto nível que vem sendo adotada, resulta sempre de uma posição do sujeito em relação ao *objeto da lide*,[207] ou seja, à situação jurídico-material a ser efetiva e diretamente atingida pelo provimento pedido. Sendo variável a intensidade de cada fator legitimante *ad causam*, variam também os modos como o terceiro poderá ser integrado na relação processual (*supra*, n. 7). São exemplos das disposições de lei falando inadequadamente em litisconsorte necessário:

a) a que pretende instituir a *União* como litisconsorte necessário nas "ações relativas às empresas concessionárias de serviços telefônicos" (dec-lei n. 881, de 10.4.62). A União não é titular desses

207. *Cfr* Carnelutti, *Teoria generale del diritto*, § 122, esp. p. 321 – "la legge pone come necessaria premessa non tanto che l'agente e il paziente possano essere quanto veramente siano i soggetti della situazione giuridica iniziale e cosi l'effettiva coincidenza tra i soggetti, attivo e passivo, dell'atto e i soggetti della situazione sulla quale, determinandone il mutamento, l'atto è destinato a produrre i suoi effetti" (*supra,* n. 63).

serviços nem do patrimônio em jogo, justificando-se sua participação somente pelo controle a ser legitimamente exercido sobre tais serviços (Const., art. 21, inc. XI); a figura processual típica para o exercício desse controle, é a *assistência*, aberrando do sistema um "litisconsorte" que não seja titular do bem em disputa, que nada receberá em caso de vitória das concessionárias e nada pagará em hipótese contrária. Interprete-se a exigência legal como de *assistência litisconsorcial*, que muito mais se acomoda à situação considerada (assistência provocada). Se a União não era parte legítima para figurar isoladamente, como poderia ser parte indispensável? Onde pode ocorrer uma situação diferente será em ações nas quais se questione a própria concessão, suas cláusulas *etc.*;

b) nas *ações referentes à posse de silvícolas sobre as terras que habitam*, diz a lei que a União será litisconsorte necessário (ativo ou passivo, conforme o caso) do órgão representativo dos indígenas (lei n. 6.001, de 19.12.73, art. 36, par.).[208] Trata-se de *assistente litisconsorcial* e não de verdadeiro litisconsorte, porque a União não é autora de demanda alguma e em relação a ela demanda alguma se propôs;

c) quanto à ação pauliana, o art. 161 do Código Civil insinua um litisconsórcio necessário envolvendo o devedor-alienante mas nem assim se tem a necessariedade ali. Esse engano liga-se ao falso pressuposto de que a *fraus pauliana* fosse causa de anulabilidade do ato e não de sua *ineficácia*. Assumida a premissa correta, afasta-se a necessariedade litisconsorcial e revela-se ser parte ilegítima o devedor – cuja esfera jurídica não será diretamente afetada pela responsabilidade patrimonial incidente sobre os bens que já pertencem a terceiro e não mais a ele.[209]

Fora esses, há casos em que por razões variadas a lei exige *ciência* a alguma parte e por mero engano registram-se tomadas de posição ou decisões no sentido de que se trata de hipóteses de litisconsórcio necessário. Para bem compreender essas disposições legais e a situação legitimamente criada em atenção a elas, é

208. *Cfr.* Ari Pargendler, *A assistência da União Federal*, cap. VIII, esp. pp. 75 ss.

209. *Cfr.* Dinamarco, "Fraude contra credores alegada nos embargos de terceiro", n. 281, pp. 550 ss. e 289, pp. 574-575; Nelson Hanada, *Da insolvência e sua prova na ação pauliana*, n. 80.

preciso sempre lembrar o que significa *ser parte*, qual relação tem a condição de parte com a pretensão deduzida em juízo e como se adquire essa condição (*supra*, nn. 2 e 3). Eis alguns exemplos:

a) nas execuções imobiliárias (penhora incidente sobre imóvel) vê-se a tendência a considerar os cônjuges como litisconsortes passivos necessários, o que decorreria de expressa exigência de intimação ao cônjuge do executado, contida no art. 669, § 1º do Código de Processo Civil.[210] Mas, tratando-se de obrigação só de um dos cônjuges, ou contraída por ele sem propagação ao outro, a intimação da penhora a este tem apenas a finalidade de permitir-lhe embargar ou, talvez, pleitear a adjudicação do bem penhorado (art. 685-A, § 2º), não o tornando parte no feito executivo; trata-se de ação (executiva) fundada em direito pessoal (crédito) e a mera circunstância de ter sido empregado um bem imóvel como instrumento para a satisfação desse direito não transmuda a ação em *real*, nem lhe dá a conotação de *imobiliária*[211] (seu objeto continua sendo a pecúnia). Pelos conceitos relacionados com *parte*, qualidade de parte, modos de adquirir essa qualidade *etc.*, mera intimação não torna o sujeito parte no processo nem emana do dispositivo invocado alguma regra de litisconsórcio necessário;[212]

b) a mesma tendência se vê quanto às execuções hipotecárias. Valem aqui as considerações feitas logo acima, ressaltando-se que o bem que constitui objeto de tais demandas não é o imóvel mas a pecúnia; a hipoteca tem apenas a função de garantir a futura penhora,

210. STJ, 3ª T., REsp n. 567.091, j. 28.6.09, rel. Menezes Direito, v.u., *DJU* 11.10.04, p. 317; STJ, 4ª T., REsp n. 252.854, rel. Sálvio de Figueiredo Teixeira, v.u., *DJU* 11.9.00, p. 258; STJ, 4ª T., REsp n. 1.512, j. 13.1.90, rel. Sálvio de Figueiredo, v.u., *RT* 657/190; STJ, 4ª T., REsp n. 19.335, j. 31.8.82, rel. Sálvio de Figueiredo, v.u., *RSTJ* 46/442. Já assim era a jurisprudência do Supremo Tribunal Federal: *cfr.* STF, 1ª T., RE n. 73.805, j. 2.5.72, rel. Amaral Santos, v.u., *RTJ* 61/571; 2ª T., RE n. 92.217, j. 21.3.80, rel. Cordeiro Guerra, v.u., *RTJ* 94/460. Neste último está dito que o art. 669, § 1º, permite ao "cônjuge não executado intervir no processo ao mesmo tempo como parte e como terceiro, com base em títulos jurídicos diversos" (v. p. 244).

211. *Ação real* e *ação imobiliária*: expressões notoriamente atécnicas, aqui empregadas somente por comodidade de linguagem.

212. Existe até quem negue, sem ressalvas, a existência de litisconsórcio necessário na execução: *cfr*. Mendonça Lima, *Comentários ao Código de Processo Civil*, VI, t. I, n. 183, p. 108, invocando a autoridade de Alberto dos Reis. Mas v. *infra*, n. 135.

sendo bastante conhecida a elegante polêmica travada na Itália sobre sua natureza jurídica (a hipoteca é instituto de direito processual, ligado à responsabilidade executiva e sua tradicional inclusão entre os direitos reais não altera a natureza da ação proposta).[213] O credor com garantia real, que o Código de Processo Civil manda intimar (art. 615, inc. II c/c art. 619), não é um litisconsorte necessário e sequer parte legítima para a execução travada *inter alios*; quando intimado, tem apenas o ônus de, "atendendo à intimação recebida, comparecer ao processo instaurado por iniciativa de outrem e ali fazer valer sua preferência, sob pena de perdê-la".[214]

213. Nesse sentido, Carnelutti, esp. no ensaio *Natura giuridica dell'ipoteca*, em que alimenta polêmica com os civilistas Gorla, Coviello, Pugliatti, Montei, Franceschelli e Maiorca (v. também *Lezioni*, V, n. 440, p. 86 e nn. 585-586). No mesmo sentido, ainda, Liebman ("Il titolo esecutivo riguardo ai terzi", n. 11; *Processo de execução*, n. 36, pp. 86-88, esp. nota 38), Carnacini (*Contributo alla teoria dei pignoramento*, p. 262), Machado Guimarães (*Comentários ao Código de Processo Civil*, IV, n. 59), Amílcar de Castro (*Comentários ao Código de Processo Civil*, VIII, n. 135, pp. 94-95), Dinamarco (*Execução civil*, n. 155, pp. 261-262). Contra esse entendimento, v. José Frederico Marques, para quem a afirmação da natureza processual da hipoteca constituiria uma *hipertrofia processualista* (*Instituições de direito processual civil*, V, n. 1.274, p. 221; *Manual de direito processual civil*, IV, n. 766, p. 44).

214. *Cfr.* Dinamarco, *Instituições de direito processual civil*, IV, n. 1.506, esp. p. 310.

CAPÍTULO VI
PROBLEMAS DO LITISCONSÓRCIO NECESSÁRIO

98. excepcionalidade do litisconsórcio necessário

O que se disse no item precedente sobre a dispensa do litisconsórcio ativo em número mais ou menos grande de casos em que ele é unitário reacende o interesse por essa colocação muito importante em tema de litisconsórcio necessário, que é o caráter excepcional da necessariedade do litisconsórcio. O litisconsórcio necessário identifica-se como *restrição ao poder de agir em juízo*, no sentido de que, quando ele ocorre, a legitimidade para determinada causa pertence a duas ou diversas pessoas em conjunto (*supra*, nn. 36 e 53), não se admitindo o julgamento do mérito da demanda ajuizada só por uma delas ou com relação a uma delas apenas (litisconsórcio necessário ativo ou passivo).

> Sendo necessário o litisconsórcio, entende-se que "os órgãos jurisdicionais não poderão emitir um provimento fixando a posição de todos os sujeitos legitimados, sem que todos estejam em juízo ou sejam a ele chamados"; por outro lado, "não poderão emitir provimentos que enderecem seus efeitos só a alguns, estando em juízo só estes" (*supra*, n. 81).

Justamente porque a necessariedade importa restrição dessa ordem à garantia constitucional da ação, ela só se legitima quando embasada em boa razão que torne evidente ser a restrição um *mal menor* que a prolação do provimento sem a presença de todos.

Uma das razões é a *incindibilidade* da relação jurídica material a ser objeto do julgamento: essa é também a causa da *unitariedade* do litisconsórcio e é por isso que o art. 47 do Código de Processo Civil dispõe, em outras palavras, que em princípio o litisconsórcio será necessário sempre que unitário (*supra*, n. 82).

Outras razões para que o litisconsórcio seja necessário são as que atuam sobre o legislador, levando-o, em muitos outros casos específicos, a impor essa necessariedade apesar de não ocorrer a unitariedade – ou, em outras palavras, apesar de não estar em juízo uma só e única relação substancial que só comporte solução homogênea para todos os colegitimados (*supra*, n. 94 – litisconsórcio necessário por força de lei específica).

No primeiro caso (necessariedade em razão da incindibilidade) a necessariedade do litisconsórcio deriva do juízo prévio que o legislador faz da futura inutilidade do provimento a ser emitido sem a presença de todos: ele seria *inutiliter datus*, não sendo oponível aos que não participaram do processo e frustrando os desígnios do próprio autor da demanda, com desperdício das atividades jurisdicionais. No segundo (necessariedade por força de lei específica), a necessariedade é imposta com vista à maior utilidade do processo e da atuação jurisdicional, abrangendo um número maior de pessoas envolvidas no mesmo contexto jurídico-substancial (os diretores ou beneficiários, na ação popular – os confinantes, na de usucapião).

Fora desses casos entende-se que a restrição ao poder de ação, com a imposição da necessariedade do litisconsórcio, viria a gerar um desequilíbrio no sistema, sacrificando-se a efetividade da garantia da ação sem uma razão mais forte que o justificasse. Sabe-se que a mera preocupação de evitar conflito lógico de julgados (*timor ne varie dicetur*) não é suficiente para impor essa restrição, já tendo sido dito, com imensa autoridade, que

> "a conveniência de impedir *eventuais* processos sucessivos e *eventuais* pronunciamentos contrários, não autoriza a violação da liberdade de agir, onde inexistir uma norma de lei; para evitar um dano temido e incerto, far-se-ia um *mal certo, atual e muitas vezes irreparável*".[1]

Por isso é que a ciência processual moderna proclama a *tendência* do direito a limitar os casos de litisconsórcio necessário e há quase um século na Itália já se disse que "o nosso direito tende, na medida do possível, a eliminar essa figura".[2]

Essas coisas foram ditas em capítulo anterior, onde se mostrou que a tendência moderna a alargar o âmbito da tutela jurisdicional (a *universalização* desta) não se compadece com a indiscriminada proliferação dos casos de necessariedade do litisconsórcio (*supra*, n. 22). Foi também dito que, apesar disso (e muito mais por razões técnico-jurídicas do que por uma tomada de posição quanto a essa tendência evolutiva), o direito brasileiro moderno afasta-se daquela tendência mais radicalmente restritiva do litisconsórcio necessário, para a qual este se confinaria aos casos de certas ações constitutivas

1. *Cfr.* Chiovenda, *Principii di diritto processuale civile*, § 88, IV, B, p. 1.081 (*supra*, n. 22).

2. Palavras de Redenti, *Il giudizio civile con pluralità di parti*, n. 177, p. 254; v. também Chiovenda, *Principii di diritto processuale civile*, § 88, IV, *B*, p. 1.081.

(*supra*, n. 53 e n. 86, sobre *o estado atual da doutrina e jurisprudência* no Brasil).

Nem por isso, todavia, a experiência brasileira sobre o litisconsórcio tem ido além dos limites postos pela doutrina que amplia em alguma medida a incidência da necessariedade (o litisconsórcio é necessário, nos termos do art. 47, quando a sentença dada *inter pauciores* não for apta a produzir *todos* os seus efeitos característicos), nem se poderiam admitir casos de necessariedade fora das hipóteses do art. 47 e das disposições específicas a respeito.

Tratando-se de necessariedade no lado *ativo* da relação processual, há grande tendência da lei a eliminá-la ou reduzi-la ao mínimo indispensável de casos, sentindo-se na doutrina alguma voz no sentido de sua total inconfigurabilidade (*infra*, n. 99).

Em um ponto, nosso direito é até mais restritivo que o italiano, quanto à necessariedade do litisconsórcio: é que aqui não pode haver casos, fora dos previstos em lei específica ou resultantes do sistema fundamental estabelecido no direito positivo (CPC, art. 47), em que seja ou se torne necessário o litisconsórcio. Em outras palavras, nega-se a existência da chamada *intervenção jussu judicis* em um sistema, como o brasileiro, no qual nenhuma margem de discricionariedade é deixada ao juiz para chamar de-ofício alguém ao processo quando ele *entender conveniente*. Não é como na Itália, onde norma legal dá ao juiz esse poder discricionário (c.p.c., art. 107 – *supra*, n. 56); lá, sim, um litisconsórcio que normalmente seria facultativo pode em alguns casos tornar-se necessário *ope judicis*, ou seja, a partir da determinação que o juiz fará, para integração de um terceiro na relação processual sob pena de o mérito não vir a ser julgado.[3]

3. *Cfr.* Liebman, *Manual de direito processual civil,* I, n. 56, pp. 159-161 trad. Tornaghi vê na providência preliminar do art. 47, par., a intervenção *jussu judicis*, ainda que "restrita à hipótese de litisconsórcio unitário" (*Comentários ao Código de Processo Civil,* I, p. 218, linha), ou necessário (*ib.*, nota 51). Como se demonstra no texto, todavia, o fenômeno aqui é outro, pois o juiz não tem o poder de tornar necessário o litisconsórcio quando a lei o dá por facultativo.

No direito brasileiro, resulta do parágrafo do art. 47 apenas o poder que o juiz tem de, como *providência preliminar* ao julgamento conforme o estado do processo, determinar a regularização deste mediante o cumprimento de *norma cogente* que exige o litisconsórcio em certos casos (*infra,* n. 110).Parte o juiz de um dado *já posto*, que é a necessariedade do litisconsórcio por força do direito positivo, para então fazer tal determinação. Não é ele quem *cria* essa necessariedade, o que o juiz nunca pode fazer no sistema brasileiro, sob pena de limitar indevidamente o poder de ação, sem amparo na lei.

O único caso em que, sendo facultativo o litisconsórcio passivo, ao autor é imposto um réu que ele não quis incluir na demanda, é o do *chamamento ao processo* (CPC, art. 77). Mas nessa hipótese o ônus da citação do terceiro é de quem o chama (art. 79 c/c 72, § 2º) e não há para o autor o risco de extinção do processo sem julgamento do mérito por falta da integração do novo litisconsorte passivo na relação processual – em suma, o chamamento não transmuda o litisconsórcio facultativo em necessário. Tal é a histórica diferença prática entre os efeitos da *adcitatio* e os da *exceptio plurium litisconsortium* (*infra*, n. 104).

A excepcionalidade do litisconsórcio necessário é proclamada pela nossa mais autorizada jurisprudência, Superior Tribunal de Justiça inclusive,[4] tendo assentado o Supremo Tribunal Federal que "o juiz não pode impor a formação de litisconsórcio facultativo, pois do contrário estará negando vigência ao art. 46 do CPC".[5] Antes, já dissera a Corte Suprema também que "não é possível forçar o autor a estender a ação a terceiros que não são obrigatoriamente partes na demanda, assim como coagir estes terceiros a acudir à demanda, *uma vez que não sejam litisconsortes necessários*".[6]

4. *Cfr.* STJ, 1ª T., REsp n. 449.352, j. 25.3.03, rel. Luiz Fux, v.u., *DJU* 24.3.03, p. 147.

5. *Cfr.* STF, 2ª T., RE n. 80.582, j. 17.6.75, rel. Thompson Flores, v.u., *RP* 4/398, n. 143.

6. *Cfr.* STF, 1ª T., RE n. 85.774, j. 14.9.76, rel. Cunha Peixoto, v.u., *RTJ* 84/267. Expressivo é também o acórdão do TJSP, 5ª C. Civ., agr. instr. n. 268.729,

Ou a necessariedade resulta do direito positivo, ou o litisconsórcio é dispensável e o juiz há de conformar-se com isso. Tal é o sistema posto na lei brasileira e eventuais desvios, injustiças ou conflitos lógicos encontrarão outro remédio no sistema: o litisconsórcio unitário, e muito menos o necessário, sabidamente não são institucionalmente destinados apenas ou preponderantemente a evitar esses males (*supra*, n. 21). A exigência que o juiz fizer, por nobre que possa ser sua inspiração, esbarrará na garantia constitucional da ação, limitando a amplitude desta onde a lei não a limita.

99. *exigências indevidas de integração do litisconsórcio – conseqüências*

Se for cumprida a exigência indevida, compondo-se o litisconsórcio determinado pelo juiz sem base legal, a exorbitância não terá deixado qualquer traço de nulidade no processo: isso significará que o autor, embora de início não pretendesse litigar contra determinada pessoa, acedeu ao convite do juiz e ampliou subjetivamente a demanda, providenciando a citação (litisconsórcio passivo) ou que o colegitimado ativo, que antes não pretendera demandar, aceitou o convite a fazê-lo (litisconsórcio ativo).

Na prática, quando o juiz concretiza tal exigência ele o faz geralmente em atendimento a preliminar suscitada pelo próprio réu, a qual pode e deve ser havida como *consentimento prévio* de sua parte, para os fins do art. 264 do Código de Processo Civil. Se for assim, ou se a ampliação subjetiva não lhe trouxer prejuízo (ainda que não tenha

j. 23.2.78, rel. Penido Burnier, v.u., *RT* 512/133, que expressamente proclamou a inexistência, no direito brasileiro, da intervenção *jussu judicis*. Ao nosso direito aplica-se então, mais que ao italiano, a lição de Chiovenda segundo a qual "il giudice non ha mai questo diritto, se non nei limiti affatto speciali dell'art. 205, o in virtù di *norme espresse*" ("Sul litisconsorzio necessario", n. 3, p. 435); ou a de Liebman, de que "na ausência de um vinculo legal, não se pode limitar a liberdade de agir do autor" (*Manual de direito processual civil,* I, n. 51, esp. p. 144). Entende-se que na Itália, havendo no direito positivo o vigente art. 107, que prevê o litisconsórcio *ope judicis* (equivalente ao art. 205 do Código de 1865, citado por Chiovenda), os limites legais são mais amplos que no Brasil; mas, lá e aqui, todos são acordes na necessidade de observar os limites postos *pela lei* (*cfr.* Calmon de Passos, *Do litisconsórcio*, no Código de Processo Civil n. 41, p. 51; José Frederico Marques, *Manual de direito processual civil*, I, n. 232, p. 257).

havido provocação de sua parte), não será acolhida eventual impugnação que venha a opor ao ingresso do novo litisconsorte.[7] Nulidade alguma haverá, muito menos, se tudo se passar antes da citação do réu (exigência do juiz, aceitação pelo autor – CPC, art. 264).

Nula, todavia, será a sentença que declarar extinto o processo por não ter o autor diligenciado a citação do litisconsorte passivo indevidamente exigido pelo juiz, ou por não ter acedido em vir para a relação processual o colegitimado ativo que este discricionariamente pretendido transformar em litisconsorte necessário. Mas essa nulidade ou será proclamada pelo órgão superior, em grau de apelação ou de reexame necessário, ou ficará convalidada definitivamente naquele processo, pelo trânsito em julgado da sentença, sem possibilidade de ação rescisória por não se tratar de julgamento do mérito (CPC, art. 485).

A extinção do processo por esse fundamento não impedirá a reiteração da demanda, quer esteja agora incluída a parte antes exigida pelo juiz, quer não (art. 268); e o problema repropor-se-á no segundo processo, onde o juiz, obviamente, não estará adstrito ao que houver sido disposto no primeiro.

100. litisconsórcio necessário ativo: o problema

Particularmente pontilhada de incertezas é toda a problemática da necessariedade de reunião de pessoas no pólo ativo da relação jurídica processual. Não se pacificou a doutrina ainda, nem são perceptíveis indícios razoáveis de solução iminente das dúvidas fundamentais, pertinentes a esse campo minado que é o litisconsórcio necessário ativo.

A começar da própria configurabilidade *em tese* dessa figura, ouvem-se vozes que vão desde a peremptória negativa,[8] até a posi-

7. *Cfr.* Moniz de Aragão, *Comentários ao Código de Processo Civil*, II, n. 457, p. 437.

8. Assim, Barbi (*Comentários ao Código de Processo Civil*, I, esp. n. 301, pp. 272 ss.), para quem "haverá litisconsórcio necessário quando (...) pela natureza da relação jurídica, o juiz tiver de decidir a lide de modo uniforme para todas as partes e, além disso, o litisconsórcio for *passivo*" (v. pp. 274-275).

ções francamente favoráveis.[9] Nem há firmeza quanto às conseqüências da instauração do processo mediante demanda não subscrita por todos os legitimados indispensáveis, ou quanto às medidas ao alcance do juiz em casos assim. Extingue-se o processo sem julgamento do mérito, por ilegitimidade ativa *ad causam* do autor singular? O juiz, a requerimento de uma das partes ou de-ofício, manda integrar no processo o legitimado faltante?[10] Não comparecendo, sofre os efeitos da revelia? Quais?

A solução definitiva da difícil temática do litisconsórcio necessário ativo clama por respostas coerentes e harmoniosas a essas e outras indagações interligadas, na visão sistemática e global do instituto. É impossível conhecê-lo bem e dar solução segura às intrigantes questões que o envolvem, sem levar em conta em primeiro lugar os valores e princípios que estão à base da própria idéia da necessariedade do litisconsórcio. Nem é lícito descurar da excepcionalidade desta em face da garantia constitucional da ação, ou do caráter instrumental da jurisdição mesma e do processo em face das situações de direito substancial a serem remediadas pelo juiz.

Um primeiro relance superficial levaria a crer que inexiste razão para preocupações específicas com a necessariedade do litisconsórcio localizado no pólo ativo da relação processual: controvertendo-se acerca de direito ou relação jurídica incindível, isso por si só deveria conduzir ao litisconsórcio (*supra*, nn. 80-82), pouco importando que a pluralidade de titulares estivesse neste ou naquele lado. O risco existe da mesma forma, dir-se-ia, sendo igualmente *inutiliter datæ* as sentenças proferidas sem a participação de algum sujeito indispensável, seja como demandado ou como demandante.

9. *Cfr.* Lambauer (*Do litisconsórcio necessário*, n. 4.3.9, pp. 117 ss.) e Homero Freire (*Litisconsórcio necessário ativo*, caps. 9º e 10º, esp. pp. 81 ss.), os quais, com argumentações em parte diferentes, chegam a dar ao litisconsórcio necessário ativo a mesma dimensão do passivo, sem reconhecer razões que possam restringir a ocorrência daquele.

10. Respondem afirmativamente os dois monografistas referidos na nota anterior, sendo que o segundo deles (Homero Freire) chega a sustentar que o colegitimado ativo, sendo citado e permanecendo omisso, será considerado *revel*.

> Se dois ou vários são os compradores mediante contrato que vem a ser apontado como nulo, será do mesmo modo necessária a coligação litisconsorcial entre eles, como réus em demanda destinada à declaração da nulidade (litisconsórcio passivo) ou como autores postulando sentença que declare a validade do contrato (litisconsórcio necessário ativo).[11]

Solta no sistema, essa primeira observação induziria a aceitar que tivessem a mesma amplitude o litisconsórcio necessário passivo e o ativo – e nesse caso nada haveria a considerar quanto a este, de modo específico. É porém patente, para a correta compreensão do litisconsórcio necessário ativo, a insuficiência dessa ordem de raciocínios assentados *somente* na incindibilidade da situação jurídica deduzida em juízo. A casuística apresentada no exame do *litisconsórcio unitário facultativo* (*supra*, n. 93) já mostra quão grande é a tendência da própria lei a negar a necessariedade no pólo ativo, em muitos casos nos quais, mediante a aplicação pura e simples do art. 47 do Código de Processo Civil, a *res in judicium deducta* é solidamente indivisível e portanto unitário o litisconsórcio que em torno dela eventualmente se formar – sem que no entanto se considere indispensável a sua formação.

101. outras técnicas – esp. a extensão subjetiva da coisa julgada

Excluída a necessariedade do litisconsórcio em casos como aqueles e outros que são examinados a seguir, lança mão a lei de

11. *Cfr.* Lambauer (*Do litisconsórcio necessário*, n. 4.3.9, p. 120): "em termos de risco da eficácia da sentença, não há nenhuma razão plausível para se antecipar qualquer conclusão de que, em pólo processual passivo, o litisconsórcio seja mais necessário do que em pólo processual ativo". É porém insuficiente essa visão parcial da problemática porque, como se expõe a seguir, nesta interferem outras razões poderosas, a desviar por verdadeiros meandros o rumo das conclusões em cada caso concreto de suposta necessariedade ativa (*infra*, n. 109 – as conclusões contidas nas letras *a* e *b*); além disso, como é sabido, a própria lei substitui muitas vezes a necessariedade do litisconsórcio ativo por outras técnicas igualmente capazes de afastar o risco de ineficácia da sentença dada *inter pauciores ex pluribus*.

outras técnicas, igualmente destinadas a evitar os males da demanda individual.

É o que se dá, *v.g.*, quando se satisfaz com a *outorga*, ou autorização para a propositura da demanda, sem fazer do cônjuge, ou da pluralidade de herdeiros, partes ativas necessárias no processo (CPC, arts. 10º, *caput*, e 12, § 1º). Nesse último dispositivo, já indevidamente apontado pela doutrina como caso de litisconsórcio necessário ativo por força de lei, o que acontece é a *representação do espólio*, necessariamente conjunta por todos os herdeiros[12] sendo parte somente aquele e estes não.

Casos também ocorrem em que são dois ou vários os titulares de uma relação jurídico-substancial indivisível mas a lei e o próprio sistema, conferindo legitimidade a cada um deles individual-

12. A opinião citada é de Estellita (*Do litisconsórcio no direito brasileiro*, p. 325). Verberando com agudeza a redação do art. 12, § 1º ("quando o inventariante for dativo, todos os herdeiros e sucessores do falecido serão autores ou réus nas ações em que o espólio for parte"), diz Barbi: "a falha está em que ser autor ou réu é ser parte. Logo, não é possível que, simultaneamente, sejam partes de um só lado o espólio e os herdeiros nele interessados. Deve-se pois entender que, quando o espólio com inventariante dativo propuser ação contra terceiro, parte é o *próprio espólio*, e não os herdeiros, os quais aparecem como seus representantes judiciais" (*Comentários ao Código de Processo Civil*, I, n. 140, esp. p. 156). E, com Chiovenda, sabemos que "quando la rappresentanza di un soggetto giuridico spetta a più persone insieme, tutte debbono stare in giudizio (...) ma il caso non rientra nel litisconsorzio, dacchè i rappresentanti non sono parti in causa" ("Sul litisconsorzio necessario", n. 3, esp. p. 439). Não repugna ao sistema que, negado o consentimento de algum dos herdeiros ou mostrando-se impossível obtê-lo, venha ele a ser suprido pelo juiz, em aplicação analógica do art. 11. Quanto ao sentido do art. 10º, *caput*, v. *supra*, n. 96, onde se nega peremptoriamente que ele contenha previsão de litisconsórcio entre marido e mulher e diz-se por quê. Não é nada comum, na lei, a imposição de litisconsórcio ativo em casos específicos: a casuística examinada no n. 96, *supra*, alimenta-se quase exclusivamente de hipóteses de litisconsorcialidade no pólo *passivo* da relação processual. Os poucos casos em que lei ou doutrina vêem também litisconsórcio necessário ativo por força de lei na realidade assim não são; também ali só se terá a necessariedade do litisconsórcio *ativo* quando configurada uma tal incindibilidade de situações que os julgamentos individuais sejam impossíveis (*infra*, nn. 107-109). Existe litisconsórcio necessário ativo, previsto em lei específica, entre condôminos na *ação demarcatória* (CPC, art. 952 e *infra*, n. 107 – a construção de Homero Freire).

mente, acabam por permitir que o julgamento favorável obtido pelo autor beneficie os demais legitimados. Exemplo emblemático é a ação de anulação de deliberação de assembléia societária (*supra*, nn. 92 e 93). Em casos assim, sem que se possa falar em autoridade da coisa julgada projetada além das partes e *secundum eventum litis*, o que acontece é a perda de interesse de agir pelos legitimados não demandantes, uma vez que já produzido o resultado a que sua eventual futura demanda poderia conduzir. Já anulada a deliberação por sentença, que outra anulação poderiam desejar? Sendo julgada improcedente a demanda, não ficam os demais legitimados atingidos nem pela coisa julgada nem por essa situação de carência de ação apontada, sendo-lhes lícita a propositura de demanda para o mesmo fim não obtido (CPC, art. 472).

Constitui eterna fonte de inseguranças a hipótese das obrigações indivisíveis representadas pela *solidariedade ativa* (CC, art. 260). Trata-se sem dúvida de crédito indivisível e, portanto, de uma situação jurídica *incindível*, estando os credores solidários em estado de comunhão no direito controvertido no processo (CPC, art. 46, inc. I). O direito oferece uma solução pragmática, dispensando o litisconsórcio (e portanto fazendo-o *facultativo*) mas estendendo ao credor ausente os efeitos da sentença favorável – "aquele que não participou do processo receberá a sua parte, deduzidas as despesas na proporção de seu crédito" (CPC, art. 291). Mas quando dois ou mais credores solidários estiverem presentes no processo como autores, o regime entre eles será o da *unitariedade*, sob pena de correr-se o risco de um incômodo impasse. O que ocorreria quando em relação a um deles a demanda fosse julgada procedente e para o outro, improcedente? Como o julgado favorável a um dos credores solidários se propaga ao outro (CC, art. 274, *fine*), aquele que houver recebido julgamento desfavorável ficaria ao mesmo tempo sujeito a duas decisões conflitantes: a do capítulo que julgou contrariamente a ele e a do capítulo que julgou favoravelmente ao seu litisconsorte mas também se aplica a ele. É portanto imperioso entender que, embora facultativo, esse litisconsórcio será unitário. Ressalvam-se porém eventuais decisões referentes a defesas pessoais de um dos solidários passivos ou de defesas referentes exclusivamente a um dos ativos – tais decisões poderão, conforme o caso, romper a homogeneidade entre as situações dos solidários (CC, art. 281 *etc.*).

Merece exame, por fim, o litisconsórcio formado por autores legitimados extraordinários (substituição processual), de que é exemplo bastante típico o que pode acontecer na ação popular (*supra*, n. 93, letra *l*). Aqui, toda coisa julgada produzida em face do substituto é naturalmente vinculativa do substituído (*supra*, n. 92). Nem a estes e muito menos a qualquer outro substituto seu seria lícita a repropositura da demanda já julgada e talvez repelida. É esse mais um caso em que, incindível embora à situação posta em juízo e sendo mais de um os legitimados, necessário não é o litisconsórcio ativo – sendo a necessariedade do litisconsórcio substituída por outra técnica igualmente eficaz.

Essas observações fazem sentir que a lei se preocupa sobremaneira em reduzir os casos de indispensável litisconsórcio no pólo ativo da relação jurídica processual, tendo boas razões para tanto. Os reflexos que sofrerão os legitimados não participantes do processo são dispostos discricionariamente, mediante emprego de alguma outra técnica ou de algum expediente legislativo ou sistemático. Às vezes poderá também o direito preferir que eles não recebam reflexo algum ou mesmo que, sem seu consenso, a própria demanda seja incapaz de conduzir ao provimento jurisdicional postulado (nessas hipóteses raríssimas o litisconsórcio ativo será necessário). Tudo se resolve, como se percebe, em critérios soberanos de política legislativa ou de harmonia sistemática, cabendo ao ordenamento jurídico impor a necessariedade do litisconsórcio ativo, dispensá-la ou substituí-la por outra solução.

No direito brasileiro não é comum o recurso à *extensão subjetiva da coisa julgada* (*supra*, n. 92). Discorrendo sobre a equivalência entre essa técnica e a de exigência do litisconsórcio (litisconsórcio necessário), já se disse com muita autoridade:

> "litisconsorzio necessario e allargamento della cosa giudicata sono istituti affini e concorrenti. Loro scopo comune é questo: ot-

tenere un conforme regolamento di rapporti giuridici strettamente connessi, dei quali un regolamento difforme sarebbe da deprecare".

Se bem busquem seu objetivo por vias diversas, existindo mesmo um "nexo de alternatividade e recíproca exclusão entre litisconsórcio necessário e alargamento da coisa julgada", é inegável que ambos são preordenados à mesma finalidade de evitar julgados conflitantes. Diante de hipóteses de duas ou mais relações jurídicas íntima e incindivelmente conexas, ao legislador cabe a escolha entre impor a coligação litisconsorcial de seus titulares e permitir a demanda individual mas estender ao não-participante os efeitos da sentença e a autoridade da coisa julgada que vier a se abater sobre ela.[13]

Essa escolha é discricionária e condicionada a circunstâncias de tempo e espaço; e se, no direito alemão e no austríaco denota-se especial gosto pela segunda solução,[14] no Brasil não são muitos os casos de extensão subjetiva da coisa julgada. Mas quanto à ação popular, assim mesmo, como já foi dito mais de uma vez, a autoridade *erga omnes* da sentença que julga improcedente a demanda do cidadão é conseqüência natural de sua condição de

13. *Cfr.* Allorio, *La cosa giudicata rispetto ai terzi*, n. 167, p. 282. Os italianos, como se destacou, não falam em *unitariedade* do litisconsórcio; eles empregam o adjetivo *necessário e* o vocábulo *necessariedade* também para designar aquela (são os dois *momentos* da necessariedade, de que fala a melhor doutrina e já referidos – *supra*, n. 55). Atento a isso, propõe Barbosa Moreira que, no texto *alloriano* acima reproduzido, substitua-se *necessário* por *unitário*, para que o pensamento exposto possa fazer sentido (*Litisconsórcio unitário*, n. 81, nota 44, p. 140). Essa idéia corresponde à conhecida orientação do processualista carioca, de que "as duas questões (necessariedade e unitariedade) são *em tudo autônomas*, e a resposta que se dê a uma delas não resolve a outra sequer parcialmente" (*op. cit.*, n. 78, esp. p. 138). Na verdade, porém, necessariedade e unitariedade são expressões de uma só idéia (a inadmissibilidade da cisão da situação jurídico-material), de modo que a extensão subjetiva da coisa julgada guarda relações funcionais, tanto com a unitariedade do litisconsórcio, como com sua necessariedade também (*supra*, nn. 65, 80 e 92).

14. *Cfr.* Allorio, *La cosa giudicata rispetto ai terzi*, n. 167, p. 282; Barbosa Moreira, *Litisconsórcio unitário*, nn. 11, 25 e 79, nota 42 (pp. 25, 44 e 138); Lambauer, *Do litisconsórcio necessário*, n. 4.3.9, p. 122.

substituto processual da entidade lesada, que se daria ainda no silêncio da lei (*supra*, n. 92).

Nos processos visando à *tutela coletiva* a que alude o Código de Defesa do Consumidor, têm eficácia e autoridade *erga omnes* as sentenças relativas a direitos e interesses difusos; e *ultra partes*, as concernentes a direitos e interesses coletivos – desde que não se haja pronunciado a improcedência da demanda por insuficiência probatória (art. 103, incs. I-II). Nas causas referentes a interesses individuais homogêneos a sentença de procedência beneficia diretamente todos os lesados (inc. III), aos quais bastará somente promover o que a lei chama "liquidação" e que na realidade é a declaração da efetiva condição de lesado, mais fixação do *quantum debeatur*.[15]

Sendo poucos os casos de extensão subjetiva da coisa julgada no direito brasileiro, há portanto de sobrar algum espaço para a exigência de litisconsórcio ativo. Em um sistema como esse nosso, avaro na oferta de soluções alternativas, negar de modo absoluto o litisconsórcio necessário ativo significaria deixar perigosos *vazios de julgamento*, com risco de contradições práticas que poderiam ocorrer.

102. a lei brasileira

Nossa lei, apesar de tudo, parece construída sobre a falsa premissa de que apenas litisconsórcio necessário passivo pode existir e o ativo, *jamais*. O art. 47 do Código de Processo Civil e seu parágrafo falam da *citação* de todos os legitimados como requisito para a eficácia da sentença quando o litisconsórcio for necessário e como objeto de providências do autor, por ordem do juiz, sob pena de extinção do processo sem julgamento do mérito. Em face disso, ponderou prestigioso doutrinador que o litisconsórcio necessário fundado nas razões do art. 47 será exclusivamente o passivo, porque "citação só se faz de réu, nunca de autor ou de

15. *Cfr*. Dinamarco, *Instituições de direito processual civil*, IV, n. 1.743, p. 734; *Execução civil*, n. 377, p. 573.

terceiro"; no pólo ativo, diz, só se terá litisconsórcio necessário quando a lei especificamente assim o dispuser.[16]

É todavia insuficiente esse simples *indício* negativo contido na lei e ali incluído sem plena consciência ou mesmo intenção de proscrever de modo absoluto o litisconsórcio necessário ativo. Destoa realmente do sistema a suposta possibilidade de citar alguém para vir ao processo como autor, endereçando-lhe verdadeira *provocatio ad agendum* – ainda mais, talvez com o risco de sofrer efeitos da eventual contumácia.[17] Não faltam porém vozes na doutrina, nem faltam disposições contidas em ordenamentos processuais antigos e mesmo alienígenas da atualidade, invocados em prol da possibilidade de ser uma pessoa chamada a integrar o pólo ativo da relação processual, mediante a técnica da *adcitatio*, de que se falará a seguir (*infra*, n. 104).

É verdade que, como foi dito, em muitos casos a lei concede legitimidade individual a cotitulares de relação jurídica controvertida (condômino, coherdeiro); mas, obviamente, ela não o faz sempre, dispensando o litisconsórcio ativo em cada um e todos os casos nos quais, pela aplicação da regra do art. 47, ele é unitário e portanto seria necessário (*supra*, n. 82). A casuística das afirmações, negações e perplexidades quanto ao litisconsórcio necessário ativo é muito mais rica que essas específicas disposições legais e bastaria um caso apenas, não previsto e disciplinado em lei, para justificar a preocupação em descobrir e dimensionar corretamente as razões que podem abalar a necessariedade do litisconsórcio unitário ativo.

103. restrição à liberdade de agir – ainda a excepcionalidade do litisconsórcio necessário

A excepcionalidade da própria figura do litisconsórcio necessário, quer ativo ou passivo, é conseqüência natural da restrição,

16. *Cfr.* Barbi, *Comentários ao Código de Processo Civil,* I, n. 301, esp. p. 274. Sobre a extrema excepcionalidade de previsão legal específica do litisconsórcio necessário *ativo*, v. *infra*, n. 107.

17. *Cfr.* TARS, 3ª C. Civ., ap. n. 190039131, j. 30.5.90, rel. Araken de Assis, v.u., *JTARS* 77/198.

que ele representa, ao poder de agir em juízo. Esse poder fica indiscutivelmente comprimido, na medida em que só conjuntamente tenham duas ou várias pessoas a possibilidade de obter determinado provimento jurisdicional, sendo este negado se postulado sem a participação de todos; ou em que, inversamente, a demanda de um precise ser endereçada a uma pluralidade de pessoas, sob pena de ser-lhe negado acesso à tutela jurisdicional que pretende (*supra*, n. 98).

A tendência do direito moderno, como é sabido e foi salientado, é desenganadamente no sentido de ampliar a tutela jurisdicional por obra dos juízes e tribunais, vendo-se com muita simpatia, nos últimos tempos, a grande abertura representada pela *tutela jurisdicional dos interesses transindividuais* (*supra*, n. 22). Daí a correspectiva propensão à restrição do litisconsórcio necessário a casos nos quais a exigência seja inevitável. Sempre que a sentença proferida *inter pauciores ex pluribus* for apta a produzir todos seus efeitos programados, ainda que limitadamente às partes, ela não terá sido dada inutilmente e o litisconsórcio, nesses casos, consequentemente necessário não será.

Relembrar ainda uma vez as palavras candentes ditas há quase século a propósito do litisconsórcio necessário, assim: "o nosso direito tende, na medida do possível, a eliminar essa figura" (*supra*, n. 98). Destaca também a boa doutrina italiana que "a conveniência de impedir eventuais processos sucessivos e eventuais pronunciamentos contrários não autoriza a violação da liberdade de agir, onde inexistir uma norma de lei; para evitar um dano temido e incerto, far-se-ia um mal certo, atual e muitas vezes irreparável" (*supra*, n. 98).

Essas razões restritivas do litisconsórcio necessário tornam-se mais vivas e salientes quando se trata do litisconsórcio ativo. Não é à toa ou por acaso que a casuística do litisconsórcio unitário e facultativo (não-necessário) se alimenta de hipóteses sempre mais numerosas com o problema situado no lado ativo da relação processual (*supra*, n. 92). Apesar de todas as boas razões que justificam a necessariedade do litisconsórcio, não pode a lei, senão em casos muito excepcionais, subordinar o conhecimento da demanda à presença coletiva, *como autores*, de todos os cotitulares da relação litigiosa.

Quando se trata de necessariedade no pólo passivo, o mal é menos grave e o problema comporta solução: basta ao autor, se já não incluiu na demanda inicial todos os colegitimados passivos, atender à ordem do juiz e tomar as providências que sejam necessárias à integração dos faltantes na relação jurídica processual (art. 47, par.).[18] Só à falta de suas providências indispensáveis, mas sempre possíveis, é que, acolhida a *exceptio plurium litisconsortium*, o processo será extinto sem julgamento do mérito.

As dificuldades mostram-se contudo bem maiores quando é necessariamente conjunta a legitimidade *ativa*, carecendo de ação o autor singular que não conte com o consenso e participação de todos os cotitulares da situação jurídico-substancial com relação à qual pretende o exame judicial de sua demanda. Ou estão todos presentes e a parte ativa é legítima, ou não estão e ele *não dispõe de meios aptos a coagir os demais a compartilhar de sua posição no processo* (*supra*, nn. 100 ss.).

Realmente, ninguém pode ser compelido a agir em juízo, sendo autor ou exeqüente contra sua própria vontade. Esse autêntico dogma corresponde à tradição que nos vem das fontes mais cristalinas e incontrastadas. É princípio no direito romano a *liberdade de agir em juízo* e geral a assertiva de que ou o litisconsórcio se forma, quando necessário, ou o juiz deve "respingere la domanda non proposta da tutti o contro tutti" – ou de que "o direito, tradicionalmente, é avesso a constranger alguém a demandar como autor."[19]

O direito processual moderno vem montado sobre sólida coluna representada pelo chamado *princípio da demanda*, ou da iniciativa de parte, impondo a lei aos juízes um estado de inércia que

18. V. *infra*, n. 112, sobre a dimensão do ônus de "promover a citação de todos os litisconsortes", ditado nesse dispositivo.

19. São palavras, respectivamente, de Chiovenda ("Sul litisconsorzio necessario", n. 2, p. 434) e Barbi (*Comentários ao Código de Processo Civil*, I, n. 305, esp. p. 278). É geral o repúdio da doutrina às *provocationes ad agendum*.

só se há de romper quando houver precisa e específica provocação da pessoa interessada. Não há processo penal sem denúncia ou queixa-crime (CPP, arts. 24 e 30) nem o juiz civil dará a tutela jurisdicional sem provocação (CPC, art. 2º). Sem esta o processo civil sequer terá início (art. 262).

São notórios os males do juiz-acusador ou do juiz que, em geral, pudesse inquisitivamente dar início ao processo no qual ele mesmo irá sentenciar depois. Ligado ao *nemo judex sine actore* e, seguramente, projeção da idéia que lhe está à base, é o *ne eat judex extra vel ultra petita partium*, locução que consubstancia a estreita correlação a preservar entre a sentença de mérito e a demanda.[20]

Esse princípio está presente em nosso direito positivo, com a recomendação expressamente dirigida ao juiz, de que decida a demanda nos limites em que houver sido proposta (CPC, art. 128); tais limites, como se sabe, são os objetivos (causa de pedir, pedido) e também os subjetivos (partes). Por isso, tratando-se de litisconsórcio necessário *passivo*, a integração do réu omitido no processo dependerá sempre de alguma manifestação de vontade do autor nesse sentido – se não explícita, ao menos inequivocamente de seu comportamento após recebida a ordem a que se refere o art. 47, par. (*infra*, n. 112).

Tratando-se de necessariedade localizada no pólo *ativo* da relação processual, com mais fortes razões há de repelir-se a ampliação subjetiva da demanda por iniciativa do juiz ou a requerimento do réu, ou ainda mediante provocação do próprio autor como alguns sustentam ser possível. A cada sujeito é dado escolher o momento para demandar, pondo em ato a estratégia de ataque que lhe pareça mais oportuna – e virá apenas quando estiver seguro dos meios e provas de que dispõe, evitando despesas ou o risco de suportá-las, escolhendo patrono de sua preferência *etc.* Não é lícito violar essa liberdade toda que tradicionalmente se outorga ao demandante e que, afinal, é a expressão do princípio da iniciativa de parte, inerente ao sistema.

20. *Cfr.* Dinamarco, *Instituições de direito processual civil,* III, nn. 940 ss., pp. 277 ss.

> Violar essas regras traria, se não outros (como se verá), o grave inconveniente de colocar a pessoa, contra sua vontade, sob o risco de uma derrota e possível coisa julgada que poderá comprometer irremediavelmente o direito que talvez tivesse.[21]

O direito dá menos importância ao consenso ou participação de todos os legitimados, naquelas hipóteses em que lança mão de algum expediente alternativo e envolve o terceiro sem que haja sido parte no processo (*supra*, nn. 101-102). É o que sucede quando se satisfaz com a outorga conjugal (CPC, art. 10º, *caput*), quando aceita a colegitimidade individual para a anulação de ato de interesse comum (p. ex., matéria societária), quando legitima individualmente cada credor solidário (CC, art. 260) ou cada condômino (art. 1.314), quando disciplina casos de substituição processual plúrima (*v.g.*, ação popular) ou ainda quando dita a extensão subjetiva da coisa julgada *etc*. Mas esses casos são tipificados em lei e sujeitos a interpretação estrita, entendendo-se que, quando nenhuma dessas técnicas é empregada, a lei prefere dar importância ao consenso e, ao não dispensá-lo, está a exigi-lo (aplicação da regra do art. 47).

Por isso é que, compelindo o colegitimado a aderir a um pedido que não quis fazer, estaria o juiz, com a violação perpetrada contra sua liberdade de agir, afrontando a garantia de liberdade e legalidade estabelecida no art. 5º, inc. II, da Constituição Federal. Considerá-lo integrado à relação processual a partir de quando citado (podendo, inclusive, fazer-se revel e amargar as conseqüências disso) violaria de gravemente as normas de um sistema solidamente apoiado na iniciativa de parte (CPC, arts. 2º, 128, 262, 460) e, com isso, a garantia constitucional do *due process of law*.[22]

21. *Cfr*. Barbi, *Comentários ao Código de Processo Civil*, I, n. 305, esp. p. 278.

22. *Cfr*. Ada Pellegrini Grinover, *As garantias constitucionais do direito de ação*, nn. 20-21, pp. 40 ss.; sobre o princípio da iniciativa de parte e sua justificação, v. minhas *Instituições de direito processual civil,* II, n. 398, p. 42.

104. indevida invocação da "adcitatio"

Sustentam alguns que há meios à disposição do demandante, aptos a coagir *ad agendum* os colegitimados que prefeririam restar inertes.

Os que assim pensam escoram-se no instituto da *adcitatio* germânica, que se caracteriza como ato de parte, destinado a atrair ao processo quem ali não estava por força da propositura da demanda inicial, fazendo-o parte também.[23] Lembrando aqui os três modos pelos quais se adquire a qualidade de parte (demanda, citação, intervenção voluntária – *supra*, n. 3), saiba-se que

> "mediante *l'adcitatio il* convenuto può provvedere da sè alla non necessaria integrazione del giudizio: essa non è dunque, come *l'exceptio pl. l. c.*, un mezzo per costringere l'attore a provvedervi: il giudizio iniziato da un solo o contro un solo fra più a cui è comune la controversia è regolarissimo; ma l'interessato ha diritto di estenderlo a terzi".[24]

Conforme legado doutrinário da mesma autorizada fonte peninsular, que não se pode esquecer também nessa parte, difere a *adcitatio* da *exceptio plurium litisconsortium* na medida em que visa esta a apontar ao juiz a ausência de colegitimado indispensável, com o ônus que tem o autor de diligenciar sua vinda ao feito como parte e a sanção da *absolutio ab instantia* em caso de descumprimento do ônus; e a *adcitatio* destina-se a ampliar subjetivamente o processo, com a inclusão de outra parte, não necessária, mas cuja presença é reputada útil e conforme com os interesses de quem a provoca. A falta de integração do terceiro no feito não tem para o autor, aqui, aquela fatal conseqüência que teria no caso da *exceptio plurium litisconsortium*.

23. Assim, Homero Freire, *Litisconsórcio necessário ativo*, n. 16, esp. p. 81; Lambauer, *Do litisconsórcio necessário*, n. 4.3.9, pp. 117 ss.

24. *Cfr*. Chiovenda, "Sul litisconsorzio necessario", n. 2, p. 433, que diz ainda: "o interessado na *adcitatio* não é necessariamente o réu" (nota 2, *ib.*), pondo em destaque um caso, colhido no direito positivo italiano de seu tempo, em que se admitia fosse ela feita *pelo autor*.

A *adcitatio* do direito comum, ligada ao *caráter universal* do processo no direito dos povos germânicos (em contraposição *à singularidade* do processo romano), constitui compensação destinada a abrandar um sistema em que a todos os membros da assembléia se estendia a autoridade do julgado. Modernamente esse instituto acabou por ser banido da ordem processual alemã, em que proliferam casos de extensão da coisa julgada a terceiros não partícipes do processo (*supra*, n. 101), estando presente na italiana.[25]

Com esses contornos, a *adcitatio* não pode ser considerada presente ou mesmo refletida na providência que o parágrafo do nosso art. 47 determina. Ali, o que o juiz põe a cargo do autor, sob pena de extinção do processo, são as providências necessárias para a *citação* dos legitimados indispensáveis. Ora, citação é, no direito brasileiro, *ato de comunicação processual* destinado a levar a conhecimento do demandado a existência de demanda ajuizada com a proposta de atingir de algum modo a sua esfera jurídica (art. 213). Entre os romanos o ato inicial do processo era geralmente designado por *in jus vocatio* e era "ato privado de uma parte sobre a outra";[26] o próprio verbo *citar* (*cito*, *-as*, *-are*) trazia o significado de *excitar*, de *convocar*, *chamar*.

Citatio, por isso (de onde, *ad-citatio*), tem no direito europeu significado diferente do vernáculo *citação*.

Aproximadamente, na Itália essa palavra equivale ao que nós designamos por *petição inicial*, peça em que se instrumentaliza a demanda inicial do processo. Ela é o próprio *convite*, que uma pessoa faz a outra, para vir litigar em juízo; é usual, em língua italiana, dizer que da *citazione* o réu precisa ser intimado (*notificato*), o que reconfirma que a *citazione* não é ato de comunicação processual, como aqui.

Em língua alemã a palavra que exprime a *citazione* dos italianos *é Ladung* e tem a mesma origem de *Einladung*, que também signifi-

25. "Anche qui, come per altri istituti ho notato altrove, la moderna legge germanica è meno germanica dell'italiana: quella non ha più nè *l'exceptio plurium litisconsortium* nè *l'adcitatio;* noi abbiamo quest'ultima" (Chiovenda, "Sul litisconsorzio necessario", n. 2, pp. 432-433); v. também Lambauer, *Do litisconsórcio necessário*, n. 4.3.9, p. 117.

26. *Cfr*. Scialoja, *Procedura civile romana*, § 23, p. 210.

ca *convite*. Nesse sentido é que fala a doutrina de três atos em que se desenvolve a propositura da demanda inicial, entre eles o "convite (ou chamamento, *Ladung*) das partes mediante a intimação da petição inicial (ou libelo, *Klageschrift*)".[27]

Adcitatio é, então, como se depreende desses esclarecimentos e da lição doutrinária referida mais acima, uma demanda incidente ao processo, não ato de comunicação processual (como a semelhança com o vernáculo *citação* poderia fazer crer). Podemos ver algo que se lhe assemelha, entre nós, nos institutos da *denunciação da lide* e do *chamamento ao processo*, modalidades coatas de intervenção de terceiro (CPC, arts. 70 e 77); são atos mediante os quais a parte já presente na relação processual faz com que alguém adquira também a condição de parte no processo já pendente.

Não é o caso de investigar aqui se a *adcitatio* está ou não presente no direito brasileiro, através desses dois institutos. Também no ordenamento alemão existem a *litisdenuntiatio* e a *laudatio auctoris* (ZPO, §§ 72 e 76 ss.) e boa doutrina diz que isso não basta para que se considere sobrevivente aquele instituto germânico, como acontece na Itália, onde existe ampla possibilidade de atrair ao processo o terceiro com quem a parte considere estar em um estado de comunhão em relação à causa (c.p.c., art. 106: "ciascuna parte può chiamare nel processo un terzo al quale ritiene comune la causa o dal quale pretende essere garantita").[28]

Como já foi consignado mediante invocação dessa mesma fonte doutrinária de ponta, sem esse terceiro o processo já era *regularissimo* e sua vinda ao processo por iniciativa da parte atende ao interesse desta e depende da sua provocação. Lá e aqui, o ônus de providenciar a integração do terceiro na relação processual é

27. *Cfr*. Rosenberg-Schwab, *Zivilprozessrecht*, § 98, p. 470.

28. *Cfr*. Chiovenda, "Sul litisconsorzio necessario", n. 2, nota 3, p. 433. Reconhece Lambauer: o instituto da *adcitatio* "pode ser comparado com os litisconsórcios hoje resultantes da denunciação da lide em pólos ativo e passivo, bem como ao chamamento ao processo entre o fiador e devedor principal" (*Do litisconsórcio necessário*, n. 4.3.9, p. 118).

de quem o houver requerido (c.p.c., art. 269 – CPC, art. 72, §§ 1º e 2º, e art. 79) e não invariavelmente *do autor*.

O que se vê no parágrafo do art. 47 de nosso estatuto é projeção da clássica *exceptio plurium litisconsortium*, que a doutrina faz muita questão de pôr em diametral confronto com a *adcitatio* e que, visando a remediar a inicial inobservância da necessariedade do litisconsórcio, cria para o autor o ônus de promover a integração do terceiro indispensável ao processo (*infra*, n. 112) sob pena de extinção deste sem julgamento do mérito.

Fica afastada, portanto, a pertinência da *adcitatio* como justificativa para a suposta possibilidade de ser endereçada ao colegitimado ativo ausente da demanda inicial uma *citação* destinada a impor-lhe a condição de parte ativa no processo. Afasta-se também o peso que a favor dessa tese poderia ter a força de instituto moldado na história de nossas instituições processuais e presente em outro prestigioso ordenamento.

105. preservar a liberdade de agir ou não agir

A conveniência do resultado jurídico-substancial postulado pode não ser sentida da mesma forma por todos os cotitulares da mesma situação jurídica incindível. Cada um deles tem todo o direito, no plano do direito material, de preferir manter o *status quo ante;* tem também a prerrogativa de formar seu próprio juízo de conveniência quanto ao momento, modo e estratégias para uma iniciativa processual.

A conveniência econômica talvez seja o primeiro critério para a opção entre demandar e não demandar, ou entre diversas medidas a postular (*v.g.*, propor a *redhibitoria* ou pedir a complementação da área – CC. art. 500). Também a coleta de provas pode ser um critério valioso, sendo imprudente vir a juízo quando não se esteja seguro dos meios probatórios já obtidos. E há muitas circunstâncias que, na prática, orientam o sujeito para propor ou não propor suas demandas, como e onde propô-las *etc*.

Apenas em nome da garantia constitucional da ação, não se poderia entregar a um só (ou alguns) a *legitimatio* para tanger *todos* aos aleatórios riscos do litígio judicial e talvez a resultados jurídico-substanciais que talvez não queiram nem lhes seja conveniente; acima do postulado da ação, fulgura o *caráter instrumental* da jurisdição, do processo, dos provimentos judiciais e da ação mesma, ao direito material. Todo o sistema processual não passa, quando visto de maneira global e pelo modo como se insere no contexto das instituições jurídicas, de mero mecanismo destinado a pacificar adequadamente as pessoas, eliminando conflitos e garantindo a autoridade e estabilidade do ordenamento jurídico-substancial, ou seja: reduzindo a realidade do mundo, no microcosmo de cada caso concreto examinado, ao estado previamente preconizado pela norma contida naquele, interpretada segundo o valor do *justo*.[29]

Posta essa premissa fundamental, com facilidade entende-se que não seria institucionalmente legítimo o processo que se propusesse a conduzir a resultados não desejados ou defesos no plano do direito material. Se a ação (conquanto garantia constitucional) é subordinada às clássicas condições; se entre elas está a *legitimatio ad causam;* e se a legitimidade ordinária decorre de dados fornecidos pelo direito substancial – seria aberrante do sistema levar essa garantia ao ponto de permitir o julgamento de uma pretensão, pelo mérito, nos casos em que o resultado a produzir só seja permitido, no plano do direito material, mediante o consenso e participação de todos os interessados.

106. reflexos jurídico-substanciais

A propositura de uma demanda é às vezes caminho para certas sentenças desconstitutivas de situação jurídica cuja manutenção pode *interessar ao colegitimado ativo* que, por isso mesmo, preferiu omitir-se.

Tem pertinência a clássica distinção entre atos *indutivos* e atos *causativos* (*supra*, n. 71). A propositura da demanda é ato *indutivo*, no sentido de que sem ele não é possível o resultado desejado (o

29. *Cfr.* Dinamarco, *A instrumentalidade do processo*, nn. 18-20, pp. 177 ss.

provimento jurisdicional de mérito), mas sua realização não é em si bastante para obtê-lo. Se o colegitimado omisso fosse inserido no processo contra a vontade, a iniciativa do outro colegitimado seria um ato indutivo de eficácia transindividual e pô-lo-ia sob o risco de um resultado final que talvez não queira.

É pensar em uma *actio redhibitoria* (CC, arts. 443 e 500), ou em uma demanda de anulação de contrato, ou ainda em uma *ação rescisória* de sentença ou acórdão. Se a desconstituirão postulada na inicial não for conveniente ao colegitimado omisso (e dessa conveniência é ele o juiz soberano), constituiria grave violação à sua liberdade a imposição de um processo não desejado, que poderá conduzir ao paradoxo de terminar com uma sentença formalmente favorável (procedência, vitória dos autores), mas em substância danosa ao autor coagido a estar em juízo.

Nos casos em que a lei substancial oferece ao sujeito a possibilidade de promover a extinção de determinada relação ou situação jurídica, essa concessão é feita com a marca da liberdade caracterizadora dos chamados *direitos potestativos* – cabe ao sujeito prejudicado desencadear atos visando à modificação jurídica (ajuizando a demanda) mas ele o fará ou omitir-se-á segundo o imperativo de sua própria vontade e de conformidade com seu próprio juízo de conveniência pessoal.[30]

Também certas *ações meramente declaratórias* podem ser inconvenientes ao sujeito colegitimado e portadoras de males ou riscos que ele, omitindo-se, pode preferir evitar. É pensar no reverso daquelas ações constitutivas acima referidas e imaginar uma demanda de declaração da validade ou invalidade de negócio jurídico, de resultados não desejados pelo sujeito.

Seria inútil, em casos assim, oferecer ao terceiro a possibilidade de associar-se à parte contrária, ou tornar-se talvez seu assistente, como sugerido na doutrina brasileira;[31] demonstrados que venham a

30. *Cfr.* Dinamarco, "Momento de eficácia da sentença constitutiva", n. 592 (sobre a potestatividade).

31. "Se, eventualmente, discordantes da ação proposta, nada impede integrarem a demanda em pólo processual oposto e deduzirem os seus interesses

ser os pressupostos da procedência da demanda proposta pelo colegitimado, de pouco ou nada lhe valerá a sua resistência e a demanda será acolhida afinal e ele terá de sujeitar-se a um resultado que não queria, que não pediu e que poderá ser-lhe danoso no plano econômico ou jurídico-substancial.

107. redobrada excepcionalidade – equilíbrio

Firmemente excluída a possibilidade de figurar alguém no pólo ativo da relação processual sem o concurso de sua própria vontade, a necessariedade do litisconsórcio ativo importa pesadíssima restrição à garantia constitucional da ação: o legitimado que quer demandar não é admitido a fazê-lo individualmente nem pode compelir o colegitimado a litigar em conjunto com ele, ficando com isso impedido de trazer ao Poder Judiciário a pretensão de que é titular (Const., art. 5º, inc. XXXV).[32]

contrários à ação ajuizada, formando litisconsórcio ao lado do réu" – são palavras de Mathias Lambauer (*Do litisconsórcio necessário*, n. 4.3.9, pp. 121-122), o qual cita Blomeyer na opinião de que pode o novo autor, após citado para a causa, fazer-se *assistente da parte contrária.* No direito brasileiro existe uma situação assim, na *ação popular:* a entidade lesada, que aparece inicialmente como ré, pode abandonar o lado passivo da relação processual e, a seu exclusivo critério, litisconsorciar-se ao autor (lei n. 4.717, de 29.6.65, art. 6º, § 3º). Essa regra, contudo, tem sua específica razão de ser, porque a entidade lesada é na realidade o titular do direito que o cidadão pretende recompor e nada mais natural do que vir defendê-lo junto a ele; não optando pelo pólo ativo, é porque entende que seu interesse não é aquele que o cidadão indica, mas o oposto (*supra*, n. 96, letra *n*). Uma disposição excepcionalíssima como essa não pode todavia ser considerada presente em todo o sistema, seja porque inexiste lei que a adote com foros de generalidade, seja em virtude dos males apontados no texto acima. Não é sempre por *mera inércia ou comodidade* que o colegitimado deixa de vir a juízo: como se vê no texto e especialmente à luz das situações ali figuradas, em alguns casos pode ocorrer que o provimento postulado na demanda seja de todo *inconveniente* a ele. Esses casos não são muitos e, como lá ficou dito, só quando for assim é que o litisconsórcio ativo se considerará necessário; ao juiz caberá, caso a caso, verificar se a relação jurídica plurissubjetiva trazida a juízo é ou não incindível – aceitando a demanda individual nessa última hipótese (litisconsórcio não-necessário, facultativo).

32. Homero Freire acredita haver superado esse impasse, com a sugestão de que, admitido embora cada um dos cointeressados a oferecer demanda indi-

É por isso que, se o litisconsórcio necessário constitui figura excepcional e tende a ter incidência sempre menor no direito moderno, justamente por colidir com a tendência a ampliar a garantia da ação – mais excepcional ainda há de ser o litisconsórcio necessário ativo, portador de mais intenso desfalque a essa garantia.

A ênfase dada a essas razões acima expostas (garantia da ação, máxime em face da inadmissibilidade da *provocatio ad agendum*) visa a contribuir para a análise de casos nos quais, segundo a regra da necessariedade ditada no art. 47 da lei processual, o litisconsórcio ativo haveria de ser necessário. Da equilibrada ponderação entre o valor da *ação* e outros valores, resulta em cada caso a resposta a essa dúvida – pela necessariedade ou pela não-necessariedade do litisconsórcio ativo.

Diante de cada hipótese pode-se questionar: já que se trata de uma só situação jurídico-material incindível entre colegitimados ativos, será efetivamente necessário o litisconsórcio ativo neste caso? Ou será que a exigência desse litisconsórcio ativo, aqui, não irá ferir ilegitimamente a garantia da ação?

Sabe-se, por exemplo, que, morto o suposto pai, na ação de investigação de paternidade que vier a ser movida formar-se-á indispensável litisconsórcio passivo entre seus herdeiros (*supra*, n. 83, letra *b*); mas será indispensável a coligação de todos herdeiros (litisconsortes ativos necessários) na ação *negatória* de paternidade?

vidual e com isso dar início ao processo, o prosseguimento deste e o direito daquele ao provimento jurisdicional desejado irão depender da citação dos outros interessados; cada um, isoladamente (diz), dispõe de "capacidade *ad processum*" mas falece-lhe a *legitimatio ad causam*, que se localiza no conjunto de todos os cointeressados. Com isso, parece ao escritor pernambucano que ficaria harmonizada a exigência do litisconsórcio, contida na lei processual, com sua dispensa contida na civil e referente a certas situações ali previstas (*Litisconsórcio necessário ativo*, nn. 16-17, pp. 76 ss.). Dos exemplos que dá, contudo, apenas um recebe da própria lei o tratamento por ele sugerido com visos de generalização: é o do condômino propondo isoladamente a demarcação da área comum e obtendo a citação dos demais (CPC, art. 952 – *supra*, n. 101). Fora desse caso, aceitar tal tese significaria impor ao cointeressado uma demanda não desejada e talvez mesmo desvantajosa, como exposto no texto acima, com todos os males da *provocatio ad agendum*.

É necessário o litisconsórcio passivo entre todos os compradores subseqüentes, na ação anulatória de alienação de domínio do imóvel (*supra*, 83, letra *i*) mas será indispensável a presença de todos, como autores, quando o último comprador pretende mera declaração da validade daquele mesmo negócio, eventualmente posta em dúvida objetiva pelo vendedor (CPC, art. 4º)?

Nos casos em que a própria lei cuida de amenizar os rigores da necessariedade no pólo ativo da relação processual, empregando outras técnicas destinadas a permitir o livre acesso individual aos provimentos jurisdicionais postulados, para o intérprete o problema já se encontra resolvido, dispensadas indagações como essas acima consideradas. Pode-se ver, *v.g.*, que embora seja indispensável o litisconsórcio (*passivo*) entre condôminos na ação reivindicatória que se lhes mova, já não precisarão eles de litisconsorciar-se se pretenderem mover demanda de reivindicação; e isso assim é, precisamente porque a lei assim dispõe (CC, art. 1.314 – *supra*, n. 93, letra *a*), muito embora a situação jurídica ocupada pelos condôminos seja solidamente incindível, justificando a necessariedade em qualquer dos lados da relação processual se não fosse tal específica disposição em contrário.

Silente a lei, todavia, tal indagação é sempre pertinente porque há duas forças exercendo pressão em sentidos opostos e é preciso saber, caso por caso, qual entre elas há de prevalecer: a incindibilidade da situação partilhada pelos cointeressados, ou a garantia da ação oferecida pela Constituição a cada um deles? O pesado entrave que a necessariedade do litisconsórcio ativo poderia impor ao poder de ação acaba influenciando, como se vê, não só o legislador como também o intérprete, de quem se espera saiba sopesar criteriosamente cada situação examinada, para que a demanda individual seja admitida se for o caso (sendo essa a solução normal).

Corretamente, antigos arestos paulistas negaram a ocorrência de litisconsórcio necessário ativo, por exemplo, entre todos os herdeiros do *de cujus*, para mover ação anulatória de casamento à segunda esposa deste; ou entre os cotitulares de conta bancária conjunta, na ação declaratória negativa de obrigação representada por cheque, movida ao banco pelo correntista não-signatário do cheque levado a protesto.[33]

108. a admissibilidade do litisconsórcio necessário ativo

Tais preocupações não devem chegar ao ponto extremo de excluir por completo a figura do litisconsórcio necessário ativo. Há realmente casos nos quais o respeito à garantia da ação impede a exigência do litisconsórcio ativo apesar da incindibilidade das situações compartilhadas por vários sujeitos; mas outros há também nos quais o resultado a ser pleiteado mediante o processo há de ser necessariamente querido por todos, sob pena de não poder ser obtido por nenhum. Nesses casos o consenso é indispensável.

Ou seja: há casos em que o litisconsórcio ativo unitário é facultativo mas isso não significa que não sobre espaço algum para o litisconsórcio ativo unitário e necessário.

Essa afirmação é feita em virtude de existirem, no plano do direito material, situações em que é de duas ou várias pessoas, em conjunto e não isoladamente, a legitimidade para realizar certos atos que serão relevantes para todas elas. Sirvam como exemplos de litisconsórcio ativo realmente necessário:

a) dois condôminos em um imóvel, que compraram *ad mensuram* e depois verificaram não conter as medidas especificadas. Dispõem, como é notório, de três direitos concorrentes (CC, art 500) – direito à complementação da área, ao abatimento do preço ou à resolução do negócio (*supra*, n. 31). Mas parece indiscutível que um dos compradores não poderá validamente fazer por si só a opção, especialmente se quiser manifestar preferência pela última dessas soluções: se o imóvel comprado pertence a ambos e não a ele só, o que nesse sentido vier a acordar com o vendedor (talvez resolvendo consensualmente a compra-e-venda) não pode ser eficaz para nenhum deles. A situação criada pelo contrato de que todos participaram é

33. *Cfr.*, respectivamente, TJSP, 5ª C. Civ., agr. instr. n. 260.949, j. 26.7.77, rel. Penido Burnier, v.u., *RT* 531/114; 1º TACSP, 6ª C., agr. instr. n. 244.473, j. 6.6.78, rel. Ernani de Paiva, v.u., *RT* 522/139.

uma só e o domínio instituído em prol de dois titulares (condôminos) só pode ser desfeito se ambos assim desejarem; e muitas razões pode ter o outro condômino para repudiar a resolução do contrato, tanto mais em caso de grande demanda por imóveis ou significativo progresso de uma região agrícola ou pecuária, que possa fazer com que a área venha a valer mais que a importância que eles conseguiriam receber de volta;[34]

b) ação redibitória movida com fundamento na existência de *defeitos ocultos* que tornem imprópria para o uso a coisa recebida (CC, art. 443). Razões análogas exigem a reunião de todos no pólo passivo, sob pena de inadmissibilidade do julgamento *de meritis;*

c) ação de um entre vários contratantes solidários, pretendendo a anulação do contrato, *v.g.*, por vício do consentimento (CC, art. 171, inc. II). Toda anulação de ato jurídico depende sempre da vontade do sujeito possivelmente lesado pela causa da anulabilidade, tanto que pode ele ratificar o ato ou cumprir a obrigação dele emergente (arts. 172-173); e isso tem sua razão de ser na possibilidade de, apesar do vício, o ato ser-lhe conveniente, ninguém mais podendo arvorar-se em juiz dessa conveniência senão essa própria pessoa;[35]

34. Se em casos como esse ao direito substancial repugna a eficácia de um ato de vontade unilateral, sem o consenso geral dos compradores, como poderia um deles, sem o outro, obter pela via do processo isso que lhe é defeso realizar sem o processo e sem o consenso dos demais? Daí decorre que, na *actio redhibitoria*, sendo dois ou mais os compradores, o litisconsórcio ativo é desenganadamente necessário, especialmente se insuscetível de divisão o bem comprado. Estão presentes os requisitos do art. 47 do Código de Processo Civil e disposição alguma de lei o dispensa especificamente, sendo palpável que a legitimidade individual poderia ser prejudicial ao comprador não-signatário da demanda.

35. Radicalmente restritivo dos casos de litisconsórcio necessário (ações constitutivas sobre direito potestativo – *supra*, n. 53), Chiovenda externa a opinião de que há litisconsórcio necessário ativo quando "per la natura del rapporto giuridico dedotto in lite, l'attore non possa disporre del diritto che con altri (scelta fra *l'actio redhibitoria* e *l'actio quanti minoris* spettante a più compratori)" mas diz que qualquer "caso de pluralidade de participantes em uma relação jurídica, quando em cada um se puder identificar um sujeito de obrigação ativa ou passiva, apresenta-nos a possibilidade jurídica de processos separados, a menos que a lei disponha expressamente que à impossibilidade de dispor da coisa comum corresponde a impossibilidade de estar em juízo sozinho" ("Sul litisconsorzio necessario", nn. 2 e 3, esp. pp. 432 e 439). O que está dito no texto acima é que essa falta de *legitimatio ad causam* ativa ocorre sempre que se trate de situação jurídica da qual não possa um cotitular dispor sem o consenso de todos os outros – e isso, mesmo sem qualquer disposição específica de lei para cada caso.

d) dois comunheiros que celebraram com terceira pessoa um contrato de promessa de compra-e-venda: em caso de inadimplência do promissário-comprador, só pelo consenso dos promitentes-vendedores admite-se o pedido de sentença que rescinda o contrato (pelas razões acima);[36]

e) ação rescisória a ser proposta contra sentença ou acórdão que julgou acerca de uma relação incindível. A mesma unitariedade-necessidade que houve no processo originário projeta-se na ação rescisória, especialmente quando a procedência desta puder trazer resultado inconveniente a uma das partes (p. ex., pedido de rescisão por razões puramente processuais, com o risco de, no novo julgamento da causa pelo juízo de origem, o resultado ser mais gravoso que o primeiro). Em casos assim, a recusa de um dos legitimados inviabilizará a ação rescisória (litisconsórcio necessário ativo);

f) o extinto Tribunal de Alçada gaúcho afirmou a necessariedade do litisconsórcio ativo em um caso no qual havia dois tomadores do mesmo mútuo perante o Sistema Financeiro da Habitação. Isoladamente, um deles propôs demanda visando à declaração de um *quantum debeatur* menor que o exigido (com a *liberação forçada* de parcelas ainda em cobrança) mas o aresto afirmou a legitimidade necessariamente conjunta de ambos porque titulares de uma e só situação jurídica concreta.[37] Mas talvez a invocação das regras da solidariedade ativa pudesse conduzir a resultado diverso;

g) o Superior Tribunal de Justiça afirmou necessário o litisconsórcio ativo entre os diversos locadores de um mesmo imóvel para a demanda de despejo, extinguindo o processo sem julgamento de mérito diante da resistência formulada pelos demais (os quais ingressaram no pólo passivo para se opor à extinção do contrato).[38]

h) fala-se também na necessariedade do litisconsórcio ativo entre herdeiros, para a *ação de usucapião*.

36. Parece ser essa a hipótese de um antigo julgado paulista em que as edições precedentes deste livro foram honradas no excelente voto do sr. relator com seguidas citações (v. TJSP, 18ª C. Civ., ap. n. 106.422-2, j. 5.6.86, rel. Theodoro Guimarães, v.u., *RT* 612/76. *Cfr.* também 1º TACSP, 4ª C., ap. n. 269.377, j. 10.6.80, rel. Rafael Granato, v.u., *RP* 38/284, *ib.*, n. 202, n. 516).

37. *Cfr.* TARS, 3ª C. Civ., ap. n. 190039131, j. 30.5.90, rel. Araken de Assis, v.u., *JTARS* 77/198.

38. *Cfr.* STJ, 5ª T., REsp n. 203.253, j. 5.10.99, rel. José Arnaldo da Fonseca, v.u., *DJU* 8.11.99, p. 90.

109. campo de incidência – não só ações constitutivas

Na doutrina brasileira contemporânea já se disse, na linha de conhecido posicionamento vindo da doutrina clássica italiana (Chiovenda), que é somente nas *ações constitutivas* que se pode dar a necessária litisconsorcialidade ativa.[39] Os exemplos figurados acima são, realmente, de ações constitutivas; mais especificamente, são de ações constitutivas *negativas*, sendo nelas que se manifestam de modo particularmente agudo e visível as razões que vêm sendo expostas.

Não é contudo correto excluir *a priori* a configurabilidade do litisconsórcio ativo em ação constitutiva *positiva;* hipóteses haverá em que a *criação* (não extinção) de uma relação jurídica possa ser desvantajosa para a pessoa que se omite, tendo ela o direito de recusar o resultado pretendido pelo que veio a juízo como autor. Exemplo: *ação de adjudicação compulsória* de um bem que já não vale o que por ele se pagou em contrato de promessa de compra-e-venda, ou que já não terá para os adquirentes a utilidade que antes teria. Em casos assim a restituição do peço poderá ser mais vantajosa e, para esse fim, cada qual terá sua própria legitimidade individual, na proporção do que houver pago.

Nem se pode excluir peremptoriamente o litisconsórcio necessário ativo em *ações meramente declaratórias*. No trato geral do litisconsórcio necessário, foram examinadas as duas opiniões que, na doutrina italiana, procuraram definir aquele *minimum* de utilidade que a sentença há de ter para que possa ser proferida sem a presença de todos os cointeressados; e uma delas, como se sabe, reduzia o litisconsórcio necessário "ao campo dos direitos potestativos e, mais particularmente, daqueles que conduzem a uma sentença constitutiva" (*supra*, n. 53).

Ficou demonstrado, todavia, que essa não é a melhor orientação. O que tal doutrina conseguiu demonstrar foi apenas que as sentenças declaratórias *de obrigações* poderão ser úteis ainda

39. *Cfr*. Arruda Alvim, *Código de Processo Civil comentado*, comentário n. 4.1 ao art. 47, esp. p. 385.

quando proferidas sem a presença de todos os cotitulares da relação jurídica da qual a obrigação declarada deriva (*v.g.*, declarar minha obrigação de pagar o valor de uma prestação contratada em um negócio jurídico de que participam vários). Quando se trata de definir a existência, inexistência ou modo de ser da própria relação jurídica de que todos participam, o que ficar acertado quanto a um dos participantes repercutirá inevitavelmente na situação jurídica de todos. Não se pode, portanto, chegar a uma solução sem a participação de todos os titulares no contraditório do procedimento, da mesma maneira como é impossível cindir a relação e decidir separadamente a situação de cada um, sem incidência direta sobre as demais situações individuais (*supra*, n. 67).

O *eixo de referência*, como vem sendo exposto, é a natureza da relação controvertida e não a maneira como a sentença atua sobre ela, inexistindo razão para que assim seja quanto à necessariedade no pólo passivo, mas seja diferente quando se passa ao ativo.

Tomemos a hipótese da *ação declaratória de nulidade de contrato* envolvendo várias pessoas. Já vimos como e por que a ação de *anulação* contratual poderá trazer a litisconsorcialidade necessária no pólo ativo, não sendo lícito a um dos cotitulares da mesma situação jurídica produzir a supressão dos efeitos programados, sem a presença e participação de todos. Viu-se também que se o contratante situado no outro lado da *relação de direito material* quiser a declaração de nulidade, ele há de propor sua demanda em face de todos aqueles com quem contratou e não perante um só (litisconsórcio *passivo* necessário). Agora, praticamente resta só concluir que também não tem legitimidade um desses contratantes para, sem o concurso da totalidade, demandar em juízo a *declaração de nulidade do contrato que envolve a todos*.

A certeza quanto à existência, inexistência ou modo de ser de uma relação jurídica, que é o objetivo das ações declaratórias, constitui um bem de inegável valor perante o direito. É inegável, porém, que essa certeza a que alguns dos contratantes pretendem chegar pode ser contrária ao interesse de outros que, ao lado deles, participaram do mesmo contrato. Pode dar-se que a algum deles interesse a validade do contrato e conseqüentemente não lhe convenha uma sentença que o proclame nulo; estabelecido em uma situação criada pelo contrato e favorecido pela aceitação de sua validade pela pessoa com quem (ao lado dos demais) contratou, cada um dos contratantes tem o direito de assim permanecer, recusando-se a aderir à demanda de declaração de nulidade (valham aqui as razões invocadas para repulsa às *provocationes ad agendum* – *supra*, n. 103).

Como em todos os casos de litisconsórcio necessário ativo, cada um dos titulares da situação jurídica incindível é o único e soberano juiz da conveniência de se desfazer dela, seja para desconstituí-la, seja para obter a declaração de sua invalidade.

Daí a necessariedade do litisconsórcio ativo, nessa hipótese e em todas outras nas quais a sentença meramente declaratória postulada possa conduzir a uma *certeza jurídica inconveniente* a um dos cotitulares da relação jurídico-substancial: como o pronunciamento jurisdicional a ser emitido em via principal (e não *incidenter tantum*) colherá toda a relação monolítica e incindível, atingindo a todos os participantes, a presença de todos no pólo ativo da relação jurídico-processual é tão indispensável quanto seria no passivo. Sempre que se estiver diante de uma situação assim, a cada um dos cotitulares falta legitimidade ativa para, sem o consenso de todos, postular a declaração que um deles se recuse a postular.

A partir de tudo quanto foi dito, podemos destacar, resumindo agora, as duas balizas fundamentais que disciplinam e delimitam a necessariedade do litisconsórcio ativo. Sempre que se trate de uma situação daquelas de incindibilidade que em tese tornam necessário o litisconsórcio segundo a regra do art. 47, sem que haja qualquer específica disposição legal dispensando-o no pólo ativo, é esse o esquema de forças opostas em cujo equilíbrio havemos de buscar a resposta válida em cada caso:

a) *a garantia constitucional da ação* (Const., art. 5º, inc. XXXV) constitui freio que impede tenha a necessariedade ativa a mesma amplitude que a passiva, porque repugna ao senso comum tolher a cada um dos interessados o acesso individual ao Poder Judiciário, ao mesmo tempo em que se lhe negam meios para compelir os demais a participar de sua demanda;

b) o *caráter instrumental do processo* dá a exata medida dessa garantia, que não deve ser estendida ao ponto de permitir possa um dos cointeressados, sem o consenso de todos, promover em juízo algum resultado que, no plano do direito substancial, lhe seria vedado produzir individualmente. Tratando-se de relação incindível e podendo interessar a algum dos cotitulares a sua permanência, ou permanência da situação de dúvida quanto à validade do ato que a gerou (ou até mesmo aparência de validade), a ação individual de cada um poderia ser lesiva à situação de cada um dos demais: quem perante o direito material não pode, sem a participação de todos, acordar a resolução de um contrato ou, em ato meramente declaratório, estabelecer a sua invalidade, a sua validade ou o modo de ser da relação jurídica dele emergente, igualmente não poderá, mediante a ação e o processo, promover idênticos resultados. Se pudesse, estaria dispondo, em juízo, de uma situação jurídica que não é só sua e que o direito material só permite que seja objeto de disposição por ato coletivo de todos os cotitulares.[40]

Pressionada por esses comandos vetoriais antagônicos, a necessariedade do litisconsórcio ativo acaba por confinar-se em área bastante exígua porque, se o litisconsórcio necessário em si já constitui exceção no sistema processual (*supra*, n. 98), as peculiaridades da legitimidade conjunta *ativa* a submetem a mais essa exigência: a de tratar-se de caso onde tenha o cointeressado, ou possa ter, interesse em manter o *status quo ante*. Apesar de sua extrema excepcionalidade, o litisconsórcio necessário ativo não se pode considerar repelido pelo sistema e, não-obstante a redação do art. 47 do Código de Processo Civil (*citar* o litisconsorte ativo?), ele está presente no direito brasileiro e poderá manifestar-se em casos raros (obviamente, não será *citado* o colegitimado omisso – *supra*, n. 104).

O tema é extremamente delicado e, como dito de início, permeado de incertezas e perplexidades, justificadas precisamente no concurso de razões opostas, a aconselhar e ora a desaconselhar a exigência de litisconsortes no pólo ativo da relação processual.

40. As regras acima expostas e o equilíbrio a prevalecer entre elas têm pertinência tanto às ações constitutivas (positivas ou negativas), quanto às meramente declaratórias de que se falou.

Casos não disciplinados especificamente em lei e ainda não batidos na jurisprudência dos tribunais haverão de ser dissecados e examinados pelo juiz, com sua experiência e cultura, mas sobretudo com fina sensibilidade aos valores a preservar mediante o processo, para concluir pela necessariedade ou facultatividade do litisconsórcio ativo. Concluindo pela *afirmativa* e não lhe sendo possível (de-ofício ou mesmo a requerimento de qualquer das partes) determinar a forçada integração do faltante no pólo ativo, ele *extinguirá o processo* sem julgamento do mérito.

É de somenos importância indagar se o parágrafo do art. 47 do Código de Processo Civil contém mandamento no sentido dessa extinção por falta de colegitimado *ativo* indispensável, quando sua parte inicial se refere exclusivamente à necessária *citação* de litisconsortes passivos. Afinal, a ausência de um colegitimado necessário resolve-se em falta de *legitimatio ad causam*, quer isso suceda no pólo ativo ou passivo da relação processual (*supra*, n. 81) e a carência de ação é sempre causa impeditiva do julgamento do mérito (CPC, art. 267, inc. VI).

Na prática, se o juiz mandar que o omisso seja citado e se ele, sendo-o, comparecer e aderir à demanda inicial, com isso todos os males ficarão afastados e, mal ou bem, a regra da legitimidade conjunta estará atendida. Se o autor se negar a promover sua citação ou se ele, citado, se negar a compartilhar do pedido feito, o juiz forçosamente há de extinguir o processo, pelas razões apontadas. Se proferir sentença de mérito, ainda que pela procedência da demanda proposta sem a participação ou adesão do colegitimado, este terá legítimo interesse em recorrer postulando sua anulação (mas v. *supra*, n. 106); e será parte legítima para a *ação rescisória* desse julgado, e poderá valer-se de qualquer outro remédio que afaste seus efeitos (*infra*, nn. 129 ss.).

110. providência preliminar e extinção do processo

Como é notório e está no parágrafo do art. 47 do Código de Processo Civil, quando o litisconsórcio for necessário o provimento jurisdicional demandado só poderá ser proferido se estiverem na relação processual todos os colegitimados, extinguindo-se o processo se faltarem e sua inclusão não for adequadamente providenciada. A satisfação da exigência litisconsorcial pode acontecer quase imperceptivelmente e sem incidente algum, se a demanda for ajuizada por todos os legitimados ativos, abrangendo também todos os passivos: citados estes e pouco importando que venham a responder ou não, a exigência estará satisfeita e por esse aspecto nada haverá a corrigir ou providenciar no processo.

Incidentes surgirão quando a petição inicial não satisfizer por inteiro os ditames do litisconsórcio necessário – quer ativo ou passivo.

Dando pela manifesta *ilegitimidade de parte*, caracterizada pela falta de um litisconsorte necessário (*supra*, n. 81), haveria o juiz, em princípio, de indeferir a petição inicial (CPC, art. 295, inc. II). Não o fará desde logo, porém. Já nessa fase ele dará a solução indicada pelo parágrafo do art. 47, ordenando "ao autor que *promova* a citação de todos os litisconsortes necessários, dentro do prazo que assinar, sob pena de declarar extinto o processo" (sobre o conteúdo dessa exigência, v. *infra*, n. 112). Se não o tiver feito assim liminarmente, fá-lo-á a qualquer tempo no processo.

A partir daí o processo só será extinto se a exigência não for satisfeita.[41] O sistema repele a extinção do processo sem oportunidade de sanar a falha litisconsorcial (CPC, art. 47, par.), o que é reiteradamente afirmado pelos tribunais brasileiros.[42] Mas conhece-se um caso em que o processo foi extinto pela falta do litisconsorte necessário sem a determinação de citá-lo, sob o fundamento de que desde o início o autor sabia da necessariedade e não incluíra aquele sujeito na demanda inicial;[43] esse julgamento

41. *Cfr*. STJ, 2ª T., AgRg no REsp n. 908.333, j. 18.12.07, rel. Humberto Martins, v.u., *DJU* 15.2.08, p. 84; STJ, 5ª T., AgRg no RMS n. 15.939, j. 16.9.03, rel. Gilson Dipp, v.u., *DJU* 6.10.03, p. 288; STJ, 2ª T., RMS n. 10.661, j. 3.10.00, rel. Francisco Peçanha Martins, v.u., *DJU* 13.11.00, p. 136.

42. *Cfr*. TJSP, 16ª C. Civ., ap. n. 144.160-2, j. 7.6.89, rel. Viana Santos, v.u., *RT* 644/85; TJSC, 1ª C. Civ., ap. n. 23.902, j. 5.12.85, rel. Osny Caetano, v.u., *Jur. Cat.* 51/69.

43. TJSC, 2ª C. Civ., ap. n. 21.017, j. 3.5.84, rel. Ernani Ribeiro, v.u., *Jur. Cat.* 45/164.

negou vigência ao disposto no parágrafo do art. 47 do Código de Processo Civil.

Situação diferente é a da *falta de legitimidade* do réu incluído na demanda inicial. O reconhecimento de que a parte legítima é outro sujeito, terceiro em relação ao processo, deve conduzir à pura e simples extinção deste, sem oportunidade para emenda depois da citação do demandado (art. 264). Às vezes alguma confusão é feita e alguns arestos mandam integrar o terceiro, único legitimado, como se fosse litisconsorte necessário da parte ilegítima.[44] Apesar do *error*, se o réu não impugnar a determinação e o terceiro vier a aceitar a condição de parte, consolida-se esta (preclusão); mas, afinal, quanto ao réu originário será sempre inadmissível o julgamento de mérito e, portanto, quanto a ele a carência de ação deve sempre ser declarada porque nessa matéria inexiste preclusão (*supra*, n. 50 – exemplos).

Pode acontecer também a integração do litisconsórcio necessário *por iniciativa do próprio colegitimado necessário omitido*, que a lei italiana admite de modo muito claro, ainda que indireto (c.p.c., art. 268, 2ª parte).[45] A lei brasileira é silente a respeito mas a solução deve ser a mesma porque: a) no tocante à intervenção no *pólo ativo* da relação processual não pode haver dúvida quanto a sua admissibilidade, dado que com ela o colegitimado omisso sana a imperfeição da propositura da demanda e concorre para o êxito da casa comum; b) quando intervém no *pólo passivo* esse terceiro estará sanando o defeito talvez contrariamente ao interes-

44. Assim, *v.g.*, TARS, 2ª C. Civ., ap. n. 135006434, j. 8.10.85, rel. Luiz de Freitas Filho, v.u., *RT* 606/210. O endossante não é parte legítima, seja para figurar isoladamente ou em litisconsórcio, simplesmente porque a transferência do crédito cambiário mediante o endosso o excluiu por completo da relação jurídica representada pela cártula. Movida a demanda exclusivamente a ele, o caso era de carência de ação pura e simples, com a extinção do processo (CPC, art. 267, inc. VI).

45. Para a integração do litisconsórcio necessário, expõe Costantino, podem ocorrer as seguintes condutas: a) que a inicial já inclua todos os colegitimados; b) que as partes do processo tomem a iniciativa de promover o chamamento do colegitimado omitido; c) que o juiz ordene a integração; d) que o terceiro intervenha voluntariamente (*cfr. Contributo allo studio del litisconsorzio necessario*, § 35, p. 183).

se do colegitimado que agiu individualmente, mas a interpretação sistemática da lei conduz também à admissibilidade de sua intervenção, que afinal poderia ser determinada pelo juiz até mesmo de-ofício.[46] Em todas as hipóteses, se o juiz entender que não é o caso de litisconsórcio necessário, por esse fundamento indeferirá o ingresso do interveniente, tanto quanto rejeitaria a *exceptio plurium litisconsortium* e indeferiria a providência *ex* art. 47, par. em análoga hipótese.

Ocorre mais freqüentemente, no entanto, que a petição inicial é deferida e o réu citado, apesar da inobservância da regra da necessariedade (a intervenção voluntária do colegitimado omisso é fato de extrema raridade). Às vezes o demandado apercebe-se do vício da demanda e, convindo-lhe denunciá-lo, faz a alegação ao contestar: tal é a *exceptio plurium litisconsortium*, de que fala a doutrina. E sucede também que outras vezes o réu não faz essa alegação e o próprio juiz, espontaneamente, dá pela falta do litisconsorte. Em ambas as hipóteses, teremos chegado à *fase ordinatória* do procedimento ordinário.

Tratando-se de *procedimento sumário* é na audiência que surgirá a questão do litisconsórcio necessário, normalmente com a contestação ou logo após, aplicando-se, *mutatis mutandis*, o que se dirá imediatamente a seguir. As normas que exigem o litisconsórcio, fazendo-o necessário, são *cogentes*, dotadas pois de imperatividade absoluta: nem às partes nem ao juízo é dado transgredi-las, derrogá-las ou afeiçoá-las à sua vontade, porque subjacente a elas há uma *razão de ordem pública* que transcende a esfera de

46. Se o colegitimado necessário comparece ao processo exclusivamente para alegar a falta de sua integração ao contraditório (p. ex., em apelação), o reconhecimento da necessariedade do litisconsórcio conduz à anulação do processo a partir do momento em que ele deveria ter sido citado, para possibilitar-lhe a ampla defesa. Se já tiver sido proferida sentença, ela será anulada em grau recursal. *Cfr.* STJ, 3ª T., REsp n. 316.441, j. 25.5.04, rel. Antônio de Pádua Ribeiro, v.u., *DJU* 21.6.04, p. 214; STJ, 6ª T., REsp n. 676.159, j. 12.2.08, rel. Maria Thereza de Assis Mora, v.u., *DJe* 17.3.08; STJ, 1ª T., RMS n. 14.775, j. 14.11.06, rel. Denise Arruda, v.u., *DJU* 30.11.06, p. 147; STJ, 1ª T., RMS n. 21.067, j. 19.6.07, rel. Denise Arruda, v.u., *DJU* 2.8.07, p. 329; STJ, 2ª T., RMS n. 5.570, j. 20.2.97, rel. Adhemar Maciel, m.v., *DJU* 14.4.97, p. 12.702.

interesses das partes em conflito.[47] Por isso, incumbe ao juiz velar por elas inquisitivamente no processo (como a muitas outras, pela mesma razão);[48] e assim é que, chegado o momento procedimental indicado pelo art. 327 do Código de Processo, o juiz procederá à verificação da existência de qualquer vício que poderia dar azo à extinção do processo sem julgamento do mérito,[49] fazendo-o *com ou sem provocação do réu.*[50]

Entre os vícios capazes de impedir o julgamento do mérito está o de que tratamos, como deflui da interpretação conjugada do art. 327 ("irregularidades ou nulidades sanáveis") com o art. 267, inc. VI (extinção do processo sem julgamento do mérito, em virtude da carência de ação) e ainda do que dispõe o parágrafo do art. 47. Se o réu tiver feito a alegação, cumprirá ao juiz dar ao autor o prazo de dez dias para dizer, "permitindo-lhe a produção de prova documental" (art. 327). Após isso, ou sem alegação do réu, convencendo-se o juiz da necessariedade do litisconsórcio, dará então a ordem que o parágrafo do art. 47 determina; estará determinando, em outros termos, que se supra uma *nulidade sanável* (art. 327), pois de outra natureza não é a que decorre da ausência de litisconsortes necessários.

47. Essa razão de ordem pública é, em última análise, o *princípio econômico*, que está à base das próprias condições da ação: como "a movimentação do aparelhamento judiciário custa energias e despesas ao Estado", ele só se dispõe a fornecer a tutela jurisdicional quando se positivar previamente que esta terá a utilidade pretendida (*cfr.* minhas *Instituições de direito processual civil,* II, n. 542, p. 305). Se, como se diz, o provimento emitido sem observância da exigência do litisconsórcio é *dado inutilmente*, é sobretudo do próprio Estado a preocupação em não se movimentar sem a presença de todos os colegitimados indispensáveis.

48. *Cfr.* Galeno Lacerda, *Despacho saneador*, pp. 106-107.

49 .*Cfr.* Calmon de Passos, *Comentários ao Código de Processo Civil,* III, n. 274.1, p. 540.

50. *Cfr.* Chiovenda, "Sul litisconsorzio necessario", n. 4, p. 444; Calmon de Passos, *Comentários ao Código de Processo Civil*, III, n. 273; Pontes de Miranda, *Comentários ao Código de Processo Civil*, II, pp. 16, 44, 45, 46. Isso não significa contudo que o juiz deva determinar imediatamente a extinção do processo, sem antes ouvir as partes. "O princípio do contraditório, em sua feição moderna, inclui a exigência de um *diálogo* do juiz com as partes nessa situação" (*cfr.* Dinamarco, *Instituições de direito processual civil*, III, n. 878, esp. p. 185).

Foi em atenção à natureza cogente das normas de exigência do litisconsórcio necessário que acima se disse que essa determinação é uma daquelas que a lei qualifica como *providências preliminares*; embora específica e determinada em específico dispositivo legal fora do capítulo reservado a estas (arts. 323-328), tal determinação partilha de sua natureza e do escopo de impedir que o processo caminhe eivado de vício. Seja lembrada a *inquisitividade* que preside às providências preliminares em geral, a qual se liga justamente ao caráter cogente das normas cuja efetividade se visa a preservar.

Não determinando a integração do litisconsórcio, o que deverá fazer a requerimento ou de-ofício, incorrerá o juiz em grave *error in procedendo* e permitirá que o processo leve consigo uma *nulidade* que depois poderá pô-lo a perder (*infra,* nn. 115 ss.).

Essa norma e o sistema em que se insere prevalecem tanto nos casos em que o litisconsórcio é exigido por específica previsão legal, como naqueles em que sua indispensabilidade decorre da natureza da relação jurídica controvertida (litisconsórcio necessário e unitário). Na segunda hipótese, como é óbvio, o juiz há de fazer a determinação ali exigida, após formar criteriosamente sua convicção quanto à necessariedade do litisconsórcio, com base na inteligente avaliação de cada caso concreto à luz do que está no *caput* do art. 47 do Código de Processo Civil (*supra*, n. 82).[51]

51. Destoa inteiramente do sistema e do próprio direito positivo uma antiga conclusão da 5ª C. Civ. do Tribunal de Justiça paulista no agravo de instrumento n. 268.729, no sentido de que, enquanto o *caput* do art. 47 cuida do litisconsórcio necessário, seu parágrafo dita norma válida para o litisconsórcio unitário passivo (j. 23.2.78, rel. Penido Burnier, v.u., *RT* 512/133). Mandar que o "autor promova a citação de todos os litisconsortes necessários" (art. 47, par.) é visivelmente providência destinada a garantir a presença de todos os colegitimados na relação processual, sendo evidente que isso nada tem a ver com a unitariedade do litisconsórcio (julgamento homogêneo para todos que já são partes no feito). É claro que, como se disse no texto, a regra contida no parágrafo tanto vale para os casos de necessariedade ditada em preceito específico, como para os que decorrem da regra geral do *caput;* mas isso não desmente o que acabo de dizer, porque em ambas as hipóteses estamos no campo da necessariedade do litisconsórcio, sendo indiferente, para a crítica agora feita, a mera circunstância de, na segunda delas, o litisconsórcio ser também unitário.

Pelas razões já amplamente desenvolvidas, a citação do colegitimado indispensável só se fará quando o litisconsórcio *passivo* for necessário. Sendo *ativo*, o autor deverá conformar-se com a omissão ou mesmo negativa do cotitular da situação jurídica, extinguindo-se o processo sem julgamento do mérito.

111. decisão, sentença e recursos

É *decisão interlocutória* o ato com que o juiz exige a formação do litisconsórcio: ele decide uma questão incidente ao processo, que é a da legitimidade necessariamente conjunta *ad causam* (CPC, art 162, § 2º). Não é mero *despacho* porque não se limita a dar impulso ou a ordenar o processo (sem se negar que essa ordenação seja seu escopo específico). E é *sentença* o ato mediante o qual ele extingue o processo em caso de desatendimento à exigência contida no art. 47, par. (CPC, art. 162, § 1º, c/c 47, par. e art. 267, inc. VI). Em princípio, portanto, o primeiro comporta agravo e o segundo, apelação (arts. 513 e 522).[52]

A dúvida que pode surgir a propósito é sobre eventual *preclusão* a tornar inadmissível a apelação quando o autor não houver interposto agravo contra aquela interlocutória (a saber, contra a decisão que houver exigido a integração litisconsorcial sob pena de extinção do processo), uma vez que essa extinção é decorrência natural da exigência feita e do seu descumprimento. Na interpretação do § 3º do art. 267 do Código de Processo Civil, no entanto, é imperioso o entendimento de que ele pretendeu excluir da preclusão toda a matéria de ordem pública ali mencionada, inclusive as condições da ação – categoria a que está ligada a necessariedade do litisconsórcio (legitimidade necessariamente

52. Da redação do art. 162, § 1º do Código de Processo Civil resulta que se considera *sentença* o ato que determina a extinção do processo sem julgamento do mérito por qualquer das causas elencadas em lei (art. 267, incs. I-XI), ou que lhe julga o mérito (art. 269, incs. I-V). A condensação conceitual dessas hipóteses conduz ao entendimento de que, no processo civil brasileiro atual, sentença é *o ato que define a causa, com ou sem julgamento do mérito* (Dinamarco, *Instituições de direito processual civil,* II, n. 651-A, pp. 507-508).

conjunta *ad causam* – *supra* nn. 36 e 53).[53] Isso significa que, sem preclusão a impedi-la, a apelação será admissível ainda quando o autor haja simplesmente quedado inerte diante da exigência de *promover* a *citação do terceiro*.[54] Essa admissibilidade será ainda mais indiscutível quando houver sido interposto agravo *retido* nos autos, dado que a finalidade precípua deste é precisamente a de obstar à preclusão.

Apelando, o autor poderá levar ao tribunal *ad quem* não só o ponto referente à necessariedade do litisconsórcio, em si mesma, como também eventual justificativa para a não-citação do terceiro.

Ligada a essa é a questão da *admissibilidade da apelação* contra a extinção do processo, na pendência de agravo de instrumento interposto contra o ato de exigência de promover a citação do litisconsorte necessário. Tal apelação deve ser admitida, excluída porém a matéria já posta perante o tribunal mediante tal agravo. A parte poderá questionar a concreta e efetiva imposição da sanção extintiva, com possíveis fundamentos justificativos do descumprimento daquela exigência, mas a própria exigência de promover a integração litisconsorcial não pode ser reproposta ao tribunal, em virtude do *princípio da unirrecorribilidade*. Se o agravo for provido e a exigência afastada, a apelação ficará *prejudicada* mas a própria sentença extintiva tornar-se-á *ineficaz* e não poderá prevalecer – porque jamais a parte poderia ser castigada por uma preclusão, ou mesmo coisa julgada formal, quando tudo

53. *Cfr*. Negrão-Gouvêa, *Código de Processo Civil e legislação processual em vigor*, nota 3 ao art. 516, p. 716.

54. A situação é análoga à de outras providências preliminares desatendidas, como a de regularizar a representação (CPC, art. 13, inc. I), a de imprimir ao processo o procedimento adequado (art. 295, inc. V), a de exibir documento essencial à causa (art. 284) *etc*. Em casos assim, disse o Supremo Tribunal Federal, a questão anterior à sentença "pode ser impugnada na apelação, prescindindo do agravo de instrumento"; e a ementa faz expressa alusão ao art. 516 do Código de Processo Civil, em clara demonstração de que afasta a preclusão (*cfr*. STF, Ag. n. 76.296, j. 7.8.79, *DJU* 24.8.79, p. 6.252 – onde se refere outro aresto no mesmo sentido – *JTA* 103/53). Em sentido contrário, v. STJ, 5ª T., RMS n. 22.416, j. 23.10.07, rel. Felix Fischer, v.u., *DJU* 3.12.07, p. 336.

fez para afastar a premissa central dessa sentença, consistente na exigência que o agravo impugnou.

112. "promover a citação de todos os litisconsortes"

A redação do parágrafo do art. 47 não dá idéia precisa do ônus que incumbe ao autor, após a decisão que lhe exige a formação do litisconsórcio. "Promover a citação de todos os litisconsortes necessários" é locução análoga à que se contém no art. 219, § 2º, onde se diz que incumbe ao autor "promover a citação do réu" em dez dias, sob pena de perder o benefício consistente na interrupção da prescrição pelo ajuizamento da demanda. Lá e aqui, a locução carece de clareza, sendo necessárias algumas palavras a respeito. O significado e a envergadura desse *ônus* imputado ao autor só podem ser corretamente dimensionados mediante a consciência do *dever de impulso processual*, a cargo do juiz também por expressa determinação legal (CPC, art. 262, *fine*). Procura-se a seguir explicar de qual modo esse dever atua sobre o tema em exame e como se harmoniza com o ônus de *promover a citação,* imposto ao autor.

A citação é ato de auxiliar da Justiça, que no Brasil se realiza por ordem do juiz.[55] Ordinariamente, é ao deferir a petição inicial que este a determina, não podendo ela absolutamente ser realizada sem que tenha havido a determinação.[56] Por isso, muito pouco poderá fazer o autor para que a citação se realize; muito pouco também, por outro lado, *precisará* ele fazer. Basta que indique com correção o nome e qualificação do réu (CPC, art. 282, inc. II), especialmente seu endereço, para que ele possa ser encontrado; precisa também pagar o preparo inicial, condição sem a qual o processo não tem andamento (art. 257); terá também, conforme o caso, o ônus de adiantar recursos para a condução do oficial de

55. É o chamado *sistema da mediação*, preferido na Alemanha e Áustria; *cfr*. Sanseverino-Komatsu, *A citação no direito processual civil*, pp. 55-56, 69 ss.

56. CPC, arts. 202, inc. IV, 223, 225, inc. VII, 232, inc. IV. A citação será nula se "faltar requisito ao mandado, à hora certa, à carta ou ao edital': *cfr*. Sanseverino-Komatsu, *A citação*, p. 155.

justiça, para a expedição de carta por via postal, para a publicação de editais, para a elaboração e envio de carta precatória *etc*. Afora isso, difícil é atinar com algo mais que incumba ao autor fazer, no cumprimento de seu ônus de *promover a citação*.[57]

Poderá eventualmente retirar a carta precatória ou minuta do edital de citação, para lhes apressar o cumprimento ou publicação pela imprensa; isso é, contudo, mera faculdade do demandante, não lhe impondo a lei ônus desse teor. Seu patrono talvez adiante recursos diretamente ao oficial de justiça mas isso não é exigível (nem lícito, quiçá) e, portanto, também não é um *ônus* a seu cargo (na Justiça de São Paulo as despesas de *condução* do meirinho são necessariamente adiantadas).

Bastante escasso é, portanto, o conteúdo desse ônus de promover a citação, imposto pelo parágrafo do art. 47 do Código de Processo Civil. Refletindo e sintetizando com bastante felicidade sólida prática jurisprudencial dos pretórios brasileiros em geral, o Supremo Tribunal Federal enunciou em acórdão a regra segundo a qual "promover a citação" não significa efetivá-la mas simplesmente providenciá-la, mediante os atos de parte conducentes à sua realização.[58] Disse também, seguidamente, que, realizado

57. *Cfr*. Moniz de Aragão, *Comentários ao Código de Processo Civil*, II, n. 239, p. 236: "os atos que lhe tocam para atingir a esse objetivo se resumem, na prática, em custear as despesas necessárias"; Dinamarco, *Instituições de direito processual civil*, II, n. 420, esp p. 85 e n. 576, pp. 362 ss.

58. *Cfr*. STF, 2ª T., RE n. 87.746, j. 18.3.80, rel. Décio Miranda, v.u., *RTJ* 91/1.183 (com indicação de vários precedentes do próprio Supremo no mesmo sentido). Bastante ilustrativo e absolutamente correto é também o seguinte julgado do Superior Tribunal de Justiça: "ao determinar que o autor 'promova a citação' dos litisconsortes necessários, o CPC não o transforma em oficial de justiça, nem lhe outorga competência para efetivar o ato de comunicação pré-processual. Promover a citação é apontar o endereço dos citandos, fornecer os documentos necessários e pagar as despesas necessárias" (1ª T., RMS n. 16.725, j. 18.11.03, rel. Humberto Gomes de Barros, v.u., *DJU* 9.12.03, p. 211). Nesses limites deve ser entendido o que disse o Tribunal de Alçada de Minas: "não pode o autor (...) invocar o principio da oficialidade para se livrar do ônus legal de promover às citações necessárias, sob pena de se declarar extinto o processo" (1ª C. Civ., ap. n. 51.583, j. 8.3.90, rel. Páris Pena, v.u., *RJTAMG* 41/220).

pela parte o que lhe compete (propositura oportuna da demanda, indicação do nome e qualificação do réu ou litisconsorte necessário a citar, recolhimento do preparo, *etc.*), eventuais retardamentos na distribuição, despacho ou citação constituem vicissitudes fora do controle do autor e, por isso, não poderão trazer-lhe prejuízo.[59] A essa jurisprudência sobreveio o vigente § 2º do art. 219 do Código de Processo Civil, segundo o qual "incumbe à parte promover a citação do réu nos dez dias subseqüentes ao despacho que a ordenar, *não ficando prejudicada pela demora imputável exclusivamente ao serviço judiciário*". Eis a pá-de-cal. Caso por caso, verá o juiz até onde há providências que incumbem ao autor e lhe exigirá a realização, sob pena de extinção do processo, nos termos do art. 47, par. – mas jamais poderá fazer tal exigência, e muito menos extinguir o processo, quando o retardo for devido ao descumprimento de deveres pelo Poder Judiciário e não de um ônus, pelo autor.

Se ao proferir a decisão interlocutória a que alude o parágrafo do art. 47, já encontrar nos autos todos os elementos para a citação do litisconsorte necessário (nome, qualificação, endereço), *nem assim determinará o próprio juiz a citação*, mandando expedir mandado sem ouvir o autor. A lei talvez pudesse determinar assim, mas não o fez. Se o dispositivo manda que o juiz fixe prazo para o autor "promover a citação", sob pena de extinção do processo, alguma coisa há de ficar sempre a cargo dele; do contrário, negar-se-ia vigência ao preceito legal.

59. *Cfr.* STF, Pleno, AR n. 974-6, j. 31.10.79, rel. Rafael Mayer, v.u., *DJU* 15.2.80, 33:703 ("ajuizada a rescisória, não corre o prazo enquanto houver retardamento do despacho da citação, não imputável ao autor"); v. ainda STF, 2ª T., RE n. 92.878, j. 23.9.80, rel. Djaci Falcão, v.u., *DJU* 24.10.80 ("ajuizada ação no prazo fixado para o seu exercício, o retardamento na sua distribuição e na citação do réu, por obstáculo decorrente do mecanismo da justiça, jamais por inércia do autor, não justifica a acolhida da argüição de prescrição"). O Superior Tribunal de Justiça vem partilhando do mesmo entendimento: STJ, 3ª S., ED na AR n. 477, j. 24.8.05, rel. Laurita Vaz, v.u., *DJU* 26.9.05, p. 170; STJ, 1ª T., ED nos ED no AgRg no REsp n. 855.687, j. 25.3.08, rel. Francisco Falcão, v.u., *DJU* 23.4.08, p. 1.

O que se exige do autor, invariavelmente, é a sua *anuência à* ampliação subjetiva da demanda. Ele pode discordar, não aceitar que o litisconsórcio seja necessário, *agravar* dessa decisão. Pode ter razões para não querer litigar com o terceiro, preferindo deixar que o processo seja declarado extinto (apelando depois, talvez, da sentença que assim o declarou).

Por isso é que ao autor cumpre, em atenção ao pronunciamento judicial tomado com fundamento no art. 47, par., *aditar à petição inicial*, para que conste como demandado também o legitimado que fora inicialmente excluído, cuja *citação* então ele requererá (e "promoverá", nos termos expostos acima). Na prática, quando o autor se limita a *requerer a citação*, sem aditar à inicial, isso é aceito como suficiente.[60] É claro que, se os dados qualificadores do colegitimado não estiverem nos autos, seu fornecimento no prazo também integrará o ônus decorrente do art. 47, par. (*supra*, nn. 103 e 105, sobre a *liberdade de agir*).

Não cumprida no prazo a exigência acima e quedando-se o autor inerte ou manifestando-se contrário à integração do terceiro no processo, em ambas as hipóteses estará deixando de *promover* a citação e conseqüentemente o feito se extinguirá sem julgamento do mérito como manda o art. 47, par. do Código de Processo Civil[61] – ressalvada sempre a possibilidade de, em grau de recur-

60. O Tribunal de Justiça de São Paulo chegou a entender admissível e suficiente o comparecimento espontâneo do litisconsorte necessário, sem qualquer prévia manifestação do autor e, naturalmente, dispensando-se a citação como previsto no art. 214, § 1º, do Código de Processo Civil (1ª C. Civ., agr. instr. n. 249.339, j. 16.3.76, rel. Alves Braga, v.u., *RT* 490/100). Essa orientação tem o inconveniente apontado acima, de tornar letra-morta a exigência de que o autor *promova* a citação, além de impor a continuação do processo em forma litisconsorcial, quando ele talvez tivesse razões para repudiar o litisconsórcio (v. texto). No entanto, a partir do momento em que, ciente da intervenção do litisconsorte passivo, ele deixar de impugná-la, é claro que o inconveniente cessará. O mesmo Tribunal, todavia, disse que, se o comparecimento do colegitimado se der na *fase recursal*, ele "não convalida o processo ou a sentença", pois não dá àquele as devidas oportunidades de defesa, em primeiro grau de jurisdição (TJSP, 3ª C. Civ., ap. n. 235.387, j. 8.8.74, rel. Carlos Ortiz, v.u., *RP* 1/206, n. 103).

61. *Cfr.* STJ, 4ª T., REsp n. 242.260, j. 16.9.04, rel. Jorge Scartezzini, v.u., *DJU* 22.11.04, p. 345.

so, ser negada a necessariedade do litisconsórcio e, assim, determinado o prosseguimento do processo sem a providência exigida pelo juiz inferior.

O que se disse no presente item e o que no seguinte se dirá refere-se apenas ao litisconsórcio necessário *passivo* e não ao ativo: como se sabe, citação só se faz aos sujeitos passivos da ação e não ao autor. Falando em *citação* a ser promovida por este, deliberada ou despercebidamente o legislador de 1973 deixou de trazer disposições sobre como proceder para a integração de eventual litisconsorte *ativo* na relação processual principiada sem ele, o que serviu de argumento para que, doutrinariamente, se negasse a existência de litisconsórcio ativo no direito brasileiro vigente.[62] A propósito do tema, todavia, v. *supra*, nn. 100 ss., sendo certo que jamais se fará a citação de quem quer que seja para tornar-se litisconsorte ativo compulsório no processo.

113. o prazo para promover a citação

O prazo para cumprir a diligência de *promover* a citação será o que o juiz assinar (CPC, art. 47, par.). *Prazo judicial*, pois, sem que tenha aplicação a regra legal supletiva ditada no art. 185 nem o decêndio estabelecido no art. 219, § 2º do Código de Processo Civil. Tratando-se de autêntica *providência preliminar*, impõe-se a limitação estabelecida pelo art. 327 e o prazo a ser fixado pelo juiz não deverá ser superior a trinta dias. Se o juiz se omitir e não assinar prazo algum, nesse caso ter-se-á o prazo legal de cinco dias para que o autor cumpra o que lhe incumbe (ou dez, em caso de existirem dois ou mais autores com procuradores diferentes – art. 191).

No prazo estabelecido o autor cumprirá o ônus que o parágrafo do art. 47 lhe impõe, sob pena de extinção do processo. Esse ônus consistirá somente em anuir à integração do litisconsórcio, indicar endereço para a citação, fornecer numerário *etc.* (*supra*, n. 112). A citação, no direito brasileiro, é ato necessariamente a cargo dos au-

62. *Cfr.* Barbi, *Comentários ao Código de Processo Civil,* I, n. 301, esp. p. 274.

xiliares da Justiça, de modo que ao autor nada resta a fazer além de *possibilitá-la*. Eventuais atrasos na diligência de comunicação processual (citação) só terão conseqüências sobre sua situação jurídico-processual se imputáveis a ele (art. 219, § 2º).

114. desistência da ação

Em processos litisconsorciais necessários sofre inevitáveis restrições o poder de desistir da ação, que ordinariamente tem o autor. Isso constitui natural projeção das razões de ordem pública subjacentes às normas que exigem o litisconsórcio e da conseqüente natureza cogente destas, o que leva o juiz a velar por sua observância (até *ex officio*, se não houver alegação do réu – *supra*, n. 110). O juiz negará a homologação a que se refere o parágrafo do art. 158, se o autor desistir quanto a algum dos litisconsortes necessários, pretendendo prosseguir apenas contra os demais; da mesma forma, se um dos autores necessários desistir da ação, pretendendo deixar na relação processual o seu litisconsorte.

Em ambas as hipóteses, justamente por se tratar de litisconsórcio necessário faleceria aos autores ou réus que então remanescessem a legitimidade ativa ou passiva *ad causam* (*supra*, n. 81). Se o juiz não pode julgar o mérito sem a presença de todos e se tem até o dever de cuidar que se complete o quadro dos litisconsortes passivos necessários em caso de omissão na petição inicial (art. 47, par.), é lógico que não possa permitir a exclusão de um desses litisconsortes,[63] ainda quando haja concordância do

63. *Cfr.* Calmon de Passos (*Do litisconsórcio no Código de Processo Civil*, n. 58, p. 61), negando, no litisconsórcio necessário, a possibilidade de ser "somente um dos litisconsortes absolvido da instância" (dir-se-ia, na linguagem do Código vigente, que um litisconsorte necessário não pode ser excluído do processo); v. também Arruda Alvim (*Código de Processo Civil comentado*, II, p. 400) e, com indicação de bons precedentes doutrinários europeus, Barbosa Moreira (*Litisconsórcio unitário*, n. 45, esp. p. 76, texto e nota 41); José Rogério Cruz e Tucci, *Desistência da ação*, n. 2.8, pp. 11-13. Mas é claro que, como sempre, poder-se-á questionar a própria necessariedade do litisconsórcio em cada caso concreto, permitindo-se a desistência de um ou quanto a um dos litisconsortes sempre que se convencer o juiz ou tribunal de que sua presença na relação processual não é indispensável (litisconsórcio facultativo) – *infra*, n. 153.

réu com referência ao qual o autor pretende desistir e também dos que permanecem. Ou a desistência atinge todos e o processo se extingue sem o julgamento do mérito, ou não atinge nenhum e o processo continua com todos os réus.

No caso de litisconsórcio localizado no *pólo ativo* da relação jurídica processual existem peculiaridades a considerar. Sua extrema excepcionalidade, resultante do respeito à garantia de ação (*supra*, nn. 103 e 105), confina-o ao campo de certas ações destinadas a atuar sobre situações de direito material das quais só em conjunto podem os cointeressados dispor (valha, ainda uma vez, o exemplo da ação redibitória, acima invocado). Por isso, no momento em que todos vieram subscrevendo a demanda proposta e com isso atenderam à exigência do litisconsórcio ativo, cada um deles deu seu consentimento à obtenção do resultado que todos postularam. Desistir agora significaria revogar esse consentimento e, conseqüentemente, inviabilizar o julgamento *de meritis* mas a retratação do consentimento já seria ineficaz no plano do próprio direito material, pois a declaração de vontade produz seu efeito desde logo e vincula o seu autor (CC, art. 427);[64] não seria aceitável que, feita a declaração da vontade de resolver o contrato pela via do processo, pudesse ela ser objeto de retratação depois. Com a adesão de todos à demanda inicial, cada um dos cointeressados criou para seus litisconsortes a legítima expectativa pelo provimento jurisdicional postulado, não podendo frustrá-la unilateralmente. Por isso tal desistência só será admissível se subscrita por todos (dependendo, naturalmente, da concordância do réu, para ser homologada – CPC, art. 158, par.). Homologada, o processo será extinto.

115. nulidade do processo e da sentença

Não observadas as regras do litisconsórcio necessário, ou seja, faltando na relação processual algum colegitimado que a lei

64. Lembrar a célebre recomendação de Chiovenda, de que "la necessità di servirsi del processo per ottenere ragione non deve tornar a danno di chi ha ragione" – com a conseqüência de que a sentença deve levar em conta a situação existente no momento da propositura da demanda, como se não tivessem ocorrido as modificações de fato que o tempo permitiu que ocorressem. O que importa é não permitir que as delongas do processo alterem a situação jurídica de quem foi obrigado a valer-se dele e esperar por seus demorados resultados (*cfr.* Chiovenda, *Istituzioni di diritto processuale civile*, I, n. 34, esp. p. 147).

considere indispensável, não se poderá chegar ao provimento jurisdicional demandado (no processo de conhecimento, *sentença de mérito*). Sem a presença coletiva de todos que participam da mesma legitimidade necessariamente conjunta, o sujeito que está no processo sem coligação com os demais considera-se parte ilegítima *ad causam* e, em virtude disso, o caso é de *carência de ação* (como em todas as hipóteses em que esteja ausente uma das condições desta). Tem por isso o juiz o poder-dever, de natureza inquisitiva, de fiscalizar a observância das regras do litisconsórcio necessário (*supra*, n. 110). Deve de preferência fazê-lo logo ao despachar a petição inicial (de-ofício, é claro), determinando o que dispõe o parágrafo do art. 47 antes mesmo de mandar citar o réu nela indicado; ou então, como dispõe a lei, na fase das *providências preliminares*, com ou sem provocação do demandado (*supra*, n. 110).

Ou na fase postulatória do procedimento ordinário, portanto, ou ao menos na ordinatória, é dever do juiz exercer efetivamente seu poder de comando do processo e evitar que ele vá adiante sem um litisconsorte indispensável. Tal é a ordem estabelecida na lei.

Se não o fizer nessas duas oportunidades, ou seja, se sanear o feito e nele prosseguir, estará indevidamente caminhando para o julgamento do mérito apesar do óbice representado pela carência de ação. Se chegar a proferir sentença sobre a pretensão deduzida pelo autor, então terá consumado o mal, pois as condições da ação constituem um *prius* sem o qual o mérito não deve chegar a ser apreciado.[65]

A cognição do juiz, no processo de conhecimento, tem por objeto um *binômio* de questões, incluindo aquelas sobre as exigências de ordem processual e as de mérito;[66] ou, segundo muitos, um *trinômio* representado pelos pressupostos processuais, as condições de ação

65. *Cfr.* Liebman, *Manual de direito processual civil*, I, n. 74, esp. pp. 203-204 trad.; v. também minhas *Instituições de direito processual civil*, II, nn. 435 e 542, pp. 114 e 305.

66. *Cfr.* ainda *Instituições de direito processual civil*, II, n. 727, p. 635.

> e o mérito.[67] De qualquer modo, ao exame das questões *de meritis* não chegará o juiz quando qualquer daquelas receber solução negativa. Falta pressuposto de admissibilidade do julgamento do mérito quando ausente estiver alguma das condições da ação ou qualquer pressuposto processual.[68]

Por isso, copiosa jurisprudência tem pronunciado a *nulidade do processo* sempre que o juiz haja deixado de cumprir aquele seu dever imposto pelo parágrafo do art. 46 do Código de Processo Civil e, com isso, haja permitido que o procedimento fosse além do ponto em que a providência deveria ter sido determinada.[69] O caso é, conforme repetidamente se vem dizendo, de carência de ação por infringência da regra de legitimidade *ad causam* conjunta (*supra*, n. 81).

116. nulidade e carência de ação

Não é *nulo* o processo em que faleça ao autor alguma das condições da ação (especialmente, o interesse de agir ou a legitimidade): o que sucede é que "a apreciação do pedido do autor, em sua procedência ou improcedência, se faz inviável", ficando o juiz

67. É usual a alusão da doutrina a esse trinômio: v. Liebman, *Manuale di diritto processuale civile*, II, n. 386, pp. 402 ss.; Buzaid, *Agravo de petição*, n. 40, p. 90; Machado Guimarães, "Carência de ação", n. 8, p. 99; Arruda Alvim, *Código de Processo Civil comentado*, I, p. 264. A doutrina brasileira não se contenta com o mero binômio com que tradicionalmente se distinguiam apenas o *judicium* e a *res in judicium deducta*. Em posição bastante peculiar colocou-se Celso Neves, dizendo que além do mérito e das condições da ação, o juiz conhece também dos *supostos processuais* e do pressuposto único, que é a propositura da demanda (*cfr*. Celso Neves, "Binômio, trinômio ou quadrinômio?").

68. Na sugestiva colocação de Buzaid, *condições de admissibilidade do julgamento da lide* são o gênero em que se incluem todos os requisitos para que o mérito seja apreciado, entre os quais as condições da ação (*Agravo de petição*, n. 62, pp. 122-123); sua presença constitui realmente uma *conditio sine qua non* do julgamento sobre o objeto do processo (procedência ou improcedência da demanda). *Cfr.* minha nota n. 34 à tradução brasileira do *Manual de direito processual civil* de Enrico Tullio Liebman, pp. 66-67 trad.

69. *Cfr*. STJ, 3ª T., REsp n. 249.163, j. 20.2.01, v.u., *DJU* 7.5.01, p. 138 (*supra*, n. 111).

desobrigado de "prestar a tutela jurídica reclamada".[70] Quando o processo é extinto sem julgamento do mérito em caso de carência de ação (CPC, art. 267, VI), isso se dá não porque *inválidos* os seus atos ou inválido o procedimento como um todo, mas porque *inadmissível* o resultado proposto. Tal é a sanção endereçada aos processos em que a demanda haja sido aforada por ou em face de sujeito sem legitimidade para a causa – quer isolada, quer conjunta.

No caso de infringência somente às regras da legitimidade conjunta, o sujeito agente é parte legítima mas é imposta por lei a presença de outro legitimado. Para cumprimento dessa exigência é que o juiz tem o *dever* de determinar as providências *ex* parágrafo do art. 47. Não se trata pois de extinguir desde logo o processo mas de regularizá-lo e pô-lo em condições de produzir o resultado proposto.[71] Se o juiz omitir as providências indispensáveis à regularização (CPC, art. 47, par.), o processo restará viciado pelo grave *error in procedendo* caracterizado por essa omissão de ato indispensável ao procedimento.[72]

70. Questão posta por Calmon de Passos (*Comentários ao Código de Processo Civil*, III, n. 278.1, p. 546).

71. Corretamente o Superior Tribunal de Justiça reformou acórdão do Tribunal de Justiça do Espírito Santo que extinguira o processo sem julgamento do mérito por ausência de litisconsórcio necessário, quando não havia sido determinada a integração do colegitimado ao processo: "é que, havendo falha na formação do processo por não ter o MM. Juiz de Direito determinado aos autores que promovessem a citação dos terceiros interessados para compor a lide, o v. acórdão recorrido não poderia ter extinguido o processo sem o julgamento do mérito. Deveria, sim, anular os atos praticados no curso processual a fim de que fosse realizada a necessária intimação dos autores para promover a citação dos litisconsortes necessários, conforme a regra do citado art. 47, parágrafo único do CPC" (STJ, 5ª T., REsp n. 472.403, j. 8.4.03, rel. Felix Fischer, v.u., *DJU* 2.6.03, p. 333).

72. *Cfr*. Vittorio Denti ("Appunti sul litisconsorzio necessario", n. 1, esp. p. 16): "è certo che il difetto di contraddittorio non esclude l'azione, ma preclude la trattazione del merito ed impone al giudice l'ordine di integrazione. La mancata pronuncia di questo ordine da luogo ad un *error in procedendo* che vizia la sentenza" *etc*. O vício da sentença dada sem a presença de todos os colegitimados, como decorrência da *omissão* no procedimento, é explicado no texto logo a seguir.

Tal é a *nulidade* de que se vem falando; nulidade decorrente do vício caracterizado pela omissão no procedimento, não da carência de ação em si mesma. Se chegar a ser proferida nessa situação, a sentença será nula, tanto quanto os atos praticados a partir de quando deveria ter sido citado o terceiro indispensável.[73-74] Essa é uma nulidade *decorrente*, ou *derivada*, que constitui conseqüência de vicio anterior (CPC, art. 248).[75] É coessencial à disciplina do procedimento o principio da causalidade, no trato da invalidade dos atos (CPC, art. 248): quer seja processo civil, penal ou trabalhista, ou mesmo processo não-jurisdicional (o processo administrativo), sempre que se trate de atividades que se desenvolvem ao longo de um procedimento o vício de um ato propaga-se aos ulteriores e dependentes, só não ficando sujeito à sanção de ineficácia os que não hajam sido atingidos (*utile per inutile non vitiatur* – art. 248).

73 . Só após o trânsito em julgado da sentença e extinto, após o biênio, o direito de propor ação rescisória, é que a disciplina da nulidade se torna insatisfatória para explicar a ausência de efeitos da sentença. As manifestações dos tribunais brasileiros, anulando parcialmente o processo a partir do momento em que a falta deveria ter sido suprida, constituem manifesto reconhecimento de que o vício é mesmo de *nulidade*. *Cfr.* STF, 2ª T., RE n. 104.121, j. 31.3.87, rel. Aldir Passarinho, v.u., *RT* 620/16; STJ, 2ª T., MS n. 983, j. 19.2.92, rel. Antônio de Pádua Ribeiro, v.u., *RSTJ* 30/230; STJ, 2ª T., REsp n. 229, j. 20.11.89, rel. Luiz Vicente Cernicchiaro, v.u., *RJTJ* 6/303; TJMS, T. Civ., ap. n. 640/85, rel. Marco Antônio Candia; TJPR, agr. reg. n. 7/86, j. 4.10.90, rel. Silva Wolff, *Par. Jud.* 35/35.

74 . Em doutrina, v. Sciacchitano, "Litisconsorzio", III, p. 865, citando sentenças da Corte de Cassação italiana para dizer que é nula a sentença dada sem a presença de todos os colegitimados indispensáveis. Ele faz uma distinção entre a sentença assim proferida e sujeita a apelação e aquela que já tenha conseguido passar em julgado; e cita a Cassação, dizendo que nesse caso "a parte omitida pode provocar um novo processo, alegando que a sentença não se impõe a ele". Não parece acertada, contudo, a interpretação, que faz, de que "isso não é senão uma aplicação do princípio geral da *coisa julgada*, segundo o qual *res inter alios acta tertio neque prodest neque nocet*"; a limitação subjetiva da coisa julgada não impede a eficácia da sentença, nem é fenômeno particularmente ligado ao litisconsórcio necessário (v. *infra*, n. 126).

75. *Cfr.* ainda uma vez Dinamarco, *Instituições de direito processual civil*, II, n. 715, pp. 617-618.

Isso assim é porque o exercício imperativo do poder, mediante o provimento que os atos do procedimento preparam, só se reputa legítimo na medida em que hajam sido observadas todas as regras procedimentais, as quais dão vida a um sistema de garantia de participação das pessoas envolvidas. É participando e buscando influir nos resultados da atividade do agente do poder, tudo isso através do devido processo legal, que as pessoas se beneficiam da garantia constitucional do contraditório.[76]

Vista as coisas por essa óptica, mostra-se indispensável não só que cada ato do procedimento haja observado os preceitos legais definidores do modelo em vigor, como ainda que o procedimento mesmo, em seu conjunto, esteja íntegro. Em outras palavras, a *tipicidade dos atos processuais* revela-se também como tipicidade

76. *Cfr.* Dinamarco, *Instituições de direito processual civil*, II, n. 391, p. 32. É de crescente prestígio na moderna processualística a conceituação do processo como *procedimento* destinado a preparar o ato final, imperativo (provimento da autoridade) e "do qual, além do autor do ato final (Estado-juiz), participam em *contraditório* os interessados, i.é., os destinatários de tal ato". Essas palavras são do mais destacado arauto dessa idéia na atualidade, Elio Fazzalari (*cfr. Istituzioni di diritto processuale*, esp. pp. 5-6); essa idéia já fora também exposta por ele no verbete "Processo – teoria generale". Parece aceitá-la Liebman, que na, 4ª edição do *Manuale di diritto processuale* cita Fazzalari e diz: "a figura do procedimento, realidade de formação sucessiva e presente em todos os ramos do direito, torna-se *processo* quando marcada pelo contraditório" (*Manual de direito processual civil*, I, n. 103, nota 5, p. 295 trad.). O acerto dessa colocação não é suficiente para excluir a teoria da *relação processual* existente no processo (*cfr.* Dinamarco, *A instrumentalidade do processo*, n. 16, pp. 148 ss., e *Execução civil*, n. 69, pp. 127-128). O contraditório constitui uma *exigência política* do processo (formulada no plano constitucional), enquanto a relação jurídica processual é a *instrumentalização jurídica* do contraditório: as faculdades e poderes das partes (também direitos subjetivos processuais?) são situações jurídicas ativas integrantes da relação processual, com fundamento nas quais as partes realizam os atos que lhes competem, participando do processo. Nessa participação consiste o contraditório franqueado às partes. O que as novas posições científicas contêm é o repúdio à teoria da relação processual enquanto excludente do procedimento no conceito do processo (dizer que o processo *é* uma relação processual). Esse mal foi evitado na colocação feita mais acima, com a assertiva de que o processo é uma entidade complexa, integrada pelo procedimento e pela relação jurídica processual. Daí a plena compatibilidade com essas idéias, que não hesito em aceitar (*supra*, n. 1 e *infra*, n. 123).

do próprio procedimento, o qual será atípico e portanto imperfeito sempre que tumultuado na ordem dos atos que o compõem, ou que haja omitido algum ato indispensável.

Redenti: "a lei dita *esquemas formais*, não tanto e não apenas dos atos em particular, quanto também de suas várias possíveis combinações em série" (procedimentos);[77] e o valor do procedimento tem sido destacado na mais moderna doutrina do processo e de sua teoria geral. Assiste-se hoje a um intenso trabalho científico de reabilitação do procedimento, que o repúdio ao procedimentalismo, a partir da criação da teoria da relação jurídico-processual, havia privado de dignidade na teoria do processo.[78]

Por isso é que, caminhando o procedimento por caminhos não queridos ou defesos em lei, ou omitindo o juiz atos indispensáveis do modelo procedimental a observar, os atos que vierem depois do desvio ou da omissão tendem a ser nulos (e só não serão golpeados pela anulação, na medida em que se possa aplicar o princípio da conservação: *utile per inutile non vitiatur*). Projetando-se

77. *Cfr. Diritto processuale civile*, I, n. 23, pp. 91-92. Esse autor (passagem de outra obra) é apoiado e interpretado por Calmon de Passos, que diz: "também Redenti, ao apreciar os atos processuais, já mostrara que em relação a eles há mais no código do que simples disciplina formal. Preordenando em abstrato aquelas figuras normais, a própria lei estabelece, naturalmente, por que sujeitos, em que contingências e em que *coordenação com outros atos* cada qual delas pode e deve ser adotada" (Calmon de Passos, *A nulidade no processo civil*, n. 12, esp. p. 39). As palavras grifadas destacam a importância do procedimento, em cujo contexto os atos processuais hão de ser compreendidos e interpretados. Nessa passagem o autor baiano discorria sobre o *tipo* em direito processual, o qual ele diz ser formado por "um complexo de elementos necessários e suficientes, legalmente preestabelecidos, para a determinação de certo efeito jurídico" (*op. loc. cit.*, esp. p. 37). A teoria da tipicidade do ato processual foi muito bem exposta, entre nós, também e com primazia, pelo penal-processualista Romeu Pires de Campos Barros, que disse: "o fato típico processual verifica-se quando os seus elementos são integralmente contidos em normas processuais" (*cfr. Do fato típico no direito processual penal*, n. IV, p. 30). Tanto cada ato em particular quanto o procedimento em seu conjunto mostram-se *imperfeitos quando atípicos*, ou seja, quando discrepantes do modelo traçado pela lei ao ditar referidos elementos (modelo, ou *amostra*, na linguagem *carneluttiana*).

78. *Cfr.* Dinamarco, *A instrumentalidade do processo,* n. 16, esp. p. 152.

a disposição do art. 248 do Código de Processo Civil no plano do procedimento (porque neste se inserem invariavelmente os atos dos sujeitos do processo), tem-se que não só a nulidade de algum ato processual em particular mas, "com mais fortes razões, a *omissão* de um ato torna nulos os que o pressupõem". Ou, em outras palavras: pode "a *omissão* ou nulidade de um ato afetar o próprio procedimento, *de modo a impedi-lo de atingir seu escopo*".[79]

A falta de algum ato indispensável na cadeia resultante do modelo legal (o *módulo* do procedimento) resolve-se em *nulidade do procedimento mesmo* e contamina de nulidade os atos ulteriores e dependentes. A sentença de mérito dada sem que o juiz haja cumprido a providência preliminar exigida pelo art. 47, par. é um desses atos dependentes: a exigência visa exatamente a evitar que se dêem sentenças de mérito quando falte algum dos colegitimados indispensáveis. Errou o autor ao omiti-lo em sua demanda inicial; errou o juiz ao permitir que o processo prosseguisse sem ele; persistiu no erro ao julgar indevidamente o mérito apesar de tudo isso.

117. dimensão da nulidade

Os tribunais brasileiros seguidamente delimitam a nulidade, para que atinja a sentença eventualmente pronunciada *inter pauciores* e todos os atos realizados depois do momento em que o terceiro deveria ter sido citado; ou seja, a partir de quando o juiz omitiu a providência que a lei lhe impõe. Não se extingue o processo, como nos casos ordinários de ilegitimidade, porque é da essência da necessariedade do litisconsórcio a exigência de completar o que falta para o julgamento do mérito (art. 47, par.). Se o que importa é compor regularmente a relação processual em sua estrutura subjetiva, a extinção não se legitimaria. Pelo aspecto formal-procedimental, só se trata de anular o que é viciado, ou seja, só se anulam os atos viciados pela omissão, obviamente, a partir de quando a omissão aconteceu – sem embargo de dever o juiz, após feita a citação do litisconsorte antes faltante, oferecer a

79. *Cfr*. Liebman, *Manual de direito processual civil*, I, n. 121, p. 333 trad.

este plenas oportunidades para a defesa (resposta à inicial, oferta e produção de provas *etc.*).

Essa regra geral é reiteradamente proclamada pelo Supremo Tribunal Federal, para quem a nulidade por falta de integração do litisconsórcio necessário atingirá o processo "a partir do momento em que a falta deveria ter sido suprida".[80]

No procedimento ordinário brasileiro esse momento situa-se na fase das *providências preliminares* (*supra*, n. 110), quando então o colegitimado é integrado ao processo após a exigência do juiz (art. 47, par.) e tem oportunidade de oferecer sua resposta e com ela suscitar questões novas, cuja solução é preparada a partir das medidas previstas nos arts. 324, 326, 331 e 327 do Código de Processo Civil ("especificação de provas", réplica do autor, audiência preliminar).

Isso quer dizer, portanto, que fatalmente essa anulação atingirá o *saneamento do processo*, provavelmente devolvendo o feito à fase da réplica ou especificação de provas – e, aliás, é isso mesmo que acontece quando o juiz cumpre rigorosamente a regra do art. 47, no momento adequado. Poderá também a resposta do litisconsorte vir em forma de exceção, reconvenção, impugnação ao valor da causa, chamamento ao processo, denunciação da lide *etc.*, e então o respectivo incidente há de ser processado. Ao pronunciar a nulidade, todavia, precisa o juiz, em cada caso, tornar claro não só o ponto do procedimento ao qual ela remontará, mas ainda quais os atos subseqüentes que ficarão atingidos,

80. *Cfr.* STF, 2ª T., RE n. 82.468, j. 9.12.75, rel. Thompson Flores, v.u., *RTJ* 80/611: "e merecem providos, para que se renove a ação (*rectius:* o processo) a partir do momento em que a falta deveria ter sido suprida, ou ser *saneada*" (p. 615). Mais recentemente, v. STJ, 2ª T., REsp n. 229, j. 20.11.89, rel. Luiz Vicente Cernicchiaro, v.u., *RJTJ* 6/303. Como se expõe no texto, ordinariamente a anulação do ato de saneamento do processo (e atos subsequentes, naturalmente) realiza o objetivo de regularização do processo litisconsorcial. V. também STF, 2ª T., RE n. 87.094, j. 3.7.77, rel. Djaci Falcão, v.u., *RTJ* 82/618 (nulidade "a partir do momento em que deveria ter sido ordenada a citação dos litisconsortes necessários").

obedecido o princípio da causalidade (art. 248).[81] Alguns entre eles poderão ficar ressalvados, podendo acontecer inclusive que o mesmo se dê com algum capítulo da própria decisão interlocutória de saneamento do processo (art. 248, parte final[82] – princípio da conservação).

Mas também não é bastante anular apenas a sentença porque o procedimento está viciado desde momento anterior e, como é óbvio, sem remontar a anulação a esse momento, criar-se-ia condição para que outra sentença fosse dada com o mesmo vício da primeira.[83] Mesmo assim, pouco mais que a sentença haverá a anular, ou talvez nada além dela, no caso de o mérito ter sido *julgado antecipadamente* (art. 330); no *procedimento sumário* a nulidade atingirá todos os atos realizados em audiência, a partir (provavelmente) do momento imediatamente posterior à contestação oferecida pelo réu.

81. Em recente julgado o Superior Tribunal de Justiça acolheu embargos de declaração, com efeitos modificativos, para determinar que a anulação do processo em decorrência da não-citação de litisconsorte necessário abarcava a antecipação de tutela deferida *inaudita altera parte*. *Cfr*. 2ª T., ED no REsp n. 1.063.123, j. 10.3.09, rel. para acórdão Eliana Calmon, m.v. (rel. sorteado, Castro Meira), *DJe* 4.5.09.

82. *Cfr*. minhas *Instituições de direito processual civil*, II, nn. 715-716, pp. 617 ss. e *Capítulos de sentença*, n. 38, pp. 84-86; Cintra-Grinover-Dinamarco, *Teoria geral do processo*, n. 221, esp. pp. 368-369. O princípio da economia processual e o da instrumentalidade das formas impede que se considere nula, p. ex., a requisição de algum documento e sua produção nos autos ou mesmo a determinação de citar um outro colegitimado (que não aquele faltante) e os atos de defesa que ele tenha vindo a praticar.

83. *Cfr.* STJ, 2ª T., ED no REsp n. 810.982, j. 23.10.07, rel. Castro Meira, v.u., *DJU* 8.11.07, p. 213. Apesar de constar da ementa que "a nulidade em decorrência da falta de chamamento do litisconsorte passivo necessário atinge apenas a sentença e os atos posteriores", admitiu-se na decisão que, após a citação do litisconsorte, se contestada a impetração deveria ser novamente ouvido o Ministério Público. *Cfr*. também STF, 1ª T., RE n. 80.193, j. 25.11.75, rel. Antônio Neder, v.u., *RTJ* 78/877 e TJSP, 4ª C. Cív., ap. n. 262.969, j. 13.10.77, rel. Henrique Machado, v.u., *RT* 537/107: tratava-se de dois processos de mandado de segurança, em que, por inobservância da regra da necessariedade do litisconsórcio, o *writ* veio a ser cassado (STF) ou a sentença anulada (TJSP). Em ambos os casos teria sido melhor, ao menos para maior clareza do dispositivo, que se fixasse o termo inicial da nulidade (p. ex.: o Ministério Público voltará ou não a manifestar-se após a resposta do litisconsorte?).

118. pronúncia da nulidade

A nulidade *do processo* (*rectius*: dos atos realizados sem a presença de todos os colegitimados) é absoluta embora não cominada em lei.[84] Enquanto não proferida a sentença, o juiz deve proclamá-la de-ofício e mandar que seja sanada (*supra*, n. 110). É uma nulidade *sanável*, nesse sistema em que está acima de qualquer dúvida o dever de corrigi-la a qualquer tempo, sem preclusões.[85]

Se o juiz houver deixado passar os momentos em que deveria diligentemente ter determinado a integração do litisconsórcio, ou seja, se tiver permitido que o procedimento ingressasse na fase instrutória ou mesmo na decisória, *nem por isso será o caso de pronunciar desde logo qualquer nulidade* (*supra*, n. 110).[86] Ele determinará a providência do art. 47, par. e, quando não cumprida essa determinação, extinguirá o processo sem julgamento do mérito, como o próprio dispositivo impõe de modo explícito. Realizada, deverá avaliar a atitude que venha a tomar o litisconsorte recém-integrado ao processo.[87]

84. *Cfr. Instituições de direito processual civil,* II, nn. 711-712, pp. 610 ss.: em princípio toda nulidade cominada em lei é absoluta, embora haja casos sem cominação (nulidades sistemáticas) nos quais também absoluta é a nulidade.

85. Em direito processual civil inexiste incompatibilidade entre o caráter absoluto de uma nulidade e sua *sanabilidade* (*cfr*. Calmon de Passos, *Esboço de uma teoria das nulidades aplicada às nulidades processuais*, n. 109, pp. 137 ss.). O caso do litisconsórcio necessário, com a providência especificamente citada em lei (art. 47, par.), constitui demonstração eloqüente do acerto da lição do Mestre baiano. *Cfr.* também Dinamarco, *Instituições de direito processual civil*, II, n. 717, p. 620.

86. Mas já se julgou que, ciente o autor da necessariedade do processo desde o início, extingue-se o processo desde logo, sem dar-lhe oportunidade para promover a citação do colegitimado omitido (TJSC, 2ª C. Civ., ap. n. 21.017, j. 3.5.84, v.u., rel. Ernani Ribeiro, *Jur. Cat.* 45/164).

87. Deparando só ao fim do processo com a falta de um litisconsorte necessário, o que prudentemente deve fazer o juiz é o que, em caso concreto já bem antigo, com sabedoria determinou um antigo acórdão paulista: *converter o julgamento em diligência*, criando o incidente previsto no parágrafo do art. 47, sem porém nada anular desde logo (TJSP, 6ª C. Civ., ap. n. 157.215, j. 6.4.67, rel. Euler Bueno, v.u., *RT* 392/158).

Se ele ficar *revel* ou se aceitar o processado, *ratificando* os atos já realizados, anulação alguma haverá e o feito seguirá avante, a partir do ponto em que já estava. Nada se anulará, igualmente, se, como se admite, o colegitimado comparecer espontaneamente (*supra*, n. 112) e também ratificar os atos anteriores – quer o juiz já tenha determinado sua citação, quer ele ainda sequer haja percebido a necessidade de fazê-lo. Nada justificaria a decretação de nulidade nessas hipóteses, pois as exigências processuais são estabelecidas em lei para garantia das partes e do correto exercício da jurisdição e seria um formalismo irracional impor o primado da forma ainda quando desnecessário ao fim proposto. Se a parte mesma declara aceitar o processado ou se, revel, nada se inovou com sua integração na relação processual, a repetição constituiria mero culto à forma em si mesma, sem qualquer sentido instrumental.[88] Ressalva-se sempre, todavia, a possibilidade de o réu já presente no processo não aceitar o litisconsórcio; ele impugnará a presença deste, recorrerá da decisão que o houver admitido e poderá até chegar ao extremo de renunciar ao prosseguimento do processo, recusando peremptoriamente o litisconsórcio.

Comparecendo o novo litisconsorte e se ele, ao invés de ratificar (o que na realidade pouco acontece), suscitar questões novas no processo, então é preciso *tornar ao ponto do qual não se deveria ter passado sem a formação do litisconsórcio*. É indispensável que ele tenha ainda, como a todas as partes se garante inclusive em sede constitucional, plena oportunidade de participar do processo em contraditório com os demais sujeitos.

88. Mas o Supremo Tribunal Federal negou radicalmente a possibilidade de julgamento do mérito em caso de comparecimento. Os colegitimados omitidos compareceram somente depois da sentença, apelando para pedir anulação da sentença ou provimento de mérito favorável. Invocando razões puramente formais, como a existência do pedido de anulação, o Supremo afastou qualquer possibilidade de decisão do mérito sem previamente cumprir o que manda o art. 47. Afirmou também a impossibilidade de convalescimento de ato processual nulo (STF, 2ª T., RE n. 100.294, j. 5.8.83, rel. Moreira Alves, v.u., *RTJ* 112/355). Mais radical ainda é o acórdão goiano levado ao Supremo Tribunal em recurso extraordinário de que este não conheceu, no qual se ironizou: "é de se indagar se (o terceiro, que compareceu apelando e aquiescendo à sentença) assumiria idêntica atitude se este Tribunal, ao invés de anular o processo a partir do saneador, reformasse a referida sentença e julgasse improcedente a ação" (v. STF, 1ª T., AgR n. 85.225, j. 24.11.81, rel. Soares Muñoz, v.u., *RT* 558/220).

É claro também que todo discurso envolvendo a *anulação da sentença* só tem razão de ser quando se cogita de ato anulatório provindo dos tribunais, porque o juiz, uma vez proferida aquela, fica impedido de inovar no processo (art. 463). Só mediante *apelação*, portanto, ou devolução oficial da causa aos órgãos superiores (art. 475), é que se poderá anular a sentença dada, retroagindo a anulação segundo as regras examinadas acima.[89-90]

A anulação pelo órgão *ad quem* dar-se-á mesmo de-ofício se não houver pedido específico, por tratar-se de *carência de ação*, matéria de ordem pública para cujo conhecimento o Poder Judiciário não depende da provocação de parte (*supra*, n. 110). Em boa técnica, a anulação dar-se-ia quer no caso de vencida ou vencedora a facção à qual deveria litisconsorciar-se o colegitimado omitido;[91] a juris-

89. Nos embargos à execução fiscal de pequeno valor (até 50 ORTNs ou valor que as substitua) a legislação vigente suprime o duplo grau de jurisdição e é ao próprio juízo da causa que compete, mediante a via dos chamados *embargos infringentes*, rever a sentença dada, inclusive para o fim aqui estudado (v. lei n. 6.830, de 22.9.80, art. 34).

90. Mesmo sem ter sido a questão do litisconsórcio necessário suscitada em apelação, o Supremo Tribunal a examinava se alegada em *recurso extraordinário;* ou seja, conhecia do recurso, considerando dispensável o *prequestionamento* porque o próprio acórdão, em casos assim, traz vício que traduz violação à lei (*cfr*. STF, 1ª T., RE n. 74.347, j. 4.4.78, rel. Soares Muñoz, m.v., *RTJ* 87/479, com especial atenção ao voto do Min. Xavier de Albuquerque; STF, 1ª T., RE n. 80.193, j. 25.11.75, rel. Antônio Neder, v.u., *RTJ* 78/877). A mesma orientação vem sendo adotada pelo Superior Tribunal de Justiça: *cfr*. STJ, 5ª T., RMS n. 20.780, j. 9.8.07, rel. Felix Fischer, v.u., *DJU* 17.9.07, p. 307; STJ, 3ª T., REsp n. 316.441, j. 25.5.04, rel. Antônio de Pádua Ribeiro, v.u., *DJU* 21.6.04, p. 214; STJ, 6ª T., REsp n. 676.159, j. 12.2.08, rel. Maria Thereza de Assis Moura, v.u., *DJe* 17.3.08; STJ, 1ª T., RMS n. 14.775, j. 14.11.06, rel. Denise Arruda, v.u., *DJU* 30.11.06, p. 147.

91. *Cfr*. Barbosa Moreira, *Litisconsórcio unitário*, n. 86, pp. 147-149: fala ele em litisconsórcio unitário, mas as razões que alinha demonstram igualmente a inconveniência de dar flexibilidade às regras do necessário, *secundum eventum litis*. Ao que disse acrescenta-se o risco de criar situação embaraçosa no seio de um mesmo processo: se o tribunal em apelação dispensar o litisconsórcio necessário porque deu vitória à facção à qual pertenceria o colegitimado omitido, mas depois, ao julgar algum recurso sucessivo (embargos infringentes, recurso especial ou extraordinário), se convencer o órgão *ad quem* de que a razão está com a parte contrária, a anulação será indeclinável, com maior perda de tempo, atividades e dinheiro, além de dificuldades inerentes ao estreitamento do conhecimento admissível nesses recursos (mas v. *supra*, n. 83).

prudência, porém, inclina-se por uma solução *secundum eventum litis*, preservando da anulação os processos em que houver vencido a facção na qual o terceiro deveria ter ingressado (*supra*, n. 83), como se nesse assunto tivesse aplicação o disposto no § 2º do art. 249 do estatuto processual.

Determinada em primeiro grau de jurisdição a *extinção do processo sem julgamento do mérito*, mas por outra razão que não a falta do litisconsorte necessário, nem sempre essa falta será relevante para o julgamento. Se for o caso de dar provimento ao recurso para afastar a causa que na sentença de primeira instância servira de fundamento para a extinção, então deve o tribunal, mesmo de-ofício, levar em conta o litisconsórcio omitido e fixar o ponto a partir do qual os atos se consideram nulos por falta dele. É evidente, todavia, que se a outra causa de extinção do processo for reconhecida também pelo órgão *ad quem*, então ao recurso se negará provimento e a ausência do litisconsorte necessário não terá relevância alguma (como considerar nulo o processo a partir do saneamento, quando ele por inteiro merece ficar extinto?).

O que acima se disse tem aplicação a *todos os casos de litisconsórcio necessário*, quer se trate de litisconsórcio também unitário, ou seja, daqueles cuja necessariedade tem por causa a incindibilidade de situações, quer de litisconsórcio necessário por força de lei (*supra*, n. 94). A distinção que a propósito se pode fazer refere-se apenas *à ineficácia* da sentença, de que se cuidará a seguir (*infra*, n. 119). Sendo necessário o litisconsórcio, não importa qual a norma ou o motivo em que tenha assento a necessariedade: em qualquer hipótese o juiz tem o dever de velar pela observância da legitimidade conjunta e deve pôr fim ao processo quando ela não vier a ser observada (CPC, art. 47, par.), incorrendo em grave erro processual sempre que não o fizer.

119. ineficácia da sentença por falta dos litisconsortes necessários-unitários – insuficiência do sistema de nulidades

O sistema das nulidades processuais não explica adequadamente o fenômeno da sentença de mérito proferida sem a presença de todos os colegitimados indispensáveis, que a doutrina afirma ser *inutiliter data*. Como já se adiantou, a nulidade do ato comporta consideração exclusivamente *endoprocessual*, para que, ainda pendente o processo, o ato imperfeito (ou contaminado por defeito anterior) receba a sanção consistente na anulação: e essa anulação só pode ser imposta mediante outro ato judicial – o que é característica do sistema de nulidades em direito processual, que é ramo do direito público (*supra*, n. 118 e *infra*, n. 123).

As nulidades são vicissitudes da vida do processo e perdem todo significado e razão de ser quando ele se extingue, tendo-se tornado irrecorrível a sentença dada.[92] Com o trânsito em julgado, a preclusão máxima que sobre ela se abate impede que qualquer questão relevante para o processo ou seu resultado (sentença, seus efeitos) venha ainda a ser proposta, ou reproposta. Trata-se da *eficácia preclusiva da coisa julgada*, expressa no art. 474 do Código de Processo Civil (em combinação com o art. 471), a qual visa a assegurar "o resultado prático e concreto do processo (ou, em outras palavras, o seu efeito").[93]

O ponto extremo a que se poderá estender a consideração da nulidade da sentença de mérito dada sem todas as partes indispensáveis será o término do biênio para a propositura da ação rescisória (*infra*, n. 130). Depois disso aquele processo, como tal,

92. "Os motivos de nulidade e anulabilidade de uma relação processual, em sua quase totalidade, desaparecem ao fazer-se definitivo o resultado do processo, de sorte que a coisa julgada equipara nulidade e anulabilidade em sua *sanação geral*" (Roque Komatsu, *Da invalidade no processo civil*, cap. 11, n. 5.4, p. 237).

93. *Cfr*. Liebman, *Eficácia e autoridade da sentença*, aditamento *d* ao § 3º, esp. p. 62 trad. Também Machado Guimarães cuidou dessa eficácia preclusiva, emitindo conceitos esclarecedores e traçando distinções importantes (*cfr*. "Preclusão, coisa julgada, efeito preclusivo"); essa distinção remonta a sábias lições de Chiovenda. A autoridade do julgado limita-se à parte dispositiva da sentença mas a própria coisa julgada em si mesma constitui fator de preclusão das *questões* do processo (mesmo as suscitáveis que não foram suscitadas): "non bisogna confondere la cosa giudicata e la preclusione. La cosa giudicata contiene (...) in sè la preclusione di ogni futura questione: l'istituto della preclusione è la base pratica della efficacia del giudicato" (*cfr*. *Principii di diritto processuale civile*, § 78, II, esp. p. 911).

é intocável e intocáveis os seus atos. Os efeitos que a sentença for apta a produzir produzir-se-ão inevitável e irretorquivelmente, apesar da nulidade que em dado momento o inquinava. Ela os produzirá, sem dúvida alguma, após decorrido *in albis* o biênio; e os irá produzindo também, já durante o transcorrer deste e mesmo no curso do eventual processo de rescisão, já que em princípio "o ajuizamento da ação rescisória não impede o cumprimento da sentença ou acórdão rescindendo" (CPC, art. 489).[94]

Passada em julgado a sentença, portanto, é que se descobre o nó central do problema consistente na determinação dos "efeitos da sentença dada em ausência de algum dos litisconsortes". Como disse conceituadíssimo doutrinador, "o problema surge (...) no caso de o processo ter-se realizado e chegado à coisa julgada formal, em ausência de algum dos litisconsortes".[95]

> É então que se revela de modo patente a insuficiência e inadequação da disciplina das nulidades processuais para explicar em que consiste a *inutilidade* da sentença que repetidamente se afirma ser *inutiliter data*. As nulidades não impedem a produção de efeitos

94. Por *cumprimento de sentença*, nesse dispositivo, há de ser entendida, amplamente, a efetivação dos efeitos substanciais de qualquer sentença, porque seria arbitrário e não faria sentido que apenas a condenatória, que é a única sujeita a execução forçada, ficasse sob a disciplina que ele contém. No sistema do Código de Processo Civil a expressão *cumprimento de sentença* é empregada para designar somente as diversas espécies de execução por título judicial e não se relaciona sequer um pouco com as sentenças constitutivas, mas também a efetivação destas se considera imune à pendência da ação rescisória, como dispõe o art. 489. Sobre os significados do vocábulo *execução*, v. Dinamarco, *Instituições de direito processual civil*, IV, nn. 1.326-1.328, pp. 31 ss. e *Vocabulário do processo civil*, n. 50, p. 109.

95. *Cfr*. Denti, "Appunti sul litisconsorzio necessario", n. 1, p. 14: "il nodo centrale del problema del litisconsorzio necessario sta, come si è autorevolmente rilevato, nella determinazione degli effetti della sentenza resa in assenza di taluno dei litisconsorti" (Denti refere e apóia assertiva de Salvatore Satta). A mesma idéia parece estar no pensamento de Emilio Betti. Discorrendo sobre o *negócio jurídico*, diz que a sua falta de efeitos, quando decorrente de circunstâncias extrínsecas, normalmente só pode ser apreciada "depois de celebrado e completado o negócio nos seus elementos constitutivos" (*cfr*. *Teoria generale del negozio giuridico*, n. 57, esp. p. 10 trad.).

após o trânsito em julgado nem explicam a ausência de efeitos da sentença na hipótese em exame.

O art. 47 do Código de Processo Civil (2ª parte) estatui que, sendo necessário o litisconsórcio, "a eficácia da sentença dependerá da citação de todos os litisconsortes no processo". Isso revela que o legislador brasileiro teve consciência de que a disciplina das nulidades seria insuficiente para preservar, de modo absoluto, a regra da legitimidade conjunta; ele esteve influenciado certamente, por tradicionais lições no sentido de que a sentença assim omissa é ineficaz.[96] A doutrina brasileira, todavia, não costuma preocupar-se em explicar o significado e extensão dessa *ineficácia*. Os autores limitam-se, em geral, à tradicional fórmula da sentença *inutiliter data*, reportando-se a clássicos ensinamentos.[97]

96. Disse-o Chiovenda tantas vezes e disse-o Redenti também, embora discordassem quanto ao ponto a partir do qual a sentença é inútil, ineficaz (*supra*, n. 53). Sobre o significado dessa ineficácia, questionado por Vittorio Denti, v. *infra*, n. 126.

97. Tornaghi diz apenas: "a lei considera a sentença *inutiliter data*, isto é, proferida inutilmente se, em caso de litisconsórcio necessário, não ingressassem no processo todos os litisconsortes possíveis. O chamamento de todos eles é condição de eficácia da sentença" (*Comentários ao Código de Processo Civil,* I, p. 217). E Barbi: "o ensino acertado e dominante é o de Chiovenda, para o qual a sentença, proferida sem que tenha sido formado o litisconsórcio necessário, considera-se *inutiliter datur"*. Segundo esse autor, a sentença não produz efeito em relação aos que não participaram do processo, nem em relação aos que dele participaram" (*Comentários ao Código de Processo Civil*, I, n. 304, p. 276). Pontes de Miranda vai só um pouco mais além ao cuidar da *eficácia sentencial*, alvitrando a ação rescisória como remédio jurídico-processual para "que se afaste a falta de litisconsorciação" (*Comentários ao Código de Processo Civil*, II, nota 14 do art. 47, p. 55). Seja feita justiça ao monografista Mathias Lambauer, que dedicou todo um capítulo de sua obra à "eficácia da sentença pressuposta na necessária decisão uniforme do litisconsórcio necessário unitário" (*cfr. Do litisconsórcio necessário*, cap. V, pp. 134 ss.). Prepondera nesse capítulo, contudo, o exame dos *pressupostos da eficácia* da sentença, sem a preocupação central em definir a própria ineficácia da sentença dada em ausência dos pressupostos (ou seja, de explicar o que significa essa ineficácia, que medida tem, quais efeitos ficam excluídos, em que a ineficácia difere da nulidade *etc.*). Tal estudo é, porém, de bastante valia no esclarecimento dos problemas que enfrenta, sendo aconselhável sua leitura.

A questão é muito interessante e de superlativa relevância na determinação da valia que pode ter (ou que não terá) a sentença. Ela é assaz intrincada e nada fácil sua solução, que na doutrina italiana tampouco se pode dizer seja de trato freqüente entre os autores; não pode ser satisfatoriamente examinada e solucionada sem o aporte de ensinamentos já conquistados no plano da teoria da ineficácia do ato jurídico em geral, do negócio jurídico de direito privado e mesmo do ato administrativo.

120. sobre a eficácia da sentença (efeitos principais, secundários, processuais)

Antes de discorrer sobre a ineficácia, é mister bem compreender a *eficácia* da sentença como ato jurídico.[98] O *pensamento expresso*, que constitui conteúdo de todo ato jurídico processual, visa sempre a produzir determinados efeitos no mundo jurídico. Quando o juiz diz "declaro inexistente esta relação jurídico-cambial", ou "decreto a separação judicial destes cônjuges", ele está com isso expressando um pensamento dirigido ao resultado assim definido. A sentença, que ele assim pronuncia, tem uma tendência a produzir esses efeitos típicos, ou declarados, bem como outros (secundários, atípicos, processuais). Tal é a *eficácia natural da sentença*, resultante de sua condição de ato estatal imperativo. Entre os efeitos que toda sentença de mérito produz é típica a declaração de existência ou inexistência de uma relação jurídica, direito ou obrigação; sendo declaração feita por órgão do Estado e no exercício da jurisdição, ela tem o poder de trazer *certeza* quanto à relação declarada, distinguindo-se por aí das meras afirmações feitas em outra sede, por pessoa não investida do poder jurisdicional. Acrescendo-se a esse efeito o de criar, modificar ou extinguir a relação jurídica, ou o de aplicar a sanção executiva (tornando, com isso, adequada a via de execução forçada para a

98. Judiciosa colocação de Vieira Neto, que em sua tese *Ineficácia e convalidação do ato jurídico* declara antes de cuidar da ineficácia: "preferimos iniciar por uma noção geral de *eficácia*" (n. 16, esp. p. 46).

tutela do direito afirmado), ter-se-ão os chamados efeitos constitutivo ou condenatório.

Mera declaração, constituição e condenação – eis os efeitos substanciais típicos das sentenças de mérito, efeitos desejados pelas partes e pedidos em suas demandas. A demanda inicial do autor delimita o âmbito em que a sentença de mérito os produzirá e o juiz, ao sentenciar favoravelmente ao demandante, pronunciá-los-á explicitamente na sentença.[99] É para produzir um desses efeitos sobre a vida das partes (e, em certa medida, de terceiros), que a própria sentença é postulada, preparada e, afinal, consciente e voluntariamente pronunciada.

Outros efeitos a sentença produzirá, ainda, de *caráter secundário*. São efeitos externos a ela, não necessariamente queridos

99. Discorrendo sobre o conteúdo e forma dos atos processuais, diz Redenti que "*conteúdo* é a expressão de um pensamento ou (invertendo os termos) é um pensamento enquanto expresso". Suas explanações permitem entender as manifestações de vontade como conteúdo do ato processual e especialmente da sentença, onde o pensamento "si tramuta da elemento soggettivo intellettuale o spirituale interiore in un elemento proiettato all'esterno ed esternamente materializzato" (*cfr. Diritto processuale civile*, I, n. 54, p. 199). Essa lição permite sublinhar os efeitos substanciais típicos da sentença de mérito, indicados no texto (mera declaração, constituição, condenação), como efeitos principais e institucionais, queridos pela parte e voluntariamente concedidos pelo juiz. Falar da *vontade* nos atos judiciais traz sempre o risco de resvalar em um privativismo indesejável, aproximando o provimento imperativo do juiz ao negócio jurídico. Para afastar esse risco e evitar mal-entendidos, prevaleça a lição de Liebman: "a sentença pode efetivamente considerar-se um ato de vontade só no sentido jurídico e não no sentido psicológico, isto é, enquanto atribui um comando jurídico a um sujeito e não, ao contrário, enquanto os seus efeitos são mais ou menos livremente determinados pelas suas forças volitivas autônomas" (*cfr. Eficácia e autoridade da sentença*, n. 22, p. 73 trad.). V. também José Frederico Marques, *Instituições de direito processual civil*, III, n. 849, pp. 401-403. Sobre a classificação das ações de conhecimento (e das sentenças) com base no efeito declaratório constitutivo ou condenatório postulado pelo autor e explicitado pelo juiz, *cfr.* Liebman, *Manual de direito processual civil*, I, n. 82, pp. 231-232 trad.; Celso Neves, "Classificação das ações", pp. 33 ss. (com repúdio à classificação quíntupla e com peculiaridades do autor quanto à dimensão da jurisdição e da coisa julgada). É mais adequado falar em *espécies de tutelas jurisdicionais*, ou mesmo de sentenças, em vez de classificar as *ações*.

pelas partes e sequer pelo juiz, não expressamente declarados na sentença mas a ela agregados por força de lei. A sentença aparece aí como mero *fato jurídico*, produtivo de efeitos não ligados à vontade de seu agente (juiz): o mesmo acontecimento da vida pode ser encarado por mais de um aspecto, gerando efeitos de natureza diferente conforme o ponto-de-vista em que se colocar o observador. Já foi dito, com muita autoridade e precisão (valendo a pena repetir palavras tão esclarecedoras) que

> "nem todos os efeitos que a lei atribui à sentença podem-se relacionar com a vontade nela formulada, nem ser postos sob o instituto do julgado. Às vezes a sentença produz certos efeitos, não porque o juiz tenha querido que se produzissem e porque a sua produção haja constituído objeto (declarado ou implícito) do julgamento; mas porque, fora do campo dentro do qual é lícito expandir-se o poder de decisão atribuído ao juiz, a sentença é considerada pela lei como fato produtor de efeitos jurídicos, pela própria lei preestabelecidos e não dependentes do comando contido na sentença. A sentença, assim, que normalmente serve para declarar quais são as conseqüências jurídicas dos fatos controversos, torna-se aqui, por sua vez, o fato ao qual a lei liga a produção de certas conseqüências jurídicas, diferentes e independentes daquelas inerentes ao julgado. Poderemos falar da sentença, nesses casos, como fato jurídico em sentido estrito".[100]

A sentença condenatória sujeita a recurso (mesmo com efeito suspensivo) tem o efeito secundário de legitimar a hipoteca judiciária (CPC, art. 466). Entre nós a sentença penal condenatória tem os efeitos secundários de tornar certa a obrigação de ressarcir o dano causado pelo crime (CP, art. 74, inc. II) e de valer como

100. Palavras de Calamandrei, "Appunti sulla sentenza come fato giuridico", I, pp. 15-16. *Cfr.* também Liebman, *Eficácia e autoridade da sentença*, § 4º, pp. 71 ss. trad. (todo o § 4º é dedicado aos "efeitos secundários das sentenças"); v. ainda seu *Manuale di diritto processuale civile*, II, n. 387, p. 404. Citando Lent (*Contributo alla dottrina dell'oggetto del processo*, pp. 464-466), também já discorri sobre o mesmo evento da vida que pode comportar mais de uma valoração jurídica (*cfr. Execução civil*, n. 314, esp. pp. 495 ss.). *Cfr.* ainda a preciosa monografia de Enzo Enriques, *La sentenza come fatto giuridico* e minhas *Instituições de direito processual civil*, III, nn. 896-898, pp. 211 ss.

título para a execução civil (CPC, art. 584, inc. II – *rectius:* título para o processo de liqüidação).

A sentença tem também *efeitos processuais*.

O primeiro deles, que se produz imediatamente à sua publicação, é o de *terminar o ofício do juiz de primeiro grau jurisdicional* (art. 463). Só pode inovar no processo, em sua fase cognitiva, para as correções que o próprio dispositivo indica (incs. I-II) e também, naturalmente, na direção da fase inicial do procedimento de eventual recurso.[101]

Efeito processual mais profundo que esse é o de pôr termo à primeira fase do processo, a *cognitiva*. Passada em julgado a sentença sem recurso (ou o acórdão, conforme o caso), com isso a fase de conhecimento considera-se extinta, quer o mérito haja sido julgado ou não (art. 162, § 1º, c/c arts. 267 e 269). Cessa o estado de litispendência cognitiva e extingue-se a ação de conhecimento, como direito de exigir o provimento jurisdicional de mérito (claro: se este houver sido julgado).[102]

Na realidade nem todas as sentenças chegam a produzir esse efeito: vindo a ser objeto de apelação, a sentença será substituída pelo acórdão do órgão *ad quem* que dela conhecer, o que se dá mesmo quando a apelação é improvida e ela, "confirmada" (CPC, art. 512). Se o recurso é conhecido, nova decisão é proferida na causa, agora pelo órgão julgador do recurso; e é o pronunciamento deste que porá fim à fase de conhecimento. A técnica é a mesma, nos casos de sentença sujeita a reexame necessário (art. 475 – *supra*, n. 111).

101. *Cfr.* Dinamarco, *Instituições de direito processual civil*, II, n. 651-A, pp. 507-508 e III, n. 892, pp. 206-207.

102. Extinguir-se a fase de conhecimento não equivale a *extinguir-se o processo*. O processo sincrético que temos no sistema brasileiro de processo civil inclui a fase de conhecimento, que tem fim mediante a sentença ou acórdão de mérito, e mais a fase executiva, ou de cumprimento de sentença (CPC, arts. 475-I ss.), que se segue à primeira – ou ainda, conforme o caso, também uma fase de liqüidação e uma de impugnação à execução forçada (*cfr.* ainda uma vez Dinamarco, *Instituições de direito processual civil*, IV, n. 1.329, p. 46).

121. existência, validade e eficácia

Como todo ato jurídico, também os do processo (e especialmente a sentença) comportam exame pelo tríplice aspecto da *existência, validade e eficácia.*

A sentença *existe* quando presentes os elementos essenciais que a configuram como tal: que contenha um dispositivo, que seja proferida por pessoa investida de jurisdição, que esteja incluída em um processo *etc.* ("gli elementi minimi per l'esistenza di una sentenza sono costituiti da un giudizio pronunciato in forma scritta da un giudice di fronte alle parti").[103]

103. *Cfr.* Liebman, *Manuale di diritto processuale civile*, II, n. 124, esp. p. 241. V. ainda Denti, para quem "o *minimum* ao qual se liga o conceito de existência, e pois o de inexistência também, reside no exercício de um poder jurídico"; diz ainda que se costuma falar em *inexistência da sentença* para designar uma nulidade absoluta "que sobrevive à formação do julgado" ("Inesistenza degli atti processuali civili", n. 1, p. 636). Por esse aspecto a inexistência guardaria alguma semelhança com a *ineficácia* mas o vício intrínseco e radical que determina a primeira constitui dado peculiar que a identifica e distingue. Na doutrina brasileira e com referência ao direito privado, disse Antônio Junqueira de Azevedo, reportando-se aos *essentialia negotii*, do ensinamento tradicional: "elemento do negócio jurídico é tudo aquilo que compõe sua existência no campo do direito" (*cfr. Negócio jurídico*, pp. 40 ss.). Passa a falar da forma, do objeto, das circunstâncias negociais e do agente (além de outros elementos indispensáveis a outras categorias, diversas do negócio jurídico). Mas ainda não é pacífica em doutrina a configurabilidade dessa situação em que o ato, mais do que nulo (e mesmo mais do que nulo de modo absoluto), é *inexistente.* É conhecida a posição de Carnelutti, para o qual a própria nulidade absoluta se caracteriza como "ausência total de efeitos no campo de direito". Para ele, o máximo a que se poderia chegar é que falar de inexistência seja mais correto do que falar de nulidade absoluta; "mas não que inexistência e nulidade absoluta designem duas situações diferentes" (*cfr.* seu artigo "Inesistenza dell'atto giuridico?", escrito em crítica a um estudo de Ascarelli). Mais convincente é a posição deste, o qual ensina que, "dizendo *nulidade*, referimo-nos a uma sanção ditada pela norma, com relação a uma situação típica (*fattispecie*) que, para que possa incidir na sanção da norma, por isso mesmo se supõe existente. Portanto, por existência ou inexistência designamos a presença ou não daquela situação típica" (*cfr.* Ascarelli, "Inesistenza e nullità", esp. p. 62). Ele diz ainda (*ib.*, p. 63) que "é por isso que a norma não pode sancionar diretamente a inexistência; é que a norma, para ser aplicável, pressupõe a existência da situação típica (*fattispecie*)". Aderindo a essas idéias, disse Calmon de Passos ao distinguir inexistência jurídica e sanção de nulida-

Só quanto a uma sentença que *exista*, obviamente, pode-se cogitar da produção de efeitos: a que não existe não produz nem os processuais nem os substanciais, primários ou secundários. Por isso, descarta-se desde logo que seja inexistente a sentença dada sem a presença de todos os colegitimados indispensáveis. Ela produz ao menos os efeitos *processuais* de uma sentença, exaurindo o ofício jurisdicional do juiz e determinando a extinção da fase de conhecimento. Produz também a sucumbência de uma das partes, com as conseqüências financeiras a ela ligadas (os chamados *encargos da sucumbência* – honorários do advogado vencedor, despesas em geral). Ela não é, portanto, um ato indiferente ao mundo jurídico, independentemente de produzir ou não os efeitos substanciais típicos que tiver enunciado.

As ressalvas feitas quanto à sentença sujeita a recurso não colidem com isso que agora se afirma: é claro que, se a sentença vier a ser anulada em grau de recurso, ou rescindida, o processo volta ao estado anterior a ela.

A *ineficácia*, ditada no art. 47 do Código de Processo Civil, decididamente não significa *inexistência jurídica da sentença*[104]

de: "a primeira revela uma impotência material para produzir conseqüências jurídicas, a outra (nulidade), uma incapacidade legal para produzi-los" (*Esboço de uma teoria das nulidades aplicada às nulidades processuais*, n. 78, p. 95). Discorrendo sobre atos nulos e atos anuláveis em direito privado, chega a dizer Fazzalari: "la distinzione sopra accolta per gli atti privati deve essere riprodotta anche per gli atti processuali". Nos exemplos que dá, vê-se que considera nulos os atos que em doutrina do processo se costumam indicar como inexistentes (entenda-se: designam-nos assim os que aceitam a categoria da inexistência jurídica do ato processual); e considera anuláveis os que se costumam apontar como nulos (*Istituzioni di diritto processuale*, p. 187 – *infra*, n. 123).

104. Só se trata de inexistência quando houver "impossibilidade de extrair qualquer efeito jurídico de atos que, se afetados apenas por nulidade absoluta, seriam suscetíveis de produzir o efeito típico dos provimentos jurisdicionais em caso de não-exercício do poder de recorrer" (*cfr*. Denti, "Inesistenza degli atti processuali civili", n. 2, esp. p. 637). Por isso é de reconhecer razão à doutrina, quando fala de "sentença inexistente por defeitos processuais e sentença nula em razão de seu conteúdo" (*cfr*. Calamandrei, "Vizi della sentenza e mezzi di gravame", n. 9, esp. p. 260). Os *defeitos processuais* que impedem a "sentença"

e tampouco se confunde com a mera nulidade, conforme já se expôs. Mesmo as sentenças gravadas de nulidade absoluta são ordinariamente capazes de produzir todos seus efeitos e efetivamente os produzirão a partir de quando, mercê da eficácia sanatória do trânsito em julgado, libertam-se das conseqüências do vício que as macula (é pensar, *v.g.*, numa sentença sem motivação, ou proferida com cerceamento de defesa).

Superada a nulidade, porém, produz seus efeitos substanciais a sentença dada sem a presença de todos os litisconsortes necessários?

122. a solução legislativa – opção de política legislativa

O art. 47, par. do Código de Processo Civil traz em si uma opção do legislador brasileiro.

Sendo incindível a situação jurídica posta em um processo (*v.g.*, duas ou várias pessoas figurando como compradores do mesmo bem em um contrato cuja anulação se pretende), não poderia a lei jamais pretender que a eficácia da sentença se limitasse ao colegitimado que tenha sido parte no processo, não sendo ela eficaz quanto ao que ficou omitido. O que caracteriza a incindibilidade é precisamente essa impossibilidade de tratamentos diferenciados (*supra*, nn. 65 e 82); a suposta eficácia subjetivamente limitada conduziria a situações ridículas e absurdas, como já foi considerado (*supra,* n. 61).

Se a sentença com omissão de algum colegitimado fosse ineficaz só perante este, mas pudesse ser eficaz para os que participaram do processo, nos limites da eficácia que teve ela obteria a autoridade da coisa julgada material. Não poderia mais o autor obter sentença

de entrar no mundo jurídico são aqueles amplamente conhecidos: proferida por não-juiz, não assinada, não publicada, sem dispositivo *etc.* Calmon de Passos, incluindo o caso de objeto impossível como fator de inexistência da sentença, invade a área da *ineficácia* (*cfr. Esboço de uma teoria das nulidades aplicada às nulidades processuais,* n. 78, esp. p. 102); ele inclui também, e parece que indevidamente, a "sentença proferida contra quem não foi parte" (*id., ib.* – *infra*, n. 129).

perante o interessado que já fora parte, admitindo-se sua segunda demanda, agora, apenas quanto ao que ficara omitido; no caso de ele mover ação a este e ela ter julgamento diferente do primeiro, teríamos uma estrondosa incompatibilidade entre os julgados, ambos cobertos pela coisa julgada e em completo desprezo à incindibilidade da situação. O mesmo absurdo ocorreria se a ação redibitória houvesse sido julgada improcedente e o coproprietário antes omisso, vindo agora sem o que fora parte (novamente violando a regra da legitimação conjunta, portanto), obtivesse, só para si, a procedência de sua pretensão: haveria dois julgados sobre o mesmo objeto indivisível, duas coisas julgadas opostas e cada uma supostamente limitada a um dos autores (sobre a propositura de nova demanda com o mesmo objeto, *infra*, n. 127).

Fica, portanto, desde logo descartada a suposta opção pela eficácia relativa da sentença dada *inter pauciores ex pluribus* – ou seja, eficácia capaz de atingir o colegitimado que haja sido parte.

Poderia contudo o legislador preferir outorgar a cada um dos titulares da mesma situação incindível a plena legitimidade individual para conduzir em juízo a defesa dos interesses comuns. Poderia, em outras palavras, permitir que apenas um ou alguns dos titulares da relação controvertida viessem a juízo como autores ou como réus, dispensando a totalidade e reconhecendo, afinal, a plena eficácia da sentença dada, quanto a todos eles.

A tal solução chega a lei, mediante técnica um pouco diferente, quanto a casos especificamente previstos. Trata-se da técnica da *extensão subjetiva da coisa julgada*, de pouco emprego pelo legislador brasileiro e já referida antes (*supra*, nn. 101 e 102). Nessa solução cede o legislador à consideração do objeto do processo, em prisma prioritário ao da consideração dos sujeitos que dele participam. Ou seja, ele leva em conta o dado objetivo de determinada pretensão posta em juízo e, conduzida esta por todos os interessados ou por algum apenas, isso não importa: em qualquer das hipóteses a sentença será vinculativa de todos os colegitimados, quer tenham todos estado presentes ou não.

Para ficar acobertada pela autoridade da coisa julgada assim sem restrições, a sentença há de ter plena eficácia quanto ao objeto do processo. A questão da eficácia da sentença e dos limites dos seus efeitos é prévia à dos limites subjetivos da coisa julgada, porque esta se resolve na imutabilidade daqueles efeitos (sem ser eficaz, como cogitar da coisa julgada material?).

A extensão subjetiva da coisa julgada, contudo, mesmo lá onde mais praticada legislativamente do que aqui, não aparece como técnica generalizada. Nos ordenamentos processuais em geral, a regra é a limitação do julgado às partes, não favorecendo nem prejudicando terceiros. Sem terem sido partes no processo, os terceiros "da sentença não recebem um juízo, mas um prejuízo".[105] Os casos de extensão subjetiva são excepcionais e contidos em previsões específicas, de direito estrito. Quando usa dessa técnica, o legislador abre mão da necessariedade do litisconsórcio, sabendo que aquela substitui funcionalmente a esta: obtém-se o mesmo resultado prático, seja exigindo a presença de todos os colegitimados, seja admitindo a demanda de apenas um deles ou alguns, com prolação de sentença com eficácia geral. Ao declarar que em certos casos a coisa julgada se estende a todos eles, a lei está implicitamente aceitando a plena eficácia da sentença, quanto a todos também.

À indiferença das duas soluções do ponto-de-vista meramente técnico não corresponde, porém, uma indiferença política. Ao *princípio do contraditório* repugna que possa ser ordinariamente atingida pela sentença, seus efeitos e imutabilidade destes, pessoa que não haja participado do processo nem teve como influir nos seus rumos e no teor do provimento com que culminou.

105. Essas palavras, à primeira vista de efeito, são de Carnelutti, o qual no entanto esclarece: "pregiudizio è usato nel senso letterale di giudizio, non sul diritto del terzo ma su un pressuposto del medesimo, e perciò anche di danno, qualora in confronto della parte tale pregiudizio sia negativamente accertato" ("Efficacia diretta e riflessa del giudicato penale", n. 3, esp. p. 3). Diz também Barbosa Moreira: "a extensão do vínculo da coisa julgada a terceiros é medida de conseqüências cuja gravidade seria inútil querer dissimular. Apresenta inconvenientes de tal monta, que só se podem razoavelmente admitir em não havendo possibilidade de outra solução" (*Litisconsórcio unitário*, n. 84, p. 144). Dai a sua excepcionalidade.

O princípio do contraditório é o fundamento mais sólido das regras de legitimidade *ad causam* e, especificamente, dessa segundo a qual em certos casos a sentença só será eficaz quando todos os titulares da relação ou situação jurídica controvertida hajam sido partes no processo (necessariedade do litisconsórcio).[106]

Por isso é que, apesar da reconhecida equivalência funcional entre as duas técnicas, prevalece como regra prioritária a do litisconsórcio necessário e a extensão subjetiva da coisa julgada é verdadeiramente excepcional (particularmente no direito brasileiro).

Colocando as coisas um pouco diferentemente, seria cerebrinamente concebível um sistema no qual ficasse superado o dilema representado pela oposição dessas duas técnicas alternativas. Sempre a sentença teria *plena eficácia* (quanto à integralidade do litígio posto no processo e a todos os titulares da situação jurídica controvertida, presentes ou ausentes), tendo-se por regra geral a legitimidade individual em todos os casos. Em outras palavras, seria possível imaginar a outorga do poder de conduzir em juízo determinada pretensão, a cada um dos titulares da relação controvertida, sem exigir a reunião de todos eles e sem ser preciso recorrer ao expediente da extensão da coisa julgada: sendo legítima e suficiente a participação de um só, ou de apenas alguns, aquela relação jurídica receberia julgamento eficaz e os seus titulares estariam todos, naturalmente, atingidos pela eficácia da sentença dada. A coisa julgada vinculativa de todos eles seria conseqüência natural do sistema assim concebido.

106. *Cfr.* Chiovenda, "Sul litisconsorzio necessario", n. 4, esp. pp. 443-444, dizendo que o princípio do contraditório exige a inclusão do litisconsorte necessário no processo porque, em caso de procedência da demanda do autor, ele ficará sujeito aos efeitos da sentença. Discorrendo sobre essa colocação e sobre a unidade da ação em caso de litisconsórcio necessário (o que constitui desenvolvimento da primeira assertiva de Chiovenda – *supra*, n. 36), diz Denti que essa linha de argumentação é "extremamente significativa, contendo em germe o desenvolvimento da crítica mais radical que se moveu pela doutrina posterior ao instituto do litisconsórcio necessário" ("Appunti sul litisconsorzio necessario", n. 1, esp. p. 15).

Não se trataria de extensão da coisa julgada (autoridade da sentença), mas do reconhecimento da plenitude da eficácia da sentença sobre o objeto do processo, não-obstante conduzida a causa por apenas um (ou alguns) dos interessados.

Definida assim a eficácia da sentença dada sem todos os titulares da situação ou interesse em conflito, além de sua abrangência bastante ampla, a coisa julgada que então se obtivesse resolver-se-ia na autoridade *dessa* sentença e imutabilidade *desses efeitos* então assim produzidos. Nenhum fenômeno particular, quanto à coisa julgada, seria necessário ou lícito suscitar.

Por essa via de raciocínio ficaria preservada a integridade das relações jurídicas substanciais incindíveis. Em um imaginário sistema assim, não haveria espaço para o litisconsórcio necessário. Jamais haveria essa necessariedade, porque admissível a demanda individual de cada um dos legitimados.

Na inteireza dessa colocação assim radical, tais idéias nunca chegaram a ser propostas. É conhecida, contudo, prestigiosa posição doutrinária que bastante se aproxima a elas, ao sustentar a imprestabilidade dos limites subjetivos da coisa julgada "para explicar a eficácia relativa da sentença": essa relatividade seria conseqüência "dos limites objetivos da sentença mesma".[107]

Segundo esse pensamento, o julgado sobre o objeto do processo teria *eficácia provisória* perante os colegitimados que houvessem ficado fora do contraditório processual: o alijamento destes constituiria um vício, a justificar uma via recursal posta à disposição do interessado. Esse recurso seria a *opposizione di terzo*, que a legislação italiana institui para os casos de sentença trânsita em julgado ou de qualquer modo portadora de efetiva

107. Tal é o pensamento de Enrico Allorio, desenvolvido em sua monografia *La cosa giudicata rispetto ai terzi* (*cfr*. esp. n. 29, p. 64). As palavras entre aspas situam-se no cap. II, com a expressiva denominação "contro il principio dei limiti soggettivi" (v. pp. 43 ss.). Para a interpretação do pensamento de Allorio, v. Denti, "Appunti sul litisconsorzio necessario", n. 5, pp. 23 ss. (v. também n. 2, esp. p. 17).

eficácia executiva, que traga prejuízo ao terceiro (c.p.c., art. 404).[108]

A *provisoriedade* da eficácia da sentença assim viciada residiria na possibilidade de ser desfeita pela via indicada.[109] Tal doutrina, como se vê, não prescinde do instituto do litisconsórcio necessário: o alargamento da eficácia teria, nesse sistema, um papel subsidiário, qual seja o de permitir que, enquanto não deduzida a oposição pelo terceiro omitido e por essa via desfeita a sentença, ela prevalecesse em seus efeitos perante todos os colegitimados. Pela via da *opposizione di terzo* seria possível restaurar-se a regra da necessariedade do litisconsórcio, desfazendo-se a sentença viciada e pondo-se outra em seu lugar (agora, com a presença de todos).[110-111]

108. Trata-se da *opposizione di terzo ordinaria*, assim disciplinada no art. 404 do Código italiano: "un terzo può fare opposizione contro la sentenza passata in giudicato o comunque esecutiva pronunciata tra altre persone quando pregiudica i suoi diritti". Discorrendo sobre essa via recursal, diz Liebman: "se é verdade que o terceiro pode defender suas razões (direitos) mesmo sem ela, através de outros remédios disponíveis (...) é verdade também que essa oposição lhe confere uma tutela mais completa e eficaz, representando uma sanção a mais ao princípio do contraditório" (*cfr. Manuale di diritto processuale civile*, II, n. 380, pp. 388-389).

109. *Cfr.* Allorio, *La cosa giudicata rispetto ai terzi*, n. 170, pp. 286-288.

110. *Cfr.* Allorio, *La cosa giudicata rispetto ai terzi*, n. 170, esp. p. 287: no processo da *opposizione* devem estar presentes todos os colegitimados necessários, inclusive os que antes foram omitidos, porque "il giudizio sull'opposizione del terzo non deve, invero, essere affetto dallo stesso vizio, di cui soffriva il giudizio che condusse alla sentenza impugnata"

111. A *opposizione di terzo* do direito italiano, que corresponde à *tierce opposition* da tradição francesa, é apresentada pela lei como recurso mas em um sentido a que nós brasileiros não estamos acostumados: não é sujeito a prazo algum e interpõe-se contra sentença passada em julgado. Recurso, para nós, é invariavelmente cabível apenas contra ato judicial ainda não coberto de *preclusão* e visa exatamente (em primeiro lugar) a evitar que esta venha a ocorrer. Daí o *caráter extraordinário* desse recurso do direito italiano, do qual diz Liebman que "é, na realidade, uma ação autônoma tendente a impugnar a coisa julgada já formada" (*cfr. Eficácia e autoridade da sentença*, aditamento *d* ao n. 32, p. 110 trad.). O que mais se lhe aproxima, no direito brasileiro, é o *recurso de terceiro prejudicado* (CPC, art. 499, *caput* e § 1º); só é cabível, no entanto, antes de trânsita em julgado a sentença, sujeitando-se a prazos iguais aos das partes.

Essa tão elegante quanto artificiosa colocação choca-se no entanto com o direito positivo vigente neste país. Todo o sistema é construído sobre sólidas colunas assentadas na premissa da coisa julgada limitada às partes e da eficácia da sentença dependendo da presença dos litisconsortes necessários. Nós sequer temos, no direito brasileiro, o instituto da *opposizione di terzo*, do direito italiano. Esse recurso não está, *no codice di procedura civile*, sujeito a limitações temporais; e, entre nós, mesmo vislumbrando algo parecido com ele na ação rescisória de que dispõe o terceiro prejudicado (CPC, art. 487, inc. II), ao cabo de dois anos extingue-se a faculdade de postular a rescisão da sentença, inclusive quanto ao terceiro (art. 495). Desse modo, o colegitimado indispensável, que tivesse ficado alheio à relação processual, acabaria por sofrer uma eficácia já não mais provisória, mas *definitiva*, da sentença de cuja preparação não participou.[112]

Ademais, essa idéia da pessoa recebendo, por conta de omissões alheias, o pesado ônus de oferecer oposição a uma sentença, suportando os efeitos desta se e enquanto não o fizer, *choca-se com o princípio do contraditório*. O próprio autor da teoria o reconhece, quando no tocante ao alargamento da eficácia constitutiva das sentenças indaga se seria lícito estabelecer esse ônus e conclui prudentemente: "sarebbe rischiato volerlo sostenere".[113]

No direito brasileiro, ainda, a regra de legitimidade contida no art. 6º de seu estatuto processual (em princípio, a ninguém é dado estar em um processo para defesa de interesses alheios) é bastante rigorosa e deságua na exigência de participação de todos os titulares da relação controvertida, sempre que o resultado do julgamento a respeito é daqueles que atingirão diretamente a todos. Daí a neces-

112. "A ausência de remédio semelhante à oposição de terceiro é, para o direito brasileiro, argumento decisivo contra a aceitação da teoria de Carnelutti (e da semelhante a essa, de Allorio...)": *cfr.* Liebman, *Eficácia e autoridade da sentença*, n. 32, aditamento *d* ao n. 32, p. 110 trad. Apesar da mesma origem histórica e de alguns traços comuns, a limitação temporal já é, por si só, diferença que torna impossível empregar o recurso de terceiro prejudicado, do nosso direito, para a mesma linha de argumentação desenvolvida por Allorio na Itália.

113. *Cfr.* Allorio, *La cosa giudicata rispetto ai terzi*, n. 173, p. 290.

sariedade do litisconsórcio, ditada no art. 47. E daí a sanção à inobservância dessa exigência, explicitamente cominada na parte final do dispositivo.

Dentre todas as soluções possíveis, o legislador optou, desenganadamente, pela da *ineficácia* da sentença dada sem a participação de todos os titulares da situação jurídico-material posta em causa. Ainda que silenciasse o legislador e não ditasse expressamente a ineficácia, a solução não poderia ser outra, em face do sistema.

Essas considerações dizem respeito exclusivamente ao litisconsórcio necessário unitário, uma vez que, sendo ele comum, a necessariedade em si mesma é insuficiente para as construções e raciocínios até aqui desenvolvidos em torno da ineficácia (*infra*, nn. 125-126).

123. sobre a nulidade em direito processual

Como já destacado, é nos casos de sentença trânsita em julgado que se torna indispensável diagnosticar a sentença dada *inter pauciores ex pluribus*, visto que, antes, a nulidade da sentença é vício que se converte em fundamento dos recursos cabíveis e suficientes para afastar a sentença viciada (*supra*, nn. 116-119).

A nulidade dos atos jurídicos em geral é conseqüência da desconformidade perante os modelos traçados pelo direito (tipos legais, *fattispecie*). Diz-se *nulo* o ato atípico. É atípico o ato portador dessa desconformidade, ou seja, aquele que não reproduz fielmente os elementos do tipo. É, nesse prisma, o ato imperfeito.[114]

Sabe-se que, diferentemente do direito material, o processual regula uma *atividade típica* – atividade que se compõe de fatos típicos, definidos na lei e aos quais se deve adequar o comporta-

114. "Considera-se *perfeito* o fato que corresponde perfeitamente, isto é, integralmente, a um certo modelo. E *eficaz* é o fato que produz os efeitos típicos daquele modelo" (Komatsu, *Da invalidade no processo civil*, cap. 9, n. 7.2, p. 191).

mento dos sujeitos no processo.[115] "A atividade processual é uma atividade juridicamente regulada, ou seja, uma atividade que se efetiva através de formas prefixadas por lei"[116] – e isso significa ser uma atividade *típica*. As normas do procedimento fixam o modelo deste, expresso no elenco e ordem de sucessão dos atos de que composto, bem como nos requisitos de cada um dos atos em particular. Sem ser necessariamente formalista (o que seria um mal e uma deturpação), o processo é uma atividade eminentemente formal e típica. A tipicidade dos atos do processo constitui o meio pelo qual o legislador busca assegurar a realização do interesse programado (*programado*, entenda-se, para cada categoria de atos e para o procedimento em si mesmo, como um todo), oferecendo segurança às partes e ao correto exercício da jurisdição pelo juiz.

As formas de que se há de revestir uma citação, por exemplo, representam o resultado de uma experiência multissecular que ensinou ao legislador quais cuidados são razoavelmente exigíveis para que o objetivo programado, de levar ao demandado a ciência da demanda proposta, seja seguramente realizado. A observância do procedimento, como um todo, é o meio seguro de propiciar a participação do autor e réu em contraditório e possibilitar ao juiz a formação consciente de uma convicção que lhe permita exercer a jurisdição corretamente. Por isso, quando o ato em concreto se afasta do tipo abstratamente desenhado na lei, ele se diz imperfeito e não deve produzir o efeito programado; a sentença portadora de alguma imperfeição relevante

115. *Cfr.* Calmon de Passos, *Esboço de uma teoria das nulidades aplicada às nulidades processuais*, n. 63, pp. 76-77. Diz ainda: "o direito material é, pois, uma *qualificação* de formas de comportamento. O direito processual, *predeterminação* de uma forma de comportamento" (*ib.*, n. 62, p. 76). Em ensaio dedicado ao tema, diz Campos Barros que fato típico processual é "o complexo dos elementos necessários e suficientes para a determinação de um certo efeito jurídico" ("Do fato típico no direito processual penal", esp. n. IV, p. 30); são ali passadas em revista as mais destacadas opiniões doutrinárias a respeito. Sugestivamente, fala Ascarelli do conceito de *tipologia* e o desenvolve em relação aos atos jurídicos, para designar o "ordinamento della realtà secondo tipi" ("Inesistenza e nullità", p. 61).

116. *Cfr.* Komatsu, *Da invalidade no processo civil*, cap. 9, n. 7.1, pp. 189-190.

não deverá produzir seus efeitos típicos programados, substanciais ou processuais, nem os secundários (*supra*, n. 120). O mesmo acontece, quando o ato (no caso, a sentença), apresentando-se embora perfeito em si mesmo, seja emitido ao cabo de um procedimento viciado, atípico.[117-118] A nulidade, diante disso, é um dos aspectos da "disciplina *dos efeitos* do ato".

Dizer que um ato é nulo corresponde à observação de que a norma lhe destina a sanção da *inaptidão a produzir efeitos*.[119]

117. Tratando-se de *provimento estatal*, como ato imperativo destinado a estabelecer a disciplina de interesses alheios, é indispensável que também o procedimento que o prepara (e mediante o qual os interessados são admitidos a participar da gênese do provimento) seja conforme com o tipo legal definido em lei. É por isso que "os legisladores, em toda parte e em medida sempre crescente, adotam *estruturas procedimentais* para a formação de tais atos disciplinando-as segundo modos que permitam precisas aquisições de interesse e possibilidade de intervenção dos diversos portadores de interesses": *cfr*. Giannini, "Inefficacia (diritto amministrativo)". Essa é uma das razões pelas quais o processualista moderno tende a *revalorizar o conceito de procedimento* (*supra*, n. 1). *Cfr*. ainda Fazzalari: "in tutto ciò è la conferma della validità teorica della nozione di procedimento e di quella di processo, anzi della loro necessità" (*Istituzioni di diritto processuale*, § 6º, esp. p. 35). Eis por que "a disciplina dos atos em particular mostra-se marcada pela sua condição de atos integrantes de um processo"; e daí decorre, igualmente, que a lei do procedimento "coloca o ato em um determinado lugar daquela série, entre dois atos, um dos quais aparece como pressuposto e outro como efeito do ato *de quo*" (*id., ib.*). Fala Liebman, nesse sentido, do procedimento como *uma corrente* cujos anéis são representados pelos atos em particular, ensinando: "a coordenação dos atos no procedimento manifesta-se em seu escopo, em seus efeitos e em sua validade" (*Manual de direito processual civil,* I, n. 103, p. 293 trad.). V. também Aroldo Plínio Gonçalves, *Nulidades no processo*, cap. II, n. 9, p. 38: "quando se toma um ato processual isoladamente, não é difícil se proceder à verificação de sua regularidade em confronto com a norma que o rege. Mas no processo não há atos isolados. Há, por certo, atos dependentes de outros atos e atos independentes".

118. A moderna ciência processual, nessa linha de valorizar o procedimento, dá destaque à legitimação do provimento a ser exarado, que se obtém mediante a observância das regras procedimentais (*cfr*. Niklas Luhmann, *Legitimação pelo procedimento*). Não é que a observância procedimental seja um bem a si mesmo mas mediante ela franqueia-se aos litigantes o efetivo exercício do *contraditório*, constitucionalmente garantido e que, este sim, constitui poderoso fator de abertura do *acesso à justiça* (*cfr*. Dinamarco, *A instrumentalidade do processo*, n. 16, pp. 148 ss.).

119. São palavras e pensamentos de Ascarelli, que diz: "não é que o ato não produza efeitos *porque* nulo; o que se dá é que, quando a norma impõe a falta

Essa estreita relação funcional entre nulidade e ausência de eficácia do ato levou a doutrina (mesmo a mais preocupada em isolar o conceito de *ineficácia* e distingui-lo da nulidade) a afirmar que "a ineficácia pode não coexistir com a nulidade, posto que, de regra, os *negócios jurídicos nulos sejam ineficazes*"; e que "a nulidade acarreta, de ordinário, a ineficácia".[120] O ordenamento jurídico, afinal, não quer que o ato imperfeito produza os efeitos programados para a fattispecie e, por isso, ao declará-lo nulo diz que não os produzirá.

Quando do direito privado se passa ao público e aos atos que pelas normas deste se regem, mais um elemento complicador insere-se no sistema das nulidades. É que, aqui, o nulo não é o *necullus* das fontes justinianéias, ou seja, inexistente. A sentença dita *nula* existe perante o direito e permanece eficaz, apesar do vício, até que receba concretamente a sanção da ineficácia.[121]

de efeitos, dizemos *nulo* o ato; por nulidade designamos, pois, a disciplina dos efeitos do ato (*fattispecie*)" – *cfr.* "Inesistenza e nullità", esp. p. 63. *Cfr.* também Denti, "Inesistenza degli atti processuali civili", n. 2, p. 636. Sobre a importante distinção entre o vício do ato e a sanção que a lei endereça ao ato viciado para que não produza efeitos (a nulidade processual), v. Aroldo Plínio Gonçalves, *Nulidades no processo*, cap. I, n. 4, p. 17: "a situação das nulidades no quadro das sanções é suficiente para que se afaste o equívoco de se tratar da nulidade como se fosse o próprio defeito do ato".

120. Pontes de Miranda (*Tratado de direito privado*, § 529, 5, p. 71). V. também Vincenzo Scalisi, "Inefficacia (diritto privato)", n. 2, esp. p. 325, falando de "un fenomeno di *confluenza* della nullità nella inefficacia".

121. Cuidando da *ineficácia na doutrina juspublicista* (item 1º do verbete "Inefficacia – diritto amministraivo", p. 375) diz Massimo Severo Giannini que, por ser ato do poder público, mesmo o provimento administrativo *manifestamente inválido* deve ter aplicação, desde que reúna condições de eficácia; mais do que isso, "o poder público chamado pela norma a aplicá-lo, em princípio *deve* aplicá-lo, no sentido de que tem limitadíssima discricionariedade acerca da aplicação ou não-aplicação". Em direito privado costuma-se dizer que são "eficazes os atos *anuláveis*" (*cfr.* Pontes de Miranda, *Tratado de direito privato*, § 529, 5, p. 71 – v. também § 531, 1, p. 73: "o ato jurídico anulável é eficaz, até que, com a desconstituição, se faça ineficaz, *ex tunc*"). Esses pensamentos, expressos em sede privatista, aplicam-se por inteiro às nulidades processuais, que, conforme se diz no texto mais adiante, guardam analogia de tratamento com os casos de ato *anulável*, de direito privado. Sobre a assimilação do ato processual inexistente ao ato nulo e do ato nulo ao anulável, v. *supra*, n. 121. Os publicistas costumam

Enquanto o negócio jurídico (direito privado) constitui ato de auto-regulação dos próprios interesses, os provimentos (atos imperativos estatais) regem "condutas alheias por força própria, ou seja, sem que se requeira a adesão" dos titulares dos bens e interesses atingidos. Entre o agente estatal, autor do ato imperativo, e o particular ao qual este se dirige, existe uma relação diferente daquela que se passa entre os participantes de um negócio jurídico, uma vez que "l'atto autoritativo del pubblico potere è manifestazione di una potestà pubblica".[122] O binômio autoridade-sujeição, que se vê nas relações de direito público, impede que os vícios do provimento (vícios inerentes a ele próprio, ou decorrentes de vício do procedimento que o preparou) resultem na sua imediata inaptidão a produzir efeitos: o ato é da autoridade pública e apenas a autoridade pública (eventualmente, de grau superior ou integrante de outro Poder) é que poderá, considerando o vício, aplicar

ressaltar que só aos órgãos do poder público compete aplicar ao ato imperfeito a *sanção de ineficácia*, permanecendo ele eficaz até que assim regularmente sancionado em concreto: v. Calmon de Passos (*Esboço de uma teoria das nulidades aplicada às nulidades processuais*, n. 17, esp. p. 62), enfatizando que "a nulidade somente existe com o pronunciamento judicial". E Liebman, ensinando que "a distinção entre nulidade e anulabilidade não tem aplicação na disciplina do processo", diz que assim é porque "todos os vícios do procedimento devem ser *encarados caso a caso* do ponto-de-vista de suas conseqüências, antes que se possa concluir por uma nulidade" (está, por certo, aludindo ao princípio da *instrumentalidade das formas*, que impede a cominação concreta da sanção de ineficácia, apesar da imperfeição do ato, sempre que o objetivo haja sido atingido – *cfr. Manual de direito processual civil*, I, n. 122, esp. p. 334 trad. e n. 117, esp. p. 328 trad.). Nessa mesma ordem de idéias é que, *para o ato administrativo* (e as razões são as mesmas), diz Sandulli (*Manuale di diritto amministrativo*, n. 136, p. 473): "invalidade, pois, não significa falta de operatividade, e portanto de eficácia; mas apenas falta de força irresistível e intangível (vale dizer, enfermidade, caducabilidade)". Desenvolvendo raciocínios dessa mesma ordem, diz Régis Fernandes de Oliveira que a nulidade do ato administrativo conduz à sua retirada do mundo jurídico, que se reporta ao momento da constituição do ato viciado; e que "o fundamento do poder de invalidação por parte do Poder Público resulta do princípio da autotutela" (*Ato administrativo*, pp. 119-120).

122. *Cfr.* Giannini, "Inefficacia (diritto amministrativo)", n. 2, p. 376. Ele diz ainda: "quanto aos atos administrativos, a autoridade atinge uma alta intensidade, em razão (...) da imperatividade que lhes é própria".

a *sanção* e com isso retirar a eficácia do ato imperfeito. Em direito público é menos intensa a relação entre o plano da validade e o da eficácia dos atos jurídicos.

Essas idéias costumam ser mais diretamente desenvolvidas nos estudos de direito administrativo mas é lícito inseri-las nos processuais e especialmente com referência aos atos do juiz, que igualmente se apresentam como atos de autoridade, regidos por norma de direito público. Diz-se *v.g.*, que "os atos administrativos, sempre que eficazes e *ainda quando inválidos*, se caracterizam, em confronto com os atos jurídicos de direito privado (não diversamente dos provimentos de outros poderes públicos – leis, sentenças), pelo atributo da *autoritariedade*". Por isso é que eles têm a "possibilidade de produzir unilateralmente, na esfera jurídica de outros sujeitos, as modificações jurídicas previstas em suas disposições".[123]

Daí também a executoriedade (ou *auto-executoriedade*) do ato administrativo, que constitui manifestação do poder de *autotutela* da Administração Pública,[124] bem como a chamada *presunção de legitimidade* que o ampara.[125] Tal presunção remonta ao disposto no art. 19, inc. II, da Constituição Federal, pelo qual "é vedado à União, aos Estados, ao Distrito Federal e aos Municípios (...) recusar fé aos documentos públicos".[126] É também muito natural que o ato administrativo possa ser revisto pela própria autoridade (ou por seu superior hierárquico), que o anulará ou revogará; e que também seja passível de anulação mediante ato do Poder Judiciário. A solene proclamação dessa óbvia ressalva está na Súmula n. 473 do Supremo Tribunal Federal. Enquanto nem uma dessas revisões acontecer, a presunção de legitimidade prevalece e o ato é eficaz. Quanto aos provimentos jurisdicionais, que também são atos imperativos e portanto presumi-

123. *Cfr.* Sandulli, *Manuale di diritto amministrativo*, n. 127, p. 417.

124. *Cfr.* Sandulli, *Manuale de diritto amministrativo*, n. 127, esp. p. 418.

125. *Cfr.* Régis Fernandes de Oliveira, *Ato administrativo*, p. 28.

126 . Por força dessa presunção de legitimidade é que não pode o juiz negar-se a dar início à execução forçada proposta com base em sentença condenatória passada em julgado (CPC, art. 475-N, inc. I), pelo o argumento de que fora proferida contra revel mal citado: essa sentença é existente e é eficaz, com toda a chamada eficácia abstrata do título executivo, até que desconstituída mediante a oposição de impugnação à execução (art. 475-L, inc. I), sendo do executado o ônus de opô-la para que possa obter o reconhecimento da nulidade da sentença e concreta aplicação da sanção de ineficácia (*infra*, n. 129).

dos como legítimos, sua eficácia se impõe desde logo (salvo recurso com efeito suspensivo), independentemente de qualquer consideração acerca da validade; ou seja, acerca de sua perfeição ou presença de vícios que lhe acarretem a nulidade.

Diante disso, não há e não pode haver, em direito público (especialmente, em direito processual), atos *nulos de pleno direito*.[127] Nem seria razoável que, estando em estado de sujeição e sobre ele exercendo autoridade o agente estatal, pudesse o particular formular por conta própria um juízo sobre o ato deste e unilateralmente decidir desconsiderá-lo porque viciado. Não fosse verdadeiro o que se diz, não se compreenderia como o ato processual nulo (viciado, imperfeito) é capaz de convalidar-se e liberar-se do vício e suas conseqüências, o que se dá quando lhe sobrevém a preclusão (especialmente, a coisa julgada formal). À teoria das nulidades em direito privado repugna a possibilidade de convalidação do nulo (sobre a eficácia preclusiva da coisa julgada e sua caracterização como sanatória geral, *supra*, n. 119).

Em direito processual, portanto, ato nulo não é desde logo ato ineficaz: apesar do vício que o qualifica como *nulo*, ele aparece no mundo jurídico dotado de eficácia e as regras disciplinadoras do sistema de nulidade servem apenas como guia ao órgão estatal (juiz, tribunal), indicando-lhe os critérios com base nos quais deve *aplicar a sanção da ineficácia*, para que a partir de então o ato deixe de produzir os efeitos.[128] Em um confronto com o sis-

127. Para a crítica do *método da transposição*, que pretende informar o direito público por *matrizes do direito civil*, v. Roque Komatsu, *Da invalidade no processo civil*, cap. 1, n. 4, pp. 22 ss. "Se as normas do direito processual são normas de direito público, em determinados aspectos as nulidades terão lugar de um modo distinto do que têm no direito substancial" (n. 5, p. 27, *sub* 2).

128. Por isso é que, no dizer de Pontes de Miranda, "a nulidade diz respeito à falta de *pressupostos de validade* do ato jurídico, ou do negócio jurídico; ao passo que a ineficácia deriva da falta de *pressupostos para a irradiação de efeitos*" etc. (*Tratado de direito privado*, V, § 529, p. 71 – *infra*, n. 124). Sem os pressupostos de validade o ato tende, em última análise, a não irradiar ou a deixar um dia de irradiar os efeitos programados. Em sua profunda monografia sobre o tema da *invalidade processual*, diz Roque Komatsu que *invalidade não é sanção* e põe em destaque "o relevo que vê na sanção um *quid* qualificável

tema de direito privado, o ato processual nulo corresponderia ao que lá é definido como simplesmente *anulável*.

124. a nulidade e a ineficácia "stricto sensu"

O sistema das nulidades existe no direito para que o ato imperfeito não produza os efeitos programados – e isso corresponde a um juízo político do legislador, que não reputa conveniente correr o risco de liberar os efeitos de um ato realizado sem as cautelas exigidas. A ineficácia do ato jurídico, todavia, não se reduz aos casos em que o próprio ato seja *atípico*, ou atípico o procedimento que o preparou. Razões de outra ordem interferem, a impedir em outros casos a eficácia do ato.[129]

A inidoneidade do ato "a produzir os efeitos jurídicos consentâneos com a função econômico-social que o caracteriza" ou decorrerá de algum *vício intrínseco* (do ato mesmo ou da sua gênese), ou de *impedimentos extrínsecos*. Por isso é imperioso pensar em um conceito bastante amplo de ineficácia (ineficácia *lato sensu*), representado por essa inidoneidade a produzir efeitos; e considerar a imperfeição (nulidade), ao lado da ineficácia *stricto sensu*, como causas da inaptidão funcional do ato.[130]

como reação a um comportamento proibido pelo ordenamento, e especificamente o efeito típico ligado à integração dos esquemas do ilícito" (*Da invalidade no processo civil*, cap. 9, n. 6, esp. p. 182).

129. "A nulidade pode produzir ou não produzir ineficácia. Há atos anuláveis – e até nulos – eficazes. A ineficácia não é, de modo nenhum, sinal de que o ato (ou negócio) jurídico seja nulo. Por outro lado, a nulidade não basta, em todos os casos, para se afirmar a ineficácia. Ser ineficaz, por deficiência de suporte fático, apenas *indica* tratar-se de nulidade, se não se mostra ter havido deficiência – nem sequer indica" (*cfr*. Komatsu, *Da invalidade no processo civil*, cap. 9, n. 7.5, esp. p. 195).

130. *Cfr*. Tondo, "Invalidità e inefficacia dei negozio giuridico", n. 1, p. 995. Nessa mesma ordem de idéias diz Betti: "a invalidade é o tratamento que corresponde a uma carência intrínseca do negócio, no seu conteúdo preceptivo; e ineficácia, pelo contrário, apresenta-se como a resposta mais adequada a um impedimento de *caráter extrínseco*, que incida sobre o projetado regulamento de interesses, na sua realização prática" (*cfr*. *Teoria generale dei negozio giuridico*, n. 57, esp. p. 11 trad.). Para Stolfi (*Teoria dei negozio giuridico*, § 32, pp. 123-

"A ineficácia vem a ter, portanto, um *duplo significado:* um amplo, ao qual confluem todos os casos em que um negócio não atinge os seus efeitos; e um mais estrito, que compreende apenas os casos em que o negócio, embora não sendo nulo, também não os produz. A ineficácia em sentido lato compreende qualquer *falta de efeitos*, mesmo aquela decorrente de um vício do negócio, que lhe exclui a validade; já a ineficácia em sentido estrito pressupõe um fato concreto relevante, que como tal é potencialmente eficaz e coloca-se então como categoria autônoma e contraposta à nulidade ou irrelevância do ato".[131]

124 trad.), "ao contrário da invalidade, que é conseqüência de um ato afetado total ou parcialmente em sua constituição íntima, a ineficácia supõe um negócio jurídico validamente formado e, por conseguinte, suscetível de execução, mas que carece de efeitos; ou privado de efeitos por um fato posterior, às vezes estranho à vontade das partes". A ineficácia, segundo expõe, resultará: a) de uma situação casual não ocorrida (condição resolutiva); b) da falta de uma formalidade, capaz de limitar a determinadas pessoas os efeitos do negócio (trata-se aqui da ineficácia relativa – *infra*, n. 125); c) ou de certos fatos ocorridos e invocados (os negócios *impugnáveis*).

131. *Cfr.* Scalisi, "Inefficacia (diritto privato)", n. 2, esp. p. 325. Vieira Neto, em sentido ligeiramente diverso mas coincidente em substância, sustentou: "não se pode colocar a ineficácia como um gênero a que esteja subordinada a nulidade, mas como um fenômeno de maior amplitude, do qual uma das causas, senão a principal, é a nulidade absoluta ou relativa, após declarada" (*Ineficácia e convalidação do ato jurídico*, n. 16, p. 41). Igual é a idéia de Betti, quando ensina: "*a valoração negativa* tanto pode depender do facto de os elementos constitutivos e os pressupostos concomitantes do negócio concreto não corresponderem aos elementos essenciais e aos pressupostos necessários do tipo legal, como do facto de, embora não faltando a necessária correspondência entre uns e outros, um impedimento, estranho ao negócio concretamente celebrado, olhado em si mesmo, se opor, todavia, à produção dos efeitos próprios do tipo legal respectivo. Daqui a distinção elaborada pela doutrina entre invalidade e ineficácia em sentido estrito" (*Teoria generale del negozio giuridico*, n. 57, esp. p. 9); e daí também a falta de efeitos (*valoração negativa*), por deficiência intrínseca (invalidade), ou por circunstâncias extrínsecas (ineficácia *stricto senso*), de que se falou logo acima (v. ainda Betti, *op. loc. cit.*, esp. p. 10). A idéia da *ineficácia como fenômeno mais amplo*, aliás, remonta a Windscheid e está no próprio ordenamento civil alemão (BGB): *cfr.* Scalisi, *op. loc. cit.*, p. 324, que transcreve palavras do pandectista: "o conceito de invalidade é mais estrito que o de ineficácia; um negócio jurídico pode ser eficaz mesmo que em virtude de seu defeito fique paralisada a sua potência" (isso é também posto em relevo por Antonio Junqueira de Azevedo, *Negócio jurídico*, § 4º, esp. pp. 62-63).

Tais conceitos desenvolveram-se e adquiriram maturidade na doutrina civilista, preocupada, como lhe é próprio, com a validade e eficácia do *negócio jurídico*. Na melhor doutrina publicística, todavia, já se observou que a ineficácia tem, lá no direito privado e aqui no público, uma *base comum:* a ineficácia em sentido estrito apresenta-se sempre "em função da *tutela de interesses externos* em relação aos autores do ato programático". E isso porque "a noção e a estrutura da ineficácia constituem objeto de disciplina geral por parte do ordenamento normativo, *pertencendo à teoria geral*".[132]

Pois a ineficácia da sentença dada sem todos os colegitimados indispensáveis é ditada precisamente com o objetivo de preservar de seus efeitos os sujeitos que não participaram do procedimento, ficando pois excluídos do contraditório. O devido processo legal é estruturado de modo a permitir a participação de todos os destinatários do provimento em gênese e, quando falha esse primeiro instrumento preordenado à tutela dos interesses de todos eles, torna-se operativo o *segundo instrumento*, caracterizado pela adoção da categoria da *ineficácia*.[133]

132. *Cfr.* Giannini, "Inefficacia (diritto amministrativo)", nn. 2-3, p. 377. Esse autor, que sendo administrativista coloca a questão em precisos termos de direito público, pensa que a existência da *coisa julgada* confere à questão da ineficácia em direito processual conotações peculiares. Mas na realidade a coisa julgada não tem ligação assim tão íntima com a ineficácia. Certo é que, tratando-se de *nulidade*, ela tem o seu peso, caracterizado pela eficácia preclusiva que constitui a *sanatória geral* (*supra*, nn. 119 *etc.*). Por esse aspecto a coisa julgada terá alguma influência na eficácia do provimento jurisdicional, na medida em que confere ao ato viciado uma imunidade à sanção de ineficácia; o ato ficará definitivamente a salvo dessa sanção (*supra*, n. 123). Quando se pensa na ineficácia em sentido estrito, porém, a coisa julgada pouco ou nada influirá – e especialmente no que toca à ineficácia por inobservância da unitariedade litisconsorcial, de que se ocupa o presente capítulo, precisamente porque a sentença ineficaz não adquire a autoridade do julgado (coisa julgada material) e o trânsito em julgado (coisa julgada formal) não tem força suficiente para lhe conferir eficácia (*infra*, n. 126).

133. *Cfr.* Giannini, "Inefficacia (diritto amministrativo)", n. 2, p. 376. Dessas colocações é lícito inferir que a problemática da eficácia da sentença (nos casos aqui estudados) é a mesma da configuração do próprio litisconsórcio ne-

A pluralidade dos interesses em jogo (dois ou vários titulares da mesma situação jurídica *in judicium deducta*) e a necessidade de participar do procedimento para legitimar o provimento esperado constituem o *fundamento axiológico* da exigência do litisconsórcio e da sanção de ineficácia por inobservância dessa exigência.[134] A ineficácia por exclusão do contraditório decorre da necessidade de preservar "a esfera jurídica alheia". Quanto aos atos e negócios jurídicos de direito privado já disse a doutrina brasileira (e isso prevalece também para os de direito público, pelas razões vistas) que sua eficácia "não pode ir contra os direitos, pretensões, ações e exceções das outras pessoas, se essa não é a eficácia que o próprio sistema jurídico lhes confere" (não pode, em outras palavras, atingir diretamente a "esfera jurídica alheia").[135]

A legitimidade para o negócio jurídico e a legitimidade *ad causam* correspondem bem a essa exigência de que os efeitos de todo ato jurídico só se legitimam se os destinatários houverem participado de sua preparação (ato processual, provimento) ou mesmo foram seus autores (negócio jurídico de direito privado, auto-regulação dos próprios interesses). Diz também a doutrina civilista, por isso mesmo, que "a existência de um interesse por si

cessário unitário, porque este apenas o é nos casos em que se precisa evitar a sentença ineficaz. Em outras palavras, é a antevisão de uma sentença ineficaz, caso proferida sem todos os titulares da mesma situação jurídico-material incindível, que leva o sistema a impor a necessariedade do litisconsórcio, as medidas a serem tomadas pelo juiz e a nulidade (parcial) do procedimento por falta delas (*infra*, n. 128). Essas observações justificam até, do ponto-de-vista metodológico, o estudo do litisconsórcio necessário-unitário a partir do conceito de ineficácia.

134. *Cfr.* Scalisi, "Inefficacia (diritto privato)", n. 6, pp. 332 ss.: a causa da ineficácia "não pode ser senão um fato ou circunstância que interfira na realização do interesse programado". Ele o diz em capítulo dedicado ao *fondamento assiologico della inefficacia* e localiza esse fundamento "numa avaliação que a lei faz dos interesses que estão em jogo, tratando de tutelá-los em face de outros interesses" (*ib.*, esp. p. 333). Para o direito processual, essa valoração leva o sistema (constitucional, inclusive) a exigir o contraditório no procedimento e a sancionar de ineficácia o procedimento realizado sem o contraditório de todos os destinatários do provimento que vier.

135. *Cfr.* Pontes de Miranda, *Tratado de direito privado*, V, § 529, 3, pp. 69-70.

só juridicamente relevante representa a constante em toda forma de ineficácia em sentido próprio".[136]

Dessas idéias fundamentais resulta a pertinência de uma distinção que a doutrina costuma fazer: enquanto a nulidade atinge o ato, a ineficácia refere-se diretamente aos efeitos *do ato*. "A nulidade diz respeito à falta de pressupostos *de validade*" do ato jurídico e "a ineficácia deriva da falta de pressupostos para a *irradiação de efeitos*".[137] Validade significa, na teoria das nulidades dos atos jurídicos em geral, *higidez*. Ser válido significa ter saúde, ser livre de vícios ou imperfeições. O verbo latino *valere* (*valeo, valere*) significa "ter saúde, estar são, rijo"; o adjetivo *validus* quer dizer "forte, robusto, vigoroso". Ato inválido é portanto, na linguagem que o jurista usa, ato imperfeito, atípico, infiel ao modelo posto na lei e às exigências nela contidas. Em sua relevância prática e jurídica, *inválido quer dizer nulo*, lembrado que em direito público a nulidade corresponde a alguma imperfeição em virtude da qual o ato torna-se merecedor da sanção de ineficácia (anulação), a ser aplicada pelo órgão competente. Chega-se à ineficácia, portanto, também em virtude de algum vício causador da nulidade (ou invalidade) do ato, muito embora sejam distintos os conceitos de *nulo* e de *ineficaz*.

O vocábulo *validade*, empregado com freqüência na linguagem da teoria das nulidades, não pode ser tomado, ali, na sua acepção comum, correspondente a *valia*, ou "capacidade de ser valioso, proveitoso". Se fosse assim, validade seria o mesmo que eficácia e ser válido significaria ser eficaz, ser útil aos objetivos programados; ficaria sem sentido toda a distinção, que a doutrina civilista de modo especial vem se esforçando por fazer, entre os planos da existência, validade e eficácia do negócio jurídico.

Ora, ao disciplinar o processo e o procedimento sabe o legislador que a sentença será ineficaz quando proferida sem a presença de todos os titulares da relação jurídico-substancial controvertida; no direito brasileiro, aliás, ele próprio ditara essa ineficácia

136. *Cfr*. Scalisi, "Inefficacia (diritto privato)", n. 6, esp. p. 333.

137. *Cfr*. Pontes de Miranda, *Tratado de direito privado*, V, § 529, p. 71.

(art. 47, *caput*). Por isso cuidou de estabelecer as regras segundo as quais o juiz determina a integração de todos no contraditório e extingue o processo sem julgamento do mérito se a exigência não for atendida.

Vê-se, pois, que, no que se refere à inobservância das regras do litisconsórcio necessário, acontece uma relação inversa entre ineficácia e nulidade: a antevisão daquela é que determina as exigências postas pelo legislador e a nulidade da sentença e outros atos quando as exigências não sejam satisfeitas. A ineficácia prevista é, portanto, causa indireta da nulidade.

Claro é que, com o trânsito em julgado (coisa julgada formal), a imperfeição do procedimento perde relevância e a nulidade, como ficou dito, mostra-se insuficiente para explicar a ineficácia que subsiste. No entanto, enquanto o processo pender a sentença assim proferida será sempre passível de anulação, ou seja, de perder definitivamente toda a eficácia por força de um novo provimento que lhe sobrevier (recurso, devolução oficial). Se a sentença for de mérito, ainda durante o biênio para a propositura da ação rescisória ela comportará ataque pelo fundamento da nulidade (CPC, art. 485).

Estão, assim, lançadas as bases para uma distinção. A anulação da sentença impõe-lhe a perda de toda sua eficácia relevante no momento. Ela não só deixa de projetar efeitos sobre a relação jurídica material controvertida (efeito declaratório, constitutivo, condenatório), ou seja, os seus efeitos substanciais típicos. Falha também na eficácia processual de pôr termo à fase cognitiva do processo – o que, aliás, é conseqüência do próprio conhecimento do recurso pelo órgão *ad quem* (CPC, art. 512, dispondo sobre a substituição da sentença pelo acórdão); e o ofício do juiz, que parecia estar já definitivamente *cumprido e acabado* (art. 463), restabelece-se para que ele, diligenciando o necessário, outra sentença venha a proferir. A sentença anulada é realmente *nec-ulla*, ela é nenhuma perante o direito.

Com o trânsito em julgado, porém, a *sanatória geral das nulidades* deixa que ocorra apenas a *ineficácia* ditada pelo art. 47 do Código de Processo Civil.

125. a ineficácia da sentença dada sem os litisconsortes necessários unitários

Não é *integral* a ineficácia decorrente da falta dos colegitimados necessários. A sentença proferida sem eles não será irrelevante no mundo jurídico, como seria um negócio jurídico *nulo*.[138]

A *falta de efeitos*, expressão com que se costuma designar a ineficácia em sentido jurídico, refere-se apenas aos *efeitos típicos do ato*,[139] mesmo porque mais do que isso não é sequer conveniente e muito menos necessário para amparar os interesses do terceiro omitido. Se é para o resguardo dos interesses deste que a lei e o sistema ditam a ineficácia, inexistem razões para que outros efeitos a sentença também deixe de ter, especialmente os processuais. A sentença *ineficaz*, nos termos do art. 47 do Código de Processo Civil, apenas o é no tocante aos seus *efeitos programados*, ou seja: efeitos em virtude dos quais foi postulada e veio a ser proferida, os seus *efeitos típicos* (efeitos substanciais – declaratório, constitutivo, condenatório).

Efeitos processuais ela produz plenamente. Por força dela ficou cumprida e exaurida a função do juiz que a proferiu; não tendo sido objeto de recurso ou devolução oficial, ela determinou a extinção da fase cognitiva do processo (CPC, art. 463). Se houve devolução ao órgão superior e este não a anulou, o vício transmitiu-se ao acórdão e este então, apesar de igualmente ineficaz quanto aos efeitos típicos, pôs fim à fase cognitiva quando passou em julgado. Também a disciplina do custo do processo essa sentença *ineficaz* contém (despesas, honorários) e isso prevalece, prosseguindo o processo para a execução por essas verbas (fase executiva, ou de cumprimento de sentença).

Enfim, um processo *houve* e por força dessa sentença acabou por extinguir-se, com as conseqüências disso, referentes ao proces-

138. A ineficácia não se confunde com a *irrelevância*, mesmo sabendo-se que "la rilevanza è (...) sempre in funzione dell'efficacia" (Scalisi, "Inefficacia (diritto privato)", n. 1, pp. 322-323). Não se confundem sequer conceitualmente; e a ineficácia de que tratamos, que não é integral, difere da *irrelevância* inclusive na *extensão* em que os efeitos da sentença se consideram atingidos.

139. *Cfr.* Scalisi, "Inefficacia (diritto privato)", n. 3, esp. p. 326.

so. Cessou o estado de litispendência cognitiva e a litigiosidade da coisa desapareceu. E todos esses efeitos que a sentença assim produziu, apesar de "ineficaz", são inteiramente indiferentes aos terceiros omitidos.

Essa supressão apenas parcial dos efeitos, por isso mesmo, já levou a doutrina a falar de uma *infra-eficácia* dos atos jurídicos, ou seja, "eficácia incompleta e inferior à que deveria corresponder normalmente ao ato".[140] É uma *ineficácia parcial*.

A doutrina civilista costuma falar também na *ineficácia relativa* mas em sentido diferente dessa eficácia apenas reduzida. "Diz-se que há ineficácia relativa quando o negócio jurídico é ineficaz para uma, ou para algumas pessoas, e eficaz para outra, ou para outras".[141] Quanto às pessoas não atingidas pela eficácia, diz-se que o ato é *inoponível* a elas, ou seja, perante elas não pode ser validamente invocado o ato, ou os seus efeitos.[142]

140. São palavras de Bulhões Carvalho ("Ineficácia", n. 22, esp. p. 9), que Antonio Junqueira de Azevedo diz ter-se "constituído em verdadeiro apóstolo da ineficácia no Brasil" (*Negócio jurídico*, § 4º, nota 77, p. 63). Acha o primeiro que "a palavra *ineficácia*, portanto, parece imprópria e deve ser substituída por outra", que é aquela locução por ele proposta (*infra-eficácia*).

141. *Cfr*. Pontes de Miranda, *Tratado de direito privado*, V, § 531, 1, p. 73.

142. *Cfr*. Bulhões Carvalho, "Ineficácia", n. 4, p. 3. A *inoponibilidade* é conceito bastante difundido em todos os ramos do direito; particularmente no que toca *à responsabilidade patrimonial*, ela se tem mostrado muito útil e fecunda. Modernamente a doutrina tende a considerar que a alienação em *fraude contra credores* é simplesmente ineficaz perante o credor, ou inoponível a ele (e não *anulável*, como se pensava antes) (Dinamarco, *Instituições de direito processual civil*, IV, n. 1.570, p. 427 e *Execução civil*, n. 159, pp. 266 ss.; Nelson Hanada, *Da insolvência e sua prova na ação pauliana*, n. 80, pp. 47 ss., com ampla pesquisa doutrinária). Pena que o vigente Código Civil, fazendo ouvidos moucos a tantas e tão reiteradas manifestações da doutrina e dos tribunais, continua tratando a fraude contra credores como caso de anulabilidade, não de ineficácia, ou inoponibilidade (arts. 158 ss.); essa teimosia é fator de depreciação do próprio Código, uma vez que a doutrina e os tribunais praticamente não lhe dão ouvidos e continuam caminhando pelo caminho correto. Quanto à *fraude de execução*, reina praticamente consenso entre os estudiosos, vendo-se ali um nítido caso de *inoponibilidade*. Aplica-se amplamente o conceito de inoponibilidade, de origem na terminologia francesa e conforme desenvolvido em três conhecidos artigos de Tito Carnacini (*cfr*. ainda minha *Execução civil*, n. 162, pp. 270-271).

Exemplo bastante conhecido da ineficácia assim *relativa é* a compra-e-venda feita em fraude de execução (CPC, arts. 592, inc. V e 593): o bem, não-obstante *vendido* e apesar de a compra-e-venda não ser nula e ser eficaz entre as partes, permanece sujeito à responsabilidade pela obrigação do vendedor, não podendo o comprador liberá-lo mediante a alegação de ser o dono atual. Ou seja: o negócio feito não é *oponível* por ele ao credor que promovia ação ao vendedor.

A ineficácia da sentença proferida sem que no processo estivessem todos os colegitimados necessários é, nesse sentido, *ineficácia absoluta:* ela não só carece de irradiação de efeitos aos terceiros legitimados não-participantes do processo, como também fica sem produzir os efeitos típicos sobre as próprias partes. Por isso é que a doutrina tradicionalmente diz, de modo enfático, que essa sentença *inutiliter datur*:[143] ela é dada *inutilmente*, no sentido literal da palavra e em consideração da total e absoluta inutilidade social do processo em face do objetivo que o motivara.

A doutrina civilista costuma fazer uma distinção entre a ineficácia subjetivamente absoluta e a relativa, conforme decorra: a) de razões ligadas ao funcionamento prático do próprio negócio ou ao interesse público ou das partes mesmas; b) da necessidade de salvaguardar interesses de terceiros não participantes. Nesse último caso a preservação dos interesses de terceiros estaria garantida pela mera *inoponibilidade* do ato a eles, prevalecendo sua eficácia entre as partes.[144]

143. Se a sentença dada sem a presença de algum dos colegitimados indispensáveis fosse ineficaz só para ele e eficaz para os que estiveram presentes, ela não seria *inutiliter data:* teria sempre a utilidade da disposição envolvendo o adversário e estes. Daí vir a doutrina, tradicionalmente, dizendo que essa sentença não é eficaz sequer para os que foram parte no processo: *cfr*. Chiovenda, “Sul litisconsorzio necessario”, n. 6, esp. p. 452; Redenti, *Il giudizio civile con pluralità di parti*, n. 12, texto e nota 11, p. 13. Tal é a opinião dominante, como reconhece Denti (“Appunti sul litisconsorzio necessario”, n. 1, p. 14). No Brasil, assim também afirma Barbi (*Comentários ao Código de Processo Civil*, I, n. 304, p. 276). Sobre o alcance dessa ineficácia absoluta *quanto aos efeitos típicos da sentença*, v. *infra*, n. 126 (v. também *supra*, n. 54).

144. *Cfr*. Scalisi, “Inefficacia (diritto privato)”, n. 19, esp. pp. 353 ss. Ele diz também que “a ineficácia relativa não incide sobre a produção dos efeitos

Pois isso não se dá com a sentença de que nos ocupamos.

Em primeiro lugar, porque as situações jurídicas que dão lugar ao litisconsórcio necessário *ex* art. 47 do Código de Processo Civil (litisconsórcio necessário unitário – *supra*, n. 82) são situações que não comportam dualidade ou heterogeneidade de tratamentos: elas são *incindíveis*. Da incindibilidade da situação deflui que ou ela é disciplinada (e de modo uniforme) quanto a todos os titulares, ou não pode ser objeto de provimento algum.

Seria como considerar eficaz só para o marido a sentença proferida em ação de nulidade de casamento promovida pelo Ministério Público (CC, art. 1.549) sem que também a mulher houvesse sido parte: a eficácia de afastar o estado de casado do réu é eficácia de dar por inexistente um *vínculo* jurídico (vínculo matrimonial) que ou envolve ambos os cônjuges, ou não existe. Que "vínculo" remanesceria, envolvendo só a mulher? Obviamente, a desconstituição do vínculo matrimonial há de ser eficaz para ambos, sob pena de não haver eficácia alguma.[145]

Além disso, a inoponibilidade dos efeitos da sentença resolver-se-ia em mera ausência de coisa julgada material perante o terceiro. Ela significaria apenas que este teria ainda à sua disposição, íntegra porque não exercida nem extinta por qualquer outro motivo, a ação destinada a obter pronunciamento jurisdicional a respeito daquele mesmo objeto que já fora apreciado sem sua participação. Sendo a sentença eficaz para os que foram partes, ao

negociais, não sendo concebível que os mesmos efeitos ao mesmo tempo se produzam e não se produzam, conforme os sujeitos com relação aos quais venham a ser considerados" (p. 353); para ele o que se exclui, quando relativa a ineficácia, são os *efeitos reflexos* do ato sobre a esfera jurídica alheia (pp. 354-355). Análoga é a posição de Betti, que, invocando os "*limites sociais* que a autonomia privada deve observar", diz que, havendo "lesão do direito de uma das partes ou de terceiro", a ineficácia não tem caráter originário "mas sobrevém com o concurso de dadas condições e só mediante reação do interessado" (*Teoria generale dei negozio giuridico*, n. 57, pp. 13-15 trad.). O que diz Betti assemelha-se à construção de Allorio e tem, ao menos no que toca aos fenômenos de direito processual aqui estudados, os inconvenientes dessa teoria (*supra*, n. 122).

145. Remete-se o leitor às considerações desenvolvidas sobre a unitariedade do litisconsórcio (*supra*, nn. 61, 62, 82).

terceiro titular de uma situação jurídica monolítica que a sentença houvesse atingido restaria sempre o *ônus* de exercer essa ação quando pretendesse afastar aqueles efeitos que ou atingem a todos ou a nenhum. O terceiro precisaria vir a juízo demandando a declaração dessa ineficácia, ou demandando julgamento favorável quanto àquela mesma pretensão já julgada; e, durante a espera pelo novo julgamento, caber-lhe-ia amargar inerme o resultado desfavorável de um processo de que não participou.

Não é só a injustiça desse ônus imposto a ele, todavia, que leva a considerar que a ineficácia de tal sentença é absoluta, não projetando ela os seus efeitos típicos sequer sobre os que foram partes. É que, para deixar o terceiro apenas livre da autoridade da coisa julgada material, mas atingido pelos efeitos lançados sobre a situação jurídica unitária, não seria necessário dizer a lei que é *ineficaz* a sentença dada sem a sua participação no processo. A limitação subjetiva da coisa julgada às partes, sem vincular terceiros, é regra já constante de outro dispositivo (CPC, art. 472) e inteiramente sem sentido nem utilidade seria o que consta da parte final do art. 47 ("... caso em que a eficácia da sentença dependerá da citação de todos os litisconsortes no processo"). A nada reduzir-se-ia, portanto, a "ineficácia" ditada expressamente na secção do Código destinada ao litisconsórcio.

126. ineficácia e coisa julgada material

O que vem de ser dito não quer dizer que seja apta a adquirir autoridade de coisa julgada material a sentença dada em falta de algum colegitimado indispensável.

Doutrinador moderno de muito prestígio chegou a afirmar que a *ineficácia* da sentença dada *inter pauciores* outra coisa não é senão a inidoneidade a obter a coisa julgada (sequer entre as partes), dizendo: "negare l'efficacia della sentenza resa in assenza di taluno dei litisconsorti necessari equivale, quindi, a negare il prodursi, *inter partes,* della cosa giudicata".[146]

146. Trata-se de Vittorio Denti, no ensaio já tantas vezes citado ("Appunti sul litisconsorzio necessario", n. 3, esp. p. 19). De passagem, di-lo também Sciacchitano, "Litisconsorzio", III, p. 865 (*supra*, n. 116).

Mas essa colocação parte da falsa premissa de que a coisa julgada fosse efeito inerente à sentença, ou, como foi dito, "l'attributo tipico delle pronunce giurisdizionali".[147] Mesmo prescindindo da possibilidade de imaginar, *de jure condendo*, algum ordenamento jurídico em que inexista a coisa julgada material,[148] resta sempre a possibilidade de observar certas sentenças insuscetíveis de coisa julgada e cuja eficácia ou ineficácia é tema relevante, inclusive no trato do litisconsórcio necessário.

A tese aqui refutada não explicaria, por exemplo, a situação da sentença dada em processo de *jurisdição voluntária* sem a presença de litisconsortes necessários. Por outro lado, o trânsito em julgado não é requisito sempre indispensável para que a sentença se torne eficaz: mesmo sujeita a recurso, a sentença poderá em alguns casos produzir seus efeitos, o que acontece, *v.g.*, quando o recurso interposto carece de efeito suspensivo. Por fim, como se isso não bastasse, cá em nosso direito brasileiro positivo existe norma expressa falando de *ineficácia*, o que impede que arbitrariamente pudéssemos concluir pela simples ausência de coisa julgada material (CPC, art. 47).

O que acontece é apenas uma conseqüência da ineficácia em si mesma. A autoridade da coisa julgada não é um efeito da sentença nem se confunde com sua eficácia. Ela não é sequer "a *eficácia* que torna imutável e indiscutível a sentença não mais sujeita a recurso", da dicção defeituosa do art. 467 do Código de Processo Civil. Esse dispositivo é o fruto de uma história em vários capítulos, tendo sua redação sido alterada mais de uma vez, desde o Anteprojeto até quando aprovado o texto do Código.[149] O resultado final não foi satisfatório porque não parece sequer razoável pensar que a coisa julgada possa ser *uma* eficácia, ou a eficácia da sentença.

147. *Cfr.* Denti, "Appunti sul litisconsorzio necessario", n. 4, esp. p. 21.

148. Disse Liebman: "há exemplos de processos antigos em que era a sentença *indefinidamente recorrível;* e ainda hoje, segundo o direito canônico, as sentenças em matéria de estado não logram jamais a autoridade da coisa julgada" (*Eficácia e autoridade da sentença*, n. 8, esp. p. 40 trad.).

149. *Cfr.* Dinamarco, *Direito processual civil*, n. 7, B, pp. 15-16.

Na doutrina brasileira é de sumo prestígio a idéia de que "a autoridade da coisa julgada não é efeito da sentença (...) mas, sim, modo de manifestar-se e produzir-se dos *efeitos* da própria sentença, algo que a esses efeitos se ajunta para qualificá-los e reforçá-los em sentido bem determinado". É comum entre nós o asserto de que ela é uma *qualidade dos efeitos da sentença*, não sendo um efeito a mais nem se confundindo com a própria eficácia que a sentença possa ter. "A eficácia da sentença deve, lógica e praticamente, distinguir-se da sua imutabilidade",[150] sendo que esta se refere aos efeitos de direito material que a sentença seja apta a produzir. A função social do processo não estaria cumprida de modo satisfatório se as declarações, constituições ou condenações emitidas em sentença ficassem indefinidamente sujeitas a novos e repetidos ataques.

Ora, o processo vale pela capacidade, que tenha, de projetar efeitos indeléveis sobre a situação da vida das pessoas cujos conflitos hajam sido objeto do pronunciamento jurisdicional – e daí se extrai com facilidade a observação de que só pode haver a autoridade da coisa julgada *quando houver efeitos substanciais derivados da sentença proferida*. Se a sentença é ineficaz, não produzindo tais efeitos típicos (e tal é o sentido da ineficácia da sentença em estudo), a conclusão é que não pode haver coisa julgada material sobre ela. Não se tornam imutáveis os efeitos que não chegaram a existir – e esse é o modo como a omissão dos colegitimados indispensáveis repercute no instituto da coisa julgada e exclui a ocorrência dessa autoridade.

127. propositura de nova demanda

Não havendo a autoridade da coisa julgada, nem por isso se dirá que admissível seja nova demanda, entre as mesmas partes do processo e continuando omitido o colegitimado que dele não participou. *Demanda assim não era admissível, como continua a não sê-lo*, mas a razão não é uma suposta coisa julgada material e sim a própria ilegitimidade *ad causam* que antes também existia: tanto quanto antes, era e continua sendo exigida a participação

150. *Cfr*. Liebman, *Eficácia e autoridade da sentença*, n. 15, p. 50 trad.

coletiva de todos os legitimados, de modo que, no segundo processo, enquanto pendente, ao juiz cumprirá impedir que o erro se repita (art. 47, par. – *supra*, n. 110, sobre a providência preliminar cabível).

Quanto à admissibilidade da ação rescisória e outros meios destinados a remediar a situação criada pela sentença ineficaz, v. *infra*, nn. 129 ss.

Da ineficácia da sentença resulta a plena liberdade para a propositura e julgamento de nova demanda com o mesmo objeto, desde que respeitadas as exigências de legitimidade (inclusive a que se refere ao litisconsórcio necessário) e demais condições da ação. Não só aquele que ficou omitido terá ainda esse poder, como *também aqueles que efetivamente foram parte no processo*.

O Supremo Tribunal Federal, encampando lição da melhor doutrina, proclamou que *qualquer processo* é apto a veicular pretensões contrárias a uma sentença que seja ineficaz para a parte: ação rescisória, embargos do executado quando cabíveis (hoje, *impugnação*), ação declaratória da ineficácia ou nulidade; e por que não a mesma ação já proposta e agora corrigida quanto aos sujeitos que do processo hão de participar? (*infra*, n. 129).

Se a sentença dada sem todos é ineficaz, carente dos efeitos típicos programados, em outras palavras isso significa que não projetou para fora do processo e sobre a vida dos sujeitos que dele participaram, o pretendido efeito de declarar, de constituir, de condenar; nem o de declarar negativamente, como ocorre na maioria dos casos de improcedência da demanda proposta. Não produzindo tais efeitos de direito substancial, não obteve a autoridade de coisa julgada, que, como se disse e é sabido por todos, incide precisamente sobre esses efeitos (quando eles existirem, é óbvio). Não havendo os efeitos, é lícito a qualquer dos legitimados e em face de todos os legitimados (repete-se: respeitada a regra do litisconsórcio necessário), voltar a juízo com idêntica pretensão ou com pretensão incompatível com a sentença dada, para postular agora uma sentença que seja eficaz (STF – *infra*, n. 132).

Solução contrária violaria frontalmente a garantia constitucional da ação (Const., art. 5º, inc. XXXV), porque uma pretensão que não foi eficazmente julgada *de meritis* (o que, na prática, equivale a não ter sido julgada) estaria sendo subtraída à apreciação do Poder Judiciário. Além disso, inexistindo a autoridade da coisa julgada material, ficaria inteiramente sem apoio a eventual opinião de que os que foram partes no processo estariam privados de voltar a juízo A coisa julgada é o único instituto que poderia servir de fundamento à vedação de repropositura da demanda.[151] Além disso, quem optasse por uma argumentação extremadamente formal perceberia que a nova demanda, envolvendo os que já foram partes e mais os que haviam sido omitidos, já não tem, com a que chegara a ser julgada, absoluta identidade subjetiva (art. 301, §§ 1º-2º).

Daí resulta que, *v.g.*, a demanda de nulidade do casamento, para a qual é legitimado o Ministério Público (CC, art. 1.549), poderá de novo ser proposta por ele próprio e seu julgamento pelo mérito será admissível, ainda quando já julgada uma primeira, por ele ajuizada em face de um só dos cônjuges. Se um dos compradores solidários moveu demanda redibitória de contrato de compra-e-venda, poderá ele mesmo voltar a juízo, em litisconsórcio com o outro comprador (litisconsórcio necessário ativo – *supra*, nn. 100 ss.), quer aquela primeira pretensão haja sido julgada procedente ou improcedente: se não fosse assim, ficaria o condômino, que não foi parte no primeiro processo e não exerceu nem pretendeu exercer sua ação, privado desta e impedido de obter em juízo a satisfação de eventual direito (solução inconstitucional – Const., art. 5º, inc. XXXV).

A admissibilidade de nova demanda, inclusive por quem fora parte no processo defeituoso ou em face de quem o foi, constitui nítido reflexo da *incindibilidade do objeto do processo* e da unidade da situação jurídica em que se encontram duas ou várias pessoas. A sentença proferida não produz efeitos para o que ficou omitido nem para os que foram parte, sendo que situações muito estranhas poderiam acontecer se assim não fosse (*supra*, n. 125).

151. Não é o caso de considerar aqui a *perempção*, do art. 268, par. do Código de Processo Civil.

128. aspectos particulares

Traçado o perfil da ineficácia da sentença omissa quanto a algum litisconsorte necessário unitário, algumas observações ainda são pertinentes a respeito, para melhor compor o quadro.

A primeira delas é que, na disciplina mesma da ineficácia em geral e na sua doutrina, prevalece a regra da "máxima conservação possível da eficácia" dos atos jurídicos.[152] Disso já se falou longamente no presente estudo, ao destacar a excepcionalidade do litisconsórcio necessário (*supra*, n. 98). Essa é uma tendência constante em todo o direito e o *princípio da conservação* está presente também na disciplina das nulidades, com a vigência da máxima *utile per inutile non vitiatur* (CPC, art. 248, 2ª parte – conservação dos atos posteriores aos anulados, mas deles independentes). Sua aplicação à sentença em estudo há de conduzir à possibilidade de a eficácia *sobrevir à* prolação e mesmo ao trânsito em julgado da sentença em exame.

A teoria civilista fala em *eficácia pendente*, a qual ocorre nos casos de negócio jurídico incompleto. Define-se este como "aquele cujo efeito não se produziu ainda mas que pode vir a ser produzido quando se realizar um elemento que lhe falta ou se eliminar um obstáculo à sua eficácia".[153] Nesses casos a falta de efeitos (provisória, pendente) "decorre da possível interferência de interesses externos de categoria maior ou do atual estado de indeterminação do sujeito ou do objeto da situação jurídica".[154] A *sentença sujeita a recurso recebido com efeito suspensivo* é válido exemplo de ato processual com eficácia pendente; seu trânsito em julgado, inclusive por não ser conhecido o recurso eventualmente interposto, arreda o impedimento, antes existente, à produção dos efeitos programados.

152. *Cfr.* Scalisi, "Inefficacia (diritto privato)", n. 8, p. 335: "de tal tendência é expressão o princípio de *adaptabilidade* do efeito jurídico", ocorrendo a adaptação (a) mediante o "fraccionamento da eficácia no tempo" ou (b) mediante "a limitação do conteúdo do efeito".

153. *Cfr.* Bulhões Carvalho, "Ineficácia", n. 23, p. 9.

154. *Cfr.* Scalisi, "Inefficacia (diritto privato)", n. 11, p. 339, o qual adverte: "profundamente diferente é a tutela jurídica na situação de pendência derivante do fato de ser estruturalmente incompleto o efeito jurídico" (n. 13, esp. p. 342).

Ora, o impedimento externo é, quanto à sentença proferida *inter pauciores ex pluribus*, a existência de interesse de terceiro omitido no processo e que seja cotitular da relação jurídica controvertida. Por não haver ele participado da preparação do provimento assim pronunciado é que a sentença fica privada de eficácia. Pois no momento em que por algum modo esse terceiro manifeste *aquiescência ao julgado*, o impedimento desaparece e a eficácia se impõe.

Não é como no caso de uma sentença ineficaz porque, *v.g.*, haja imposto condenação impossível de ser cumprida: essa ineficácia é perpétua, insuscetível de ser afastada. Nos casos em que a aquiescência seja admissível perante o direito material, ela será fato superveniente apto a conferir à sentença a eficácia que lhe faltava.

Podem acontecer casos em que o terceiro omitido simplesmente aceite ou até mesmo prefira a solução ditada na sentença. Em direito material, sua vontade seria relevante (desde que somada à do colegitimado) para produzir o resultado que através do processo se buscou. Por isso, sua aquiescência é relevante e razão alguma existe para que perpétua se considerasse a ineficácia da sentença dada em processo que o omitira. O ato superveniente terá inclusive a força de permitir a produção de efeitos a partir do momento em que a sentença ordinariamente os produziria ("retroeficácia das ratificações").[155]

Obviamente, nada disso prevalece quando se trata de *litígio sobre direitos indisponíveis*, onde a vontade da parte é insuficiente para produzir o efeito desejado e este só pode mesmo vir pela via do processo. Seria anódina, *v.g.*, a aquiescência do cônjuge omitido na ação de anulação do casamento movida pelo Ministério Público. Outra observação a ser feita é a de que *apenas ao litisconsórcio necessário unitário* se aplica a regra da ineficácia, ditada no art. 47 do Código de Processo Civil. Como já foi exposto, esse dispositivo cuida da necessariedade decorrente da incin-

155. *Cfr.* Pontes de Miranda, *Tratado de direito privado*, V, § 533, 3, pp. 79-80.

dibilidade do objeto do processo, sendo indispensável a presença de todos os titulares de situações jurídicas relativas a ele e sendo de rigor o tratamento homogêneo a ser dispensado a todos (*supra*, n. 82). Outros casos de litisconsórcio necessário existem, porém não emergem do art. 47. São casos de necessariedade decorrente, de modo exclusivo, de disposições legais específicas (*supra*, n. 94 – *litisconsórcio necessário por força de lei*).

Quando é assim inexiste a incindibilidade do objeto do processo, que impediria a eficácia da sentença limitada às partes.[156] Em uma ação de usucapião, por exemplo, se algum dos confrontantes não for trazido ao litisconsórcio passivo (CPC, art. 942, inc. II), nada impede a produção de efeitos da sentença quanto àquela pessoa em cujo nome consta o imóvel usucapiendo. Julgada procedente a demanda e passando em julgado a sentença assim, o autor será declarado dono daquilo que antes pertencia ao réu e, no que toca aos lindeiros, eventuais dúvidas quanto às linhas divisórias permanecerão em aberto. Ele ficará, em última análise, na mesma posição em que antes se encontrava o réu. Essa colocação é de plena coerência com o sistema e fica fortalecida pela observação de que o art. 47 do estatuto pro-

156. Disse Liebman que "o processo não é, pois, *negócio combinado em família* e produtor de efeitos somente para as pessoas iniciadas nos mistérios de cada feito"; e, "uma vez que o juiz é o órgão ao qual atribui o Estado o mister de fazer atuar a vontade da lei no caso concreto, apresenta-se a sua sentença como eficaz exercício dessa função perante todo o ordenamento jurídico e todos os sujeitos que nele operam". Por isso mesmo, "todos, sem distinção, se encontram potencialmente em pé de igualdade de sujeição a respeito dos efeitos da sentença". Essa é a *eficácia natural da sentença* (*Eficácia e autoridade da sentença*, nn. 33-34, pp. 121 ss. trad.). Para evitar mal-entendidos, fique claro que, quando aqui se nega uma eficácia restrita às partes, tem-se em mente a sentença que, dispondo só para os que o foram, pretenda julgar apenas o *seu* interesse, deixando de fora o interesse dos legitimados omitidos. Quando o litisconsórcio necessário é *comum*, ou seja, decorrendo ele de disposição específica e não do art. 47 do Código de Processo Civil, a cisão das posições jurídicas é possível e, então, *a eficácia limitada* significa que apenas a situação jurídica das partes foi julgada eficazmente e a dos terceiros *não foi julgada*. O objeto do processo caracteriza-se, no litisconsórcio comum, pela pretensão referente exclusivamente aos sujeitos que vieram a ser partes no processo; eventuais pretensões de outros sujeitos ou referentes a outros não estão incluídas no objeto do processo. Não é como no litisconsórcio necessário *unitário*, no qual a incindibilidade das situações jurídicas determina a unidade do objeto do processo e, consequentemente, impede que este seja eficazmente julgado sem a participação de todos.

cessual, ao ditar a ineficácia, fê-lo apenas para os *casos de violação da regra litisconsorcial ditada por ele próprio:* os outros casos de litisconsórcio não estão em sua cogitação nem o está alguma suposta ineficácia ligada à inobservância das regras específicas.[157]

Das considerações acima é lícito inferir uma *conclusão* de maior espectro. É que, bem pensado, a ineficácia da sentença, ditada embora para a hipótese de violação da regra do litisconsórcio necessário, mais de perto se associa à *unitariedade do litisconsórcio* e não, propriamente, à sua necessariedade. Ou, em termos ainda mais amplos: a ineficácia é decorrência da *incindibilidade* da situação jurídica de direito material, que constitui causa comum do litisconsórcio necessário e da sua unitariedade.

Essas considerações sobre a ineficácia e casos em que se impõe servem como uma confirmação a mais daquilo que vem sendo demonstrado, a saber: que a necessariedade do litisconsórcio e sua unitariedade são efeitos de uma causa só, a incindibilidade do objeto do processo; que a regra do art. 47 consiste em estabelecer a necessariedade e o regime unitário como duas exigências paralelas e que, *em princípio*, acompanham-se reciprocamente, estão presentes nos mesmos casos e servem ao mesmo escopo comum de evitar sentenças pretendendo cindir o que é incindível.[158]

Ora, neste mesmo tópico já se viu que a *ratio* da ineficácia ditada no art. 47 é o impasse criado, mercê da incindibilidade

157. A ressalva acima refere-se apenas à ineficácia *da sentença*. Quando ainda pende o processo, a omissão das providências judiciais destinadas a fazer integrar o colegitimado à relação processual é causa de *nulidade* em qualquer hipótese, a saber: quer se trate de litisconsórcio necessário unitário ou não-unitário (comum). Em ambas as hipóteses a lei impõe a ilegitimidade *ad causam* individual de cada um dos titulares do interesse, cumprindo ao juiz, sempre, velar pela observância da regra de legitimidade conjunta. Se sentenciar, a sentença será nula, pelas razões e com as conseqüências já expostas. Havendo recurso ou devolução oficial, deverá ser anulada. Passando em julgado, ficará sujeita a rescisão no prazo e casos legais, pouco importando se o litisconsórcio era necessário e também unitário (art. 47) ou se a necessariedade advinha de disposição legal específica (*infra*, n. 130).

158. Isso não é desmentido pela existência de casos, resultantes de lei específica ou princípio maior, nos quais se apresenta apenas a necessariedade sem a unitariedade, ou vice-versa (*supra*, esp. nn. 82, 90, 94).

da situação jurídico-material sobre a qual disporá o provimento: como realizar na prática o preceito contido em uma sentença que anule o casamento de um dos cônjuges sem anular o outro? Como impor na prática uma sentença declarando nulo o contrato em relação a um dos compradores solidários, sem fazê-lo em relação ao outro? Pois essas perplexidades afloram ao espírito do jurista e do julgador, quer quando se trata de regime unitário quebrado ou de necessariedade violada (em caso de necessariedade ligada à incindibilidade da situação jurídica – litisconsórcio necessário unitário). Em outras palavras, o mesmo impasse surgirá quando a sentença for dada sem um dos litisconsortes necessários unitários (deixando intacta a situação do omitido e pretendendo ditar regra para a do legitimado que foi parte) e, da mesma maneira, quando pretender ditar soluções diferentes entre eles. Sempre que a pretensão deduzida em juízo se referir a uma situação jurídica plurissubjetiva e incindível, ineficaz será a sentença dada sem a presença de todos os titulares da situação jurídica controvertida, bem como aquela que pretenda cindir o incindível, com tratamentos heterogêneos para os litisconsortes.

A lei procura evitar situações embaraçosas como essas. Quanto à necessariedade do litisconsórcio, cria para o juiz o poder-dever de tomar a providência preliminar consistente em exigir do autor o que for preciso para a vinda do colegitimado indispensável, extinguindo o processo sem julgar-lhe o mérito caso a exigência não seja atendida (*supra*, nn. 110-112).

Sendo *ativa* a legitimidade dos titulares indispensáveis, não há qualquer providência preliminar desse tipo a tomar mas a extinção sem julgamento do mérito também se imporá sempre que o colegitimado indispensável não venha (*supra*, nn. 100 ss.). Também quanto à observância do regime unitário a ser preservado ao longo do procedimento e no teor da sentença dispõe a lei algumas cautelas.

Uma delas é a valia, para o réu desidioso que não contesta, da contestação ofertada por seu litisconsorte (CPC, art. 320, inc. I): tal dispositivo, que não se aplica *apenas* ao litisconsórcio unitário, a ele se aplica sem dúvida alguma (*supra*, n. 62). Seria um absurdo o juiz concluir, para um dos réus, que determinado fato alegado pelo autor é inexistente, não ocorreu; e, quanto ao litisconsorte que sofreu o efeito da revelia, afirmar a ocorrência do mesmo fato pouco antes negado na própria sentença.

Outro dispositivo destinado a evitar a quebra da unitariedade é aquele do art. 509 da lei processual, que traz a extensão subjetiva dos efeitos do recurso interposto por um dos litisconsortes unitários (*supra*, n. 74): deixar que transitasse em julgado a sentença na parte que se refere a um dos titulares de uma só e mesma situação incindível, permitindo ao outro (recorrente único) a oportunidade de obter solução favorável só para si, constituiria também vã tentativa de permitir a cisão do incindível.

Tais cuidados do legislador não são suficientes a impedir, de modo absoluto e sem risco de erro algum, a pronúncia de algum provimento violador da regra da unitariedade. Servem, todavia, como norte ao juiz e como afirmação da regra segundo a qual o regime unitário há de ser observado sob pena de ineficácia da sentença.

Conclui-se que essa *ineficácia* se imporá sempre que o processo tenha por objeto uma pretensão relativa a situação jurídica *incindível*, sendo a sentença dada sem a presença conjunta de todos os titulares desta ou pretendendo ditar soluções díspares entre eles. Nessa perspectiva, a ineficácia ocorre, por quebra da unitariedade, ainda quando o litisconsórcio unitário seja *facultativo e não necessário:* como, *v.g.*, declarar improcedente a demanda de um sócio e procedente a de outro, seu litisconsorte, quanto à pretensão de ambos à anulação de deliberação de assembléia societária? Como se sabe, é substancialmente *una a pretensão* em casos assim, embora tenha mais de um titular (*supra*, n. 90).

129. confirma-se a existência jurídica da sentença dada sem todos os colegitimados necessários – variedade de remédios processuais admissíveis

Quando se disse que não é *inexistente* a sentença dada em ausência de algum litisconsorte necessário (*supra*, n. 121), teve-se em mente a produção de efeitos processuais, que ela efetivamente opera, exaurindo o ofício do juiz e determinando a extinção da fase cognitiva do processo, além de disciplinar os *encargos da sucumbência* e constituir título para a execução forçada relativa a estes. Não-obstante proferida sem estar integrado no processo um dos cotitulares do interesse sobre o qual o juiz se pronunciou, essa sentença *existe* juridicamente.

Boa doutrina, porém, em situação análoga diz que é inexistente a sentença. Trata-se dos casos em que o réu do processo não foi citado, ou sua citação foi nula. Foi dito que a falta de citação "ofende tão profundamente o direito reconhecido a todo cidadão de defender-se perante o juiz que vai julgá-lo, que torna radicalmente nulo, juridicamente inexistente o processo, igualmente *nula e inexistente a sentença proferida*".[159]

Essa lição foi acolhida em significativo julgamento pelo Supremo Tribunal Federal, que a par de endossar a tese da inexistência, concluiu que uma sentença dada sem regular citação do réu é portadora de *nulidade absoluta*, insuscetível de ser sanada pelo trânsito em julgado; e que, consequentemente, essa nulidade pode ser pronunciada não só em sede de *ação res*cisória mas igualmente mediante a impugnação à execução (CPC, art. 475-L, inc. I) ou a "ação declaratória de nulidade absoluta e insanável da sentença".[160]

Mesmo nesse caso afasta-se porém a idéia de ser inexistente a sentença. Ela produziu efeitos processuais e, mais do que isso, sendo condenatória, vale como título para a execução forçada;

159. Opinião respeitada de Liebman ("Nulidade da sentença proferida sem citação do réu", p. 183 e *Manual de direito processual civil,* I, n. 124, pp. 339-340 trad.). Pontes de Miranda nega a inexistência jurídica dessa sentença, sustentando sua nulidade (*Comentários ao Código de Processo Civil,* XI, nota 6 ao art. 741, p. 94 – *supra,* n. 121).

160. STF, Pleno, RE n. 97.589, j. 17.11.82, rel. Moreira Alves, v.u., *DJU* 3.6.83. Feitos os devidos descontos, esse modo de pensar remonta à lição de Calamandrei, de que "o único meio adequado contra a sentença nula será a *ação de declaração negativa de certeza*, mediante a qual, sem aportar modificação alguma ao mundo jurídico, far-se-á declarar o caráter negativo que o conteúdo da sentença trouxe consigo desde o momento de sua concepção" (*cfr.* "Vizi della sentenza e mezzi di gravame", n. 9, esp. p. 260).

mesmo trazendo a mácula do procedimento que omitiu a citação do réu, essa sentença permite o início da execução e a penhora, tendo o executado o ônus de opor-se a ela mediante a impugnação (art. 475-L, inc. I). Ela tem, contudo, algumas características que a aproximam desta de que aqui cuidamos, de modo que algumas reflexões quanto a ambas serão esclarecedoras.

A citação é um dos modos pelos quais a pessoa adquire, *no processo*, a condição de parte. Antes de citado, ou enquanto viciada a citação, o réu só figura como tal na demanda do autor, ajuizada com o fito de obter um provimento jurisdicional que o envolva. No processo, porém, como parte e sendo titular das situações jurídicas ativas e passivas que caracterizam a relação jurídica processual, ele ainda não está (sobre essas idéias e especialmente sobre a distinção entre os conceitos de *parte na demanda* e *parte no processo*, v. *supra*, n. 3).

Ora, o colegitimado que não veio a juízo em conjunto com o autor (litisconsórcio ativo), nem demanda alguma lhe foi movida (litisconsórcio passivo), não figura como parte *sequer na demanda proposta* e muito menos no processo. Então, já se vê que há algo em comum e que é muito significativo, entre as duas situações: nem o litisconsorte omitido, nem o réu (único) mal citado e revel, são partes *no processo* em que veio a ser proferida a sentença. Existe uma diferença relevante, porém. Quando a sentença é dada sem que o réu (único) houvesse sido regularmente citado, ela traz em si ao menos a *aparência de regularidade*, que é manifestação da genérica presunção de legitimidade dos atos do poder público (*supra*, n. 123).

É como no caso examinado pelo acórdão do Supremo Tribunal e acima referido. Ali, fora feita a citação edital do réu em ação de desquite que veio afinal a ser julgada procedente à sua revelia. O juiz, quando sentenciou, acreditava estar exercendo regularmente seu ofício jurisdicional, tanto que pronunciou um julgamento, com a vontade manifesta de pronunciá-lo e tendo em mira o resultado jurídico pretendido pela autora. Se a citação realmente era nula e não era sequer o caso de citar o réu por edital, nem por isso deixou de haver um ato estatal, um provimento do juiz endereçado expressamente a ele.

Diferente é o caso do colegitimado omitido já na petição inicial do autor. Quanto a ele, não há aquela mesma intensa aparência de exercício de jurisdição, pois não foi parte no processo e sequer na demanda; e, o que é muito significativo, a *sentença não foi proferida com destinação a ele*, nem seu nome consta dos autos ou da própria sentença.

Ora, quando o réu revel não foi citado ou o foi de modo viciado, a existência de um ato estatal dirigido a ele cria a necessidade de um outro ato estatal que desfaça o primeiro, ou que (para quem entende ser este juridicamente inexistente) simplesmente o declare inoperante. Sem isso, ou até que isso seja feito, a sentença impõe-se, como é o caso da sentença condenatória cuja eficácia executiva só vai ser barrada se o executado opuser impugnação à execução que lhe é movida (art. 475-L, inc. I). Esses conceitos e soluções são inerentes ao sistema das nulidades em direito público (*supra*, n. 123). Na hipótese examinada pela doutrina referida, trata-se de nulidade que sobrevive indefinidamente no tempo, porque o réu não foi sequer parte no processo (embora o seja na demanda proposta) – e contra quem não foi parte, evidentemente, não correm prazos recursais.[161]

A *existência jurídica* dessa sentença assim viciada porque proferida contra revel mal citado ou não citado, mas com o feitio de ato

161. A rigor esse raciocínio deveria levar não só à admissibilidade de *recurso* da parte quando tivesse ciência da sentença, como ainda, talvez, ao *ônus* de recorrer – notadamente no que toca ao réu não citado ou mal citado; mas quanto ao litisconsorte omitido permaneceria sempre, mesmo sem seu recurso, o impasse da ineficácia perante ele, a quem o juiz não pretendeu dirigir e efetivamente não dirigiu os efeitos da sentença. Isso, contudo, não tem prevalecido nem sequer alvitrado com muita ênfase, o que se justifica em pleno pelas razões expostas no texto mais adiante (*infra,* n. 130). Mas, que tal sentença não passa em julgado, é pensamento comum na doutrina: *cfr*. Liebman, transcrevendo e louvando-se em texto das Ordenações (L. III, Tít. 75), para dizer que essa sentença "é per Direito nenhuma, nunca em tempo algum passa em cousa julgada, mas em todo tempo se pode opor contra ela, que é nenhuma e de nenhum efeito" ("Nulidade da sentença proferida sem citação do réu", esp. p. 183). Do Mestre v. ainda: *Manual de direito processual civil,* I, n. 124, esp. p. 340 trad. *Cfr*. também Chiovenda, *Principii di diritto processuale civile,* § 88, VI, 1, p. 1.094.

imperativo de exercício de poder e aparência externa de regularidade, é que provavelmente tem levado os tribunais a aceitar qualquer das vias processuais conhecidas, como meio de obter sua invalidação. O Supremo Tribunal Federal referiu e louvou o asserto doutrinário de que "todo e qualquer processo é adequado para constatar e declarar que um julgado meramente aparente é na realidade inexistente e de nenhum efeito". Não só a ação rescisória é considerada admissível, como ainda à impugnação da execução (lei expressa – CPC, art. 475-L, inc. I) e também a ação declaratória de nulidade, de competência dos juízos de primeiro grau de jurisdição – ação completamente atípica, de procedimento comum (CPC, art. 4º, inc. I). A sentença assim proferida à revelia do réu mal citado constitui-se em fator de dúvida objetiva (crise de certeza) que, na teoria da ação *meramente* declaratória, preenche o requisito do *interesse de agir* – dada a existência dessa sentença como ato estatal que não pode ser simplesmente ignorado e desconsiderado pela parte destinatária, torna-se *necessário* o recurso aos órgãos jurisdicionais.[162]

A doutrina reporta-se às Ordenações do Reino e às sentenças eivadas de nulidade *ipso jure* que "impede à sentença passar em julgado", reafirmando que "em todo tempo se pode opor contra ela, que é nenhuma"; e considera que, para os casos em exame, subsiste no direito moderno a *querela nullitatis* do direito canônico e medieval.[163]

Quando se trata de sentença dada sem a presença de algum colegitimado, não existe toda essa aparência de regularidade, acima considerada. Seu nome não figura na demanda nem no processo e a sentença não o inclui nem expressou algum pensamento ou vontade do juiz, a ele dirigida ou à sua situação jurídica. O que houve

162. No pensamento de Barbi, para que concorra o requisito do interesse de agir em via meramente declaratória é necessário, além da "incerteza jurídica objetiva e atual", que também "haja um *dano* para o autor, no caso de não poder obter a declaração judicial a respeito da relação incerta" (*Ação declaratória principal e incidente*, p. 86). A aparência de exercício regular da jurisdição e a presunção de legitimidade da sentença como ato estatal criam essa dúvida e ocasionam esse dano ao réu, que a ação declaratória visa a eliminar. Quanto à *necessidade concreta da tutela jurisdicional* como fator do interesse de agir, v. ainda minhas *Instituições de direito processual civil,* II, n. 544, pp. 309 ss., e *Execução civil*, nn. 264-265, pp. 420 ss.

163. *Cfr*. Liebman, "Nulidade da sentença proferida sem citação do réu", p. 181.

foi a ilusão de expressar eficazmente, perante o outro legitimado (ou outros – os legitimados presentes no processo), a disciplina de uma situação jurídica que na realidade é unitária e incindível, tendo como cotitular o sujeito omitido.

Como exposto, essa sentença é ineficaz perante todos, porque não poderia ser eficaz para um deles sem sê-lo para outros. E, exatamente porque *ineficaz*, essa sentença não fica imunizada pela coisa julgada *material* (*supra*, n. 126). Apesar disso, ela *transita em julgado* (coisa julgada formal). Como ato do processo que através dela se extingue ela prevalece, um momento chegando em que já recurso algum terá cabimento.

130. admissibilidade da ação rescisória

Com esses elementos chegar-se-ia, em uma análise muito rigorosa e segundo os parâmetros mais rígidos do processualista tradicional, à conclusão de ser inadmissível a ação rescisória contra essa sentença. A coisa julgada formal, impedindo a interposição de recurso, nem por isso permite que ela produza qualquer efeito sobre o litisconsorte omitido. Como ficou dito e destacado, a ineficácia é total e seria antijurídico *exigir* da pessoa o uso de algum meio judicial para livrar-se da eficácia direta de uma sentença gerada sem sua participação em contraditório (*supra*, n. 125).

Daí decorreria, nessa avaliação radical, a carência de ação por ausência do *interesse de agir* (a tutela jurisdicional invocada não seria necessária). Ao litisconsorte omitido em todo o processo e na própria demanda é lícito simplesmente desconsiderar a sentença assim dada, inexistindo as razões que, em caso de vício de citação, impeçam o réu de assim se comportar. Não sendo apta a projetar sobre o omitido os seus efeitos típicos programados (e sobre ninguém) e portanto não obtendo a autoridade da coisa julgada, essa sentença simplesmente não o atinge e, no mundo jurídico, a sua *rescisão* nenhum benefício lhe poderia aportar, nenhuma *utilidade*. Daí a suposta carência de ação.

A jurisprudência ameniza todavia o rigor dessa rígida colocação doutrinária e tem suas boas razões para isso. Com vista aos bons resultados práticos a obter (pacificação social, certeza e segurança nas relações jurídicas) vai admitindo a ação rescisória contra sentenças com o vício aqui considerado, pelo fundamento de haver a sentença violado literal disposição de lei (CPC, art. 485, inc. V):[164] – considera-se maculado o art. 47 do Código de Processo Civil e o seu parágrafo,[165] mediante o *error in procedendo* do juiz que chegou ao exame do mérito sem as indispensáveis providências preliminares e eventual extinção do processo, que o dispositivo lhe impõe (*supra*, n.116).

Tampouco se exclui que em casos como esse venha a ser admissível uma ação rescisória por *erro de fato* (CPC, art. 485, inc. IX); se o juiz simplesmente omitir qualquer pronunciamento acerca da necessidade do litisconsórcio, nada determinando a respeito, sem que tenha havido controvérsia sobre esse ponto, certamente será havida por admissível a ação rescisória também por esse fundamento

164. *Cfr.* TJSP, 4ª C. Civ., aç. resc. n. 234.715, j. 10.7.75, rel. Carlos Ortiz, v.u., *RP* 7-8, p. 327, n. 17; TJSP, 6ª C. Cív., aç. resc.. n. 230.652, j. 23.12.76, rel. Azevedo Franceschini, v.u., *RT* 505/100; TJSP, 6ª C. Cív., aç. resc. n. 230.652, j. 23.12.76, rel. Carlos Antonini, v.u., *RT* 505/100. Mas o Superior Tribunal de Justiça encampou essa conclusão de excessivo rigor formal, extinguindo sem julgamento de mérito o processo da ação rescisória e facultando a propositura de ação declaratória: *cfr.* STJ, 4ª T., REsp n. 62.853, j. 19.2.04, rel. Fernando Gonçalves, v.u., *DJU* 1.8.05, p. 460.

165. *Cfr.* Tornaghi, *Comentários ao Código de Processo Civil,* I, p. 220. Em jurisprudência está definitivamente superada a dúvida quanto à admissibilidade de ação rescisória por literal violação da *lei processual.* No passado, todavia, ela foi negada por um jurista da autoridade de Luís Eulálio de Bueno Vidigal. Se outros incisos do art. 485 autorizam a rescisão fundada em específicos *errores in procedendo*, dizia o Mestre, não haveria como entender que os erros do processo, em geral, estejam abrangidos na previsão do inc. V. Senão, argumentava, seriam desnecessários aqueles incisos particularizados porque a interpretação sistemática dos casos incluídos no art. 485 conduz a negar que seu inc. V compreenda, indistintamente, a violação à lei substancial e também à processual. Essa argumentação é reproduzida por Ada Pellegrini Grinover, a qual entende ainda aceitável, perante o Código vigente, a opinião de longa data sustentada por nosso Mestre comum (*cfr.* Ada Pellegrini Grinover *Direito processual civil*, p. 165). Contra, no sentido hoje amplamente dominante nos pretórios brasileiros, *cfr.* Barbosa Moreira, *Comentários ao Código de Processo Civil*, V, n. 78, p. 131; Pontes de Miranda, *Tratado da ação rescisória*, § 24, p. 303.

(art. 485, §§ 1° e 2°). O *fato* desconsiderado poderá ser a presença do colegitimado na relação processual posta em julgamento.

A aceitação da ação rescisória pelos tribunais, apesar das razões alinhadas acima, corresponde à tendência, que se vê na jurisprudência moderna e na doutrina também, no sentido de ampliar o âmbito do exercício da jurisdição. Os juristas modernos vão tendo a consciência, sempre maior, da responsabilidade do Poder Judiciário perante a população, cumprindo-lhe evitar soluções de continuidade e fazer com que efetivamente a jurisdição vá além das sombras tradicionalmente respeitadas, penetre nas dobras que a postura tradicional deixava no sistema e possa chegar até aonde haja a lamentação de algum direito violado. Tal é a *universalização da tutela jurisdicional*, que se resolve na escalada pela minimização de resíduos conflituosos não-jurisdicionalizáveis.[166]

A jurisprudência, no fundo, reconhece que a sentença dada *inter pauciores ex pluribus* constitui um ilegítimo incômodo para a parte omitida. Mesmo sem ter toda aquela mesma aparência de exercício da jurisdição (que tem a sentença dada contra o revel não citado), aquela sentença traz em si, *programados*, efeitos dirigidos a uma situação jurídica de que o terceiro compartilha; e isso constitui uma *aparência relevante perante o direito*, talvez mais tênue mas suficiente para criar uma situação duvidosa e, com isso, abrir porta à ação rescisória.

É pensar na anulação de casamento de um cônjuge apenas, ou na anulação ou redibição de contrato sem pedido formulado por todos os compradores (casos de litisconsórcio necessário unitário): a sentença dada poderá sempre trazer sérios embaraços às pessoas, envolvendo a atividade dos registros públicos e, sempre, o risco de ser levada a registro (ainda que indevidamente). Afastá-la definitivamente do mundo jurídico terá sempre, seguramente, alguma utilidade.

166. *Cfr.* Dinamarco, "Universalizar a tutela jurisdicional", nn. 428-439, pp. 393 ss. O Tribunal de Justiça de Minas Gerais, pelo voto do então desembargador e hoje Ministro Sálvio de Figueiredo Teixeira, disse expressamente que a ação rescisória tem cabimento nesse caso "em obsequio ao princípio da instrumentalidade do processo" (*cfr.* TJMG, CCR, agr. reg. n. 853, j. 20.11.85, v.u., *RF* 293/259).

131. ação meramente declaratória da ineficácia ou nulidade ("querela nullitatis")

Coerente com essas idéias (ainda que não muito explícitas), é que a jurisprudência tem admitido a ação rescisória contra sentença dada sem a presença coletiva de todos os legitimados. As razões dessa admissibilidade, todavia, sendo bastante amplas, justificam que também se admita a demanda de sentença declaratória de nulidade, contra essa sentença. Existe aí também uma dúvida objetiva, ou *crise de certeza*, a conferir ao colegitimado omitido o legítimo interesse em obter pronunciamento jurisdicional a respeito (provimento declaratório da nulidade da sentença, ou de sua ineficácia).[167]

Quanto à sentença proferida contra o revel mal citado, os mesmos fundamentos da admissão da ação rescisória têm-se projetado sobre a ação meramente declaratória e esta tem sido admitida porque o biênio para a propositura daquela (CPC, art. 495) não convalida o vício de uma sentença imposta a quem efetivamente não haja sido parte no processo.[168] Ora, quando o que acontece é

167. *Cfr.* Dinamarco, *Instituições de direito processual civil*, III, n. 907, p. 228.

168. Disse antigo aresto paulista: "se a nulidade *ipso jure* já não puder ser alegada em embargos à execução (hoje, impugnação), subsiste ainda a ação autônoma direta da *querela nullitatis insanabilis*, de caráter perpétuo, não prejudicada pelo quinquênio (hoje biênio) da ação rescisória" (*cfr.* TASP, 4ª C. Civ., agr. pet. n. 81.876, j. 21.6.66, rel. Batalha de Camargo, m.v., *JTA* 2º sem. 1967, II, pp. 171 ss.). "A falta ou nulidade de citação para o processo de conhecimento contamina de nulidade todos os seus atos, inclusive sentença nele proferida. E por impedir a regular formação da relação jurídica processual, tal nulidade frustra a formação da coisa julgada, pelo que pode ser alegada em embargos à execução ou em ação autônoma direta da *querela nullitatis insanabilis*, de caráter perpétuo, não prejudicada pelo biênio da ação rescisória, porque o que nunca existiu não passa, com o tempo, a existir" (*cfr.* TJRJ, 4ª C. Cív., ap. n. 7.001/95, j. 14.11.95, rel. Sergio Cavalieri Filho, v.u.). O Superior Tribunal de Justiça também tem precedentes admitindo a ação declaratória tanto em casos de citação inválida do réu único (*cfr.* STJ, 3ª T., AgRg no REsp n. 599.505, j. 28.10.04, rel. Nancy Andrighi, v.u., *DJU* 29.11.04, p. 331; STJ, 3ª T., REsp n. 331.850, j. 21.3.02, rel. Carlos Alberto Menezes Direito, v.u., *DJU* 6.5.02, p. 288) como no de ausência de colegitimado necessário (STJ, 4ª T., REsp n. 147.769, j. 21.11.99,

a omissão de algum colegitimado indispensável, o biênio também não pode ser limitativo da ineficácia nem o decurso do prazo *in albis* será capaz, evidentemente, de conferir eficácia a uma sentença que não tem aptidão a produzir os efeitos programados. As mesmas razões da admissibilidade da ação rescisória em casos assim, somadas àquelas pelas quais o próprio Supremo Tribunal vai admitindo a ação declaratória naquela outra hipótese, conduzem a admitir também a ação declaratória quando o que houve foi a omissão de litisconsorte necessário.

132. outros remédios

Tendo sido omitido o titular (ou um dos titulares) da situação jurídica posta em julgamento, a gravidade desse vício processual e dos possíveis resultados a dano do sujeito alijado autoriza a plena admissibilidade de *outras vias processuais* que teoricamente poderiam ser havidas como incompatíveis com a ineficácia caracterizada; nem há o empecilho da coisa julgada material ou qualquer outro emergente dessa sentença, a limitar o direito de ação da parte omitida ou a comprometer seu eventual direito substancial atingido por ela.

Significativo acórdão do Supremo Tribunal Federal examina hipótese de *ação reivindicatória* proposta por pessoa cujo nome figurava como dono de determinado imóvel, sendo porém omitida em ação de usucapião referente a este (a ação fora movida a outra pessoa, não figurando o dono como réu no processo de usucapião). Sua demanda petitória foi acolhida em primeiro grau de jurisdição mas o Tribunal de Justiça do Estado do Rio de Janeiro a deu por improcedente, por entender que apenas a via rescisória seria adequada e porque, tendo sido julgada procedente a ação de usucapião, o autor de agora já não seria titular do domínio (e essa

rel. Sálvio de Figueiredo Teixeira, v.u., *DJU* 14.2.00, p. 34; STJ, 6ª T., REsp n. 194.029, j. 1.3.07, rel. Maria Thereza de Assis Moura, v.u., *DJU* 2.4.07, p. 310; STJ, 4ª T., REsp n. 94.811, j. 29.10.98, rel. César Asfor Rocha, v.u., *DJU* 1.2.99, p. 197; STJ, 3ª T., REsp n. 26.041, j. 9.11.93, rel. Nilson Naves, v.u., *DJU* 13.12.93, p. 27.452).

titularidade é indispensável na ação reivindicatória). Foi aí que, em sede de recurso extraordinário (então admissível), o Supremo Tribunal Federal proclamou que, "para quem não foi réu na ação de usucapião, é lícito propor ação reivindicatória" – porque, em síntese, a sentença de usucapião era *ineficaz* e ele, naturalmente, não perdera a condição de *dominus* exigida para reivindicar.[169]

Esse valioso precedente constitui a expressão de uma diretriz geral a ser observada e reafirmação da já afirmada regra de que *qualquer via processual* compatível com a situação concreta é apta a veicular pretensões contrárias a uma sentença que seja ineficaz para a parte (*supra*, n. 129).[170]

Ainda aqui, porém, tem pertinência uma *ressalva* que foi objeto de considerações em tópicos precedentes. A exposição que foi feita quanto à ineficácia da sentença e todo o leque de possibilidades reservadas à parte omitida, só tem plena aplicação aos casos de litisconsórcio necessário que seja também *unitário*. Tudo quanto se vai dizendo na presente linha de raciocínio está assentado na *incindibilidade* da relação jurídica substancial julgada *inter pauciores*, de modo que o decurso do prazo para propor a ação rescisória jamais teria o poder de outorgar eficácia à sentença. As razões de sua ineficácia são mais fortes (*supra*, nn. 125-126) e nem a coisa julgada formal teria poder preclusivo sanatório nesses casos, nem a decadência da ação rescisória poderia ter qualquer efeito parecido.

169. STF, 1ª T., RE n. 96.696, j. 22.10.82, rel. Alfredo Buzaid, m.v., *RTJ* 104/826.

170. O Superior Tribunal de Justiça já admitiu a utilização de (a) *mandado de segurança* (*cfr*. 2ª T., RMS n. 4.478, j. 13.9.95, rel. Ari Pargendler, v.u, *DJU* 23.10.1995, p. 35.645; 4ª T., RMS n. 1.986, j. 17.2.93, rel. Barros Monteiro, v.u, *DJU* 5.4.93, p. 5.839); b) *embargos de terceiro* (*cfr*. 4ª T., REsp n. 184.599, j. 24.4.01, rel. Sálvio de Figueiredo Teixeira, v.u., *DJU* 11.6.01, p. 223 – em que, embora afirmando a inadmissibilidade dos embargos, a Turma Julgadora decretou de-ofício a nulidade do processo em que ficara ausente o colegitimado necessário); c) *embargos à execução intempestivos* (*cfr*. 4ª T., REsp n. 148.553, j. 2.12.97, rel. Ruy Rosado de Aguiar, v.u., *DJU* 16.3.98, p. 157); e (d) *ação civil pública* (*cfr*. 2ª T., REsp n. 445.664, j. 15.3.03, rel. Eliana Calmon, m.v., *DJU* 7.3.05, p. 194).

Quando porém o litisconsórcio só for necessário em virtude de disposição legal específica (*supra*, n. 94), o que se disse não tem incidência em toda sua extensão porque nesse caso o vício da sentença será caracterizado apenas como *nulidade* e não ineficácia em sentido próprio (*supra*, n. 119).

Assim, p. ex., se tiver sido omitido algum *confrontante* no processo de usucapião a ocorrência da coisa julgada e depois o decurso do biênio *in albis* do biênio rescisório apagam para sempre a nulidade decorrente do *error in procedendo* (*supra,* n. 94) e a sentença, que tem plena aptidão a produzir seus efeitos programados, produzi-los-á normalmente. Isso não fica desmentido pelo fato de o confinante omitido não poder ser atingido pela autoridade da coisa julgada (CPC, art. 472), simplesmente porque, quanto às divisas do imóvel usucapiendo com o seu, nada julgou a sentença nem preclusão alguma trouxe e isso permanece, como já se disse, como questão aberta (*supra*, n. 128).

Nem há incompatibilidade entre essa afirmação aqui contida e a linha adotada por aquele pronunciamento do Supremo Tribunal, por último referido: é que no caso ali examinado fora omitido o próprio *dominus*, como tal indicado no registro imobiliário, sendo natural a sua legitimidade e a ineficácia da sentença que veio a declarar a prescrição de seu direito de propriedade sobre o imóvel (o problema, lá, não era *litisconsórcio*).

CAPÍTULO VII

O LITISCONSÓRCIO FACULTATIVO E SEUS PROBLEMAS

133. conceito e recapitulação doutrinária – 134. casuística – *135. cont.: o litisconsórcio no processo ou fase executiva – 136. cont.: o litisconsórcio no processo cautelar* – 137. problemas do litisconsórcio facultativo: visão de conjunto – 138. formação do litisconsórcio facultativo: aspectos gerais – 139. modos e hipóteses específicas de formação do litisconsórcio facultativo – 140. formação por iniciativa do juiz – 141. formação por iniciativa do réu – 142. formação por iniciativa de terceiro: intervenção litisconsorcial voluntária – *143. os contornos do instituto – 144. compatibilidade com o sistema – requisitos e ressalvas – 145. problemas no processo e no procedimento – 146. a intervenção do colegitimado* – 147. o litisconsórcio multitudinário – *148. vantagens e desvantagens – 149. preservar o exercício da ação, da defesa e da jurisdição – 150. critérios e soluções – 151. recusa e preclusão – 152. interrupção do prazo para responder* – 153. desistência da ação – *154. anuência e homologação – 155. desistência da ação e chamamento ao processo* – 156. competência: aspectos gerais – 157. competência: comunhão no direito ou na obrigação – *158. esp. competência de jurisdição – 159. esp. competência originária – 160. esp. competência territorial – 161. esp competência de juízo* – 162. competência: conexidade – *163. esp. competência de jurisdição – 164. esp. competência originária – 165. esp. competência territorial – 166. esp. competência de juízo – 167. esp. competência por valor* – 168. competência: afinidade de questões – *169. esp. competência de jurisdição – 170. esp. competência originária – 171. esp. competência territorial – 172. esp competência de juízo – 173. esp. competência por valor* – 174. litisconsórcio facultativo e competência: recusa – 175. litisconsórcio facultativo e procedimento – *176. litisconsórcio facultativo comum – 177. hipóteses e soluções "de lege ferenda" – 178. opção pelo procedimento ordinário* – 179. litisconsórcio facultativo e reconvenção – *180. ampliação subjetiva – 181. reconvenção subjetivamente menos ampla* – 182. litisconsórcio alternativo ou eventual – *183. direito positivo – 184. harmonia sistemática – 185. aspectos conceituais – 186. litisconsortes adversários – 187. ocorrência prática – 188. limites da apelação* – 189. recusa do litisconsórcio facultativo

133. conceito e recapitulação doutrinária

Litisconsórcio é a situação caracterizada pela coexistência de duas ou mais pessoas no lado ativo ou no lado passivo da relação processual (*supra*, n. 11). Essa conceituação procura pairar acima da contingência das conotações que o litisconsórcio assume nas diversas espécies em que se apresenta, resultantes dos diversos critérios de classificação a que suscetível (*supra*, n. 10); ela quer, em outras palavras, colher o essencial, desprezando os elementos acidentais.

Assim, por exemplo, quando se trata de litisconsórcio sujeito ao regime da unitariedade, resulta deste uma comunhão de destinos entre os colitigantes. Nesse caso eles são, literalmente, *consortes* (*supra*, n. 69) e, em conseqüência, formam em conjunto uma parte só, várias pessoas valendo por um só sujeito no processo e ocupando só um pólo da relação processual (*supra*, esp. nn. 6 e 69). É substancialmente única e uma só a demanda ajuizada por todos eles ou envolvendo várias pessoas como réus (*supra*, n. 30).

Tais indicações constituem notas específicas dessa espécie de litisconsórcio, uma vez que, quando for ele comum e não unitário, muita coisa se altera: prevalece agora a relativa independência dos colitigantes (CPC, art. 48) e no julgamento do mérito cada um deles poderá ter sorte diferente da dos demais (*supra*, nn. 7, 11 e 32) – justamente porque cada um é uma parte autônoma, sujeito das próprias posições jurídico-processuais e ocupante de pólo autônomo na relação processual (nn. 5 e 98). No litisconsórcio comum vê-se ainda, em conseqüência disso, um *cúmulo de demandas* – embora todas formalmente soldadas na unidade formal de um só ato de iniciativa (*supra*, n. 12).

Por outro lado, certas características assume ainda o litisconsórcio, conforme seja ele *necessário ou facultativo*. Na primeira hipótese *é única a ação* (poder) que ampara a postulação de tutela jurisdicional por todos os colitigantes ativos ou destinada a atingir todos os passivos (legitimidade conjunta – *supra*, n. 80); enquanto que o litisconsórcio facultativo se explica por uma pluralidade de ações, de modo que cada uma das pretensões ajuizadas poderia ter vindo isoladamente para ser apreciada no mérito mediante provimento autônomo, em processos separados (*supra*, n. 32).

E assim é que, desprezadas todas essas contingências e feitas as distinções que delas decorrem, resta aquele *conceito puro do litisconsórcio* anunciado de início (coexistência de duas ou mais pessoas no pólo ativo ou no passivo da relação processual).

Querendo agora passar ao de litisconsórcio facultativo, tenhamos em mente, de início, aquelas razões fundamentais que justificam a admissão de duas ou mais pessoas coligadas no processo e que são os objetivos de *economia processual e harmonia de julgados* (*supra*, n. 21). Como se sabe e foi exposto, a *ratio* da admissibilidade do fenômeno litisconsorcial não se distribui, em todos os casos, de forma equilibrada entre esses valores. As situações legitimadoras da coexistência de pessoas como autores ou réus em um processo variam entre "dois tipos extremos" (*supra*, n. 21),[1] com preponderância quase absoluta do princípio econômico em um deles (*litisconsórcio impróprio* – *supra*, nn. 42 e 48); e, no outro, preponderância da preocupação pela *harmonia* (litisconsórcio necessário unitário).

No litisconsórcio unitário a inseparabilidade das situações de duas ou mais pessoas interligadas na unidade de uma só e única posição jurídica de direito material (relações jurídicas incindíveis) faz com que o legislador não se satisfaça em *permitir* o litisconsórcio, mas avance um passo para chegar a *exigi-lo* (litisconsórcio necessário unitário). O legislador exige também o litisconsórcio, fazendo-o pois necessário, em casos nos quais a experiência lhe mostra as desvantagens de permitir que cada um litigue individualmente, sem coligação com outros legitimados (litisconsórcio necessário por força de lei – *supra*, n. 94).

A partir da simplicidade dessas considerações elementares e recapituladas, vai-se sentindo com naturalidade que o *litisconsórcio facultativo* se define por exclusão: ele se revela na coexistência de pessoas em um dos lados da relação processual, *não exigida pela lei*. Sabe-se que o litisconsórcio é admitido em todas as hipóteses dos incisos I a IV do art. 46 do Código de Processo Civil e não há dificuldade alguma para se compreender que, não

1. *Cfr.* Chiovenda, *Principii di diritto processuale civile*, § 88, II, pp. 1.075-1.076.

ocorrendo qualquer das razões de sua necessariedade, facultativo ele será.[2]

Por exclusão determina-se também a *casuística* das hipóteses em que o litisconsórcio é facultativo. Já ficou enfatizada, neste estudo, a excepcionalidade do litisconsórcio necessário, bem como a tendência dos ordenamentos jurídicos em geral a limitar os casos de necessariedade: tem-se quase a impressão de que esta é considerada um verdadeiro mal com que às vezes precisamos conviver e nos conformar (*supra*, n. 98).

Por isso, a facultatividade do litisconsórcio é a *regra geral*, só excepcionada quando ocorrer uma razão especifica que o faça necessário (unitariedade ou norma específica – *supra*, nn. 80, 82, 94). Ordinária é a facultatividade e extraordinária, a necessariedade.

Isso significa que na prática, para se saber quando o litisconsórcio é simplesmente *admitido* pela lei (facultativo), sem a marca da indispensabilidade, basta interpretar pelo avesso as regras que o fazem necessário. Sempre que, sendo admissível a coligação processual de pessoas (CPC, art. 46), não se tratar de relação que exija solução uniforme nem houver disposição alguma exigindo o litisconsórcio, facultativo ele será. Há também casos de litisconsórcio unitário (quase sempre, ativo) em que, da lei ou dos princípios inerentes ao sistema do direito positivo decorre a exclusão da necessariedade, tornando-se facultativo o litisconsórcio (p. ex., ação reivindicatória – CC, art. 1.314 – *supra*, nn. 90 e 100).

Essa colocação associa-se a uma assertiva muito comum na doutrina brasileira – a de que *facultatividade e unitariedade do litisconsórcio são qualidades que não se repelem*. Litisconsórcio facultativo opõe-se a litisconsórcio necessário, segundo a classificação fundada no critério do maior ou menor poder de aglutinação que têm as diversas causas justificadoras da coligação processual

2. Para a conceituação do litisconsórcio facultativo, v. Barbi, *Comentários ao Código de Processo Civil*, I, t. I, n. 283, p. 263; sobre o que ali consta no tocante ao litisconsórcio facultativo *recusável* ou irrecusável, atenção ao seu n. 288 (pp. 265 ss.) e, no presente estudo, ao n. 99.

(*supra*, n. 24); litisconsórcio unitário é o contraposto do comum, vigorando só neste e não naquele a regra da (relativa) autonomia dos litigantes e resultando ambos de outro critério, o do *regime* a que se submete o litisconsórcio (*supra,* nn. 10, 21, 23, 29).

Foi-se o tempo em que se acreditava ser o litisconsórcio unitário subespécie do necessário e, como ficou demonstrado, não é correto dizer que o Código vigente haja feito confusão entre esses conceitos na redação reconhecidamente imperfeita do seu art. 47.

Assim como o litisconsórcio necessário, o facultativo também será, conforme o caso, unitário ou comum. Tratando-se de duas classificações independentes (*supra*, nn. 23-25), todas as combinações são possíveis, vendo-se litisconsórcio necessário e unitário, necessário e comum, facultativo unitário e facultativo comum (para exemplos, v. *supra*, nn. 83, 93, 96).

Destacou-se também que a própria doutrina clássica italiana, embora não houvesse proposto com nitidez a distinção entre esses dois critérios classificatórios, chegou a sentir o fenômeno e admitir o que nós com clareza conceituamos como litisconsórcio facultativo unitário. Reunindo os dois conceitos sob a rubrica *litisconsórcio necessário*, disse festejadíssimo doutrinador que este se manifesta em *dois momentos* (o da propositura da demanda e o da instrução e julgamento da causa), sendo que "em alguns casos o fenômeno da necessariedade se limita ao *segundo momento*". Mas, como é corriqueiro entre nós, quando a demanda pode ser proposta individualmente e envolvendo só um réu mas apesar disso ela inclui mais de um (litisconsórcio facultativo ativo ou passivo), nesse caso o julgamento há de ser homogêneo – e, então, outra coisa não se tem senão o *litisconsórcio facultativo unitário* (*supra*, nn. 55 e 90).

Assim, existe litisconsórcio facultativo em que cada um dos colitigantes receberá um julgamento independente e será meramente eventual a coincidência do julgamento que poderão receber (litisconsórcio facultativo comum, que constitui a maioria dos casos) mas também casos outros existem, nos quais todos se encaminharão invariavelmente ao mesmo resultado na decisão do mérito da causa (litisconsórcio facultativo unitário).

Em caso de *unitariedade* os litisconsortes constituirão *uma só parte*, ocupantes de um só pólo da relação jurídica processual, mesmo tratando-se de litisconsórcio facultativo; mas haverá tantos pólos quantos os litisconsortes, complicando-se pois a estrutura da relação processual, sempre que o litisconsórcio facultativo seja comum (a relação processual já não será tríplice, como comumente apresentada).

Cúmulo de demandas haverá sempre que o litisconsórcio seja comum, sendo uma só a demanda em caso de unitariedade.

A *unidade de ação*, todavia, é característica do litisconsórcio *necessário*, de modo que, sendo ele facultativo, isso significa que duas ou mais ações estão sendo exercidas, cada uma delas sujeita individualmente às condições de que depende a existência da ação (condições de ação). No caso específico de unitariedade do litisconsórcio facultativo, teremos autêntico *concurso de ações*, o que não ocorre se ele for comum e não unitário (*supra*, nn. 35-36).

Com essa explicação geral recapitulativa do fenômeno do litisconsórcio facultativo em face dos institutos da ação, da demanda e da relação processual, reuniram-se em uma só sede assertivas feitas em outras partes da obra e com isso buscou-se facilitar seu entendimento sistemático; o objetivo principal foi contribuir para a solução de problemas específicos com que constantemente nos defrontamos.

Minha exacerbada preocupação vem, talvez, da observação de na prática serem bem mais freqüentes os casos de litisconsórcio facultativo que os de necessário, embora tantas vezes confundidos com estes.

Entre as presentes observações tem cabimento também a recordação de que pode ocorrer o litisconsórcio facultativo *em qualquer das hipóteses de admissibilidade* indicadas no art. 46 do Código de Processo Civil. *De jure condito* elas não têm qualquer influência na determinação da necessariedade, constituindo preconceito herdado do estatuto precedente o de que é necessário o litisconsórcio decorrente da comunhão no direito ou na obrigação controvertida (*supra*, n. 44).

Observar também que no direito positivo com que convivemos já não tem cabimento a distinção entre litisconsórcio facultativo *recusável* e *irrecusável*, caracterizando-se o primeiro pela incensurável faculdade de que dispunha o réu (ou réus, no caso de litisconsórcio passivo) de, categoricamente e sem justificação alguma, recusar o litisconsórcio (*supra*, nn. 23, 42 e. 48 – *infra*, n. 189). Apesar de facultativo, uma vez instaurado o litisconsórcio o réu só pode opor-se a ele mediante alegações *fundamentadas* de sua inadmissibilidade, a serem sopesadas e julgadas pelo juiz da causa mediante decisão sujeita a recurso.

134. casuística

Sendo o litisconsórcio facultativo de configuração muito mais freqüente que o necessário, mesmo porque a facultatividade representa a situação ordinária e a necessariedade a exceção a ela, das indicações exemplificativas do litisconsórcio necessário já se pode inferir, *a contrario sensu*, que na maioria dos demais casos ele será facultativo. As dúvidas, vacilações e polêmicas ainda longe de pacificadas, com as quais a todo momento deparamos nessa matéria tão cheia de incertezas (*supra*, n. 86), mostram contudo que será útil uma explícita casuística do litisconsórcio facultativo, na qual poderá perceber o leitor, inclusive, uma projeção das regras e princípios doutrinários recapitulados no item precedente.

Muitas das hipóteses de litisconsórcio facultativo, pacíficas ou não, deixam de ser indicados neste momento porque já incluídas em itens anteriores; quanto a eles limito-me a fazer mera remissão ao rol contendo diversas *hipóteses em que a necessariedade do litisconsórcio vem comumente sendo negada* (*supra*, n. 93) e àquele outro em que foram elencados individualmente *casos de litisconsórcio unitário facultativo* (*supra,* n. 36). A essa casuística, a observação dos precedentes judiciários e a lição da doutrina, associadas a alguma reflexão sobre o tema, sugerem que sejam acrescidos vários outros exemplos, o que é feito agora sem a preocupação de definir o regime vigorante em cada um (comum ou unitário) e também sem levar em conta os diversos incisos do art. 46 em que se funda sua admissibilidade.

Como se verá, a exemplificação a seguir traz casos justificados em cada um de todos os quatro incisos:

a) *ação da mãe ilegítima ao pai* para haver o que gastou com o parto, conjuntamente com a do filho de ambos, movida ao mesmo réu, para pedir alimentos (BGB alemão, §§ 1.708 e 1.715);

b) ação de cobrança (condenatória) *ao devedor e ao seu fiador*;[3]

c) ação de cobrança a *dois ou diversos cofiadores*;

d) ação dos *cofiadores ao afiançado*;[4]

e) ação de cobrança do credor comum a dois ou mais *devedores solidários* (CC, art. 275);

f) ação de cobrança de dois ou mais *credores solidários* ao devedor comum (CC, art. 267);[5]

g) ação movida *ao emitente e ao avalista* de titulo cambial, em que a obrigação do segundo é autônoma, gozando o credor da mais ampla liberdade para a escolha do coobrigado de sua preferência, para ser acionado;[6]

h) ação de vários tomadores do título, movida ao devedor comum;[7]

3. *Cfr*. Barbi, *Comentários ao Código de Processo Civil*, I, n. 308, p. 280; Amaral Santos, *Primeiras linhas de direito processual civil*, II, n. 307, esp. p. 8.

4. *Cfr*. Calmon de Passos, *Do litisconsórcio no Código de Processo Civil*, n. 38, p. 47, letra *d*.

5. *Cfr*. Amaral Santos, *Primeiras linhas de direito processual civil*, II, n. 307, esp. p. 8.

6. *Cfr*. Fran Martins, *Letra de câmbio e nota promissória*, n. 19, *f*, p. 63; "o avalista ocupa, na letra, a mesma posição daquele a quem avalizou (...) donde poder o credor agir contra um ou contra outro, indiferentemente" (*ib*., p. 61, p. 136). E o avalista, quando acionado, "não poderá eximir-se do pagamento alegando que, antes, deveria ser executado o aceitante" (n. 116, p. 239). Por isso é que invariavelmente a jurisprudência nega a necessidade da presença do emitente em processo executivo instaurado apenas contra o avalista.

7. Não só por força da autonomia das obrigações cambiárias, mas também pela solidariedade ativa que há entre os beneficiários de um título de crédito e pela presunção de propriedade que ampara o possuidor de boa-fé (Lei Uniforme, art. 47, 2ª al. – Fran Martins, *Letra de câmbio*, n. 115, p. 238; Ascarelli, *Cambiale, assegno bancario e titolo di credito*, n. 33, pp. 69 ss.), aquele entre

i) ação de *companhia de seguros a vários participantes do mesmo seguro em grupo*, para haver o prêmio que cada um deles lhe deve;[8]

j) ação *de várias pessoas para indenização pelo mesmo ato ilícito*;[9] inclui-se aqui a demanda das *diversas vítimas de um crime* ao indigitado agente criminoso, bem como a de diversas pessoas pelo *mesmo acidente automobilístico;*

k) ação movida *a várias pessoas pelo mesmo ato ilícito;* incluem-se aqui a ação aos *coautores da infração penal*,[10] a diversas pessoas envolvidas em uma *colisão múltipla de veículos*"[11] ou (tratando-se de motorista dirigindo veículo alheio) a ação movida concomitantemente *ao motorista* (às vezes, preposto) e ao proprietário (nem sempre preponente);[12]

os tomadores que tiver a posse do título será individualmente legitimado à ação cambial (*cfr.* Requião, *Curso de direito comercial*, n. 414, pp. 463 ss., falando da legitimidade *do portador*). Citando Waldemar Ferreira, disse o Tribunal de Alçada Civil de São Paulo que, no caso de pluralidade de beneficiários (tomadores, endossatários), "investe a lei ao possuidor de mandato dos demais credores, desde que o nomeia credor único da obrigação" (3ª C., ap. n. 144-769, j. 21.7.70, rel. Martiniano de Azevedo, v.u., *JTA*, XIII, p. 39 – *supra*, n. 85).

8. Este exemplo, bem como os das letras *a* e *d*, têm origem em Schönke, *Lehrbuch des Zivilprozessrechts*, § 26, II, 3, p. 95.

9. *Cfr.* Calmon de Passos, *Do litisconsórcio no Código de Processo Civil*, n. 38, p. 47, letra *a;* Barbi, *Comentários ao Código de Processo Civil*, I, n. 308, p. 280.

10. *Cfr.* Amaral Santos, *Primeiras linhas de direito processual civil*, II, n. 307, esp. p. 8.

11. *Cfr.* STF, 2ª T., RE n. 80.582, j. 17.6.75, rel. Thompson Flores, v.u., *RTJ* 77/898. Tratava-se de "uma tríplice colisão, em que o veículo dirigido pelo recorrente foi colhido, na traseira, por outro pertencente ao primeiro recorrido. Pretendeu este último a integração na lide do terceiro motorista, a quem atribui a culpa pelo evento" (v. p. 899). O Supremo negou a inclusão dessa pessoa, com a vigorosa afirmação de tratar-se de litisconsórcio facultativo, cabendo ao autor estabelecê-lo ao demandar, se quisesse.

12. Dizendo amplamente "ação movida a várias pessoas pelo mesmo ato ilícito", refiro-me a *todos os casos em que se atribui a mais de um sujeito a responsabilidade civil pelo mesmo dano*, como sejam: a) pluralidade de pessoas envolvidas no mesmo evento danoso; b) responsabilidade por *fato de outrem* (responsabilidade dos pais, dos tutores e curadores, do empregador ou comitente, dos professores e mestres de ofício, dos que tiverem participado do produto do crime *etc.* – CC, art. 932); c) responsabilidade pelo *fato da coisa*, especifica-

l) ação de indenização por *acidente em transporte coletivo*, movida à transportadora com fundamento em culpa contratual (lei n. 2.681, de 7.12.12, art. 17) e ao dono de outro veículo envolvido no acidente, este responsável por culpa extracontratual (CC, arts. 186 e 927);[13]

m) ação *de pessoa jurídica a seus membros* e vice-versa;[14]

n) ação *revisional de aluguéis*, movida a vários inquilinos do mesmo imóvel (lei n. 8.245, de 18.10.91, arts. 68-70);

o) execução por honorários da sucumbência: litisconsórcio ativo facultativo entre o advogado e seu constituinte;[15]

p) ação de *inquilinos de apartamentos do mesmo prédio*, postulando indenização do locador comum, em virtude de inundação causada pelo encanamento central;

mente quando o uso nocivo desta não se deve ao dono. Alguns dos exemplos dados no texto enquadram-se nessas hipóteses e foram explicitados por ocorrerem com mais freqüência. Quanto *à responsabilidade do dono do automóvel*, trata-se às vezes de empregador (empresas de ônibus, caminhões, *peruas*), que responde nessa qualidade independentemente de culpa de sua parte (CC, art. 932, inc. III, c/c art. 933); mas às vezes o causador do acidente não é empregado, tendo a posse do veículo a título de empréstimo ou locação, e mesmo assim o proprietário responde (v. Súmula 492-STF). Segundo Aguiar Dias trata-se da aplicação do critério da *guarda jurídica*, reforçado pelo "mecanismo da substituição: quem se faz substituir na direção do veículo, seja ou não por preposto, responde solidariamente pelos danos que o substituto venha a causar" (*Da responsabilidade civil*, II, n. 170, p. 57). Como nesses casos em geral a responsabilidade é *solidária*, tem-se a possibilidade do litisconsórcio, mas necessário ele não é.

13. "O contrato de transporte (...) é dos que contêm a obrigação de custódia e segurança" (Aguiar Dias, *Da responsabilidade civil*, II, n. 106, p. 221) e por isso é que a responsabilidade do transportador por danos causados ao passageiro independe de culpa (trata-se de responsabilidade contratual), não se elidindo "por culpa de terceiro, contra o qual tem ação regressiva" (Súmula 187-STF). A lei n. 2.681, de 7.12.12, cujo art. 17 fala da responsabilidade civil, foi destinada apenas às estradas de ferro mas, através de uma evolução atribuída à criatividade pretoriana, estendeu-se por analogia a *todos os transportadores* (*cfr*. Sílvio Rodrigues, *Direito civil*, IV, n. 40, pp. 108-111). Aqui também é admissível o litisconsórcio, embora facultativo, uma vez que a responsabilidade civil do terceiro perante o passageiro lesado (a título de culpa) não fica excluída pela do transportador.

14. *Cfr*. Calmon de Passos, *Do litisconsórcio no Código de Processo Civil*, n. 38, p. 47, letra *f*.

15. *Cfr*. STJ, 6ª T., REsp n. 252.141, j. 25.9.01, rel. Vicente Leal, v.u., *DJU* 15.10.01, p. 304.

q) ação de *rescisão de contrato* de promessa de compra-e-venda, por mora no pagamento (eventualmente cumulada com pedido de restituição da posse), movida a vários promissários de lotes do mesmo loteamento;

r) ação de *vários contribuintes à Fazenda Pública* para repetição de tributo da mesma espécie, com alegação de inconstitucionalidade;[16]

s) ação de *grupos de servidores* para haver da Administração determinada vantagem estatutária (*supra*, n. 41);

t) *mandado de segurança* impetrado por mais de um titular do mesmo direito ameaçado ou violado (lei n. 1.533, de 31.12.51, art. 1º, § 2º);[17]

u) ação de desapropriação movida a mais de um condômino (com a ressalva de que cada um só receberá indenização por sua quota-parte);[18]

v) ação de improbidade administrativa proposta pelo Ministério Público contra prefeito, na qual o Município é litisconsorte facultativo (lei n. 8.429, de 2.6.92, art. 17, § 3º c/c. lei n. 4.717, de 29.6.65, art. 6º, § 3º);[19]

16. *Cfr*. Calmon de Passos, *Do litisconsórcio no Código de Processo Civil*, n. 38, p. 47, letra *g*; Arruda Alvim, *Código de Processo Civil comentado*, II, p. 357.

17. "O direito subjetivo do impetrante pode ser privado ou público, exclusivo ou pertencente a vários titulares ou, mesmo, a *toda uma categoria de pessoas*. O que se exige é que o impetrante possa exercê-lo individualmente ou coletivamente" (Hely Lopes Meirelles, *Mandado de segurança, ação popular, ação civil pública, mandado de injunção, "habeas data"*, parte I, n. 8, esp. p. 66). Será correta essa restrição indicada pelo prestigioso doutrinador? A crescente ampliação da *legitimatio ad causam*, com vista à proteção dos *interesses difusos* ou *coletivos*, parece indicar resposta negativa e, consequentemente, a facultatividade do litisconsórcio em todo e qualquer caso subsumível na hipótese legal citada (a qual não parece merecer, pois, essa pretendida interpretação restritiva).

18. STJ, 1ª T., REsp n. 300.196, j. 12.8.03, rel. Milton Luiz Pereira, v.u., *DJU* 15.12.03, p. 183.

19. STJ, 1ª T., REsp n. 565.317, j. 14.9.04, rel. Luiz Fux, m.v., *DJU* 5.12.05, p. 223. Ressalva-se contudo a posição adotada pelo Supremo Tribunal Federal no julgamento da Reclamação n. 2.138 (Pleno, j. 13.6.07, rel. para o acórdão Gilmar Mendes, *DJe* 18.4.08, p. 94), no qual se assentou a inaplicabilidade da lei de improbidade administrativa a agentes políticos (como prefeitos), por ser sua atuação regida por norma especial relativa a crimes de responsabilidade.

x) ação em que se questiona um tributo, na qual é facultativo o litisconsórcio entre o contribuinte e o responsável tributário.[20]

Em quase todas as hipóteses aventadas sente-se que a *res in judicium deducta* não é uma relação jurídica substancial incindível, admitindo-se pois a apreciação isolada e não necessariamente homogênea da situação de cada um dos sujeitos. Conseqüentemente não se aplica a regra da necessariedade emergente do art. 47 do Código de Processo Civil (*supra*, n. 82) e, inexistindo regra específica requerendo a coligação de pessoas, o princípio da excepcionalidade do litisconsórcio necessário conduz à fácil conclusão de que se trata de litisconsórcios facultativos (*supra*, n. 133).

Só no exemplo do mandado de segurança impetrado pelos titulares do mesmo direito ameaçado ou violado (letra *t*) poder-se-á ver, ao menos em alguns casos, uma situação em que precisará ser homogêneo o julgamento para todos eles (em outras palavras, incidiria aí a regra do art. 47 e o litisconsórcio seria necessário). Para esses casos, contudo, prevalece o disposto no art. 1º, § 2º, da Lei do Mandado de Segurança e, por força de lei, o litisconsórcio será facultativo apesar de unitário (*supra*, n. 90).

Todas as hipóteses aventadas, menos a última, são ilustrações da *excepcionalidade do litisconsórcio necessário* (*supra*, n. 98): elas concorrem para a confirmação de que o mero *timor ne varie dicetur* não justifica a exigência de litisconsorcialidade. Entre aqueles exemplos vêem-se inclusive alguns do chamado *litisconsórcio impróprio* (CPC, art. 46, inc. IV) – casos em que duas ou várias pessoas se coligam no processo somente porque as demandas propostas assentam em um só ponto de fato (ação revisional e vários inquilinos, letra *n*) ou de direito (ação de vários contribuintes ou de vários servidores, letras *r* e *s*). Em todos esses casos admite-se o litisconsórcio mas também as demandas individuais são permitidas, sabendo-se embora que a propositura em separado cria condições para possíveis apreciações divergentes da mes-

20. *Cfr*. STJ, 1ª T., REsp n. 803.217, j. 8.8.06, rel. Denise Arruda, v.u., *DJU* 31.8.08, p. 241, com referência a diversos outros precedentes da corte.

ma realidade de fato ou para possíveis interpretações diferentes da mesma lei. O temor desse inconveniente não se reputa porém suficiente para que viesse o legislador a proibir os julgamentos individualizados (*supra*, n. 22); para a correção de distorções que *eventualmente* possam emergir, conta a técnica processual com uma série de *outros remédios*, de outra natureza (uniformização da jurisprudência, ação rescisória, recursos).

135. cont.: o litisconsórcio no processo ou fase executiva

A casuística acima apresentada refere-se, preponderantemente também, ao fenômeno litisconsorcial *no processo de conhecimento*: viu-se alusão à sua ocorrência *in executivis* apenas nos casos envolvendo títulos de crédito, que são dotados de eficácia executiva (*supra*, n. 134, letras *g* e *h* – CPC, art. 585, inc. I) e, talvez, no da ação movida aos coautores de uma só infração penal (*supra*, n. 133), que poderá ser a executiva se já houver sentença criminal condenatória passada em julgado (CPC, art. 475-N, inc. II).

Realmente, no processo ou fase de execução surge com menor freqüência o problema litisconsorcial – e particularmente as questões relacionadas com a necessariedade ou unitariedade do litisconsórcio. Visando a execução à *satisfação* e não ao *julgamento* de uma pretensão, fica bem mais difícil configurar-se a colocação *in executivis* de alguma relação jurídico-material incindível, sem possibilidade prática de acolher a demanda de um só, ou à custa de um só. Talvez por isso não faltam vozes negando, peremptoriamente e em tese, a configurabilidade do litisconsórcio necessário no processo executivo[21] – o que em parte é verdadeiro, ao menos com referência à *execução por quantia certa contra devedor solvente* e com as ressalvas que se farão.

21. "No processo de execução (...) não há litisconsórcio necessário", diz Mendonça Lima citando Alberto dos Reis (*Comentários ao Código de Processo Civil*, VI, n. 183, p. 85). E acrescenta: "o litisconsórcio, portanto, somente pode ser facultativo, quer formado desde o início da execução, quer no seu curso" (*ib.*, n. 184).

Tratando-se de expropriar bens com vista a satisfazer crédito em dinheiro (execução por quantia certa), nada pode interferir no sentido de tornar indispensável a uniformidade de soluções para todos os titulares do direito ou da obrigação, nem necessária a reunião de todos no processo: é sempre concebível a satisfação de um só dos credores sem a dos demais, ou a satisfação (ainda que parcial) do credor único à custa do patrimônio de um só dos devedores. Jamais tratar-se-á, portanto, de situações jurídico-materiais incindíveis.

Se é no *plano prático* que se deve aferir a unitariedade do litisconsórcio e conseqüentemente a sua necessariedade em face do art. 47; e se na prática é possível que um dos credores (solidários ou não) venha a juízo e obtenha a realização de seu crédito, sendo perfeitamente possível ainda que venha um dos devedores a ficar desfalcado em seu patrimônio sem que o fiquem os demais – segue-se que na execução por dinheiro será *em princípio* facultativo o litisconsórcio eventualmente cabível.

Há casos em que alguma *norma especifica* altera tal conclusão, ditando a necessariedade do litisconsórcio também nessa modalidade de execução forçada (litisconsórcio por força de lei – *supra*, n. 94). Exemplo típico é o litisconsórcio necessário passivo entre o inventariante dativo e os herdeiros, na execução movida ao espólio (CPC, art. 12, § 1º – *supra*, n. 96, letra *g*).[22]

E de duvidar dessa necessariedade no pólo ativo, pois cada herdeiro é titular do crédito por *droit de saisine* e nesse caso a exigência de litisconsórcio ativo poderia obstaculizar o acesso à justiça (*supra*, nn. 103 e 105). Afirmou-se também a necessariedade litisconsorcial passiva entre marido e mulher nas execuções imobiliárias mas também essa tese é inexata (*supra*, n. 97). Julgou-se ainda que "em execução contra sociedade comercial já dissolvida devem ser chamados ao processo, para integrarem a lide, os seus sócios".[23]

22. *Cfr*. TJSP, 27ª C., agr. instr. n. 1089207-0/1, j. 26.6.07, rel. Berenice Marcondes Cesar, v.u.

23. *Cfr*. 1º TACSP, 2ª C., agr. instr. n. 232.379, j. 27.4.79, rel. Geraldo Roberto, v.u., *RT* 515/146 (*supra*, n. 96, letra *i*).

Poderá configurar-se a necessariedade do litisconsórcio na execução para *entrega de coisa certa indivisível* (CPC, art. 461-A c/c art. 475-I). Havendo compossuidores condenados a entregar e todos resistindo à pretensão do autor vitorioso no processo de conhecimento, é indispensável que todos eles figurem no pólo passivo da relação processual, para que possam ser submetidos às medidas executivas que necessariamente atingirão o bem único, possuído por todos. O mesmo, em caso de coobrigados a entregar, por força de um título executivo extrajudicial (art. 585, inc. II, e arts. 621 ss.).

Na execução *por obrigação de fazer* poderá ocorrer a necessariedade do litisconsórcio quando a obrigação exeqüenda for indivisível – p. ex., dois cantores famosos por seus concertos em conjunto, quando obrigados a se exibir em dado evento.[24] Mas, como inexistem medidas executivas que, prescindindo da vontade do obrigado, sejam capazes de produzir o resultado desejado (limite natural da execução)[25] se os executados, citados nesse processo, deixarem de cumprir a obrigação, esta se converte em pecúnia e o processo segue como execução por dinheiro, na qual não é configurável a unitariedade (CPC, arts. 633, 638 *etc.*).

136. cont.: o litisconsórcio no processo cautelar

No processo cautelar o litisconsórcio será necessário quando o for também no processo principal e se a medida cautelar (especialmente quando preparatória) se destinar a atingir todos os futuros litisconsortes necessários. Tratando-se de necessariedade por incindibilidade das situações jurídicas (*supra*, n. 82), a medida preparatória fatalmente virá a ser relevante quanto a todos eles porque todos são titulares de uma só relação. No litisconsórcio necessário por força de lei (*supra*, n. 94) é concebível alguma providência cautelar que atinja apenas parte dos litisconsortes ne-

24. *Cfr.* minhas *Instituições de direito processual civil*, IV, n. 1.413, p. 171.

25. *Cfr.* ainda *Instituições de direito processual civil*, IV, n. 1.337, p. 60 e *Execução civil*, n. 183, pp. 309-311.

cessários do futuro processo principal, sem ter efeitos quanto a todos – por exemplo, um provimento cautelar destinado a impedir que seja alterada a divisa do imóvel usucapiendo com um dos terrenos lindeiros (*supra*, n. 96, letra *k*). Inexistindo necessariedade no processo principal ou não se destinando a cautela preparatória a ser relevante quanto a todos os futuros litisconsortes (ainda que necessários), o litisconsórcio admissível no processo cautelar será apenas facultativo.

137. problemas do litisconsórcio facultativo: visão de conjunto

Há uma série de problemas que, se não peculiares ao litisconsórcio facultativo, é nele que se manifestam de modo mais agudo e freqüente e com referência a ele assumem gravidade maior e suscitam mais acentuado interesse. Isso acontece assim, seguramente porque o litisconsórcio facultativo é na grande maioria dos casos sujeito ao regime comum (não-unitário) e, conseqüentemente, a ele se aplica a regra da relativa autonomia dos litisconsortes (CPC, art. 48 – *supra*, n. 62). Nesse regime, como se salientou, a possível dissociação dos destinos dos colitigantes favorece a criação de situações múltiplas no processo, o qual pode se complicar a cada passo e oferecer dificuldades que não haveria se o regime fosse o da unitariedade (*supra*, n. 69).

Além disso, a própria facultatividade é sinal de que, nos casos em que ela ocorre, os fatores que justificam a litisconsorcialidade não têm o máximo de poder de aglutinação (que, se tivessem, conduziriam à necessariedade do litisconsórcio (*supra,* n. 11). Daí deflui que a própria admissibilidade do litisconsórcio, nesses casos em que ele é facultativo, acaba por mostrar-se vulnerável a uma série de óbices, os quais são às vezes bastante potentes para eliminá-la e impedir o fenômeno litisconsorcial (incompetência, procedimentos incompatíveis); ou, ao menos, reduzir a sua extensão (o *litisconsórcio multitudinário* – *infra*, n. 147).

É por prevalecer sua relevância quanto ao litisconsórcio facultativo, que esses problemas serão a seguir tratados com vista preponderante à sua manifestação nessa sede. É precisamente nessa sua relevância que eles vêm trazendo maiores dificuldades, dúvidas, vacilações e divergências na doutrina e nos tribunais.

Além dos gravíssimos problemas consistentes na determinação da própria facultatividade do litisconsórcio, em confronto angustioso com a necessariedade em muitos casos, as indagações a que a seguir se oferecem possíveis respostas ligam-se aos seguintes temas: a) *formação do litisconsórcio* (modo adequado, momentos hábeis, legitimidade a provocá-lo *etc.*); b) *número de litisconsortes* e seu eventual reflexo na admissibilidade do fenômeno litisconsorcial; c) *desistência da ação* por parte de algum dos litisconsortes (ativos) ou com referência a algum deles (passivos), em ambas as hipóteses sem abranger todos; d) *competência*, em suas relações com o tema do litisconsórcio e, de modo especial, com sua admissibilidade; e) *procedimento* adequado a cada uma das demandas a serem cumuladas no processo litisconsorcial, com as dificuldades daí decorrentes; f) *reconvenção* e eventuais limitações que sua dedução em litisconsórcio ou em processo litisconsorcial possa porventura sofrer; g) *litisconsórcio alternativo ou eventual*, sua admissibilidade no direito brasileiro (apesar do silêncio da doutrina), problemas que pode criar; h) eventual subsistência do *litisconsórcio recusável* no direito brasileiro. Esse enunciado constitui verdadeiro programa do presente capítulo.

138. formação do litisconsórcio facultativo: aspectos gerais

Como todos facilmente compreendem e foi salientado com apoio na lição do mais prestigioso processualista da atualidade, por três modos diferentes pode-se obter a qualidade de parte no processo (*supra*, n. 3): pelo ato de ajuizar uma demanda (autor), pela citação em qualquer fase do procedimento (réu) e pela intervenção voluntária no processo. Também com facilidade se percebe que é sempre por uma dessas três vias, ou por algumas delas em combinação, que se formará o litisconsórcio (facultativo ou necessário, conforme o caso). Muitas hipóteses são possíveis:

a) quando já do *ato de demandar* participam duas ou várias pessoas, nascendo daí o litisconsórcio ativo;

b) quando já a própria demanda volta-se contra duas ou mais pessoas e, *citadas estas*, tem-se o litisconsórcio passivo;

c) quando, iniciado o processo entre um só autor e um réu, mais tarde vem a ser *citado* um colegitimado indispensável e com isso surge o litisconsórcio necessário ulterior;

d) quando o colegitimado indispensável comparece voluntariamente e integra o contraditório, dispensando a providência do art. 47, par. (*supra*, n. 110);

e) quando o réu, nas hipóteses do art. 77 do Código de Processo Civil, chama ao processo o devedor principal, ou solidário, ou o cofiador e, feita a *citação* do chamado, com isso ganha um litisconsorte (passivo);

f) quando o terceiro, sentindo-se cotitular do direito afirmado pelo autor ou titular de direito conexo com ele ou justificado pelo mesmo fundamento de fato ou de direito, intervém no feito pendente, mediante ajuizamento de sua própria demanda (litisconsórcio ativo ulterior, *intervenção litisconsorcial voluntária*);

g) quando outro terceiro, afirmando-se titular do direito que as partes disputam ou do crédito que o autor afirma, formula *oposição* contra as partes originárias, tornando-as réus com referência à demanda que por essa forma propõe (CPC, arts. 56 ss.);

h) quando, alienada a coisa ou direito litigioso a mais de uma pessoa a título particular e por ato entre vivos, a parte contrária concordar com o ingresso dos adquirentes no processo (art. 42, § 1º) – formando-se com isso um litisconsórcio ulterior por *sucessão;*

i) quando, havendo falecido o autor, *intervêm voluntariamente* no processo os herdeiros e cônjuge, assumindo a condição processual do morto (art. 43 c/c arts. 265, § 1º, e 1.056, inc. II):

j) quando, havendo falecido o réu, são citados a pedido do autor os herdeiros e cônjuge, também assumindo a condição processual do morto (art. 43 c/c arts. 265, § 1º e 1.056, inc. I).

Além disso, como já salientado e será objeto de observações futuras, às vezes cedem os juízes à pressão do réu no sentido de determinar a citação de terceiro, sem que seja litisconsorte necessário (*supra*, n. 87 e *infra*, nn. 140-141). O *réu* só tem o poder de deliberar por conta própria o acréscimo de algum litisconsorte ao seu lado, nos casos de chamamento ao processo admitidos no art. 77 do Código de Processo Civil. O *juiz* só tem o poder de, a requerimento ou de-ofício, mandar que o autor traga outrem à relação processual, quando efetivamente o litisconsórcio for necessário; ele não tem poder discricionário nesse assunto, como o juiz italiano tem, não lhe competindo ir além do exame inteligente do caso concreto, destinado a convencer-se de que se aplicam, ou não, as regras da necessariedade (*supra*, n. 86).

Por isso, corretamente a jurisprudência coartou essa prática consistente em determinar o juiz a citação de terceiros fora das hipóteses legais de necessariedade e em prestigiar autênticos "chamamentos ao processo" não enquadrados nas hipóteses do já referido art. 77 (*supra*, nn. 87 e 98).

Sucede, porém, que juiz e réu não raro vão além desses limites e, mal ou bem, vem a formar-se o litisconsórcio, sem dúvida *anômalo* nesses casos mas, de todo modo, *litisconsórcio*. Dos desdobramentos da situação assim criada, dir-se-á sistematicamente a seu tempo (*infra*, nn. 140-142).

139. modos e hipóteses específicas de formação do litisconsórcio facultativo

O modo natural de formar-se o litisconsórcio, sem incidente no procedimento, obviamente é representado pelas duas primeiras hipóteses alinhadas acima, ou seja, propositura da demanda já por uma pluralidade de pessoas ou em face de uma pluralidade. Ajuizada a petição inicial na primeira hipótese ou feitas as citações na segunda, instaura-se desde logo a situação litisconsorcial, sendo óbvio que relevância alguma terá o comportamento a ser assumido pelos citados: façam-se todos eles diligentes e interessados, oferecendo resposta tempestiva, ou quedem-se inertes e contumazes, ter-se-á em qualquer hipótese o litisconsórcio, uma vez que, como é óbvio, *litisconsorte revel também é litisconsorte*.[26]

26. *Cfr.* Pedro Batista Martins, *Comentários ao Código de Processo Civil*, I, n. 235, pp. 287-288.

Incidentes e questões surgem quando se trata de formar em momento ulterior um litisconsórcio que a demanda inicial não cuidou de propiciar. Já vimos como isso se dá em caso de ser necessária a coligação de partes (litisconsórcio necessário), cumprindo ao juiz uma providência preliminar destinada a fazer completa a relação processual, com a presença de todas as pessoas consideradas indispensáveis (*supra*, n. 110). Sendo facultativo o litisconsórcio, todavia, depois da demanda inicial sua formação já se torna problemática, mesmo *mediante iniciativa do autor* (*litisconsórcio sucessivo, ulterior* – *supra*, n. 28). Vejamos alguns limites da admissibilidade do aditamento de um sujeito ao processo pendente, distinguindo hipóteses:

a) *antes da citação* nada impede o acréscimo de outras partes (nem a alteração do pedido ou causa de pedir – CPC, arts. 264 e 294) porque, estranho o réu ainda à relação processual, o aditamento ou retificação surpresa alguma lhe poderá trazer. Quando vier a ser citado terá ciência da inicial e seu aditamento, tudo de uma vez só;

b) *depois do saneamento* do processo nenhuma modificação subjetiva poder-se-á fazer, porque isso implicaria violação da ordem preclusiva dos atos do procedimento ordinário brasileiro, que é rígido e não comporta retrocessos. Como não poderia o novo réu ficar privado do contraditório, sem responder à demanda nem participar de maneira alguma da fase postulatória, seria preciso voltar atrás no procedimento, retrocedendo-se a fase já preclusa, o que é incompatível com o sistema[27] – e é por isso que, cuidando da estabilização do processo, o art. 264, par. impede a alteração objetiva da demanda após o saneamento, ainda quando o réu consinta;

c) *no intervalo* entre a citação e o saneamento existem ainda condições para que o litisconsorte a ser chamado participe do contraditório, oferecendo resposta sem necessidade de violar preclusões já consumadas (ou seja, sem retrocessos). Segue-se daí a admissibilidade do aditamento subjetivo; nem o oferecimento da resposta pelo réu primitivo nem sua possível impugnação deverão impedir que o juiz aceite o aditamento. Ao contrário, pode ser até que a conveniência de aditar tenha sido sugerida pela própria contestação e, ao

27. Sobre a "ordem consecutiva, preclusão e cumulação eventual", *cfr*. Millar, *The formative principles of civil procedure*, cap. V, esp. pp. 95-96 trad.

menos em casos onde não surja alguma razão poderosa a desaconselhar o aditamento, sua aceitação será compatível com o princípio econômico sem ocasionar prejuízo algum ao demandado; o art. 264 exige *anuência do réu* apenas quanto à alteração objetiva da demanda, pois esta sim poderá conter ampliações da pretensão do autor quanto a ele, sendo-lhe portanto prejudicial;[28]

d) *no procedimento sumário* será tempestivo o aditamento se ocorrer antes da audiência, em tempo de ser citado o novo réu com a antecedência mínima de dez dias com referência a esta (art. 277);

e) *na execução por quantia certa contra devedor solvente* já não caberá aditar subjetivamente à demanda quando já oposta impugnação ou embargos à execução (arts. 475-L ou 738 ss.). Antes disso não haverá prejuízo algum para o executado nem o aditamento implicará tumulto no procedimento; ao exeqüente que não haja encontrado bens suficientes do adversário para penhorar cabe, segundo sua conveniência, fazer o aditamento ou desistir da execução instaurada e propor outra contra quem tenha patrimônio suficiente (se não houver bem algum a penhorar, o processo poderá ficar suspenso – art. 791, inc. III).

Também no presente tópico tem cabimento, *mutatis mutandis*, o que se disse quanto às hipóteses de formação indevida do litisconsórcio por iniciativa do juiz (*supra,* n. 99). Se o autor ou exeqüente aditar litisconsortes passivos a destempo e o juiz retroceder no procedimento sem que o demandado primitivo haja interposto agravo de instrumento, a situação ficará consolidada, o mal consumado e preclusa agora a possibilidade de anular o que vier ser feito a partir daí: seria um tumulto por causa de outro tu-

28. A jurisprudência ainda é bastante cautelosa, mantendo-se apegada à rigorosa negação da admissibilidade de acrescer o autor outros réus após a contestação, ainda quando legitimados (*cfr.* TJSP, 3ª C. Civ., agr. instr. n. 256.014, j. 21.10.76, rel. Ferreira de Oliveira, v.u., *RT* 495/88; TJRJ, 11ª C. Cív., agr. instr. n. 2006.002.17.175, j. 13.11.06, rel. Cláudio de Mello Tavares, v.u., *in* www.tj.rj.gov.br; TJRJ, 10ª C. Cív., agr. instr. n. 2003.002.05814, j. 12.8.03, rel. Wany Couto, v.u., *in* www.tj.rj.gov.br; TJRS, 9ª C. Cív., agr. instr. n. 70005577226, j. 19.3.03, rel. Adão Sergio do Nascimento Cassiano, v.u., *in* www.tj.rs.jus.br; TJSP, 24ª C. Dir. Priv, agr. instr. n. 7.049.693-0, j. 9.3.06, rel. Paulo Pastore Filho, v.u., *in* www.tj.sp.gov.br; TJSP, 7ª C. Dir. Priv., agr. instr. n. 417.929.4/0-00, j. 30.1.06, rel. Constança Gonzaga, v.u., *in* www.tj.sp.gov.br).

multo já consumado e já superado; uma perda de tempo e de atos, como sanção a uma anterior perda de tempo e de atos.

Se com a alteração subjetiva da demanda vier também modificação do pedido ou causa de pedir quanto ao réu, por esse motivo e não por aquele será indeferido o aditamento posterior ao julgamento conforme o estado do processo; ou dependerá de sua anuência, se no intervalo entre a citação e esse ato (CPC, art. 264, *caput* e par.).[29]

140. formação por iniciativa do juiz

Diferentemente do que sucede quando o litisconsórcio é necessário, não pode o facultativo ser instaurado por iniciativa do juiz, o qual não tem no Brasil o poder discricionário de criar a necessariedade do litisconsórcio por deliberação sua (intervenção *jussu judicis* – *supra,* n. 98). A jurisprudência é enfática nesse sentido.[30]

O tema da formação do litisconsórcio por iniciativa do juiz e sua limitação aos casos de litisconsórcio necessário está intimamen-

29. Rareiam na jurisprudência casos ilustrativos da disciplina do litisconsórcio ulterior por iniciativa do demandante. Um velho acórdão do Tribunal de Justiça de Mato Grosso (1ª C. Civ., ap. n. 8.361, j. 28.4.75, rel. Jesus de Oliveira Sobrinho, v.u., *RT* 475/185), embora cuidando de intervenção litisconsorcial voluntária (litisconsórcio ulterior por iniciativa de terceiro e não do autor), colocou a limitação decorrente do acréscimo de pedido e de nova causa de pedir, a qual também aqui tem cabimento.

30. Nada mais incisivo do que esse dogma firmado em velho acórdão do Supremo Tribunal Federal: "não é possível forçar o autor a estender a ação a terceiros que não são obrigatoriamente partes na demanda, assim como coagir estes terceiros a acudir à demanda, uma vez que não sejam litisconsortes necessários" (2ª T., RE n. 44.657, j. 5.11.68, rel. Themistocles Cavalcanti, v.u., *RTJ* 49/96). "O juiz não pode impor a formação de litisconsórcio facultativo" disse ainda o Supremo Tribunal (2ª T., RE n. 80.582, j. 17.6.75, rel. Thompson Flores, v.u., *RP* 4/398, n. 143). O Superior Tribunal de Justiça também afirmou que "não se revela possível *constranger alguém a demandar quando não quer*" (1ª T., REsp n. 35.496, j. 1.12.93, rel. Demócrito Reinaldo, v.u., *DJU* 21.2.94, p. 2.129; v. também 3ª T., REsp n. 586.684, j. 1º.6.04, rel. Humberto Gomes de Barros, v.u., *DJU* 14.6.04, p. 219.), e que "*cabe ao autor eleger com quem pretende litigar em juízo*, assumindo os riscos de eventual erro na escolha" (3ª T., REsp n. 43.531, j. 26.4.94, rel. Eduardo Ribeiro, v.u., *DJU* 23.5.94, p. 12.606).

te ligado ao da *excepcionalidade* deste. Por isso remete-se o leitor ao tópico em que essa excepcionalidade é tratada, em cujas notas de rodapé são invocadas lições doutrinárias e jurisprudência pertinentes ao presente item (*supra*, n. 98). V. ainda indicações sobre o destino do processo no caso de o juiz exceder-se e determinar de-ofício a vinda de terceiros ao processo (litisconsórcio necessário *ope judicis: supra*, n. 99).

O que o juiz pode fazer, ocasionando a formação de processo litisconsorcial apesar da facultatividade, é promover (inclusive de-ofício) a reunião de duas ou mais causas, antes pendentes em dois ou mais processos, em um processo só (CPC, art. 105).[31] Se as causas a serem reunidas não tiverem o mesmo autor e mesmo réu, sua fusão em um só processo acarretará um litisconsórcio ativo ou passivo antes inexistente.[32] Mas o ato do juiz está lon-

31. Barbi entende que o juiz tem o dever, não a *faculdade* de determinar a reunião de causas: onde no art. 105 do Código de Processo Civil está escrito *pode*, leia-se *deve* (*Comentários ao Código de Processo Civil*, I, n. 609, p. 468). Comentando norma positiva do ordenamento de seu país (c.p.c. it., art. 40, 2ª parte), diz Liebman que, para evitar certas demoras e complicações que poderiam advir da reunião, "al giudice spetta in ogni caso il compito di verificare, oltre al requisito della connessione, anche la concreta *opportunità della riunione*, in considerazione dello stato in cui se trova *l'istruzione* dei diversi processi" (*Manuale di diritto processuale civile*, II, n. 242, p. 185). Essa lição deve prevalecer também no processo civil brasileiro. Também para Barbi a *reunião de-ofício* só terá lugar quando se tratar de processos que já corram, ambos, perante o mesmo juízo: se for o caso de requisitar autos a outro órgão judiciário, segundo ele a reunião só será admissível se a parte o requerer em preliminar de contestação nos termos do art. 301, inc. VII (*op. loc. cit.*). Mas parece ter razão Tornaghi, que não distingue (*Comentários ao Código de Processo Civil*, I, p. 347), como também não o faz o art. 105, não havendo de fato razão para distinguir (*cfr.* também Dinamarco, *Instituições de direito processual civil*, I, n. 303, p. 595).

32. Falando dos "casos de cúmulo subjetivo de ações sucessivas", diz Goldschmidt que, ao lado da formação originária do litisconsórcio, existem outros modos pelos quais ele se forma, "seja pela entrada de sucessores no lugar da parte primitiva, seja por reunião de vários processos ou pela intervenção adesiva" *etc.* (*cfr. Zivilprozessrecht*, § 69, I, p. 437 trad.). Faz a mesma assertiva Chiovenda e diz que esse litisconsórcio será "semplice o necessario, secondo i casi" (*Principii di diritto processuale civile*, § 88, VII, p. 1.101). Diríamos, na linguagem usual brasileira, *comum ou unitário*. *Cfr.* também Lopes da Costa,

ge, nessa hipótese, do inconveniente principal que em princípio constitui óbice à exigência judicial de formação do litisconsórcio nos casos em que a lei o dá como facultativo: não impõe qualquer restrição ao livre exercício da ação, nos termos em que esta vem delineada pelo direito positivo.

A reunião de causas não pode prescindir do requisito da *conexidade*, expressamente imposto pela lei (CPC, art. 105). Não será pois formado o litisconsórcio por essa via quando entre as demandas propostas separadamente houver mera *afinidade de questões* por um ponto comum de fato ou de direito (art. 46, inc. IV). Nem seria preciso dizer também que, se tiverem sido instaurados dois ou mais processos com partes diferentes, mas havendo entre elas a situação prevista no inc. I do art. 46 (*comunhão* no direito ou obrigação), a essa situação se aplica *a fortiori* o art. 105 e as causas devem ser reunidas.

141. formação por iniciativa do réu

A lei brasileira dispõe expressamente sobre a admissibilidade de ampliação subjetiva do processo por um ato do réu, privativo dele, que é o *chamamento ao processo*. Nas hipóteses dos três incisos do art. 77 admite o Código de Processo Civil que o réu traga ao processo, tornando-os partes ao seu lado, outras pessoas igualmente legitimadas, a quem poderia o autor, se quisesse, ter também movido a demanda. Esse instituto sofre criticas por comprometer a *solidariedade passiva*, a qual implica legitimidade individual de cada devedor solidário (CC, art. 275): movida a ação a

Direito processual civil brasileiro, I, n. 189, p. 189. Esses doutores não deixam clara a ressalva feita no texto acima mas é óbvio que, estando em ambos os processos as mesmas partes, litisconsórcio algum seguir-se-á à reunião das causas em um processo só, simplesmente porque já existia antes. Quem visse na unidade obtida mediante a reunião de causas mera unidade de juízo (*unus judex*), não de processos (*unum judicium*), a rigor não poderia vislumbrar aí qualquer litisconsórcio – o qual se dá sempre no seio de um só processo, única relação processual (*supra*, n. 10). Foi a convicção da unificação processual mediante a reunião que conduziu, no texto acima, à decidida afirmação de que a reunião de causas é fonte de litisconsórcio ulterior (*cfr*. Tornaghi, *Comentários ao Código de Processo Civil*, I, p. 347).

um só dos devedores em solidariedade, acaba o autor, sem querer, tendo de litigar com outro dos devedores, só porque o réu fez o chamamento.[33] Por força do chamamento ao processo forma-se um litisconsórcio *passivo*, que era facultativo mas que o autor teve de aceitar sem poder repelir, embora na demanda tivesse pretendido dispensá-lo.

É necessário fazer uma distinção muito importante entre as situações criadas pelo juiz ao determinar a providência preliminar ditada no parágrafo do art. 47 (litisconsorte necessário) ou *pelo réu*, ao fazer o chamamento ao processo. Lá, se o autor não cumprir o ônus que tem, o processo se extingue (*supra,* n. 110 *etc.*); aqui, o autor não recebe qualquer encargo e é *do réu chamador* o ônus de promover a citação do chamado, nos prazos estabelecidos em lei, sob pena de seu pedido de intervenção do terceiro perder a eficácia (CPC, art. 79, c/c art. 72, § 1º).[34] Evidentemente, *não teria cabimento a extinção do processo*, como decorrência de não haver cumprido *o réu* o seu ônus.

Só *pela via e formas do chamamento ao processo é* que se admite do réu a ampliação subjetiva do processo. Um pedido sem as características do chamamento, e ainda mais quando feito após o prazo da resposta, teria vários inconvenientes:

> a) o de impor ao autor, sem previsão legal, um adversário não desejado. Se críticas sofre o Código por ter permitido o comprometimento das regras da solidariedade passiva, não se pode permitir comprometimento maior, contrariando-se o princípio da correlação entre a sentença e a demanda, sem previsão legal (CPC, art. 128);
>
> b) o de tumultuar o processo porque seria necessário retroceder a momento procedimental superado, permitindo-se a defesa do novo réu, sob pena de ficar este inconstitucionalmente privado dela;

33. Sobre isso e sobre as características do instituto do *chamamento ao processo* no direito brasileiro, *cfr.* Dinamarco, *Intervenção de terceiros*, nn. 90-98 pp. 172 ss. e *Instituições de direito processual civil,* II, nn. 608-611, pp. 422 ss. A crítica referida, do prisma do instituto da solidariedade passiva, vem de Cunha Peixoto (*cfr.* "O chamamento ao processo de devedores solidários", *passim* e esp. n. V, pp. 13-14).

34. Na doutrina clássica essa é a distinção entre a *exceptio plurium litisconsortium* e a *adcitatio* (*supra*, n. 104).

c) o de favorecer a violação do dever de lealdade, permitindo que o réu deixasse para depois uma providência que poderia ter requerido ao responder – quando o Código é tão severo na fixação de momentos adequados, com a preocupação de coibir as chicanas processuais do réu.[35]

Não pode o réu, portanto, fora dos casos do art. 77, criar novas hipóteses de formação do litisconsórcio passivo facultativo sem a oportuna iniciativa do autor. Nem pode, depois do momento de responder à demanda, realizar o próprio chamamento ao processo, mesmo nos casos arrolados no art. 77,[36] pois isso significaria desprezar a preclusão operada: a lei só admite o chamamento "no prazo para contestar" (art. 78).

A observação de casos em que o réu insiste no pedido de mandar citar outrem tem-me convencido de que quase sempre ele o faz sem plena consciência dos resultados a que isso pode conduzir. Muitas vezes, isso é feito em situações em que a contestação já traz a alegação de ilegitimidade passiva *ad causam e*, como é óbvio, o reconhecimento desta independe de estar presente no processo, ou não, aquele que é indicado como parte legítima. Em casos assim, onde o chamamento ao processo (CPC, art. 77) não era sequer admissível em tese (tempestividade à parte) e em outros que costumam ocorrer na prática, sente-se que chega a ser irracional a pretensão de obter a

35. O aspecto ético e sancionatório constitui uma das linhas mestras da reforma processual civil de 1973 – *cfr*. Dinamarco, *Direito processual civil*, n. 6, pp. 9 ss.

36. *Cfr*. Tornaghi, *Comentários ao Código de Processo Civil*, I, p. 274: "se o devedor ou fiador pudesse ser chamado em qualquer tempo, prejudicado seria em seu direito de defesa pois interviria quando já definido o litígio e eventualmente, produzidas algumas provas ou todas elas". Embora não arrolado no art. 297 do Código de Processo Civil, o chamamento ao processo inclui-se entre as modalidades de *resposta do réu* – sendo pois natural que se sujeite à limitação temporal ditada para esta. Na jurisprudência recente, *cfr*.: TJRS, 4ª C., agr. instr. n. 70011777422, j. 27.7.05, rel. João Carlos Branco Cardoso, v.u., *in* www.tj.rs.jus.br; TJSP, 6ª C. Dir. Priv., agr. instr. n. 543.929, j. 19.6.08, rel. Sebastião Carlos Garcia, v.u., *in* www.tj.sp.gov.br; TJSP, 1ª C. Dir. Priv., agr. instr. n. 514.213, j. 11.3.08, rel. Vicentini Barroso, v.u., *in* www.tj.sp.gov.br; TJSP, 4ª C. Dir. Priv., agr. instr. n. 358.185, j. 11.12.07, rel. Carlos Stroppa, v.u., *in* www.tj.sp.gov.br; TJSP, 3ª C. Dir. Priv., agr. instr. n. 538.180-4/3-00, j. 11.12.07, rel. Donegá Morandini, v.u., *in* www.tj.sp.gov.br.

citação de terceiro, pois na maioria das vezes ela não seria apta a trazer vantagem alguma ao réu – salvo a delonga inerente ao incidente criado, que não é vantagem lícita e, como é óbvio, não lhe confere legítimo interesse para a postulação.

É aplicável também aqui, todavia, o que acima já se ponderou mais de uma vez: se o réu pedir assim irregularmente a integração de outro legitimado ao processo, se o juiz deferir o seu pedido e o autor concordar (ou ao menos não se rebelar, p. ex., agravando), se o terceiro for citado e aceitar a condição processual criada e se depois de tudo isso o processo caminhar avante, não seria legítimo nem racional anulá-lo diante de uma situação assim consumada (*supra*, nn. 99 e 138).

142. formação por iniciativa de terceiro: intervenção litisconsorcial voluntária

A jurisprudência brasileira vem às vezes admitindo, embora sob ressalvas, o *litisconsórcio ulterior* constituído por obra do terceiro que se pretende participar de um processo pendente, ao lado das partes originárias, na qualidade de *parte principal*; ou seja, em princípio os tribunais admitem a *intervenção litisconsorcial voluntária*. O litisconsórcio que então terá lugar será fundado em qualquer das hipóteses instituídas no art. 46, a saber: comunhão no objeto do processo, conexidade ou mera afinidade de questões.

Quando, por exemplo, funcionários ajuízam demanda destinada à obtenção de certas vantagens da Administração Pública, não é raro chegarem outros com análoga pretensão, coligando-se aos que formaram o processo e acrescentando seu *petitum* ao deles. Demanda assim incidentemente ajuizada é ligada à primeira e original por uma *afinidade de questões*, representada geralmente por um ponto comum de direito que é algum dispositivo da legislação estatutária ou norma constitucional da qual emana a tese jurídica defendida por todos. Com o ingresso dos novos autores forma-se entre eles e os demais um litisconsórcio, dito *impróprio*, justificado pelo inc. IV do art. 46 do Código de Processo Civil (*supra*, nn. 41-42).

Igual explicação têm os casos de contribuintes que vêm pleitear determinada isenção para si, ou repetir o indébito fiscal, em processo já instaurado por iniciativa de outros contribuintes.[37]

Conhecem-se também casos de intervenção litisconsorcial voluntária mediante ajuizamento de demandas *conexas à* inicial (litisconsórcio por conexidade – CPC, art. 46, incs. II-III). Lembremos o exemplo de pessoa que intervém pedindo indenização pelo mesmo acidente automobilístico ou pelo mesmo crime em virtude do qual outrem já dera início ao processo; ou ainda o do fiador que ingressa em processo já instaurado pelo cofiador, cada um deles pedindo para si o correspondente à quota de fiança que desembolsou em prol do afiançado comum.

E também acontece a intervenção litisconsorcial voluntária de *colegitimados* – pessoas portadoras de legitimidade em relação ao próprio objeto do processo pendente e que por essa razão poderiam figurar como litisconsortes desde o início.[38] Pode-se pensar no credor solidário que ingressa no processo de cobrança do crédito comum, promovido inicialmente por outro credor isoladamente (CC, art. 267 – *supra*, n. 101); ou no proprietário intervindo no processo de ação reivindicatória conduzido pelo coproprietário (CC, art. 1.314); ou ainda no cidadão que ingressa no pólo ativo de ação popular já proposta; ou em uma associação ou no Ministério Público como litisconsortes ulteriores voluntários na ação civil pública. Em qualquer desses casos de colegitimados, sejam eles ordinários ou extraordinários, tem-se a hipótese litisconsorcial fundada na comunhão no objeto do processo (art. 46, inc. I) – com a conseqüência de que tal intervenção deixa sempre intacto o objeto do processo, sem dar causa à sua ampliação como se dá em caso de novo *petitum* ser trazido por algum outro interveniente.

37. *Cfr.* Barbosa Moreira, "Intervenção litisconsorcial voluntária", n. 4, p. 30.

38. Assim expressamente, TJSP, 1ª C. Civ., agr. instr. n. 113.431-1, j. 14.3.89, rel. Roque Komatsu, *RT* 645/84; TJSP, 6ª C. Dir. Priv., agr. instr. n. 138.437.4/0, j. 10.2.00, rel. Reis Kuntz, v.u., *in* www.tj.sp.gov.br.

143. os contornos do instituto

A aceitação de demanda superveniente em situações como as dos exemplos, bem como as ressalvas que por vezes se ouvem cá e lá, têm tido em nossa jurisprudência um sabor de verdadeiro casuísmo empírico. Ainda hoje falta, seja da parte dos tribunais ou mesmo em obras dos mais doutos, uma consciência sistemática do instituto, que revele engajamento com princípios e linhas distintivas capazes de nortear com segurança e coerência o trato dos casos que surgem na experiência concreta.[39] Não se alcançou nesse tema o elevado grau de maturidade a que em tantos outros a doutrina dos processualistas já chegou; e isso talvez constitua fruto da escassa freqüência com que os pretórios são estimulados à elaboração do instituto em casos concretos. Alguns pontos, contudo, já foram conquistados e sobre eles é preciso que nos detenhamos um pouco. Como premissa metodológica à sistematização desse instituto é indispensável insistir em uma distinção que já vem sendo feita, entre:

a) sujeitos que são portadores da *mesma pretensão* já deduzida e cuja intervenção não amplia em nada o objeto do processo. São *colegitimados* em torno da mesma pretensão, como é o caso do cidadão que intervém no processo de ação popular pendente; ou da associação que adere na condição de litisconsorte ativa ao *petitum*

39. O único estudo monográfico sobre o assunto que conheço na doutrina brasileira é o de Barbosa Moreira ("Intervenção litisconsorcial voluntária"), publicado pela primeira vez em 1963 e calcado no direito positivo hoje revogado (Código de 1939). Em suas obras sistemáticas, ou mesmo em trabalhos sobre o litisconsórcio em geral, outros autores trataram do tema, como o próprio monografista acima cuidou de indicar. Na vigência do Código atual, Barbosa Moreira expressou-se dizendo que o art. 54 do Código de Processo Civil não prevê uma assistência qualificada, mas autêntica intervenção litisconsorcial voluntária ("Substituição das partes, litisconsórcio, assistência e intervenção de terceiros", p. 78). Nesse ponto não parece ter razão (*supra*, n. 13), até mesmo porque seria estranho admitir terceiros intervindo no pólo passivo e sujeitando-se a serem inclusive *condenados* em caso de procedência de demanda visando a sentença condenatória; esse entendimento conduziria a restringir o art. 54 à intervenção no pólo *ativo* e, quanto ao passivo, somente aos casos de ingresso de colegitimados (*infra*, n. 146).

já deduzido por outra associação ou pelo Ministério Público em ação civil pública; ou do credor solidário que vem ao processo da ação condenatória proposta por outro credor solidário. Em todos esses casos dá-se mera *adesão* ao pedido inicial, nada se pedindo além do que já fora pedido; e o julgamento *de meritis* terá rigorosamente a mesma dimensão e os mesmos contornos que teria sem essa intervenção litisconsorcial, precisamente porque ela não altera o objeto do processo.[40] Mantido este, tem-se em tal caso o litisconsórcio *por comunhão*, delineado no inc. I do art. 46 do Código de Processo Civil. Repete-se: o objeto do processo mantém-se o mesmo, não ficando alterado, modificado ou ampliado;

b) sujeitos que intervêm para acrescentar à demanda proposta a sua própria demanda, de alguma forma relacionada com a primeira mas portadora de uma *pretensão própria*. Exemplos: terceira pessoa envolvida em acidente automobilístico em razão do qual outrem movera demanda indenizatória, querendo uma indenização para si; funcionário público que intervém em causa proposta por outros da mesma categoria, pedindo para si uma vantagem funcional da mesma espécie daquela postulada pelo autor originário; ou o contribuinte que pretende ser declarado não-devedor de determinado tributo, nas mesmas circunstâncias já deduzidas na petição inicial por outro contribuinte. Em todos esses casos ocorre a *ampliação do objeto do processo* e o mérito a ser julgado afinal será a soma de todas as pretensões movidas pelo autor inicial e pelos litisconsortes ulteriores. O litisconsórcio, em tais hipóteses, terá apoio no inc. III ou no inc. IV do art. 46 do Código de Processo Civil (conexidade ou afinidade de questões, conforme o caso).

Ora, estando o juiz invariavelmente adstrito aos limites da demanda posta em juízo (CPC, art. 128) e sendo-lhe vedado prover *ultra vel extra petita partium* (art. 460), a distinção feita acima destina-se a mostrar o comportamento que tem o terceiro inter-

40. Invocando essa permanência do objeto do processo, mais o *tumulto* que a intervenção causaria no processo de determinada ação popular, no Tribunal de Justiça paulista um voto vencedor deu-a por inadmissível: *cfr*. TJSP, 1ª C. C., agr. instr. n. 102.481-1, rel. Renan Lotufo, v.u., 7.6.88 (voto do des. Roque Komatsu), *apud* Bussada, *Litisconsórcio e assistência*, n. 74, p. 235.

veniente em relação a esse binômio demanda-provimento. Serve também de guia para certas situações que no processo podem surgir, quando se sabe em quais casos a pretensão do interveniente é rigorosamente a mesma do autor inicial e, em outros, ela lhe é conexa ou afim, mas é *outra*. Assim, p. ex., diferentes são os requisitos, os limites e os efeitos de atos dispositivos, como desistência da ação, transação, renúncia ao direito *etc.*, conforme se trate de nova pretensão agregada à inicial ou mera intervenção de colegitimado á mesma demanda já pendente no processo.

No processo em que se deu a intervenção de colegitimado a *desistência da ação* por ele ou mesmo pelo autor originário significará somente que o desistente se retira do processo, o qual prosseguirá com os demais. Os atos dispositivos de direito material só serão eficazes se unânimes, prevalecendo o regime especial do *litisconsórcio unitário*.[41]

Diferente é o trato da intervenção litisconsorcial fundada na conexidade de causas ou na afinidade de questões (CPC, art. 46, incs. III-IV). O *cúmulo de demandas* (formal e substancial) criado por essas espécies de intervenção ampliativa do objeto do processo dá lugar a um *litisconsórcio comum*, não-unitário, em que prevalece a regra da relativa autonomia litisconsorcial, ditada no art. 48 do Código de Processo Civil. Cada um dos litisconsortes (originários ou ulteriores) é portador de sua própria pretensão, com a afirmação de seu próprio direito substancial e, consequentemente, com legitimidade suficiente para realizar atos processuais indutivos ou mesmo causativos em relação à demanda que propôs.

Esses conceitos e distinções deixam evidente que em todas suas possíveis configurações a intervenção litisconsorcial voluntária cria no processo uma situação verdadeiramente *litisconsorcial*, na qual cada um dos novos sujeitos ativos é autêntico *autor*, ao lado do autor originário. Essas situações não se confundem com a *assistência li-*

41. Ressalvadas certas hipóteses nas quais sequer por ato unânime se consuma alguma disposição de direitos ou situações processuais. É o caso da ação popular, que prossegue com o Ministério Público no pólo ativo quando houver desistência da ação pelo autor, ou autores (LAP, art. 9º).

tisconsorcial porque esta, apesar da adjetivação recebida, não deixa de ser *assistência* e, ao intervir através dela, o terceiro não amplia o objeto do processo e apenas propõe-se à defesa do interesse direto do assistido. Para a árdua tentativa de distinção entre a assistência litisconsorcial e o litisconsórcio, especialmente esse que se forma mediante a intervenção voluntária de terceiro, remete-se o leitor ao que está exposto com bastante amplitude em tópicos anteriores (*supra,* nn. 13 e 15).

144. compatibilidade com o sistema – requisitos e ressalvas

Assim delineada, a *intervenção litisconsorcial voluntária* conceitua-se como o ingresso de um sujeito que já teria podido participar da demanda inicial, tendo legitimidade para tanto, e contudo deixou para fazê-lo depois. Intervindo, o terceiro deduz uma demanda formalmente nova, pela qual veicula sua pretensão à tutela jurisdicional – com ou sem ampliação do objeto do processo, conforme o caso. Em ambos os casos age como poderia ter agido na inicial e situação será, a partir da intervenção, tal qual seria se o litisconsórcio fosse originário.

Poder-se-ia por isso pensar em impedir essa intervenção, como sanção à inércia de quem não se movimentou no momento oportuno.[42] Em prol de sua admissibilidade, contudo, militam os mesmos argumentos que servem de fundamento à própria instituição do litisconsórcio, ou seja, razões de economia e harmonia de julgados em associação com o desiderato de extrair do processo o máximo proveito útil possível (*supra,* n. 21): se o autor não se valeu desde logo da faculdade de litisconsorciar-se a alguém, aqueles mesmos objetivos poderão ser alcançados, com benefícios para a própria Justiça e para o terceiro, se este for admitido a ingressar no processo com sua pretensão.[43] Ainda quando radical-

42. Invocando essa permanência do objeto do processo, mais o *tumulto* que a intervenção causaria no processo de determinada ação popular, no Tribunal de Justiça paulista um voto vencedor deu-a por inadmissível: *cfr*. TJSP, 1ª C. C., agr. instr. n. 102.481-1, rel. Renan Lotufo, v.u., 7.6.88 (voto do des. Roque Komatsu).

43. *Cfr.* 2º TACSP, 3ª C., agr. instr. n. 97.928, rel. Kazuo Watanabe, m.v., *RT* 541/185.

mente se fechassem portas para a intervenção litisconsorcial voluntária em todos os casos, o mesmo resultado poderia ser obtido, com mais complicação e menos sinceridade, mediante a propositura de demanda conexa por algum legitimado, reunindo-se depois as causas no mesmo processo (CPC, arts. 105 e 253, inc. I).

Disse-se também que a intervenção litisconsorcial constitui expediente pelo qual se "facultaria à parte a escolha de juiz certo para processar e julgar o feito".[44] Esse óbice, no entanto, não é tão forte a ponto de eliminar de modo absoluto e *a priori* a admissibilidade da intervenção litisconsorcial. Se os intervenientes forem muitos (litisconsórcio multitudinário – *infra*, n. 147) ou se de algum modo a pretensão dos intervenientes tiver contornos de alguma fraude, por isso o ingresso comportará indeferimento; e não porque em tese o instituto fosse incompatível com o direito brasileiro. Uma fraude que realmente preocupa é o aproveitamento de um processo em que importante liminar haja sido concedida, por litisconsortes intervenientes interessados em contornar a exigência constitucional do *juiz natural*.

A intervenção litisconsorcial voluntária foi assimilada pela ordem jurídico-positiva brasileira quando o Regimento de Custas da Justiça Federal lhe fez expressa referência, condicionando sua admissibilidade ao recolhimento de custas pelo mesmo montante recolhido pelo autor (lei n. 6.032, de 30.4.74, art. 10º, § 2º). Essa lei foi expressamente revogada por outra que veio a dar nova disciplina às custas da Justiça Federal (lei n. 9.289, de 4.7.96, art. 18) mas esta é integrada por uma *tabela de custas* que repete a disposição referente

44. *Cfr*. TRF 3ª R., agr. instr. n. 426, rel. Ana Scartezzini, *apud* STJ, 1ª T., AgR n. 706, j. 18.11.92, rel. Milton Pereira, v.u., *RSTJ* 43/132. No Superior Tribunal de Justiça, quando os terceiros pretenderam intervir o autor já havia renunciado ao direito e por isso aquele pretensão estava prejudicada (CPC, art. 269, inc. V). V. ainda STJ, 1ª T., REsp n. 931.535, j. 27.10.07, rel. Francisco Falcão, v.u., *DJU* 5.11.07, p. 238; STJ, 5ª T., REsp n. 24.737-RJ, j. 20.8.98, rel. Edson Vidigal, v.u., *DJU* 14.9.98; STJ, 2ª T., REsp n. 111.885, j. 13.11.01, rel. Laurita Vaz, v.u., *DJU* 18.2.02, p. 281; STJ, 5ª T., REsp n. 693.201, j. 17.12.07, rel. Laurita Vaz, v.u., *DJU* 7.2.08. Nos dois últimos casos, o repúdio à formação ulterior do litisconsórcio acentuou-se porque já proferida decisão liminar favorável aos ingressantes.

ao *litisconsorte ativo voluntário.*[45] Em concreto, a admissibilidade dessa intervenção dependerá sempre, como é natural, da presença de certos requisitos e ausência de certos óbices.

A primeira série de limitações liga-se à premissa de que, intervindo, o terceiro propõe-se a exercer a *ação* e deduz um *petitum*. É indispensável, pois, que ele esteja amparado por todas as condições da ação e formalmente exerça de modo adequado o poder de agir em juízo. Se lhe faltar uma daquelas ele será carecedor de ação e por isso a intervenção não se admitirá (se admitida inicialmente, quanto a ele o mérito não será julgado). Se a petição com que intervém não apresentar requisitos mínimos de uma petição inicial (com a demonstração das razões de admissibilidade do litisconsórcio no caso concreto), por esse motivo a intervenção lhe será indeferida.

Além disso, como em toda propositura de demanda em juízo, é indispensável que não tenham ocorrido *fatores extintivos do direito ou da ação*, como a prescrição ou a decadência. Especificamente quanto ao mandado de segurança exige-se o respeito ao prazo de cento-e-vinte dias, além do qual é inadequada essa tutela específica.[46]

Mostra ainda a experiência que pela via da intervenção litisconsorcial voluntária criam-se, algumas vezes, situações insuportáveis, com um *número muito grande de litisconsortes* (litisconsórcio multitudinário – *infra*, n. 147). Quando disso resultar dano ao exercício da ação pelos autores originários, ou do *jus excipiendi* pelo réu, ou ainda (em casos particularmente graves) ao próprio desenvolvimento da função jurisdicional pelo juiz, aí está novo óbice a impedir a intervenção, da mesma forma como é causa impeditiva do próprio litisconsórcio originário (CPC, art. 46, par.).

45. *Cfr.* minhas *Instituições de direito processual civil*, II, n. 594, p. 387.

46. *Cfr.* STF, 2ª T., RE n. 116.206, j. 17.6.88, rel. Carlos Madeira, v.u., *RTJ* 127/1.178. Tratando-se de colegitimados, que nada acrescem ao objeto do processo, poder-se-á pensar na admissibilidade da assistência litisconsorcial quando decorrido o prazo para exercício da ação.

A intervenção litisconsorcial voluntária é, como se vê, inteiramente compatível com o sistema brasileiro de processo civil e, descontado o que se ressalvou, ela deve ser admitida. Só não o será quando, em casos concretos, manifestarem-se razões que a impeçam, ligadas à própria ação a ser exercida pelo terceiro, ao ato de seu exercício ou ao *pleno desenvolvimento do contraditório* – ou porque carente de ação o terceiro, ou porque inepta sua petição, ou porque a multidão de litisconsortes prejudicaria as partes, como acima se expôs.

Fora esses casos, ela deve ser admitida ainda *contra a vontade manifesta* dos sujeitos já integrantes do processo, porque mais relevantes do que essa vontade são as razões de ordem pública que justificam o instituto. Da mesma forma como o litisconsórcio originário não comporta recusa peremptória e injustificada no direito brasileiro vigente (*supra*, nn. 42 e 48 – *infra*, n. 189), também quanto a este superveniente há de ser assim, sob pena de incoerência e porque não há qualquer razão específica a indicar solução contrária.[47]

47. Para Barbosa Moreira o consentimento das partes originárias constitui requisito essencial da intervenção litisconsorcial voluntária ("Intervenção litisconsorcial voluntária", n. 4), o que ele sustenta com apoio em diversos arestos. Ele o disse, todavia, na vigência do Código anterior, no qual havia casos em que o litisconsórcio dito *impróprio* era recusável, dependendo do consenso geral para subsistir (*supra*, n. 48 e *infra*, n. 189). Hoje não repete a exigência, partindo embora da falsa premissa de que o art. 54 do Código de Processo Civil consagre a intervenção litisconsorcial voluntária (*supra*, nn. 13, 17 e 143). De qualquer maneira, como está dito no texto acima, o consenso de todos apenas torna em princípio aceitável a intervenção, nos casos em que lhe faltem requisitos estranhos à ordem pública, pois elimina a preocupação em resguardar o interesse das partes no processo; não se trata, pois, de um *requisito* mas de fator de superação da ausência de requisito, fazendo-o perder a sua *ratio*. O consentimento geral das partes apenas poderia ser considerado um requisito da admissão do terceiro, se fosse esta em si mesma prejudicial a ele. Como esse prejuízo não é inerente ao instituto, uma visão publicista do processo, atenta ao benefício que a ampliação subjetiva irá trazer ao próprio exercício da jurisdição, demonstra que a intervenção litisconsorcial voluntária é em princípio admissível ainda quando não aceita pelas partes, dependendo da aceitação apenas nos casos particulares em que possa ser-lhes portadora de dano.

145. problemas no processo e no procedimento

A intervenção litisconsorcial voluntária há de dar-se em tempo tal que, sem retrocessos no procedimento, possa o réu ser citado da nova demanda e ter oportunidade para responder a ela, sem sofrer prejuízo.[48]

Em princípio, o *saneamento do processo* deve ser o momento-limite da admissão do terceiro como litisconsorte do autor, quando nova pretensão é deduzida, ou seja: quando o interveniente formula pedido seu, para satisfação de direito seu, mediante invocação de *causa petendi* alusiva à sua situação pessoal. Como não poderia o réu ficar privado do contraditório com referência à pretensão do novo demandante, admitir tal intervenção após o saneamento significaria forçar o retrocesso do procedimento a fase já preclusa (postulatória), o que seria tumultuário e incompatível com o sistema brasileiro de procedimento rígido;[49] mas o mesmo não se dá em caso de intervenção litisconsorcial de *colegitimado* (*infra*, n. 146).[50-51]

48. *Cfr.* ainda uma vez Millar, *The formative principies of civil procedure*, cap. V, esp. pp. 95-96 trad.

49. *Cfr.* TJMT, 1ª C. Civ., ap. n. 8.361, j. 28.4.75, rel. Jesus de Oliveira Sobrinho, v.u., *RF* 258/301.

50. Tem pertinência a razão expressa na lei italiana (c.p.c., art. 40, 2ª parte) e latente em nosso direito, que desaconselha a reunião de causas quando um dos processos estiver em fase muito mais adiantada que o outro, o que ou impede a efetividade do contraditório ou implica tumultos e retardamentos indesejáveis (*supra*, n. 140).

51. O Tribunal de Justiça do Rio de Janeiro, invocando lição de Egas Moniz de Aragão, deu por *break line* da admissibilidade da intervenção litisconsorcial voluntária, em um caso de colegitimados que não alteraram o objeto do processo, a prolação do saneamento deste (1ª C. Civ., agr. instr. n. 9.268, j. 25.6.88, rel. Rios Gonçalves, v.u., *RDTJRJ* 2/108). Não-obstante, "o Supremo Tribunal Federal tem aceito o litisconsórcio, mesmo depois de proferida a sentença de primeira instância"; "mas tem prevalecido uma restrição, qual a de não ocorrer prejuízo para a defesa do litigante contrário" (STF, 2ª T., RE n. 72.340, j. 6.3.72, rel. Thompson Flores, v.u., *RTJ* 61/204). No caso, era uma ação de funcionários contra o então Estado da Guanabara, vindo outros *setenta* com a pretensão de ingressar em grau de apelação. A Fazenda-ré defendeu-se alegando não ser tranqüila a identidade funcional dos litisconsortes supervenientes, o que criava

Obviamente, quando surge nos autos um pedido de intervenção litisconsorcial voluntária é preciso que as partes sejam ouvidas antes de o juiz decidir a respeito. Nada diz o Código sobre isso, mesmo porque é completamente omisso quanto à disciplina expressa desse instituto, mas a situação é a mesma do pedido de admissão do *assistente* e, por analogia, a regra do art. 51 há de servir de guia nesse caso. A intervenção caracterizar-se-á, portanto, como *incidente do procedimento* (tal como em Portugal a disciplina o seu direito positivo – CPC-Port., art. 324º). Ouvidas as partes, decide o juiz mediante decisão que na maioria dos casos será *interlocutória*, sujeita a *agravo*. Às partes que já o eram é lícito argüir, em todo esse incidente, as razões que tiverem para a inadmissibilidade da intervenção, o que será objeto de verificação pelo juiz, caso a caso (momento em que se manifestou, número de litisconsortes, condições da ação, regularidade do exercício desta, eventual prescrição *etc.*). Não só o réu é admitido a fazer a impugnação e eventualmente recorrer, como também o autor, ou autores, que já estejam na relação processual:[52]

Pode acontecer que a intervenção litisconsorcial se dê quando alguns incidentes já tenham surgido no processo e decididas certas questões incidentes, mas o terceiro sujeita-se à regra segundo a qual o interveniente recebe o processo *no estado em que se en-*

a necessidade de apreciar individualizadamente a situação de cada um, com as conseqüentes dificuldades, que anuncio a seguir no texto, inerentes ao *litisconsórcio multitudinário*. Além disso, tratando-se de intervenção dessa natureza e com essa finalidade, cada novo litisconsorte postulando um provimento relativo à sua situação particular e distinta dos pedidos já pendentes, a sua admissão em grau de apelo viria a chocar-se frontalmente com o princípio do *duplo grau de jurisdição;* independentemente da situação criada pelo grande número de litisconsortes, portanto, essa intervenção já não deveria ser admitida em segunda instância (mas v. nota 51, caso em que tal é admitido).

52. O art. 51 do Código de Processo Civil dá a falsa idéia de que a ausência de impugnação determine fatalmente a admissão do assistente – e, *mutatis mutandis*, a da intervenção litisconsorcial. Quanto a esta, no texto demonstra-se que o silêncio das partes no prazo do art. 51 poderá excluir futura reclamação de *prejuízo* mas nem por isso há de conduzir à fatal admissão do terceiro no processo; sempre que haja alguma razão de ordem pública relevante a ser considerada, essa matéria será objeto de verificação *ex officio* pelo juiz.

contra.[53] Cabe-lhe portanto, antes de ajuizar sua demanda, avaliar corretamente a situação, segundo suas próprias conveniências, para intervir se realmente lhe convier, ou propor sua demanda autonomamente se isso for melhor. Após o saneamento do processo não será admissível intervir litisconsorcialmente porque, como ficou dito, a abertura de oportunidade de nova resposta ao réu iria chocar-se com preclusão já consumada.[54]

Ainda uma vez é preciso lembrar que o *consenso* de todas as partes em princípio impede e a *consumação de certas situações* desaconselha a anulação do processo por ter sido admitida a intervenção fora desses limites. Manifestando-se na oportunidade do art. 51 do Código de Processo Civil, poderão os sujeitos originários aceitar a intervenção mesmo após o saneamento, dando-se por satisfeito o réu inclusive com a oportunidade que no momento teve para responder e prova alguma requerendo. Poderão também aceitá-la apesar do litisconsórcio multitudinário que com ela se formará – mas nesse caso o juiz tem o poder de, *ex officio* e segundo seu próprio critério, evitar a formação de litisconsórcio insuportavelmente numeroso (art. 46, par.). Por outro lado, se apesar de superado o momento-limite a intervenção for admitida e o processo caminhar, voltando indevidamente a fase anterior, essa é uma situação consumada em que a anulação será contraproducente (*supra*, nn. 99 e 138).

O consenso das partes quanto à admissão da intervenção litisconsorcial voluntária tem relevância, contudo, apenas quanto à matéria sujeita à disponibilidade dos litigantes – no caso, questões relacionadas com o pleno desenvolvimento da defesa de seus interesses no processo. Quando se passa aos requisitos gerais da ação, como suas condições e exigências para seu correto exercício, entra-se no campo da ordem pública e então é claro que,

53. *Cfr*. José Frederico Marques, *Instituições de direito processual civil*, II, n. 408, p. 217, invocando o Código paulista, o art. 125 do Regulamento 737 e as Ordenações do Reino, para dizer que tal regra é da tradição do nosso direito (v. também CPC, art. 322).

54. Dessa sorte de preclusão, conseqüente à "falta do exercício do direito no momento oportuno, quando a ordem legalmente estabelecida para a sucessão das atividades processuais importar uma conseqüência assim grave", fala Liebman (*Manual de direito processual civil*, I, n. 107, letra *b*, p. 302 trad.).

quanto a isso, o consenso é irrelevante e o juiz deve verificar de-ofício a observância desses requisitos – inclusive, como se disse, no tocante à formação de um litisconsórcio multitudinário.

Além disso, ocorrem casos *particularmente graves* em que, além do número muito grande de litisconsortes aglutinados no processo a partir da intervenção, vêem-se também certas situações individuais sobremodo complicadas, precisando cada uma delas de acurado exame pelo juiz. Em casos assim, a admissão dos novos litisconsortes estaria comprometendo – mais do que o exercício da ação ou da defesa – o correto e eficiente desenvolvimento da função jurisdicional: ficaria insuportavelmente penosa a pesquisa da documentação de cada um dos litisconsortes, demorada e com grande risco de errar, diante dos vários volumes que viriam a compor os autos do processo.

Dando-se isso, vêm à tona razões de ordem pública que aconselham e autorizam o juiz, mediante cautelosa e inteligente apreciação de cada caso concreto, a *indeferir* a *intervenção* ainda que nenhuma das partes a tenha impugnado; e, se ele próprio a houver deferido em um primeiro momento, nenhuma *preclusão* ocorre a impedi-lo de reconsiderar o pedido e a qualquer tempo determinar o *desmembramento do processo* (*infra*, n. 149 *etc.*).

146. a intervenção do colegitimado

Particularmente facilitada é a aceitação da intervenção litisconsorcial voluntária do *colegitimado* (*supra*, n. 144) – porque a situação legitimante do terceiro conflui à mesma *res in judicium deducta*, sem nada acrescer ao mesmo objeto do processo já pendente. Os fatos são os mesmos narrados na inicial, o que significa que a instrução será a mesma que seria sem a intervenção. O procedimento devido para o exame desse pedido de intervenção será o mesmo do art. 51 do estatuto processual, aplicável por analogia (*supra*, n. 145).

Imaginemos o exemplo mais simples, de um processo de ação popular no qual intervenha outro cidadão. Essa intervenção não amplia nem altera o *petitum* já originariamente ajuizado, de modo que o objeto do processo, ou *Streitgegenstand* (o mérito, afinal), continua a ser o mesmíssimo que era desde o início; também a *causa petendi* será a mesma, nessa hipótese. Esse interveniente, que poderia figurar no feito desde o início, a ele adere e ali prossegue, *não como assistente* (porque legitimado a conduzir a causa na condição de parte principal) mas como litisconsorte, na mesma condição de autonomia que o autor da demanda inicial (*supra*, nn. 13 e 17). Nada ampliando o novo autor no objeto do processo pendente e, por conseqüência, também nada no objeto do conhecimento do juiz, menos dificuldades ainda existem à admissão dessa forma de intervenção litisconsorcial, sendo ela admissível inclusive em grau de apelação.[55]

Dificuldades poderão ocorrer se o novo colegitimado comparecer alegando uma nova causa de pedir, ou acrescendo uma outra à já alegada inicialmente. Nesse caso sua admissão ao processo dependerá da compatibilidade da segunda causa com a primeira e do momento em que comparecer (*supra*, n. 145).

147. o litisconsórcio multitudinário

Quando em um processo se reúnem litisconsortes em número muito elevado, é intuitivo o embaraço que isso pode trazer à marcha do procedimento, o tumulto, a dificuldade para julgar. Com referência a cada um deles poderá haver fatos distintos a considerar, situações autônomas a compreender, documentos a compulsar, eventualmente prova oral a recolher.

Sendo *necessário* o litisconsórcio, tais e outras dificuldades não constituem óbice à sua admissibilidade porque as razões da própria necessariedade têm um poder muito grande de aglutinação e são suficientes para superá-las, determinando a todo custo o cúmulo subjetivo.

55. Quando o colegitimado ingressa no feito, amparado por uma das situações legitimantes acima consideradas, ele será apenas mais um portador da mesma pretensão já formulada inicialmente, permanecendo o processo objetivamente igual ao que era desde o começo. Por isso é que, diversamente do que ocorre na hipótese mostrada na nota 46 acima, a intervenção do colegitimado pode ser admitida inclusive em segundo grau de jurisdição, sem quebra do princípio do duplo grau; o julgamento do tribunal não será de maior extensão que o de primeira instância.

Essa situação mostra-se particularmente visível quando o litisconsórcio necessário é também unitário (art. 47), não havendo absolutamente como obter uma sentença eficaz sem a presença de todos. Nesse caso, além disso, apesar da presença de muitas pessoas no processo litisconsorcial mantém-se a unidade da *res in judicium deducta* e o número grande de litisconsortes não será portador de multiplicidade de fatos a considerar (não influirá, portanto, em princípio, na extensão do objeto do conhecimento do juiz).[56] Mas, de resto, embora impossível não seja, extremamente rara é a ocorrência de uma legitimidade necessariamente conjunta envolvendo um número assim muito grande de pessoas indispensáveis no processo. Os casos práticos pesquisados são todos de litisconsórcio facultativo e comum, como se verá ao longo desta exposição. Todos eles são fundados na *afinidade de questões* (*litisconsórcio impróprio* – CPC, art. 46, inc. IV e *supra*, nn. 41, 42 e 48) mas também não se exclui a ocorrência do fenômeno multitudinário no litisconsórcio facultativo com fundamento na *comunhão* ou na *conexidade* (incs. I-III).[57] Em minha experiência profissional vivenciei um caso de litisconsórcio necessário-unitário multitudinário. Era uma empresa concessionária de estradas de rodagem movendo uma demanda a trinta-e-sete Municipalidades (de São Paulo ao Rio de Janeiro), com o pedido de declaração da parcela de ICMS devida a cada uma delas – a unitariedade era manifesta e particularmente intensa, sendo por isso inevitável o litisconsórcio necessário entre todas aquelas Municipalidades, embora multitudinário. O Tribunal de Justiça de São Paulo admitiu esse litisconsórcio.

Foi observando casos de litisconsórcio facultativo comum que prestigioso doutrinador destacou o prejuízo que o número muito grande de colitigantes poderá trazer à defesa do réu; foram lembrados, "a propósito, os mandados de segurança coletivos, requeridos em litisconsórcio ativo, por *centenas de pessoas*, contra a

56. O *objeto do conhecimento do juiz*, que não se confunde com o objeto do processo (*Streitgegenstand*, ou "objeto litigioso", como alguns preferem), inclui toda a massa de questões e pontos juridicamente relevantes com que o juiz deve tomar contato no processo para decidir, sejam de mérito, relativos às condições da ação ou à regularidade formal do processo mesmo (*supra*, n. 115): Liebman, *Manual de direito processual civil*, I, n. 80, pp. 222 ss.; Dinamarco, *Instituições de direito processual civil*, II, n. 483, pp. 191 ss.

57. Barbi limita ao litisconsórcio fundado no inc. IV as considerações que faz acerca do número de litisconsortes (*Comentários ao Código de Processo Civil*, I, n. 288, esp. p. 263).

União Federal, para a liberação de automóveis retidos na Alfândega, quando das famosas importações de *Cadillacs*, que ocorreram após a Segunda Grande Guerra".[58] A esse exemplo somam-se outros da experiência concreta dos tribunais brasileiros, como o da ação rescisória movida pela União Federal a *mais de quatrocentos* servidores,[59] o da ação declaratória movida pelo devedor a cerca de *quarenta* de seus credores por negócios distintos,[60] o de setenta funcionários do então Estado da Guanabara que intervieram como litisconsortes em processo já antes instaurado por colegas seus com análoga pretensão.[61] Pesquisa realizada no Estado de Pernambuco revelou casos de invasão de propriedades urbanas na Região Metropolitana do Recife (nove casos pesquisados), sendo que alguns deles vieram ter à Justiça, com *sessenta invasores* citados em um só processo e com *trezentos e cinqüenta autores* em uma demanda de interdito proibitório contra a eventual intenção do Governo de desalojá-los.[62] Mais impressionante do que todos os outros casos de que se tem notícia é o de *milhares de alunos* litigando contra a Fundação Armando Álvares Penteado, no foro da Capital paulista.[63]

58. Trata-se da sustentação feita, com absoluta originalidade, por Celso Agrícola Barbi (*Comentários ao Código de Processo Civil*, I, n. 288, pp. 261-263), de quem são o exemplo e as considerações referidas acima. Muitos outros aderiram a essa tese, assim como no texto se faz e conforme elenco já referido (*supra* 48 – Luís Antônio de Andrade, Arruda Alvim, Humberto Theodoro Júnior, Barbosa Moreira).

59. *Cfr*. STF, 1ª T., RE n. 87.001, j. 6.12.77, rel. Soares Muñoz, v.u., *RTJ* 84/1.042.

60. *Cfr*. 1º TACSP, 5ª C., ap. n. 246.009, j. 23.8.78, rel. Toledo Piza, v.u., *RT* 522/126.

61. *Cfr*. STF, 2ª T., RE n. 72.340, j. 6.3.72, rel. Thompson Flores, v.u., *RTJ* 61/204.

62. Esses casos foram estudados por Joaquim Arruda Falcão em interessantíssima tese apresentada à 9ª Conferência Nacional da Ordem dos Advogados do Brasil (Florianópolis, 2 a 6.5.82), com o titulo "Justiça social e justiça legal" (v. esp. n. IV, pp. 11-12).

63. *Cfr*. TJSP, 6ª C. Civ., j. 7.6.79, rel. César de Moraes, v.u., *RT* 532/66 (julgamento conjunto das apelações nn. 273.183 e 273.189, com os agravos de instrumento nn. 273.185 e 273.187).

Na jurisprudência mais recente colhem-se mais os seguintes casos de litisconsórcio unitário apreciados pelos tribunais:

a) duzentos fiscais de contribuições previdenciárias e componentes do grupo de tributação, arrecadação e fiscalização, ajuizaram ação ordinária contra o Instituto de Administração Financeira da Previdência e Assistência Social-IAPAS, buscando equiparação em relação aos auditores do Tesouro Nacional;[64]

b) cento-e-sete policiais demandaram em conjunto para pleitear o recálculo de seus vencimentos;[65]

c) ação civil pública movida em face de sessenta e três réus (para impugnar doze atos administrativos);[66]

d) ação movida por sessenta e três contribuintes para pedir a restituição de valores recolhidos a maior a título de PIS e sua compensação com contribuições previdenciárias.[67]

Como já foi consignado (*supra*, n. 146), são de relativa freqüência as demandas conjuntas de dezenas ou mesmo centenas de funcionários públicos em busca de vantagens estatutárias da mesma natureza, a que todos se afirmam com direito.[68] Também não são raras as ações de grupos de contribuintes, para obter determinada isenção ou a declaração de inexistência de dada obrigação tributária.

148. vantagens e desvantagens

Mal algum haverá nesses vultosos cúmulos de pessoas e de demandas em um só processo, enquanto não derem causa àqueles males indicados no item precedente, ou ao menos enquanto as dificuldades trazidas não forem de tal monta que superem as van-

64. *Cfr.* STJ, 2ª T., REsp n. 8.665, j. 28.4.98, rel. Adhemar Maciel, v.u., *DJU* 17.8.98, p. 50.

65. STJ, 5ª T., REsp n. 40.622, j. 16.3.00, rel. Jorge Scartezzini, v.u., *DJU* 2.5.00, p. 155.

66. TJMG, 3ª C. Cív., ap. n. 1.0000.00.169573, j. 9.11.00, rel. Aloysio Nogueira, v.u., *DJU* 1.12.00.

67. STJ, 2ª T., REsp n. 398.161, j. 13.5.03, rel. Franciulli Netto, v.u., *DJU* 26.3.03, p. 314.

68. Foram bastante conhecidos no foro paulistano os casos que no jargão forense levaram o nome de *ações do repicão* (*supra,* n. 41).

tagens oferecidas pela realização de um só processo. Será muito bom, ao contrário, que mediante um só procedimento e sentença única possa o juiz resolver uma série grande de litígios individuais da mesma ordem, com economia e sem o risco de decisões conflitantes (*timor ne varie dicetur*), inerente aos julgamentos isolados. A tendência é, hoje, pela ampliação da tutela jurisdicional mediante verdadeira *transmigração do individual para o coletivo*.[69]

A conveniência do cúmulo termina, porém, onde começam os embaraços mais graves que o número muito grande de litisconsortes pode ocasionar. Entre os exemplos indicados acima, em dois casos foram os tribunais obrigados a *transigir com certas exigências* do devido processo legal, diante de processos multitudinários já consumados em primeiro grau de jurisdição, para evitar a pronúncia de sua nulidade. Em um deles foi tolerada a *citação edital* dos quatrocentos réus, com o fundamento de que "as normas processuais não podem ser interpretadas no sentido de impossibilitar o andamento da causa" (*supra*, n. 147); em outro deu-se por válida a sentença apesar de não relacionados *os nomes dos milhares de autores* (*supra*, n. 73).

Nos pleitos do Estado de Pernambuco, referidos acima, várias concessões tiveram de ser feitas e várias exigências da ordem legal do processo civil foram postas em segundo plano, a saber: a) em quase nenhum dos casos pesquisados foi possível realizar a *citação* de todos os numerosos réus e nem por isso o processo deixou de

69. Palavras de Barbosa Moreira. Estamos ainda no campo da tutela jurisdicional *individual*, mas o grande número de favorecidos sugere alguma semelhança com a tutela coletiva, de grande modernidade (CDC, art. 81, par., inc. III). Não abrange categorias ou grupos inteiros de pessoas mas somente os sujeitos nominados que estiverem presentes no litígio – e isso é que substancialmente deixa o litisconsórcio numeroso no campo da tutela individual. Além disso, a técnica processual é outra, com legitimidade também individual. O que o aproxima das ações coletivas para defesa de direitos e interesses individuais homogêneos é a tendência ao julgamento de interesses de muitos, mediante pronunciamentos que na prática costumam ficar na tese jurídica ou afirmação de fatos genéricos. O ponto de relativa equivalência é a *molecularização da tutela jurisdicional*, propiciada pelas ações coletivas e também pelo litisconsórcio numeroso (expressão cunhada por Kazuo Watanabe).

prosseguir; b) houve caso em que, indicados tantos invasores como réus na demanda, os *limites subjetivos* desta foram violados (CPC, art. 128) e veio a ser expedido mandado de reintegração contra muitos outros que não figuravam como parte no processo; c) houve processo em que o advogado constituído por certo número de invasores acabou patrocinando os interesses de todos, inclusive dos que não lhe haviam *mandato algum;* d) a repercussão social dessas causas levou o juiz, em uma delas, a violar regras legais sobre os *prazos* (ampliando-os, à espera de melhor entendimento entre as partes) e sobre os *dias úteis* para a prática de atos judiciais (mandado efetivado em sábado e domingo); e) o princípio da *publicidade* sofreu restrições, não sendo possível admitir à sala de audiências todas as centenas de litisconsortes.[70]

Enquanto essas transgressões à ordem processual concorrem para a efetividade do acesso à justiça, elas são até sadias e bem-vindas apesar do inevitável casuísmo: mais vale a preservação da ordem jurídico-material com produção de resultados justos apesar do sacrifício dos dogmas do processo, do que o culto a estes quando isso importa denegar justiça.[71] Inconvenientes mais graves e preocupantes começam a surgir quando o cúmulo exagerado de partes chega ao ponto de *prejudicar o pleno desenvolvimento do contraditório* entre as partes ou o próprio *exercício da função jurisdicional* – e é natural que o litisconsórcio facultativo deixe então de ser admissível, em qualquer de todos os casos agora aventados, quando através dele vierem aqueles inconvenientes

70. *Cfr.* Araújo Falcão, *Justiça social e justiça legal*, n. IV, pp. 11 ss. Falando sobre as *class actions* do direito anglo-americano (membro de uma categoria de pessoas, legitimado individualmente a postular em prol da categoria, desde que seja representativo – o *ideological plaintiff*), disse Mauro Cappelletti que, através delas e de outros institutos emergentes no direito processual civil contemporâneo, "as velhas regras e estruturas processuais em questão de legitimação e interesse de agir, de representação e substituição processual, de notificação, e em geral, de direito ao contraditório, de limites subjetivos e objetivos da coisa julgada, caem como um castelo de cartas" (*cfr.* Mauro Cappelletti, "Formações sociais e interesses coletivos diante da justiça civil", XII, p. 147).

71. Essa é uma colocação instrumentalista, que põe em primeiro plano o escopo social pacificador do processo e reduz este a sua devida condição de meio a serviço de tal fim – *cfr.* Dinamarco, *A instrumentalidade do processo*, esp. n. 21, pp. 188 ss.

Isso pode acontecer tanto no litisconsórcio originário quanto no sucessivo, ou ulterior, com referência específica ao qual já foram feitas algumas considerações (*supra*, esp. n. 144). Pode acontecer também, tanto por ter o autor dirigido sua demanda a um número muito grande de sujeitos (litisconsortes passivos), quanto por se reunirem muitas pessoas no lado ativo da demanda e do processo (litisconsortes ativos). Os exemplos relacionados contemplam essas duas hipóteses.

149. preservar o exercício da ação, da defesa e da jurisdição

Quando o litisconsórcio multitudinário importar fatos distintos e muito intrincados a considerar, sendo a situação de cada litisconsorte tão autônoma e independente das dos demais, que para compreendê-la seja necessária prova autônoma, referente a fatos autônomos, é evidente que isso dificultará a marcha do procedimento, agravando-se a situação na razão direta do número dos colitigantes. A partir de observações dessa ordem ponderou a melhor doutrina brasileira que o litisconsórcio numeroso às vezes se mostra *prejudicial à defesa do réu:* imagine-se um mandado de segurança impetrado por centenas de servidores para obtenção de determinada vantagem estatutária, não tendo o impetrado, no prazo para as informações, sequer tempo de examinar cumpridamente a documentação de cada um.[72] Enquanto a grande concentração de litisconsortes (ativos ou passivos) for provocada pelo autor, ou autores em coligação inicial no processo, a única preocupação há de ser mesmo pela situação da parte passiva na relação processual: nada poderão aqueles lamentar, em face de uma situação criada por eles próprios. Impõe-se nesse caso a regra consagrada no art. 243 do Código de Processo Civil: ao causador da nulidade falece legitimidade para postular sua decretação.

Mas acontecem casos em que o litisconsórcio ficará muito numeroso a partir da admissão de litisconsortes *intervenientes*, pelo modo já examinado (*supra*, nn. 142 ss.). Nesses casos merece também ser considerada a situação dos autores originários, que poderiam ficar prejudicados pelo acréscimo de tantas outras

72. *Cfr*. Barbi, *Comentários ao Código de Processo Civil*, I, n. 288, p. 263.

partes e pelas complicações e delongas daí decorrentes, sem que para isso houvessem de qualquer forma concorrido.

Dessas observações decorre a colocação, já anunciada mais acima, de que não só o pleno desenvolvimento do *jus excipiendi* há de ser considerado, mas também o eficiente *exercício da ação*. Em outras palavras, torna-se inadmissível o litisconsórcio de muitos sempre que, por força dele, ficar *uma das partes* em situação de inferioridade no processo, com cerceamento da defesa de seus interesses. Isso constitui violação à regra constitucional da igualdade (Const., art. 153, § 1º), presente no direito processual pela forma da *paridade em armas entre as partes*,[73] com a qual o juiz há de ter constante preocupação (CPC, art. 125, inc. I).

Além disso, como também já indicado acima, não só às partes pode advir prejuízo em suas posições no processo, mas também ao próprio *exercício correto e expedito da jurisdição*. Em casos particularmente graves o exagero multitudinário tornaria insuportavelmente penosa a tarefa de instruir a causa e julgar todas as demandas, com a pesquisa da documentação de cada um dos litisconsortes, demorada e com grande risco de errar, diante dos vários volumes que viriam a compor os autos do processo.

Há portanto razões inerentes ao interesse particular das partes, a que às vezes se somam outras de destacado interesse público, a tornar em muitos casos inadmissível o litisconsórcio multitudinário. Apesar das vantagens que ele em tese possa apresentar, consistente em multiplicar a abrangência da tutela jurisdicional, é preciso sempre avaliar os males que estejam presentes no litisconsórcio excessivamente numeroso.

150. critérios e soluções

É impossível traçar normas rígidas, definindo aprioristicamente os limites do litisconsórcio numeroso. Seja quanto à natu-

73. *Cfr.* Tarzia, "Parità nelle armi tra le parti e poteri dei giudice nel processo civile", *passim*. Araken de Assis associa expressamente a inadmissibilidade do litisconsórcio numeroso ao principio da igualdade das partes (*Cumulação de ações*, n. 50, pp. 166 ss.).

reza e intensidade das dificuldades trazidas, seja quanto ao próprio *número dos litisconsortes*, que multiplica essas dificuldades na razão direta de seu próprio crescimento, é a sensibilidade do juiz que o levará a ver, em cada caso concreto, até onde o litisconsórcio é admissível e a partir de onde as desvantagens preponderam.

Sensível a essa realidade, o parágrafo acrescido ao art. 46 do Código de Processo Civil dispõe: "o juiz poderá limitar o litisconsórcio facultativo quanto ao número de litigantes, quando este comprometer a rápida solução do litígio ou dificultar a defesa". Tal disposição, que tem como precedente o art. 103, 2ª parte, do Código italiano, reflete também a constante preocupação do legislador brasileiro em acelerar a tutela jurisdicional.[74] Tratando-se de litisconsórcio já proposto no momento de formação do processo (*litisconsórcio originário*), deve o juiz fazer esse juízo logo ao despachar a petição inicial. Cumpre-lhe impor o *desdobramento* sempre que perceber que o litisconsórcio multitudinário poderá chegar a níveis de complicação capazes de embaraçar o próprio exercício da jurisdição, conforme descrito mais acima; essa é uma razão de ordem pública, que ele deve considerar *ex officio*. É claro que ao juiz não se mostra sempre nítida a diferença, em si mesma sutil, entre casos em que o litisconsórcio multitudinário prejudicará o exercício de seu mister no processo e casos em que poderá trazer prejuízos apenas às partes. Se ele se convencer de que o desenvolvimento de sua função não ficará prejudicado (mandando então que as citações se façam) ou, em qualquer hipótese, se não tiver determinado o desdobramento desde logo, a impugnação do litisconsórcio constituirá *ônus do réu*, ou dos réus; deverá esta ser feita, sob pena de *preclusão*, na primeira oportunidade em que lhes couber falar nos autos, ou seja, na peça de *resposta* (CPC, art. 245).[75]

74. Ao juiz peninsular permite-se desdobrar o processo e separar as causas nele contidas, "quando la continuazione della loro riunione ritarderebbe o renderebbe più gravoso il processo".

75 . Em um caso o Superior Tribunal de Justiça afastou a limitação do "litisconsórcio" operada nas instâncias inferiores porque a hipótese em verdade era de substituição processual dos associados pela entidade de classe (*cfr.* STJ, 5ª T.,

151. recusa e preclusão

A recusa do litisconsórcio multitudinário precisa ser *fundamentada*, com a razoável demonstração do prejuízo que no caso possa representar. Nem mesmo nessa hipótese se admite a recusa peremptória no direito brasileiro vigente: é sempre *ao juiz* que compete, mediante *decisão interlocutória*, determinar a continuação do litisconsórcio conforme deduzido ou o desdobramento do processo.[76]

Ao conferir ao pedido de *limitação do litisconsórcio* o efeito de interromper o prazo para responder à inicial, o parágrafo do art. 46 deixa claro que pretende seja ele deduzido logo após a citação, sob pena de precluir a faculdade de fazê-lo.[77] Quando se tratar de litisconsórcio proposto mediante *intervenção litisconsorcial voluntária*, instaurar-se-á um incidente na forma do art. 51 do Código de Processo Civil e, como já exposto, todas as partes originárias serão chamadas a manifestar-se sobre sua admissibilidade (não só o réu – *supra*, n. 145). No caso de *denunciação da lide* ou no de *chamamento ao processo*, o adversário do denunciante ou do chamador, sendo chamado a dizer sobre o pedido de interven-

REsp n. n. 545.716, j. 17.10.06, rel. Arnaldo Esteves Lima, v.u., *DJU* 6.11.06, p. 359.). Também se afastou a limitação em casos que, a despeito de numeroso, o litisconsórcio não comprometia a rápida solução do litígio nem dificultava a defesa: *cfr*. TJSP, 7ª C. Dir. Púb., agr. instr. n. 368.116, j. 3.5.04, rel. Milton Gordo, v.u.; TJSP, 8ª C. Dir. Púb., agr. instr. n. 706.377, rel. Paulo Dimas Mascaretti, v.u.; STJ, 3ª S., MS n. 5.819, j. 11.11.98, rel. Edson Vidigal, v.u., *DJU* 7.12.98, p. 40; STJ, 3ª S., MS n. 8.828, j. 14.5.03, rel. Paulo Gallotti, v.u., *DJU* 12.8.03, p. 186; STJ, 3ª S., MS n. 9.057, j. 26.11.03, rel. Fontes de Alencar, v.u., *DJU* 15.12.03, p. 177.

76. Reitera-se, pois, que não tem razão a *justificativa* da lei n. 8.952, de 13 de dezembro de 1994 quando disse que o parágrafo acrescido ao art. 46 traria consigo a esdrúxula figura do *litisconsórcio recusável* (*supra*, nn. 42 e 49 – *infra*, n. 189). A propósito, *cfr*. Araken de Assis, *Cumulação de ações*, n. 50, esp. p. 168: "logo a recusabilidade se tornou uma falsa questão. Existem agora, entre os pressupostos do litisconsórcio, a preservação da igualdade das partes, que, em alguns casos, impede antes a manutenção do que, propriamente, a constituição do cúmulo subjetivo".

77. *Cfr*. STJ, 5ª T., REsp n. 402.447, j. 14.4.06, rel. Laurita Vaz, v.u., *DJU* 8.5.06, p. 267; STJ, 1ª T., REsp n. 571.771, j. 18.12.03, rel. José Delgado, v.u., *DJU* 22.3.04, p. 245.

ção, poderá impugnar o litisconsórcio multitudinário que por esses meios se pretenda formar – assim como os próprios denunciados ou chamados serão também admitidos a fazê-lo quando citados.

Hipótese talvez não muito provável mas plenamente admissível de grande número de litisdenunciados é a da denunciação *per saltum* admitida pelo art. 456 do Código Civil no trato da evicção ("o adquirente notificará do litígio o alienante imediato ou qualquer dos anteriores"). Se houver uma longa linha sucessória ao alcance do atual titular do bem e este se valer do que tal dispositivo autoriza, aí se implantará um provavelmente complexo litisconsórcio multitudinário, que o juiz deverá apreciar adequadamente em cada caso.[78]

Por força da *preclusão* operada quando as partes omitem a tempestiva impugnação à admissibilidade do litisconsórcio numeroso (nas diversas hipóteses acima ou mediante agravo), se este se instaurar e sobreviver apesar de inconveniente ao processo, nem por isso será o caso de mais tarde pronunciar uma nulidade (*supra,* n. 99). Como foi salientado, porém (*supra*, n. 145, parte final), essa é uma preclusão *que atinge somente as partes:* apesar de ter permitido a formação do litisconsórcio muito numeroso ou de, em um primeiro tempo, haver indeferido o desdobramento que uma das partes lhe requereu, pode o juiz a qualquer tempo (antes de proferida a sentença) e até mesmo *ex officio*, mandar que o processo se desdobre sempre que isso seja considerado essencial para o exercício da jurisdição ou para o equilíbrio de situações entre as partes (*parità nelle armi*). Tratar-se-á sempre de uma decisão interlocutória, sujeita ao recurso de *agravo.*

152. interrupção do prazo para responder

A impugnação do litisconsórcio multitudinário, feita pelo réu no prazo para responder à inicial,[79] determinará a interrupção

78. *Cfr.* Dinamarco, *Instituições de direito processual civil*, II, n. 605-A, p. 416.

79. Não se pense em prazo menor, porque o *pedido de limitação* é em si mesmo uma *defesa* e não seria razoável comprimir em um número reduzido de dias a faculdade de opô-la.

desse prazo: proferida a decisão a respeito, o prazo volta a fluir do início (porque não se trata de mera *suspensão*). Essa interrupção aproveitará a todos os réus, ainda quando feita a impugnação por um deles apenas, visto que o Código de Processo Civil procura harmonizar o início de fluência do prazo para a resposta de todos eles, fazendo-a começar sempre no mesmo dia (art. 241). Se houver mais de uma impugnação o prazo volta a fluir quando todos os réus tiverem sido intimados da última das decisões a respeito.

Mutatis mutandis aplicam-se essas regras também aos litisdenunciados e aos chamados ao processo, os quais poderão deduzir suas impugnações no prazo que têm para oferecer resposta e ficarão com o prazo interrompido até que se dê a última das intimações de decisões sobre elas.

153. desistência da ação

Sendo *facultativo* o litisconsórcio instaurado em um processo, é admissível que desista da ação apenas algum, ou alguns dos autores, prosseguindo o feito com os que não desistiram; e também pode o autor, no caso de esse litisconsórcio ser *passivo*, desistir eficazmente da ação só quanto a algum ou alguns dos réus, permanecendo em litígio com os demais. Em ambas as hipóteses trata-se de cúmulo apenas *permitido* pela lei e não *exigido* – de modo que nada impede que se desfaça a coligação que desde o começo do processo até poderia *inexistir*. Não prevalecem aqui as razões que tutelam a permanência do cúmulo objetivo instaurado em caso de litisconsórcio necessário, uma vez que elas são inerentes à necessariedade, traduzindo uma legitimidade indispensavelmente conjunta que no litisconsórcio facultativo obviamente não se vê (*supra*, n. 114).[80]

80. *Cfr.* 1º TACSP, 2ª C., ap. n. 311.559, j. 18.5.83, rel. Rangel Dinamarco, v.u., *JTA* 84/35. O *regime* do litisconsórcio (unitário, comum) em nada influi na questão da desistência. Como pode haver litisconsórcio unitário que seja facultativo (*supra*, n. 93), o desfazimento do litisconsórcio pela via da desistência subjetivamente parcial trará apenas a exclusão de uma pessoa que, afinal, desde o início poderia ter sido omitida. Reconfirma-se que a questão da admissibilidade

Em outras palavras, em caso de facultatividade é admissível que o litisconsórcio se desfaça ou se reduza em virtude de uma desistência subjetivamente parcial, sem que isso implique extinção do processo, pois é licita a continuação deste com as partes remanescentes.

Tratando-se de litisconsórcio facultativo sujeito ao regime *comum* (não-unitário), a desistência tem por efeito, além da exclusão do litisconsorte ativo que desistiu ou do passivo com relação ao qual houve a desistência, o *estreitamento do objeto do processo*. Resolve-se esse litisconsórcio em um cúmulo não só de sujeitos mas também de demandas autônomas, cada uma destas referente a um dos sujeitos litisconsorciados (*supra*, n. 32). Tome-se o exemplo dos funcionários públicos que se litisconsorciam em litígio contra a Administração, cada um deles demandando para si uma vantagem da mesma natureza da que os demais postulam, mas identificando-se, na unidade formal da iniciativa de todos, tantos pedidos quantos são eles. Havendo desistência subjetivamente parcial, segue o *mesmo processo*, porém com vista ao julgamento de uma ou várias dessas demandas a menos do que inicialmente se pretendia, o que significa que seu objeto se reduziu.

O litisconsórcio conceitua-se como a presença de mais de um autor ou réu *no mesmo processo*, sendo errôneo o entendimento de que se trata de tantas relações processuais quantos os litisconsortes, ainda quando ele seja facultativo e comum (*supra*, nn. 10-11). Por isso, não se pode falar em *extinção do processo quanto aos que são excluídos*, quer ocorra a desistência parcial ou qualquer outra causa que, estivessem em litígio apenas um autor e um réu, determinaria a extinção do processo.[81]

O principal desdobramento que dessa colocação se extrai é que o ato de homologação da desistência subjetivamente parcial: esse ato judicial dá solução a uma questão incidente ao proces-

da desistência em processo litisconsorcial liga-se à *necessariedade ou facultatividade* do litisconsórcio, não ao regime deste.

81. Sobre o tema "quando as causas extintivas não produzem a extinção do processo", *cfr.* minhas *Instituições de direito processual civil*, III, n. 882, p. 192.

so, sem pôr-lhe fim, o que afasta sua assimilação no conceito de *sentença*. Está portanto sujeito ao recurso de *agravo*, não de apelação.[82] Essa conclusão aplica-se também ao litisconsórcio facultativo *unitário*, onde a desistência subjetivamente parcial tem apenas o efeito de excluir um ou alguns dos litisconsortes, deixando porém intacto o objeto do processo (fator sem relevância para a conclusão adiantada).[83]

154. anuência e homologação

Como toda desistência da ação, essa também só produz efeito a partir de quando homologada (CPC, art. 158, par.), permanecendo todas as partes sujeitas aos vínculos decorrentes da litispendência enquanto a homologação não se der. Está no direito positivo, igualmente, a exigência do *consentimento do réu* como requisito para que a desistência seja homologada (art. 267, § 4º). A justificativa em que essa exigência se apóia é a expectativa de

82. A essa conclusão e por esse fundamento, chegou a 2ª Câmara do Primeiro Tribunal de Alçada Civil de São Paulo, em julgamento unânime no qual figurei como relator (ap. n. 277.816, j. 8.4.81, v.u.). Tratava-se de carência parcial de ação, proclamada pelo juiz (aplicando-se o mesmo raciocínio que está no texto acima) e o acórdão disse: "o ato impugnado foi típica decisão interlocutória, a qual, solucionando questão incidente suscitada pelo réu, houve por bem reduzir o objeto do processo" *etc*. (*supra*, n. 10). No mesmo sentido, *cfr.* STJ, 3ª T., REsp n. 12.634, j. 26.11.91, rel. Dias Trindade, m.v., *DJU* 30.3.92, p. 3.987; STJ, 4ª T., REsp n. 162.151, j. 30.4.98, rel. Ruy Rosado de Aguiar, v.u., *DJU* 29.6.98.

83. Como já salientado, existem relações de direito material que não dizem respeito a duas pessoas apenas, ou que ao menos projetam *reflexos* em situações jurídicas de uma pluralidade de pessoas, resultando daí a legitimidade destas para conduzir em juízo os interesses, próprios e às vezes alheios, relativos a ditas relações (substituição processual). Tomemos o exemplo da *ação popular*, através da qual pode qualquer cidadão postular a condenação dos autores e beneficiários de atos lesivos, em favor do patrimônio público ou de entidades de que participe o Estado *etc*. Quer se apresente um só autor ou vários deles em litisconsórcio, o objeto do processo é um só e não se altera por essa circunstância nem pelo ingresso de mais autores durante a marcha processual ou pela exclusão de algum deles (*supra*, n. 93). Ocorrendo desistência de um dos autores em caso de litisconsórcio facultativo unitário, reduz-se ou elimina-se o cúmulo subjetivo mas, como se disse no texto, fica intacto o objeto do processo.

um julgamento de mérito, talvez favorável, que a propositura da demanda e os rumos tomados pelo processo criaram para ele, não sendo econômico nem justo privá-lo desse julgamento sem a sua concordância; o réu pode sentir, pelo desenvolvimento da causa e de sua instrução, que a solução do mérito penderá para o seu lado e, se assim preferir, negará o consentimento à homologação pretendida, com isso frustrando legitimamente a possível manobra estratégica do autor.[84-85] Como projeção dessa regra sobre os casos de desistência subjetivamente parcial, resulta que a homologação dependerá sempre do *consenso do réu, ou réus, que ela vise a atingir*. Não têm o poder de impedi-la, opondo-se à desistência, nem os litisconsortes passivos quanto aos quais não se manifestou desistência alguma, nem muito menos os ativos que não hajam desistido. Várias combinações são possíveis e tratemos de vê-las uma a uma, para ilustração da regra que acaba de ser exposta:

a) se o litisconsórcio for ativo, a desistência de um dos autores poderá ser homologada se o réu (único) vier a concordar, não tendo voz os demais litisconsortes autores;

b) havendo só um autor e vários réus (litisconsórcio passivo), a desistência quanto a um destes independerá do consentimento dos demais;

84. *Cfr*. Liebman, *Manuale di diritto processuale civile* II, n. 257, esp. p. 202. E essa é a razão pela qual a extinção do processo ou fase executiva por desistência independe do concurso da vontade do demandado; na execução, ou se chega a um resultado favorável e útil ao demandante, ou não se chega a resultado útil algum. Tal é o *desfecho único*, de que fala a doutrina, sendo inconcebível um provimento executivo (satisfativo) em favor do devedor (*cfr*. Dinamarco, *Instituições de direito processual civil*, III, n. 772, p. 31 e IV, n. 1.336, p. 59; *Execução civil*, n. 89, pp. 158 ss.).

85. O parágrafo do art. 298 do Código de Processo Civil, que obviamente se restringe ao litisconsórcio facultativo (no necessário é inadmissível a desistência subjetivamente parcial: *supra*, n. 114), cuida de caso onde a desistência da ação quanto a um litisconsorte não citado independe da concordância deste (ele nem está ainda na relação processual) nem muito menos dos demais; a estes basta dar conhecimento da desistência, para o efeito de fixar o *dies a quo* do prazo para a resposta. Essa desistência, todavia, não impedirá que, ocorrendo uma das hipóteses do art. 77, no momento oportuno o demandado remanescente *chame ao processo* aquele com relação ao qual o autor desistira antes da citação (*infra*, n. 155).

c) se no processo houver um litisconsórcio ativo e um passivo, desistindo um dos autores quanto a um réu só, será necessário somente que este concorde, nada importando a atitude dos demais réus e muito menos a dos litisconsortes ativos;

d) ainda no caso de coexistência de um litisconsórcio ativo e um passivo, a desistência de um dos autores quanto a todos os réus dependerá do consenso de todos eles mas dos demais autores, evidentemente não;

e) sempre na hipótese de litisconsórcio ativo e passivo no mesmo processo, a desistência de todos os autores quanto a um dos réus dependerá do consenso deste apenas e não dos demais litisconsortes passivos;

f) obviamente, se todos os autores desistirem com relação a todos os réus, será necessário que todos concordem, tendo-se então uma desistência integral e não parcial (e o processo terá fim – CPC, art. 267, inc. VIII);

g) se houver desistência quanto a dois, vários ou todos os réus e nem todos os destinatários da desistência concordarem, o processo continuará com os dissidentes, excluídos os que tiverem consentido sem qualquer ressalva.

Com essas ilustrações e esclarecimentos torna-se mais fácil compreender por que a homologação da desistência dependerá apenas do consenso dos réus aos quais ela se refere, não de seus litisconsortes e muito menos dos litisconsortes do autor que desiste. É que a desistência da ação poderá eventualmente frustrar uma expectativa apenas da parte a quem se dirige (*supra*, n. 154), não de outras pessoas. Exigir a anuência daqueles que não se acham envolvidos naquela porção do objeto do processo que o desistente pretende excluir, significaria caminhar além dos objetivos e da *ratio* da própria exigência do consentimento (art. 267, § 4º), violando com isso, além dos limites da lei e da razão, o poder que em princípio toda pessoa tem de litigar quando quer e nos limites em que o quer.[86]

86. Para José Rogério Cruz e Tucci (*Desistência da ação*, n. 2.8, esp. p. 12), em caso de desistência em processo contendo litisconsórcio facultativo "somente aquele ou aqueles que forem visados pela desistência deverão ser ouvidos quanto ao intento do autor". Não faz as distinções aqui propostas.

155. desistência da ação e chamamento ao processo

Um fator de outra natureza interfere na aplicação da regra acima considerada, trazendo-lhe algum abrandamento para que em certos casos a homologação da desistência relativa a um dos réus se repute condicionada ao assentimento de seu litisconsorte. Esse fator é o instituto do *chamamento ao processo*, com os poderes e ônus a ele inerentes e conferidos ao réu pelo direito positivo. Sabe-se que, ao chamar terceiro ao processo, aquele que já figura neste como réu provoca um litisconsórcio passivo, impondo ao autor um réu a mais, perante ele legitimado mas contra o qual não pretendeu litigar ao propor a demanda inicial (*supra*, n. 141); e, instaurado por essa via o litisconsórcio facultativo passivo, a eventual procedência da demanda inicial expressar-se-á na condenação solidária do chamador e chamado em favor do adversário comum, que é o autor.[87]

Ora, entre as hipóteses de admissibilidade do chamamento ao processo, autorizadas pelo art. 77 do Código de Processo Civil, duas existem nas quais se vê uma reciprocidade de situações: qualquer dos cofiadores tem a faculdade de chamar os demais (inc. II), assim como qualquer dos devedores solidários pode também chamar os outros (inc. III). Só não há essa duplicidade de sentidos vetoriais na hipótese do inc. I, pois o fiador é admitido a chamar o afiançado mas este não pode chamar aquele (é evidente que, demandado isoladamente e condenado afinal, não irá sub-rogar-se o afiançado em qualquer direito perante o fiador).

87. *Cfr.* Dinamarco, *Intervenção de terceiros*, n. 94, pp. 177-179. Diferentemente do que sucede na denunciação da lide, o chamamento se admite em hipóteses nas quais o terceiro era parte legítima passiva *ad causam* perante o autor, obrigado perante ele no plano do direito material; e por isso é que, uma vez chamado, receberá condenação solidária. Na *litisdenuntiatio*, a legitimidade passiva do terceiro é apenas perante o litisdenunciante (não o ligando qualquer vínculo substancial à parte contrária), sendo esta a razão pela qual, julgada procedente a ação "principal", ele é condenado em favor de quem lhe denunciou a lide (ordinariamente, o réu) e não em solidariedade com este e em favor do adversário deste.

Nos casos em que o chamamento se admite em duplo sentido (incs. II-III), feito ele o autor poderá ainda, se quiser, desistir quanto ao chamador; essa desistência, contudo, só será homologada se concordar não só o próprio chamador (com relação ao qual se manifestou a desistência) mas também o chamado, embora a desistência não se dirija a ele. Essa regra não está escrita em texto algum, nem conheço qualquer precedente judiciário no assunto, mas decorre do sistema em que se insere o instituto do chamamento ao processo e visa a resguardar a faculdade, que também o chamado tem, de figurar no pólo passivo em conjunto e não isoladamente. Assim como a demanda inicial se dirigiu contra um dos coobrigados (co-fiadores, devedores solidários) e o demandado provocou o litisconsórcio ao chamar o outro ao processo – assim também poderia ela ter visado a este segundo, o qual teria igualmente a faculdade de chamar o outro.

E assim é que, sendo homologada a desistência com relação ao coobrigado que chamou, o que foi chamado perde o litisconsorte que tinha e perante o qual poderia mais tarde valer-se da vantagem instituída no art. 80 do Código de Processo Civil. Pode ser que ele aceite essa situação, quando então dará sua ausência. Mas em outros casos pode suceder que lhe convenha o litisconsórcio decorrente da solidariedade; e ele, então, ao discordar da desistência, obtém o que poderia obter se a ele tivesse visado a demanda inicial, ou seja, o litisconsórcio com o seu coobrigado e a situação vantajosa conferida pelo art. 80.

Por isso é que, se a homologação da desistência envolvendo apenas o chamador vier a ser concedida sem o consenso do chamado, ela estará em choque com a disciplina sistemática do instituto do chamamento ao processo, deixando como réu único, contra sua vontade, uma pessoa que, pela situação criada, não poderá chamar ao processo o seu coobrigado – ou seja, justamente o chamador excluído (mas v. *supra*, n. 154).

Essas considerações prevalecem apenas no tocante às hipóteses dos incs. II e III do art. 77. No caso do fiador que chamou o afiançado (inc. I) a desistência quanto àquele dependerá somente de sua própria anuência e não da do chamado, uma vez que, como já exposto, o chamamento não comporta, aí, *dupla mão de direção*. Ficando só o devedor principal no processo, ainda que contra sua vontade, achar-se-á ele na mesma situação em que se encontraria se apenas a ele tivesse sido movida a demanda inicial, ou seja, sem a possibilidade de chamar o fiador. Essa desistência, portanto, não lhe trará prejuízo algum.

Pode também acontecer que já a demanda inicial abranja como réus todos esses coobrigados referidos nos incisos do art. 77. Pelas razões já expostas, a desistência da ação quanto a algum deles dependerá da concordância de todos os litisconsortes passivos, sempre que se tratar de uma situação em que poderiam estes, se demandados sem aquele com relação ao qual a demanda é feita, chamá-lo ao processo. Qualquer fiador poderia chamar os demais cofiadores (inc. II); qualquer devedor solidário poderia chamar os outros devedores (inc. III); o fiador poderia chamar o devedor principal (inc. I). Desistindo quanto ao que poderia ser chamado, o autor estaria privando os demais de um litisconsorte que pela via do chamamento ao processo poderia vir a ter. Isso só não acontece, como dito logo acima, se a ação tiver sido movida a fiador e afiançado e a desistência abranger apenas o primeiro: o devedor principal jamais poderia chamar seu fiador ao processo.

Parece evidente, por outro lado, que em hipótese alguma tem o autor a faculdade de "desistir" da ação com referência ao chamado, simplesmente porque a este não moveu ação alguma e porque, se isso fosse admissível, o instituto do chamamento ao processo não teria significado algum na prática, ficando sem valor para o réu o chamamento que fez.

156. competência: aspectos gerais

As regras sobre competência constituem óbices nem sempre superáveis à admissibilidade do litisconsórcio facultativo – apenas do facultativo, porque, quando o litisconsórcio é necessário, a.própria necessariedade conduz invariavelmente à superação de eventual questão de competência, reunindo-se as partes e suas eventuais pretensões plúrimas perante o mesmo juízo, em uma só relação processual (*unus judex, judicium unum*).

No tocante ao litisconsórcio facultativo os numerosos problemas, ou as numerosas facetas da problemática da competência em seus reflexos sobre sua admissibilidade, comportam uma apreciação sistemática, que se fará a partir dos fundamentos de admissibilidade do litisconsórcio, os quais serão vistos em confronto com as espécies de competência colocadas pelo Código. Assim, examinar-se-á o litisconsórcio facultativo fundado na *comunhão* das partes no direito ou obrigação (art. 46, inc. I), na *conexidade* (incs. II-III – *supra,* nn. 40 e 43) ou na mera *afinidade* de questões por um ponto comum de fato ou de direito (inc. IV); e verse-á se e em qual medida cada qual desses fenômenos será capaz de permitir a coligação processual de pessoas, ainda que se trate de demandas que, se propostas isoladamente, caberiam a Justiças diferentes (*competência de jurisdição*), a órgãos judiciários de diferentes graus (competência hierárquica, originária) ou situados em foros diversos (competência territorial), ou ainda a órgãos diferentes localizados no mesmo foro (competência de juízo).

Essa análise leva em conta ainda a linguagem do Código, que fala em competência por matéria, por valor, funcional (por hierarquia) e territorial.[88]

157. competência: comunhão no direito ou na obrigação

Tendo o litisconsórcio facultativo esse fundamento, não são sequer concebíveis limitações à sua admissibilidade, decorrentes da própria relação jurídica controvertida ou de sua maneira de ser (inclusive do *valor da causa*). Se nessa hipótese ela é *una*, havendo apenas pluralidade de legitimados,[89] só as condições pessoais

88. Sobre essas espécies de competência e para conceitos e esclarecimentos atinentes à teoria desta e à sua disciplina positiva, *cfr.* Dinamarco, *Instituições de direito processual civil,* I, esp. nn. 208-209, pp. 448 ss.

89. Fala Tornaghi na "existência de um direito comum ou de uma obrigação de mais de um" (*Comentários ao Código de Processo Civil,* I, p. 213). Amaral

de cada um destes, seu domicílio ou residência, poderão ser diferentes entre si, gerando dúvidas referentes à admissibilidade da reunião de todos eles em uma só relação processual.

Tais problemas serão objeto das especulações a seguir, sempre com a observação de que se considera apenas a hipótese de tratar-se de litisconsórcio com base na comunhão de duas ou várias pessoas no direito ou obrigação que constitui a *causa de pedir* (art. 46, inc. I); e com a conclusão, porém, desde logo avançada, de que *em hipótese alguma as regras sobre a competência excluem a admissibilidade do litisconsórcio facultativo que se apóia nesse fundamento.*[90]

158. esp. competência de jurisdição

O art. 109, inc. I, da Constituição indica a Justiça Federal como competente sempre que, na qualidade de autor, réu, *assistente* ou *opoente*, esteja em juízo a União, autarquia federal ou empresa pública federal. Incluídas como determinantes da competência da Justiça Federal as posições de interveniente acima indicadas, resta claro que ao constituinte não repugna sequer um pouco a reunião de outras pessoas ali não indicadas (além da parte contrária, é claro), no mesmo processo e perante essa Justiça: se a União intervém como assistente, por exemplo, a competência será inexoravelmente dos juízos federais ainda que não figure o assistido no rol daquela disposição constitucional. Do mesmo modo, sendo a União coparticipante da condição de autor ou de réu, não importa quem seja seu litisconsorte e a competência será sempre da Justiça Federal.

Santos refere casos em que "o direito é um só ou a obrigação uma só, com pluralidade de titulares, ou pluralidade subjetiva" (*Primeiras linhas de direito processual civil,* II, n. 306, esp. p. 6); na continuação de seu pensamento, ele associa a essa comunhão a necessariedade do litisconsórcio ("... e os comunheiros *terão* que litisconsorciar-se"), o que não corresponde ao sistema adotado no Código vigente (*supra,* n. 47).

90. Não falta até quem continue associando a necessariedade a esse fundamento da admissibilidade do cúmulo subjetivo, o que, se fosse correto, reforçaria a conclusão adiantada no texto (v. nota ant. e n. *supra,* 48).

A competência de jurisdição não é, portanto, limitativa da admissibilidade do litisconsórcio, litigando a União e seus colegitimados sempre perante os juízos federais e Tribunais Regionais Federais (salvo, como se sabe, as causas em que a própria União demanda ou é demandada nas Justiças Estaduais – Const. art. 109, § 3º).[91]

159. esp. competência originária

A Constituição da República estabelece a competência originária do Supremo Tribunal Federal, por força da condição das pessoas, quando por exemplo cuida do mandado de segurança ou *habeas data* impetrado contra ato do Presidente da República, das Mesas das Casas do Congresso ou do próprio Tribunal (art. 102, inc. I, *d*). Do mesmo modo é originariamente competente o Superior Tribunal de Justiça em casos como a segurança ou *habeas data* impetrado contra ato de Ministro de Estado (art. 105, inc. I, *b*). O mesmo se dá nos Estados, como por exemplo quando a Constituição paulista dá ao Tribunal de Justiça competência para o *writ* contra ato do Governador do Estado (art. 74, inc. III).

91. Bastante pertinente e expressivo, nessa problemática da competência de jurisdição em matéria de litisconsórcio, é o que está em antigo mas sempre atual acórdão proferido pelo Plenário do Supremo Tribunal Federal ao julgar a ação rescisória n. 1.040, j. 13.12.78, rel. Soares Muñoz, v.u., *RTJ* 92/486, *verbis:* "bem ou mal, a União Federal assumiu a posição de litisconsorte, juntamente com o Sindicato autor. Admitida a União Federal nessa qualidade, nela haveria de continuar no curso do processo, ainda que para no julgamento final ser reconhecida sua ilegitimidade *ad causam*. É à Justiça Federal que cabe qualificar o interesse alegado pela União, se da natureza daquele capaz de autorizar sua intervenção. Logo, o que podia ser objeto de ataque, para desconstituir a decisão, não seria a competência ou incompetência da Justiça Federal mas a matéria alusiva ao interesse da União Federal na causa, ou seja, sua própria legitimidade como parte" (do voto do Min. Décio Miranda). Em síntese, uma vez constituído o litisconsórcio com uma das pessoas para as quais a Justiça Federal é competente, *a competência desta fica fora de discussão enquanto o litisconsórcio subsistir;* problemas diferentes são o da admissibilidade desse litisconsórcio e o da própria *legitimatio* da União à causa pendente, sendo sempre da referida Justiça a competência para dirimi-los.

Nem uma nem outra, porém, deixa aberturas tão claras como a que se viu no tópico precedente e que permitam concluir com segurança pela possibilidade de outra autoridade, para a qual inexista regra de competência originária, figurar como litisconsorte passivo na impetração dirigida a um desses tribunais. Na experiência diuturna, todavia, é freqüente o endereçamento de impetrações assim, aos órgãos superiores, sem que costumem surgir questões a respeito.

Tratando-se de mandado de segurança é muito difícil, se não impossível, conceber a comunhão de duas autoridades na mesma relação jurídica, para os fins do art. 46, inc. I, uma vez que nenhuma delas é titular dos direitos, obrigações *etc.*, que se põem como objeto do processo. O titular é sempre um só, ou seja, a pessoa jurídica a que a autoridade pertence, sendo esta legitimada a defender o ato em juízo, apenas em virtude de razões de conveniência sentidas pelo legislador e refletida na lei (*legitimidade de representação* – lei n. 1.533, de 31.12.51, esp. art. 7º inc. I).[92]

92. *Cfr.* Amaral Santos, "Natureza jurídica do mandado de segurança", n. 18, p. 41. Nessa perspectiva, tem razão Hely Lopes Meirelles ao enunciar diversos casos em que poderia haver dúvida e talvez a idéia de uma *legitimidade cumulativa*, indicando em todos eles uma só autoridade legitimada: a) nos órgãos colegiados, o presidente; b) nos atos complexos, a última autoridade que haja intervindo; c) nos compostos, o autor do ato principal; d) tendo havido avocação, quem avocou; e) tendo havido recurso administrativo, o órgão destinatário deste (*Mandado de segurança, ação popular, ação civil pública, mandado de injunção, "habeas data"*, parte I, n. 8, pp. 65 ss.). No entanto, como reconhece o monografista, *há jurisprudência* admitindo o litisconsórcio nesses casos. O Supremo Tribunal reconheceu a legitimidade da autoridade superior, sempre que haja esta *encampado* ato de seus subordinados (2ª T., RE n. 76.159, j. 23.9.75, rel. Leitão de Abreu, v.u., *RTJ* 76/506), especialmente se a encampação foi feita pelo Presidente da República sobre ato do Governador do Estado (Pleno, RE n. 73.562, j. 5.4.72, rel. Thompson Flores, v.u., *RTJ* 62/513). Também jurisprudência do Superior Tribunal de Justiça é pacífica no sentido de que, ao apresentar defesa de mérito, a autoridade superior encampa o ato de seu subordinado, tornando-se assim parte legítima para o *mandamus*: 5ª T., RMS n. 19.782, j. 17.8.06, rel. Felix Fischer, v.u., *DJU* 18.9.06, p. 339; 3ª S., MS n. 12.074, j. 27.6.07, rel. Felix Fischer, v.u., *DJU* 10.9.07, p. 185; 5ª T., AgRg no REsp n. 697.931, j. 28.2.08, rel. Laurita Vaz, v.u., *DJe* 7.4.08.

160. esp. competência territorial

A *comunhão* no pólo ativo ou passivo da relação jurídica material posta em juízo significa *mais do que a mera conexidade* pois implica unidade de pedido e de causa de pedir – e não apenas unidade de um desses elementos da demanda. Ora, se a identidade de um desses elementos objetivos basta para caracterizar a conexidade e prorrogar a competência de foro (CPC, arts. 102-103), é mais do que lógica a aptidão da identidade de ambos. Até com mais vigor do que a conexidade, portanto, a comunhão em direitos ou obrigações constitui fator de prorrogação da competência territorial segundo a ordem jurídica brasileira. Nem se pense, portanto, em ficar impedido o litisconsórcio facultativo fundado na comunhão, pelo fato de terem domicílios diferentes os litisconsortes passivos. Fixar-se-á a competência, a critério do autor, pela escolha que fizer de um dos foros concorrentes (art. 94, § 4º).

Cogita-se somente da hipótese de diferentes domicílios dos litisconsortes e não de diversidade em algum outro elemento da demanda, possivelmente determinador da competência (p. ex.: *forum destinatæ solutionis*, art. 100, inc. IV, letra *d*); e isso pela simples razão de que, se houver comunhão, é porque a obrigação é uma só e não ocorrerá o problema de foros diferentes. O *forum destinaæ solutionis* será um só, apesar do litisconsórcio; idem, quando se tratar de competência determinada pelo *forum delicti commissi* ou pelo *forum rei sitæ etc.*

161. esp. competência de juízo

O que se disse e concluiu acerca da competência de jurisdição e sua eventual influência na admissibilidade do litisconsórcio facultativo fundado na comunhão, vale igualmente para a competência de juízo fixada em razão da qualidade das pessoas. A mera presença de outro sujeito ao lado daquele cuja condição de parte determina a competência dos juízos especiais não cria empecilho algum e esse sujeito é absorvido pelo órgão competente.

Tomando-se como exemplo a organização judiciária paulistana, vê-se que os arts. 35 e 36 (inc. I) do Código Judiciário do Estado de São Paulo (dec.-lei complementar n. 3, de 27.8.69) dão às Varas da Fazenda Pública competência ampla, nitidamente capaz de conter as causas em que o Estado, a Municipalidade de São Paulo ou suas respectivas "entidades autárquicas ou paraestatais" forem litisconsortes de outrem. A presença de um estranho não será óbice, portanto, ao litisconsórcio facultativo fundado na comunhão.

162. competência: conexidade

Aqui começam as dificuldades maiores, inclusive pelas distinções a fazer, levando em conta a força que a conexidade tem como causa de prorrogação da competência. Como a conexidade e continência não são critérios determinativos desta, mas causas de sua modificação, há na doutrina o pensamento de que elas, "importando deslocamentos da competência ordinária, não comportam *interpretação* extensiva ou aplicação analógica";[93] e isso, se de um lado ajuda a resolver alguns dos problemas, na prática não deixa de criar empecilhos interpretativos que dificultam a reconstrução do pensamento da lei e, sobretudo, dos tribunais.

Por outro lado, é inegável a relevância de todo o tema da conexidade em suas ligações com a admissibilidade do litisconsórcio, pois são temas historicamente entrelaçados, mormente quando se cuida de descobrir as origens deste.[94] Os tópicos a seguir destinam-se ao exame dessa intrincada problemática.

163. esp. competência de jurisdição

A determinação da Justiça competente em matéria cível está por inteiro colocada, no direito positivo brasileiro, no *plano cons-*

93. *Cfr.* Andrioli, *Commento al codice di procedura civile*, I, exegese do art. 33, p. 107; Dinamarco, *Instituições de direito processual civil*, I, nn. 302-306, pp. 594-601.

94. *Cfr.* Tarzia, *Il litisconsorzio facoltativo nel processo di primo grado*, esp. pp. 18-27.

titucional.[95] Por isso e porque a competência de jurisdição é ditada com base na natureza da *res in judicium deducta* ou na condição das pessoas, sendo competência objetiva, ela é sempre absoluta, improrrogável (CPC, art. 102, *a contrario sensu*).[96]

Isso não é, porém, de todo impeditivo da reunião de duas causas em um só processo, considerada a conexidade entre elas. Tem relevância aqui a distinção entre competência da Justiça Federal ditada em razão da condição das pessoas ou em razão da matéria (Const., art. 109, incs. I, II, III). No primeiro caso é de lembrar ainda uma vez o fato de estar incluída na previsão constitucional a *oposição* formulada pelo Estado federal ou pelas entidades paraestatais indicadas (*supra,* n. 158): se o constituinte fizesse questão de excluir dessa Justiça todas as demais pessoas, bastar-lhe-ia usar de outra técnica, mandando que a pretensão daquelas entidades se formulasse perante os juízos federais e o processo entre as outras partes ficasse suspenso, sem sair da Justiça Estadual, até final julgamento daquela (CPC, art. 265, inc. IV, letra *a*).

Se a Constituição não dispôs assim mas como está no inc. I do art. 109, é porque as pessoas aqui indicadas poderão figurar no feito, sempre perante a Justiça Federal, ao mesmo tempo que outras. Estando no feito a União *etc.*, entende-se observado o dispositivo constitucional mediante a atribuição do processo a essa Justiça, com ou sem outras partes, com ou sem litisconsórcio.

Conclui-se que o litisconsórcio facultativo por conexidade não fica impedido pela circunstância de um dos colegitimados ser a União ou alguma das entidades federais indicadas no art. 109, inc. I, da Constituição Federal.

Já no *segundo caso* aventado acima (competência material) a situação é diferente. Imagine-se a conexidade entre uma demanda fundada em tratado internacional (art. 109, inc. III) e outra que não tenha esse fundamento, sendo diferentes os colegitimados. A primeira será da competência da Justiça Federal e a segunda,

95. *Cfr.* Dinamarco, *Instituições de direito processual civil*, I, n. 223, p. 477.

96. *Id.*, *ib.*, n. 315, p. 616.

não. Aqui não teria pertinência o argumento extraído da construção do inc. I do mesmo art. 109, uma vez que (a) não se poderia estabelecer o litisconsórcio perante a Justiça Estadual, por violar o art. 109, inc. III; nem (b) perante a Federal, por atentar contra a regra geral, implícita na Constituição, segundo a qual as causas não atribuídas expressamente a uma Justiça Especial, ou à Federal, competem às dos Estados (competência residual).

Para evitar os males do conflito lógico entre julgados, se a ligação entre duas causas for tão íntima que desaconselhe seriamente seu julgamento em separado (pode ocorrer até *prejudicialidade*, talvez), então terá cabimento o art. 265, inc. IV, letra *a*, do Código de Processo Civil, ficando suspenso um dos processos, à espera do término do outro.

164. esp. competência originária

Embora na prática não seja nada provável a incidência freqüente desse problema, é de invocar também aqui a regra, contida no Código de Processo Civil, de que apenas a competência por valor ou por território se prorroga em virtude da conexidade (art. 102).[97] Há também a regra geral, que descende implicitamente da própria Constituição, no sentido de que a competência originária pertence, salvo exceções expressas, aos órgãos inferiores.[98]

Conclui-se portanto pela inadmissibilidade do litisconsórcio fundado na conexidade, quando para uma das partes a competência originária for a comum (órgãos de primeiro grau) e para outra, a de um tribunal.

165. esp. competência territorial

Este é um importante ponto de encontro entre a disciplina do litisconsórcio e a da competência, no sentido de que o mesmo

97. *Id.*, *ib.*, nn. 300-305, pp. 593-599.

98. *Cfr.* Cintra-Grinover-Dinamarco, *Teoria geral do processo*, n. 143, esp. p. 255; Dinamarco, *Instituições de direito processual civil*, I, n. 126, p. 330 e n. 236, pp. 492.

fenômeno (*conexidade*) que serve para estabelecer a admissibilidade de um é também causa de modificação de outra. Em princípio, portanto, não é impeditivo da formação do litisconsórcio facultativo com base na conexidade o fato de a competência para duas ou diversas demandas que poderiam ser propostas isoladamente pertencer a foros diversos: sendo elas conexas, justificado está o cúmulo subjetivo (art. 46, incs. II-III) e, ao mesmo tempo, autorizada a *prorrogação da competência* para o julgamento, em um desses foros, da causa que em princípio pertenceria a outro (art. 102).

Sem a conexidade, nem se prorrogará a competência – e isso bastaria para a inadmissibilidade do litisconsórcio –nem seria admissível ele próprio ainda quando a competência para ambas as demandas fosse do mesmo foro (a não ser, é claro, que ocorra a hipótese do art. 46, inc. IV, em que, tratando-se de causas sujeitas à mesma competência territorial, o litisconsórcio é admissível).

Esse raciocínio é verdadeiro tanto na hipótese de a competência para as diversas demandas ser fixada em razão do domicílio dos colegitimados passivos, havendo dois ou mais foros concorrentes à disposição do autor (CPC, art. 94, § 4º) e ficando prevento aquele que ele escolher (art. 219) – quanto na de ocorrer *outro critério determinativo da competência do foro*. No direito brasileiro a força dada à conexidade e à continência para modificar a competência territorial (art. 102) não sofre as restrições que alhures lhe são impostas:[99] se o Código fixa uma regra para a prevenção do órgão jurisdicional no caso de demandas pertencentes ao mesmo foro (art. 106) e outra, destinada a prevalecer quando os foros são diferentes (art. 219),[100] isso significa que em ambas

99. Sobre as limitações vigorantes no direito italiano, v. por todos Tarzia, *Il litisconsorzio facoltativo nel processo di primo grado*, esp. pp. 86-88.

100. *Cfr*. Barbi, *Comentários ao Código de Processo Civil*, I, n. 611, p. 468 e Amaral Santos, *Primeiras linhas de direito processual civil*, I, n. 213, p. 261 (dizendo da prevenção pela citação válida quando se tratar de demandas da competência de juízes territorialmente diversos). *Cfr*. ainda minhas *Instituições de direito processual civil*, I, n. 328, p. 644.

essas hipóteses será admissível o litisconsórcio – seja por iniciativa do autor, por reunião de causas ou através do chamamento ao processo. Como a lei não faz nem insinua qualquer ressalva, fica confirmado que o art. 102 há de prevalecer, quanto à competência territorial, em todos os casos.

Ainda que para cada um dos litisconsortes fosse em princípio competente um foro diverso do foro competente para o outro litisconsorte, da conexidade deriva a possibilidade de reunir as duas demandas em um foro só, inexistindo portanto óbice à formação desse litisconsórcio.

Há alguma divergência apenas quanto ao sentido da *vis attractiva*,[101] mas essa vetorialidade é indiferente quando se perquire da *admissibilidade* do litisconsórcio facultativo com fundamento na conexidade – sendo certo que a própria existência da questão a seu respeito já mostra como, ao menos implicitamente, se admite que duas ações regidas por diferentes normas sobre a competência possam ser propostas em um só processo (formando-se o litisconsórcio, se for o caso).

O que se disse não tem contudo aplicação relativamente à competência do *forum rei sitæ*, que de modo expresso o art. 95 do Código de Processo Civil define como absoluta.[102] Se, por exemplo, dois imóveis do mesmo dono, muito próximos entre si mas descontínuos e situados em comarcas vizinhas, sofrerem esbulho ou turbação por parte de pessoas diferentes, embora tudo correspondendo a um só desígnio e plano concertado em comum (o que dá a conexidade), reunir em um só processo as duas demandas possessórias cabíveis constituiria, apesar de tudo, violação ao art. 95 e à competência absoluta que ele estabelece. Não tenho conhecimento de precedentes jurisprudenciais a esse respeito, mas a boa razão aconselha que essa regra seja mitigada.

101. *Cfr.* José Frederico Marques, *Manual de direito processual civil*, I, nn. 203-204, pp. 225-227; Amaral Santos, *Primeiras linhas de direito processual civil*, I, n. 213, p. 261.

102. A doutrina italiana fala em *competência territorial funcional* – *cfr.* Dinamarco, *Instituições de direito processual civil*, I, n. 314, p. 613, e *Direito processual civil*, n. 84, pp. 136-137.

Haverá também dificuldades para o litisconsórcio facultativo por conexidade quando para uma das demandas houver prévia *eleição de foro* (art. 111). De um lado, esbarraria na regra *pacta sunt servanda* a imposição, ao réu que convencionou, de um foro diferente do eleito; de outro, impor a observância da eleição ao colegitimado que não convencionou é levar longe demais a causa modificativa, que não comporta ampliações por via de interpretação.[103]

Sendo *ativo* o litisconsórcio, a observância do foro de eleição além dos limites contratados não traria inconveniente algum, por decorrer de ato de vontade da própria parte que não participou do pacto (mas v. *infra*, n. 174).

166. esp. competência de juízo

Cabem aqui também, *mutatis mutandis*, os raciocínios e a distinção feita no tocante à competência de jurisdição. Tomando outra vez o exemplo da organização de um grande centro, como a Capital paulista, vê-se que há certas varas especializadas cuja competência o Código Judiciário fixa com atenção ao critério pessoal (varas fazendárias – dec-lei complementar n. 3, de 27.8.69, arts. 35-36) e outras, com base no critério material (varas de acidentes do trabalho, varas de registros públicos, varas de família e sucessões – arts. 37, 38, 40).

Na primeira hipótese, tanto quanto sucede na competência da Justiça Federal, não repugna ao legislador a presença de estranhos com as entidades fazendárias, naqueles juízos especializados. Nada impede, portanto, a formação do litisconsórcio facultativo por conexidade nas varas fazendárias (*supra*, n. 163).

103. *Cfr*. Andrioli, *Commento al codice di procedura civile*, I, exegese do art. 33, p. 107. V. também Tarzia, *Il litisconsorzio facoltativo nel processo di primo grado*, pp. 87-88: "le norme che modificano la competenza per ragione di connessione (...) hanno chiaramente, nel sistema del codice, *carattere eccezionale* (...) non essendo compito dell'interprete creare – in nome di un generale *favor litisconsortii* – regole particolari di competenza non previste dalla legge".

Na segunda hipótese, imagine-se uma demanda por acidente do trabalho *in itinere*, tendo por réu o Instituto Nacional da Previdência Social e por juízo competente o dos feitos acidentários; e outra ação, pelo mesmo acidente, destinada à condenação da Fazenda do Estado com fundamento em ato de motorista seu servidor, que ocasionara esse acidente (Const., art. 107), sendo competente a Vara da Fazenda Estadual. As mesmas razões de direito positivo que impedem o litisconsórcio em análogas condições por ultraje às normas constitucionais sobre a competência de jurisdição, também impedem o pretendido cúmulo das duas demandas acima, agora por violação às normas estaduais da competência de juízo.

167. esp. competência por valor

Atendendo à maneira como o Código distribui a competência em quatro espécies, entre as quais uma *por valor*, terão pertinência algumas considerações acerca desta.

O âmbito de incidência desse critério determinador da competência é assaz exíguo. Limita-se ao que dispõem certas normas estaduais de organização judiciária, entre as quais as paulistas sobre a competência dos *foros regionais* de sua capital e de umas poucas varas distritais em comarcas do interior (res. n. 2, de 15.12.76, arts. 51 ss. c/c res. n. 148, de 5.9.01, ambas do Tribunal de Justiça de São Paulo, e lei n. 3.947, de 8.12.83, art. 4º). Como nosso direito positivo dá por *relativa* a competência fixada por esse critério (CPC, art. 114 c/c art. 102),[104] não há dificuldade em admitir o

104. *Cfr*. Dinamarco, *Instituições de direito processual civil*, I, nn. 319-320, pp. 626 ss.: o art. 114 admite a prorrogação da competência de foro *e de juízo* por falta da exceção declinatória e isso significa que, sendo o juízo determinado pelo critério territorial ou do valor, tem-se aí uma competência relativa (art. 102); como no sistema do Código de Processo Civil o único caso conhecido de competência estabelecida pelo valor da causa é o das varas distritais e *foros regionais*, segue-se que esse é também o único caso de competência de juízo relativa (quando o juízo é determinado pela matéria ou pessoa, trata-se de competência absoluta – CPC, art. 102, interpretado *a contrario sensu*). No sistema dos juizados especiais há também uma regra de competência por valor (LJE, art. 3º, inc. I) e também essa competência é relativa porque o autor tem faculdade de livre

litisconsórcio, ainda que a demanda envolvendo um dos colegitimados fosse de pequeno valor e a outra, envolvendo outro deles, tenha valor suficiente para ser ajuizada perante as varas centrais. A prorrogação da competência do órgão à qual competem as ações de maior valor é, aliás, praticamente pacífica em doutrina.[105]

Tudo quanto aqui se disse prevalece tanto para o litisconsórcio facultativo *ativo* quanto para o *passivo*, desde que fundado na conexidade.

168. competência: afinidade de questões

Há em doutrina alguma tendência a condicionar a admissibilidade do litisconsórcio fundado no inc. IV do art. 46 à competência do mesmo juiz para todas as causas que se cumulam – mesma justiça, mesmo foro, mesmo juízo.[106] No entanto, mínima tem sido a preocupação com o tema, não se vendo nos diversos autores senão ligeiras passagens a respeito, dizendo isso, ou pouco mais que isso, sem distinguir os diversos problemas que podem surgir em torno da temática da competência, com possíveis reflexos sobre a admissibilidade do litisconsórcio por afinidade de questões.

Um dado é bastante seguro e dele não descura a doutrina: a mera afinidade de questões é menos que a conexidade, sendo *in-*

escolha entre esses juizados e os órgãos comuns da jurisdição (*cfr.* Dinamarco, *Manual dos juizados cíveis*, n. 4, pp. 33 ss.).

105. *Cfr.* Andrioli, *Commento al codice di procedura civile*, I, exegese do art. 33, pp. 106-107: "(...) si ha una modificazione della competenza per il meno e non per il più". No mesmo sentido, Amaral Santos, *Primeiras linhas de direito processual civil*, I, n. 207, p. 252. Para efeito de admissibilidade do litisconsórcio facultativo entre duas pessoas titulares de demandas conexas, essa tomada de posição é porém irrelevante.

106. Essa é uma clássica lição de Chiovenda, o qual, discorrendo sobre o *litisconsórcio impróprio*, mostrou duas ressalvas a que ele está sujeito: a) é inadmissível quando depende do deslocamento da competência territorial; b) a reunião de causas, em caso de litisconsórcio impróprio, não constitui direito do réu (*Principii di diritto processuale civile*, § 88, III, pp. 1.076-1.077). *Cfr.* também Barbi, *Comentários ao Código de Processo Civil*, I, n. 296, p. 270 e Amaral Santos, *Primeiras linhas de direito processual civil*, II, n. 307, esp. p. 8.

suficiente para determinar a prorrogação da competência;[107] na graduação escalonada das causas do litisconsórcio, a simples afinidade representa o laço mais tênue entre os que podem unir duas ou diversas pessoas num só processo,[108] o que sempre transparece nos exemplos trazidos da experiência pretoriana ou aventados em doutrina.

Mas, quando falamos de prorrogação *por conexidade*, estamos fixados apenas na competência territorial e na competência por valor, que no sistema do Código são as que toleram a modificação – o que não sucede com a competência por matéria ou funcional (CPC, art. 102). A problemática é mais ampla e certas distinções precisam ser feitas, como nos itens anteriores.

Antes, é bom lembrar que existirá a *afinidade de questões*, a que alude o inc. IV (o qual já estava no Código anterior e vem do § 6º da ZPO alemã): a) quando um *factum simile* estiver à base de todas as pretensões cumuladas (não se trata do mesmo fato, pois então teríamos verdadeira conexidade e não mera afinidade); b) quando as pretensões tiverem análogo fundamento de direito.

Para ilustração e melhor entendimento, tomemos um exemplo da afinidade de questões por um ponto comum de fato e outro, por um de direito: a) "o proprietário de uma fazenda age contra vários proprietários que ali, sem concerto prévio, puseram animais que danificaram a propriedade" (ponto comum de fato: o dano causado conjuntamente pelos animais introduzidos por todos os demandados); b) "vários contribuintes demandaram o fisco, para restituição

107. *Cfr.* Calmon de Passos, *Do litisconsórcio no Código de Processo Civil*, n. 37, p. 46, e Barbi, *Comentários ao Código de Processo Civil*, I, n. 296, p. 270. Amaral Santos, que no vol. II de suas *Primeiras linhas* também limita a admissibilidade do litisconsórcio por mera afinidade à competência coincidente (*cfr.* n. 307, esp. p. 8), no vol. I diz que o litisconsórcio é em si mesmo uma causa de prorrogação da competência, sem distinguir hipóteses e após transcrever os quatro incisos do art. 46; nessa passagem dá a impressão de crer que também a mera afinidade de questões prorrogaria a competência (n. 216, esp. p. 260). Muito clara é a posição de Pedro Batista Martins (*Comentários ao Código de Processo Civil*, I, n. 228, pp. 272-273). *Cfr.* também minhas *Instituições de direito processual civil*, II, n. 461, p. 156.

108. *Cfr.* Estellita, *Do litisconsórcio no direito brasileiro*, p. 137.

de impostos pagos em conseqüência de lei mal interpretada pela autoridade" (ponto comum de direito: a interpretação da lei, segundo a propõem todos os demandantes).[109]

169. esp. competência de jurisdição

Não há razão, aqui, para um tratamento diverso do que foi alvitrado com referência ao litisconsórcio por conexidade.

Se por exemplo, entre os subscritores de ações de determinada companhia estiver a União e a pessoa jurídica pretender litigar contra os que não pagaram as ações que subscreveram,[110] nada impede que a União seja incluída entre os litisconsortes passivos, respeitando-se, é claro, a competência da Justiça Federal (Const., art. 109, inc. I). Por outro lado, nas hipóteses em que no plano da competência de jurisdição a dualidade de órgãos competentes impede o litisconsórcio por conexidade, é claro que, com mais fortes razões, impedirá também o que se funda na mera afinidade de questões (*supra,* n. 163 – competência material da Justiça Federal).

170. esp. competência originária

Mais do que o litisconsórcio por conexidade, é dificílimo ocorrer a hipótese de um por mera afinidade de questões, em que haja a competência de um órgão inferior para um dos colegitimados e de algum tribunal, para outro. Se isso acontecer, todavia, tal cúmulo subjetivo ficará impedido pelas regras sobre a competência originária, pelas mesmas razões que, em condições análogas, impedem o litisconsórcio por conexidade (*supra,* n. 164).

109. O primeiro exemplo é de Chiovenda (*Principii di diritto processuale civile*, § 88, III, p. 1.076) e ambos estão na obra de Lopes da Costa (*Direito processual civil brasileiro*, I, n. 469, p. 406); v., ali mesmo, outros exemplos de litisconsórcio por afinidade de questões (CPC, art. 46, inc. IV). *Cfr*. também Barbi, *Comentários ao Código de Processo Civil*, I, n. 295, pp. 268-270.

110. Outro exemplo fornecido por Lopes da Costa (*Direito processual civil brasileiro*, I, n. 469, p. 407).

171. esp. competência territorial

É nesta que se fixa a doutrina quando, comparando a mera afinidade de questões com a conexidade, diz que a primeira não é apta a prorrogar a competência e, por isso, o litisconsórcio fundado nela depende da competência do mesmo foro para todas as causas a serem reunidas através dele (*supra*, n. 168). Isso é intuitivamente correto, porque não se pode alargar o âmbito de incidência de uma norma tipicamente excepcional, como é a que fixa as bases para a modificação da competência (*supra,* nn. 162 e 165). O art. 102 do Código de Processo Civil, portanto, deve ficar contido nos limites das palavras que contém, dando apenas *à conexidade e à continência* a força de prorrogar a competência relativa.

Isso significa que, presente embora a afinidade de questões entre duas ou várias pretensões envolvendo pessoas diferentes, o litisconsórcio será inadmissível se as pretensões a cumular não estiverem sujeitas à mesma competência territorial.

172. esp. competência de juízo

Também aqui, como no tocante à competência de jurisdição, cabe distinguir entre competência de juízo fixada em atenção à condição das pessoas ou à natureza da relação jurídica controvertida; e cabe a mesma distinção proposta, quanto ao litisconsórcio fundado na conexidade (*supra,* n. 166).

Se entre os acionistas a quem a sociedade move ação para cobrança do valor das ações subscritas estiver o Estado ou o Município da Capital, nada impede o litisconsórcio, ajuizando-se a demanda na vara fazendária competente.

Mas as normas de organização judiciária impedirão o ajuizamento cumulativo de duas ações de *despejo*, referentes a dois imóveis e para uso em uma só atividade empresarial do locador (lei n. 8.245, de 28.10.91, art. 47, inc. III), sendo diferentes os locatários e situadas as casas em locais diferentes – uma em determinado *foro regional* e outra, no *central*. Uma dessas causas é da competência do *foro regional* e a outra, de uma vara cível do centro, inexistindo conexidade a permitir o cúmulo perante esta ou aquela (res. n. 2, art. cit.).

173. esp. competência por valor

Confinado esse critério ao âmbito da competência das varas distritais, *foros regionais* e outros juízos criados por leis de organização judiciária (*supra,* n. 167), imaginemos duas demandas daquelas que pertencem a estes quando o valor não ultrapassar o máximo definido em lei e tendo ambas um ponto de ligação com o mesmo *foro regional* (domicílio, situação, *etc.*). Se só uma delas tiver valor compatível com a competência deste, é inadmissível o litisconsórcio fundado na mera afinidade de questões.

Por exemplo, dois promissários-compradores de terreno do mesmo proprietário, mesmo empreendimento, mesmo local, mesmas cláusulas de contrato de adesão, existindo o ponto comum de direito relacionado com a licitude de determinado índice corretivo do valor das prestações. Se as cobranças dirigidas a eles tiverem valores diferentes, cabendo uma na competência periférica e outra não, as demandas serão necessariamente propostas em separado.

Embora prorrogável a competência por valor, não há aí, em hipótese, qualquer causa determinante da prorrogação: a mera afinidade de questões, como se sabe, não tem a mesma força modificativa da competência que tem a conexidade (art. 102), não sendo lícito ao intérprete criar nova causa de prorrogação (*supra*, n. 162).

Não é lícito sequer formar o litisconsórcio em hipóteses assim, ajuizando-se a petição inicial perante as varas cíveis, com a alegação de que a competência por valor se prorroga para o mais, não para o menos, como é usual na doutrina; mesmo para isso, *seria preciso uma causa de prorrogação*, que nessa hipótese inocorre. A prorrogação, nesse caso, só poderá ter lugar se, ao responder, o réu não excepcionar a incompetência (*infra*, n. 174).

174. litisconsórcio facultativo e competência: recusa

Das regras sobre a competência que, conforme análise feita até aqui, impedem a realização do litisconsórcio por *conexidade* ou por *afinidade de questões*, algumas são absolutas e outras, relativas. Ora, é característica destas a possibilidade de derrogação por várias causas, entre as quais a *preclusão* do poder, que tem a parte, de alegar a incompetência.[111] Conseqüentemente, quando o litisconsórcio for constituído em ultraje a uma norma dispositiva como essas, ele só se dissolverá se houver recusa pela parte interessada (ordinariamente, réu ou réus).

Uma das ações cumuladas terá sido ajuizada, por exemplo, em *foro* incompetente, inexistindo causa de prorrogação (litisconsórcio por afinidade de questões); ou coligaram-se vários autores para mover ao mesmo réu, perante uma vara cível suas demandas afins mas não conexas, sendo competente para uma delas, pelo critério do valor, um *foro regional* (ou similar). Se na resposta à demanda nada se disser, ocorrerá a prorrogação da competência, tornando-se admissível o litisconsórcio a partir daí.

Por isso é que, em desdobramento das idéias sobre a vedação de pronúncia *ex officio* da incompetência relativa (CPC, art. 114),[112] é forçoso entender que também falece ao juiz o poder de

111. Em uma linguagem usual mas inadequada, é costume dizer que nesse caso ocorre uma "prorrogação voluntária tácita". Não há por que procurar ver ai um consenso ("tácito") das partes, pois o que acontece é que a uma conduta do autor (ajuizar a demanda em foro incompetente), seguida de uma conduta omissiva do réu (não opor exceção), *a lei* associa o resultado *prorrogação da competência*. Não é porque na eleição de foros há um encontro de vontades, que também naquele caso seria licito fingir que também há. Aqui, a prorrogação não é ato necessariamente querido pelas partes, mas disposto pela lei – e isso basta.

112. *Cfr*. Dinamarco, "Declaração *ex officio* da incompetência relativa?" – estudo em que é negado, com argumentos da doutrina e apoio na jurisprudência dominante, tenha o juiz o poder de fazer tal declaração sem a provocação da parte. A jurisprudência da Câmara Especial do Tribunal de Justiça paulista teve momentos de radical negativa do que aqui se sustenta mas depois amenizou os rigores daquela posição. Integralmente como venho dizendo é a posição de Barbosa Moreira (*cfr*. "Pode o juiz declarar de ofício a incompetência relativa?"), que conclui enfaticamente: "merece apoio a diretriz tradicional na dou-

impedir logo ao nascedouro a formação do litisconsórcio nesses casos. Esperará ele pela eventual *exceção de incompetência relativa* (art. 112, c/c arts. 307-311), através da qual apreciará depois a licitude do deslocamento da demanda do seu juiz natural e, consequentemente, também a admissibilidade do próprio litisconsórcio. No silêncio da parte, nada pode fazer o juiz, cumprindo-lhe então aceitar a competência prorrogada e o litisconsórcio que, de outra maneira, não teria sido admissível. Essa regra comporta porém a exceção imposta pelo disposto pelo Código de Processo Civil em seu art. 114 c/c art. 112, par. ("a nulidade da cláusula de eleição de foro, em contrato de adesão, pode ser declarada de ofício pelo juiz, que declinará de competência para o juízo de domicílio do réu").

No litisconsórcio passivo só terá *legitimidade* para essa recusa o litisconsorte passivo que ordinariamente deveria ter sido demandado no outro foro ou vara. Para o outro o deslocamento é indiferente e, portanto, não se admite sua recusa ao litisconsórcio com esse fundamento.

Tratando-se de litisconsórcio instaurado em contrariedade a alguma norma cogente sobre a competência (*incompetência absoluta*), pode e deve o juiz repelir de-ofício o litisconsórcio, na mesma medida em que pode e deve, de-ofício, dar-se por incompetente com referência a toda e qualquer demanda para a qual lhe faleça a competência absoluta (art. 113).

trina e na jurisprudência, segundo a qual a incompetência relativa não comporta declaração *ex officio*" (v. esp. p. 37). Essa linha está consagrada na Súmula n. 33 do Superior Tribunal de Justiça ("a incompetência relativa não pode ser declarada de ofício"), para o qual, ainda, "o juiz não pode declarar de ofício a incompetência relativa, nem mesmo se o fizer em sua primeira intervenção no feito" (STJ, 2ª S., CC n. 2.138, j. 3.10.91, rel. Athos Carneiro, v.u., *DJU* 25.11.91, p. 17.041, 2ª col., *apud* Negrão-Gouvêa, *Código de Processo Civil e legislação processual em vigor*, nota 1 ao art. 113, p. 259, 1ª col). Ressalva-se somente o disposto no art. 112, par. do Código de Processo Civil, segundo o qual "a nulidade da cláusula de eleição de foro, em contrato de adesão, pode ser declarada de ofício pelo juiz, que declinará de competência para o juízo de domicílio do réu".

Mesmo ante o silêncio ou até concordância de todos, o juiz pronunciará essa incompetência a qualquer momento (art. 113, § 1º – sanção pelo retardamento da alegação). Se *atos decisórios* chegarem a ser praticados, eles serão nulos, com referência à ação que deveria ter sido proposta perante outro órgão jurisdicional, aproveitando-se contudo os demais atos do processo (CPC, art. 113, § 2º).

> Não há razão para anular por inteiro as decisões proferidas, inclusive no tocante aos litisconsortes que poderiam ter litigado naquele processo, perante aquele juiz; tratar-se-á de partes independentes do ato processual, sendo imperativo da lei e do bom-senso confinar o mal em seus precisos limites e salvar o que for salvável (CPC, art. 248).[113]

Se o litisconsórcio perdurar durante todo o procedimento, inclusive sobrevivendo ao saneamento do processo (mesmo que haja manifestação expressa do juiz, mantendo-o), nem por isso haverá *preclusão* a respeito, uma vez que as normas sobre competência absoluta se situam no campo da ordem pública (CPC, art. 113):[114] se o mérito vier a ser julgado para os litisconsortes

113. São expressivas as palavras de Liebman (*Manual de direito processual civil*, I, n. 121, p. 333 trad.): "a lei se preocupa em salvar da anulação a maior parte possível da atividade desempenhada, esforçando-se por isolar os elementos do procedimento afetados pelo vício e desse modo conter a expansão deste, como se faz com os focos de uma epidemia (*princípio da conservação dos atos processuais*)". No mesmo sentido do nosso art. 248, embora com redação diferente, o art. 159 do Código de Processo Civil. italiano: "se o vício impedir um determinado efeito, o ato poderá todavia *produzir os outros efeitos para os quais seja idôneo*".

114. *Cfr.* Barbi, *Comentários ao Código de Processo Civil*, I, n. 639, p. 486; Dinamarco, *Instituições de direito processual civil*, I, nn. 314, 317 e 317.1, pp. 613, 618 e 619. Tornaghi (*Comentários ao Código de Processo Civil*, II, p. 234) justifica através de invocação da ordem pública a *impreclusividade* das nulidades absolutas; Amaral Santos refere-se expressamente à hipótese do texto (incompetência absoluta alegada no processo e repelida pelo juiz) para dizer que, mesmo assim, "livre é ao juiz, por ocasião do julgamento da causa, reexaminar as respectivas questões de ofício e, com maiores razões, por provocação da parte" (*Comentários ao Código de Processo Civil*, IV, n. 371, p. 496); só não se aceita, do que ele diz, que nessas hipóteses *há uma preclusão*, mas apesar dela

apesar da incompetência absoluta que impedia a reunião de todos no mesmo processo, esse vício converter-se-á em motivo para *apelação*[115] e poderá mais tarde, eventualmente, até servir de fundamento válido para o *recurso especial* (Const., art. 105, inc. III, letra *a* – Súmulas STF nn. 282 e 356 e Súmula n. 211-STJ) ou mesmo para a *ação rescisória* (CPC, art. 485, inc. V).

175. litisconsórcio facultativo e procedimento

Seja o litisconsórcio necessário ou facultativo, seja ele unitário ou comum, uma vez instaurado o processo litisconsorcial ter-se-á apenas um procedimento, uma só caminhada em direção ao provimento jurisdicional demandado, o qual será uno também, após uma única instrução (*supra*, n. 10). Se não fosse para isso, talvez sequer tivesse razão de ser a reunião de pessoas como colitigantes.

A partir daí é que se coloca o problema da *identidade de ritos procedimentais* como pressuposto de admissibilidade do litisconsórcio: para que duas ou mais pessoas sejam admitidas a litigar em conjunto, é indispensável que o mesmo procedimento se aplique ao processo de todas as demandas a cumular? Ou é possível cumular demandas sujeitas a procedimentos diversos? Diante dessa problemática, que nos apresenta às vezes conflito entre procedimentos profundamente desiguais, é preciso "determinar, antes de mais nada, em que caso a diversidade entre eles constitui obstáculo ao procedimento cumulativo".[116]

No *litisconsórcio unitário* o problema simplesmente inexiste, quer seja ele necessário ou facultativo. Quando ocorre esse litisconsórcio, objeto do processo é constituído de uma só pretensão,

pode haver o conhecimento sucessivo (a preclusão, que na realidade não ocorre na hipótese, é fenômeno que tem precisamente o poder de impedir o conhecimento ulterior das questões preclusas).

115. *Cfr.* Liebman, *Manual de direito processual civil*, I, n. 123, esp. p. 337 trad..

116. *Cfr.* Tarzia, *Il litisconsorzio facoltativo nel processo di primo grado*, p. 126.

dirigida a uma só relação jurídica incindível, sendo substancialmente única a demanda que deu origem ao processo (*supra*, n. 30). Tem-se, em outras palavras, uma só *causa*, com uma só causa de pedir e um pedido só.[117] Ora, o procedimento é sempre determinado em *função da demanda*, seu fundamento, natureza do direito afirmado ou do bem postulado, valor deste – nada importando as qualidades ou número dos sujeitos que a propõem ou das pessoas em face das quais é proposta. Como no litisconsórcio unitário a demanda é única e instala em juízo uma só relação substancial controvertida, o problema da diversidade de procedimentos como possível óbice ao litisconsórcio não chega sequer a surgir, porque o procedimento nessa hipótese é invariavelmente um só (apesar do cúmulo de pessoas).

Sejam lembrados os exemplos da ação de nulidade de casamento movida pelo Ministério Público aos cônjuges (litisconsórcio unitário necessário) e da ação popular de iniciativa de dois ou mais cidadãos (unitário facultativo), para ilustração da assertiva de que a colocação aqui proposta prevalece em todos os casos de litisconsórcio unitário, independentemente de ser ele necessário ou não.

No litisconsórcio *comum*, sendo ele *necessário*, também inexiste o problema, mas por outras razões. Trata-se do litisconsórcio que não é necessário por efeito da incindibilidade da relação jurídica (CPC, art. 47) mas por força de específica disposição de lei (*supra*, n. 94). Ora, decorre do exercício de *uma só ação* (pouco importando a ausência da unitariedade), dado que o poder de exigir o provimento de mérito só existirá em concreto se incluídas todas as partes exigidas pela lei (*supra,* n. 36). É claro, então, que se a própria lei exige o cúmulo de autores ou de réus em um só processo, não haveria como ficar esse mesmo cúmulo impedido por uma dificuldade relacionada com o procedimento, a qual estaria partindo, afinal de contas, também de uma disposição *da lei*.

117. *Cfr.* Barbosa Moreira, *Litisconsórcio unitário*, n. 74, p. 129, e n. 112, p. 183.

Valha o exemplo da ação de usucapião, movida ao titular do registro e aos confrontantes, obviamente tudo mediante os trâmites de um procedimento só; ou o da ação popular, movida ao ente público, aos agentes responsáveis pelo ato impugnado e a todos os beneficiários deste.

Resumidamente: não há qualquer óbice representado por possíveis diferenças de procedimento (a) quando o litisconsórcio é *unitário*, quer seja ele necessário, quer facultativo nem (b) quando ele é *necessário*, ainda que comum. Dificuldades dessa ordem podem aparecer apenas quanto ao litisconsórcio que não seja unitário nem necessário, a saber, quanto ao *facultativo comum;* é por isso que a doutrina, notadamente a germânica, ao encarar essa problemática, detém-se apenas no trato do litisconsórcio facultativo, onde dúvidas podem surgir.[118]

176. litisconsórcio facultativo comum

O *litisconsórcio comum facultativo* pode ficar eventualmente impedido ou ao menos dificultado por alguma diversidade de procedimentos. As dificuldades dessa ordem atingem, talvez em medidas variáveis, o litisconsórcio facultativo comum fundado em qualquer das hipóteses do art. 46 do Código de Processo Civil e não apenas o que tem por fulcro o inc. IV (afinidade de questões).[119]

Não há dúvida de que é a comunhão no direito o fundamento do litisconsórcio entre condôminos, na defesa da coisa comum,[120] tratando-se de caso de *facultatividade* (CC, art. 1.314). Imagine-se

118. *Cfr.* Rosenberg, *Zivilprozessrecht*, § 49, II, 2, pp. 222-223; Lent, *Zivilprozessrecht*, § 81, II, p. 310 trad.; Schönke, *Lehrbuch*, § 26, II, 4, "a", p. 95 trad.. Tarzia denuncia um relativo desinteresse dos italianos pelo tema (*Il litisconsorzio facoltativo nel processo di primo grado*, pp. 125-126), podendo-se dizer o mesmo da doutrina brasileira.

119. Amaral Santos condiciona apenas o litisconsórcio *por afinidade de questões* à identidade de procedimento (*Primeiras linhas de direito processual civil*, II, n. 307, esp. p. 9).

120. *Cfr.* Amaral Santos, *ib.*, II, n. 307, esp. p. 7.

que, impedido o uso do prédio comum por ato da Administração Pública, impetre um dos condôminos mandado de segurança contra o ato da autoridade (lei n. 1.533, de 31.12.51, art. 1º, § 2º) e venha o outro com um pedido pelas vias ordinárias. Como reunir o juiz essas causas sujeitas a ritos tão diferentes, sem contrariar as partes autoras? O primeiro pode preferir a urgência do processo heróico e o segundo, optar pela segurança da dilação probatória do procedimento ordinário. Problema análogo pode acontecer se dois servidores, punidos através de um só processo administrativo como copartícipes de determinada infração disciplinar, vêm a juízo pleitear a nulidade da decisão mediante a alegação da incompetência da autoridade que a editou. Se um preferir a via do *writ* e o outro, o procedimento comum, estará ai a incompatibilidade, a impedir a reunião das duas causas (art. 105) e o conseqüente litisconsórcio ulterior (*supra,* n. 140), apesar da *comunhão* que em tese justificaria ambos os fenômenos processuais.[121]

Para evitar o conflito de julgados e possível desperdício de atividades probatórias, talvez a melhor orientação consista em determinar o juiz, de-ofício ou a requerimento de parte, a *suspensão do processo* de rito comum, à espera do julgamento do que flui por procedimento especial (CPC, art. 265, inc. IV, letra *a*). Este é concebido para ter fluxo mais rápido e, quando se trata de mandado de segurança, às vezes pertence à competência originária de algum órgão superior (se o ato for do Presidente da República, Ministro de Estado, Governador, Secretário, Prefeito de Capital *etc.*) – o que constitui fator de agravamento das dificuldades para a reunião.

177. hipóteses e soluções "de lege ferenda"

Afora esses casos visivelmente anômalos, muitas outras situações podem ocorrer e na prática ocorrem, impedindo ou ao

121. Não são aplicáveis ao direito positivo brasileiro os exemplos dados por Tarzia, de situações em que na Itália fica impedido o litisconsórcio por análoga razão (*Il litisconsorzio facoltativo nel processo di primo grado*, p. 127). Mas, com ele, podemos genericamente considerar que o fenômeno do processo cumulativo decorrente da reunião de causas inicialmente contidas em processos separados "non può neppure realizzarsi, quando la diversità del rito ne impedisca la riunione" (*ib*., p. 39).

menos dificultando a formação do litisconsórcio facultativo comum, em virtude da dualidade ou pluralidade de procedimentos diferentes.

Sendo *conexas* duas causas, por exemplo, mas tendo valores diferentes, uma precisaria ter o procedimento ordinário e a outra, o sumário (art. 275, inc. I). Se a mulher, agora separada do marido, pretende obter a condenação deste pelo que gastou com o parto do filho comum e, em litisconsórcio com ela, o filho de ambos vem pedir alimentos àquele (*supra*, n. 134, letra *a*), teremos aí também a incompatibilidade, pois o processo para a segunda dessas pretensões rege-se por rito especial (o da lei n. 5.478, de 25.7.68) e o da primeira, obviamente não.

De jure condendo, diversas soluções seriam concebíveis para essa problemática: a) permitir que se formasse o litisconsórcio, reunindo em um só processo os procedimentos referentes a cada uma das demandas cumuladas; b) admiti-lo, mediante opção por um dos procedimentos em conflito; c) admiti-lo unificando-se o processo nas formas do procedimento ordinário; d) impedir o litisconsórcio.

As duas primeiras soluções evidenciam-se desde logo inadmissíveis, porque: a) reunir dois procedimentos em um só processo atentaria absurdamente contra a unidade do procedimento, trazendo um insuportável tumulto que seria mal muito maior que a duplicidade de processos; b) a opção por um dos procedimentos seria admissível apenas se tivéssemos um sistema de livre escolha do procedimento,[122] o que não temos e aberra do sistema brasileiro de processo civil.

Tal solução traria uma inadmissível ampliação da área de incidência dos procedimentos especiais, que são destinados pela lei a situações especificamente previstas e definidas, com a marca da

122. Nesse caso o problema sequer existiria, ficando na dependência exclusiva da vontade do autor, ou autores, a propositura de demanda conjunta pelo rito que bem entendessem (*cfr*. Tarzia, *Il litisconsorzio facoltativo nel processo di primo grado*, p. 126).

especificidade – e as normas especiais não comportam interpretação extensiva nem aplicação analógica.[123]

Ficamos então para sermos razoáveis, entre a vedação do litisconsórcio e a adoção do procedimento unificado (ordinário).

178. opção pelo procedimento ordinário

O último dos alvitres goza dos favores da doutrina, com razão.

Impedir o litisconsórcio por conta da incompatibilidade de procedimentos poderia talvez ser a solução adequada se os males trazidos pelo cúmulo fossem de maior monta que o benefício do processo cumulativo e se, afinal, não fosse a unificação em torno do procedimento ordinário mais coerente e compatível com nosso sistema de direito positivo.

Se o mesmo autor quiser cumular, *em face do mesmo réu*, duas pretensões em uma demanda só, expressamente a lei permite que ele o faça ainda que entre as duas inexista qualquer liame: nem mesma causa de pedir, nem mesmo pedido, nem sequer uma afinidade de questões o art. 292 exige para o cúmulo objetivo de pretensões.[124] Ora, quando o litisconsórcio se mostra admissível

123. *Cfr.* Dinamarco, *Instituições de direito processual civil*, II, nn. 634-635, pp. 472 ss.; José Frederico Marques, *Manual de direito processual civil*, I, n. 306, pp. 359-360. O Código de Processo Civil, no art. 271, dá a idéia da especificidade dos procedimentos especiais, ao ditar, como regra, a aplicação do comum, "salvo disposição em contrário". O Código português diz que o especial tem cabimento nos "casos expressamente designados na lei" (art. 469), o que levou Alberto dos Reis à lição de que "o processo especial é um *processo-excepção, que só pode aplicar-se aos casos para que foi expressamente criado*" (*Código de Processo Civil anotado*, p. 334).

124. No caso do art. 292 "os pedidos nada têm de comum entre si, a não ser os sujeitos" (Calmon de Passos, *Comentários ao Código de Processo Civil*, III, n. 155, p. 269). O Código dispensa inteiramente a *conexidade objetiva*, contentando-se com a subjetiva, que o art. 292 exige para o cúmulo objetivo de pedidos (*id.*, *ib.*, n. 154, p. 268). Quando esse dispositivo legal dispensa a conexidade, ele deve ser entendido em harmonia com o art. 103, que define esta como ligação entre duas ações, pela comunhão de ambas na mesma causa de pedir ou no mesmo pedido. Para o sistema do art. 103, *a conexidade subjetiva não é conexidade*.

segundo qualquer dos incisos do art. 46 do Código de Processo Civil, é porque algum elo existe entre as pretensões a deduzir – ao menos, a chamada *conexão intelectual* que caracteriza a afinidade de questões,[125] justificando-se o litisconsórcio nesse caso pela economia e pela conveniência de apreciar coerentemente o mesmo ponto de fato ou de direito, ainda quando as causas sejam diversas ou mesmo autônomas. Se o cúmulo puramente objetivo se admite, mediante unificação do processo nas formas do procedimento ordinário (art. 292, § 2º), com mais fortes razões assim também deverá ser quanto ao cúmulo subjetivo, que pressupõe sempre algum liame entre as pretensões a serem deduzidas em conjunto.[126]

Trata-se de *matéria de ordem pública*, que o juiz deve fiscalizar de-ofício a partir do momento em que despacha a petição inicial. Quer ela haja optado por procedimento impróprio, quer pretenda o absurdo de dois procedimentos em um só processo por força do litisconsórcio, o juiz chamará o processo à ordem, mandando que tudo se faça segundo as regras do procedimento ordinário (CPC, art. 295, inc. V), sem precisar sequer ouvir o autor a respeito ou carregar-lhe o ônus de "adaptar" a petição inicial. É dele o *dever de impulso* do processo (art. 262), que deve cumprir inquisitorialmente sob pena de oferecer espaço a nulidades absolutas, inexistindo razão que justifique a excepcional exigência do impulso da parte.

125. De conexidade intelectual ou *imprópria* fala Calamandrei no interessantíssimo parágrafo sobre *relações entre ações* (ou causas), contido em suas *Istituzioni di diritto processuale civile secondo il nuovo codice* (vol. I, § 41, esp. letra *h*, pp. 148-149).

126. A invocação do § 260 de sua *Zivilprozessordnung* (ZPO), substancialmente refletido em nosso art. 292, é feita por autores alemães mediante raciocínio análogo ao do texto (*cfr.* Tarzia, *Il litisconsorzio facoltativo nel processo di primo grado*, pp. 38-39, esp. nota 73, citando Planck, Wetzell e Hellwig). Lent, no entanto, diz apenas que "é também indispensável que, para todas as demandas propostas, possa ter lugar o mesmo tipo de procedimento (do contrário, deve-se recorrer à separação)"; *cfr. Zivilprozessordnung*, § 81, I, 3, p. 310 trad. E Amaral Santos, discorrendo sobre o litisconsórcio por afinidade de questões, diz que ele *depende* da identidade de ritos, sem ressalvar (*cfr. Primeiras linhas de direito processual civil*, II, n. 307, esp. p. 9).

É claro também que, justamente por se tratar de matéria de ordem pública, indisponível portanto, inexiste *preclusão* a esse respeito (art. 245, par.). Esse tema poderá ser rediscutido mais tarde ou ainda em grau de apelação (CPC, art. 516), *recurso especial* quando for o caso (Const., art. 105, inc. III, letra *a* – negativa de vigência das normas que determinam o procedimento cabível em cada caso, bem como do art. 295, inc. V, do Código de Processo Civil) ou mesmo *ação rescisória* por violação a literal disposição de lei (art. 485, inc. V).[127] Mas nulidade alguma haverá a declarar se tiver sido adotado um daqueles procedimentos que, a partir da resposta, prosseguem pela trilha do ordinário (p. ex., ações possessórias – CPC, art. 931) ou se, em qualquer hipótese, o demandado não houver sofrido prejuízo (CPC, art. 249, § 1º).

Fica ressalvado que outros fatores poderão interferir na problemática do litisconsórcio em face da diversidade de procedimentos adequados, devendo o juiz considerá-los particularmente e, em face das regras gerais do processo e das diretrizes aqui sugeridas, dar solução a cada caso. No exemplo do litisconsórcio envolvendo demandas conexas mas com valores diferentes, o cúmulo de demandas acarreta a soma dos valores dos pedidos cumulados (CPC, art. 259, inc. II), o que poderá eliminar o problema da diversidade de procedimentos (ordinário, sumário).

179. litisconsórcio facultativo e reconvenção

Também com a disciplina da reconvenção entrelaça-se a do litisconsórcio, pois em mais de uma situação se questiona a admissibilidade deste ou mesmo se cogita de sua necessariedade, ao reconvir. Indaga-se especificamente se é admissível:

a) a reconvenção movida em litisconsórcio pelo réu e mais uma pessoa até então estranha ao processo (litisconsórcio ativo na reconvenção);

b) reconvir ao autor e mais alguma pessoa estranha (litisconsórcio passivo na reconvenção);

127. Seja para os recursos, seja para a ação rescisória, precisa que a parte vencida tenha sofrido *prejuízo* com a realização do processo em litisconsórcio e mediante procedimento inadequado.

c) reconvir um dos litisconsortes passivos, isoladamente, sem a participação do seu colitigante;

d) reconvenção dirigida a um apenas dos litisconsortes ativos do processo instaurado.

Nas duas primeiras hipóteses questiona-se a admissibilidade, na demanda reconvencional, de pessoa que não era parte no processo (reconvenção ampliativa); nas outras duas, a indispensabilidade de a reconvenção envolver todas as pessoas que já eram litisconsortes ativos ou passivos por força da demanda inicial (admissível a reconvenção subjetivamente restritiva?).

Poucos autores pátrios ou alienígenas têm se ocupado dessa problemática,[128] não se podendo absolutamente dizer que haja ela chegado a um ponto de maduro desenvolvimento doutrinário, talvez até em decorrência da escassíssima casuística de que se tem conhecimento.[129] Na lei brasileira existe o dispositivo contido na estranhíssima redação do § 1º do art. 317 do estatuto processual, do qual se costuma extrair a máxima de que "não cabe a reconvenção quando nela não se verificar a identidade de pessoas".[130]

128. Tarzia dedica-lhe algumas considerações, preocupando-se notadamente com a reconvenção que não abrange todas as partes do processo (*Il litisconsorzio facoltativo nel processo di primo grado*, pp. 120 ss.), mas seu interesse, como de resto não é incomum na Europa, concentra-se nas implicações que isso tem em matéria de competência (*cfr.* Calmon de Passos, *Comentários ao Código de Processo Civil*, III, observações de "direito comparado" ao art. 315, p. 403). *Cfr.* ainda José Frederico Marques, *Instituições de direito processual civil*, III, n. 656, pp. 156-157; Calmon de Passos, *op. cit.*, n. 224.1, p. 416; Wellington Moreira Pimentel, *Comentários ao Código de Processo Civil*, III, pp. 308-310; Tornaghi, *Comentários ao Código de Processo Civil*, I, p. 212; Barbosa Moreira, "Reconvenção", n. 5, esp. p. 121). O tema é tratado de maneira específica por Clito Fornaciari Jr., *Da reconvenção no direito processual civil brasileiro*, n. 26, esp. pp. 89-97 e por Luis Guilherme Aidar Bondioli, *Reconvenção no processo civil*, nn. 11.3 e 11.4, pp. 107-113.

129. Os tratadistas tocam apenas de passagem nesses problemas e, de caso concreto, posso dizer que tenho notícia de apenas um e, assim mesmo, sem informes sobre o desfecho obtido.

130. *Cfr.* Jorge Americano, *Comentários ao Código de Processo Civil*, I, p. 285. Invocando Paula Baptista, diz Amaral Santos: "o que a lei pretendeu dizer, sem dúvida, é (...) que na reconvenção devem as partes apresentar-se na mesma

Essa assertiva, pelo contexto de quem a redigiu e dos que o seguiram, percebe-se claramente que foi feita sem preocupação com o problema de que ora tratamos, sendo de duvidar se, no caso de terem tais autores atinado com ele, a teriam feito assim de maneira tão ampla, sem nada ressalvar. Ela não servirá, portanto, de apoio para as soluções que buscamos.

180. ampliação subjetiva

A *ampliação subjetiva* da relação processual mediante reconvenção que lhe traga sujeitos antes estranhos a ela enfrenta por certo alguns óbices, que no entanto se minimizam diante das vantagens somadas, inerentes à reconvenção e ao próprio litisconsórcio.[131]

Tanto uma como outro cultivam a economia dos juízos, evitando a pluralidade de processos, de instruções, atos processuais em geral, procedimentos recursais, barateando a tutela jurisdicional. Ambos forram a Justiça do desgaste decorrente do conflito lógico de julgados, permitindo que um só juiz, em um só processo, no mesmo momento, aprecie corretamente duas ou mais situações jurídicas interligadas entre si. Tudo isso, além de "dar ensejo a uma apreciação conjunta, mais abrangente e por isso provavelmente mais justa, das relações jurídicas entre as partes".[132]

qualidade pessoal em que figuram na ação (*Da reconvenção no direito brasileiro*, n. 57, p. 153). Depois dele, falando do chamado *princípio da identidade bilateral das partes*, mostrou Calmon de Passos o seu significado e extensão: "tanto na ação quanto na reconvenção, devem as partes apresentar-se na mesma qualidade pessoal" (*Comentários ao Código de Processo Civil*, III, n. 224, pp. 415-416). Como se demonstra no texto acima, portanto, nem o art. 315, § 1º nem as lições doutrinárias às vezes invocadas, servem para a solução dos problemas aqui versados.

131. *Cfr.* Luis Guilherme Aidar Bondioli, *Reconvenção no processo civil*, n. 11.4, pp. 111-112.

132. A oração entre aspas é de Barbosa Moreira, *A conexão de causas como pressuposto da reconvenção*, n. 84, p. 146. Os demais fundamentos do instituto da reconvenção, expostos logo antes em fusão com os que justificam o litisconsórcio, são também indicados naquela obra e local; no presente estudo, *supra*, n. 21.

Tais vantagens superam de longe os pequenos embaraços que o ingresso de nova parte possa trazer e que não vão além da necessidade de citação pessoal do novo litisconsorte passivo, com alteração do termo inicial do prazo para resposta à reconvenção e ampliação do âmbito dessa resposta[133] – pequenos óbices que só se referem ao litisconsórcio *passivo* criado pela reconvenção, nunca à reconvenção da parte em conjunto com estranho. Ao Estado-juiz, que exerce a jurisdição com vista à pacificação social (e não com o objetivo institucionalizado de dar satisfação ao eventual direito do autor),[134] interessa muito mais realizar um só processo redobradamente proveitoso, com essa reconvenção litisconsorcial que, talvez, às vezes lhe acrescerá alguns atos e lhe dilatará um tanto a duração – do que dois processos, duas instruções sobre o mesmo contexto de fatos e dois julgamentos que poderão conflitar entre si, em desabono da própria Justiça.

Talvez o processo único custe um pouco mais de trabalho e dedicação dos juízes, mas seria de um *comodismo* intolerável evitá-lo só por essa razão que nada tem a ver com o interesse público (salvo casos excepcionais – *infra*, n. 180).

Por isso, boa e respeitável parcela da doutrina afirma a admissibilidade de ampliar subjetivamente a relação processual mediante reconvenção, seja para que o réu possa reconvir juntamente com terceiro, seja para que ele possa reconvir, conjuntamente, ao autor e a terceiro. O "princípio segundo o qual a reconvenção

133. Tais inconvenientes e "diversos outros" que o autor não especifica, estão alegados no livro de Clito Fornaciari Jr. (*Da reconvenção no direito processual civil brasileiro*, n. 26, p. 94). São óbices, no entanto, que também podem ser trazidos quando o réu denuncia a lide a terceiro ou o chama ao processo; e o Código expressamente admite esses comportamentos do réu. Sem razão, portanto, a oposição de Fornaciari Jr. à ampliação subjetiva do processo mediante a reconvenção.

134. *Cfr*. Chiovenda, *Principii di diritto processuale civile*, § 20, I, pp. 63-68; Zanzucchi, *Diritto processuale civile*, I, pp. 6-14 (esp. "diverse teorie sul concetto di giurisdizione" e "il nostro concetto di giurisdizione"); Vidigal, "Escopo do processo civil"; Dinamarco, *Instituições de direito processual civil*, I, n. 48, p. 131 e sobretudo *A instrumentalidade do processo*, n. 21, pp. 188-191.

há que ser movida pelo réu do processo principal contra o seu autor"[135] não tem a amplitude desejada pelos que sustentam posição contrária nem pode prevalecer sobre o princípio, esse sim bastante amplo e enérgico, de que todo o possível deve ser feito para *extrair do processo o máximo proveito útil.*[136]

Além disso, resta ser demonstrada a existência daquele "princípio", que jamais se legitimaria em alguma boa razão jurídica ou instrumental e que, se é que existe, jamais teria sido formulado com vista à situação aqui examinada.

O que se disse até aqui trouxe apenas a preocupação de demonstrar a admissibilidade da ampliação subjetiva mediante a formação de um novo litisconsórcio *facultativo* no processo; por exemplo, no caso de uma ação declaratória negativa da existência de obrigação de dar dinheiro, reconvém o réu para postular a condenação do autor e do fiador deste.

Quando se passa a pensar no *litisconsórcio necessário*, reforça-se ainda mais a argumentação. Lá no litisconsórcio facultativo,

135. São palavras de Clito Fornaciari Jr., que alinha esse princípio como a primeira das causas impeditivas da reconvenção envolvendo quem não fosse parte no processo (*Da reconvenção no direito processual civil brasileiro*, n. 26, p. 94). Sobre o verdadeiro princípio, seu significado e extensão, v. *supra*, n. 179. Se tal princípio tivesse o significado que o monografista lhe atribui, ele impediria também a reconvenção mais restrita (sem envolver todas as partes do processo pendente) e seria arbitrário afastá-lo apenas no tocante a esta de que agora cuidamos. Situação bastante peculiar foi objeto de pronunciamento pelo Tribunal de Justiça do Rio Grande do Sul, que então proclamou: "em princípio, inadmissível a reconvenção proposta por um codemandado se, em virtude da natureza das relações jurídicas materiais, a rescisão das avenças *coloca em litisconsórcio passivo obrigatório tanto os AA. como outro demandando*" (TJRS, agr. instr. n. 27.767, j. 14.6.77, rel. Athos Gusmão Carneiro, *Jurispr. bras.*, 80/411).

136. O chamado *princípio da economia*, que na verdade é uma *regra técnica* de grande valor no sistema processual, preconiza "a produção do melhor resultado desejável com o menor dispêndio possível de recursos" (*cfr.* Dinamarco, *Instituições de direito processual civil*, I, n. 77, p. 200). Na jurisprudência, *cfr.* os seguintes julgados em que foi admitida a ampliação subjetiva: TJMG, 13ª C. Cív., ap. n. 2.0000.00.478971, j. 12.5.05, rel. Elpídio Donizetti, v.u., *DJU* 31.5.05; TJRJ, 5ª C. Cív., agr. instr. n. 2006.002.00459, j. 14.3.06, rel. Milton Fernandes de Souza, v.u.

se fosse vedado ampliar, caberia ao réu escolher entre reconvir contra o autor apenas, e não reconvir; aqui no necessário, ele ficaria absolutamente impedido de reconvir porque não poderia trazer o terceiro ao processo e também não poderia demandar ao autor isoladamente.

Demandado por alguém e sendo titular de uma ação conexa, fundada em atos praticados pelo autor e seu cônjuge (CPC, art. 10º, par., inc. III), o réu ficaria na situação acima figurada, em face do litisconsórcio necessário passivo entre seus adversários.

Sopesem-se as vantagens e desvantagens das duas soluções e ver-se-á que, do *prisma publicista* que deve orientar o intérprete da lei processual, a solução positiva sai largamente vitoriosa.[137] Além disso, a ampliação subjetiva da relação processual por ini-

137. *Cfr.* Luis Guilherme Aidar Bondioli, *Reconvenção no processo civil,* n. 11.4, pp. 108-114; Barbosa Moreira, "Reconvenção", n. 5, esp. p. 121; Wellington Moreira Pimentel, *Comentários ao Código de Processo Civil*, III, pp. 309-310; Tornaghi, *Comentários ao Código de Processo Civil,* I, p. 212, o qual faz a propósito observação muito oportuna e de indiscutível acerto: "a ação terá caráter reconvencional para o autor da ação primitiva e originário para os demais". Contra, como já destacado, é Clito Fornaciari Jr. (*Da reconvenção no direito processual civil brasileiro*, n. 26, pp. 93 ss.), invocando textos de Abraham Ricer e Norberto R. Palácio. Ele nega a admissibilidade da reconvenção ampliativa mesmo no caso de na ação reconvencional o litisconsórcio ser necessário "pois, para tanto, existirá o caminho da demanda autônoma" (*op. cit.*, pp. 98-99); mas esse argumento nada prova, porque prova demais – não só nessa hipótese mas em qualquer outra de admissibilidade de reconvenção, sempre haverá tal caminho). Nem é o caso de justificar essa posição restritiva através da legitimidade *ad causam* (*op. cit.*, p. 99) pois se trata de uma condição da ação em si própria e não da reconvenção (*cfr.* Amaral Santos, *Da reconvenção no direito brasileiro*, esp. n. 55, pp. 150-151) e, se fosse caso de ilegitimidade, nem a demanda autônoma seria admissível. Barbosa Moreira alinha um grande rol de vantagens da reconvenção para o réu, desvantagens para o autor e umas e outras para a ordem pública, concluindo, por este último prisma, pela existência de saldo positivo a favor dos pontos de conveniência (*A conexão de causas como pressuposto da reconvenção*, nn. 81-86, esp. p. 147). Também no presente estudo se alvitra maior liberdade no uso do instituto, sob pena de indevidamente limitar-se a reconvenção por culpa do litisconsórcio, ou o litisconsórcio por culpa da reconvenção, quando são convergentes perante a ordem pública as vantagens que estão à base de ambos os institutos.

ciativa do réu, em si mesma, não repugna ao Código, o qual expressamente a admite, pela via do chamamento ao processo e da *litisdenuntiatio* (arts. 70 e 77); e isso mostra que, em uma interpretação sistemática, o resultado é sempre esse que se defende, ou seja, a admissibilidade da ampliação subjetiva mediante a reconvenção.

Reconhece-se que em alguns casos raros a reconvenção ampliativa poderá trazer superlativos inconvenientes ao processo, complicando-o sobremaneira ou retardando exageradamente o seu curso. Mas isso não é mal privativo *dessa* reconvenção, sendo aliás indicado como possível desvantagem do próprio instituto.[138] Se tal ocorrer, passará no caso concreto a ser *inadmissível o litisconsórcio*, em razão do entrave que a reconvenção trouxer ao exercício da ação pelo autor-reconvindo – ao qual competirá fazer essa argüição, sendo ela apreciada pelo juiz mediante uma decisão interlocutória que leve em conta as peculiares circunstâncias de cada caso (decisão agravável, é óbvio). Acolhida essa argüição, restará ao reconvinte optar entre desistir da reconvenção, limitá-la às partes (se não se tratar de litisconsórcio necessário na ação reconvencional) ou pedir a separação das causas em processos distintos. Sobre o prejuízo a uma das partes e embaraço ao exercício da função jurisdicional, aplica-se neste tema, *mutatis mutandis*, o que ficou dito acerca do litisconsórcio multitudinário (*supra*, n. 149).

181. reconvenção subjetivamente menos ampla

No tocante à admissibilidade de *reconvenção subjetivamente menos ampla* que a demanda inicial, é praticamente pacífica a doutrina, ainda que com algumas ressalvas.[139]

138. *Cfr.* Barbosa Moreira, *A conexão de causas como pressuposto da reconvenção*, n. 86, pp. 147-148: "o interesse oposto de evitar perturbações e retardamentos (...) também concorre com o interesse público e merece tutela".

139. *Cfr.* Tarzia, *Il litisconsorzio facoltativo nel processo di primo grado*, pp. 120 ss.; José Frederico Marques, *Instituições de direito processual civil*, III, n. 656, pp. 156-157; Calmon de Passos, *Comentários ao Código de Processo Civil*, III, n. 224.1, p. 416; Wellington Moreira Pimentel, *Comentários ao Código de Processo Civil*, III, pp. 308-309; Pontes de Miranda, *Comentários ao Código de Processo Civil*, IV, nota 9 ao art. 315, p. 167 ("... a reconvenção por um dos

Evidentemente, não teriam cabimento aqui sequer aquelas pequenas objeções lançadas pelos adversários da ampliação subjetiva, vistas logo acima. E teria sabor intoleravelmente privatista recusar essa reconvenção mediante o pretexto de que as partes não envolvidas nessa segunda demanda ficariam submetidas a alguma espera em virtude de demanda na qual não figuram como sujeitos: o interesse público, que está acima dos interesses ou eventuais caprichos dos particulares no processo, supera de longe essa possível objeção.

Fica ressalvado que, se for necessariamente conjunta a legitimidade (ativa ou passiva) para a ação que o réu, ou réus, pretendem mover pela via reconvencional, então esta não poderá excluir nenhum dos colegitimados.[140] Se dois credores solidários movem ação ao devedor comum, visando a receber o que este lhes deve, só poderá reconvir o réu, com pedido de anulação do contrato que envolve os três, se na reconvenção ele demandar conjuntamente os dois autores originários – os quais são litisconsortes necessários passivos em relação a essa demanda, nada importando a mera circunstância de, na demanda que propuseram, terem sido litisconsortes facultativos.

Não tem razão de ser, todavia, o raciocínio inverso a esse, ou seja: não há por que exigir o litisconsórcio na reconvenção (sem diminuição de partes), só porque na ação movida originariamente pelo autor através da demanda inicial do processo tivera lugar um *litisconsórcio necessário*. A reconvenção é demanda distinta da originária, através dela o réu-reconvinte exerce uma ação que não é a mesma do autor e que não constitui defesa oposta a ela; merece, pois, tratamento independente.[141] Assim, não há por

réus, se são muitos, e não pelos outros, ou por alguns"); Clito Fornaciari Jr., *Da reconvenção no direito processual civil brasileiro*, n. 26, p. 99; Luis Guilherme Aidar Bondioli, *Reconvenção*, n. 11.3, pp. 107-108.

140. *Cfr*. Clito Fornaciari Jr. (*op. cit.*, n. 26, esp. p. 95) e autores citados na nota anterior; v. também *infra*, n. 181.

141. Ponto pacífico e elementar, na teoria da reconvenção (*cfr*. por todos Amaral Santos, *Da reconvenção no direito brasileiro*, esp. n. 41, p. 116, e n. 50, p. 140). A autonomia da reconvenção perante a ação "principal" é destacada

que considerar que seja necessariamente conjunta a *legitimatio ad causam*, como condição da ação reconvencional, só porque necessariamente conjunta era a legitimidade para a ação movida pelo autor.

Glosando ainda uma vez o mote da anulação de contrato, imagine-se uma ação movida por aquele que figura como devedor, aos que segundo o contrato são seus credores solidários; para anular o contrato, o processo precisa ter a presença de ambos os credores, que são colegitimados indispensáveis (litisconsórcio necessário unitário – CPC, art. 47 e *supra*, n. 82). Mas se um desses credores solidários quiser, sem o concurso do outro, pedir reconvencionalmente a condenação do autor a pagar o que o contrato estabelece, nada impede que ele o faça porque o litisconsórcio para essa demanda é facultativo até por disposição expressa de lei (CC, art. 267).[142]

Menos razão existiria, ainda, para filiar *à unitariedade* do litisconsórcio na ação originária (dita *principal*) uma suposta impossibilidade de reconvir com menos partes que na demanda inicial do processo (reconvir apenas um réu, ou reconvir a apenas um autor). Isso corresponderia a tornar necessariamente conjunta a *legitimatio* para uma ação (reconvencional) por força de peculiaridades referentes a outra ação (a já proposta inicialmente pelo autor).[143] A exigência de julgamentos uniformes, que caracteriza

pelo art. 318 do Código de Processo Civil, que, com suas palavras, diz que ela prosseguirá, sem extinção do processo, muito embora o autor desista da ação que propusera ou ocorra alguma outra causa que, se não fosse a reconvenção, determinaria essa extinção.

142. Existem autores, no entanto, filiando a admissibilidade da reconvenção restritiva à facultatividade do litisconsórcio no processo pendente: assim é José Frederico Marques, que no entanto invoca o art. 89 do Código de 1939 (principio da autonomia dos colitigantes – atual art. 48), o qual ditava o regime do litisconsórcio comum (não-unitário) sem relacioná-lo com a facultatividade do litisconsórcio. *Cfr*. também Calmon de Passos e Wellington Moreira Pimentel, referidos na nota seguinte.

143. Mas a restrição é feita por Calmon de Passos (*Comentários ao Código de Processo Civil*, III, n. 224.1, p. 416) e Wellington Moreira Pimentel (*Comentários ao Código de Processo Civil*, III, pp. 308-309), os quais indicam a existência de litisconsórcio necessário e unitário no processo pendente, como

o litisconsórcio unitário, exaure-se no âmbito da *res in judicium deducta* pelo autor inicial; se essa relação jurídica controvertida material é de tal ordem que não comporte soluções heterogêneas, basta que, *quanto a ela*, venha um julgamento só. A unitariedade ou necessariedade do litisconsórcio na demanda reconvencional será aferida a partir dos elementos da nova relação jurídica controvertida que o réu, ou réus, pretenderem inserir fio processo mediante a demanda reconvencional. Tratar-se-á de demanda conexa (pressuposto da reconvenção), porém não é a mesma.

Apesar da unitariedade do litisconsórcio entre os credores solidários demandados pelo devedor que pretende a anulação do contrato (exemplo dado acima), seria inteiramente destituída de utilidade a exigência do litisconsórcio entre eles, para a reconvenção visando a cobrar o crédito comum.

182. litisconsórcio alternativo ou eventual

Questão elegantíssima, sobre a qual nada se conhece na literatura especializada brasileira, é a que diz respeito à admissibilidade do litisconsórcio alternativo ou eventual em nosso sistema de direito positivo. Igualmente na Itália pouco se escreveu a respeito, existindo algumas manifestações no direito alemão.[144] Será lícito

impedimento à reconvenção subjetivamente menos ampla que a demanda inicial; v. ainda José Frederico Marques (nota anterior) e Clito Fornaciari Jr. (*supra*, nota 127, neste mesmo tópico).

144. Lent diz apenas: "discute-se se é admissível a subordinação de duas demandas dirigidas contra pessoas diferentes" (*Zivilprozessrecht*, § 88, III, p. 327 trad.); exemplifica a seguir e não toma posição. Schönke, em duas brevíssimas passagens de seu *Lehrbuch des Zivilprozessrechts*, nega a admissibilidade do cúmulo subjetivo eventual, repelindo toda e qualquer demanda condicional (§ 26, III, 1, p. 95 trad.; § 43, I, 3, p. 150). Tal é também a posição de Rosenberg Schwab (*Zivilprozessrecht*, § 49, II, 1, p. 222). Na Itália, antigo verbete do *Digesto italiano*, de autoria de Mortara, tocava no problema ("Appello civile", n. 1.553, pp. 972-973). Em 1943 leu-se nota de Redenti, publicada na *Rivista di diritto processuale civile*, a uma sentença da Corte de Cassação (*Problemi di competenza in cassazione*), encarando-se aí o fenômeno de demandas alternativas dirigidas a duas unidades administrativas estatais; em seu *Diritto processuale civile*, II, n. 88, pp. 90-93, o mesmo Redenti oferece subsídios úteis

colocar em juízo, cumulativamente, duas demandas dirigidas a pessoas diferentes, invocando o art. 289 do Código de Processo Civil (*cúmulo eventual*), para que uma delas só seja apreciada no caso de rejeitada a primeira? Será lícito comparecerem dois autores, na dúvida sobre qual deles seja o verdadeiro credor, pedindo que o juiz emita um provimento contra o adversário comum, em benefício de um dos dois (*cúmulo alternativo*)?[145]

ao estudo do tema. Na *Rivista italiana di diritto penale* de 1939 (pp. 177 ss.), há um artigo de Saraceno ("L'accertamento alternativo"). Muito útil também é o estudo de Liebman sobre *azioni concorrenti* (com esse título), que se vê na coletânea *Problemi del processo civile*, conquanto não cuide especificamente do tema. Diretamente voltado a ele é o ensaio "Litisconsorzio alternativo passivo e impugnazione incidentale", editado pela primeira vez pelo seu autor, Allorio, em 1947, e hoje reproduzido em seus *Problemi di diritto*. São também imprescindíveis, numa pesquisa a respeito, as considerações de Tarzia em dois trabalhos: primeiro, no artigo "Appunti sulle domande alternative" (esp. n. 7), que está na *Rivista di diritto processuale* de 1964 e depois na monografia *Litisconsorzio facoltativo nel processo di primo grado*, de 1972. Nesse último trabalho, defendendo a admissibilidade do litisconsórcio condicional, eventual ou alternativo, sustenta que tais figuras não se acomodam no esquema do litisconsórcio facultativo nem do necessário: recebem os seus contornos tanto da disciplina de um como da de outro. Diz também que o nexo entre as demandas cumuladas, em tais hipóteses não é mera conexidade mas algo mais intenso que ela. Não está demonstrada, contudo, a necessidade de buscar fora da conexidade uma identificação desse fenômeno em que o litisconsórcio alternativo se apóia, já que a própria conexidade é em si mesma um conceito bastante amplo e flexível, capaz de abrigar situações em que as demandas são ligadas mais superficialmente ou com maior profundidade (lembrar a lição de Redenti – *supra*, nn. 21 e 40).

145. Já cuidando do cúmulo objetivo de demandas, não são os autores unânimes em sua *terminologia*. Distingue Chiovenda nitidamente entre alternatividade e eventualidade, conforme orientação seguida no texto e notas a seguir. Mas há também quem considere a segunda como modalidade da primeira (José Frederico Marques, *Instituições de direito processual civil*, III, n. 570, p. 62: "nos pedidos alternativos em que um funciona como subsidiário, há o que os processualistas denominam de *cumulação eventual*"). *Cfr.* também Calmon de Passos, *Comentários ao Código de Processo Civil*, III, n. 157, p. 270, falando em "cumulação alternativa por subsidiariedade". Para Redenti há uma alternatividade *verdadeira* e uma *espúria*, coincidindo esta com a eventualidade (*cfr.* "Problemi di competenza in cassazione", n. 10, pp. 96-98). Na linguagem do presente trabalho segue-se a distinção que remonta a Chiovenda.

As diversas espécies de *cúmulos de demandas*[146] costumam ser estudadas e classificadas com vista ao cúmulo exclusivamente objetivo, sendo pertinente então indagar se e em que medida tais colocações se projetam na teoria do litisconsórcio facultativo; a respeito deste, sói a doutrina afirmar que se resolve também em um *cúmulo*, um cúmulo subjetivo de demandas. Na realidade, quando o litisconsórcio facultativo é comum ali se aglutinam dois fenômenos distintos, a saber, (a) cúmulo de pessoas como autores ou réus e (b) cúmulo de demandas, no sentido de que com referência a cada uma dessas partes plúrimas se porá um pedido em juizo.[147] Pois é precisamente isso que sucede quando o litisconsórcio é eventual ou alternativo, dando-se então, como em todos os casos de litisconsórcio facultativo comum, o cúmulo subjetivo e também objetivo de demandas.

Tem-se *cúmulo eventual*, "quando uma ação é proposta para o *evento* de que a outra seja rejeitada".[148] O autor formula duas demandas, tendo preferência pela primeira mas pedindo ao juiz que conheça e acolha a segunda (que por isso mesmo se considera *subsidiária*) no caso de não poder a primeira ser atendida.[149]

146. *Cfr.* Araken de Assis, *Cumulação de ações*, n. 2, p. 16, falando do cúmulo objetivo e do subjetivo e enfatizando que este só se configura no litisconsórcio facultativo.

147. Sobre o fenômeno do cúmulo de demandas no litisconsórcio comum, v. o que longamente se expôs no tópico n. 11 deste mesmo estudo. Por outro lado, embora não veja no litisconsórcio comum só um cúmulo subjetivo (penso haver um cúmulo objetivo também), mesmo assim me parece lícito colocar toda a problemática como está no texto acima, ou seja, indagar se a esse cúmulo objetivo que envolve partes plúrimas se aplicam as regras destinadas ao cúmulo puramente objetivo.

148. *Cfr.* Chiovenda, *Principii di diritto processuale civile*, § 91, II, *b*, p. 1.130; v. também Dinamarco, *Instituições de direito processual civil*, II, n. 475, pp. 176-178.

149. Mostra-se quase incontrastada a opinião de que é *vinculativa para o juiz* a ordem das demandas colocadas pelo autor: só mesmo no caso de não poder prover à primeira é que ele poderá passar para a segunda – *cfr.* Tarzia, "Appunti sulle domande alternative", n. 5, p. 280, esp. nota 80. Em nosso direito positivo há o art. 289 do Código de Processo Civil, que já induz essa vinculação; mas v. *infra*, n. 183 sobre a possibilidade de o autor pôr as duas demandas segundo

No direito positivo brasileiro há uma norma genérica sobre essa forma de cumulação (CPC, art. 289) e ao menos uma específica, admitindo que o cúmulo eventual seja feito de forma tal que, sendo julgada improcedente a ação quanto a um dos réus, passe a ser apreciada a pretensão do autor quanto ao outro litisconsorte passivo. Trata-se da construção dada ao instituto da *denunciação da lide*, na feição que assume quando feita pelo autor; resolve-se ela em uma demanda relativa ao réu *principal* e outra, subsidiária, de condenação do garante no caso de não vingar a primeira pretensão (cúmulo subjetivo de dois réus perante o mesmo autor; cúmulo objetivo de demandas, uma envolvendo cada um deles).

No clássico exemplo da ação reivindicatória pode recear o autor um insucesso por não pertencer ao seu vendedor a gleba descrita na escritura, cabendo-lhe então denunciar a lide àquele, com vista a forrar-se dos riscos da evicção (CC, art. 456 e CPC, art. 70, inc. I). Essa denunciação, feita logo no momento de formação do processo (art. 71), terá nítido sabor de demanda que é movida ao alienante, com o pedido de sua condenação a indenizá-lo pela evicção sofrida, no caso de não ser julgada procedente a ação reivindicatória.

O *cúmulo alternativo* de demandas acontece "quando várias ações são propostas para que *ou uma ou outra* seja acolhida".[150] Sem expressar preferência, duas demandas o autor coloca perante o juiz, alegando ter um ou outro direito, um dos quais pretende seja reconhecido pela sentença. Também aqui há ao menos um caso explícito em nosso ordenamento jurídico em que, na dúvida, pode o autor dirigir-se a duas pessoas, por não saber a qual das duas se acha juridicamente ligado. Trata-se da *ação de consignação em pagamento* disciplinada no art. 895 do Código de Processo Civil ("se ocorrer *dúvida* sobre quem deva legitimamente receber o pagamento, o autor requererá o depósito e a citação dos que o disputam, para provarem o seu direito"). Ao julgar a contro-

sua ordem de preferência ou no mesmo plano, deixando nessa segunda hipótese caminho livre para a mera alternatividade.

150. *Cfr.* Chiovenda, *Principii di diritto processuale civile*, § 91, II, *c*, p. 1.131.

versia entre os dois réus, indicará o juiz qual deles era legitimado perante o autor e qual não, eliminando com isso a dúvida que motivara a vinda do devedor a juízo.

Já se vê, portanto, que nem o litisconsórcio eventual nem o alternativo, repugnam à nossa ordem jurídico-processual. Por mais de um caminho chega-se à conclusão de que é lícito *ampliar a potencialidade do processo*, para a tutela jurisdicional mais rápida, econômica e harmoniosa através de cúmulos dessas espécies.[151]

183. direito positivo

Constitui válido ponto de referência para a admissão do litisconsórcio alternativo ou eventual no direito brasileiro o *cúmulo simples* de demandas (art. 292), no qual as causas de pedir e os pedidos podem ser absolutamente diferentes, contentando-se o legislador com a mera *conexidade subjetiva* (*supra,* n. 178). Preenchidos os requisitos da *competência* e da compatibilidade procedimental, duas demandas podem cumular-se em uma só iniciativa, ainda que de outra forma não conexas, desde que as partes sejam as mesmas.

Ora, mesmo no silêncio da lei a *conexidade objetiva é requisito indispensável* para o cúmulo alternativo ou eventual[152] – sendo sabido que ela traduz uma interdependência entre as causas, muito

151. Araken de Assis afirma que "a espécie alternativa ocorre somente no litisconsórcio ativo, e a eventual, necessariamente, no passivo" (v. *Cumulação de ações*, n. 41, esp. p. 144).

152. *Cfr.* Alberto dos Reis, *Comentários ao Código de Processo Civil*, vol. 3º, p. 140, sub art. 273: "a verdade é que pela ordem natural das coisas há de existir um nexo substancial entre eles. Os dois pedidos dizem respeito ao mesmo acto ou facto jurídico; denunciam uma atitude de dúvida ou hesitação do autor perante o acto ou facto". *Cfr.* também Calmon de Passos, *Comentários ao Código de Processo Civil*, III, n. 157.1, p. 271. Para Tarzia, como já se consignou, há entre as demandas uma ligação ainda *mais intensa que a conexidade* (*Il litisconsorzio facoltativo nel processo di primo grado*, pp. 43-44). Tal ponto-de-vista reforça ainda mais a argumentação contida no texto, embora seja preferível ver a conexidade tal qual exposta acima (*supra,* n. 182).

maior do que a mera identidade de partes. Essa interdependência que a conexidade objetiva representa é apta a trazer significativas vantagens que bem justificam esse mesmo cúmulo quando envolvendo várias pessoas (litisconsórcio alternativo ou eventual), muito além das discutíveis vantagens do cúmulo simples (conexidade subjetiva). Se este é permitido por norma expressa de lei, com muito mais fortes razões há de ser considerado admissível também, perante o sistema de direito positivo, o cúmulo subjetivo envolvendo alternatividade ou eventualidade.

Tomemos por exemplo o caso de duas ou diversas pessoas jurídicas, componentes do mesmo grupo econômico, que se envolvem em negócios múltiplos e complexos, de forma tão intrincada que ao fim não se saiba bem a qual entre elas é devedor o terceiro que com elas contratou. Ocorre séria dúvida a respeito, que talvez só será possível dirimir com a instauração do processo e análise de documentos em poder da outra parte ou de argumentos trazidos por esta. A vontade do direito, no caso, será uma só; a pessoa que participou dos negócios só é obrigada perante *uma* dessas pessoas jurídicas. Um só é o contexto de fato, caracterizando-se por aí a *conexidade* entre as duas ou mais demandas que porventura viriam tais empresas a ajuizar, cada uma de per si.[153] Essa conexidade justifica plenamente o ajuizamento simultâneo das pretensões das diversas pessoas jurídicas, para que o juiz acolha apenas uma delas, ou seja, aquela que lhe parecer fundada, sendo *partes ilegítimas* as demais autoras.[154] Tratar-se-á de

153. Exemplo análogo invoca Mortara ("Appello civile", n. 1.552, p. 971), tomado de antigo acórdão da Corte de Cassação italiana. Tarzia reproduz o exemplo, citando Mortara (*cfr.* "Appunti sulle domande alternative", n. 7, p. 295, nota 127).

154. É impossível considerar que em caso de *alternatividade* a rejeição de uma das demandas se dê a título de *improcedência*: ao afirmar que a titularidade da situação de direito material é de um dos réus apenas (no exemplo acima, titularidade ativa), está o juiz concluindo que perante o outro não há sequer de apreciar o mérito – reputando-se *prejudicado* o pedido em relação a este. Diz Allorio que se trata de falta de interesse, merecendo o litisconsorte excluído uma *absolutio ab instantia* ("Litisconsorzio alternativo passivo e impugnazione incidentale", n. 1, pp. 516-517). Em alguns casos de nítido pedido *eventual*, a situação é diferente e é por *improcedência* quanto a um dos réus que o autor sucumbirá: se sucumbir quanto ao primeiro, a demanda dirigida ao segundo será julgada pelo mérito e à vista de todos os demais pontos pertinentes; se

litisconsórcio alternativo ativo, fundado na identidade de causas de pedir entre as demandas de cada um dos autores (art. 46, inc. III).

Pode suceder também que uma pessoa haja participado de negócios, sem ficar bem claro a ela própria se o fez em nome próprio ou como representante de outrem.[155] Se for o caso de vir a juízo poderá ela comparecer em litisconsórcio com o possível representado, postulando um provimento de mérito a favor de um ou de outro deles, conforme melhor parecer ao juiz (*litisconsórcio alternativo ativo*); se for o caso de mover-lhe ação, poderá o adversário demandar a quem negociou e ao seu possível representado, para que um deles seja atingido pelo julgamento do mérito e o outro, considerado parte ilegítima (*litisconsórcio alternativo passivo*).

Considere-se ainda o caso de alguém que move ação de cobrança ao sucessor na obrigação por ato *inter vivos*, tendo dúvida sobre a validade desse ato. Será lícito, nesse caso, cumular desde logo uma demanda eventual (subsidiária), pedindo a condenação do devedor originário no caso de, por nulidade do ato de sucessão, ser parte ilegítima o sucessor; tratar-se-á de *litisconsórcio eventual passivo*, fundado no art. 289 do Código de Processo Civil, sendo nítida a conexidade entre as demandas porque um só o é contexto de fato e uma só a vontade do direito que dele emana (o acolhimento de uma das pretensões implica necessária rejeição da outra). Na hipótese inversa, situando-se a dúvida no pólo da legitimidade ativa, pensemos no cessionário e cedente de um crédito que comparecem, juntos, como

sair vencedor quanto ao primeiro, não é credor do segundo (seja lembrada a hipótese, que serviu de exemplo no texto, do alienante a quem o autor denunciou a lide, o qual não é obrigado a indenização alguma se procedente a ação reivindicatória).

155. Exemplo dado por Tarzia, "Appunti sulle domande alternative", n. 7, p. 295, p. 127. O correspondente desse exemplo, do lado passivo, é formulado com um colorido muito expressivo por Allorio: "Rosso chiede che sia emanato un provvedimento giurisdizionale... nei confronti di Verde o d'Azzurro, manifestando cosi una incertezza intorno alla persona dei rapporto controverso: che molte volte è incertezza anche oggettiva, dipendente da non chiari, ingarbugliati eventi o comportamenti, e magari imputabile ai modo d'agire degli stessi convenuti: p. es., non si sa se Verde abbia negoziato come rappresentante d'Azzurro, obbligandolo, o in proprio, vincolando se stesso" (*cfr.* "Litisconsorzio alternativo passivo e impugnazione incidentale", n. 1, p. 515). Segundo Tarzia (*ib.*), esse exemplo é variante de caso julgado na jurisprudência inglesa (*ib.*, notas 127-128 – teria o *agente* operado nos limites dos poderes que lhe foram outorgados, ou fora deles?).

autores, para que o segundo obtenha a condenação *in eventum* de a cessão ser nula (*litisconsórcio eventual ativo*).[156-157]

184. harmonia sistemática

Se fosse negada a admissibilidade de demandas conjuntas em casos como esses, nem por isso ficaria afastado o litisconsórcio, que provavelmente se formaria depois, por força da conexidade, através da reunião de duas causas em um só processo (*litisconsórcio ulterior* – CPC, art. 105 e *supra*, n. 140).[158] Não há fundamento, portanto, para obrigar o ajuizamento de demandas separadas, para que os benefícios da economia, rapidez e coerência no exercício da jurisdição só venham após, se e quando o juiz atentar à duplicidade de processos por demandas conexas.

Além disso, através do instituto da *oposição* (arts. 56-61) poder-se-ia chegar, com mais complicação e menos sinceridade, ao mesmo resultado de um litisconsórcio alternativo ativo que se instauraria inicialmente no processo, com dois autores comparecendo, revelando sua dúvida e pedindo o provimento de mérito a

156. Também esses exemplos de litisconsórcio eventual (ativo e passivo) são apresentados por Tarzia ("Appunti sulle domande alternative", n. 7, p. 297, nota 132), com a informação de sua origem germânica.

157. A propósito da semelhança das situações em que ocorre a alternatividade ou a eventualidade (subsidiariedade), a doutrina costuma afirmar o poder, que tem o autor, de estabelecer segundo seu próprio critério e interesse a relação entre as demandas que propõe cumulativamente. Se ele as puser na mesma linha, caberá ao juiz julgar procedente uma ou outra, segundo sua convicção e sem vinculações. Se ele expressar uma prioridade, então o juiz fica vinculado e só pode apreciar o segundo em via eventual, ou seja, no caso de não julgar procedente a primeira (*supra*, n. 182). No primeiro caso, haverá litisconsórcio alternativo e, no segundo, eventual (*cfr*. Allorio, "Litisconsorzio alternativo passivo e impugnazione incidentale", n. 1, p. 515). E diz Tarzia, "Appunti sulle domande alternative", n. 7, p. 297, nota 132: "la scelta fra la determinazione di un litisconsorzio alternativo o di un litisconsorzio eventuale sarà rimessa pertanto all'attore (o agli attori), con ovvie conseguenze sui doveri del giudice, che pronuncerà necessariamente su tutte e due le pretese sol quando non siano proposte in ordine graduale".

158. *Cfr*. Redenti, *Diritto processuale civile*, II, n. 88, pp. 92-93.

favor de apenas um deles, mediante o declarado reconhecimento de que um dos dois é parte ilegítima. Se for impedida a propositura de demandas conjuntas em casos assim, poderá comparecer apenas um com a demanda inicial; em seguida o outro, simulando controvérsia que entre ambos na verdade não existe, formularia oposição no processo, pedindo a seu favor o provimento que o primeiro vinha postulando. Seria um jogo de insinceridades, ou de meias-verdades postas por ambos os demandantes, o que colidiria com o espírito ético do próprio Código (*supra,* n. 141); e o julgamento alternativo teria lugar do mesmo modo, sendo carente de ação, por ilegitimidade, ou o autor ou o oponente.

Considerado admissível em tese o litisconsórcio alternativo ou o eventual, é preciso no entanto que, caso a caso, estejam presentes os requisitos genéricos do litisconsórcio em si mesmo, a partir daqueles fundamentais enunciados pelo art. 46 do Código de Processo Civil e incluídos também os referentes à competência e ao procedimento, de que já se cuidou em tópicos anteriores deste mesmo estudo. À falta de um desses requisitos, o litisconsórcio poderá ser inadmissível. Pela *condição de uma das pessoas*, poderá haver peculiaridades quanto à competência. A *natureza jurídico-substancial* do objeto do pedido eventual poderá determinar procedimento especial ou sumário *etc.* Remete-se o leitor à parte em que se expuseram tais problemas, inclusive com a lembrança de que entre os possíveis vícios há os que, por não dizerem respeito à ordem pública, podem ficar cobertos por preclusões (*supra,* nn. 99 e 138).

185. aspectos conceituais

Como se vê, o fenômeno da alternatividade ou da eventualidade do litisconsórcio tanto pode ter lugar no lado *ativo* como no *passivo* da relação jurídica processual. O litisconsórcio que então ocorre qualifica-se desenganadamente como *facultativo*, justificado pela preocupação de economia e celeridade do juízo e pelo *timor ne varie dicetur*. Seria ridiculamente desairosa ao Poder Judiciário a sucessiva sucumbência do mesmo autor, em litígios contra dois possíveis devedores, cada um destes obtendo a declaração de que a obrigação recai sobre o outro; e igualmente ridícula, a hipótese inversa.

Não se trata de litisconsórcio unitário mas *comum*, porque não se configura a hipótese de relação jurídica incindível, que dá lugar àquele (*supra*, n. 65). Nem existe a impossibilidade prática de efetivação de dois julgados talvez conflitantes logicamente, sendo plenamente concebível, *no plano puramente lógico*, que os dois pedidos sejam acolhidos e as duas decisões, executadas. No litisconsórcio alternativo ou no eventual, porém, isso não sucederá porque significaria ultraje à regra da *correlação entre provimento e demanda* (*ne eat judex ultra vel extra petita*): tendo o autor ou autores formulado dois pedidos, mas deixado claro que pretendem o acolhimento de apenas um deles, acolher ambos seria sem dúvida conceder mais do que demandado (CPC, art. 460). Se as demandas fossem propostas separadamente é que se correria o risco de julgamentos logicamente incompatíveis.

186. litisconsortes adversários

Certas situações em que o litisconsórcio facultativo se apresenta como alternativo ou como eventual constituem demonstração viva de que o litisconsórcio em si mesmo não representa um *consortium* entre dois ou vários sujeitos ligados no processo com vista ao mesmo destino, à mesma *sors*. Essa ligação não é coessencial, mas meramente acidental ao litisconsórcio, apresentando-se apenas quando ele é unitário (*supra*, n. 11). Especialmente quando um dos fenômenos em análise ocorre no lado passivo da relação processual, vê-se grande *litigiosidade entre os próprios litisconsortes*, talvez em grau mais elevado do que entre cada um deles e o autor.

Pense-se na situação que se configura entre os dois réus, possíveis credores da pessoa que lhes moveu ação consignatória por ter dúvida quanto a quem legitimamente pagar (CPC, art. 895): um deles sucumbirá e o outro será declarado credor, sendo até indiferente, para o autor, que a solução beneficie a um ou a outro. Pense-se depois no alienante, litisdenunciado, em face do possuidor do imóvel reivindicado pelo autor (tendo a denunciação da lide sido feita por este ao primeiro – CPC, art. 71): a procedência da reivindicação é de todo interesse do alienante, para que não tenha ele de arcar com a responsabilidade por evicção (CC, art. 456).

Esse raciocínio aplica-se a todos aqueles casos hauridos de obras doutrinárias e referidos acima, assim como, em geral, a todas as hipóteses de litisconsórcio alternativo ou eventual. A situação ocorrente entre os litisconsortes está muito longe de caracterizar uma coalizão entre eles ou uma "comunhão de sortes", como a etimologia do vocábulo poderia dar a entender (*litis-consortium*). A figura do litisconsórcio alternativo e a do eventual servem bem para confirmar o que conceitualmente vem sendo demonstrado neste estudo (*supra*, n. 11).

187. ocorrência prática

Tudo quanto se vai dizendo aplica-se com total inteireza a uma hipótese de litisconsórcio alternativo ocorrente com alguma freqüência na prática de nossos tribunais, muito embora não seja hábito identificar aí o fenômeno da alternatividade.

Trata-se de certas ações indenizatórias de prejuízos sofridos em *colisão tríplice* entre veículos. Em alguns desses casos sente-se que o autor, sem saber com precisão qual dos outros dois motoristas foi o culpado pelo dano e talvez temeroso de um insucesso se se aventurasse a fazer sua escolha e litigar contra um só, prefere vir a juízo com o pedido de condenação de ambos. Nos fundamentos desse pedido é às vezes possível perceber que o próprio autor não está convicto, nem chega mesmo a afirmar, que os dois réus fossem cumulativamente culpados (automóvel estacionado, dois colidem entre si e o atingem); dificilmente se vê uma *causa petendi* construída com a descrição de atos culposos de ambos. Em casos assim, melhor e mais sincero seria se já o *petitum* se colocasse em termos alternativos, visto como o juiz, ao sentenciar, sentir-se-á fatalmente diante desse dilema de condenar um dos réus ou o outro, alternativamente.

Ora, em litisconsórcios como esses digladiam-se os réus sem alegar culpa do próprio autor, limitando-se a recíprocas acusações, cada qual procurando safar-se da condenação e convencer o juiz de que a culpa é do outro. A litigiosidade, em hipóteses assim ou ao menos parecidas, limita-se aos próprios litisconsortes entre si, ou ao menos se concentra com maior intensidade em seu lado da relação processual.

188. limites da apelação

Nesses casos tem-se sentido uma dificuldade (que, de resto, surgirá em qualquer hipótese de litisconsórcio alternativo ou eventual), no que se refere aos *limites do julgamento em segundo grau*, quando um dos litisconsortes passivos é vencido e só ele apela. O autor, tendo pedido a condenação de ambos (ou, alternativamente, de algum deles), ordinariamente deixa de apelar quando só um é condenado e o outro não.

O problema surge quando em grau de apelação se reconhece que a obrigação não era do apelante mas de seu litisconsorte: a apelação interposta por aquele é provida mas fica impossível ao tribunal pronunciar a procedência da ação quanto ao outro réu, simplesmente porque o autor, que poderia pleiteá-la, não apelou.[159] Na sentença que condena um dos réus e julga improce-

159. Tal é a posição de Allorio, o qual torna ao mesmo exemplo colorido já reproduzido (*supra*, n. 183), no qual foi interposto o *recurso incidental* previsto na legislação de seu país ("Litisconsorzio alternativo passivo e impugnazione incidentale", n. 4, p. 519) e demonstra uma verdade muito interessante: saindo vencedor quanto a um de seus adversários, o autor não tinha *interesse em apelar* contra o outro, porque afinal ele tinha formulado pedidos em ordem indiferente (pedidos alternativos); fez o juiz escolha por ele e o autor, afinal, obteve o que queria (se a sentença passasse em julgado assim, ele se consideraria vitorioso). Como o réu vencido apelou, todavia, nesse momento nasceu o risco de uma derrota do autor perante este (em segundo grau de jurisdição) e, em decorrência desse risco, o interesse de se resguardar, postulando do órgão *ad quem* a condenação do outro réu. Descontadas certas peculiaridades do direito positivo italiano, que Allorio refere, o raciocínio é plenamente válido para nosso sistema, confirmando a admissibilidade e mesmo indispensabilidade do *recurso adesivo*, com vista aos objetivos consignados no texto (CPC, art. 500, *caput*). No mesmo sentido, diz Tarzia: "se il litisconsorte *B*, condannato in primo grado, vince in appello contro l'attore con la motivazione che non *B*, ma *A è il* debitore, non esistirebbe per il giudice d'appello la possibilita di condannare ora *A*" ("Appunti sulle domande alternative", n. 7, p. 293, nota 120). Mortara, entretanto, no velho

dente a demanda quanto a outro, têm-se *dois capítulos* distintos, cada qual sujeito a uma apelação e cada apelação, naturalmente, prendendo-se a requisitos próprios e à sua limitação objetiva.[160]

Isso acontece com alguma freqüência, nos casos já aludidos de colisão tríplice. O autor geralmente se acomoda com a procedência de sua demanda quanto a um dos réus e não cuida de manifestar inconformismo quanto ao outro capítulo da sentença e, assim omisso, deixa de devolver ao órgão superior também a possibilidade de condenar o segundo demandado (CPC, art. 515, *caput*).

O que ao autor compete fazer nesses casos e em todos os casos de litisconsórcio alternativo ou eventual (se não houver apelado no prazo normal), é ajuizar *recurso adesivo:* vencedor em uma parte e vencido em outra, com isso ele devolve ao órgão *ad quem* o conhecimento desta, reiterando o pedido de condenação daquele que em primeiro grau não fora condenado (art. 500). Só assim é que se considerará reproposta toda a causa em segundo grau de jurisdição, com a mesma largueza de possibilidades de julgamento que houvera em primeira. Seu recurso adesivo, naturalmente, *terá caráter eventual* e o interesse recursal do autor só será reconhecido se ele sucumbir no apelo do réu que fora condenado em primeiro grau de jurisdição (em caso contrário, o recurso adesivo não será conhecido).

189. recusa do litisconsórcio facultativo[161]

Um ponto significativo da reforma processual civil operada em 1973 com a edição do Código que hoje temos foi a *elimina-*

verbete que vem sendo referido, nega a necessidade do *recurso incidental* na hipótese em exame e critica a sentença da Corte de Cassação, que assim exigira: *cfr.* "Appello civile", n. 1.553, p. 972.

160. *Cfr.* Araújo Cintra, *Sobre os limites objetivos da apelação civil*, cap. III, n. 2, pp. 42 ss. e n. 12, p. 55; Dinamarco, *Capítulos de sentença*, nn. 44 ss., pp. 96 ss.

161. Este tópico associa-se intimamente ao que em parte anterior da obra está exposto em relação ao tema da admissibilidade do litisconsórcio *ex* inc. IV do art. 46 (*supra*, nn. 42 e 48). Para facilidade do leitor repete-se aqui alguma nota de rodapé lá contida, o que dispensa freqüentes remissões.

ção do litisconsórcio recusável, que a legislação anterior admitia expressamente. A parte final do art. 88 do Código ab-rogado, ao tratar do litisconsórcio autorizado pela mera afinidade de questões estabelecia que "as partes poderão adotá-lo, *quando de acordo*". Dessa disposição resultava que para a realização do processo litisconsorcial em tal hipótese seria necessária não só a iniciativa do autor, ou autores, em propor a demanda conjunta, como ainda a concordância do réu, ou réus: despachada a petição inicial e realizadas as citações, tinham estes a faculdade de, peremptoriamente e sem qualquer fundamentação, ao contestar declarar que aceitavam ou que recusavam a coligação de partes (ativa ou passiva).

Tratava-se, como se vê, de uma *facultatividade bilateral*, que inclusive levou parte da boa doutrina da época a denominar essa espécie litisconsorcial como *litisconsórcio facultativo próprio*. A cláusula permissiva dessa recusa peremptória do litisconsórcio era, porém, singular peculiaridade daquele Código, isolada no espaço e no tempo, que o estatuto de 1973 não ratificou.

A essa recusabilidade do litisconsórcio, às suas razões e à disciplina no Código de 1939, considerações mais extensas foram dedicadas no presente estudo (*supra*, nn. 42 e 48), com a conclusão fundamental de que *não subsiste no direito vigente o litisconsórcio recusável*. Como disse prestigioso processualista ao início da vigência do Código de 1973, "cabendo o litisconsórcio e provocada a sua constituição, será ele sempre irrecusável".[162]

Isso não significa porém que de necessário conformismo deva ser a atitude do réu (ou réus), sempre que a petição inicial indique uma pluralidade de demandantes ou de demandados (litisconsórcio ativo ou passivo). Ele poderá recusar o litisconsórcio, não mediante mera declaração de vontade arbitrária e sem fundamentação, mas alegando em sua resposta algo de que se infira a inadmissibilidade da coligação de partes no caso concreto. Fazendo-o, estará suscitando *questões incidentes* ao processo, que o juiz

162. *Cfr*. José Frederico Marques, *Manual de direito processual civil*, I, n. 234, pp. 259-260.

solucionará mediante uma *decisão interlocutória* (CPC, art. 162, § 2º), da qual caberá o recurso de *agravo* (art. 522).

Não só do lado passivo poderá vir essa recusa fundamentada, mas também do ativo: se houver chamamento ao processo, se o juiz determinar a citação de alguém que não seja litisconsorte necessário, se promover a reunião de causas em um só processo ou se terceiros intervierem voluntariamente como litisconsortes, tais formas de pluralização das partes poderão ser impugnadas pelo autor mediante alegação fundamentada das razões de inadmissibilidade do litisconsórcio assim pretendido (*supra*, nn. 140-147).

Poderá então uma das partes trazer ao juiz a sua impugnação ao litisconsórcio, nos casos a seguir indicados, que constituem projeção dos itens deste mesmo trabalho em que se procurou fazer a exposição dos requisitos para o litisconsórcio e dos diversos óbices à sua constituição.

Resumindo, são três os aspectos básicos em que a recusa permitida pelo direito vigente se distingue daquela que era característica do *litisconsórcio impróprio* do estatuto anterior: a) ela precisa ser fundamentada; b) tanto podem fazê-la os réus, como os autores; c) terá cabimento, conforme o caso, nas diversas hipóteses de litisconsórcio e não apenas na de mera afinidade de questões. Eis os fundamentos que, conforme o caso, o autor ou o réu poderá trazer para justificar seu pedido de dissolução dos laços do litisconsórcio:

a) inocorre qualquer das *hipóteses de admissibilidade* do litisconsórcio (art. 46 – *supra,* nn. 38 ss.);

b) um dos litisconsortes (ativos ou passivos) não tem sequer legitimidade *ad causam*, o que significa que, com referência à pretensão ajuizada, ele não poderia ser parte nem no processo litisconsorcial nem isoladamente (*supra,* n. 49);

c) não é o caso de *chamamento ao processo*, ou porque o chamado é parte ilegítima, ou porque o tipo de processo não o admite (*supra,* n. 141);

d) não tem o réu o poder de, *fora do chamamento ao processo* e dos requisitos de modo e tempo inerentes a este, provocar a vinda de litisconsortes passivos ao processo (*supra,* n. 141);

e) o juiz não pode determinar de-ofício a formação do litisconsórcio, quando a lei o dá por facultativo (inexistente a intervenção *jussu judicis* no direito brasileiro – *supra,* nn. 98 e 140);

f) não era o caso de determinar a *reunião de causas* em um só processo (*supra,* n. 140);

g) descabe no caso a *intervenção litisconsorcial voluntária* (há os que entendem descaber sempre – *supra,* nn. 142 ss.);

h) o litisconsórcio, por ser *muito numeroso*, prejudica o pleno exercício da ação, ou da defesa, em todos seus possíveis desdobramentos no procedimento (CPC, art. 46, par. – *supra,* n. 147);

i) existe óbice decorrente da *incompetência* para uma das causas cumuladas. Tratando-se de incompetência relativa, virá ela alegada pela via da *exceção* (arts. 112 e 307-311); e da *contestação*, se absoluta (art. 301, inc. II). A inadmissibilidade do litisconsórcio decorre, em ambas as hipóteses, da impossibilidade de subtrair essa causa ao seu juiz natural (*supra,* nn. 156-174). Em caso de incompetência relativa, a ausência de exceção determina a prorrogação da competência e o litisconsórcio perdura;

j) o *procedimento* adequado a cada uma das causas cumuladas na demanda inicial impede o litisconsórcio pretendido pelo autor (*supra,* nn. 175 ss.);

k) a *diversidade de procedimentos* (como acima) exclui no caso concreto a possibilidade de reunião de causas (CPC, art. 106), conforme determinada pelo juiz ou postulada pela parte contrária;

l) o *estado do procedimento*, em cada um dos processos das causas a serem reunidas, torna inconveniente e tumultuária essa reunião porque um deles está em fase muito mais adiantada que o outro.

Talvez não seja exaustiva essa indicação de possíveis argumentos a serem lançados contra a realização do processo em litisconsórcio mas o que importa é frisar, como já feito, que perante o direito positivo brasileiro vigente têm as partes a faculdade de recusar o litisconsórcio, desde que o façam fundamentadamente, com a alegação de alguma causa que o exclua no caso concreto.

Antigo acórdão do Tribunal de Justiça de Mato Grosso do Sul afirmou um sadio critério ético que, ao lado dos outros elementos (como acima exemplificados), servirá de guia para a identificação de casos onde pode a parte opor-se fundamentadamente ao litisconsórcio, *verbis*: "(...) se encontra entre os poderes do juiz, com fundamento em sua atribuição de assegurar às partes igualdade de tratamento, velar pela rápida solução do litígio e prevenir ou reprimir qualquer ato atentatório à dignidade da justiça (art. 125); como poder implícito, o de determinar o desmembramento do processo em quantos forem convenientes para se alcançar os princípios acima referidos, desde que *demonstrada* a inviabilidade do processamento conjunto ou o objetivo antiético".[163]

Além das hipóteses acima consideradas, também poderá a parte (com ou sem razão, não importa) impugnar a *reconvenção* proposta pelo réu, seja por alargar subjetivamente o processo além das partes originárias ou por ficar aquém das partes existentes (reconvenção subjetivamente ampliativa ou restritiva). Poderá ainda, em face de um cúmulo subjetivo *alternativo ou eventual* colocado no ato de propositura da demanda, *alegar* a inadmissibilidade, em tese, dessa espécie de demanda cumulativa perante o direito brasileiro.[164]

No rol acima omitem-se tais possíveis fundamentos da impugnação do litisconsórcio, pela óbvia razão de que, como se vê em partes anteriores deste estudo, tem-se por admissível a reconvenção nas hipóteses figuradas (*supra*, nn. 179 ss.), bem como do litisconsórcio alternativo ou eventual (*supra*, nn. 182 ss.).

Entre todos os possíveis argumentos contra o litisconsórcio em casos concretos, identificam-se aqueles em que a alegação pela parte constitui mera *objeção* (podendo o juiz declarar a inadmissibilidade do litisconsórcio, mesmo de-ofício) e outros em que a alegação é indispensável, sob pena de preclusão (*exceções em sentido estrito*).[165]

163. *Cfr.* TJMS, T. Cív., ap. n. 18.886, j. 19.8.90, rel. Marco Antônio Candia, v.u., *RJTJMS* 60/104.

164. "É descabida a recusa do litisconsórcio ativo previsto no art. 46, inc. IV, do Código de Processo Civil, salvo quando fundada na impossibilidade legal da cumulação": *cfr*. STF, 2ª T., RE 108.746, j. 13.11.87, rel. Francisco Rezek, m.v., *RTJ* 124/187 e *RT* 608/263. O voto vencido do Min. Aldir Passarinho sustentava a recusabilidade do litisconsórcio fundado na afinidade de questões, mas não fundamenta a tese.

165. *Cfr*. Dinamarco, *Instituições de direito processual civil*, II, n. 557, pp. 333 ss.

Há também casos em que, mesmo tratando-se de matéria de ordem pública (e daí o dever, que tem o juiz, de dissolver ou não permitir o litisconsórcio), o *fato consumado* do processo que se desenvolveu litisconsorcialmente impede a ulterior anulação. Pormenores e distinções foram expostos no trato de cada um dos temas que se refletiram na exemplificação acima, ou seja, nos itens indicados ao lado de cada uma das possíveis alegações.

BIBLIOGRAFIA

AGUIAR DIAS, José de. *Da responsabilidade civil*. 6ª ed. Rio de Janeiro, Forense, 1979.

ALLORIO, Enrico. *La cosa giudicata rispetto ai terzi*. Milão, Giuffrè, 1935.

_________. "Litisconsorzio alternativo passivo e impugnazione incidentale". *In Problemi del diritto*, vol. I. Milão, Giuffrè, 1957.

AMARAL SANTOS, Moacyr. *Primeiras linhas de direito processual civil*. São Paulo, Saraiva, vol. I-II, 23ª ed., 2004; vol. III, 21ª ed. 2003.

_________. *Da reconvenção no direito brasileiro*. São Paulo, Max Limonad, 1958.

_________. *Comentários ao Código de Processo Civil*, vol. IV. Rio de Janeiro, Forense, 1976.

AMBRA, Luís. *Dos embargos de terceiros*. Tese, Faculdade de Direito da USP, São Paulo, 1958.

AMERICANO, Jorge. *Comentários ao Código de Processo Civil do Brasil*. São Paulo, Saraiva, 1940-1943.

_________. *Da ação pauliana*. São Paulo, Casa Vanordem, 1923.

ANDRADE, Luís Antônio de. *Aspectos e inovações do Código de Processo Civil*. Rio de Janeiro, Francisco Alves, 1974.

_________. "Considerações sobre o aluguel em *shopping centers*". *In RT* 572, julho de 1983.

_________. Parecer da Comissão Revisora do Projeto de Código de Processo Civil.

ANDRIOLI, Virgilio. *Commento al Codice di Procedura Civile*. 3ª ed. Nápoles, Jovene, 1954-1957.

ARAÚJO CINTRA, Antônio Carlos de. *Teoria geral do processo*. 25ª ed. São Paulo, Malheiros, 2009 (em coop. com Ada Pellegrini Grinover e Cândido Rangel Dinamarco).

_________. *Sobre os limites objetivos da apelação civil*. São Paulo, Ed. RT, 1986.

_________. "Do litisconsórcio unitário no sistema do Código de Processo Civil". *In Justitia*, vol. 82, agosto/outubro 1973.

ARMELIN, Donaldo. *Embargos de terceiros* (inédito).

________. *Legitimidade para agir*. São Paulo, Ed. RT, 1979.

ARRUDA ALVIM NETO, José Manuel de. *Código de Processo Civil comentado*. São Paulo, Ed. RT, 1965-1976, 6 vols.

________. *Manual de direito processual civil*. São Paulo, Ed. RT, 1978-1979, 2 vols.

ASCARELLI, Tullio. *Cambiale, assegno bancario e titolo di credito*. Turim, Utet, 1938.

________. "Inesistenza e nullità". *In Rivista di diritto processuale*, vol. I, 1956, pp. 61-65.

ASSIS, Araken de. *Cumulação de ações*. São Paulo, Ed. RT, 1989.

ATTARDI, Aldo. *L'interesse ad agire*. Pádua, Cedam, 1958.

BAPTISTA DA SILVA, Ovídio Araújo. *Curso de processo civil*, vol. I. Porto Alegre, Fabris, 1987.

________. "Litisconsórcio necessário e outros efeitos da sentença". *In RBDP* 14/96, 1978.

BARBI, Celso Agrícola. *Ação declaratória principal e incidente*. 4ª ed. Rio de Janeiro, Forense, 1977.

________. *Comentários ao Código de Processo Civil*, vol. I, 2ª ed. Rio de Janeiro, Forense, 1981.

BARBOSA MOREIRA, José Carlos. *Litisconsórcio unitário*. Rio de Janeiro, Forense, 1972.

________. *Comentários ao Código de Processo Civil*, vol. V, 13ª ed. Rio de Janeiro, Forense, 2006.

________. *A conexão de causas como pressuposto da reconvenção*. São Paulo, Saraiva, 1979.

________. "A ação popular do direito brasileiro como instrumento de tutela jurisdicional dos chamados *interesses difusos*". *In Temas de direito processual*. São Paulo, Saraiva, 1977.

________. "Apontamentos para um estudo sistemático da legitimação extraordinária". *In Direito processual civil*. Rio de Janeiro, Borsói, 1971.

________. "Intervenção litisconsorcial voluntária". *In Direito processual civil*. Rio de Janeiro, Borsói, 1971.

________. "Notas sobre o litisconsórcio necessário no direito brasileiro e no alemão". *In Direito processual civil*. Rio de Janeiro, Borsói, 1971.

________. "O litisconsórcio e seu duplo regime". *In Direito processual civil*. Rio de Janeiro, Borsói, 1971.

________. "Reconvenção". *In Direito processual civil*. Rio de Janeiro, Borsói, 1971.

________. "Substituição das partes, litisconsórcio, assistência e intervenção de terceiros". *In Estudos sobre o novo Código de Processo Civil*. Rio de Janeiro, Liber Juris, 1974.

________. "Pode o juiz declarar de ofício a incompetência relativa?". *In RePro* 62.

BARROS, Romeu Pires de Campos. "Do fato típico no direito processual penal". *In RF* 176/26-31, março/abril 1958.

BARROS MONTEIRO, Washington de. *Curso de direito civil*. São Paulo, Saraiva, vol. II (Direito de família), 34ª ed. 1996; vol. VI (Direito das sucessões), 30ª ed. 1995.

BERMUDES, Sérgio. *Comentários ao Código de Processo Civil*, vol. VII, 2ª ed. São Paulo, Ed. RT, 1977.

BEDAQUE, José Roberto dos Santos. *Poderes instrutórios do juiz*. 3ª ed. São Paulo, Ed. RT, 2001.

BETTI, Emílio. *Teoria generale del negozio giuridico*. 2ª ed. Turim, Utet, 1950 (trad. port. de Fernando de Miranda: *Teoria geral do negócio jurídico*. Coimbra, Coimbra Ed. 1970).

BEVILÁQUA, Clóvis. *Código Civil dos Estados Unidos do Brasil comentado*. 3ª ed. Rio de Janeiro, Francisco Alves, 1935.

________. *Teoria geral do direito civil*. 7ª ed. Rio de Janeiro, Francisco Alves, 1955.

BEZERRA Filho, Manoel Justino. "A fraude pauliana". *In O Estado de S. Paulo*, 17.7.83, p. 50.

BRINZ, Alois von. *Lehrbuch der Pandekten*. Ed. Erlangen, 1879 (Verlag von Andreas Deichert).

BONDIOLI, Luis Guilherme Aidar. *Reconvenção no processo civil*. São Paulo, Saraiva, 2009.

BULHÕES CARVALHO, Francisco Pereira de. "Ineficácia". *In Repertório enciclopédico do direito brasileiro*, vol. XXVII. Rio de Janeiro, Borsói, s.d.

BUTERA, Antonio. *Dell'azione pauliana o revocatoria*. Turim, Utet, 1934.

BUZAID, Alfredo. *Da ação revocatória*. 2ª ed. São Paulo, Saraiva, 1981.

________. *Do agravo de petição no sistema do Código de Processo Civil*. São Paulo, Saraiva, 1956.

CAHALI, Yussef Said. *Honorários advocatícios*. 2ª ed. São Paulo, Ed. RT, 1990.

CALAMANDREI, Piero. *Istituzioni di diritto processuale civile secondo il nuovo codice*. Pádua, Cedam, 1943.

________. "Appunti sulla sentenza come fatto giuridico". *In Rivista di diritto processuale civile*, 1932.

________. "Il concetto di lite nel pensiero di Francesco Carnelutti". *In Rivista di diritto processuale civile*, vol. I. 1928.

________. "Vizi della sentenza e mezzi di gravame". *In Opere giuridiche*, vol. VIII. Nápoles, 1979.

CALMON DE PASSOS, José Joaquim. *A nulidade no processo civil*. Salvador, Imprensa Oficial da Bahia, 1959.

________. *Esboço de uma teoria das nulidades aplicada às nulidades processuais*. Rio de Janeiro, Forense, 2002.

________. *Comentários ao Código de Processo Civil*, vol. III, 8ª ed. Rio de Janeiro, Forense, 1998.

________. *Do litisconsórcio no Código de Processo Civil*. Salvador, s. edit., 1952.

CAMPOS FILHO, Paulo Barbosa de. *Da ação popular constitucional*. São Paulo, Saraiva, 1968.

CAPPELLETTI, Mauro. *Access to Justice: the worldwide movement to make rights effective. A general report* (em coop. com Bryant Garth). Leyden-Londres-Boston-Milão, Ed. Sijthof-Giuffrè, 1978 (trad. argent.: "El aceso a la justicia". Buenos Aires, Colégio Abogados, 1983).

________. "Formações sociais e interesses coletivos diante da justiça civil". *In RePro* 5/128-159.

CARNACINI, Tito. *Contributo alla teoria del pignoramento*. Pádua, Cedam, 1936.

CARNELUTTI, Francesco. *Teoria generale del diritto*. 3ª ed. Roma, Foro Italiano, 1951.

________. *Istituzioni del processo civile italiano*. Roma, Foro Italiano, 1956.

________. *Lezioni di diritto processuale civile*. Pádua, La Litotipo, 1920-1925.

________. "Efficacia diretta e riflessa del giudicato penale". *In Rivista di diritto processuale* 111/1-16, Pádua, Cedam, 1948.

________. "Natura giuridica dell'ipoteca". *In Rivista di diritto processuale civile* XVI/3, Pádua, Cedam, 1939.

________. "Nuove riflessioni intorno al metodo". *In Rivista di diritto processuale* IV, Pádua, Cedam, 1958.

CARPI, Federico. *L'efficacia "ultra partes" della sentenza civile*. Milão, Giuffrè, 1974.

CARVALHO SANTOS, J. M. *Código Civil brasileiro interpretado*. 6ª ed. Rio de Janeiro, Freitas Bastos, 1955.

CASTRO, Amílcar de. *Comentários ao Código de Processo Civil*, vol. VIII. São Paulo, Ed. RT, 1974.

CHIOVENDA, Giuseppe. *Principii di diritto processuale civile*. Nápoles, Jovene, 1928.

________. *Istituzioni di diritto processuale civile*. Nápoles, Jovene, 1933.

________. "Sul litisconsorzio necessario". *In Saggi di diritto processuale civile*, vol. II. Roma, Foro Italiano, 1931.

CORRÊA TELLES. *Doutrina das acções*. Rio de Janeiro, Jacintho, 1918.

COSTA, Sergio. "L'intervento 'iussu iudicis'". *In Enciclopedia del diritto*, vol. XXII/461-481. Milão, Giuffrè, 1972.

COSTANTINO, Giorgio. *Contributo allo studio del litisconsorzio necessario*. Nápoles, Jovene, 1979.

COUTURE, Eduardo Juan. *Fundamentos del derecho procesal civil*. Buenos Aires, Depalma, 1958.

CREDIE, Ricardo Antonio Arcoverde. "Natureza e procedimento da intervenção do segurador nos processos em que é parte o segurado". *In RePro* 59.

CUNHA PEIXOTO, Carlos Fulgêncio da. "O chamamento ao processo de devedores solidários". *In RF* 254.

DAL POZZO, Antônio Araldo Ferraz. "Reflexões sobre o litisconsórcio". *In Justitia* 116, janeiro/março 1982.

DÁVILA MILÁN, Maria Encarnación. *Litisconsorcio necesario*. Barcelona, Bosch, 1975.

DENTI, Vittorio. "Appunti sul litisconsorzio necessario". *In Rivista di diritto processuale*, vol. XIV, Pádua, Cedam, 1959.

__________. "Inesistenza degli atti processuali civili". *In Novissimo digesto italiano*, vol. VIII/635-638, Turim, Utet, 1962.

DIAS, Maria Berenice. *O terceiro no processo*. Rio de Janeiro, Aide, 1993.

DINAMARCO, Cândido Rangel. *A instrumentalidade do processo*. 13ª ed. São Paulo, Malheiros Editores, 2008.

__________. *Instituições de direito processual civil*. Vols. I, II e III, 6ª ed.; vol. IV, 3ª ed. São Paulo, Malheiros Editores, 2009.

__________. *Execução civil*. 8ª ed. São Paulo, Malheiros Editores, 2002.

__________. *Fundamentos do processo civil moderno*. 5ª ed. São Paulo, Malheiros Editores, 2002.

__________. *Vocabulário do processo civil*. São Paulo, Malheiros Editores, 2009.

__________. *Capítulos de sentença*. 4ª ed. São Paulo, Malheiros Editores, 2009.

__________. *Nova era do processo civil*. 3ª ed. São Paulo, Malheiros Editores, 2009.

__________. *Teoria geral do processo*. 25ª ed. São Paulo, Malheiros Editores, 2009 (em coop. com Antônio Carlos de Araújo Cintra e Ada Pellegrini Grinover).

__________. *A Reforma do Código de Processo Civil*. 5ª ed. São Paulo, Malheiros Editores, 2001.

__________. *A Reforma da Reforma*. 5ª ed. São Paulo, Malheiros Editores, 2003.

__________. *Intervenção de terceiros*. 5ª ed. São Paulo, Malheiros Editores, 2009.

_________. *Manual dos juizados cíveis*. 2ª ed. São Paulo, Malheiros Editores, 2001.
_________. *Direito processual civil*. São Paulo, Bushatsky, 1975.
_________. "O conceito de mérito em processo civil". *In Fundamentos do processo civil moderno*, vol. I.
_________. "Os institutos fundamentais do direito processual". *In Fundamentos do processo civil moderno*, vol. I.
_________. "Declaração *ex officio* da incompetência relativa?". *In Fundamentos do processo civil moderno*, vol. I.
_________. "Momento de eficácia da sentença constitutiva". *In Fundamentos do processo civil moderno*, vol. I.
_________. "Fraude contra credores alegada nos embargos de terceiro". *In Fundamentos do processo civil moderno*, vol. II.
_________. "Usucapião e posse perdida". *In Fundamentos do processo civil moderno*, vol. II.
_________. "Tutela jurisdicional". *In Fundamentos do processo civil moderno*, vol. I.
_________. "Universalizar a tutela jurisdicional". *In Fundamentos do processo civil moderno*, vol. I.

ENRIQUES, Enzo. *La sentenza come fatto giuridico*. Pádua, Cedam, 1937.
_________. "La sentenza come fatto giuridico". *In Rivista di diritto privato*, Pádua, 1938.
ESPINOLA, Eduardo. *Código de Processo Civil da Bahia annotado*. Bahia, Tip. Bahiana, 1916.
ESTELLITA, Guilherme. *Do litisconsórcio no direito brasileiro*. Rio de Janeiro, Freitas Bastos, 1955.
_________. *Direito de ação, direito de demandar*. 2ª ed. Rio de Janeiro, Jacinto, 1942.

FABBRINI, Giovanni. *Contributo alla dottrina dell'intervento adesivo*. Milão, Giuffrè, 1964.
FALCÃO, Joaquim Arruda. *Justiça social e justiça legal*. Tese n. 18, apresentada à 9ª Conferência da Ordem dos Advogados do Brasil, Florianópolis, 1982.
FAZZALARI, Elio. *Istituzioni di diritto processuale*. Pádua, Cedam, 1975.
_________. "Processo. Teoria generale". *In Novissimo digesto italiano*, vol. XIII. Turim, Utet, 1966.
FERRAZ, Sérgio. *Assistência litisconsorcial no direito processual civil*. São Paulo, Ed. RT, 1979.
FORNACIARI JÚNIOR, Clito. *Da reconvenção no direito processual civil brasileiro*. 2ª ed. São Paulo, Saraiva, 1983.
FREIRE, Homero. *Litisconsórcio necessário ativo*. Recife, s. ed., 1954.

FRONTINI, Paulo Salvador. *Fundamentos da concordata preventiva* (inédito).

GARBAGNATI, Edoardo. *La sostituzione processuale nel nuovo Codice di Procedura Civile.* Milão, Giuffrè, 1942.

GARTH, Bryant. *Access to Justice: the worldwide movement to make rights effective. A general report* (em coop. com Mauro Cappelletti). Leyden-Londres-Boston-Milão, Ed. Sijthof-Giuffrè, 1978 (trad. argent.: "El aceso a la justicia". Buenos Aires, Colégio Abogados, 1983).

________. "Improvement of civil litigation by lessons derived from administrative procedures: general report on countries other than Iberian Peninsula and Latin America". *In Justice and efficiency – general reports and discussions*. Deventer-Antuérpia-Boston, ed. Wedekind, 1989.

GIANNINI, Massimo Severo. "Inefficacia (diritto amministrativo)". *In Enciclopedia del diritto*, vol. XXI. Milão, Giuffrè, 1971.

GOLDSCHMIDT, James. *Der Prozess als Rechtslage – eine Kritik des prozessualen Denkens*. Berlim, J. Springer, 1925.

________. *Principios generales del proceso.* 2ª ed. Buenos Aires, Ejea, 1961.

________. *Zivilprozessrecht.* 2ª ed. Berlim, J. Springer, 1932 (trad. esp. Prieto Castro: *Derecho procesal civil.* Barcelona, Labor, 1936).

GOMES, Orlando. *Direitos reais.* 10ª ed. Rio de Janeiro, Forense, 1993.

________. *Direito de família.* 7ª ed. Rio de Janeiro, Forense, 1993.

________. *Sucessões.* 6ª ed. Rio de Janeiro, Forense, 1992.

GOMES DA CRUZ, José Raimundo. *Pluralidade de partes e intervenção de terceiros.* São Paulo, Ed. RT, 1991.

GONÇALVES, Aroldo Plínio. *Nulidades no processo.* Rio de Janeiro, Aide, 1993.

GOUVÊA, José Roberto Ferreira (em coop. com Theotonio Negrão). *Código de processo civil e legislação processual em vigor.* 41ª ed. São Paulo, Saraiva, 2009.

GRECO FILHO, Vicente. *Direito processual civil brasileiro.* 10ª ed. São Paulo, Saraiva, 2006.

________. *Intervenção de terceiros no processo civil.* São Paulo, Saraiva, 1972.

________. "A denunciação da lide: sua obrigatoriedade e extensão". *In Justitia* 94/9-17, julho/setembro 1976.

GRINOVER, Ada Pellegrini. *As garantias constitucionais do direito de ação.* São Paulo, Ed. RT, 1973.

________. *Teoria geral do processo.* 25ª ed. São Paulo, Malheiros, 2009 (em coop. com Antônio Carlos de Araújo Cintra e Cândido Rangel Dinamarco).

_________. *Direito processual civil*. São Paulo, Bushatsky, 1974.

_________. *Eficácia e autoridade da sentença penal*. São Paulo, Ed. RT, 1978.

_________. "Interesses difusos". *In Enciclopédia Saraiva do direito*, vol. 45.

_________. "A tutela jurisdicional dos interesses difusos". *In A tutela dos interesses difusos* (coord. Ada Pellegrini Grinover). São Paulo, Max Limonad, 1984.

_________. "Notas à tradução brasileira" de *Eficácia e autoridade da sentença*, de Enrico Tullio Liebman. 4ª ed. Rio de Janeiro, Forense, 2006.

_________. "Coisa julgada *erga omnes, secundum eventum litis* e *secundum probationem*". *In RF* 380/3-19.

GUASP, Jaime. *Derecho procesal civil*. 3ª ed. Madri, Instituto de Estudios Políticos, 1968.

HANADA, Nélson. *Da insolvência e sua prova na ação pauliana*. 2ª ed. São Paulo, Ed. RT, 1988.

JUNQUEIRA DE AZEVEDO, Antônio. *Negócio jurídico – existência, validade e eficácia*. São Paulo, Saraiva, 1974.

KOMATSU, Roque. *Da invalidade no processo civil*. São Paulo, Ed. RT, 1991.

_________. (em coop. com Milton Sanseverino). *A citação no direito processual civil*. São Paulo, Ed. RT, 1977.

LACERDA, Galeno. *Despacho saneador*. Porto Alegre, Sulina, 1953.

LAMBAUER, Mathias. *Do litisconsórcio necessário*. São Paulo, Saraiva, 1982.

LARA LEITE, Clarisse Frechiani. *Prejudicialidade no processo civil*. São Paulo, Saraiva, 2008.

LENT, Friedrich. *Zivilprozessrecht*. Munique, 1959 (trad. ital.: *Diritto processuale civile tedesco*, por Edoardo F. Ricci. Nápoles, Morano, 1962).

LIEBMAN, Enrico Tullio. *Efficacia e autorità della sentenza*. Milão, Giuffrè, 1962, reimpr. (trad. bras.: *Eficácia e autoridade da sentença*, por Alfredo Buzaid e Benvindo Aires. 4ª ed. Rio de Janeiro, Forense, 2006).

_________. *Manuale di diritto processuale civile*. 4ª ed. Milão, Giuffrè, 1981 (trad. bras.: *Manual de direito processual civil*. Vol. I, por Cândido R. Dinamarco. 3ª ed. São Paulo, Malheiros Editores, 2005).

_________. *Processo de execução*. 3ª ed. São Paulo, Saraiva, 1980.

_________. "Azioni concorrenti". *In Problemi del processo civile*. Nápoles, Morano, 1962.

________. "Il titolo esecutivo riguardo ai terzi". *In Problemi dei processo civile.* Nápoles, Morano, 1962.

________. "L'azione nella teoria del diritto processuale civile". *In Problemi del processo civile.* Nápoles, Morano, 1962.

________. "L'eccezione revocatoria e il suo significato processuale". *In Problemi del processo civile.* Nápoles, Morano, 1962.

________. "L'opera scientifica di James Goldschmidt e la teoria dei rapporto processuale". *In Problemi del processo civile.* Nápoles, Morano, 1962.

________. "Nulidade da sentença proferida sem citação do réu". *In Estudos sobre o processo civil brasileiro.* 2ª ed. São Paulo, Bushatsky, 1976.

________. "Pluralità di legittimati all'impugnazione di un unico atto". *In Rivista di diritto processuale civile*, vol. II, 1937 (v. trad. em apêndice à edição brasileira de *Eficácia e autoridade da sentença*).

LIMA, Alvino. *A fraude no direito civil.* São Paulo, Saraiva, 1965.

LUHMANN, Niklas. *Legitimação pelo procedimento.* Brasília, Ed. UnB, 1980 (trad. bras. de Maria da Conceição Corte-Real).

LUISO, Francesco Paolo. *Principio del contraddittorio ed efficacia della sentenza verso terzi.* Milão, Giuffrè, 1981.

LOBO DA COSTA, Moacyr. *A intervenção "iussu iudicis" no processo civil brasileiro.* São Paulo, Saraiva, 1961.

LOPES, Bruno Vasconcelos Carrilho. *Honorários advocatícios no processo civil.* São Paulo, Saraiva, 2008.

LOPES DA COSTA, Alfredo de Araújo. *Direito processual civil brasileiro.* 2ª ed. Rio de Janeiro, Forense, 1959.

MACHADO GUIMARÃES, Luís de Macedo Soares. *Comentários ao Código de Processo Civil de 1939*, vol. IV. Rio de Janeiro, Forense, 1942.

________. "As três figuras do litisconsórcio". *In Estudos de direito processual civil.* Rio de Janeiro, Jurídica e Universitária, 1969.

________. "Carência de ação". *In Estudos de direito processual civil.* Rio de Janeiro, Jurídica e Universitária, 1969.

________. "Preclusão, coisa julgada, efeito preclusivo". *In Estudos de direito processual civil.* Rio de Janeiro, Jurídica e Universitária, 1969.

MANCUSO, Rodolfo de Camargo. *Ação civil pública.* São Paulo, Ed. RT, 1989.

MARIZ DE OLIVEIRA JÚNIOR, Waldemar. *Substituição processual.* São Paulo, Ed. RT, 1971.

________. "Tutela jurisdicional dos interesses coletivos". *In A tutela jurisdicional dos interesses difusos* (coord. Ada Pellegrini Grinover). São Paulo, Max Limonad, 1984, pp. 9-28.

MARQUES, José Frederico. *Instituições de direito processual civil*. 3ª e 4ª eds. Rio de Janeiro, Forense, 1966-1971.

________. *Manual de direito processual civil*. São Paulo, Saraiva, 1974.

________. *Elementos de direito processual penal*. Rio de Janeiro, Forense, 1961.

MARTINS, Fran. *Letra de câmbio e nota promissória segundo a Lei Uniforme*. Rio de Janeiro, Forense, 1972.

MARTINS, Pedro Batista. *Comentários ao Código de Processo Civil*. Rio de Janeiro, Forense, 1940-1942.

MAXIMILIANO, Carlos. *Hermenêutica e aplicação do direito*. 9ª ed. Rio de Janeiro, Forense, 1979.

MEIRELLES, Hely Lopes. *Direito administrativo brasileiro*. 35ª ed. São Paulo, Malheiros, 2009.

________. *Mandado de segurança, ação popular, ação civil pública, mandado de injunção, "habeas data"*. 32ª ed. São Paulo, Malheiros, 2009.

MENDONÇA LIMA, Alcides de. *Comentários ao Código de Processo Civil*, vol. VI, 4ª ed. Rio de Janeiro, Forense, 1985.

________. *Introdução aos recursos cíveis*. 2ª ed. São Paulo, Ed. RT, 1976.

MESQUITA, José Ignácio Botelho de. *Da ação civil*. São Paulo, Ed. RT, 1974.

MICHELI, Gian Antonio. "Giurisdizione e azione". *In Studi in onore di Piero Calamandrei*. Pádua, Cedam, 1950.

MILLAR, Roberto Wyness. "The formative principles of civil procedure". *In Illinois Law Review*, vol. XVIII (trad. esp.: *Los principios formativos del procedimiento civil*, de Catalina Grossmann. Buenos Aires, Ediar, 1945).

MONACCIANI, Luigi. *Azione e legittimazione*. Milão, Giuffrè, 1951.

MONIZ DE ARAGÃO, Egas Dirceu. *Comentários ao Código de Processo Civil*, vol. II, 2ª ed. Rio de Janeiro, Forense, 1976.

MORAES E BARROS, Hamilton de. *Comentários ao Código de Processo Civil*, vol. IX, 2ª ed. Rio de Janeiro, Forense, 1980.

MORTARA, Ludovico. "Appello civile". *In Digesto italiano*, vol. III. Turim, Utet, 1890.

NEGRÃO, Theotonio. *Código de processo civil e legislação processual em vigor*. 41ª ed. São Paulo, Saraiva, 2009 (em coop. com José Roberto Ferreira Gouvêa).

NERY JÚNIOR, Nelson. "Fraude contra credores e os embargos de terceiros". *In RJTJSP* 77, julho/agosto 1982.

NEVES, Celso. "Classificação das ações". *In Justitia* 88/33-41, janeiro/março 1975; *Revista da Faculdade de Direito USP* 70/345-359, 1975; *Revista da Faculdade de Direito* XVIII/71-82, Curitiba, 1976-1977.

OLIVEIRA, Régis Fernandes de. *Ato administrativo.* 2ª ed. São Paulo, Ed. RT, 1980.

PAJARDI, Piero. *La responsabilità per le spese e i danni del processo.* Milão, Giuffrè, 1959.

PARÁ FILHO, Tomás Francisco Madureira. *Estudo sobre a conexão de causas no processo civil.* São Paulo, Ed. RT, 1964.

PARGENDLER, Ari. *A assistência da União Federal nas causas cíveis.* Porto Alegre, Ajuris, 1978.

PAVANINI, Giovanni. *Il litisconsorzio nei giudizi divisori.* Pádua, Cedam, 1948.

PIMENTEL, Wellington Moreira. *Comentários ao Código de Processo Civil,* vol. III, 2ª ed. São Paulo, Ed. RT, 1979.

PONTES DE MIRANDA, Francisco Cavalcanti. *Comentários à Constituição de 1967 com a Emenda n. 1, de 1969.* 2ª ed. São Paulo, Ed. RT, 1970.

________. *Comentários ao Código de Processo Civil* [*de 1939*]. 2ª ed. Rio de Janeiro, Forense, 1958-1962.

________. *Comentários ao Código de Processo Civil* [*de 1973*]. 2ª ed. Rio de Janeiro, Forense, 1979.

________. *Tratado da ação rescisória das sentenças e de outras decisões.* 5ª ed. Rio de Janeiro, Forense, 1976.

________. *Tratado de direito privado.* 3ª ed. reimpr. São Paulo, Ed. RT, 1980.

PRIETO-CASTRO FERRANDIZ, Leonardo. *Derecho procesal civil.* 2ª ed. Madri, Ed. Revista de derecho privado, 1968.

PROVINCIALI, Renzo. *Delle impugnazioni in generale.* Nápoles, Morano, 1962.

PUGLIA, Ferdinando. *Dell'azione pauliana e del fondamento scientifico del diritto di proprietà.* Nápoles, E. Anfossi, 1886.

REALE, Miguel. *Teoria tridimensional do direito.* São Paulo, Saraiva, 1968.

REDENTI, Enrico. *Diritto processuale civile.* Milão, Giuffrè, 1960.

________. *Il giudizio civile con pluralità di parti* (reimp.). Milão, Giuffrè, 1960.

________. "Problemi di competenza in cassazione". *In Rivista di diritto processuale civile,* vol. II. 1943.

REIS, José Alberto dos. *Comentário ao Código de Processo Civil.* 2ª ed. Coimbra, Coimbra Ed., 1945-1960.

REQUIÃO, Rubens. *Curso de direito comercial.* 13ª ed. São Paulo, Saraiva, 1982.

RESTIFFE, Lauro Paiva. "Costa Manso e o litisconsórcio necessário no novo Código de Processo Civil". *In RT* 465/241-244, julho 1976.

RODRIGUES, Sílvio. *Direito civil*. 30ª ed. São Paulo, Saraiva, 2000.

ROSENBERG, Leo. *Zivilprozessrecht*. 10ª ed. Munique, Beck'sche, 1969 (atual. de Karl Heinz Schwab).

SANDULLI, Aldo. *Manuale di diritto amministrativo*. 12ª ed. Nápoles, Jovene, 1974.

SANSEVERINO, Milton (em coop. com Roque Komatsu). *A citação no direito processual civil*. São Paulo, Ed. RT, 1977.

SANTOS, Ernane Fidélis dos. *Comentários ao Código de Processo Civil*, vol. III, t. I. Rio de Janeiro, Forense, 1980.

SATTA, Salvatore. *L'esecuzione forzata*. Turim, Utet, 1973.

SCALISI, Vincenzo. "Inefficacia (diritto privato)". *In Enciclopedia del diritto*, vol. XXI. Milão, Giuffrè, pp. 322-374.

SCHWAB, Karl Heinz. *Zivilprozessrecht*. 10ª ed. Munique, Beck'sche, 1969 (atual. de Leo Rosenberg).

SCHÖNKE, Adolf. *Lehrbuch des deutschen Zivilprozessrechts*, 1940-1948 (trad. esp. de Prieto-Castro e Fairén: *Derecho procesal civil*. Barcelona, Bosch, 1950).

SCIACCHITANO, Roberto. "Litisconsorzio". *In Enciclopedia Forense*, vol. IV/861-868. Milão, Vallardi, 1959.

SCIALOJA, Vittorio. *Procedura civile romana*. Roma, Pollota, 1984.

SILVA, José Afonso da. *Ação popular constitucional*. 2ª ed. São Paulo, Malheiros Editores, 2007.

SILVA PEREIRA, Caio Mário da. *Instituições de direito civil*. Rio de Janeiro, Forense, vol. I, 14ª ed. 1993; vols. V-VI, 8ª ed.

STOLFI, Giuseppe. *Teoria del negozio giuridico*. Pádua, Cedam, 1947 (trad. e notas do direito espanhol por Jaime Santos Briz: *Teoría del negocio juridico*. Madrid, Ed. Revista de derecho privado, 1959).

TARZIA, Giuseppe. *Il litisconsorzio facoltativo nel processo di primo grado*. Milão, Giuffrè, 1972.

________. "Appunti sulle domande alternative". *In Rivista di diritto processuale*. 1964.

________. "Il contraddittorio nel processo esecutivo". *In Rivista di diritto processuale*. 1978 (trad. bras. : "O contraditório no processo executivo". *In RePro* 28/55-95).

________. "Parità nelle armi tra le parti e poteri del giudice nel processo civile". *In Studi parmensi*, vol. XVIII. Milão, Giuffrè, 1977.

________. "L'estensione degli effetti degli atti processuali nel litisconsorzio facoltativo". *In Rivista di diritto processuale* XXV/22-45. 1970.

THEODORO JÚNIOR, Humberto. *Processo de conhecimento*. 3ª ed. Rio de Janeiro, Forense, 1984.

TONDO, Salvatore. "Invalidità e inefficacia del negozio giuridico". *In Novissimo digesto italiano*, vol. VIII/994-1.003. Turim, Utet, 1962.

TORNAGHI, Hélio Bastos. *A relação processual penal*. Rio de Janeiro, Jacintho, 1945.

________. *Comentários ao Código de Processo Civil*. 2ª ed. São Paulo, Ed. RT, 1976-1978.

TOURINHO FILHO, Fernando da Costa. *Processo Penal*. 5ª ed. Bauru, Jalovi, 1979.

TUCCI, José Rogério Cruz e. *Desistência da ação*. São Paulo, Saraiva, 1988.

TUCCI, Rogério Lauria. *Do julgamento conforme o estado do processo*. 2ª ed. São Paulo, Saraiva, 1982.

VENOSA, Sílvio de Salvo. *Nova Lei do Inquilinato comentada*. São Paulo, Atlas, 1991.

VESCOVI, Enrique. "Improvement of civil litigation: lessons from administrative procedures: en el área iberoamericana". *In Justice and efficiency – general reports and discussions*. Deventer-Antuérpia-Boston, Ed. Wedekind, 1989.

VIDIGAL, Luís Eulálio de Bueno. *Comentários ao Código de Processo Civil*, vol. VI, 2ª ed. São Paulo, Ed. RT, 1976.

________. "Escopo do processo civil". *In Revista de direito processual civil*, vol. I. São Paulo, Saraiva, 1960.

VIEIRA NETO, Manoel Augusto. *Ineficácia e convalidação do ato jurídico*. São Paulo, Max Limonad, s/d.

WATANABE, Kazuo. "Breve reflexão sobre a natureza jurídica da sentença de nulidade do casamento". *In RT* 542/20-28, dezembro 1980.

________. "Tutela jurisdicional dos interesses difusos: a legitimação para agir". *In A tutela jurisdicional dos interesses difusos* (coord. Ada Pellegrini Grinover). São Paulo, Max Limonad, 1984, pp. 85-97.

ZANZUCCHI, Marco Tullio. *Diritto processuale civile*. 4ª ed. Milão, Giuffrè, 1964.

* * *

GRÁFICA PAYM
Tel. (011) 4392-3344
paym@terra.com.br